«Qui fruit ne sap collir» II

«Qui fruit ne sap collir»

II

Homenatge a Lola Badia

Edició a cura de
Anna Alberni, Lluís Cifuentes,
Joan Santanach i Albert Soler

Universitat de Barcelona
Edicions

Editorial Barcino

Universitat de Barcelona. Dades catalogràfiques

«Qui fruit ne sap collir» : homenatge a Lola Badia

ISBN 978-84-9168-648-4 (Edicions de la UB ; conjunt)
ISBN 978-84-7226-867-8 (Editorial Barcino ; conjunt)

I. Guàrdia Olmos, Joan, escriptor d'un pròleg II. Alberni, Anna, editor literari III. Cifuentes, Lluís, editor literari IV. Santanach, Joan, 1973- editor literari V. Soler, Albert, 1963- editor literari VI. Títol
1. Badia, Lola, 1951- 2. Literatura catalana 3. Literatura medieval 4. Catalunya 5. Antologies 6. Bibliografies 7. Homenatges

Adolf Florensa, s/n
08028 Barcelona
Tel.: 934 035 430
www.edicions.ub.edu
comercial.edicions@ub.edu

Edició tècnica
Eulàlia Salvat Golobardes

Fotografia del frontispici
Josep Losada

ISBN (Edicions de la UB) 978-84-9168-648-4
ISBN (Barcino) 978-84-7226-867-8
Dipòsit legal B-942-2021
Impressió i relligat Gráficas Rey

MIXT
Paper procedent de fonts responsables
FSC® C131084

«E per la utilitat dels arbres, qui fruit ne sap collir, fuig hom a treballs infinits e ve hom a perdurable repòs».

Ramon Llull, *Llibre del gentil e dels tres savis*, pròleg

Índex

Un tastet de fraseologia del Curial e Güelfa

Károly Morvay
(Universitat Eötvös Loránd, Budapest)

L'objectiu principal d'aquesta contribució a l'homenatge a la nostra il·lustre col·lega i sàvia amiga és mostrar la riquesa fraseològica de la novel·la *Curial e Güelfa*, citada a continuació com a *Curial*. El primer editor del text del *Curial*, Antoni Rubió i Lluch, considerava que «Lo refraner ó colecció de modismes proverbials y vulgars de *Curial* no es, ni de molt, tan rich com en *Tirant* [...]. Ab tot se 'n hi poden trobar alguns molt interessants» (Rubió 1901: 522). Al meu parer, la riquesa idiomàtica del *Curial* es manifesta ja en les primeres frases de l'obra:

> [Oh] quant és gran lo perill, quantes són les sol·licituds e les congoixes a aquells qui es treballen en amor! Car, posat que alguns amats de la Fortuna, aprés de infinits infortunis, sien arribats al port per ells desitjat, tants emperò són aquells qui raonablement se'n dolen, que envides pusc creure que entre mil desaventurats se'n tròpia un que haja amenada la sua causa a gloriosa fi (117; la xifra remet a la pàgina de l'edició de Lola Badia i Jaume Torró 2011).

Aquestes formes, un xic obsoletes, encara avui s'utilitzen en la llengua culta: «S'han creat uns objectius personals per navegar amb bon rumb per la vida i *arribar a un port desitjat*» (Albertín 2013; la cursiva és meva).

Els fraseologismes «els amats de la fortuna», «arribar a bon port», «gloriosa fi» i variants, tenen equivalents plens en hongarès: «a szerencse kegyeltjei», «révbe ér», «dicső véget ér».

Al *Curial* s'hi troben molts fragments carregats de diverses menes de combinacions estables de paraules, com aquest:

> Amiga mia, jo son molt alegre en saber que és viu e em desplau lo mal temps que ha passat. E son ben certa que, si jo l'escoltava, a tort o a dret sabria ell molt ben cobrir totes les sues errades; mas no plàcia a Déu que jo l'escolt ne el veja pus. De ço que s'és fet, me pesa molt jats que ma consciència no sia lesa, car a cas és vengut. Mas jo servaré lo meu vot e no rompré la fe a Déu, puis la hi he promesa [...].

> E tantost li digats que partesca d'ací, en manera que no sia sentida la sua tornada, e vaja en nom de Déu allà on li plàcia e perda l'esperança que ha en mi, car jo torn a votar a Déu e a la Verge Maria que tant com jo sia viva no mudaré del propòsit que li diguí com li doní comiat (482).

Per a la caracterització de la fraseologia del *Curial* és necessari tenir en compte no sols les unitats fraseològiques pròpiament dites, sinó també les sentències, les diverses fórmules psicosocials, les frases ponderatives i exclamatives, les combinacions de paraules binominals (binomis), les formacions amb el nom de *Déu*, els termes del llenguatge amorós i, a més, les expressions corteses i caballeresques. Actualment Kálmán Faluba i Balázs Déri, docents de la Universitat Eötvös Loránd de Budapest, estan ultimant la versió hongaresa de la novel·la *Curial e Güelfa*. Seria interessant examinar la traducció del material fraseològic, recollit parcialment per l'amic Kálmán; però com que vull mostrar la riquesa fraseològica de l'obra, he preferit publicar en l'apèndix una llista d'uns tres-cents somatismes fraseològics (fraseologismes formats amb noms de les parts del cos) que hi apareixen.

Si s'accepta que el *Tirant* «ofereix una deu de parla popular abundant com pochs de nostres classichs» (Rubió 1901: 522), cal admetre també que el *Curial* és una veritable mina d'expressions idiomàtiques. No en coneixem l'autor, però una cosa és certa: en sabia un niu, de frases fetes. El seu text és especialment ric en somatismes fraseològics. Fins i tot hi he trobat una frase que en conté quatre:

> los ulls se li empliren d'aigua e, venint-li lo cor en un fil, se li engendrà en lo cor un desig tan gran de veure-la que tota la sang li fugí (157).

La gana ve menjant... Aquest tastet m'ha obert la gana i somio truites: tenir totes les expressions de la novel·la recollides en un diccionari fraseològic del *Curial*.

Bibliografia

Albertín Carbó, Pilar (coord.) (2013). *Més enllà de la violència de gènere*, Girona: Documenta Universitaria.

Curial y Guelfa, novela catalana del quinzèn segle (1901), ed. Antoni Rubió i Lluch, Barcelona: Real Academia de Buenas Letras.
Curial e Güelfa (2011), ed. Lola Badia & Jaume Torró, Barcelona: Quaderns Crema.

Apèndix

Materials per a la documentació dels somatismes fraseològics en el Curial

Informacions facilitades per les dues columnes de xifres que precedeixen els exemples.

Primera columna

Les xifres indiquen l'element constitutiu somàtic del fraseologisme.

01 ull/s	11 cos	21 pèl	31 morro
02 carn/s	12 esquena	22 dits	32 espatlles
03 sang	13 llavis	23 ventrell	33 ungles
04 cor	14 cara/es	24 cuir	34 ossos
05 mà/mans	15 coll	25 pits (sing. i pl.)	35 cinta
06 peu/s	16 genoll/s	26 barba	36 faç
07 braç/os	17 si	27 nas	37 seny
08 boca	18 cap	28 punys	38 esperit/s
09 orella/es	19 muscle	29 cabell/s	39 ànima
10 gola/es	20 llengua/ües	30 canes	

Segona columna

a) les xifres indiquen la pàgina on apareix la unitat
b) les xifres seguides per un asterisc indiquen la presència d'un binomi
c) les xifres en cursiva indiquen que l'exemple conté el nom de Déu o un sinònim

Darrere de les columnes de xifres tenim l'apartat de citacions que documenten l'ús dels fraseologismes en l'obra. Els exemples estan reproduïts tal com apareixen al text original i no en forma fraseogràfica:

tu ments per la gola
i NO
mentir per la gola

Les citacions, per regla general, comencen amb minúscula i no acaben amb un punt:

tu ments per la gola, que jo no el matí malament
i NO
Tu ments per la gola, que jo no el matí malament.

Somatismes fraseològics en el Curial (selecció)

Material ordenat segons els elements constitutius i la pàgina on apareix la unitat

01 **119** nostre senyor Déu [...] *li donà gràcia de quants ulls lo veien*
01 **121** *donà llicència als ulls* que mirassen bé tots aquells qui eren en casa de son frare
01 **128** *girant los ulls* vers aquella part, solament veren l'apartar dels caps d'aquells dos
01 **139** *los seus ulls no estaven eixuts*
01 **157** *los ulls se li empliren d'aigua*
01 **163** *tenia los ulls ficats en aquells* de Curial
01 **163** *apartant un poc los ulls* de lla on los tenia
01 **166** la gran falta que a la Güelfa havia feta en *mirar* Laquesis *ab ulls desitjosos*
01 **166** *allargant los ulls* viu una recambra
01 **180** *los hulls entelats* e tota la color perduda, [...] caigué
01 **186** pensats vós que Laquesis *no haja ulls*, e no veja en Curial ço que jo hi he vist
01 **190** Curial, qui el mirava [...] *nulls temps los ulls partia d'ell*
01 **193** *no partia los ulls* d'aquells de Curial
01 **193** nulls temps *partia los ulls* de la Güelfa
01 **194** ella no hi volia *girar els ulls*
01 **208** li demanà la Güelfa: —¿Què és de la *llum dels meus ulls*?
01 **223** *entelats los ulls* e tot lo seny perdut, passà d'aquesta vida
01 **243** mostrant que *havets mal d'ulls*, no exirets de la cambra
01 **246** ab *los ulls plens de llàgremes*, se lleixà caure del palafrè
01 **248** estava de genolls, les mans e *ulls devers lo cel*, escampant llàgremes de set en set
01 **299** *allargant los ulls*, viu altre anglès
01 **307** *allargant los ulls* entre la gent, viu Melcior
01 **308** a altra part *no podien girar los ulls*
01 **322** dix que era *propri lo déu d'amor no haver ulls*
01 **369** li he feta *trobar gràcia en los ulls* de totes les persones
01 **380** *obrits los ulls de l'enteniment*, e si havets errat, esmenats-vos

01 **388** *ab los ulls de la pensa* mira la color del meu cor

01 **397** *clucà los ulls*, e a manera de qui beu purga, volgué tragar aquesta pil·lola tan amarga

01 **409** *obre los ulls* [...] e aviva los sentiments

01 **428** *allargà los ulls* e viu nou donzelles belles molt

01 **432** encara que en les tues espatlles hagen parlat, *en los teus ulls tornaran muts*

01 **443*** bròfega e cruel! E *com te tolguist la llum dels teus ulls*?

01 **444** emperò *los seus ulls no s'eixugaven*

01 **447** car si *los ulls de Curial no eren enganats*, no li era atribuïda bellesa alguna

01 **490** mira'm bé, e *aqueix teu piadós ull gira'l envers mi*

01 **525** *no partia los ulls* del cavaller

02 **121** no podent *resistir als naturals apetits de la carn* [...] donà llicència als ulls

02 **125** ah, *carn de mesell*! ¿E nunca sentiràs los mots punyents [...] que jo *he trets de la mia boca*?

02 **299-300** li féu sentir la llança *en la carn crua*

02 **347*** *un cavaller de poques carns* e no molt forts, emperò tan viu e tan ardit com un lleó

02 **384*** faré [...] mentre l'ànima cansada voldrà a esta pesada e *anciana carn* tenir companyia

02 **445** l'un d'ells [...] havia molt bona cara, *les carns molt blanques*

02 **462** Mare mia [...]. *Hages pietat de la teva carn*, trau-la d'aquest món

02 **471** partiren la tua ànima dolorosa d'aquella *llagrimosa carn*

03 **121** no havent esguard a *claredat de sang* [...] li plagué molt Curial

03 **140** *bullí la sang* en lo cor de Curial

03 **157** *un desig* tan gran de veure-la que *tota la sang li fugí*

03 **173** oint açò Curial, tota *la sang li bullí*

03 **205** verge alemanya, nada de *sang clara*

03 **213** *la sang li caïa dins lo cos*

03 **249** el cavaller, qui de cansament e de *la sang perduda* tenir no es podia, era caigut d'espatlles

03 **254** Curial, que l'oí nomenar, *tota la sang li fugí*

03 **335*** ésser molt dura cosa voler-me treballar en *escalfar sang ja freda e gelada*

03 **452** a la trista Camar, *vista la sang*, fugí lo cor e caigué mig viva

04 **118** *noble cor*, emperò, que en molts pobres hòmens se met, se mès en aquest

04 **121*** assats *gentil de cor*, e molt savi segons la seva edat

04 **131** sentí [...] *en son cor* dolor molt gran

04 **132** persona, la qual he amada e *am de tot mon cor*

04 **132** oint aquestes paraules, *caigué-li en lo cor* que això poria ser enveja d'aquells ancians

04 **134** callà, *maleint en son cor* tots aquells qui d'aquestes coses tals s'entremeten

04 **135** he sostengut ab paciència, *no emperò sens gran dolor de mon cor*, que a fer aquesta batalla
04 **137** bé que ella fos *dona de gran cor* e sabia cobrir molt bé les sues passions
04 **140** *bullí la sang en lo cor* de Curial
04 **157** *venint-li lo cor en un fil*, se li engendrà en lo cor un desig
04 **157** *se li engendrà en lo cor un desig*
04 **158** ah, Cupido, les armes del qual port *ficades en lo meu cor*
04 **158** *lo cor tot se li esclarí*
04 **163** *despertà lo cor* e [...] allargà la desusada mà al plat
04 **163** tantost *furtà lo seu cor* a la Güelfa
04 **171** metent-li la mà al si, *trobà-li lo cor batent*
04 **175-176** concebé tanta *ira en lo seu cor* que fonc una gran meravella
04 **177** *que tracte bé vostre cor*
04 **178*** *amor no vol cor trist ne marrit*
04 **179** es començà a entristir e a *sentir en son cor* dolor molt gran
04 **193** no sabent cobrir ço que *en lo cor li era caigut*
04 **200** senyors cavallers, jo *tenc lo cor en altra part* e per res no poria a present pensar en això
04 **201** no ha sinó *un cor e en vol fer moltes parts*
04 **201** així *hajats bon cor* que la Güelfa vostra és en tot cas
04 **202** a mi *bastarà lo cor* [...] a fer per vós [...] açò mentre ànima tindré en lo cos
04 **202** *havia lo cor tan alt* que assats fóra estat per a un rei
04 **203** tanta era emperò l'alegria que *en lo cor li era caiguda* [...], que tot l'àls tenia en no res
04 **213** la sang li caïa dins lo cos [...] *el cor tot li defallia*
04 **240** si hagués sabut que vós la deguéssets retenir ací [...], crec que ab *dur cor* hi fóra venguda
04 **256*** era [...] ardit e de gran esforç. Mas certes *la força no responia a la altesa del seu cor*
04 **267** *són tan alts de cor* que cascú cuida valer un rei
04 **288** donzella, *hajats bon cor*
04 **290** així lo comte *se n'anà ab dur cor*
04 **302** *amava de tot son cor* los angleses
04 **325** la gent era molt *flaca, així de força com de cor*
04 **335*** treballar en *escalfar* [...] *cor* en lo qual alguna impressió de natural calor no viu ne regna
04 **388** ab los ulls de la pensa *mira la color del meu cor*
04 **397** *alegrant lo seu cor*, profità a tu
04 **407** lleixa doncs Curial aquests pensaments folls e *gita'ls de ton cor*
04 **408** *dins ton cor* encara t'alegres

04 **434** *en lo seu cor se mès tanta terror* que tots los membres li començaren a tremolar
04 **452** a la trista Camar, vista la sang, *fugí lo cor* e caigué mig viva
04 **459** estotja aqueixa fortalesa del teu *noble cor* per altre cas
04 **459*** què faràs, *ne qual cor t'ajudarà* a sostenir los turments forts e cruels
04 **459** *lo cor de la fembra és flac* e les mans tremoloses?
04 **459** los cavallers deuen haver *ardiment de fembra e cor de lleó*
04 **459** així lo meu *cor, pus dur que pedra*, mana a les mans que executen ara ço [...] que han assajat
04 **460** si per ventura *tens lo cor en altra part*, digues-m'ho, filla mia
04 **460** *en qual part pusc jo tenir lo cor?*
04 **467*** molt cobejosos e avars [...] e *de tan pobre cor* que una malla que despenessen los dolia
04 **471** mentir la fe que *dins mon cor* he a aquell atorgada
04 **478** havia oït parlar d'ell [...] e tantost *li caigué en lo cor* que per allò ho faïa
04 **478** *pensà en son cor* que li seria molta honor en tot lloc on fos sabut
04 **496** així com ho hac pensat, *se mès al cor* de portar-ho a execució
04 **504** *mostrant la granesa del seu noble cor*, los dix així
04 **508** hac molt gran *dolor dins son cor*
04 **509** *estotjant-los dins son cor*, [...] los recordava e els tenia en gran preu
04 **517** l'abadessa a la qual *obria tot son cor*
04 **524** la Güelfa *en son cor* li tornava les saluts
05 **122** *lo pres per la mà* e [...] en la següent forma li parlà
05 **124** lo viure virtuosament [...] *és en mà de cascú*
05 **131** *aquestes dues mans me faran quiti* del càrrec que és a mi a gran tort falsament imposat
05 **144** *està en les mans* del borrell
05 **144** *viu-se* [...] *en mans de son enemic*
05 **151** *presa a sua espasa a dues mans*, donà ab la punta per los flancs a Otó
05 **161** tot vergonyós, *li besà les mans*
05 **162** *pres Curial per la mà* e pregà'l que sopàs ab ell
05 **163** *allargà la desusada mà* al plat
05 **171** *metent-li la mà al si*, trobà-li lo cor batent
05 **200** esforçats vos bé a *menar les mans*
05 **202** que en altre tal cas com aquest que *tenim entre mans* [...], vós pusca jo socórrer
05 **205-206** no li lleixà *allargar la mà* per prendre-la
05 **234** *allargant la mà*, pres-la per les regnes
05 **235** lo cavaller *allargà la mà* e ha pres per los cabells
05 **243** ja us responguí que sí faria *si era en ma man* de fer-ho
05 **248** estava de genolls, *les mans* e ulls *devers lo cel*

05 **249*** combat-lo [...] ab tanta virtut e aspresa, que lo cavaller ja *no sabia on tenia mans ne peus*

05 **285** es lleixà caure de genolls en terra *e li besà les mans*

05 **292-293*** ab tanta art, ab tant saber adquirit per llong e treballós estudi, *mogué les mans*

05 **298** *meten mans a* les espases

05 **321** es lleixa caure als seus peus e *li besa les mans*

05 **321*** ab quanta afecció, molt noble i magnífica senyora, [...] Curial vos *besa les mans*!

05 **327** ja eixit de seny, no sabent-se regir [...], *allargant la mà*, pres lo noble home dels pits

05 **329** ací em trobarets prest per *obrar per les mans* ço que vós per la boca havets gosat parlar

05 ***336*** en la *mà de Déu és lo fet dels matrimonis*; ell lo donarà a qui li serà plasent

05 **353** vols combatre pus? Ell respòs: —Hoc. Mas *no mogué peu ne mà*

05 **438** *es metia les mans al cap*

05 **459** *mana a les mans* que executen ara açò que [...] han assajat

05 **459** lo cor de la fembra és flac e *les mans tremoloses*

06 **118*** veent que la sua mare no li donava alguna deseixida, pobrement e *a peu* li fugí

06 ***124*** és en mà de cascú [...] a qui Déus fa gràcia *que pobretat no el té sota el peu*

06 **154** lleixant-se-li *caure als peus*, los li volgué besar

06 **161** *se lleixà caure als peus* de l'emperador

06 **246** li contà com lo cavaller l'havia esperat e nulls temps havia *mudat lo peu d'aquell lloc*

06 **249*** combat-lo [...] ab tanta virtut e aspresa, que lo cavaller ja *no sabia on tenia mans ne peus*

06 **256** elegí descavalcar e combatre'l, perquè tantost *se mès a peu*

06 **265** *llevant-se en peus*, [...] dix

06 **321** es *lleixa caure als seus peus* e li besa les mans

06 **321** jo sentí gran *brogit de peus* qui detràs mi venien corrents

06 **353** vols combatre pus? Ell respòs: —Hoc. Mas *no mogué peu ne mà*

06 **422** mostre ara [...] alguna de les sues obres, vejam si *estan en peu*

06 **426*** habita en [...] llocs vils e pudents en los *quals abans lo morro met que el peu*

06 **427*** sens força i sens vigor [...] *hagueren a seure, ans a jaure, no podent-se tenir en peus*

06 **495** li donà un altre colp així forts al cap que *lo bretó envides se tenc en peus*

07 **125** ella e Curial, qui *del braç la tenia*, romangueren detràs

07 **256** *no podia alçar lo braç de cansament*

07 **292** portava en lo *braç sinistre* lo braçalet de Curial

07 ***408*** lo piadós Salvador *ha los braços* [...] *llongs*
07 **465*** aquells *braços solts e desempatxats*, qui de polp paria que fossen, lo prengueren pel coll
08 **125** nunca sentiràs los mots punyents que jo tantes vegades [...] *he trets de la mia boca*?
08 **129** encara *no obriríem la boca* per parlar
08 **131** te faria *pudir la sua boca* la qual hir [...] besist
08 **136** ja la *boca obria* per parlar
08 **155** ja quasi *obria la boca* per parlar
08 **170** no gosava *obrir la boca* per parlar-ne
08 **183** si les paraules [...] *vos ixen de la boca*: la llengua ab què haurets parlat vos faré arrancar
08 ***206*** *obrint un poc la boca, li digats* que Déus li vulla ajudar
08 **222** nulls temps *de la boca* de Curial *ne pogué res sentir*
08 **321** dóna'm espai que *obra la boca* e cride l'abadessa
08 **321** ja ve ab passos cuitats e la *boca oberta*, defallint-li l'alè, vet que no pot parlar
08 **321** no podent *formar en la mia boca paraula* alguna, una imatge de marbre torní
08 **329** ací em trobarets prest per obrar per les mans ço que vós *per la boca havets gosat parlar*
08 **340** *no trauria tal paraula de la boca*, com a Curial fonc dita
08 **342** *no obririen la boca* sens manament d'ell
08 **374** no li gosaria res donar si la Güelfa no lo hi *manava de la sua boca*
08 **375** nulls temps ella *obrí la boca* per parlar de Curial
08 **384** parlar de cosa que sens llicència especial vostra no deuria *traure de la mia boca*
08 **416** a grans crits començà a parlar ans cridar e *llançar fora la sua boca* paraules descompostes
08 **457** hac per força a *traure de la boca les paraules* següents: [...], jo no he altre mal
08 **484** *meta silenci en la sua boca* e no m'escriva
08 **490*** mirada [...] ab aquella benignitat e mansuetud que fonc mirat lo *violador de la boca*
08 **510** *no ha haüda boca ab què us parlàs*
08 **527** *no havent boca per dir lo contrari* de ço que vostra molt alta senyoria mana
08 **529** *les portes de la boca* havia fins aquell jorn tengudes tancades
09 **128*** te preg et suplic me vulles *oir ab orella pacífica*
09 **133** *plegaren* aquestes novelles *a les orelles* del marquès
09 **160** e havia dubte que si [...] la fama *plegaria a les orelles* de la Güelfa
09 **322** jo *obre ja les mies orelles* e aparell covinent lloc a les tues paraules
09 **365-366** aquest fet *atenyerà a les orelles* del marquès

09 **423** te preg que em vulles *oir ab orella pacífica*
09 **437*** les angelicals veus [...] *ferien les orelles dels oïdors*, que no sabien si era nuit o jorn
09 **440** *estava* tota aquella ribera *ab les orelles alçades*
09 **442** *la fama parlera pervenc a les orelles* de la Güelfa
09 **449** la fama de la bellesa de Camar *pervenc a les orelles* del rei
09 **529** ella tenia *obertes les de les orelles* e de l'enteniment
10 **131** *menten falsament per les goles*
10 **139** *ments per la gola*, car jo no l'he mort
10 **141** vós, ¿què responets? —*Que ment per la gola*
10 **195** respòs que *mentia per la* gola
10 **261** *tu ments per la gola*, que jo no el matí malament
11 **131** els *combatré a cos per cos*
11 **196** jo li faré companyia *tant com ànima tindré en lo* cos
11 **202** que em do gràcia [...] a fer per vós ço [...] *mentre ànima tindré en lo cos*
11 **213** *la sang li caïa dins lo cos*
11 **220** em treballaré en donar-vos-en bon compte, *tant com ànima tendré en lo* cos
11 **234** jo us promet en ma fe que jo *us faré honta en lo cos*
11 **245** no us pusc mills assegurar que tenir-vos prop mi e *metre mon cos en aventura* per defendre-us
11 **291** viu un gentilhome de pocs dies, mas *valent e de bon cos*
11 **314** feia bé com a cavaller, *combatent-lo cos a cos*
12 **233** *girant l'esquena*, se'n partiren
12 **410-411** *girant la esquena* se'n anà dient: —En paraís nos vejam
12 **481** així com Curial *girà l'esquena*, la Güelfa cridà a Melcior
12 **521** així com Curial *girà l'esquena*, cridà lo marquès
13 **136** ab los *llavis ja mullats* de llàgremes lo besà
13 **155** volent parlar balbucejà e li *tremolaven los llavis*
13 **171** *los llavis tornats tots blancs* [...], caigué
13 **386** *allargant e voltant los llavis*, fa aparès que no oja
13 **465** *amb aquells envessos dels llavis lo besà* tan estretament que [...] no podien espirar
13 **466** *llavant ab la llengua los seus llavis* per prendre lo sucre [...] dels llavis de Joan
14 **118** li viu [...] *tanta bellesa en la sua cara* que natura més no en podia donar
14 **118** *mirava'ls en la cara* esperant si algun d'ells li parlaria
14 **131*** *ab la cara segura e en res no torbada*, de continent respòs
14 **132** ab *aquella mateixa cara* [...] que fins ací est per mi estat tractat, ho seràs d'ací avant
14 **140** bullí la sang en lo cor de Curial, per què, *mirant* l'acusador *en la cara*, dix
14 **145** *ab fort alegre cara* li respòs

14 **152** *tota la cara tenia mullada de suor*

14 **154** així ab les *cares baixes*, carregats de vergonya los tragueren del camp

14 **158** *mirava a cascú en la cara*

14 **160** se temia molt que Curial *no hauria cara per dir no* al duc

14 **181** *s'esclarí un poc la sua cara* e dix que menjar volia

14 **244** *mirà* a Festa *en la cara* e començà a riure

14 **321** senyant-se, inflama's tota e *la sua cara met nova color*

14 **384-385** seria possible *que veés la sua cara*

14 **385** despuis *gira'ls la sua fastijosa cara*

14 **388** vets-me de genolls davant vosaltres! *No em girets la cara*

14 **427*** veien-se *ab les cares mudades*, [...] muts e sens paraula

14 **439*** la nit mostra *la sua bruna ans tenebrosa cara*

14 **441** *ab mala cara* los mana que cavassen

14 **443** escoltades havia [...] totes les paraules [...] *sens mostrar en la sua cara algun torbament*

14 **445** l'un d'ells [...] havia *molt bona cara*, les carns molt blanques

14 **449** *més amaven veure-li les espatlles que la cara*

14 **457** la pregaven que prengués ço que lo rei li enviava. Ella, emperò, *no hi feia cara*

14 **465** aquella *groga e descolorida cara* s'encès e, tornada tota vermella

14 **481** en *los lineaments de la cara* conegué'l

14 **481** volent mostrar la *cara fellona* [...], li dix: —¿E sabets qui és lo captiu [...]?

14 **516** havia *la cara*, los peus e les mans *vermelles com foc*

14 **527** respòs al rei [...] *la cara tota carregada de vergonya*

15 **465*** aquells braços solts e desempatxats [...] *lo prengueren pel coll*

16 **148** *ficant lo genoll*, lo requirí que el fes cavaller

16 **165** *ficant los genolls* davant l'altar, ab veu baixa

16 **246*** *ficà los genolls* davant Curial e pregà'l molt e el requerí [...] que no la retengués

16 **248** *estava de genolls*, les mans e ulls devers lo cel

16 **285** *es lleixà caure de genolls en terra* e li besà les mans

16 **306** li fa *reverència de genoll*

16 **321** no és hora en lo dia [...] que no encline lo cap *encorbant lo genoll*

16 **340** corregué, ans volà e *fincant lo genoll davant* lo rei, suplicà al dit senyor

16 **388** vets-me *de genolls davant vosaltres*! No em girets la cara

16 **444*** mesquina e cativa, *mès-se a genolls* davant ella

17 **171** metent-li *la mà al si*, trobà-li lo cor batent

18 **130*** no podent pus escoltar los dos ancians, *murmurant e menant el cap*, d'ells se partí

18 **145** si vós vengut no fóssets, *lo meu cap ara no estaria sobre les mies espatlles*

18 **180** *inclinat lo cap* sobre lo muscle de l'abadessa, caigué

18 **191** li donà tan gran *colp de l'espasa pel cap*, que [...] cuidà caure del cavall
18 **212** li dix que no es llevàs si no que ell *li llevaria el cap*
18 **250** era fora de seny *per los colps que havia reebuts al cap*
18 **254** *baixà lo cap* e [...] sens parlar, tot plen de malenconia, d'aquell lloc se partí
18 **288** *s'havia mès en lo cap* d'abatre los cavallers dels escuts negres
18 **297** lo rei alçà l'espasa e *donant-li'n pel cap*, dix: Déus te faça bon cavaller
18 **321** no és hora en lo dia [...] que no *encline lo cap* encorbant lo genoll
18 **427** *no tenc cabell en lo cap que no s'eriçàs*
18 **444** *romp los vels al cap* e los cabells no foren quitis
18 **458** féu matar ton pare *llevant-li lo cap de les espatlles*
18 **461** e moltes altres, *tantes com los cabells del cap*
18 **473** a la veu dels clamants *girí lo cap*
18 **481** *inclinant lo cap* [...] un poc alegre, reverencialment acomiadant-se, tornà
18 **495** li donà *un altre colp així forts al cap* que lo bretó envides se tenc en peus
18 **499** li donà un tal *gran colp al cap* que tot lo tabuixà
19 **180** inclinat lo cap *sobre lo muscle de l'abadessa*, caigué
20 **128** abans que la mia *llengua res diga*
20 **183** si les paraules [...] vos ixen de la boca: *la llengua* ab què haurets parlat *vos faré arrancar*
20 **466** *llavant ab la llengua los seus llavis* per prendre lo sucre [...] dels llavis de Joan
20 **515** induïda per dues *falses llengües* de dos envejosos
20 **525** la Güelfa, qui *no poc retenir la llengua*, dix: —Vós, senyor, fets bé
21 **240** jo us veig *de tal pèl*, que encara esta nit jugaríets a punyades qual de vosaltres l'hauria
21 **241** jo no sé de *quiny pèl nos vets*
21 **327** [com aquells] qui *cerquen pèl en l'ou* e *nuu en lo jonc*, cercaven via com porien desfavorir Curial
21 **328** no voldria *perdre un pèl de sa honor*
21 **340** és molt apte e no és hom al món que li pusca *avançar d'un pèl*
22 **253** vós érets en tan àvol punt que de vós a la mort *no havia dos dits*
22 **443*** preg-te que em prests los teus *dits amaestrats e ardits*
22 **444** *entre los dits nevats traïa* aquells cabells que paria que fossin fils d'or batut
23 **272-273** molts hauran contra vós *gros lo ventrell* e us aminvaran si poran
23 **284** havia un poc *lo ventrell gros* contra els franceses
23 **466** *tendràs alguna coseta en lo ventrell* que et faça enuig, emperò no pot ésser gran mal
23 **490** bonament fer no es poria, jatsia contra ella hagués *un poc gros lo ventrell*
23 **492** tenint per aquella raó *lo ventrell gros* contra Curial
24 **288** provarets si tenc tan *dur lo cuir* com vós o los altres
25 **126** *en lo pits gentil* [...] s'encès una flama

25 **327** ja eixit de seny, no sabent-se regir [...], allargant la mà, *pres lo noble home dels pits*

25 **351*** presentà-li los *pits durs e aspres* e, estrebant ferm

25 **391** avé los hòmens de molta ciència [...] ésser superbiosos [...], e *tenen lo pits inflat*

25 **391** així com si aquella ciència ocupàs lloc molt gran e *que als pits no els cabès*

25 **425** se començà a tirar los cabells e *esquinçar les robes en los pits*

25 **458** lo rei sabé que *tu fuist nafrada als pits*

26 **481** *la barba* [...] *li donava quaix a la cinta*

27 **385** *ronsant un poc lo nas* [...] fa aparès que no oja

28 **421** cruixint les dents, *tanquen e estrenyen los punys*

29 **202** era jove de pocs dies [...] los *cabells roigs* e tan gentil que paria que fos fet a pinzell

29 **235** lo cavaller allargà la mà e *la pres per los cabells*

29 **425** se començà a *tirar los cabells* e esquinçar les robes en los pits

29 **427** *no tenc cabell en lo cap que no s'eriçàs*

29 **444** romp los vels al cap *e los cabells no foren quitis*

29 **444** aquells *cabells que paria que fossin fils d'or batut*

29 **461** e moltes altres, *tantes com los cabells del cap*

30 **384** *vullats perdonar a estes mies velles canes* si han ardiment de parlar

31 **426*** habita en [...] llocs vils e pudents en los *quals abans lo morro met que el peu*

32 **145** si vós vengut no fóssets, *lo meu cap ara no estaria sobre les mies espatlles*

32 **151** estava encorbat sobre Jacob, que *en terra el mès d'espatlles* tot enversat

32 **249** el cavaller, qui de cansament e de la sang perduda tenir no es podia, *era caigut d'espatlles*

32 **253** de vós a la mort no havia dos dits, car *vós érets ja caigut d'espatlles*

32 **271** *girant les espatlles*, continuà son camí

32 **432** *encara en les tues espatlles hagen parlat*, en los teus ulls tornaran muts

32 **449** de què elles havien gran goig, car *més amaven veure-li les espatlles que la cara*

32 **458** féu matar ton pare *llevant-li lo cap de les espatlles*

33 **293** ab [...] aquelles *ungles de vori*, ajustà bellesa a belleses

33 **444*** met entre ells les *ungles blanques e tallants*

34 **443** de tant han haüda pitjor sort que *los ossos no han tenguda sepultura*

35 **481** *la barba* [...] *li donava quaix a la cinta*

36 **384-385** seria possible que [...] *faç a faç* li pogués parlar

37 **117*** fonc *dotat més de seny e de gràcia* de les gents que no de [...] béns

37 **119*** Curial *cresqué en dies e en seny e en bellesa* de la persona

37 **127** amonestà lo jove [...] que *en açò havia menester més seny* que en altra cosa

37 **130** aquells qui han alienada l'honor sua no facen a tu *perdre el seny*

37 **133** quasi *foraeixit de seny*, començà a cridar grans crits

37 **137** *tant seny hagué que* féu eixir totes aquelles qui eren en la sua cambra
37 **165** oh desaventurat! Oh *home de pobre seny*! ¿E què he fet?
37 **183** me força que us diga ço que *si seny hagués* deguera celar
37 **213** *perdent lo seny*, s'enclinà sobre lo coll del cavall
37 **223** entelats los ulls *e tot lo seny perdut*, passà d'aquesta vida
37 **227** *farets seny*, mentre hi sots a temps e fets de la necessitat virtut
37 **245** *a mon seny* grosseria seria esperar-lo
37 **250** era *fora de seny per los colps* que havia reebuts al cap
37 **253** cavaller, ¿*encara no havets cobrat lo seny*, e no havets vergonya de dir aquestes paraules?
37 **256** Curial, qui hac vista la mort de l'escuder e de la donzella, *cuidà perdre el seny*
37 **260-261** com *havets tan poc seny* [...] havent oït ço que jo us he dit, anar per aquest camí?
37 **290** *no em par que hauria massa bon seny* [...] qui ara prengués Festa per les tresses
37 **293** Plató [...] dix que *lo seny de les dones* tot està en la bellesa
37 **293** Plató [...] dix que [...] per contrari *la bellesa dels hòmens* [està] *en lo seny*
37 **327** *ja eixit de seny*, no sabent-se regir [...], allargant la mà, pres lo noble home dels pits
37 **336** no és interès meu *ni he tan poc seny* que en faça enquesta
37 **354** vós *havets poc seny* e les coses que fets no són obres de cavaller
37 **363** l'amava tant que *perdia lo seny* per ella
37 **416** *foraeixida de seny*, a grans crits començà a [...] cridar
37 **425** assats hauria jo *poc seny* que de tal com tu prengués consell
37 **453** correc a sa filla dient a grans crits, *com fembra fora de seny*: —Traïdor!
37 **477*** vostra mare, que ha per vos cuidat *perdre el seny e encara la vida*
38 **171** lo mirà, e així com lo perdé de veure, tots *los espirits li fugiren*
38 **388** oïts-me almenys, e si *algun espirit de pietat* havets, usats d'aquell envers mi
38 **427*** veien-se ab les cares mudades, [...] *sens cosa que els consolàs ne els avivàs los espirits*
38 **470*** fonc curada de la nafra, emperò *romàs tan flaca e tan magra que no tenia sinó l'espirit*
39 **157** com si *l'ànima l'hagués desemparat*, en terra caigué
39 **196** jo li faré companyia *tant com ànima tindré en lo* cos
39 **202** em do gràcia [...] a fer per vós ço que vós ara fets per mi, e *açò mentre ànima tindré en lo cos*
39 **220** em treballaré en donar-vos-en bon compte, tant *com ànima tendré en lo* cos
39 **319** ara que m'he a partir de vosaltres, me par que *l'ànima se parteix de mi*
39 **321** dolça vida mia, recomana'm a l'abadessa, *ànima mia molt cara*
39 **382** cuidà's desesperar e fonc ben prop de *donar l'ànima al diable*

39 **384*** faré [...] *mentre l'ànima cansada voldrà* a esta pesada e anciana carn tenir companyia

39 **443** on est, *ànima mia*, vida mia?

39 **471*** t'invoque e *et preg que reebes l'ànima mia* que va per servir a tu

39 **471** *partiren la tua ànima* dolorosa d'aquella llagrimosa carn

Tracce del Tirant lo Blanc *fra le righe dell'*Orlando furioso

María de las Nieves Muñiz Muñiz
(Universitat de Barcelona)

Non sappiamo con certezza se prima di porre mano all'*Orlando furioso* o durante la sua composizione Ariosto abbia letto il *Tirant lo Blanc*.[1] Nessun documento, nessuna testimonianza diretta ci aiutano a chiarire questo punto. Sappiamo invece che Isabella d'Este, occasionale ascoltatrice del poema *in progress* e destinataria di due sue edizioni,[2] aveva avuto in prestito il romanzo da Antonia del Balzo nel 1501,[3] e aveva poi chiesto al letterato ferrarese Niccolò da Correggio di tradurlo, anche se il progetto restò fermo al primo saggio (Sansone 1980: 297-298). Alcuni anni dopo la nobildonna tentò per varie vie di procurarsene altre copie[4] e con ogni probabilità ne ottenne almeno una in

1. Com'è noto, l'opera, iniziata attorno al 1506, ebbe tre edizioni nel 1516, nel 1521 e nel 1532 (Ariosto 1960).

2. Primogenita di Ercole I d'Este, poi sposata a Francesco Gonzaga, marchese di Mantova, non perse mai i rapporti con Ferrara e con Ariosto, il quale, inviato da Ippolito d'Este a Mantova per intrattenerla durante una difficile gravidanza, le lesse i primi versi del poema. Un'altra esperienza di lettura avvenne nell'estate del 1512, durante un soggiorno di Isabella a Ferrara. Il poeta stesso le recò personalmente una copia della prima stampa nel 1516 e nel 1532 gliene inviò l'ultima con la seguente missiva: «Io mando a Vostra Excellentia uno de li miei *Orlandi furiosi*, ch'avendoli meglio corretti ed ampliati di sei canti, e di molte stanze sparse di qua e di là pel libro, mi parrebbe molto uscir del debito mio, se io, innanzi a tutti gli altri, non ne facessi copia a Vostra Excellentia, come a quella che riverisco e adoro, e alla quale so che le mie composizioni (sieno come si vogliono) essere gratissime sogliono» (Lettera del 9 ottobre 1532, riprodotta in Ariosto 1857: I, 55).

3. Antonia del Balzo era moglie di Gianfrancesco Gonzaga. Per le lettere scambiate sul *Tirant*, *cf.* Luzio & Renier (1893: 70-73); sulla possibile provenienza del volume avuto da Antonia del Balzo, Riquer (1990: 250).

4. In una lettera del 27 agosto 1505 Ippolito Vitaliani informava Isabella dei passi mossi presso Eleonora da Correggio a Milano per ottenerne una copia; ancora nel 1510 Isabella chiedeva a Jacopo d'Atri, allora inviato dal Marchese di Mantova in Francia, di rivolgersi al «signor Cabaniglia» (Jerónimo de Cabanilles Vilarrasa y Gallach, ambasciatore di Carlo I in Francia)

lingua catalana.[5] Non è documentato se fu lei a commissionarne la traduzione a Lelio Manfredi, ma sì che questa venne portata a termine tra il 1514 e il 1519 sotto gli auspici del figlio Federico Gonzaga, al quale venne dedicata nel 1538 quando, dopo svariate vicissitudini, vide finalmente la luce.[6]

Non sorprendono queste preferenze nella corte di Mantova, sia perché Isabella d'Este era, secondo parole di Ariosto, «d'opere illustri e di bei studii amica» (*Orlando furioso*, XIII 59, 2), sia perché i primi decenni del Cinquecento avevano visto crescere l'interesse per la letteratura cavalleresca e per quella iberica nelle corti padane, dove Francesco Cieco da Ferrara aveva offerto nel *Mambriano* (1509) un dosaggio di intrattenimento e di insegnamento non dissimile da quello del *Tirant*.[7] In tale contesto si capisce che Jerónimo de Cabanilles, in attesa di trovare una copia del libro per la nobildonna, le offrisse in dono l'*Amadís de Gaula* sapendo di farle cosa gradita (Luzio & Renier 1893: 70-71).

C'è da chiedersi però se i primi lettori italiani del *Tirant* fossero in grado di capirne il testo senza servirsi di una traduzione. La risposta, pur con qualche sfumatura, sembrerebbe positiva. Così, se nel 1521 Cassio da Narni giudicava «obscura e foscha» la lingua del romanzo nell'elogiare le fatiche di Manfredi,[8] sul fronte opposto Niccolò da Correggio rassicurava Isabella d'E-

---

per avere «un libro spagnolo nominato el Tirante» (Luzio & Renier 1893: 70-71; Concina 2015: 120-121).

5. Alla sua morte vennero rinvenuti due esemplari del *Tirant* (nn. 5 e 26 dell'inventario), uno di essi, in catalano, era stato restituio alla nobildonna nel 1525 quando venne ritrovato tra i libri da lei imprestati a Mario Equicola (Barbieri 2012: 194 nota).

6. *Tirante il Bianco valorosissimo cavaliere, nel quale contiensi del principio della cavaleria: del stato, et ufficio suo: dell'essamine, che debbe esser fatto al gentile, e generoso huomo, che dell'ordine di cavaleria decorar si vuole: e come dee esser fatto il vero cavaliere: della significatione dell'arme così offensive, come difensive: quali atti, e costumi appartengono al nobile cavaliere e dell'honore, del quale è degno d'essere honorato* (Venezia, Nicolini da Sabbio, 1538). Sulla versione di Manfredi e la sua dipendenza da una stampa del 1490 con riscontri puntuali sulla versione castigliana del 1511, *cf.* Givanel i Mas 1912 e Calvo Rigual 2012. Per i rapporti tra Federico II Gonzaga e la traduzione del *Tirant*, *cf.* Barbieri 2012.

7. Per gli elementi di discontinuità con l'*Innamoramento di Orlando* di Boiardo, *cf.* Carocci (2015). Sulle coincidenze in merito fra le due opere, *cf.* Gesiot (2015)

8. Così nel poema *Morte del danese* (1521): «Lelio dui libri, uno per man, teneva / da lui tradutti ne la lingua toscha: / l'un Carcer d'amor chiamar faceva, / l'altro / Tirante, ognun credo el conosca. / Questo a Federico marchese leggeva, / che in / lingua externa, prima obscura e foscha / visto l'havea, et per tale exercitio / l'havea premiato di bon beneffitio» (Ferrara,

ste sulla facilità di capire il libro non appena gliene avesse «lete due carte»,[9] e Antonia del Balzo la pregava di restituirglielo al fine di proseguirne la lettura da poco iniziata («pregandola come l'habia lecto me lo voglia rimandare per non lo haver mai lecto se non un pocho del principio a la quale mi racomando»).[10] Una certa autonomia di comprensione pare dunque esserci stata fra le lettrici colte del *Tirant*, tanto più occorre supporla fra letterati veri e propri. Quanto al traduttore stesso, non risulta ch'egli abbia mai attribuito il ritardo nell'eseguire il lavoro a presunte difficoltà della lingua «obscura e foscha», bensì alla lunghezza del libro e ad altre vicissitudini.[11]

Da tutte queste circostanze si può quindi dedurre che molto probabilmente Ariosto ebbe notizia del romanzo prima di iniziare il suo poema e che, qualora una copia fosse caduta nelle sue mani, non avrebbe avuto problemi a capirlo. Ma per sapere se l'abbia davvero letto e se ciò abbia avuto dei riflessi sull'*Orlando furioso*, bisogna interrogare il testo alla ricerca di tracce eventualmente lasciate fra le righe, un compito non facile, data la fitta intertestualità del poema dove spesseggia il ricorso a sottili *contaminationes* tra fonti concorrenti o sovrapposte.

Si spiega così che pochi siano stati i debiti martorelliani finora segnalati dalla critica ariostesca e che dopo l'Ottocento non si siano prodotti ulteriori

---

Rossi, 1521, Libro II, canto IV, c. 71*v*), i versi citati sono riprodotti da Luzio & Renier (1893: 73).

9. «Illustrissima patrona mia. Mio patrone [Niccolò da Correggio] e servitore de la signoria vostra aveva dato principio a tradure Tirante, como vederà la signoria vostra, ma non ge basta l'animo, perché dice che questo che vederà la signoria vostra è una colona e mezo e che 'l venerìa alto due volte como l'è, ma el promete a la signoria vostra, como l'ha fato figioli [sic] che 'l venirà e lo lezerà a la signoria vostra e che 'l non averà lete due carte che la signoria lo intenderà como lui [...]», lettera del 12 marzo 1501, firmata da un sedicente Prete di Correggio, *cf.* Luzio & Renier 1893: 70-71.

10. Lettera del 7 dicembre 1500 (Archivio di Stato di Mantova Archivio Gonzaga, Serie E XIV. 2.b. 1801, c. 139), Concina (2015: 120).

11. «Ben vi supplico di gratia vogliati fare mia scusa s'io ho tardato, ché prima giunto ch'io fui da Milano, fui ferrito, e poi due volte sum stato in termine di morte. Ultimamente quel ribaldo frate apostata che lo scrivea me ne portò via vintiquattro quinterni di mia mano cossì come gli avevo scripti nel tradurlo, de quali non avevo altra copia. Pensati ch'io mi vidi disperato, ma non mi persi d'animo per non aver perso l'ingiegno e la memoria. E perché el non gli avea principio né il fine, a gran pezzo scriver gli feci a messer Iulio Tassano, ma non si fece frutto alcuno; credo che per mio dispetto gli bruciasse» (lettera del 5 giugno 1519, pubblicata in Barbieri 2012: 255).

tentativi di arricchirne il campionario. Varrà quindi la pena di riesaminare la questione.

Pezzo forte delle prime proposte è stata la coincidenza riscontrata da John Dunlop nel 1814[12] fra lo stratagemma della Viuda Reposada per convincere Tirant dei rapporti disonesti di Carmesina col proprio ortolano (complice inconsapevole la fida cameriera Plaerdemavida, cap. 283), e quello adoperato da Polinesso per diffamare Ginevra agli occhi di Ariodante fingendo, con l'aiuto della cameriera Dalinda, un suo incontro segreto con lei (canti V-VI del *Furioso*). Sessant'anni dopo la questione veniva approfondita da Pio Rajna nel monumentale studio sulle fonti del poema (1ª ed. 1876);[13] là egli confermava l'analogia di massima pur mettendo in luce importanti differenze, *in primis* l'attribuzione del ruolo negativo a un uomo (Polinesso) anziché a una donna (la Viuda Reposada),[14] e l'aggiunta di sviluppi ispirati ad altre opere medievali:[15] la pubblica accusa di adulterio scagliata contro la donna, la rivalità fra pretendenti, il riferimento all'«aspra legge» che condannava a morte le adultere, e la difesa del loro onore affidata alla spada di un cavaliere.

Quanto alla parte coincidente, indiscutibile sembra il ricorso alla pantomima teatrale come tramite dell'inganno, ivi compresi i preparativi del travestimento delle due cameriere: Plaerdemavida mascherata «ab la cara que li havien feta pròpiament com la del negre hortolà» e «les sues robes que vestia» (cap. 283, p. 1048); Dalinda con «foggia che sol fu da Ginevra usata», sì da far parere «un per un altro il volto» (V 48-49). Simile anche la simulazio-

12. Il rapporto veniva stabilito dal critico a proposito dell'influsso del *Furioso* sulla novella 22 di Bandello, fonte a sua volta *Much Ado about Nothing* di Shakespeare: «Is the origin of Shakspeare's *Much Ado about Nothing*, and is the longest tale in the work of Bandello. The deception, which forms the leading incident, is as old as the romance of *Tirante the White*, but was probably suggested to the Italian novelist by a story in the *Orlando Furioso*. In the fifth canto of that poem etc.»; cito dalla terza edizione (Dunlop 1845: 272).

13. Rajna (1900: 150-163). Non apporta novità di rilievo da questo punto di vista l'unico studio che, a quanto mi risulta, sia ritornato sull'argomento, badando a un comparatismo tematico piuttosto che genetico: Beltrán 2001.

14. «Senza discendere alla considerazione minuta delle mutazioni introdotte dall'Ariosto, così gravi da cambiar faccia al racconto, non posso astenermi dall'avvertire che la parte odiosa è rappresentata nel *Tirante* da una femmina, nel *Furioso* invece da un uomo», Rajna 1900: pp. 152-153.

15. Il *Tristan* di Béroul, il *Lancelot* di Chrétien de Troyes, la *Mort le Roi Artus*, il *Palamedés*, l'*Amadís* di Rodríguez de Montalvo, la *Historia de Grisel y Mirabella* di Juan de Flores.

ne del rapporto erotico inscenato con diversi gradi di intensità (esplicitamente sessuale nel *Tirant*; eufemisticamente ridotto a baci nel *Furioso*); e simile l'esibizione della scena a modo di palcoscenico sotto gli occhi del cavaliere frodato (il giardino sottostante la camera di Carmesina visto da Tirant dalla finestra di una casa dirimpetto con l'aiuto di specchi; il balcone della camera di Ginevra osservato da Ariodante e da suo fratello tra alcune case abbandonate). A queste analogie di base si potrebbero aggiungere almeno due puntuali coincidenze nelle espressioni adoperate: la prima riguardante il previo tentativo di convincere il cavaliere del disamore della sua donna («yo sé certament que vós no sou amat segons sou merecedor», *Tirant*, cap. 266 [Martorell 2008: 1000]; «Finge ella teco, e non t'ama ne prezza», *Furioso*, VI, 37, 1); la seconda, la promessa di fargli vedere coi propri occhi la prova del tradimento («ab los vostres hulls corporals vos ho faré veure», *Tirant*, cap. 268 [Martorell 2008: 1004]; «t'offerisco manifesto / [...] inanzi a gli occhi porre», *Furioso*, V 40, 3-4).

È vero che il travestimento di Dalinda con i panni della sua padrona non mancava di altri precedenti accessibili ad Ariosto, quali lo scambio di persona tra la regina Berta e la fida Falisetta nel romanzo trecentesco di Andrea da Barberino *I Reali di Francia* («La reina si cavò il suo reale vestimento e miselo a lei, e trassesi la corona e missela a Falisetta; e per modo l'adornò, che sarebbe gran fatto averla riconosciuta, perché tanto si somigliavono e di parlare e di viso e di persona», Libro VI, cap. 4),[16] ma non può sfuggire la differenza tra la complicità serva-padrona e il ruolo di vittima di Ginevra, anche se nel seguito della storia Falisetta tradirà Berta e cercherà di farla ammazzare in circostanze simili a quelle poi toccate a Dalinda ad opera del suo complice.[17]

Sommato e detratto tutto, resta in piedi un importante nucleo di coincidenze esclusive tra il racconto di Martorell e quello di Ariosto: gli unici in cui lo scambio di persona si combini con la complicità della cameriera più fidata e con l'inscenamento teatrale dell'inganno; si aggiungano le reazioni dei due cavalieri frodati, che, pur con diverse modalità e motivazioni, assommano lo scoppio di irrefrenabile e autodistruttivo dolore, l'allontanamento dal regno, il ritorno e la felice riunione con la donna amata.

16. Andrea da Barberino 1947: p. 256.

17. Non è invece il caso di chiamare in causa, come fa Beltrán 2001, il ricorrere di rapporti carnali con un essere deforme in altri punti del *Furioso* (ad es. la regina «avviticchiata» al nano in XXVIII 34) essendo il motivo assai vulgato nella letteratura medievale.

La vecchia proposta di Dunlop pare, insomma, reggere ancora.

Accanto all'episodio della Viuda Reposada, Rajna ne aveva notato un altro di ordine minore cui la critica ha prestato poca attenzione (Rajna 1900: 218-219): si tratta dello stratagemma escogitato da un «avisat mariner» (*Tirant*, cap. 106) per trascinare certa nave nemica con l'aiuto di una grossa corda tirata da altri marinai dopo averla legata ad un argano, espediente non privo di analogie con quello adoperato da Orlando per trascinare l'orca nell'isola di Ebuda con la forza colossale del suo braccio (pari a quella di un «argano» e di dieci uomini), dopo aver conficcato un'ancora sul palato dell'animale. Certamente il sommario racconto ariostesco contrasta con la minuziosità di Martorell, ma il parallelismo su certi dettagli, compresi gli andirivieni a nuoto, pare più convincente quando ci si attiene all'ossatura dei due episodi:

Tirant, cap. 106, p. 403	*Orlando furioso*, XI 39-41
Lo avisat mariner hagué fermat un argue en terra, vora mar, molt fort. Aprés agué una molt grossa gúmena e posàla dins una barqua [...] e pres una corda tan grossa com lo dit [...] lançà's en la aygua e nadant anà prop de la nau [...]. E pres lo cap de la corda e liguà'l al cap de la gúmena [...] E tornà's a lançar en la aygua e tornà a la nau, e enseuà molt bé la anella. E los de la barca tiraren la corda prima fins a tant que cobraren lo cap de la gúmena.	Messo il puntello, [...] // ... a nuoto fuor ne viene, / lascia l'ancora fitta, e in mano prende / la fune che da l'ancora depende. / E con quella ne vien nuotando in fretta / verso lo scoglio: ove fermato il piede / tira l'ancora a sé [...] / L'Orca a seguire il canape è constretta [...] a quella forza / che più in una scossa / tira, ch'in dieci un argano far possa.

Né va trascurato l'esplicito paragone con il trainamento di una nave compiuto da Oberto, re d'Ibernia, quando poco dopo ne riassume l'episodio: «e che nuotando un cavallier era ito / a porgli in gola un'àncora assai grave; / e che l'avea così tirato al lito, / *come si suol tirar contr'acqua nave*» (XI 60, 1-4, corsivi miei).

Confermata così la ragionevole probabilità dei prestiti finora suggeriti, sottopongo all'attenzione degli studiosi altre tre possibili tracce del *Tirant* nell'*Orlando furioso*. Per maggiore chiarezza, disporrò gli esempi in paragrafi numerati.

1. I consigli delle donne

«Açò és cosa acostumada, que la natura femenil, frèvol e variable, elegeix lo més inútil consell, si molt hi pensa, en la major necessitat», dice il narratore nel capitolo 416 del *Tirant* a proposito dell'infausta decisione di suicidarsi presa dalla Viuda Reposada (Martorell 2008: 1379). Nell'esordio del canto XXVII del *Furioso*, Ariosto esclama a proposito di una decisione presa da Malagigi con effetti disastrosi per il campo cristiano: «Molti consigli de le donne sono / meglio improviso, ch'a pensarvi, usciti» (vv. 1-2). Nel commento al poema ariostesco, questa sentenza era stata giustamente ricondotta da Antonio Panizzi (Panizzi 1834: III, p. 397) ad un'altra dei *Reali di Francia*, dove il narratore citava «il detto del Savio che lo consiglio della femmina è buono s'ella non vi pensa su; ma s'ella vi pensa, nollo pigliare, ch'egli è vizioso» (Libro II, cap. 16). Andrea da Barberino vi celebrava il «presto rimedio» trovato dalla giovane Drusolina per evitare di essere accusata di un crimine, e presupponeva di passaggio che il raziocinio femminile potesse solo dare frutti manchevoli e scorretti (i.e. viziosi). Gli studiosi del *Tirant* non pare abbiano tenuto conto di questo precedente,[18] eppure Martorell si era attenuto ad esso amplificandone la parte misogina non senza alcune palesi riprese testuali: «s'ella non vi pensa su» /«se molt hi pensa»; consiglio «vizioso»/«inútil consell».

Anche Ariosto si era incentrato sugli errori del raziocinio femminile ed era incorso nella medesima ripresa letterale, ma, a differenza di Martorell, aveva mantenuto il contrasto improvviso/meditato dell'originale («*s'ella non vi pensa su*, ma s'ella vi pensa...», *Reali* -> «*meglio improviso* ch'a pensarvi usciti», *Furioso*). Rispetto alla riformulazione del *Tirant*, però, quella ariostesca riduceva il carattere assoluto dell'asserto primitivo convertendo l'avversativa «*ma* s'ella vi pensa» in una comparativa di maggioranza: «*meglio*... ch'a pensarvi». Solo per quest'ultimo dettaglio si può accettare la possibilità di un influsso del detto di Boccaccio (pure avanzato dalla critica): «Talvolta le femine li porgono [i consigli] *migliori che* quelli che subitamente sono presi dall'uomo» (*Filocolo*, I 22, 15). Ma a nessuno può sfuggire che Ariosto, oltre a non alludere al contrasto uomini/donne, sostiene precisamente il contrario: le decisioni improvvise sono spesso preferibili.

18. *I Reali di Francia* non figurano tra il pur ricchissimo scandaglio di fonti di Pujol 2002.

Stando così le cose, si potrebbe concludere quanto segue: la catena di coincidenze testuali («s'ella non vi pensa su», *Reali* -> «se molt hi pensa», *Tirant*-> «a pensarvi», *Orlando furioso*), non implica la mediazione di Martorell, bensì la dipendenza diretta dalla fonte prima anche nel caso di Ariosto; tuttavia una differenza dal modello accomuna i due imitatori: l'aver spostato il baricentro del detto verso la critica delle decisioni meditate anziché verso la lode di quelle prese all'improvviso. Si può ritenere casuale questa coincidenza? Spinge a escluderlo non solo l'assenza di esempi consimili in altri autori, ma anche il fatto che il detto riguardi nel *Tirant* la Viuda Reposada, precisamente il personaggio il cui stratagemma colpì l'immaginazione di Ariosto al punto da riemergere nell'episodio di Ginevra. Non sembra azzardato quindi supporre che, arrivato a questo punto nella lettura del *Tirant lo Blanc*, egli avesse notato il diverso uso di una sentenza a lui ben nota e se ne fosse ricordato al momento di deplorare la decisione di Malagigi. Lo fece a modo suo, cioè utilizzando leggerezza ed ironia, attenuandovi il carattere misogino con l'aiuto di Boccaccio e contaminando le fonti.

2. La spacconata del marinaio turco

Nel capitolo 163 del romanzo di Martorell un marinaio turco, ignorando di essere ascoltato da Tirant, lancia delle accuse infamanti contro di lui seguite da minacce spavalde («lo seu nom és leig e vil, per ço com Tirant vol dir usurpador de béns o, més propi parlar, ladre [...], emprenyarà la filla [de l'emperador], aprés la muller, aprés matarà l'emperador [...]. Yo jur per l'aygua que yo·m bategí, que si yo·l poria pendre aquell traydor de Tirant, axí com moltes vegades n'é pres d'altres, que yo·l penjaria en la més alta entena de tota la nau», Martorell 2008: 712-713). Sentendo queste spacconate, Tirant prima finge di condividerle, poi scoppia a ridere («Tirant reya molt e prenia gran plaer en lo que deya lo mariner»), infine rivela la propria identità e tratta benignamente il marinaio per conquistarne il favore.

Nel canto XII dell'*Orlando furioso* (ottave 42-45) Ariosto descrive una scena in parte coincidente dove Ferraù, ignorando l'identità del suo interlocutore, accusa Orlando di portare in capo un elmo rubato e si vanta di poterglielo togliere come altre volte ha fatto («Già molte / fiate e molte ho cosí Orlando astretto, / che facilmente l'arme gli avrei tolte, / quante indosso n'avea, non che l'elmetto», 43, 1-4); alla prima accusa del «vantator Spagnuol» il paladino risponde «sorridendo» («Anzi credo io, se tel vedessi a fronte, / ne tremeresti dal capo alle piante», 44, 1-6); ma di fronte all'ultima spacconata, perde la pazienza, rivela la propria identità e lo sfida: «Mentitor, brutto marrano [...] / Quel paladin, di che ti vai vantando, / son io, che ti pensavi esser lontano. / Or vedi se tu puoi l'elmo levarme, / o s'io son buon per tòrre a te l'altre arme» (45, 2-5).

Se è innegabile l'opposta conclusione dell'equivoco e se l'accusa di latrocinio ha troppi precedenti nella letteratura cavalleresca per essere significativa (già Pulci e Boiardo avevano inaugurato la tradizione di chiamare ladro Rinaldo), non pare priva di peso la coincidenza tra la situazione di partenza, ivi compresa la vanteria su precedenti imprese («axí com moltes vegades n'é pres d'altres» / «Già molte / fiate e molte ho cosí Orlando astretto»), e il risvolto comico della situazione che fa ridere Tirant e sorridere Orlando, seppure in ben diversa misura.

Martorell aveva utilizzato l'aneddoto per mostrare l'abilità dell'eroe nel ribaltare situazioni evitando l'uso innecessario della forza; Ariosto, per irridere il cruento punto d'onore medievale che il vantatore condivideva con Orlando. La materia prima dell'equivoco era però la stessa.

3. Pastorali alberghi

Nei capitoli 410-413 del *Tirant*, si racconta l'avventura del cavaliere Spèrcius, innamoratosi di una bellissima donna dopo averla liberata dall'incantesimo che l'aveva convertita in drago, e poi rifugiatosi con lei nella casa di un pastore e di sua moglie trasformandola in loro stabile dimora («E entraren en casa del pastor. E aquí la donzella féu molta honor al pastor e a sa muller e proferí'ls de fer-los molt de bé. E stigueren aquí ab gran plaer e consolació. E stant aquí feren portar la roba que la donzella tenia en la cova, e la moneda, e abillaren molt bé lo casal del pastor», cap. 413, p. 1372). Non è difficile notare la corrispondenza con i «pastorali alloggiamenti» che Mandricardo e Doralice trovano nel canto XIV del *Furioso* grazie a un «guardian cortese degli armenti»: «Erano pastorali alloggiamenti, / miglior stanza e più commoda, che bella. / Quivi il guardian cortese degli armenti / onorò il cavalliero e la donzella, / tanto che si chiamâr da lui contenti» (XIV 62). Ancor più evidente pare il rapporto con l'esperienza di Angelica e Medoro nel canto XIX, dove la casa del pastore che li ospita viene definita «buona e bella» e «umil tetto» di domestica e duratura felicità coniugale («Stava il pastore in assai buona e bella / stanza, nel bosco infra duo monti piatta: / con la moglie e co i figli: e avea quella / tutta di nuovo, e poco inanzi fatta», 27, 1-4; «Fersi le nozze sotto all'umil tetto / le più solenni che vi potean farsi: / e più d'un mese poi stero a diletto / i duo tranquilli amanti a ricrearsi», 34, 1-4).

Certamente Ariosto aveva in mente la caverna virgiliana dove Didone ed Enea si erano rifugiati dalla tempesta e avevano celebrato il loro «imeneo» (*Aeneidos*, IV 120-127), ma il passaggio dalla mitica spelonca all'umile albergo pastorale era tutt'altro che ovvio, tanto più se si aggiungono i dettagli della gratitudine per l'ospitalità del pastore, l'allusione alla moglie e l'avviarsi sotto l'umil tetto di una vera e propria vita coniugale.

Le analogie fin qui riscontrate sono sparse in punti diversi e distanti dell'una e dell'altra opera (capp. 106, 163, 283, 410-413, 416 del *Tirant*; canti V-VI, XI, XII, XIV, XIX, XXVII del *Furioso*), il che dimostrerebbe una lettura completa del romanzo e il permanere della sua memoria per buona parte del processo compositivo del poema ariostesco. Tuttavia esse rappresentano una messe discreta, sia per il loro carattere circoscritto, sia perché le due opere rispecchiano progetti troppo distanti da permettere confronti strutturali. Il *Tirant* proponeva un modello di cavaliere che sommava al coraggio medievale, l'intelligenza strategica di un principe moderno e le doti mondane di un cortigiano, ma tradizione e modernità venivano messe al servizio di una illusione storica volta a cancellare la recente sconfitta dell'impero romano in Oriente. Nessuna nostalgia, nessuna regressione storica anima invece le finzioni cavalleresche dell'*Orlando furioso*, dove prevale una siderale lontananza e una superiore ironia rispetto alla loro sopravvivenza letteraria. Tanto che la follia sembra essere comune denominatore della passione cavalleresca e di quella amorosa, sia che i guerrieri disertino il campo di battaglia per un puntiglio d'onore, sia che lo facciano per difendere una fanciulla o per sedurla. Non a caso la follia di Orlando dà titolo al poema, la cui unità andrebbe cercata nella consapevolezza dei limiti umani. Anzi, è possibile che, a prescindere da ricordi puntuali, Ariosto sia rimasto colpito da un aspetto più intangibile del romanzo di Martorell: l'umanità di Tirant, capace di grandi prodezze ma anche di cadere preda della disperazione a causa dell'amore. Forse per questo, oltre che per la suggestione teatrale dell'equivoco, l'episodio della Viuda Reposada fu quello a colpirlo maggiormente.

Bibliografia

Andrea da Barberino (1947). *I Reali di Francia*, a cura di Giuseppe Vandelli e Giovanni Gambarin, Bari: Giustiniano Laterza & Figli.

Ariosto, Ludovico (1857). *Opere minori* a cura di Filippo Luigi Polidori, Firenze: Le Monnier.

Ariosto, Ludovico (1960). *Orlando furioso secondo l'edizione del 1532 con le varianti delle edizioni del 1516 e del 1521*, a cura di Santorre Debenedetti e Cesare Segre, Bologna: Commissione dei Testi di lingua.

Barbieri, Nicoletta Ilaria (2012). *Cultura letteraria intorno a Federico Gonzaga, primo Duca di Mantova*, tesi di dottorato, Università Cattolica del Sacro Cuore.

Beltrán, Rafael (2001). «"Simiente de cizaña": sobre la relación entre el episodio de la Viuda Reposada (*Tirant lo Blanch*) y el canto V del *Orlando furioso*», *Tirant*, 4 <http://http://parnaseo.uv.es/Tirant/tirant4.htm>.

Calvo Rigual, Cesáreo (2012). *Estudi contrastiu del lèxic de la traducció italiana del Tirant lo Blanc (1538)*, Barcelona: Institut d'Estudis Catalans.

Carocci, Anna (2015). «Il Cieco da Ferrara e Matteo Maria Boiardo: una ripresa per opposizione», *Giornale Storico della Letteratura Italiana*, vol. 192, núm. 640, pp. 549-570.

Catalano, Michele (1930-1931). *Vita di Ludovico Ariosto ricostruita su nuovi documenti*, 2 voll., Genève: Olschki.

Concina, Chiara (2015). *Ancora sulla fortuna del Tirant in Italia (con alcune postille sulla traduzione di Lelio Manfredi)*, in *More about Tirant to Blanch: from the sources to the tradition* a cura di Vicent Josep Escartí e Ana Maria Babbi, Amsterdam - Philadelphia: John Benjamin, pp. 119-138.

Dunlop, John Colin (1845), *The History of Fiction, being a critical Account of the most celebrated Prose Works of Fiction from the earliest Greek Romances to the Novels of the present Age*, London: Longman, Brown, Green, and Longmans.

Gesiot, Jacopo (2015). «Il *Tirant lo Blanch* tra i versi del *Mambriano* di Francesco Cieco da Ferrara», *Historias Fingidas*, 3, pp. 189-210.

Givanel i Mas, Joan (1912). *Estudio crítico de Tirant lo Blanch. Comentario a un pasaje del capítulo VI del «Don Quijote de la Mancha»*, Madrid: Librería General de Victoriano Suárez.

Luzio, Alessandro & Renier, Rodolfo (1894). «Niccolò da Correggio», *Giornale Storico della Letteratura Italiana*, 22, pp. 65-119.

Luzio, Alessandro & Renier, Rodolfo (1900). «La coltura e le relazioni letterarie di Isabella d'Este Gonzaga», *Giornale Storico della Letteratura Italiana*, 35, pp. 193-257.

Martorell (2008). *Tirant lo Blanch, Text original (València 1490)*, edició i notes de Arbert Hauf, València: Tirant lo Blanch.

Panizzi, Antonio (1834). *Orlando innamorato di Bojardo, Orlando Furioso di Ariosto with an Essay on the romantic narrative poetry of the Italians*, London: William Pickering, 3 voll. 1830-1834.

Pujol, Josep M. (2002). *La memòria literària de Joanot Martorell. Modells d'escriptura en el 'Tirant lo Blanc'*, Barcelona: Curial Edicions Catalanes - PAM.

Racheli, Antonio (1849), *Delle memorie storiche di Sabbioneta. Libri 4*, Casalmaggiore: Bizzarri.

Rajna, Pio (1900). *Le fonti dell''Orlando furioso'*, 1876, 2ª ed. rivista e aumentata, Firenze: Sansoni.

Riquer, Martí de (1990): *Aproximació al Tirant lo Blanc*, Barcelona: Quaderns Crema (Assaig, 8).

Sansone, Giuseppe (1980). «El "Tirante" de Lelio Manfredi», in *Homenatge a Josep M. de Casacuberta*, Barcelona: PAM, pp. 291-307.

Ocurrències de contrafisió en March

Josep Murgades
(Universitat de Barcelona)

> On peut envisager la rhétorique comme une *exaspération du rationnel*
>
> Groupe μ (1970: 111)

Sobre una figura poc coneguda: establiment

No és, la contrafisió, una figura tipificada en la retòrica antiga.[1] Cal esperar fins a l'aportació renovadora de Pierre Fontanier (1977 [1827-1830]) perquè concepte i denominació, denominació i concepte, apareguin degudament delimitats i categoritzats (Fontanier 1977: 152-154 i 264).

Amb el benentès que, com no podia escapar-se-li al mateix Fontanier, «les figures ne sont pas, comme leurs noms, une invention des rhéteurs ou des grammairiens [...] elles nous viennent de la Nature même, comme la parole» (1977: 67). Ja que, sempre segons ell, «dans tous les arts quelconques, ou mécaniques ou liberaux, la pratique a précedé la théorie, c'est-à-dire, le système raisonné de la méthode et des règles. Mais la théorie est venue ensuite éclairer, diriger, perfectionner la pratique» (1977: 68). Cosa tota ella ben certa: o és que abans de la ciència mèdica no hi ha hagut prèviament la pura i simple biologia?

Què entén llavors Fontanier per *contrefision*? Pel que fa al mot en si, i a falta, diu, de no haver-ne trobat un de «plus heureux» (1977: 143), procedeix a derivar-lo «du latin *Contrà*, contre, et *Fisum*, supin du simple non-usité *Fidere*, se fier: feinte confiance en une chose à laquelle on ne donne en effet ni crédit ni espoir, ou contre laquelle on veut prévenir» (1977: 264). Passa lla-

1. «Ni le conseil ni le déconseil ne sont des figures reconnues par la rhétorique classique» (Bremond 1970b: 68). No podia ser-ho, doncs, una figura que, segons veurem, presenta trets propis de tot consell irònic.

vors a arrenglerar aquesta figura entre les que ell considera figures d'expressió o trops impropis, és a dir, les constituïdes per més d'un sol mot (1977: 109). I, dins d'aquestes, entre les que ell creu que ho són per oposició, o sigui, les que consistirien a forçar «l'artifice du discours», de manera que «notre esprit [...] il va jusqu'à énoncer à-peu-près tout le contraire de ce qu'il pense», amb el resultat «qu'on se fera un plaisir de l'interprétation» (1977: 143). La contrafisió es troba així equiparada amb figures tradicionalment tan acreditades com la preterició, la ironia, l'epítrope o permissió i el mateix asteisme (*ibidem*).

Com és llavors que la defineix Fontanier? Doncs aquesta, «en feignant d'appeler le désir, l'espoir, la confiance, sur une chose, ne tend à riens moins qu'à en détourner tout désir, tout espoir ou toute confiance» (1977: 152). Evidentment, les ocurrències que addueix Fontanier per exemplificar aquesta figura per ell detectada són de registre alt: Virgili, Juvenal, Horaci, Boileau, Voltaire, La Fontaine (1977: 152-154).[2]

Cosa que no vol dir que no poguéssim estar temptats nosaltres de trobar-ne realitzacions en tot de registres col·loquials.[3] Al capdavall, és també Fontanier qui invoca Du Marsais (1730) i la seva celebèrrima afirmació segons la qual, de figures, «il s'en fait plus aux halles en un jour de marché, qu'il n'y en a dans toute l'Enéide, ou qu'il ne s'en fait à l'Académie dans plusieurs séances consécutives» (1977: 157).[4] I ho fa per postil·lar tot seguit que «les Tropes appartiennent donc autant, et même plus en quelque sorte, à ceux qui connaissent le moins la langue et savent le moins ce que c'est que *Tropes* ou que *fi-*

2. Per mor de brevetat no se'n reprodueixen aquí en aquest paper les citacions corresponents. Però sí que se'n dona, en canvi, la respectiva referència bibliogràfica oportuna: *Ègloga I* (Riba 1993: 25), vv. 71-74; *Sàtira XII*, vv. 57-59 (Juvenal 1961: 65); *Epístoles II*, *II*, vv. 72-76 (Horaci 1927: 118); *Satire de l'homme VIII*, vv. 225-234 (Boileau 1966: 46); *Épître LXXXII*, «À Daphné, célèbre actrice», vv. 81-87 (Voltaire 1784: 187); *La Clochette*, vv. 1-8 (La Fontaine 1954: 621). I se n'hi expliciten escaridament dues. La contrafisió del llatí Horaci, quan, després de referir tot de circumstàncies materials adverses que l'envolten, s'instiga a si mateix, tot sorneguer, a escriure enmig de totes elles «versos harmoniosos», tanmateix (*op. cit.*, v. 76). I la contrafisió del francès La Fontaine, quan, no menys irònicament, invita el lector a refiar-se de la inconstància de l'ésser humà a propòsit d'un rimaire que persisteix en la seva dèria compositora tot i haver-se'n desdit ja amb anterioritat (*op. cit.*, vv. 7-8).

3. Possibles exemples, amb valor locutiu, de contrafisió proferida irònicament davant una contrarietat, foren: «i ara, arregla-ho!», «ja li pots anar a fer un nus a la cua!», «vés-li darrere amb un flabiol sonant!».

4. Una constatació igualment citada i assumida pel Groupe μ (1970: 17).

gures, qu'a ceux qui sont, à l'un et à l'autre égard, les plus intruits ou les plus exercés» (*ibidem*).[5]

Sobre una figura poc coneguda: recepció

Sigui com sigui, l'aportació de Fontanier, en el cas concret que ens ocupa, i fins i tot més en general, no ha gaudit fins fa relativament poc de la recepció merescuda.[6]

És Genette qui el reedita i qui, en la *Introduction* a la seva obra (1977 [1968]: 13), assenta que «s'il est un titre auquel Fontanier peut légitimement prétendre, c'est bien celui [...] de *Linné de la rhétorique*». Aquest mateix estudiós li atribueix el «rôle de fondateur de la rhétorique moderne, ou plutôt de l'idée moderne de rhétorique» (Diversos autors 1970: 160), alhora que el pondera com «la "relève" de Dumarsais» (*ibidem*).

I serà també Jean Cohen qui, tot aparellant igualment Dumarsais amb Fontanier, observarà com «par *elocutio*, ils entendaient ce que Saussure a depuis appelé "parole" et que l'on tend à nommer aujourd'hui "discours"» (Diversos autors 1970: 17), raó per la qual prodigarà a Fontanier el qualificatiu de «saussurien avant l'heure» (Diversos autors 1970: 19).

En aquesta mateixa publicació conjunta de *Communications* és d'on Claude Bremond (Diversos autors 1970b: 68), tot remetent-se als exemples de contrafisió assenyalats per Fontanier, n'extreu que «[ils] reviennent tous à un déconseil ironiquement présenté sous forme de conseil. L'influenceur feint de recommender le moyen dont il vient d'exposer les inconvénients ou l'inefficacité».

I qui, ja més recentment, té semblantment en compte Fontanier és una experta de referència en qüestions de retòrica: Bice Mortara Garavelli (1993

5. Valgui ara i aquí, baldament sigui com a *divertimento* amable, il·lustrar-ho amb només tres simples exemples extrets de la col·loquialitat més expressiva: es vol millor sinestèsia que dir d'algú que «les aixelles li canten»?; i més reeixit *histeron proteron* que designar el condemnat camí del patíbul com de «dead man walking»?; i, encara, hi ha cap oxímoron culte més contundent (ments timorates: absteniu-vos de continuar llegint!) que aquell renec espanyol tan castís de «¡me cago en la puta Virgen!»?

6. Així, per exemple, no és tingut en compte per obres de referència en l'estudi de la retòrica com Lausberg (1960), Diversos autors - Princeton (1972), Morier (1998).

[1989]). La qual, a més, aprofundeix també en la comprensió de la figura que aquí ens ocupa, tot assenyalant que es tracta d'una «neoformazione che vale, all'incirca, "controfiducia": sorta di ironia amara o beffarda [d'«ironie douloureuse» parla Dupriez 2019: 269, *s. v. id.*], attuata in forma esortativa. Si invita qualcuno (l'ascoltatore, il lettore o la persona di cui si parla) a tenere un determinato comportamento, si incoraggiano certe opinioni, lasciandone intendere la conseguenze paradossali, o contradette dall'evidenza, per indurre a conclusioni contrarie a quelle prospettate, annullando così la fiducia chiesta speciosamente» (Mortara Garavelli 1993: 185).

Una definició, aquesta de Mortara, que trobem merament parafrasejada a Arduini & Damiani (2014: *s. v. id.*) i que, a Suhamy (2016: 111), apareix en una formulació prou més simple: «La contrefision se présente généralement comme une exclamation ironique, en forme de conseil. On tire de l'expérience une leçon désabusée, on se moque de ceux qui n'ont pas appris la méfiance».

En síntesi, doncs: ens trobem, amb la contrafisió, davant un trop enquadrable dins l'ampli espectre de les figuracions antifràstiques. Apte per suscitar, per contrast amb l'ethos de qui el formula, el rebuig d'allò a què aparentment s'incita.

Un trop impropi susceptible, com tantes altres figures retòriques, de focalitzacions superposades.[7] Ja que, d'acord amb quina en sigui cada realització concreta, la contrafisió pot intersecar, en major o menor mesura, amb figures com l'exhortació commovedora, l'epítrope concessiu, el cleuasme distanciant de qui se l'aplica. Però de totes les quals acaba sempre distingint-se'n pel que té en el fons de retret desencoratjador, d'imposició imperativa, de pulsió autoflagel·latòria.

I, com en tota manifestació irònica, on cal situar el pinyol d'aquesta és en la intenció (la cercada per l'autor o la conjecturada pel lector), no pas en el mot en si, com fora el cas, segons Fontanier (1977: 248), de la metàfora. Un pinyol irònic, altrament, del qual «le conseil et le déconseil, notamment, se donnent souvent à entendre par le recours à la figuration analogique» (Bremond 1970b: 68).

7. Així, posem per cas, paradoxisme i oxímoron poden ser figures sovint fins a cert punt confluents (Mortara 1993: 246; Ueding-Steinbrink 1994: 314), com també metàfora i sinestèsia (Mortara 1993: 167), o metàfora i sinècdoque (Groupe µ 1970: 106, 112 i 127); per no dir res de l'adínaton i la hipèrbole (Mortara 1993: 183).

Possibles exemples de Contrafisió: en Foix, en Ferrater

Textos plausiblement il·lustratius d'un tal procediment retòric, pouats de la literatura contemporània, foren una prosa poètica de Foix (2004: 214-215), un poema de Ferrater (1968: 39).

Llegim en el de Sarrià:

> Aixequeu ben alts els murs del meu carrer. Tan alts que, en ésser nit, no hi entri ni la remor de les fontanes ni el xiscle agònic de les locomotrius. Feu que el meu carrer tingui tot just l'amplada de la meva passa. No feu obertures als murs, i arrieu del cim de les torratxes tantes de banderes i de gallardets. Doneu-me només el goig que, a trenc d'alba, del pas de l'ombra de la meva amada a mitjanit en resti el testimoni d'una flor vermella marcint-se a la penombra, o d'una sabata esberlada flotant damunt un toll.

Hi observem una estructuració en cinc períodes encapçalats per verbs en mode imperatiu. Contrastant els quatre primers amb el darrer: si aquells exhorten a operacions generadores d'angoixa, aquest diu voler conformar-se «només» amb un «goig». Però quin? Un de no menys mortificant: el de les traces desolades de l'inabastable objecte del desig. ¿Es vol «figuration analogique» en clau més alhora freudiana i surrealista?

Frustració sublimada,[8] doncs, a còpia d'autoironia, deliberada o inconscient. Sempre capgiradora, tanmateix, de qualsevol confiança en una resolució millorativa. Contrafisió, doncs.

Llegim en el de Reus:

> *La platja*
>
> El sol se l'ha menjat. Anava sola,
> descalça com la mar, vestida com
> la mar, amb brusa blanca i slacks verds,
> i era rossa com l'aire, lluminosa
> com el lleó de fúria total.

8. El coneixement que tenim de la problemàtica sexual de la persona real i empírica de J.V. Foix (Guerrero 1996: 355-357) pot en part subvenir a una tal interpretació. Però l'anecdotisme biogràfic en cap cas no supleix la pertinència formal i autosuficient de la textualitat.

Se'ns l'ha menjat. Fem-nos canilla d'ira.
Tallem el vent de llauna amb la cisalla
dels udols llargs. Esgarrapem la sorra.
Lladruquegem la mar, la disfressada.

Davant l'objecte de desig just entrellucat i esdevingut tot d'una inabastable, assistim a una reacció en primera persona, però del plural (pudícia del jo singular, projecció en un nosaltres col·lectiu del despagament que se'n deriva). L'amarga ironia està llavors que l'única cosa a fer és entonar un plany òbviament infructuós, segons es desprèn de la seva retòrica ultrançada: remissió a l'animalitat («canilla») d'una passió ben humana («ira») per mitjà d'una doble hipàl·lage («vent» : «udols llargs» / «cisalla» : «de llauna») que indica una acció potencialment dolorosa («tallar»); tant com inútils són les accions d'esgarrapar la sorra i de lladruquejar la mar.

Frustració vivencial, doncs. O, en expressió retòrica, contrafisió.

Sobre la mateixa figura en March

March no és un cínic com Metge, que es complau a parodiar sarcàsticament el gènere homilètic per excel·lència —a través del seu conegut *Sermó*— i a comprimir-ho tot en un consell amb valor d'eslògan desvergonyit: «Siats de natura d'anguila / en quant farets» (Badia 1988).

No és tampoc algú, com Turmeda (1927: 153-155), que, a desgrat del seu *Elogi dels diners* («Diners, doncs, vulles aplegar. / Si els pots haver no els lleixs anar; / si molts n'hauràs poràs tornar / Papa de Roma»), es guarda molt i prou d'aconsellar amb una retòrica que vagi més enllà dels convencionalismes anticlericals establerts, propis de la tradició goliardesca (Pedretti 2014).

No. L'extremós gandià, posat a aconsellar, pot bé fer-ho en sentit recte i convenientment moralitzant. Això sí, atès el seu «maximalisme retòric» (l'expressió és de Badia 1993: 183), ho fa llavors tot forçant el paradoxisme, segons es palesa en els versos 257-260 del poema CIV:

O gent del món! Obriu los hulls per veure
com no és ver lo que veritat sembla,
e que honors, la glòria o ffama,
per les virtuts per null temps s'ateng[u]eren.
(March 1952-1959: IV, 111)

ltrament, March no sermoneja ni parodia, com tampoc i encara menys es prodiga amb cap *animus iocandi*. Sinó que, com bé ha remarcat Lola Badia (1993: 184), «sota un gran esclat de figures de dicció i de pensament» desplega «àmpliament l'arsenal retòric del dilema, l'antítesi, l'enigma, l'oposició de contraris, la contradicció i la paradoxa» (Badia 1993: 211).

I aquí és llavors on escau de cridar l'atenció sobre algunes de les seves ocurrències retòriques versemblantment adscrivibles a la contrafisió adés al·ludida i mínimament explanada.

N'és una de ben diàfana la dels versos 11-12 del poema LXXX (March 1952-1959: III, 125): «anau, anau vostres armes provar / encontr·aquell qui vostre no vol ser!». Un consell irònic perquè pressuposa tàcitament la inutilitat de l'esforç a què s'incita: el d'aconseguir el favor de la dama estimada (March 2008: 253-254). I que, retrospectivament, fa bona, i com!, l'afirmació del Groupe µ amb què s'encapçala aquest paper: la retòrica en tant que una exasperació del racional.

Una mostra de contrafisió encavalcada amb el paradoxisme ve donada pels versos 5-8 del poema XI:

> Acuyta't, doncs, a la mort qui·t espera,
> e per tos mals te allongues los jorns;
> aytant és luny ton delitós sojorns
> com vols fugir a la mort falaguera.
> (March 1952-1959: II, 40)

S'hi exhorta al pitjor mal —la mort— des del supòsit —establert per Soló segons Aristòtil a l'*Ètica Nicomaquea* (2015: 201; I, 11, 10-11) i recreat després per Sòfocles als versos finals del seu *Èdip rei* (1977: 75) i per Eurípides (1982: 199) a la seva *Ifigènia a Àulida* (vv. 166-168)— que no hi hauria felicitat possible abans del decés.

Un apotegma, sentenciós i lineal, segons escau als clàssics grecollatins, que March recargola en forma de contrafisió imperiosa i directament interpellativa.

On aquesta figura troba, però, la seva concreció més impactant és possiblement en els versos 1-8 del poema XIII:

> Colguen les gents ab alegria festes,
> loant a Déu, entremesclant deports;

places, carrers e delitables orts
sien cerquats ab recont de grans gestes;
e vaja yo los sepulcres cerquant,
interrogant ànimes infernades,
e respondran, car no són companyades
d'altre que mi en son contínuu plant.
(March 1952-1959: II, 46)

Un exemple altrament paradigmàtic d'allò assenyalat per Lola Badia (1993: 213) sobre la *procédure* marchiana: «el que fa el poeta és girar l'art i la imaginació cap a un efectisme tètric, que convenci (i castigui) plenament el lector tot enfrontant-lo a alguna forma d'horror».

Així, després d'haver invitat tothom a lliurar-se tant a la festivitat sacra com a l'esbarjo profà, el nostre poeta prou s'encarrega de contrastar-ho tot amb el seu jo poètic,[9] absolutament trasbalsat i macabre. El desig aparentment suscitat d'antuvi es veu d'aquesta manera contrarestat per una aversió que, a més d'haver pogut crear mala consciència en el lector (o en l'oïdor) incaut, liquida amargament el *fisum* (Fontanier, *supra*) o la *fiducia* (Mortara, *supra*) que l'interlocutor hagués pogut dipositar en l'exhortació inicial.

Apunt conclusiu

D'unes breus notes com les d'aquest paper, escauria llavors d'inferir-ne, primerament, la conveniència de resseguir la varietat de recursos retòrics en l'obra de tants de clàssics catalans: medievals, moderns i contemporanis. Amb la convicció que, com bé subratllava Claude Bremond (Diversos autors 1970a: 1), «la rhétorique n'est pas un ornement du discours, mais une dimension essentielle à tout acte de signification». Sense deixar mai, altrament, de tenir alhora en compte que «ce que le logicien condamne est précisément ce qui interesse le rhétorique» (Groupe μ 1970: 129).

9. «Jo poètic» («poetisches Ich») és una de les denominacions de què se serveix Isabel Müller (2014: 42-43, n. 79) enfront de la més romànticament connotada de «jo líric» («lyrisches Ich»). I ho argumenta per tal com «das "Ich" der Gedichte Marchs und das "Ich" des Autors in einem durchhaus intrikaten Verhältnis zueinander [stehen]», de manera que bé cal distingir «zwischen der fiktiven Autorfigur und dem empirischen Autor» (*ibidem*).

I, encara, segonament, que importa en tot cas, com ja es plantejava lúcidament Joan Fuster, malfiar-se de la «sinceritat» de March. Ja que —prosseguеix el de Sueca— «si Ausiàs va passar i va patir de veres tot allò que ens diu en els seus versos, ¿no hauria estat, en suma, una víctima de la literatura, de la seva pròpia literatura?» (1975^2: 256-257 i 284).

Sigui com sigui i en un tal sentit, ve d'allò més a tomb, a propòsit de March i de tants altres escriptors suposadament turmentats i escruixits, la sàvia reflexió de Georges Haldas:[10]

> L'écriture en elle-même —le fait d'écrire ou de parler— atteste, indépendamment de tout contenu, une énergie de relation. Et, par là-même, exclut le désespoir [...]. Les vraies désespérés, encore une fois, se laissent mourir ou se suicident. Bref, ils opérent dans le silence. Car toute parole, quoi qu'on en dise, est vie. Parler donc d'une «littérature du désespoir» est un non sense et une tricherie (1989: 115).

No podem saber nosaltres com li deuria anar en la seva vida real al cavaller Ausiàs March. I, de fet, tampoc no ens importa. El que sí que podem apreciar i gaudir és com la seva literatura —imaginativament fabulada o biogràficament documental— ens ha anat i ens va de bé.

Bibliografia

Arduini, Stefano & Damiani, Matteo (2014). *Dizionario di Retorica*, <www.enacademic.com> - Academic Dictionaries and Encyclopedias.

Aristòtil (2015). *Ètica Nicomaquea*, trad. Josep Batalla, Santa Coloma de Queralt: Obrador Edèndum.

Badia, Lola (1988). «"Siats de natura d'anguila en quant farets": la literatura segons Bernat Metge» [1984], dins Lola Badia, *De Bernat Metge a Joan Roís de Corella*, Barcelona: Quaderns Crema, pp. 59-119.

Badia, Lola (1993). *Tradició i modernitat als segles xiv i xv. Estudis de cultura literària i lectures d'Ausiàs March*, València-Barcelona: Institut Universitari de Filologia Valenciana - PAM.

10. Vegeu una breu notícia sobre aquesta a Manent (1987: 110). Altrament cal dir que, a gratcient o a la insabuda, Haldas redunda en el que havia ja apuntat Albert Camus sobre això mateix a "L'énigme", dins el seu *L'été* (1953).

BOILEAU, Jacques (1966). *Oeuvres completes*, París: Gallimard (Bibliothèque de la Pléiade, 180).

BREMOND, Claude (1970a). «Avant-Propos», dins DIVERSOS AUTORS (1970), pp. 1-2.

BREMOND, Claude (1970b). «Le rôle d'influenceur», dins DIVERSOS AUTORS (1970), pp. 60-69.

CAMUS, Albert (1953). *L'été*, París: Éditions Gallimard.

COHEN, Jean (1970). «Théorie de la figure», dins DIVERSOS AUTORS (1970), pp. 3-25.

DIVERSOS AUTORS (1970). *Communications*, núm. 16, París: École des Hautes Études en Sciences Sociales, Sociologie, Anthropologie, Histoire.

DIVERSOS AUTORS (1972). *The Princeton Encyclopedia of Poetry and Poetics*, Alex Preminger (ed.), Princeton: Princeton University Press.

DIVERSOS AUTORS (2014). *Història de la literatura catalana: Literatura medieval (II). Segles XIV-XV*, Lola Badia (dir.), Barcelona: Enciclopèdia Catalana - Barcino - Ajuntament de Barcelona.

DU MARSAIS, César (1730). *Des tropes ou des differents sens dans lesquels on peut prendre un même mot dans une même langue*, París: Vve. J.-B. Brocas.

DUPRIEZ, Bernard (2019 [1984]). *Gradus. Les procedés littéraires*, París: Éditions 10/18.

EURÍPIDES (1982). *Ifigènia a Àulida*, trad. Carles Riba, ed. Carles Miralles, Barcelona: Curial.

FERRATER, Gabriel (1968). *Les dones i els dies*, Barcelona: Edicions 62.

FOIX, J. V. (2004). *Diari 1918*, estudi i edició Joan R. Veny-Mesquida, Barcelona: Institut d'Estudis Catalans.

FONTANIER, Pierre (1977 [1827-1830] [1968]). *Les figures du discours. Introduction par Gérard Genette*, París: Flammarion.

FUSTER, Joan (1975). «Vigència d'Ausiàs March» [1959] i «Ausiàs March, el ben enamorat», dins Joan Fuster, *Obres completes 1. Llengua, literatura, història*, 2a ed., Barcelona: Edicions 62, pp. 212-247 i 249-284.

GENETTE, Gérard (1970). «La rhétorique restreinte», dins DIVERSOS AUTORS (1970), pp. 158-171.

GROUPE μ (J. DUBOIS, F. EDELINE, J. M. KLINKENBERG, P. MINGUET, F. PIRE, H. TRINON) (1970). *Rhétorique générale*, París: Librairie Larousse.

GUERRERO, Manuel (1996). *J. V. Foix, investigador en poesia*, Barcelona: Empúries.

HALDAS, Georges (1989). *Les minutes heureuses. L'état de poésie. Carnet 1973*, Lausana: L'Âge d'Homme.

HORACI (1927). *Sàtires i epístoles*, trad. Llorenç Riber, Barcelona: Fundació Bernat Metge.

JUVENAL (1961). *Sàtires II*, trad. Manuel Balasch, Barcelona: Fundació Bernat Metge.

LA FONTAINE, Jean de (1954). *Oeuvres complètes. I. Fables, contes et nouvelles*, París: Gallimard (Bibliothèque de la Pléiade, 10).

LAUSBERG, Heinrich (1960). *Handbuch der literarischen Rhetorik. Eine Grundlegung der Literaturwissenschaft*, Munic: Max Huber.

MANENT, Marià (1987). *Rellegint*, Barcelona: Edicions 62.
MARCH, Ausiàs (1952-1959). *Poesies*, 5 vols., ed. Pere Bohigas, Barcelona: Barcino (ENC A, 71, 72, 73, 77 i 86).
MARCH, Ausiàs (2008). *Per haver d'amor vida*, ed. Francesc J. Gómez & Josep Pujol, Barcelona: Barcino (Biblioteca Barcino, 3).
MORIER, Henri (1998 [1961]). *Dictionnaire de Poétique et de Rhétorique*, París: Presses Universitaires de France.
MORTARA GARAVELLI, Bice (1993 [1989]). *Manuale di Retorica*, Milà: Bompiani.
MÜLLER, Isabel (2014). *Wissen im Umbruch. Zur Inszenierung von Wissensdiskursen in der Dichtung Ausiàs Marchs*, Heidelberg: Universitätsverlag.
PEDRETTI, Marco (2014). «Anselm Turmeda», dins DIVERSOS AUTORS (2014), pp. 239-260.
RIBA, Carles (1993). *Les Bucòliques de Virgili i altres poemes pastorals*, ed. Ramon Torné, Barcelona: Publicacions de la Universitat de Barcelona.
SÒFOCLES (1977). *Edip rei*, trad. Carles Riba, ed. Carles Miralles, Barcelona: Curial.
SUHAMY, Henri (2016 [1981]). *Les figures de style*, París: Presses Universitaires de France.
TURMEDA, Anselm (1927). *Llibre de bons amonestaments*, dins Bernat Metge i Anselm Turmeda, *Obres menors*, Barcelona: Barcino (ENC, 10), pp. 144-159.
UEDING, Gert & STEINBRINK, Bernd (1994). *Grundriß der Rhetorik*, Stuttgart - Weimar: J. B. Metzler.
VOLTAIRE, François Marie Arouet (1784). *Oeuvres complètes. Epîtres*, vol. XIII, París: De l'Imprimerie de la Societé Littéraire Typograhique.

Fin'amors *pon ous al niu*

Marina Navàs Farré
(Universitat Rovira i Virgili)

Són moltes les metàfores que ha desencadenat la *fin'amors* en la lírica medieval. Algunes disposaven ja d'una tradició fecunda i no ens sorprenen, com la metàfora guerrera de l'amor, el foc sense fum de la passió amorosa o la presó d'amor, entre tantes altres. N'hi ha, però, que no han tingut tanta fortuna i no han esdevingut llocs comuns, tot i que poden ser, també, evocadores. És el cas del niu d'amor, que trobem als versos 35-36 del poema «Sens lo desig de cosa desonesta» d'Ausiàs March (XXXIII, RAO 94.100):[1]

> Ladonchs Amor peix sos fills en lo niu
> que dins mon cap es lonch temps que nodreix.

L'Amor s'equipara amb una au que peix les seves cries al niu. Aquest niu no pot ser altre que el cap del poeta, ja que March canta un amor pur que prové de l'enteniment, i no de la carn. Contràriament al desig carnal, que és corruptible, l'amor basat en el seny és un amor fèrtil capaç de donar fruit, d'engendrar, de nodrir-se, de créixer.

Fa una colla d'anys, Lola Badia va fer notar l'estranyesa d'aquesta metàfora amorosa, que només tenia com a precedent uns versos de Ramon de Cornet:

> Aviat se'ns farà una mica de llum sobre aquest personatge que sembla una mina de sorpreses. La tornada del poema «Intrar vuelh querreiar, si puesc tan» (Zufferey 1981, 22) també dóna la clau d'una imatge marquiana que sempre m'ha deixat bocabadada, la dels vv. 35-36 del poema XXXIII: «ladonchs Amor peix sos fills en

1. Cito les obres primer amb el número de l'edició de referència, Pagès en el cas d'Ausiàs March, Noulet & Chabaneau (1888) en el cas de Cornet, Lluís Cabré en el cas de Pere March i Josep Pujol en el cas de Jaume March, i després amb la numeració de referència al RAO (tal com apareix al Rialc) per a les obres catalanes; la de la BEdT per als trobadors i la de BPP per a Cornet.

lo niu / que dins mon cap és lonch temps que nodreix». Vegeu el text de Cornet a Noulet, Chabaneau 1888, 104: «Monges soy blanx e vuelh passar la nau / del flum de joy, si ma Roza, que neu / freyt ni calor no tem, m'encenhal niu / on met sos huous fin'amors, qu'en fay nou». Que la *fina amor* pongui ous en un niu i els hi covi és una extravagància que només la recerca de rimes en au, eu, iu i ou podia convocar. Partint de la base que la tradició del XII estotja tresors com les rimes de la sextina d'Arnaut i que trobem *ungles* fins a Corella, crec que seria el cas d'obrir una investigació seriosa sobre les fonts de les rareses de March, les *subtils* i les simplement *estranyes* (i presumptament *belles*) (Badia 1993: 176, n.).

No és estrany que el referent de March sigui Cornet, en aquest passatge i en d'altres que també Badia fa notar, ratificats més tard per Pilar Olivella en la seva tesi doctoral, dirigida per l'homenatjada, en la qual dedica un espai molt important a la figura de Cornet i que resulta un gran avenç per a l'estudi de l'autor i la poesia del segle XIV. Així, per exemple, en el cèlebre vers marquià «e que passas ma vida en durment!» (I, RAO 94.7, v. 18) ressona el de Cornet «per que totz temps volgra viure durmen» (VIII, BPP 558.6, v. 40) (Badia 1993: 175-176), i la teoria de l'amor pur de March (XCII i LXXI, RAO 94.16 i 89) s'inspira en alguns casos en la de Cornet (XXII, BPP 558.1), més hermètica i menys elaborada discursivament; per això la lectura de March ajuda a esclarir-ne els passatges més obscurs (Badia 1993: 180; Olivella 2002: 397-399, n.). Podríem afegir-hi els versos «e port al cor ses fum continuu foch» (III, RAO 94.13, v. 5) i «lo foc d'amor sens fum» (V, RAO 94.118, v. 18), que recorden el vers «Si que del foc don no pot ishir fums» (XV, BPP 558.17, v. 33). També Maurizio Perugi en subratlla la influència quan afirma que el *vers* cornetià «Razos ni sens» (XXV, BPP 558.38) «si colloca ormai su una linea che anticipa da lontano Ausiàs March» (1985: 121), i més endavant afegeix:

> L'Accademia tolosana aveva prodotto, sia pure di riflesso, un esperimento in parte geniale come quello di Rcorn [Ramon de Cornet]: e che senza l'insegnamento di questi, pur mortificato e svuotato nella codificazione ufficiale che da Tolosa fu esportata oltre i Pirenei, un poeta come Ausiàs March difficilmente sarebbe pensabile (Perugi 1985: 141-142).

Tanmateix, Cornet ha passat de puntetes per la crítica catalana. El lloc que li atorgà Jaume Massó i Torrents (1932) fou menystingut i encasellat per Jordi Rubió (1992) fins al simple esment, en qualitat de tractadista, a la *Història de la literatura catalana* de Martí de Riquer (1964), per exemple, sens dubte perquè es tracta d'un autor occità i no d'origen català. Va ser precisament Lola Badia qui va fer-ne notar la importància i la necessitat d'estudiar millor la seva figura. I així ho va fer, tant a l'edició del *Cançoneret de Ripoll* (1983) com als comentaris dedicats a la poesia d'Ausiàs March (1998), dirigint la tesi de Pilar Olivella (2002) i incloent l'autor en les seves assignatures de la universitat —va ser el meu primer contacte amb aquest autor, ignorant que poc després li dedicaria la tesi.

Que Ausiàs March conegués la poètica de Ramon de Cornet no ens ha de sorprendre si tenim en compte la tradició manuscrita i l'èxit de la seva obra, tant poètica com gramatical, a la Corona d'Aragó. En conjunt, els testimonis catalans dupliquen els occitans. Deixant a banda la preceptiva, que circula per separat i té una transmissió exclusivament catalana, el corpus líric de Cornet es conserva en quatre testimonis: dos de llenguadocians i dos de catalans. Els llenguadocians són el *Registre de Cornet*, un cançoner d'autor copiat al Consistori de Tolosa de Llenguadoc,[2] i un manuscrit que copia un *vers* moral al costat del *Viatge al Purgatori de Sant Patrici*, de Ramon de Perellós.[3] Els dos testimonis catalans són el luxós cançoner del comte d'Urgell, *Sg*, que li dedica una secció d'autor important, amb un corpus de dinou peces atribuïdes, que havien de ser més si tenim en compte la pèrdua d'un foli a l'inici de la seva secció;[4] i més endavant el cançoner *VeAg*, on una mà més tardana en copia una peça de caràcter doctrinal, el *Gardacors*.[5]

Per altra banda, el calc de Cornet en diverses poesies de Joan Berenguer de Masdovelles és flagrant i el seu influx s'intueix en altres poetes com ara Gabriel Ferruç, Llorenç Mallol, Joan Basset o Lluís Icard. Tots ells es relacionen amb la cort o amb el Consistori, els principals focus de circulació de la seva obra. Així doncs, Ausiàs podia haver llegit (i potser escoltat?) Cornet en aquests àmbits. Però en el seu cas s'hi suma la via familiar. Nascut en una família de poetes, el pare d'Ausiàs servia Alfons, duc de Gandia, hereu de l'infant Pere d'Aragó, el destinatari del *Doctrinal de trobar*, de Ramon de Cornet.

2. Tolosa, Bibliothèque Municipale, ms. 2885.

3. Tolosa, Bibliothèque Municipale, ms. 894.

4. Barcelona, Biblioteca de Catalunya, ms. 146. Per al comanditari de *Sg*, vegeu Cabré & Martí (2010).

5. Barcelona, Biblioteca de Catalunya, ms. 8. Per a la secció del *VeAg* on es copia Cornet, vegeu Parramon (2000) i Alberni (2006).

Jaume March, el seu oncle, va ser cofundador i mantenidor del consistori barcelonès.

El corpus dels germans March, Jaume i Pere, s'inscriu plenament en la poètica del segle XIV: noves rimades, peces satiricomorals, *contemptu mundi* amb presència de versos proverbials, debats, poesia obscena, endevinalles, regiment de prínceps per al seu senyor, gust pels jocs rímics de base derivativa, preceptiva poètica, etc. Per tant, és una poètica molt afí a la de Cornet, especialment la del seu pare. Els poemes II-V de Pere March (RAO 96.9, 5, 11, 6) fan pensar, pel contingut, l'estil i el lèxic, en els *vers* i sirventesos morals i en les peces sapiencials de Cornet, com el *Libret de bos ensenhamens* o el *Gardacors*, poema doctrinal que parteix de la mateixa al·legoria que *L'arnés del cavaller*, més desenvolupada i especialitzada.[6] A la peça V s'hi afegeix un detall formal, la repetició del verb *cujar*, gens freqüent en la poesia catalana, que sembla evocar el joc derivatiu de la cobla esparsa de Cornet, que té com a precedent la cançó de Guillem Ademar (PC 202.4):[7]

es açó mou d'un foll e men coratge,
cujan saber ans de prendre legir,
e·l pauch saben cujen regne regir:
cujar és mal, sobrecujar salvatge.

Per foll cujar se presa·l pagés tan
com lo burgès, e·l neci co·l senat,
ez el pillart co·l cavaller honrat,
e·l nan petit se cuja star gegan.
(V, RAO 96.6, vv. 13-20)

Un cug cujat cugie cujar cujan,
mas tan cuget us oms que descujar
me fetz sos cugz so que cugie cujar,
perque tostemps li cug me desplayran.

E vuelh saber ab que mostre lo cor
dels cujadors, quan lox e temps sera,
que temps defalh e temps a temps vendra,
perque temps vuelh e si·m triga no m[or].
(XVIII, BPP 558.40)

És menys present, en canvi, en la poesia de Jaume March i en el seu *Diccionari de rims*, que no explota totes les rimes que li podria oferir el poeta de

6. Lluís Cabré ho anota per a les peces II i V (1993: 145-147). La peça III recorda la *versa*, «Ins en la font de cobeytat se bayna» o «Qui vol en cort de gran senyor aver»; aquesta última també és molt propera a la peça IV, juntament amb «Homs d'estamen deu tener son ostal» i «D'ome suptil no·s merevilh degus». La peça V potser és més semblant a «Paux d'omes vey de sen tan freyturos».

7. «Comensamen comensarai / comensan, pus comensar sai, / un vers vertadier e verai, / tot ver veramen, e veirai / si poirai descujar, cujan, / la cuja que·m cujei l'autr'an, / cujan, cujaires prims, primiers / primamen ab prims cossiriers» (PC 202.4, vv. 1-8).

Roergue.[8] El pròleg del *Diccionari*, «Dreyt et rayso ha mos ·v· sens forçats» (RAO 95.4a), comença amb la imatge dels rims com flors que cull al cim dels arbres, segurament influenciat per les *Flors* del gai saber.[9] Més endavant trobem la figura del colom que peix els seus fills:

> colomba és aucell de molt gran cura
> de sos pauchs fills, que fort soven noyreix,
> sí q·en breu temps son linatge molt crex.
> (RAO 95.4a, vv. 26-28)

El propòsit de la imatge és triple: d'una banda, és la forma que adopta l'Esperit Sant, que ha de beneir la seva obra; de l'altra, aquesta pot créixer en rimes com creix el llinatge dels coloms; finalment, *Colomba pros* és també el seu *senhal*, com el mateix poeta recorda més avall sota la denominació de *divisa*.[10] Així doncs, tot i que es tracti de l'Esperit Sant, el colom té també connotacions amoroses. Josep Pujol suggereix que l'assignació d'atributs amorosos es relaciona «amb el fet que els antics posaven el colom sota la tutela de Venus» i recorda la *Colomba mea* del *Càntic dels càntics* com a font inesgotable per a la lírica amorosa (March 1994: 85).

En el cas d'Ausiàs, l'ocell benigne i fidel que peix els seus fills és l'amor pur. La metàfora del niu d'Amor no té cap precedent clar en la lírica trobadoresca. Sí que podem testimoniar la concepció de l'amor que nodreix, per exemple, en Guillem de Montaignagol: «qu'amors m'a dat saber, qu'aissi·m noyris» (PC 225.7, v. 19), però en cap cas hi trobem la metàfora aviària. Tampoc no la perpetuen els epígons de March, tot i inspirar-se en els seus versos, com Pere Torroella: «Los hulls, lo cor, lo seny e lo voler / he·l pensament, qu'Amor dins ells nodria» (RAO 180.18, vv. 25-26). Ausiàs March no és l'únic que al·ludeix al niu d'Amor. És present, aquesta vegada sense el nodriment, a

8. Sí que em sembla una font la *Saumesca* (X, BPP 558.18), per les rimes *talpa-palpa*, *gropa-estopa-copa-sopa*, i menys segur per *taula-faula*, de la cançó «Iratz et fels soy d'una vielha negra» (IX, BPP 558.23).

9. La imatge de l'esforç del v. 1 a l'hora de cercar rimes i de l'arbre florit és present també a la cançó «El mes d'abril, quan vey per mieg los cams», de Cornet (XV, BPP 558.17).

10. «Enaprés dic que la colomba hi mis / per ço con és aquest lo meu divís, / qe tench el cor es als pits a vegades, / es enqer mays, q·en les mies tornades / de mos dictats sapgats qe no m'oblida / ne farà may tan qan sia ma vida» (RAO 95.4a, vv. 37-42).

l'estilema «amoros niu» de Joan Berenguer de Masdovelles, que apareix a la tornada de la cançó «Be·m pendra mal si pass'esta jornada»:

> Dona de be: pus mon voler no·s cança
> en servir vos, no·m vullats ffer l'esquiu,
> mas playe us que·m doneu l'amoros niu
> qui·m fay valer ez en ben far m'agença.
> (RAO 103.26, vv. 41-44)

En aquest cas, el referent és també Cornet, ja que la mateixa cançó, «Intrar vuelh yeu guerrejar, si puesc tan» (LIV, BPP 558.22), va servir de model per a almenys cinc peces de Joan Berenguer: RAO 103.17, 37, 40, 98 i 130.[11] Per altra banda, sabem del cert que la cançó va tenir una circulació catalana, ja que es copia a *Sg*, com totes les peces en què s'inspiren Masdovelles i la resta de sequaços. Els misteriosos versos de Cornet també es troben al final de la tornada:

> Monges soy blanx e vuelh passar la nau
> del flum de joy si ma Roza, que neu,
> freyt ni calor no tem, m'encenha·l niu
> on met sos huous fin'amors, que·n fay nou.
> (LIV, BPP 558.22, vv. 41-4)

La cançó consta de cinc cobles de vuit versos decasíl·labs més la tornada de quatre versos i presenta una estructura rímica molt complexa i filigranada. Es tracta de *coblas estrampas singulars* formades per *rims espars*, en què cada vers acaba amb monosíl·labs que contenen respectivament les vocals *a*, *e*, *i*, *o*, i les consonants varien cada mitja cobla, igual que l'obertura de les vocals *e* i *o*. És, per tant, un bon exponent de *trobar ric*, un dels filons poètics més preuats.

El poema s'inicia amb la metàfora guerrera de l'amor, on el jo poètic declara la ferma voluntat de fer la guerra a través de les seves cançons per tal de vèncer aquella que el vol matar amb el seu arc. L'enamorat no comprèn les

11. Repeteix exactament les mateixes rimes: *pach-pech-pich-poch* a les peces 37, 40 i 130; *ras-res-ris-ros* als poemes 17, 40 i 98; *dans-dens-dins-dons* a la cançó 17; i encara en podríem afegir altres de semblants que Masdovelles les fa acabar en *-s*. Vicenç Beltran ja havia destacat la influència de Cornet en Masdovelles (2006: 43, n. 73) i Peire Bec en la de Jean Molinet (1984: 227).

raons de l'actitud impietosa de la seva dama, però accepta les penes que li infligeix l'Amor que el té presoner, tot confiant en la noblesa i la bondat de la dama per atorgar-li, finalment, el goig amorós. Tot i que l'argument i la retòrica es fonamentin en tòpics de la cançó trobadoresca, la lectura que se'n deriva no és unívoca, com sol passar amb la majoria de cançons de Cornet i amb les de l'època.

Una de les característiques de la poesia tardotrobadoresca és la fusió de la imatgeria metafòrica amorosa de la lloa a la *dompna* amb el culte a la Verge, difós especialment a partir de Bernat de Claravall. La dama és descrita amb virtuts divines i la Verge és cantada seguint els cànons de la lírica profana. L'amalgama esdevé cada vegada més ambigua, fins al punt que l'assimilació de la Verge amb la dama és total i la requesta de mercè es confon amb la pregària. Per altra banda, l'artifici formal també es vincula a la cançó mariana com a símbol de la bellesa, la perfecció i la *suptilitas*.

Paral·lelament al *trobar ric*, aquesta ambigüitat va esdevenir un valor estètic molt apreciat. Ramon de Cornet, per exemple, va glossar un *vers* de Bernat de Panassac, un dels set fundadors del Consistori de la Gaia Ciència de Tolosa de Llenguadoc, justament per la necessitat (o el joc) de desambiguar i demostrar que el poema s'adreçava a la Mare de Déu. És precisament aquest *vers* de Panassac que Olivella proposa com a font per a aquesta cançó de Cornet (2002: 331), sobretot pel que fa als versos 15 i 16: «qu'ab bon esper intrar me fara dins / lo bel palaytz en que s'ayza mi-dons», que apareix dues vegades al *vers* de Panassac: «Le bels palaytz on vos etz de ·VII· murs» (v. 17) i «al bel palaytz, on vos etz gent assis» (v. 41), del qual Cornet glossa: «Mot precios e cars / es le palaytz, so·m pes, / que vers paradis es». Tant la cançó de Cornet que ens ocupa com la glossa beuen de la cançó «Celeis cui am de cor e de saber», de Guiraut de Calanso (PC 243.2), i de la glossa que anys més tard en va fer Guiraut Riquier a l'*Exposition* (PC 248.VI). Precisament també Ausiàs March va glossar el poema de Calanson a la peça «O vos, mesquins, qui sots terra jaheu» (LXXXIX, RAO 94.74), tal com va suggerir Riquer (2001: II, 1082). Així mateix, es vincula a la cançó de Calanson la poesia anònima «Del primer nom d'Amor suy en demanda» (RAO 0.37).[12] Es tracta d'un poema al·legòric on s'expliquen els tres graus d'amor, formulat com un *devinalh*, en la segona cobla del qual trobem la imatge dels ocells, que semblen coloms, al niu:

12. Barcelona, Biblioteca de Catalunya, ms. 1.720 (f. 88v-89v).

> Al peu del pug un gran arbre crexia
> tro sus al cel, pertit en dotze branchs.
> En cascun branch quatre nius hi vesia
> e 'n cade niu set auzelons tots blanchs,
> e cad'euzell a plomes vint e quatra.
> E son venguts dotze reys per abatra,
> mas intran no poran dins lo castell
> tro que finit s[e]r[a]n tuyt li auzell.
> (RAO 0.37, vv. 9-16)

Per a Sansone, la simbologia numèrica representa el temps, però els quatre nius no són les quatre estacions de l'any, tal com ell proposa (1980: 256), sinó les setmanes de cada mes, de manera que es manté la jerarquia descendent i la coherència del fragment. Així doncs, s'ha d'esperar que s'acabi el temps de la vida terrenal per poder penetrar al castell o palau d'Amor, és a dir, al paradís. El gran arbre evoca l'arbre de Jessè, una de les imatges mariològiques més abundants en la lírica de l'època i que prepara l'escenari per al niu.

En la cançó de Cornet tota aquesta tradició hi és implícita i li permet servir-se de metàfores bíbliques per forjar-ne de noves i adaptar-les a la imatgeria eròtica de la *fin'amors*, inserint-les amb tota naturalitat dins de la tradició poètica heretada. La Bíblia li forneix la matèria primera: així, en la tradició siríaca del *Gènesi* es troba la imatge de Déu com una gallina que pon ous, i a Isaïes (10.14) la imatge del niu i dels ous és ben present. Si bé la metàfora del niu d'Amor d'Ausiàs March no té res a veure amb l'Esperit Sant, la de Cornet, en canvi, no l'en podem desvincular. En aquest sentit, disposem d'un precedent, l'epístola que el trobador Matfre Ermengau adreçà a la seva germana com a present nadalenc, on li revela el significat de les neules amb piment i del capó rostit:

> Estas neulas pastet Sang Esperitz
> ins el ventre de la verges Maria,
> ont ajustet per mot gran bondat sia
> lo san sucre de la divinitat
> a la pasta de nostra humanitat.
> [...]
> Sang Esperit obret l'uou atresi
> del cal uou pueis le san capos isi,

le bogols fo la santa deitat,
la claira fo nostra humanitat,
on fon pauzatz le bogols glorios.
Le closc del uou fo·l ventre presios
de la Verges, que pueis l'uou espeli,
e vers capos per sert del closc ichi,
car ins el closc l'avia caponat
Sant Esperit de sa vergenitat.
(Ricketts 1976, V, *Pistola*: vv. 20-24 i 29-38)

La presència de l'ou, absent a March, es vincula a l'Esperit Sant i a Maria. Caldria explorar més la poesia mediollatina per a altres possibles fonts, que segurament ens ajudarien a entendre millor aquest tipus de lírica. Finalment, queda per esclarir l'enigmàtic número nou dels ous que pon *fin'amors*. Badia ho atribueix a l'extravagància de la rima (1993: 176, n.) i Olivella declara «un enigmàtic niu "on met sos ous fin'amors, que·n fay nou", del qual no n'hem sabut trobar cap interpretació i que no podem descartar que sigui un producte de les necessitats de la rima» (2002: 332). Tampoc no en tinc una resposta satisfactòria, però per bé que la rima exigeixi *nou*, estic segura que en aquest context que acabem d'esbossar s'hi atribueix un sentit a mode de *devinalh*. De la mateixa manera que en la peça anònima que hem vist més amunt els números representen el pas del temps, «nou» potser simbolitza els mesos en què Jesús fou reclòs al ventre de Maria.[13] I sense deixar de tenir present la connotació eròtica i sexual del niu en relació amb el *joi* trobadoresc, això lligaria amb un altre concepte críptic i genuí de Cornet, el *gaug segon*, que fa referència al desig carnal (*jauzimen* i *joi plazen* en un altre testimoni) i alhora al·ludeix al segon goig de la Verge: l'Encarnació. Si fos així, el niu seria l'entrada al *bel palaytz* o el castell d'Amor, al *joi* celestial.

Per bé que la confluència de la tradició teològica i la tradició cortesa sigui recurrent en la lírica trobadoresca, Cornet en fa un ús innovador i propi: en més d'una ocasió és capaç de crear la seva pròpia imatgeria, fruit de l'empelt

13. Pensem, per exemple, en aquests versos del poeta monjo francès Gautier de Coincy, conegut per Cornet, on el motiu dels nou mesos configura el refrany de la cançó, que es va repetint després de cada cobla, que en són nou: «Dame qui comportas / neuf mois tot nostre deport, / por ce por toi me deport / que le fil Deu portas» (XXX, vv. 9-12), o també «fu Dieus IX mois renclus» (XV, v. 24) (Långfors 1927).

del llegat trobadoresc amb la tradició mariana i l'exegesi bíblica, provinent de la seva formació com a clergue i com a poeta, sota una forma de *trobar clus* que sovint se'ns escapa. El seu *senhal*, Roza, sintetitza la seva poètica: la Rosa és la Mare de Déu i també simbolitza l'acompliment sexual de la dona, és a dir, el *joi* amorós, el carnal i l'espiritual. És, en definitiva, la divisa del poeta, l'emblema que l'identifica.

Algunes de les seves solucions originals no van tenir fortuna, però d'altres, en canvi, van deixar petja en alguns poetes posteriors, com en el cas d'Ausiàs March, que al seu torn també l'adapta i en fa un ús ben diferent. La imatge del niu al cap ha resultat també evocadora en l'imaginari popular. Pensem en la parèmia «tenir el cap ple de pardals», per exemple, i encara avui ha suscitat, aquesta vegada amb ous de Pasqua, la publicitat d'un producte comercial que l'homenatjada em va fer saber mentre jo escrivia secretament aquestes ratlles.

Bibliografia

Alberni, Anna (2006). «Els estrats del cançoner Vega-Aguiló (BC, mss. 7-8)», dins *Convivio. Estudios sobre la poesía de cancionero*, ed. Vicenç Beltrán & Juan Paredes, Granada: Universidad de Granada.

Badia, Lola (1983). *Poesia catalana del segle* XIV. *Edició i estudi del* Cançoneret de Ripoll, Barcelona: Quaderns Crema.

Badia, Lola (1993). *Tradició i modernitat als segles* XIV *i* XV. *Estudis de cultura literària i lectures d'Ausiàs March*, València-Barcelona: Institut Universitari de Filologia Valenciana - PAM.

Bec, Pierre (1984). *Burlesque et obscénité chez les troubadours*, París: Stock.

BEdT = *Bibliografia Elettronica dei Trovatori*, dir. Stefano Asperti, Sapienza Università di Roma [en línia], <www.bedt.it/BEdT_04_25/index.aspx>.

Beltran, Vicenç (2006). *El cançoner de Joan Berenguer de Masdovelles*, Barcelona: PAM.

BPP = Zufferey, François (1981). *Bibliographie des poètes provençaux des* XIVe *et* XVe *siècles*, Ginebra: Droz.

Cabré, Miriam & Martí, Sadurní (2010). «Le chansonnier *Sg* au carrefour Occitano-catalan», *Romania*, 128, pp. 92-134.

Långfors, Arthur (1927). «Mélanges de poésie lyrique française. II: Gautier de Coinci», *Romania*, 53/212, pp. 474-538.

March, Jaume (1994). *Obra poètica*, ed. Josep Pujol, Barcelona: Barcino (ENC, 133).

March, Pere (1993). *Obra completa*, ed. Lluís Cabré, Barcelona: Barcino (ENC, 132).

MASSÓ I TORRENTS, Jaume (1932). *Repertori de l'antiga literatura catalana. La poesia*, vol. I, Barcelona: Institut d'Estudis Catalans - Alpha, pp. 309-348.

NAVÀS, Marina (2019). *Ramon de Cornet: l'autor, l'obra i la circulació manuscrita*, tesi doctoral dirigida per Miriam Cabré & Sadurní Martí, Girona: Universitat de Girona.

NOULET, Jean-Baptiste & CHABANEAU, Camille (1888). *Deux ms. provençaux du XIVe siècle contenant des poésies de Raimon de Cornet, de Peire Ladils et d'autres poètes de l'*École Toulousaine, Montpeller - París (Publications Spéciales de la Sociéte pour l'Étude des Langues Romanes, 13) (reimpr.: Ginebra-Marsella: Slatkine reprints - Laffitte reprints, 1973).

OLIVELLA, Pilar (2002). *La poesia en llengua occitana durant la primera meitat del segle XIV: l'exemple de Ramon de Cornet*, tesi doctoral dirigida per Lola Badia, Barcelona: Universitat de Barcelona.

PERUGI, Maurizio (1985). *Trovatori a Valchiusa. Un frammento della cultura provenzale del Petrarca*, Pàdua: Antenore (Studi sul Petrarca, 18).

RAO = PARRAMON, Jordi (1992). *Repertori mètric de la poesia catalana medieval*, Barcelona: Curial-PAM.

Rialc = *Repertorio informatizzato dell'antica letteratura catalana*, dir. Costanzo Di Girolamo, Nàpols: Università di Napoli Federico II [en línia], <www.rialc.unina.it/>.

RICKETTS, Peter (1976). *Le Breviari d'amor de Matfre Ermengaud*, vol. V (27252T-34597), Leiden: Brill.

RIQUER, Martí de (1964). *Història de la literatura catalana*, Barcelona: Ariel.

RIQUER, Martí de (2001). *Los trovadores. Historia literaria y textos*, 3 vols., Barcelona: Ariel.

RUBIÓ I BALAGUER, Jordi (1992). *Estudis de literatura catalana*, Barcelona: PAM.

SANSONE, Giuseppe E. (1980). «L'allegoria dei tre gradi d'amore in una poesia provenzale inedita», *Romania*, 101, pp. 239-261.

El recurs a l'exegesi dantesca en la traducció de la Commedia *d'Andreu Febrer*

Raquel Parera
(Universitat Pompeu Fabra)

Enguany se celebra el setè centenari de la mort de Dante Alighieri, autor d'una de les obres més reverenciades de la literatura universal, la *Commedia*, que posteriorment fou qualificada de *divina*. El vigatà Andreu Febrer fou el primer que gosà traduir el poema dantesc mantenint-ne la forma estròfica —la *terza rima* o tercet encadenat—, ja el 1429.[1] La literatura catalana, doncs, té el privilegi de disposar de la primera traducció en vers de la *Commedia*, una versió ambiciosa executada per un poeta extraordinari i concebuda com a obra literària independent,[2] que meresqué l'elogi dels seus contemporanis, com el marquès de Santillana, que al seu *Prohemio e carta* (1448/1449) afirma: «Mosén Febrer fizo obras nobles, e algunos afirman aya traído el Dante de lengua florentina en catalán, no menguando punto en la orden de metrificar e consonar».[3] La traducció de Febrer mereix ser reivindicada i estudiada en profunditat.[4] En aquestes breus notes, però, em centraré en un aspecte molt concret: els indicis de l'ús de l'exegesi dantesca per part del traductor.

1. La versió de Febrer només és precedida per dues traduccions en prosa: una al llatí, de Giovanni Bertoldi da Serravalle (1417), i l'altra al castellà, d'Enric de Villena (1428). També n'hi ha una traducció en hexàmetres llatins, de Matteo Rondo (1427-1431). El mateix 1429 es culminava la traducció catalana del *Decameron* de Boccaccio; vegeu Badia (1973-1974) i Renesto (2001).

2. No és el cas, per contra, de la traducció en prosa d'Enric de Villena, que havia de ser un ajut de lectura per al destinatari, el marquès de Santillana. De fet, en l'únic manuscrit conservat, trobem el text original de la *Commedia* a la part central, i la traducció copiada als marges. Vegeu Pascual (1974: 15-66) i Villena (2000: xi-xiv).

3. Cito segons Santillana (1997: 22). Per a les al·lusions de Santillana als poetes catalans en el *Prohemio e carta*, vegeu Cabré (1998).

4. La bibliografia sobre la traducció de Febrer és àmplia; vegeu-ne una llista completa a Parera (2018: 523-541).

Andreu Febrer (*ca.* 1374-1441/1444), nascut al si d'una família de menestrals acomodats de Vic i nebot de l'eminent jurista Jaume Callís, fou notari i funcionari reial des de ben jove. Va començar a Barcelona, al servei de Joan I i de Violant de Bar, i després, de Martí l'Humà, el qual el 1398 el designà cambrer del seu fill Martí I el Jove de Sicília, càrrec que mantingué fins a la mort del monarca el 1409. El 1418 el trobem a Sicília al servei d'Alfons IV el Magnànim, primer com a castellà de Catània, més endavant com a portolà de Trapani. Des de 1419 i fins al final de la seva vida, com remarca en les rúbriques i en el colofó de la traducció, fou «algutzir del molt alt príncep e victoriós senyor lo rey don Alfonso, rey d'Aragó», al qual molt probablement va dedicar la seva versió en vers de la *Commedia*.[5] Sembla evident que a l'hora d'acarar el repte de traduir una obra tan complexa, Febrer havia de recórrer als materials exegètics que circulaven en aquell moment. Per exemple, Ramon d'Alòs (1921: 13) donava per fet que havia utilitzat algun comentari, i apuntava que calia esbrinar quin. Efectivament, sembla molt probable que el traductor tingués a l'abast un aparat exegètic suficient per a la comprensió de la *Commedia*, ja fos en forma de comentari o de glosses.[6] La presència d'aquest tipus d'aparat ja s'entreveu en Bernat Metge al final del segle XIV i es pot documentar al llarg del segle següent;[7] per altra banda, les estades de Febrer a Sicília li haurien pogut facilitar encara més l'accés a aquests materials. Si bé la fidelitat, sovint literal, de la versió catalana, i la labor mateixa de traduir, que en el fons implica interpretar, dificulten la troballa d'evidències incontestables, sí que es poden destacar alguns casos en què aparentment l'exegesi dantesca suggereix a Febrer una determinada solució, malgrat que no es pot descartar que innovi.[8]

5. Per a la identificació del Magnànim amb el dedicatari de la traducció, vegeu Parera (2018: 51-53). Pel que fa a les quinze peces líriques de Febrer que ens han pervingut, datables a la darrera dècada del segle XIV, conformarien un cançoner dedicat a l'esposa de Martí el Jove, Maria de Sicília, segons Cabré & Torró (2015).

6. Vegeu altres casos d'ús de glosses i comentaris en traduccions a Pujol (2018, especialment l'estudi de les pàgines 112-154) i Martínez Romero (1995).

7. Vegeu Gómez (2016a) i també Gómez (2016b).

8. Les citacions del text italià provenen de Petrocchi (1966); les del text de Febrer, de l'edició de Parera (2018), per a la realització de la qual es van consultar en llocs crítics els comentaris de la *Commedia* dels segles XIV i XV inclosos a la base de dades del *Dartmouth Dante Project*, d'on procedeixen les citacions dels exegetes. Les cursives són meves. Per a més informació sobre els comentaris, vegeu Malato & Mazzucchi (2011).

[1] *Inf.* XII.34-36

Vull que sapies qu'a l'altra veguada	Or vo' che sappi che l'altra fïata
qu'al baix infern *Aricon* me avalla,	ch'*i'* discesi qua giù nel basso inferno,
esta roca no era enderocada.	questa roccia non era ancor cascata.

La fetillera Eriton, que ja s'ha esmentat a *Inf.* IX.23 («Ver è ch'altra fïata qua giù fui, / congiurato da quella Eritón cruda»), no apareix en el vers italià, en què el subjecte és *io*, és a dir, Vigili, però en diversos comentaris es relaciona aquest passatge amb el del cant IX. Vegeu Graziolo Bambaglioli: «Virgilius alias descendit ad profundum inferni occasione coniurationis illius crudellissime *Erito* incantatricis, sicut habetur supra nono capitulo»; l'*Ottimo Commento*: «io voglio che tu sappia, che l'altra volta che io congiurato da *Eriton* cruda, come dice nel IX capitolo di questa prima parte della Commedia, discesi nel profondo d'Inferno, questa roccia non era ancora ruinata»; i Benvenuto da Imola: «alia vice, quando fui coniuratus ab illa *Herithoe* cruda; quando fuit tractus ad infimum centrum, sicut ipse Virgilius pulcre finxit supra capitulo IX». Algun comentari, doncs, o la seva mateixa memòria, devien suggerir a Febrer el canvi de subjecte —legítim, perquè no contravé al sentit. La modificació de l'ordre dels elements del vers, posant el verb al final, i l'ús de la tercera persona, faciliten al traductor les rimes dels versos 35-37-39 (v. 37, «se ben discerno», traduït per «qui be lo comte ffa»; v. 39, «cerchio superno», en català «cercle sobira»).

[2] *Inf.* III.112-117

E com d'autumpne va tombant la fuylla,	Come d'autunno si levan le foglie
la una apres de la altra, fins que·l ram	l'una appresso de l'altra, fin che 'l ramo
a terra veu trastota se despuylla,	vede a la terra tutte le sue spoglie,
tot enaxi lo mal sement de Adam	similemente il mal seme d'Adamo
se va gitant al bateu d'una en una,	gittansi di quel lito ad una ad una,
com un *falco* fa per lo seu reclam.	per cenni come *augel* per suo richiamo.

Les ànimes damnades es dirigeixen a l'embarcació de Caront empeses per la providència, igual que els ocells de caça tornen al seu amo en sentir el reclam. Dante, però, no especifica de quina au es tracta, mentre que Febrer la concreta en un falcó. Tenint en compte el context cortesà en què es movia Febrer, i sobretot l'afició d'Alfons el Magnànim a la falconeria —recordem també que el seu falconer més il·lustre fou Ausiàs March—,[9] el canvi no resulta estrany; a més, alguns comentaris, que el traductor podria haver tingut extractats en glossa en el seu exemplar, esmenten aquest ocell. *Cf.* Buti: «Qui fa la similitudine dell'uccellatore che richiama lo sparviere con l'uccelino, e lo *falcone* con l'alia delle penne, e l'astore col pollastro, e ciascuno con quel, di che l'uccello è vago».

[3] *Inf.* VI.7-12

Jo son al terç cercle, on par que plova	Io sono al terzo cerchio, de la piova
pluja eternal, maleyta, freda e greu;	etterna, maladetta, fredda e greve;
qualitat may, ne regla, no la innova.	regola e qualità mai non l'è nova.
Pedra grossa, aygua tinta ab neu	Grandine grossa, acqua tinta e neve
per cell aer tenebros se reversa;	per l'aere tenebroso si riversa;
put la terra qui aquest *humor* beu.	pute la terra che *questo* riceve.

Ens trobem davant d'un altre cas de concreció per part del traductor, però aquí té una utilitat mètrica (li aporta les síl·labes que li manquen). El terme *humor* ('líquid'), encara que pertanyia a la terminologia científica de l'època, era ben conegut, especialment gràcies a obres àmpliament divulgades com els regiments de sanitat. Febrer es podria haver inspirat en alguna glossa o en algun dels comentaris que fan servir aquest terme específic. Benvenuto da Imola, per exemple, diu en aquest lloc: «*aqua tinta*, idest *humores* turbidi et corrupti, *neve*, *humores* frigidi, rheumata, catharri».

En altres casos, els comentaris avalen la interpretació de Febrer d'un passatge determinat.

[4] *Inf.* VI.67-72

Apres un poch, cove que aquesta cage	Poi appresso convien che questa caggia
entre tres sols, e que l'altre remont	infra tre soli, e che l'altra sormonti
ab la força d'aquell qui te esta plaga.	con la forza di tal che testé piaggia.
Alta tindra, e per lonch temps, la front,	Alte terrà lungo tempo le fronti,
l'altra tinent desota molts greus pesos,	tenendo l'altra sotto gravi pesi,
com que *yo digua o* plangua o m'ahont.	come che *di ciò* pianga o che n'aonti.

9. Vegeu Torró (2005).

En el context de la profecia de Ciacco apareix una divergència respecte a la versió canònica que pot semblar un error del traductor. El vers 72, segons l'edició de Petrocchi, es pot traduir així: 'encara que [la facció dels «blancs»] se'n lamenti o s'indigni [de les represàlies dels «negres»]'. Ara bé, tenint en compte que *dicio* podia aparèixer unit, hi ha una altra possible interpretació del passatge, *dic'io* («dica io», 'digui jo'), que Febrer comparteix amb alguns exegetes de l'obra dantesca: «Avvegnadìo, soggiunge lo spirito, ch'io ne pianga ed abbiane onta; cioè, che Ciacco ne sarà doloroso perchè fu guelfo» (Jacopo della Lana); «quasi dicat quamvis doleam de hoc [...] et quamvis faciam contumeliam tibi qui es de parte ista tibi praenuncio quia sum de eadem parte tecum» (Benvenuto da Imola); «Sicut de hoc ego ploro et habeo in despectum: sive reputem me aggravatum» (Johannis de Serravalle). Probablement, doncs, el traductor va entendre «come che dic'io, pianga o che n'aonti», 'encara que jo [Ciacco] digui, em lamenti o m'indigni [per les represàlies]'.

En els exemples que segueixen aflora un altre aspecte encara més important que el recurs als comentaris dantescos a l'hora d'editar i justificar la traducció de Febrer: el control de la transmissió italiana, una complexa *selva oscura*. S'han conservat més de sis-cents còdexs amb el text complet del poema dantesc, dels quals només s'ha col·lacionat una petita part, fonamentalment en les edicions de Petrocchi (1966) i Moore (1889). El text de Febrer no coincideix totalment amb cap dels manuscrits col·lacionats, però l'examen crític de totes les variants italianes a què he tingut accés, comparant vers per vers el text italià amb el català, ha permès d'elaborar un aparat en què es justifiquen les solucions de Febrer.[10] En els casos que veurem a continuació, la traducció s'explica per unes determinades variants italianes compartides per alguns exegetes.

[5] *Inf.* VII.58-60

Mal dar e mal tenir en lo bell mon los ha perduts, e possats a tal xufa: qualca sia, *parlar* no *te n'es bon*.	Mal dare e mal tener lo mondo pulcro ha tolto loro, e posti a questa zuffa: qual ella sia, *parole* non *ci appulcro*.

60 parlar] parlar *Urb*, parlare *Moore* (AG)
te n'es bon] cic pulcro *Laur*, ti pulcro *Mad*, è pulcro *Moore* (A)

10. Per a la tradició de la *Commedia*, vegeu Trovato (2007) i Tonello & Trovato (2013). Per a la relació entre la transmissió italiana i la versió de Febrer, vegeu Piccat (1994), Piredda (2007) i Parera (2018).

Petrocchi prefereix *parole non ci appulcro*, 'no ho abelleixo amb paraules', però la tradició italiana i els diversos comentaris ofereixen altres lliçons i interpretacions que justifiquen la traducció. Probablement el manuscrit de Febrer llegia *parlar non c'è* (o *non t'è*) *pulcro*, 'parlar no n'és (t'és) bell', és a dir, no és agradable descriure la punició dels condemnats: «*non c'è pulcro*, idest non est delectabile, *parlar qual ella sia*, scilicet in particulari vel amplius, quia nimis dictum est de ista materia», segons Benvenuto da Imola. En aquest cas, és ben palès el paral·lelisme funcional entre les variants italianes i els comentaris.

[6] *Inf.* XI.112-115

Mas seguex me d'uymes, qu'anar me·n plau,]	Ma seguimi oramai che 'l gir mi piace;
car Piscis sall ja sobre l'oritzon,	ché i Pesci guizzan su per l'orizzonta,
e·l Carro tot sobre·l *pol artich* jau;	e 'l Carro tutto sovra 'l *Coro* giace,
e·ll balç es lla, on se desmunta 'l fon.	e 'l balzo via là oltra si dismonta.

114 sobre·l pol] soural polo *Si*

En el vers 114, *pol artich* divergeix de l'italià *Coro*, el lloc del cel per on bufa el mestral, però hi ha un manuscrit que llegeix *polo* en lloc de *coro*, i també el comentari de Graziolo Bambaglioli (1324): «*E 'l Carro tutto sovra 'l polo giace*. Adhuc subiungit auctor et dicit, ad ostendendum quod dies adveniebat, quod currus totus residet supra polum; hoc est quod ipsa hora adveniente nova die ille stelle, que vocantur currus, manent proxime supra polum nostrum, quem videmus continue. Polus autem est illa pars celi quam continue videmus et que nu*m*quam occidit nobis, ubi posita est stella illa que vocatur tramontana, penes quam posite sunt dicte stelle que dicuntur lo Carro». El traductor probablement ha afegit *artich* per obtenir les dues síl·labes que li mancaven.

El vers 115 (*e·ll balç*) està relacionat amb l'exemple següent, en què és possible que en la transmissió italiana una glossa hagi substituït una lliçó original i hagi corromput el passatge.

[7] *Inf.* XII.1-3

Era lo loch on avallar la riva,	Era lo loco ov' a scender la riva
vinguem *al balç*, e, per aquell qui y era,	venimmo, *alpestro* e, per quel che v'er' anco,
tal que tota vista·n seria esquiva.	tal, ch'ogne vista ne sarebbe schiva.

Al segon vers, *al balç* es refereix a la zona muntanyosa ja esmentada al final del cant anterior, però no fa gaire sentit perquè al primer vers ja s'esmenta *la riva*; els manuscrits italians col·lacionats coincideixen en la lliçó *alpestro*, 'agrest', que qualifica *lo loco* del primer vers. La traducció de Febrer podria tenir l'origen en alguna glossa referida a *la riva* del vers anterior, que potser ha acabat substituint *alpestro* en aquest vers per error; és a dir, que potser al manuscrit italià de Febrer ja s'hi llegia *al balzo*. *Cf.* Anonimo Fiorentino: «in questo presente [capitolo] dice essere venuto alla riva, ciò è *al balzo* di sopra nominato: et dirizzando la tema vuol dire, era lo loco alpestro ove venimmo a scendere alla riva». Enric de Villena llegeix com Febrer (llevat de la traducció errònia de «scender» per «subía»): «Era el logar, onde se subía aquel rrib[aço] / viniemos, *al peñasco* por aquel que aun e[ra] / tal que toda vista sería d'ello esquiva». La versió de Villena, doncs, en alguns casos comparteix la solució amb Febrer i és útil a l'hora de documentar una probable variant que no registren els testimonis italians col·lacionats.

Els exemples aportats posen de manifest el valor dels comentaris de la *Commedia* a l'hora d'editar i de justificar la versió de Febrer: expliquen passatges conflictius de la traducció, alhora que demostren que determinades interpretacions del traductor no són un fet aïllat en la tradició de l'exegesi dantesca medieval.

Bibliografia

Alòs Moner, Ramon d' (1921). «De la primitiva traducció catalana de la *Divina Commedia*», *La Revista*, 7, pp. 12-13.

Badia, Lola (1973-1974). «Sobre la traducció catalana del *Decameron* de 1429», *Boletín de la Real Academia de Buenas Letras de Barcelona*, 35, pp. 69-101.

Cabré, Lluís (1998). «Notas sobre la memoria de Santillana y los poetas de la Corona de Aragón», dins *Cancionero. Studies in Honour of Ian Macpherson*, ed. Alan Deyermond, Londres: Queen Mary and Westfield College, pp. 25-38.

Cabré, Lluís & Torró, Jaume (2015): «La poesia d'Andreu Febrer: el trobar ric i el Dante líric», *Medioevo Romanzo*, 39, pp. 152-165.

Dartmouth Dante Project. <http://dante.dartmouth.edu> [consulta: 23.11.2019].

Gallina, Anna Maria (ed.) (1974-1988). Dante Alighieri, *Divina Comèdia, versió catalana d'Andreu Febrer*, 6 vols., Barcelona: Barcino (ENC, A, 106, 107, 112, 116, 120 i 124).

Gómez, Francesc J. (2016a). «"Lo Dant o la glosa": aparats exegètics de la *Commedia* en la Catalunya de mitjan segle xv», dins *Els manuscrits, el saber i les lletres a la Co-*

rona d'Aragó, 1250-1500, ed. Lola Badia, Lluís Cifuentes, Sadurní Martí & Josep Pujol, Barcelona: PAM, pp. 161-194.

Gómez, Francesc J. (2016b). «Dante en la cultura catalana a l'entorn del Casal de Barcelona (1381-1410/12)», *Magnificat Cultura i Literatura Medievals*, 3, pp. 161-198, <https://ojs.uv.es/index.php/MCLM/article/view/8433> [consulta: 23.11.2019].

Malato, Enrico & Mazzucchi, Andrea (ed.) (2011). *Censimento dei commenti danteschi*, vol. I, *I commenti di tradizione manoscritta (fino al 1480)*, Roma: Salerno.

Martínez Romero, Tomàs (ed.) (1995). L. A. Sèneca, *Tragèdies. Traducció catalana medieval amb comentaris del segle* xiv *de Nicolau Trevet*, 2 vols., Barcelona: Barcino (ENC, B, 14-15).

Moore, Edward (1889). *Contributions to the Textual Criticism of the* Divina Commedia, Cambridge: University Press.

Parera, Raquel (2007). «Sobre l'edició de l'*Inferno* en la versió d'Andreu Febrer», dins *La traduzione della letteratura italiana in Spagna (1300-1939). Traduzione e tradizione del testo. Dalla filologia all'informatica. Atti del Primo Convegno Internazionale Universitat de Barcelona (13-16 aprile 2005)*, ed. María de las Nieves Muñiz Muñiz, Florència: Franco Cesati, pp. 59-71.

Parera, Raquel (2010). «La versió d'Andreu Febrer de la *Commedia* dantesca: recursos del traductor», dins *Translatar i transferir. La transmissió dels textos i el saber (1200-1500). Actes del Primer Col·loqui Internacional del Grup Narpan «Cultura i literatura a la baixa edat mitjana» (Barcelona, 22 i 23 de novembre de 2007)*, ed. Anna Alberni, Lola Badia & Lluís Cabré, Santa Coloma de Queralt: Obrador Edèndum - Publicacions URV, pp. 161-178.

Parera, Raquel (2018). *La versió d'Andreu Febrer de la* Commedia *de Dante: biografia del traductor, estudi del manuscrit, anàlisi de la traducció i edició dels cants I-XX de l'*Inferno, tesi doctoral inèdita, Universitat Autònoma de Barcelona.

Pascual, José Antonio (1974). *La traducción de la* Divina Commedia *atribuida a D. Enrique de Aragón. Estudio y edición del Infierno*, Salamanca: Universidad de Salamanca.

Petrocchi, Giorgio (ed.) (1966). Dante Alighieri, *La Commedia secondo l'antica vulgata*, 4 vols., Milà: Mondadori.

Piccat, Marco (1994). «La versione di Andreu Febrer de *La Commedia* in connessione alla varia tradizione manoscritta del testo italiano», dins *La cultura catalana tra l'Umanesimo e il Barocco. Atti del V Convegno dell'Associazione Italiana di Studi Catalani (Venezia, 24-27 marzo 1992)*, ed. Carlos Romero & Rossend Arqués, Pàdua: Programma, pp. 155-173.

Piredda, Claudia (2007). «Per una edizione critica della "Comedia" di Andreu Febrer: il Paradís», dins *La traduzione della letteratura italiana in Spagna (1300-1939). Traduzione e tradizione del testo. Dalla filologia all'informatica. Atti del Primo Convegno Internazionale Universitat de Barcelona (13-16 aprile 2005)*, ed. María de las Nieves Muñiz Muñiz, Florència: Franco Cesati, pp. 73-88.

Pujol, Josep (ed.) (2018). Publi Ovidi Nasó, *Heroides. Traducció catalana medieval de Guillem Nicolau*, Barcelona: Barcino (ENC, Autors Medievals, 37).

Renesto, Barbara (2001). «Note sulla traduzione catalana del *Decameron* del 1429», *Cuadernos de Filología Italiana*, núm. extraordinari, pp. 295-313.

Santillana, marquès de (1997). *Comedieta de Ponza, sonetos, serranillas y otras obras*, ed. Regula Rohland de Langbehn, Barcelona: Crítica.

Tonello, Elisabetta & Trovato, Paolo (ed.) (2013). *Nuove prospettive sulla tradizione della* Commedia. *Seconda serie (2008-2013)*, Pàdua: Libreria Universitaria.

Torró, Jaume (2005). «Ausiàs March, falconer d'Alfons el Magnànim», dins *Actes del X Congrés Internacional de l'Associació Hispànica de Literatura Medieval*, vol. III, ed. Rafael Alemany, Josep Lluís Martos & Josep Miquel Manzanaro, Alacant: Institut Interuniversitari de Filologia Valenciana, pp. 1521-1538.

Trovato, Paolo (ed.) (2007). *Nuove prospettive sulla tradizione della* Commedia. *Una guida filologico-linguistica al poema dantesco*, Florència: Cesati.

Villena, Enrique de (2000). *Obras completas*, vol. III, *Traducción y glosas de la* Eneida, *libros IV-XII. Traducción de la* Divina Commedia, ed. Pedro M. Cátedra, Madrid: Biblioteca Castro.

Els orígens d'un gènere popular. Apunts i comentaris sobre el Cançoneret Rovirola

Jordi Parramon i Blasco
(Assessor lingüístic del Parlament de Catalunya)

El manuscrit 111 de la Biblioteca de Catalunya conté un recull de trenta-set composicions poètiques, quasi totes de tema nadalenc, escrites majoritàriament en català amb algunes mostres de castellà, aragonès i llatí, encapçalades amb el paràgraf següent:

> Aquest cansoner hes de mi, mossen Barthomeu Rovirolla, prevere, fet per mans de mossen Martoria Plaje, prevere, stant en Ridelots en l'ay mill D e vuyt. Fon fet dit libre en l'ay mill D e VII.

Aquest text ens informa que Bartomeu Rovirola era el propietari del manuscrit que consignà a nom seu el 1508 i Martorià Plaja era l'amanuense que el va confegir l'any anterior. No sabem quina relació hi havia entre tots dos, a banda que eren preveres.

Aquest manuscrit, que actualment es coneix amb el nom de *Cançoneret Rovirola*, proposat per Romeu en atenció al seu primer propietari, és rellevant perquè ens ha preservat en còpia única el recull més extens de nadales anteriors a la formació del repertori tradicional actual, que data principalment dels segles XVII, XVIII i XIX. Per tant, ens permet comparar les cançons de Nadal que conté amb les que encara es canten i veure de quina manera ha evolucionat el gènere des del segle XV fins ara.

S'ha de dir que cap de les cançons del *Cançoneret Rovirola* no s'ha mantingut en el repertori actual, amb la notable excepció de «La ball, ball, balletes» (Romeu 1949: XXI, 111-113; Romeu 2000: 152 i 173-175),[1] que ha estat recuperada modernament amb el títol «Si us volcu bcn despertar», amb un text

1. Identifico les composicions del *Cançoneret Rovirola* per l'ordinal i la pàgina de les edicions de Romeu.

esmenat i escurçat (de 46 a 20 versos), i una melodia composta per Bartomeu Càrceres que es troba al recull *Villancicos de diversos autores a dos y a tres y a quatro y a cinco bozes agora nuevamente corregidos* (1556), més conegut com a *Cançoner d'Uppsala* o *Cançoner del duc de Calàbria*, i arranjada per Jordi Savall, que l'ha convertida en peça de concert de la Capella Reial de Catalunya.[2]

El *Cançoneret Rovirola* ha estat editat íntegrament per Girbal a la *Revista de Gerona* (1889-1892) i per Moliné i Brasés al *Recull de textes catalans antichs* (1906, aplec 1, vol. 5). Així mateix, Romeu i Figueras el va buidar completament i va intercalar-ne les composicions a *Cançons nadalenques del segle XV* (1949), i les va aprofitar de nou per al *Corpus d'antiga poesia popular* (2000).

En els quatre apartats següents vull aportar algunes reflexions suscitades per la lectura d'aquestes nadales en les edicions de Romeu.

La qüestió de l'autoria

Una característica comuna de totes les composicions del *Cançoneret Rovirola* és que són anònimes i estan redactades en un estil objectiu; és a dir, que l'autor no es manifesta mai amb veu pròpia en el text. Això no obstant, per la varietat de les composicions sí que podem assegurar que no totes són obra de la mateixa persona i podem especular sobre qui les va poder redactar.

L'anonimat i l'expressió d'un imaginari col·lectiu són dues característiques associades a la literatura popular, i totes dues es troben en aquest recull. Ara podríem examinar què s'entén per literatura popular, reflexionar si és el mateix 'popular' que 'tradicional' i caure (o no) en la vella dicotomia entre literatura popular i literatura culta, però entenem que aquest no és el lloc ni el moment, sobretot quan el mateix Romeu (2000: 7-9) fa una distinció entre 'popular' i 'tradicional' que, tot i que és discutible, ens pot ser útil. Diguem, d'acord amb ell, que la nadala és un gènere popular i que les peces que el conformen són tradicionals, encara que en el cas que ens ocupa pertanyen a una tradició estroncada.

Tanmateix, sí que hem de bandejar la imatge romàntica del pastor analfabet que dicta cobles als seus companys a la vora del foc. Els autors de moltes d'aquestes peces (potser la majoria) devien ser gent lletrada, ja que de vega-

2. La cançó es pot escoltar en línia a <www.youtube.com/watch?v=QBMPiEbBIvU>.

des mostren bons coneixements de teologia i dels textos sagrats i alguns fins i tot hi intercalen citacions en llatí. Pensem, sobretot, en clergues com els mateixos Rovirola i Plaja.

I això no és només una hipòtesi, perquè podem adduir el testimoniatge d'un altre clergue anomenat Montserrat Torres, autor almenys de vuit composicions religioses que ens han arribat transcrites pel notari i cronista Pere Miquel Carbonell. Entre aquestes composicions hi ha dues nadales, «Lo beneyt infanto» i «Vuy en aquest dia» (Bofarull 1875: 106), que pels temes, el to i l'estil no es distingeixen de les cançons del *Cançoneret Rovirola* que hem considerat populars, però que, a diferència d'aquestes, presenten un bon estat de conservació, sense les corrupcions textuals freqüents en el dit recull. Suposem que Carbonell, si, com sembla, era amic de l'autor, les podia haver copiat directament dels originals de Torres.

Així, aquestes dues nadales, les úniques del segle xv d'autor conegut, són una prova de la intervenció de persones lletrades en la creació i la transmissió d'obres destinades al poble.

Tipologia formal de les composicions

Les composicions del recull mostren la divisió en cobles pròpia de la poesia lírica i també quasi totes tenen uns versos introductoris que constitueixen el respòs, element que és present a gairebé totes les nadales medievals i que ha desaparegut completament del repertori actual. En canvi, la tornada, petita cobla de cloenda anàloga al respòs i molt característica de la cançó trobadoresca, només es troba en unes quantes composicions.

Per la seva tipologia, les peces del recull s'adscriuen al gènere de la dansa i quasi totes es poden classificar en dos grans grups. El primer seria el derivat de la dansa trobadoresca, que consta d'un respòs, tres cobles de versos curts partides en front i coda i una tornada. El respòs, la coda de les cobles i la tornada comparteixen el mateix esquema i les mateixes rimes, i poden portar refrany.

Aquesta modalitat de dansa es troba sobretot en els elogis marians, que en la tradició catalana es remunten almenys a «Xi con la flor ben olen», del *Cançoneret de Ripoll* (Badia 1983: 219-220). Tanmateix, en el *Cançoneret Rovirola* el nombre de cobles és sovint superior a tres, i alguns cops hi manca la tornada. Podem dir que aquesta mena de dansa mariana va donar lloc als goigs, i aquest recull ens en mostra els prototipus.

El segon grup és el de les composicions en estrofisme de zègel; és a dir, amb un respòs inicial de dos versos i un nombre indeterminat de cobles de versos curts segons l'esquema *a a a b*, que en unir-se al respòs com a refrany donen com a resultat *a a a b b b*. Aquest esquema es troba en les nadales de to més popularitzant i és el mateix que fa servir Torres en les seves dues composicions.

El mateix esquema del quartet de zègel s'aplica a les composicions «Mara de Déu, tot lo món alegrau» (Romeu 1949: XXII, 115-116; Romeu 2000: 153, 176-176) i «Verge humil, que Jesús aportau» (Romeu 1949: XXXII, 143-144; Romeu 2000: 163, 195-196), però amb tres versos llargs cesurats, potser originàriament decasíl·labs, i un hexasíl·lab. Totes dues semblen contrafaccions de la mateixa dansa profana.

En una proporció menor trobem les cançons compostes de quartets de versos curts amb rima fixa als parells (moltes vegades en assonància), però amb els senars sense rima. Són els primers testimonis de l'estrofisme del romanç, que s'expandirà amb força èxit els segles següents; tant, que el trobem en moltes nadales i altres cançons tradicionals del repertori actual.

Cal fer esment també de «O las! Hi què·m faré?» (Romeu 1949: XXVIII, 131-133; Romeu 2000: 159, 187-188) i «Calla, mon fill, calla» (Romeu 1949: XXXI, 140-142; Romeu 2000: 162, 193-194), en cobles irregulars pel que fa als metres, les rimes i el nombre de versos. Podrien ser formes derivades dels lais o dels descords trobadorescos, però el seu deplorable estat de conservació no permet fer gaires conjectures.

En el recull hi ha més formes estròfiques, però tot just s'hi troben una vegada i es pot considerar que deriven de les ja descrites.

«La fardant, fardant dirondina», peça dialogada

És indubtable que durant el cicle d'advent es feien representacions del misteri de Nadal, igual que s'acostumava a fer amb motiu d'altres festivitats del calendari litúrgic, i fins i tot ens han arribat fragments d'aquells drames (Riquer & Comas 1964: 501-502). També és molt probable que aquestes representacions incloguessin en algun moment cançons conegudes de procedència profana que fossin adients a la trama o contrafaccions a l'espiritual d'aquelles cançons; i, a la inversa, que algunes parts líriques d'aquelles obres teatrals fossin cantades de manera independent fora de l'escenari.

Romeu (1949) va buscar vestigis d'aquesta mena de cançons al *Cançoneret Rovirola* i almenys en troba quatre. Justament, una de les peces que suposa que és d'origen teatral és «La fardant, fardant dirondina» (Romeu 1949: XI, 85-87; Romeu 2000: 142, 157-158), i fins i tot arriba a imaginar-ne una posada en escena (Romeu 1949: 87).

Aquesta és una cançó ben singular que consta d'un respòs-refrany onomatopeic i cinc cobles cadenoencadenades en heptasíl·labs. Els dos versos del respòs no rimen entre ells ni amb el final de les cobles i semblen presos d'una altra cançó, de la qual també es devia aprofitar la música. Es tracta d'un petit relat sobre el dubte de sant Josep, un tema que molt bé podria formar part d'una representació nadalenca.

Bàsicament, és un text dialogat amb tres personatges, i per això es pot pensar en un origen teatral, però en llegir-lo aviat es comprova que és un diàleg narratiu, no pas dramàtic. Això s'evidencia per la presència de versos descriptius i del verb *dicendi* («diu Josep», «diu lo mosso», «diu la Verge») davant els parlaments. El mateix Romeu s'adona d'aquesta dificultat (1949: 40-41), però no li sembla prou rellevant. Evidentment, introduir acotacions en un diàleg versificat només és possible a costa d'escurçar el text dels personatges; per tant, aquesta cançó no va ser feta amb el propòsit d'inserir-la en una obra teatral.

Tanmateix, sí que és possible imaginar-ne una escenificació senzilla similar a la de les cançons d'animació actuals, amb un intèrpret solista que cantava les cobles i entremig d'un cor (el públic mateix?) que repetia el refrany.

Un petit intent de reconstrucció

Per acabar aquesta sèrie d'observacions, faig una proposta d'esmena a la peça «Mare de Déu, / yo, trist...» (Romeu 1949: XXXIV, 146-147; Romeu 2000: 165, 198), que transcric d'acord amb les dues edicions:

Mare de Déu,
yo, trist, ¿què faré
sens vostra mercè?

No·us oblideu, senyora,
dolsa consoladora,
de mi, que só

y que tostemps seré
de vostra mercè.

Vós sou la mia vida,
Verge molt ennoblida.
No·y ha repòs
ni·y ha nengun bé
sens vostra mercè.

Vostra virtut és tanta,
Mara de Déu molt sancta,
que socorreu en al pobble
que ve a vostra mercè.

Després del respòs de tres versos hi ha tres cobles, dues de cinc versos i una de quatre; això fa que l'editor digui que «les dues primeres cobles tenen una estructura estròfica diferent de la cobla darrera» (Romeu 1949: 147).

Tanmateix, em sembla que no és una diferència estructural, sinó una senzilla qüestió d'esticomítia. Efectivament, si observem el darrer vers de la composició, veurem que hi ha una rima interna entre el començament i el final que ens obligaria a repartir-los d'aquesta manera:

Vostra virtut és tanta,
Mara de Déu molt sancta,
que socorreu
(en) al pobble que ve
a vostra mercè.

Així totes les cobles tenen la mateixa estructura, que no deixa de ser estranya, amb un vers curt sense rima al mig de la cobla. Potser els versos tercer i quart són els hemistiquis d'un vers més llarg (de 4 + 5?). En tot cas, l'única esmena que gosem fer-hi és llevar-ne la preposició *en*, que és sobrera.

Conclusió

Ens hem d'alegrar de la conservació del *Cançoneret Rovirola*, un manuscrit que ens ha tramès la majoria de nadales medievals que coneixem, barrejades amb alguns goigs primitius, igual que hem de lamentar que la transcripció dels textos sigui tan poc acurada; un manuscrit que també serveix com a testimoni del paper dels eclesiàstics en la difusió i tal vegada la creació de la poesia popular de caire religiós.

És una llàstima que no s'hagin conservat més cançoners d'aquesta mena, que ens haurien pogut donar una imatge més precisa dels orígens de la nadala tradicional, però mentre no hi hagi cap troballa afortunada, ens hem de conformar amb el que tenim, suposant que sigui prou significatiu, per fer-nos-en una idea. Vet aquí, doncs, la veritable vàlua del *Cançoneret Rovirola*.

Bibliografia

Badia, Lola (1983). *Poesia catalana del segle XIV: Edició i estudi del* Cançoneret de Ripoll, Barcelona: Quaderns Crema.

Bofarull, Manuel de (1875). «Opúsculos inéditos del cronista catalán Pedro Miguel Carbonell», dins *Colección de documentos inéditos del Archivo de la Corona de Aragón*, vol. XXVIII, Barcelona: ACA.

Girbal, Enric Claudi (1889-1892). «Un cancionero catalán desconocido», *Revista de Gerona*, XIII (desembre), pp. 354-363; XIV (desembre), pp. 369-374; XV (desembre), pp. 359-364, i XVI (desembre), pp. 356-363.

Moliné i Brasés, Ernest *et al.* (1906). «Cançoner de Nadal», dins *Recull de textes catalans antichs*, aplec I, vol. V, Barcelona: Tipografia La Acadèmica.

Riquer, Martí de & Comas, Antoni (1964). *Història de la literatura catalana*, vol. 3, Barcelona: Ariel.

Romeu i Figueras, Josep (1949). *Cançons nadalenques del segle XV*, Barcelona: Barcino (ENC, A-65).

Romeu i Figueras, Josep (2000). *Corpus d'antiga poesia popular*, Barcelona: Barcino (ENC, B-18).

«Un monument de la literatura catalana». Apunt sobre els incunables de les Transformacions *de Francesc Alegre*[1]

Gemma Pellissa Prades
(Universitat de Barcelona)

Francesc Alegre devia començar a traduir al català les *Metamorfosis* d'Ovidi quan era un deixeble de l'humanista Giacomo Mirabella (Torró 1994). Torró en data la primera redacció entre *ca.* 1472 i 1482. L'any 1494 Alegre revisa les *Transformacions*, que s'imprimeix el 24 d'abril d'aquell any. L'obra inclou la traducció i un comentari dels mites basat en les *Genealogiae deorum* de Boccaccio (Badia 1986), les «Al·legories e morals exposicions». Amb tot, no se n'ha conservat cap manuscrit. El primer text preservat és el document de participació en la impressió de l'obra, del 7 de març de 1494, transcrit per Hernando i Delgado (2002: 514-516), en el qual es detalla el repartiment de la inversió i dels beneficis del llibre. Segons Rubió i Balaguer (1993, XI: 112-113), és el primer cas documentat a la Corona d'Aragó en què un autor inverteix en la impressió de la pròpia obra.

Pere Miquel, principalment llibreter, disposava de material d'impremta des del 1490, atès que Gherling li havia venut punxons i tipografia (Llanas 2002: 73-74). El primer llibre que indica que fou imprès per ell és del 1491 i el 1493 ja se l'anomena «llibreter e estamper» (Llanas 2002: 75). La tria de la traducció de les *Metamorfosis* d'Ovidi és una aposta segura per a la impremta (Peña Díaz 1997: 59). En efecte, el contracte d'impressió especifica que el tiratge serà de mil exemplars (amb una variació de dotze o quinze còpies), xifra que supera els set-cents d'*El llibre dels àngels* d'Eiximenis a càrrec de Rosenbach, també del 1494, i les còpies del Tirant lo Blanc —l'any 1490 Nicolau Sinde-

1. La recerca que presentem aquí ha rebut el suport del programa postdoctoral Beatriu de Pinós de la Secretaria d'Universitats i de Recerca del Departament d'Empresa i Coneixement de la Generalitat de Catalunya i del programa postdoctoral Juan de la Cierva del Ministeri de Ciència, Innovació i Universitats. Lola Badia ha supervisat els dos projectes.

ler en va imprimir 715 exemplars i el 1497 Pere Miquel i Diego de Gumiel van fer-ne una segona edició amb una tirada de 300 exemplars (Riquer 1990: 91-92).[2]

Dels mil exemplars, se'n conserven dinou repartits per Europa i Amèrica, descrits a la base de dades BITECA (Manid 1776).[3] Fins ara he pogut consultar els dos incunables de la Biblioteca de Catalunya, els dos del Seminari Conciliar, l'exemplar censurat de la Biblioteca de Reserva de la Universitat de Barcelona, el de Peralada, el de la British Library i el de la University of Cambridge, així com els dos de la Hispanic Society of America, que van pertànyer al bibliòfil Archer Milton Huntington. A més, he inspeccionat les còpies digitalitzades de Stuttgart, de la Real Academia de la Historia de Madrid i de la Biblioteca Nacional de España, actualment d'accés restringit.

Els únics incunables que no contenen les «Al·legories» són l'exemplar de La Casa del Libro (Mérida Jiménez 2012) i el de la Biblioteca de la Universitat de Barcelona, que mostra marques de censura inquisitorial (vegeu BITECA copid 1164), atès que l'*Índex de llibres prohibits* (1559) condemnava

2. Dos mesos i mig després que s'imprimeixi *El llibre dels àngels*, Pere Miquel també ho fa, amb una disposició molt similar a la de les *Transformacions*: text a dues columnes, amb la mateixa tipografia i les mateixes caplletres gravades. No té res a veure amb la disposició que fa de la *Passió de Jesucrist*, de Francesc Alegre, impresa entre 1493 i 1495. Tot i que Pere Miquel havia estat l'impressor que havia de fer la segona edició del *Tirant lo Blanc* de Joanot Martorell l'any 1496, la va haver de reprendre Gumiel el 1497. Sabem que el gener de 1497 Pere Miquel no liquidà un deute d'un any abans. El 20 de febrer el creditor en cobrà una petita part i el document esmenta el llibreter com a «pauper e mort» (Llanas 2002: 75).

3. Els dinou incunables de les *Transformacions*, de Francesc Alegre, Barcelona, Pere Miquel, 24.04.1494 són els següents: Barcelona, Biblioteca Nacional de Catalunya, 11-VII-16 i Bon. 10-VI-29; Barcelona, Biblioteca Pública Episcopal del Seminari Conciliar, inc. 20 i inc. 20 bis; Barcelona, Biblioteca de Reserva de la Universitat de Barcelona, inc. 515; Cambridge, Cambridge University Library, inc. 3.h.5.3; Londres, British Library, IB. 52537; Madrid, Real Academia de la Historia, San Román, inc. 9; Madrid, Biblioteca Nacional de España, INC/1774 i INC/2435; Madrid, Biblioteca de Palacio, inc. I/92; Nova York, Hispanic Society of America, Incunabula: Ovidius 1494 COPY 1 (inc. 190a), i Incunabula: Ovidio Transformacions Barcelona 1494 Copy 2 (inc. 190b); París, Bibliothèque nationale de France Site François-Mitterand, Rés. G.YC.441; Peralada, Biblioteca-Arxiu del Palau de Peralada, inc. 093 Ovidi T; San Juan de Puerto Rico, Casa del Libro; San Marino, Henry E. Huntington Library, inc. 84482; Stuttgart, Württembergische Landesbibliothek Sttutgart, Alte und wertvolle Drucke: inc. fol. 12167, i Versalles, Bibliothèque Municipale, Morel Fatio: inc. G 225. Vegeu BITECA manid 1776.

els comentaris al·legòrics de les *Metamorfosis* d'Ovidi.[4] L'exemplar ha estat desposseït del comentari i una mà ha ratllat el mot *al·legoria* al text de la dedicatòria de manera sistemàtica, així com «moralitzant declarar en altres quinze libres» (f. 1v) i «moralitzar» (f. 2r) al primer pròleg. En canvi, Mérida Jiménez (2012: 173) dona notícia d'una nota mecanografiada que es pot consultar al volum de La Casa del Libro, en el qual es diu:

> Ejemplar completo de la obra de Ovidio pero sin los comentarios de Francesc Alegre. El volumen está encuadernado en pleno pergamino flexible del siglo xvi y no hay ningún vestigio que demuestre que del libro hayan sido separados los Comentarios. Ello hace creer que el volumen saldría de casa de su editor exactamente tal como ha llegado a nuestros días.

Al *verso*, una altra mà explica: «Los ejemplares con los Comentarios de Francisco Alegre se venden hoy a mil dólares». Això no obstant, la informació que aporten els paratextos apunta que ambdues parts foren concebudes com a integrants de l'obra. La descripció que Mérida Jiménez (2012: 173-174) fa del contingut de l'incunable mostra que els índexs de l'obra fan referència tant a la traducció com al comentari. És més, al pròleg de la primera part, Alegre ja en fa esment. Tanmateix, podria ser que la circulació posterior de l'obra, encara poc estudiada, hagués estat diferent.[5] A l'estudi del contingut dels inventaris de la Barcelona del segle xvi, Peña Díaz (1997) documenta unes «Epístolas de Ovidi ab les al·legories de mossèn Alegre» a l'inventari del cavaller M. B. J. Luques, del 1520. No tenim notícia de cap comentari al·legòric d'Alegre a les *Heroides*. Les glosses marginals de la traducció catalana de Guillem Nicolau (1390) només s'han conservat al manuscrit de la traducció castellana del segle xv (Pujol 2018). Així mateix, Peña Díaz afirma que la biblioteca de S. B. Clariana també posseïa unes al·legories d'Alegre i conclou que en els dos casos devia tractar-se del text d'Alegre sobre les *Metamorfosis*, encara que circulessin en exemplars separats i que s'enquadernessin amb altres obres d'Ovidi.

4. L'exemplar de San Juan de Puerto Rico segurament és l'incunable desaparegut de l'Arxiu i Biblioteca Episcopal de Vic (BITECA copid 1172).

5. Es pot resseguir la presència de les *Transformacions* a les biblioteques des del segle xvi fins a l'actualitat a través de Peña Díaz 1997 (s. xvi), Espino López 2003 (s. xvii) i les bases de dades CICLE i BITECA (s. xix-xxi). Agraeixo a Marc Sogues la referència.

Peña Díaz (1997: 451) registra obres d'Ovidi a la Barcelona del segle XVI en possessió de la noblesa, el clergat, professionals liberals, mercaders, artesans i altres. De les trenta-cinc persones que hi apareixen com a posseïdores de les *Metamorfosis*, catorze tenen almenys la traducció d'Alegre. En alguns d'aquests inventaris, les *Transformacions* es poden consultar juntament amb una edició llatina de l'obra. Potser en aquests casos l'interès se centra en el comentari d'Alegre. Tot i que no he observat en cap dels incunables consultats que hi hagi més marques de lectura en aquesta part que a la traducció, l'exemplar de la Biblioteca de Palacio de Madrid té anotacions més nombroses a les «Al·legories e morals exposicions» (BITECA copid 1295). De totes maneres, tret dels subratllats i les crides de l'inc. 20 bis de la Biblioteca del Seminari Conciliar (i, en menor manera, les notes de l'INC/2425 de la Biblioteca Nacional de España), en general presenten poques marques de lectura. A més, només he localitzat en dos incunables notes en què la traducció catalana estigui relacionada amb els versos llatins d'Ovidi. Al foli 1r [3r] de l'incunable de Stuttgart, al marge del passatge «la terra, egualada ab sos pesos, no penjava», es dona la correspondència amb el poema llatí: «nec circumfuso pendebat» (Ovidi: I, v. 12). La resta de notes de l'incunable aclareixen referents culturals clàssics senzills i foren escrites tant en català com en llatí; a tall d'exemple: on diu «per lo gran Líber», al marge dret llegim «Baco» (f. 93r [91r]); on diu «de l'ort d'Espèria», al marge dret llegim «Spanya»; on diu «les coves del déu Pan», al marge esquerre llegim «Pan era lo déu dels pastors» (f. 93v [91v]); on diu «pres del munt de Pernaso», al marge esquerre llegim «Parnasus est mons pro Phoside regione. Regio Phoside est in parte Grecie ubi Delphicum olim erat Apollinis oraculum, axí que seria cerca del Golpho de Lepa[n]to, segons apar de algunes molt antigues mappes» (f. 93v [91v]); on diu «deessa Tetis», al marge esquerre llegim «Tetis, Celi et Veste filia, dicitur Neptuno uxor nimpharumque maxima mater» (f. 94v [92v]), que no acaba de tenir sentit. El text només està anotat al foli 1r, entre el 93r [91r] i el 94v [92v] (història del rei Mides i casament de Peleu i Tetis) i entre el 133r [132r] i el 133v [132v] (la deïficació de Cèsar), sense cap marca a les «Al·legories e morals exposicions». Similarment, a l'incunable 2435 de la Biblioteca Nacional de España, al foli 1r [3r] es corregeix «fins que lo alt ~~Déu departí e a la natura donà millor ésser~~» per «déu o millor natura dissolgué», que és una traducció fidel del vers llatí (Ovidi I: v. 21). També hi ha subratllats i claudàtors en diversos passatges de la traducció, generalment breus, i del comentari interessa l'explicació sobre l'infern i els càstigs infernals.

Fernández Luzón (2003) explica que al segle xvi Cosme Mestre ensenyava les *Metamorfosis* d'Ovidi a l'Estudi General de Barcelona i afirma que la traducció i el comentari d'Alegre van ser l'obra més difosa de la ciutat. Però el fet que les *Transformacions* no incloguin el poema en llatí, així com el format de l'obra, posen de manifest que no era un llibre de text d'ús escolar. Tanmateix, les (poques) marques de lectura dels incunables conservats (una part dels quals foren venuts a bibliòfils) no permeten delimitar un interès sistemàtic per part dels lectors. Per exemple, dels dos incunables de la Hispanic Society de Nova York, l'única marca de lectura de l'inc. 190a es troba al comentari d'Alegre, concretament al foli 154v [142v], quan Boccaccio conta la història d'un gegant petrificat a Trapani per provar que els gegants no són una invenció dels poetes. En una nota manuscrita en llatí a peu de pàgina, el lector ho relaciona amb la història que narra Plini sobre la descoberta del cos d'Orió a Creta. En canvi, les marques de l'inc. 190b, una mica més generoses, mostren interès per la dedicatòria, pel pròleg inicial i també pel de les «Al·legories», i senyalen les autoritats que apareixen en aquesta part de l'obra (sobretot a l'inici del comentari); més enllà d'això, el lector subratlla amb claus les intervencions de Procne, Filomena i Pandion al llibre V, escrites en l'estil elevat de la prosa d'art característica de la segona meitat del segle xv, així com les transformacions de les germanes. De la mateixa manera, l'incunable de Cambridge conté anotacions als marges de l'índex per indicar a quins capítols es parla de «la casa del Sol», «la casa de la Envega», «la casa de la Fam[a]» i «la navegasió de Eneas».

Però el valor dels incunables de les *Transformacions* no només rau en les marques de lectura, sinó que també es troba en l'aproximació que permeten al procés d'impressió de l'obra. Al document de participació s'hi especifica que «és concordat entre les dites parts que lo dit mossèn Francesc Alegra haie et sie tengut original bo e ben correcte a ses pròpies despeses. E la correcció de aquel axí mateix sie a càrrech del dit mossèn Alegra» (Hernando i Delgado 2002: 514). Per tant, Alegre està implicat en el procés de correcció i impressió de l'obra.

Un primer examen dels exemplars esmentats mostra que els incunables de la British Library i de Cambridge contenen dos folis repetits pel que fa al contingut del text: l'a2 [1r/1v] i l'a7 [6r/6v]. El catàleg de la British Library en dona compte: «two settings of sheet a 2.7 are distinguishable by (E) 3 not (E) 10 (note J. C. T. Oates» (data de consulta: 22.11.2019); així com el de la Cambridge University Library: «has sheet a2.7 in both *cancellans* and *cancellandum* versions» (data de consulta: 22.11.2019). Aquesta informació encara no figura a BITECA, però ja constava a la descripció bibliogràfica que el bibliòfil i llibreter Hans Peter Kraus n'havia fet en dos fulls mecanografiats amb la capçalera «H. P. Kraus, Rare Books and Manuscripts», seguida, a la segona línia, de l'adreça: «16 East 46th Street, New York 17, N. Y. Murray Hill 7-4808». El document comercial es troba, solt, amb l'incunable de Cambridge. Es titula «A monument of Catalan literature» i mostra, en llapis, que es devia provar de vendre per 2.650 dòlars. Entre altres detalls, Kraus descriu així l'incunable:

> There are some minor textual differences between the cancelled leaves and those which were substituted for them. The reason for the reprinting of the bifolium a^2-a^7 seems to be that the printer wished to begin his text with a large ornate initial E, instead of a small and plain one.
>
> The present copy belongs to the very few which preserve the two cancelled leaves beside the revised ones. Obviously, the revised leaves were delivered to persons who had bought copies already issued, and some did not care to destroy the original leaves destined to be torn out. These leaves are neither contained in the British Museum copy (see Copinger 12167) nor in the incomplete copy of the Bibliothèque Nationale.

La descripció, a excepció de la referència a l'exemplar de la British Library, és acurada. Tal com hem llegit al document de participació, Alegre no només estava implicat en el procés d'impressió, sinó que havia de revisar l'original definitiu. Per tant, segurament va ser ell el responsable d'efectuar les correccions i de donar el vistiplau a l'impressor. La diferència més evident de la comparació entre els dos folis equivalents d'a2 (*recto*) és la caplletra (gravada), quant a mida i ornamentació. Al foli *cancellans*, la mida de la *E* ocupa el mateix que deu línies de text, mentre que al *cancellandum* no feia més de quatre línies. En conseqüència, per donar cabuda a la mateixa porció de text, s'hi han d'utilitzar més abreviatures. També s'hi constaten nombroses variants gràfiques, fet que suggereix arbitrarietat respecte als usos gràfics de la còpia manuscrita. Les úniques variants no gràfiques corregeixen errors del *cancellandum*:[6]

6. Edito el text i marco les abreviatures desenvolupades entre claudàtors. Les cursives són meves.

cancellandum	*cancellans* (text revisat)
q[ue] per les mans tràcta[n] en la obra present ab més laor d[e]ls miradós ateses [...]	q[ue] p[er] les ma[n]s tràcta[n] en la obra prese[n]t *coses* tant ab més laor d[e]ls miradós ateses [...]
qua[n]t lo fra[n]ch arbitre	qua[n]t *a* lo fra[n]ch arbitre

Al *verso*, el *cancellans* dedica quatre línies a la rúbrica del pròleg, mentre que al *cancellandum* n'eren tres. A més, es corregeixen els errors següents:

De factis	*De fasti*
Germànischo *Cèsar*	Germànicho *Cèsar*
p[er]q[uè] scriure Virgili los actes de Eneas, progenitor de Octovià, meresqué cobrar les p[er]dudes possessions de Màntua	*q[ue]* per scriure Virgili los actes d[e] Eneas, progenitor de Octovià, meresqué cobrar les p[er]dudes possessions de Màntua

I se n'introdueixen de nous:

ab continuades vigílies	ab continades vigílies
libres escrits que plename[n]t satisfan	libres escrits *qre* plename[n]t satisfan

De manera similiar, al foli a7 (*recto*) hi trobem les esmenes següents:

Cictopes	Cíclopes
los nuus aporta[n]t aclarexen lo ayre	los nuus ap*a*rtant aclarexen lo ayre
de ses plomes exits abundantme[n]t les aygües s'escampaven	de ses plomes *e pits* abu[n]dantme[n]t les aygües se escampaven
obriu les nostres cases	obriu les vostres cases
grans e disfomes	gra[n]s e disformes

I al *verso*, aquestes:

Nereyedes ni[m]fes	Nereydes ni[m]phes

Carta .i.

Ala illustrissima senyora la senyora dona Joana d Arago filla del molt alt y potentissim senyor don Ferrando segon: nostre Rey e senyor ab humil affectio francesch alegre besa les dignes mãs.

ENtre la occupacio de molts negocis illustrissima senyora la traductio e allegoria deles faules de ouidi gran temps me ha tengut: e perque es loable costum fins avuy dels antichs obseruat: endressar la fatiga de lurs vigilies a algu qui p dignitat de valer: e lũ de auisat entédre, faça aquelles segures d la malicia qui als dessauorits oprem / y purgades deles ignorãcies que als no corregits offusca. Entre los vius qui peregrinant sota lo iust gouern del reyal ceptre: e inuictissima corona del rey e senyor nostre molt digne pare de vostre séyoria la mortal vida passan algu no he trobat tant satisfaent y al plaer meu en esser fauorit y ala sperança de esser corregit quant la illustre persona de vostra senyoria. Qui millor per lo q̃ so yo seu Fauorint te poder de corregir mas erras / ne qui major entendre exercitat per continuu estudi no sol d aquelles arts qui liberals se dien com ames propies dels homens liberts de totes passiõs mes enla poesia q̃ per les mans tractã enla obra present ab mes laor dls mirados atesés: quant es fora del vs dels mortals la sciencia / loaré los antichs e com adeu honraren la agudesa de ysis per hauer en egipte trobat alguns caractes que satisferan en loch de letres als de aquell temps grossos loaren minerua en atenes per la inuensio dl texir e brodar loaré en sisilia ha ceres per esser inuentora d cultiuar la terra & moltes altres dones loaren los passats per la inuensio d varies sciencies. E per q̃ acustuma la honor nodrir les arts e los animos encesos adesig d laor aben obrar se esforçé claramét se amostra p qual cami tantes dones de preu foren tant estimades mes vuy qui honra la virtut ne vr̃e séyoria qui enlos nr̃es dies represéta a ysis a minerua e a ceres dant fauor a les letres ja dl tot oblidades no sol tirant les altres al digna exercici de la sauia deessa, mes cultiuãt los aimos dl comu deles dones herm d tota virtut: p exéple dels q̃ls pcert no daltres q̃ dela reyal sãch deon trau la natura: tals coses cõtéplãt ab la ampla sperança d moltes y mes grãs q̃ spe deveure: me han empes los tréta libres q̃ ab ygual nõbre les faules e allegorias del libre de trãsformacions dl poeta ouidi ab los dos prolechs en passat ordenats p lo plaer dls vulgars endresar y donãt presétar a vr̃a séyoria escas donatiu p atã alta psona No empo desacõpãyat de tãta volũtat quant lo frãch arbitre cõsét d trãsferir sota domini daltre a.ij.

Exemplar de la Cambridge University Library, inc. 3.h.5.3, f. a2.

Cartas i

Ala illustrissima senyora la senyora dona Joana đ Arago filla del molt alt e potentissim senyor don ferrando segon: nostre Rey e senyor ab humil affeccio francesch alegre besa les dignes mãs:

Entre la ocupacio đ molts negocis illustrissima sẽyora la traduccio: e allegoria deles faules de ouidi gran temps me ha tẽgut e pq̃ es loable costũ fins a vuy dels antichs obseruat endreçar la fatiga de lurs vigilies a algu q̄ ꝑ dignitat de valer: e lũ de auisat entẽdre: faça aq̄lles fegures đla malicia q̄ als đsfauorits oprẽ, y purgades đles ignorãcies q̄ als no corregits offusca: entre los vius q̄ ꝑegrinãt sota lo just gouern đl reyal ceptre e inuictissima corona đl rey e sẽyor nr̃e molt digne pare đ vr̃a sẽyoria la mortal vida passã algu no he trobat tã satisfaẽt y al plaer meu en esser fauorit y ala speança đ esser corregit quãt la illustre ꝑsona de vr̃a sẽyoria. Qui millor ꝑ lo q̄ so yo seu fauorit te poder đ corregir mas errasne qui maior entẽdre exercitat ꝑ cõtinuu studi no sol đ aq̄lles arts q̄ liberals se dien cõ ames propies đls homẽs liberts đ totes passiõs mes enla poesia q̄ ꝑ les mãs tractã enla obra presẽt: coses tant ab mes laor đls mirados atesses: quãt es fora đl vs đls mortals la sciẽcia, loarẽ los antichs e cõ adeu hõrarẽ la agudesa de ysis ꝑ hauer en egipte trobat algũs caractes q̄ satisferen en loch đ letres als đ aq̄ll tẽps grossos: loarẽ minerua en atenes ꝑ la inuẽcio đl texir e brodar loarẽ en sicilia a ceres per esser inuẽtora de cultiuar la terra. E moltes altres dones loarẽ los passats per la inuencio đ varies sciencies. E perq̄ acostuma la honor nodrir les arts e los animos encesos a desig de laor a bẽ obrar se esforcẽ claramẽt se amostra per aq̄l cami tantes dones de preu foren tant estimades mes vuy qui honra la virtut ne vr̃a sẽyoria qui enlos nr̃es dies represẽta a ysis a minerua y a ceres dant fauor a les letres ja đl tot oblidades no sol tirãt les altres al digne exercici đ la sauia deessa mes cultiuant los animos del comu đles dones herm đ tota virtut: per exẽple đ aq̄ls ꝑ cert no daltres q̄ đla reyal sãch de ontrau la natura: tals coses cõtẽplãt ab la ampla speança đ moltes y mes grãs q̄ espe de veure: me an empes los trẽta libres q̄ ab ygual nõbre les faules y allegories del libre de trãsformacions đl poeta ouidi ab los dos ꝑlechs en passat ordenats per lo plaer đls vulgars endreçar y donãt presẽtar a vr̃a sẽyoria scas dõatiu ꝑ atã alta ꝑsona. No empo desacõpãyat đ tãta volũtat quãt a lo frãch arbitre consẽt de transferir sota domini daltre. a.ij.

Exemplar de la Cambridge University Library, inc. 3.h.5.3, f. a2.

A part d'aquests dos folis, hi ha altres diferències entre el text d'alguns exemplars de les *Transformacions* que devien introduir-se durant el procés d'impressió. Així, mentre que a l'incunable 11-VII-16 de la Biblioteca de Catalunya s'hi llegeix «daes serps», el de la British Library transmet «dues serps» (f. 24r [25r]). Al mateix foli, on hi diu «li demanà la fi de sos dies», la còpia de la British Library té un forat on hi hauria d'haver la *d* de «demanà». Si l'exemplar de la Biblioteca de Catalunya fos posterior, podria ser que, en corregir aquest error, s'hi hagués introduït «daes» en lloc de «dues». L'incunable de la Real Academia de la Historia de Madrid ho mostra igual que aquest. També he contrastat aquest passatge amb l'incunable de Stuttgart i el de Cambridge, on es llegeix «dues» i mantenen l'espai en blanc. Al foli 9v [10v] de l'incunable 11-VII-16 de la Biblioteca de Catalunya, al de Cambridge, al de Stuttgart i al de la Real Academia de la Historia, hi diu «marvellant-se de ta[n] mansuet animal», mentre que el de la British Library transmet «maravella[n]t-se de ta[n] mansuet animal». Aquest foli no conté cap altre canvi.

Aquests elements ens acosten al procés d'impressió de les *Transformacions* i al paper que hi devia desenvolupar Francesc Alegre, tal com suggereix la documentació conservada. Almenys durant les primeres fases d'impressió de l'obra, Alegre va revisar-la amb cura i va introduir-hi canvis, com palesen les petites diferències que trobem al llarg del llibre I en diferents incunables. Així, malgrat l'ús d'una sintaxi llatinitzant característica de la prosa d'art de la segona meitat del segle xv que dificulta la concordança i la col·locació de conjuncions, les *Transformacions* contenen pocs errors. A més, lectors atents dels incunables (com els dos de la Hispanic Society) han tornat a corregir el text damunt o als marges (esmenes i canvis ortogràfics). Una comparació detallada de tots els exemplars conservats ens permetria establir relacions entre ells per reconstruir, a grans trets, la impressió de les *Transformacions*, així com la història de la recepció del text.

Bibliografia

BADIA, Lola (1986). «Per la presència d'Ovidi a l'edat mitjana, amb notes sobre les traduccions de les *Heroides* i de les *Metamorfosis* al vulgar», dins *Studia in honorem prof. M. de Riquer*, vol. I, Barcelona: Quaderns Crema, pp. 39-71.

BITECA = «Bibliografia de textos catalans, valencians i balears», dir. Vicenç Beltran, Gemma Avenoza & Lourdes Soriano, dins *Philobiblon*, en línia, <https://bancroft.berkeley.edu/philobiblon/index.html> (data de consulta: 22.11.2019).

CICLE = *Corpus de incunables de clásicos latinos en España*, dir. Antonio Moreno Hernández, en línia, <www.incunabula.uned.es/index.php?seccion=presentacion> (data de consulta: 22.11.2019).

Espino López, Antonio (2003). «Las bibliotecas de los juristas catalanes en la primera mitad del siglo xvii: el caso de don Narcís Garbí», *Anuario de Historia del Derecho Español*, 73, pp. 545-574.

Fernández Luzón, Antonio (2003). *La Universidad de Barcelona en el siglo xvii*, tesi doctoral, Bellaterra: Universitat Autònoma de Barcelona.

Hernando i Delgado, Josep (2002). «Del llibre manuscrit al llibre imprès. La confecció del llibre a Barcelona durant el segle xv. Documentació notarial», *ATCA*, 21, pp. 257-603.

Llanas, Manuel (2002). *L'edició a Catalunya: segles xv a xvii*, Barcelona: Gremi d'Editors de Catalunya.

Mérida Jiménez, Rafael M. (2005). «Dos raros incunables en lengua catalana», *Revista de Literatura Medieval*, 17, pp. 177-192.

Peña Díaz, Manuel (1997). *Libro y lectura en Barcelona, 1473-1600*, tesi doctoral, Bellaterra: Universitat Autònoma de Barcelona.

Pujol, Josep (ed.) (2018). Publi Ovidi Nasó, *Heroides: traducció catalana medieval de Guillem Nicolau*, Barcelona: Barcino (ENC, 37).

Riquer, Martí de (ed.) (1990). Joanot Martorell, *Tirant lo Blanc i altres escrits*, Barcelona, Ariel.

Rubió i Balaguer, Jordi (1993). *Llibreters i impressors a la Corona d'Aragó*, Barcelona: Departament de Cultura de la Generalitat de Catalunya - PAM.

Torró, Jaume (1994). «"Officium poetae est fingere": Francesc Alegre i la *Faula de Neptuno i Dyana*», dins *Intel·lectuals i escriptors a la baixa edat mitjana*, ed. Lola Badia & Albert Soler, Barcelona: Curial-PAM, pp. 221-242.

Segreti celesti e prassi terrena.
Llull, Lavinheta, Bruno

Michela Pereira
(SISMEL, Firenze)

Un manoscritto settecentesco d'interesse lulliano venuto recentemente alla luce, Freiburg Universitätsbibliothek 1450, riprende in forma rimaneggiata e parziale il testo latino del *Tractatus novus de astronomia* (III.29, 1297),[1] mostrando al contempo la vitalità di questo testo e la trasformazione che ha subito da parte di alcuni lettori della prima modernità; questa redazione è infatti sotto diversi aspetti affine al testo presente in altri due manoscritti, che risalgono al tardo xvi e al xvii secolo (rispettivamente El Escorial, Biblioteca del Real Monasterio, g.II.5, e München, Bayerische Staatsbibliothek, Clm 10600).[2]

1. Le mie ricerche in vista dell'edizione del testo latino del *Tractatus novus de astronomia* (edito in ROL XVII, Turnhout 1989; d'ora in avanti indicato con la sigla TNA), e quelle di Lola Badia sulla redazione catalana (Llull, Ramon, *Tractat d'astronomia*, «Textos y estudios sobre astronomía española en el siglo xiii», ed. Jordi Gayà i Lola Badia, Barcelona: Universitat Autònoma, 1981; Llull, Ramon, *Començaments de medicina. Tractat d'astronomia*, ed. Lola Badia, «Nova Edició de les Obres de Ramon Llull» V, Palma de Mallorca: Patronat Ramon Llull, 2002) sono state, nei primi anni '80, l'occasione per una conoscenza che si è poi sviluppata in diversi momenti di collaborazione e in una lunga amicizia; per questo mi piace farle i miei auguri richiamando un tema comune ai nostri studi. La prima citazione dei titoli di opere di Llull è seguita dal numero di catalogo e data in Llull DB (<http://www.ub.edu/llulldb/index.asp>).

2. La riproduzione del ms Freiburg UB 1450, con una descrizione sommaria, è on-line nel sito dell'università di Freiburg i.Br. (<http://dl.ub.uni-freiburg.de/diglit/lullus1690>). *Cf.* M. Pereira, *Un manoscritto settecentesco e il lullismo di Salzinger*, SL 60 (2020), pp. 57-82. Gli altri due manoscritti sono descritti in ROL XVII, pp. xxi-xxii, 76-77, e xxvi, 78-79; nello *stemma codicum* a p. 84 sono messi in relazione con Sevilla, Biblioteca Capitular y Colombina, 5-1-28 (xv/xvi sec.), del quale inglobano nel testo la nota sui giorni critici lunari, che in quest'ultimo manoscritto è aggiunta dopo il colophon del TNA. Un manoscritto affine a quello di Sevilla ma incorporato solo successivamente nello stemma è Firenze, Biblioteca Nazionale Centrale, Conv. Soppr. B.3.1573, che segnala con note marginali luoghi di particolare interesse anche medico del TNA: *cf.* M. Pereira, G. Pomaro, «Notizia di due manoscritti lulliani a Firenze», *SL* 38 (1998), pp. 63-83: 76-83.

Il testo del TNA inizia con la terza parte, alla quale si riferisce esplicitamente il titolo, *Tractatus Raymundi Lullii super Astronomiam quod est de Coniunctionibus Planetarum et Signorum*. Questa sezione, equivalente alle pp. 169-196 in ROL XVII, riporta quasi integralmente la combinatoria delle congiunzioni planetarie nei primi quattro segni zodiacali, che nell'originale sono ventotto per ciascun segno: la serie di congiunzioni nell'Ariete e quella nel Cancro sono complete, mentre in Toro e in Gemelli alcuni capitoli sono stati omessi, verosimilmente per incuria del copista. Segue il capitolo *de aspectibus* (seconda sezione della terza parte, pp. 196-198 dell'edizione citata), anch'esso quasi completo —manca soltanto l'ultimo paragrafo di p. 198, ll. 85-92—, mentre della quarta parte del TNA viene ripresa soltanto la prima sezione, che critica gli *antiqui astronomi* (pp. 198-200). Questa redazione molto parziale del trattato astrologico lulliano è integrata con alcuni brevi inserti di diversa origine e seguita da una descrizione delle caratteristiche di segni e pianeti parallela alle pagine iniziali del TNA (pp. 96-117), ma molto ridotta; conclude il testo una spiegazione sintetica e corretta, indipendente da quella autoriale, della figura astronomica ruotante (*cf.* TNA pp. 166-167, 210-211), chiusa dal colophon originale: «Finivit Raymundus Librum istum de Astronomia per virtutem Dei in civitate parisiensi Anno Domini MCCXCVII in mense Octobri [*sic*] Deo gracia [*sic*] Amen» (f. 143r).

Fra i paragrafi aggiunti figura un passo relativo al rapporto fra *dies critici* e fasi lunari, un tema diffuso nella medicina astrologica, che è presente anche nei due manoscritti sopra indicati, ma che qui viene ripreso con una significativa aggiunta, evidenziata dal corsivo:

> De quatuor punctis timendis. In lunationibus sunt 4 puncta timenda. 1us punctus est quando Luna est in medio [*sic*] quadratura, et hoc est circa 7m dies. 2us punctus est cum coniungitur cum Sole, quod est circa quindecim dies. 3us punctus est circa septem allios cum est in decremento ad eius medietatem; et hoc est circa 22 dies. 4us punctus est in fine sue diminutionis cum est appropinquata Soli et hoc est circa 29 dies. In histis [*sic*] quatuor punctis omnes infirmitates inveniuntur, quia non est alliqua infirmitas que non incipiat vel perficiatur in aliquo istorum punctorum. Sed multotiens reprimitur eorum nocumentum propter coniunctionem planetarum bonorum uti Jupiter, Venus cetera in histis punctis. *Et per hoc potest movere in crementis aut decrementis infirmitatis, hoc modo si infirmitas orta ex A et in punctis m. est A. tunc potest nocere quia infirmitas crecit* [*sic*] *et est I*[a]. *Sed bonus medicus est dominus constellationibus, ideo etiam oportet quod medicus habeat noti-*

tiam de influentiis planetarum et signorum, ut per eas possit istam infirmitatem curare, quoniam hiis medicum iubant.[3]

Il confronto col TNA nella sua forma originale mostra che questa redazione è motivata da una lettura essenzialmente pratico-strumentale dell'astrologia lulliana, e in particolare dall'interesse per la sua applicazione alla medicina.[4] Viene invece del tutto tralasciata la discussione della base teorico-artistica, che nello scritto di Llull occupa l'ampia sezione *De principiis artis Raimundi* (pp. 120-166), in cui la validità delle concezioni astrologiche tradizionali viene sottoposta a esame critico facendo riferimento esplicito ai principi della *Tabula generalis* (III.11, 1293/4). Verità, significato e possibilità dell'astrologia sono indagate mediante le *quaestiones* o *regulae* dell'arte combinatoria: *de quidditate*, *de quo*, *de quare*, *de quantitate*, *de qualitate*; e poi attraverso i principi della figura A a partire da *magnitudo* —perché di *bonitas* Llull aveva già parlato nel cap. *de quo*— e quelli della figura T. Questa parte, così come la discussione sul determinismo astrologico (pp. 200-202), non interessavano evidentemente al compilatore della redazione qui considerata, che ha completamente omesso anche la quinta parte, quella in cui gli argomenti del trattato vengono ripercorsi in forma questionativa (pp. 203-218). La presenza del colophon originale mostra peraltro che questa redazione, o meglio riduzione, è stata effettuata a partire da un testimone completo del trattato, e dunque è il frutto di una scelta precisa che, privilegiando le sezioni pratico-operative del testo, corrisponde alla sua intenzione di fondo, e riconoscendone l'utilità per la prassi medica si allinea all'impostazione autenticamente lulliana del rapporto fra elementi, corpi elementati e corpi celesti.

3. Per la parte di testo comune ai quattro manoscritti, *cf.* Pomaro, Pereira, «Notizia di due manoscritti» (cit. sopra, nota 2), p. 78. Il tema, di origine galenica, dei *dies critici* in collegamento con le fasi della luna è ottimamente sintetizzato in C. Pennuto, «The debate on critical days in Renaissance Italy», in *Astro-medicine. Astrology and Medicine, East and West*, edd. A. Akasoy, C. Burnett, R. Yoeli-Tlalim, Firenze: SISMEL-Edizioni del Galluzzo, 2008, pp. 75-98: 76-83. La forma *jub* per *juv* e simili (per esempio *Jobe* per *Jove*) è caratteristica dell'ortografia del manoscritto, che vari altri indizi segnalano come di origine iberica.

4. Sui richiami alla medicina nel TNA *cf.* F. Yates, «The Art of Ramon Lull. An Approach to it through Lull's Theory of the Elements», *Journal of the Warburg and Courtauld Institutes*, 17 (1954), pp. 115-173: 129-131; e J. Samsó, «Notas sobre la astronomia y la astrologia de Llull», *EL* 25 (1981-1982), pp. 199-220: 204.

Se infatti il TNA costituisce un importante testimone del carattere neoplatonico non emanatistico della cosmologia di Llull, il quale attribuisce ai cieli la funzione di trasmissione del dinamismo divino verso il mondo della materia, è tuttavia significativo che l'ampia discussione filosofica sui principi sia preceduta da un capitolo sul calcolo dell'influenza astrale dominante (*devictio*), che segnala come la novità dell'astrologia lulliana, enunciata nel titolo del trattato, consista soprattutto nel proporre un modo diretto, facile e «infallibile» per calcolare l'influenza degli astri sul mondo sublunare a partire dalle qualità elementari che l'astrologia tradizionale attribuiva loro.[5]

Per quanto, secondo la cosmologia aristotelico-tolemaica, i corpi celesti si ritenessero costituiti di un quinto elemento detto etere, nell'astrologia tradizionale veniva attribuita a ciascuno di essi una delle qualità elementari e dunque un'azione specifica sui corpi sublunari composti dei quattro elementi: Ariete, Leone, Sagittario e i pianeti Sole e Marte le qualità del fuoco; Toro, Vergine, Capricorno e Saturno quelle della terra; Gemelli, Bilancia, Acquario e Giove quelle dell'aria; Cancro, Scorpione, Pesci con Venere e Luna quelle dell'acqua; mentre Mercurio poteva conferirle tutte, a seconda del contesto. Nel TNA queste attribuzioni tradizionali sono esplicitamente accolte da Llull, che segue gli *antiqui astronomi* e contrassegna gli astri con le lettere che indicano gli elementi nella *figura elementorum*:[6] A/aria, B/fuoco, C/terra, D/acqua (Mercurio viene indicato con ABCD). Con ciò non afferma che gli astri siano materialmente composti di elementi, ma ne indica la capacità di influire *effective* sui corpi terrestri «elementati»: segni e pianeti producono in questi ultimi movimento e mutamenti che derivano in ultima istanza dal dinamismo dei principi divini, muovendosi circolarmente «per generationem et corruptionem et per multiplicationem successiui motus instantium, horarum, dierum et annorum» su impulso dell'*anima motiva* del cielo (p. 166). La

5. Con questa osservazione non si intende mettere in dubbio l'interpretazione del TNA come snodo importante del pensiero lulliano, proposta da Frances A. Yates nel saggio sopra citato e confermata, con qualche delimitazione, da chi scrive. Infatti, il ruolo dei cieli come nesso e mediazione nella catena delle cause è alla base della possibilità stessa di concepire e utilizzare il dispositivo astrologico lulliano. Questo è vero anche per la redazione che stiamo esaminando, nella quale l'aspetto teorico rimane comunque implicito.

6. La *figura elementorum*, presente nelle opere della «fase quaternaria» dell'*ars* (*cf.* A. Bonner, *The Art and Logic of Ramon Lull*, Leiden: Brill, 2007, pp. 56-60) è il presupposto della combinatoria astrologica e medica.

visualizzazione dei moti circolari (*revolutiones*) dei corpi celesti, codificati con le lettere della figura degli elementi, è all'origine della figura ruotante, strumento che permette di riprodurre artificialmente ogni configurazione che in un tempo determinato il cielo presenta. [Figura 1] Su tali configurazioni si basano i diversi settori dell'astrologia: l'oroscopo o *nativitas*, che considerando la posizione degli astri al momento della nascita di un individuo permette di conoscerne carattere e destino; le interrogazioni, che danno indicazioni su eventi lontani nello spazio o nel tempo; e le *electiones*, che indicano il giorno e l'ora più adatti per intraprendere qualcosa di importante. La riproduzione semplificata delle posizioni relative di segni e pianeti mediante la figura ruotante permette, secondo Llull, di formulare giudizi astrologici ben fondati semplicemente applicando la *devictio* elementare, senza bisogno dei complicati calcoli che la redazione di una carta del cielo richiede.

Lo svolgersi nel tempo (istanti, ore, giorni, anni) dei movimenti dei corpi celesti determina un continuo mutamento nei loro influssi.[7] Questo tema, soltanto accennato in alcune pagine del TNA, è alla base della prima figura di un'opera lulliana di pochi anni posteriore e a esso collegata, il *Liber de regionionibus sanitatis et infirmitatis* (III.60, 1303).[8] In questa viene presa in considerazione l'influenza celeste sul corpo umano «naturaliter et elementaliter constitutus» (p. 74) e, di conseguenza, su salute, malattia, modalità di cura. Mentre, infatti, nel TNA Llull scriveva per offrire ai potenti del mondo (cui molta della letteratura astrologica medievale era rivolta) un approccio facilitato alla scienza degli astri, nel trattato scritto sei anni dopo i suoi destinatari sono essenzialmente i medici e i chirurghi, che sempre più facevano affidamento sulla scelta del momento astrologicamente migliore per somministrare cure o effettuare interventi; nonché i potenziali pazienti, cui la lettura del LRSI sarebbe stata utile per imparare a difendersi dai ciarlatani.[9]

7. «The concept of time as the element that links the human being with the cosmos» è il fattore comune alle più diverse tradizioni di medicina astrologica: *Astro-medicine* (cit. sopra, nota 3), Preface, p. x.

8. Edita a c. di J. Gaya in ROL XX, d'ora in avanti indicata con la sigla LRSI. Il tema delle ore del giorno era stato affrontato da Llull nel *Liber de Nova Geometria* (III.39, 1299), nella figura *De quadrante cum quo homo potest cognoscere horas diei* (ed. J. M. Millàs-Vallicrosa, Barcelona, 1953, pp. 76-78; *cf.* Samsó, «Notas» (cit. sopra, nota 4), pp. 211-213; ed era stato toccato in due *quaestiones* della quinta parte del TNA (qq. 51 e 52, pp. 212-213).

9. LRSI, p. 118: «Et ista doctrina est multum utilis et generalis audientibus medicinam [...] Et etiam est utilis non audientibus antedictam medicinam, quia docet [...] consilium medicorum

L'impostazione di fondo del LRSI è esposta nella *prima distinctio* e visualizzata nella prima figura che la apre (p. 73) [Figura 2]: uno schema formato da due circoli concentrici —riferiti l'uno al movimento dell'ottava sfera, in senso orario, l'altro a quello dei sette pianeti, in senso antiorario— divisi in otto caselle ciascuno, in cui sono riportate le lettere degli elementi (A, B, C, D) intercalate da quelle delle corrispondenti coppie di qualità elementari (E *humiditas/caliditas*, F *caliditas/siccitas*, G *siccitas/frigiditas*, H *frigiditas/humiditas*). Facendo scorrere il circolo interno in senso antiorario mentre il circolo esterno rimane fisso, si ottengono sette serie di combinazioni binarie —una per ogni avanzamento di una casella, non prendendo in considerazione la combinazione di lettere uguali— delle otto lettere A E B F C G D H, chiamate *circulationes*, che corrispondono ai giorni della settimana; e poiché la figura si considera suddivisa in quattro settori uguali (non delimitati graficamente), che rappresentano le quattro parti del giorno (*mane*, *meridies*, *occasus*, *media nox*; ciascuna della durata di sei ore) e dell'anno (le quattro stagioni), le combinazioni binarie (*domus*) definiscono *regiones*, ovvero raffigurazioni analogiche di periodi temporali. Queste vengono qualificate come «sane», quando «una littera concordat cum altera per qualitates», o «malate», o anche miste: «sanae in quantum litterae concordant, infirmae in quantum discordant» (p. 75).

Salute o malattia, per quanto attribuite ai diversi momenti del giorno e dell'anno (*regiones domorum*), si riferiscono propriamente agli effetti prodotti nei corpi terrestri dal movimento circolare dei corpi celesti in un dato momento, la cui qualità viene conosciuta mediante il calcolo della *devictio* elementare. Ad esempio, «Domus de DG est in parte sana et in parte infirma. Sana ex parte duarum frigiditatum, infirma ex parte humiditatis et siccitatis» (p. 76). E così, prosegue il paragrafo scelto come esempio, «aqua est regina, et humiditas domicella et siccitas ancilla»: ovvero i rapporti fra qualità elementari si gerarchizzano, conferendo una *similitudo* elementare sempre precisamente de-

ignorantium euitare, a casu fortuito practicantium falso modo». Trasparente il riferimento agli studenti di medicina di Montpellier, dove il trattato è stato scritto. Ramon sembra addirittura alludere a proprie lezioni o conferenze, quando scrive di aver illustrato la sua dottrina medica *breuiter dicendo*, oltre che scrivendone (p. 90). Una sintesi sulla medicina astrologica nel Medioevo nella prima parte di H.M. Carey, «Medieval Latin Astrology and the Cycles of Life, William English and English Medicine in Cambridge, Trinity College Ms O.5.26», in *Astro-medicine* (cit. sopra, nota 3), pp. 33-54: 33-43. Per l'ambiente di Montpellier, *L'Université de Médecine de Montpellier et son rayonnement (XIIIe-XVe siècles)*, edd. D. Le Blévec, T. Granier, Turnhout: Brepols, 2004.

terminabile e applicabile sia ai corpi umani con le loro patologie, sia ai farmaci tanto semplici che composti. Se un malato può essere curato, scrive Llull, può esserlo soltanto all'interno di questo schema delle *regiones*. Infatti a queste vengono ricondotti anche i parametri diagnostici utilizzati nella medicina medievale: «Etiam appetitus infirmi, et sic de aliis circumstantiis sanitatum et infirmitatum, sicut febris, pulsus etc., recipiens similitudines et impressiones regionum supradictarum» (p. 82). Allo stesso modo il colore delle urine, che costituisce uno degli indicatori diagnostici più importanti, va messo in relazione con la configurazione astrale, sia per risalire più agevolmente allo squilibrio umorale che denuncia, sia per individuare la composizione medicinale più adeguata a correggerlo. Del resto, prima di addentrarsi nell'esame del rapporto fra *regiones domorum* e condizioni del corpo malato (che comprendono anche digestione/indigestione, dolori, appetito o sua assenza), Llull aveva richiamato la composizione degli *electuarii*, nel numero di sedici, come sedici, nel *Liber principiorum medicinae* (II.A.10, 1274-1283), sono i composti elementari, su cui ritorna nel capitolo *De modo gradandi medicinas*, che chiude la prima parte del LRSI.[10] Il nesso fra corpi celesti e corpi terrestri, manifesto nelle dinamiche degli elementi, dev'essere rispettato in tutti i trattamenti che il medico applica al paziente a partire dal regime alimentare e igienico;[11] bagni, salassi e purghe, vanno eseguiti previa *notitia de domibus* (p. 87), così come le pratiche chirurgiche.[12]

10. LRSI, p. 93: «Doctrina ista de gradibus connexa est cum illa de sexdecim electuariis supradictis». Il tema della graduazione delle medicine era un argomento di grande attualità nella ricerca medica del tempo, sia a Parigi che a Montpellier. Llull ne tratta anche nell'*Ars compendiosa medicinae* (II.B.8, 1285-7) e nel *Liber de levitate et ponderositate elementorum* (III.18, 1294). Su questo tema v. ora C. Compagno, «Die medizinischen Werke des Raimundus Lullus», *Mediaeval Sophia*, 2 (revista electrònica, 2007); Ead., «La combinatoria degli elementi nelle opere mediche di Raimondo Lullo», *«Universalità della Ragione. Pluralità delle filosofie nel Medioevo» (Atti del XII Congresso Internazionale di Filosofia Medievale della Société Internationale pour l'Étude de la Philosophie Médiévale (Palermo, 17-22 settembre 2007)*, II.2, Palermo: Officina di Studi Medievali,2012, pp. 1089-1098.

11. Una notazione interessante riguarda il collegamento del discorso sui gradi delle medicine e la varietà dell'alimentazione: «Secundum ea, quae supra diximus de gradatione, significatum est, quod homo debet uti uariis cibariis diuersis in qualitatibus per A B C D [...] Et talis passus est multum notabilis, quia utilis» (pp. 93-94).

12. Llull nomina espressamente il *medicus chirurgicus* (p. 91): altro segnale dello stretto legame con l'insegnamento di Montpellier, dove la chirurgia si stava sviluppando all'epoca come un ramo

Alla prima figura, la cui schematica astrattezza è in realtà, come si è visto, gravida di molteplici sviluppi che permettono di comprendere dettagliatamente la dipendenza del corpo e della salute umana dalle dinamiche del macrocosmo, viene esplicitamente collegata una figura astrologica simile —non identica— alla figura ruotante del TNA (p.94), che apre la seconda parte del LRSI (p. 94), di fatto una versione fortemente abbreviata del trattato astrologico.[13] [Figura 3] Il legame fra astrologia e medicina è chiaramente enunciato all'inizio del quarto capitolo, *De combinationibus signorum et planetarum*:

> In parte ista intendimus dicere, quo modo unum signum uincit aliud, et uincit planetas, et planete uincunt signa. Et hoc facto applicabimus illas deuictiones ad domos primae figurae per conuenientiam domorum secundae figurae cum ipsis. Et in isto passu potest medicus cognoscere, quo modo superiores figurae sunt causae primae figurae gratia sanitatis uel infirmitatis patientis (pp. 97-98).

Quest'idea è reiterata verso la fine della seconda parte:

> Dixi de secunda distinctione et de secunda figura applicata ad primam, quae applicatio est generalis doctrina ad habendum notitiam, per quam medicus sciat incipere modo per unam domum, modo per aliam, modo in uno tempore facere phlebotomiam, et in alio non; et sic de aliis» (p. 104).[14]

La concisione e la chiarezza con cui nel LRSI viene affermato il rapporto fra macrocosmo e microcosmo (per quanto Llull non usi questi termini), ri-

a sé, con pari dignità della medicina. *Cf.* M. McVaugh, «Surgery on the 14th century medical faculty of Montpellier», in *L'Université de Médecine de Montpellier* (cit. sopra, nota 8), pp. 39-49.

13. Condensa in dieci pagine tutta la prima e la terza parte di TNA, riprendendone fra l'altro la combinatoria delle congiunzioni segni/pianeti, limitata però a sette combinazioni per ciascun segno, invece delle ventotto dettagliate nel TNA. Alcuni manoscritti del TNA (e Frances Yates seguendoli) riportano come figura del TNA la seconda figura del LRSI.

14. Sull'utilità dell'astrologia per determinare il tempo degli interventi medici e chirurgici si veda il cap. 15 dello *Speculum astronomiae*, il testo a lungo attribuito ad Alberto Magno, ma certamente non suo, scritto nella seconda metà del XIII secolo, una delle prime e forse la più articolata discussione scolastica dell'astrologia: «Quare iterum non eligemus horam pharmacum exhibendi [...] Rursum in magisterio chirurgiae, quare non cavebo facere incisionem in membro Luna existente in signo habente significationem super illud membrum» (Alberto Magno [ps.], *Speculum astronomiae*, ed. a c. di S. Caroti *et al.*, Pisa: Domus Galilaeana, 1977, pp. 45-46 e pp. 77-78).

prendendo sinteticamente temi naturalistici, cosmologici e antropologici sviluppati più ampiamente sia nelle altre opere mediche che nel TNA, spiegano la fortuna postuma di questo trattatello, del quale forse non è davvero eccessivo affermare che rappresenti uno snodo significativo per l'integrazione di medicina e astrologia.[15] La consapevolezza di ciò, tuttavia, la cogliamo soltanto nella lettura che, quasi tre secoli dopo, Giordano Bruno fece delle concezioni medico-astrologiche di Llull, in un'operetta scritta veromilmente a Helmstedt (1589-1590) e da Bruno stesso esplicitamente collegata alla propria elaborazione della magia: la *Medicina lulliana*.[16] Quest'operetta bruniana presenta molti motivi d'interesse, pur essendo rimasta allo stadio di elaborazione non finita, e nonostante sia in gran parte un calco delle stesse pagine lulliane, mediate attraverso la trascrizione che ne aveva dato Bernardo Lavinheta nella sua *Explanatio compendiosaque applicatio artis Lullii* stampata a Lyone nel 1523.[17]

15. Credo si possa così ribaltare il giudizio formulato da Jordi Gaya alla p. XXX della sua *Introducción general* a ROL XX, sia in considerazione delle caratteristiche del LRSI che ho sottolineato nelle pagine precedenti, sia leggendolo alla luce della significativa fortuna postuma, attestata fra gli altri dall'editore della settecentesca edizione in *Opera medica* (Mallorca: Pere Antoni Capó, 1752), che la accostava alla *Tabula smaragdina*: «In libro autem artificiosissimo de regionibus sanitatis et infirmitatum [...] mirabiliter connectuntur caelestia terrenis, ima summis; cum enim quod est inferius, ut optime praedixit Trismegistus, sit sicut id quod est superius».

16. La *Medicina lulliana* è edita in Giordano Bruno, *Opere magiche*, ed. diretta da M. Ciliberto, a c. di S. Bassi, E. Scapparone, N. Tirinnanzi, Milano: Adelphi, 2000, pp. 761-873 (testo latino con traduzione italiana a fronte, seguito dal primo abbozzo, *Artificiosa methodus medendi ex Lullianis fragmentis*, pp. 875-913, e note critiche alle pp. LXXI-LXXIV, XC-XCII e 915-925). L'apparato riporta sistematicamente i passi paralleli dall'edizione di Lavinheta e dal LRSI (e, nelle parti che Lavinheta ha integrato, dal *Liber principiorum medicinae*), permettendo di cogliere con chiarezza la complessa stratificazione testuale. Il collegamento con la magia è dichiarato esplicitamente nel § 73, p. 815, nella parte conclusiva del più ampio e significativo intervento di Bruno nel tessuto dell'opera (*cf.* M. Cambi, «La misura del vincolo. Giordano Bruno: medicina e magia», in *Spazio e misura. Medioevo e modernità a confronto*, a c. di M.T. Catena, V. Sorge, Milano: Mimesis, 2015, pp. 41-56: 52-54). Per il contesto di composizione della *Medicina lulliana* v. A. Rossius, «Works within a codex: The structure of Bruno's magical writings», *Bruniana & Campanelliana*, 18 (2012), pp. 453-472: 457; e M. Matteoli, «Giordano Bruno a Praga tra lullismo, matematica e filosofia», *Rinascimento*, 56 (2016), pp. 301-324: 312.

17. *Practica compendiosa artis Raymundi Lul. Explanatio compendiosaque applicatio artis illuminati doctoris magistri Raymundi Lul ad omnes facultates per reverendum magistrum Bernardum de Lavinheta artis et theologie doctorem lucubrata et ad communem omnium utilitatem edita*, s.l. [Lione]: 1523, f. 138v. La sezione dedicata all'astronomia, completamente incentrata sull'astrono-

Lavinheta mostra di avere ben presente il nesso astrologia-medicina, anche se non lo sottolinea e anzi, nella pagina introduttiva della sezione medica della *Explanatio* (*De consideratione medicorum*, f. 148v) mostra una certa reticenza, accennando all'influenza astrale sulla complessione umorale umana soltanto come *specialis influentia coadiuvans;* in seguito trascrive come parte integrante della sezione medica la prima *distinctio* del LRSI (*De medicina*, f. 150v), riprendendone con una propria complessa elaborazione le due figure e sviluppandone con ulteriori implicazioni lo schema [Figura 4]. La pagina ripresa dal TNA nella sezione astronomica della *Explanatio*, introdotta dalla notazione di aver fino allora seguito gli *antiqui astronomi*, non va tuttavia oltre la presentazione di un esempio di *devictio* relativo alla congiunzione di Saturno e Giove in Ariete, chiuso dall'affermazione «tecnica» che, essendo la costellazione nel complesso buona, chi nasce sotto tale costellazione è *bonus naturaliter*, dal punto di vista del corpo e della salute, senza implicazioni per la sua vita morale poiché l'anima non subisce l'influenza degli astri. «Iste est verus modus pronosticandi in astrologia ac etiam in medicina», conclude Lavinheta.[18] Era normale che chi scriveva d'astrologia si cautelasse salvaguardando esplicitamente la libertà dell'anima rispetto all'influenza degli astri; lo stesso Llull nel TNA aveva esplicitamente affermato che «constellatio potestatem non habet supra consuetudinem, quam homo habet per animam» (p. 201). La prudenza del Lavinheta non necessita pertanto di spiegazioni particolari, e ci segnala che la lettura delle due opere di Llull era ancora, presso l'autore più rappresentativo del primo lullismo rinascimentale, relativamente anodina, anche se rispondente a una generale inclinazione dell'epoca, cui si possono ricondurre anche le annotazioni astrologico-mediche come quella sui giorni critici della luna, dapprima solo accostata al TNA e successivamente inserita nella redazione cinquecentesca.[19]

Ben altra è la direzione e soprattutto l'intensità della lettura che del LRSI offre Giordano Bruno, il quale giudica questa operetta «in substantia esse

mia descrittiva e il calendario, fa parte dell'ottavo libro, come quella dedicata alla medicina. La sezione medica inizia al f. 148v, e dopo una premessa relativamente ampia (148v-150v), riporta, col titolo *De medicina*, tutta la prima parte del LRSI interpolandola con ampi stralci dal *Liber principiorum medicinae* (ff. 150v-174v). Sull'opera del Lavinheta mi permetto di rinviare al mio «Bernardo Lavinheta e la diffusione del Lullismo a Parigi nei primi anni del '500», *Interpres*, 5 (1983-1984), pp. 242-265.

18. *Explanatio*, f. 138v.

19. *Cf.* sopra, note 3-4.

maiorem omnibus tractatibus aliorum medicorum singulorum circa idem propositum» (p. 772).[20] Ce ne rendiamo conto già dalla rielaborazione cui sottopone le primissime linee del capitolo introduttivo del Lavinheta; mentre infatti questi dichiara di affrontare il discorso sulla medicina da non medico, all'interno del progetto di completezza enciclopedica dell'*Explanatio* («Professionis nostre non est de medicina tractare, ideo solo damus modum ipsam applicandi ad hanc artem generalem ad quam omnes scientie et facultates generaliter applicari possunt», f. 148v), la parafrasi di questo passo con cui Bruno apre la propria rielaborazione indica un coinvolgimento ben diverso: «Intentio nostra est *non tam vulgari more principia medicinae, quae praxi proxima* sunt, adducere, quam artem Lullii illam generalem ad omnes scientias et facultatates ita limitare *et modificare iuxta eius intentiones*, ut quilibet facilius in *verae medicinae totius* cognitionem venire possit» (p. 762, corsivi aggiunti). Il ricorso all'opera lulliana risulta determinato dalla volontà di indagare in maniera innovativa, rispetto al sapere medico comune, i principi della «vera medicina», utilizzando l'arte lulliana, ma anche modificandola, sia pure senza tradirne le intenzioni: ovvero esplicitandone le implicazioni cosmo-antropologiche cui sopra si accennava e aprendo la concezione lulliana a prospettive che sono in realtà bruniane.

Come è stato osservato in relazione alle più celebri opere lulliane di Bruno, ai suoi occhi «l'*ars Raymundi* aveva ancora innumerevoli potenzialità da sviluppare».[21] Per la medicina, lo sviluppo fondamentale consiste nel mettere in luce quella corrispondenza fra micro- e macrocosmo che è alla base del LRSI, ma che né Llull né Lavinheta avevano nominato come invece Bruno fa con grande chiarezza: «*In corpore humano* in viginti quatuor horis quatuor haec elementa in sua regione ita motum habent, *sicut et in universo*, *nempe me-*

20. Come aveva già rilevato Frances Yates, *The Art of Ramon Llull*, p. 130. Maurizio Cambi esplora le ragioni di questa ripresa bruniana del LRSI leggendovi «qualcosa di più dell'intenzione di dimostrare, una volta in più, l'efficacia delle *artes* del Catalano applicate a un altro ramo del sapere [...] Apprezza, altresì, il tentativo del Catalano che aveva proposto la "meccanizzazione" della ricerca (delle cause delle infermità e della terapia curativa) attraverso l'utilizzazione di un *artificium* logico che reperisse, tra le tante possibili, l'esatta combinazione di tutti gli elementi necessari» («Sul rapporto magia-medicina nelle Opere Magiche di Giordano Bruno. Considerazioni in margine all'edizione adelphiana», *Giornale Critico della Filosofia Italiana*, 85, 2004, pp. 301-310: 307-308).

21. M. Cambi, «Giordano Bruno e gli usi molteplici della combinatoria lulliana», in *Bruno nel XXI secolo. Intepretazioni e ricerche*, a c. di S. Bassi, Firenze: Olschki, 2012, pp. 3-16: 16.

gacosmo» (p. 774, corsivo mio).[22] E non si ferma qui: oltre al corpo, i movimenti celesti hanno influenza sull'essere umano intero, corpo e anima. In tal modo l'*intentio* di Llull non viene soltanto modificata, ma nettamente oltrepassata, sebbene —questo è l'aspetto più interessante— il testo lulliano non venga abbandonato o criticato, ma «spiegato» individuandovi (o meglio attribuendogli) un senso più alto e segreto. Lavinheta, riprendendo Llull, aveva scritto: «Et secundum istos duos motus [le rotazioni dei due circoli della prima figura] est motus corporis humani naturaliter et elementaliter constitutus, eo quia *corpora inferiora sunt elementaliter et naturaliter sub superioribus constituta*» (f. 150v), esattamente parallelo al LRSI tranne la chiusa (le parole riportate in corsivo), che nel testo di Llull suona: «corpora superiora mouent inferiora naturaliter» (p. 74). Ed ecco come Bruno amplia questo passo, trasformandone profondamente il significato:

> Secundum duos hosce motus tum naturaliter et elementaliter, *tum voluntarie seu fortuite*, nempe tum ex principiis materialibus seu corporeis, *tum ex principiis minus materialibus et quae non corporea existimantur*, est motus corporis humani et dispositionum animae in ipso; inferiora siquidem naturaliter et elementaliter sub influxu superiorum veniunt constituta, seu *—ut proprie loquamur— particolarium lex et compositorum sub lege universalium et principiorum et elementorum et causarum subordinatur* (pp. 778-780, corsivi miei).[23]

Lo statuto dei movimenti celesti come principi «meno legati alla materialità e tali da non doversi considerare corporei» è effettivamente coerente con

22. *Cf.* anche questa annotazione marginale di Bruno: «Quam quidem doctrinam applicantes ad propositum dicimus circulum inferiorem significare constitutionem microcosmi, nempe corporis humani et individui subiecti, circulum vero superiorem significare constitutionem megacosmi seu circuli diurni; circulus diurnus nempe constitutionem quatuor elementorum, nempe in suo esse subiectivo simplici; circulus vero microcosmi constitutionem in elementato seu composito» (p. 786). *Cf.* anche p. 828: «Nota subinde, secundum hanc artem quattuor terminos esse praecipuos seu puncta praecipua, tum in revolutione diurna in mundo maiori, tum in revolutione elementorum seu qualitatum in mundo minori».

23. Scrive inoltre Bruno: «Et recte sensit Lullius [...] ratio vitae hominis non est scripta in huiusmodi complexione consistente in materia, quae semper alia est et alia, sed in eo spiritu qui est animae vehiculum et vinculum quoddam eandem corpori adnectens. Ergo ad tempus et ordinem et seriem eius spiritus adductricem et regolatricem in corpore est respiciendum» (annotazione marginale, p. 768).

la concezione dei cieli costituiti dei principi assoluti e relativi secondo la *magna doctrina* della *Tabula generalis*, della quale Llull nel TNA (p. 153) afferma la necessità per coloro che si occupano di astrologia. Infatti nella sua concezione i cieli sono fatti di forma e materia, e queste a loro volta *de substantiali bonitate*, dalla quale deriva un'altra *bonitas*, accidentale, «quae est instrumentum substantialis bonitatis, cum qua caelum bonificat naturales bonitates inferiores, transmittendo ipsis influentiam et uirtutem suae substantialis bonitatis» (p. 126). Ma la menzione delle «disposizioni dell'anima» e soprattutto l'enunciato relativo alle due leggi sono chiaramente idee di Bruno, che tuttavia ne riconosce in Llull il *primus indicator*, e dichiara che questi aveva mostrato da lontano una luce («lucem ipsam veluti a longe ita indicavit», p. 812) da utilizzare per portare *ad praxin* i principi universali, mentre attribuisce a sé stesso il compito di sviluppare completamente e operativamente anche in ambito medico il grande ma misconosciuto tesoro dell'Arte lulliana («tantus thesaurus ad hoc usque tempus brutorum pedibus conculcatus et foedatus», ibid.).[24]

«Itaque —scrive— non caeco et logico, sed claro, evidenti et physico ordine progrediendum, eo hanc artem Lullii promovemus quo tendit» (p. 812), perfezionandola e completandola in modo da determinare in maniera più dettagliata e fine i principi da Llull scoperti, e da applicarli al piano operativo, *ad praxin*, quanto più da vicino possibile. Rivendica dunque per sé non il semplice ruolo di un commentatore, ma quello di un continuatore e perfezionatore; e richiamandosi a quanto ha insegnato «in ultimo tractatu *De magia*» spiega in dettaglio, in quella che è l'aggiunta bruniana più ampia e significativa al testo lulliano, il significato della complessa figura della *Medicina lulliana* (ripresa in realtà dall'*Explanatio*), attraverso la quale «exactissime poteris iudicare et sine errore de singulis usque ad minima perpendere» (p. 814).[25] Si potrà in tal modo determinare la «vera» nascita, che —seguendo anche qui

24. Sulle concezioni mediche di Bruno si vedano, oltre le annotazioni di E. Scapparone alla *Medicina lulliana* (pp. 918-922), M. Cambi, «Sul rapporto magia-medicina» (cit. sopra, nota 20). Inoltre I. Russo, «Filosofia e medicina in Giordano Bruno», *Rinascimento*, 55 (2015), pp. 363-394, che tuttavia centra il suo discorso sul *De la causa* e sul rapporto con Paracelso, dedicando alla *Medicina lulliana* soltanto un breve cenno iniziale (p. 363 e nota 1).

25. Si tratta del pregnante testo (pp. 810-816) aggiunto dopo la *Septima circulatio* e prima del capitolo *De febribus*. Sul tema dell'individualizzazione come cifra del vincolo, sia magico che medico, *cf.* Cambi, «La misura del vincolo» (cit. sopra, nota 16), p. 48.

Lavinheta— Bruno colloca nel momento dell'animazione del feto («interiorem nativitatem, que fuit in illo instanti introductionis anime rationalis», f. 149r); e determinare precisamente le alterazioni umorali del soggetto malato, prognosticandone la guarigione o la morte. Lo schema delle *regiones*, che Llull aveva delineato facendo ricorso a principi universalissimi e, a giudizio di Bruno, un po' grossolani (*veluti crasso modo*), viene integrato astrologicamente, in modo da poter essere applicato, da chi ne abbia sufficiente pratica, ai casi singoli: «Quod vero ultimo loco requiritur circa definitionem singulorum in speciali, in institutione astronomica [...] requiratur. Demum tamen singularibus hanc doctrinam applicare practicantium erit» (p. 816).[26] Bruno individua nella figura elaborata dal Lavinheta a partire da quelle del LRSI e del TNA l'*artificium* che consente di applicare con precisione i principi di corrispondenza fra corpo umano e macrocosmo alla innumerevole variabilità dei casi singoli, e la riprende per illustrare la *Medicina lulliana* [Figura 5].[27] Dimostra con ciò di considerare proprio la figura lo strumento per andare oltre Llull pur in piena fedeltà alla sua *intentio*, rendendo possibile una *praxis* medico-astrologica dinamica e particolareggiata, diversa dalla statica e generica corrispondenza fra astri e parti del corpo umano della melo-

26. Al termine della discussione Bruno promette, «si tempus dabitur», di enumerare tutte le proprietà e virtù propriamente astronomiche che intervengono nella determinazione degli effetti che si producono nelle realtà particolari prese nella loro singolarità, compendiandole in meno di cento immagini costruite «iuxta canones in *Triginta sigillis* explicatos» (p. 816).

27. Bruno riproduce la figura stampata al f. 150r della *Explanatio* 1523 con un'unica differenza: la prima ora del giorno, che nella figura di Lavinheta corrisponde al *meridies*, nella figura bruniana corrisponde alla *Media nox*, per quanto il testo dica chiaramente «horae diei naturalis viginti quatuor, distantes aequaliter, incipiendo a meridie et terminando ad meridiem» (p. 784). La figura qui riportata è stata ripresa dall'Edizione Nazionale delle opere latine a c. di F. Tocco e G. Vitelli (Firenze 1891), rispetto alla quale quella riprodotta nel volume delle *Opere magiche* a p. 776 introduce una immotivata variante «facendo ruotare di uno scatto verso destra il circolo più interno» (nota a p. 924). La commentatrice osserva inoltre che «non mancano, nella figura della *Medicina* bruniana, motivi di difformità o addirittura incongruenze rispetto alle descrizioni e argomentazioni del testo» (ibid.); diversa e più corretta quella abbozzata a corredo della prima redazione del testo bruniano, *Artificiosa methodus medicinae ex Lullianis fragmentis* (ivi, pp. 875-913, figura a p. 886). Queste figure bruniane non sono riprodotte né menzionate in G. Bruno, *Corpus iconographicum. Le incisioni nelle opere a stampa*, Catalogo, ricostruzioni grafiche e commento di M. Gabriele, Milano: Adelphi, 2001, verosimilmente perché il testo non è stato edito in età rinascimentale. Meriterebbero però uno studio approfondito e un confronto con quelle, ad esempio, del *De umbris idearum*.

tesia tradizionale —una *praxis* relazionale e individualizzata, della quale Llull aveva, secondo il Nolano, dischiuso la via: «sufficit ergo illi viam mostrasse, nobis vero eam stravisse, distinxisse, expurgasse» (pp. 814-816).

Didascalie

Figura 1. Figura ruotante del *Tractatus novus de astronomia* (II.1), che permette di rappresentare le configurazioni celesti in maniera semplificata e di calcolarne la *devictio*. (Elaborazione grafica F. di Pietro, 2019).

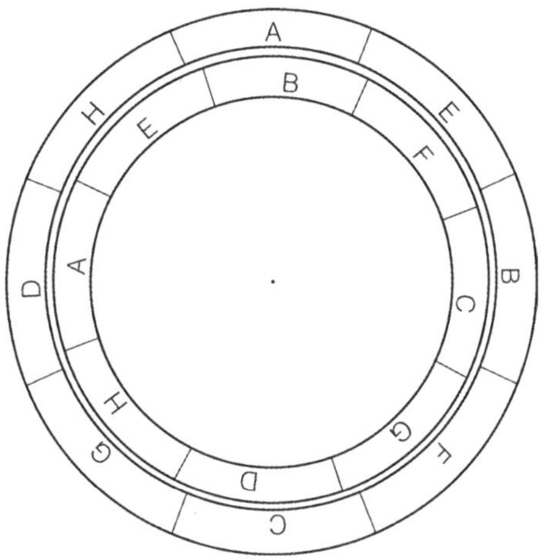

Figura 2. Prima figura del *Liber de regionibus sanitatis et infirmitatis* (I distinctio): il circolo esterno rappresenta il moto dell'ottava sfera e quello interno il moto dei sette pianeti. (Elaborazione grafica F. di Pietro, 2019).

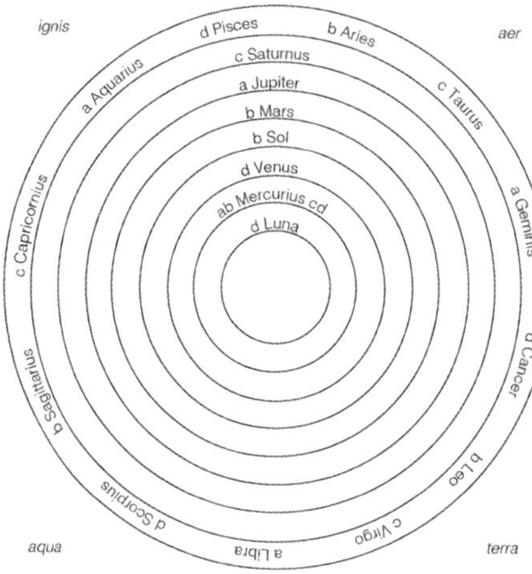

Figura 3. Seconda figura del *Liber de regionibus sanitatis et infirmitatis* (II.1), di cui è evidente l'affinità con la figura del *Tractatus novus de astronomia*. (Elaborazione grafica F. di Pietro, 2019).

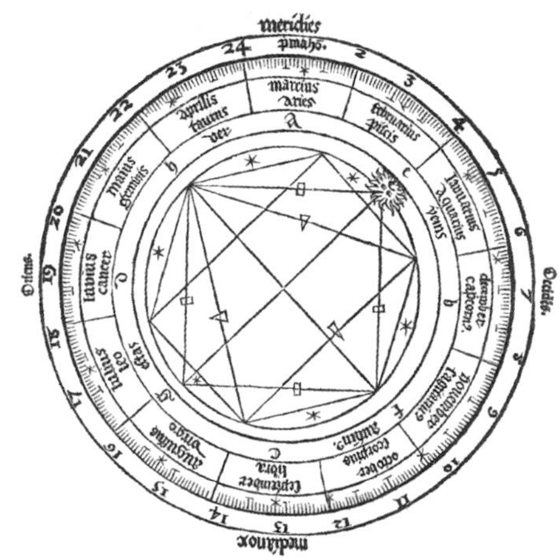

Figura 4. Figura astronomico-medica dall'VIII parte della *Explanatio compendiosaque applicatio artis Lulli* di Bernardo di Lavinheta, Lyon, 1523, fol. CLr.

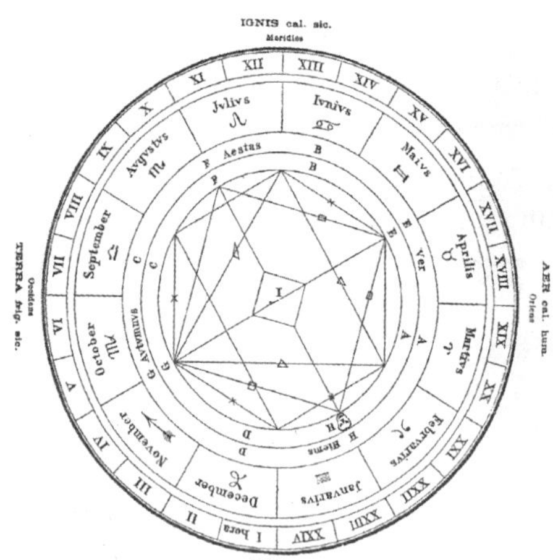

Figura 5. Figura della *Medicina lulliana* di Giordano Bruno, che riproduce quella della *Explanatio* modificandone l'orientamento (da Jordani Bruni Nolani, *Opera latine conscripta*, edd. F. Tocco et G. Vitelli, Firenze, 1891, p. 577).

Dante e 'La compiuta donzella di Firenze'.[1] *Appunti di filoginia ed eterodossia dantesca*

Raffaele Pinto
(Universitat de Barcelona)

per Lola Badia, compiuta donzella
delle lettere catalane

Nel suo saggio *Nuove ipotesi su Compiuta Donzella*, Daniele Cerrato riassume i risultati degli ultimi studi sulla prima poetessa italiana, opportunamente sottolineando la inoppugnabilità della sua esistenza, indipendente, com'è ovvio, dalle difficoltà della sua identificazione (lo studioso considera inoltre come plausibile che l'intestazione del manoscritto con i suoi sonetti sia nome proprio).[2] Senz'altro da condividere è poi la sua tesi di fondo, e cioè che Compiuta Donzella si iscriva in una linea di protofemminismo che parte dalle *trobairiz* ed ha il suo fulcro ideologico nella polemica antimatrimoniale (ed antipatriarcale). Fra le numerose testimonianze della sua ampia risonanza nel mondo letterario toscano, che le tributa numerosi lusinghieri apprezzamenti, ce n'è una che finora non è stata avvertita, e che, credo, deve essere messa nel conto della influenza da lei esercitata sulla cultura poetica del suo tempo, cioè quella di Dante.

La denuncia della violenza che il matrimonio rappresenta in una società di tipo patriarcale è uno dei motivi fondamentali della *Commedia*, giacché affiora nei tre episodi, uno per cantica, dedicati, in modo che potrebbe essere definito monografico, a descrivere la condizione sociale della donna: Francesca da Rimini (*Inf.* V), Pia de' Tolomei (*Purg.* V) e Piccarda Donati (*Par.* III). Queste donne sono, tutte e tre, personaggi storici e di tutte e tre viene denunciata la violenza che nei loro confronti viene esercitata nell'ambito fami-

1. Con questa intestazione vengono presentati, nel Canzoniere Vaticano, i sonetti della scrittrice.

2. Vedi Cerrato 2014. Un eccellente ripasso sugli studi relativi alle poetesse italiane del Duecento-Trecento, corredato da una antologia bilingue e da una esaustiva bibliografia, è in Arriaga Flórez & Cerrato & Nadales 2012.

liare (dal marito o dal fratello). Indizio della geniale lungimiranza del poeta è poi il fatto che il contesto di tale violenza sia sempre politico (alleanze in cui le donne sono merce di scambio), poiché Dante comprende bene che la famiglia e i rapporti di potere e sudditanza femminile che la famiglia implica sono il fondamento dell'ordine patriarcale, per cui l'accorata protesta che la voce femminile nei tre casi verbalizza ha una risonanza che giunge intatta fino ai giorni nostri, quando la monogamia (con le sue sciocche liturgie consumiste) è assunta dal capitalismo come involucro affettivo dei beni prodotti, quasi sempre supeflui, e, in ultima istanza, dei suoi meccanismi economici.[3] Non a caso all'ultima delle tre donne suddette, protagoniste di storie 'private',[4] viene associata, con analogo valore di rivendicazione filogina, Costanza d'Altavilla, madre dell'Imperatore Federico II e figura di primissimo piano nella politica italiana ed europea dell'età di Dante.

Lo stimolo che il poeta, nella sua critica del patriarcato, trasse dai testi di Compiuta Donzella è evidente soprattutto nell'episodio di Piccarda Donati, che, secondo la versione di Dante, fu tratta a forza dal monastero di Clarisse in cui si era rinchiusa dal fratello Corso, per essere data in sposa al suo alleato politico, Rossellino della Tosa (che sarebbe poi diventato il suo nemico ed assassino). Interessano qui i seguenti versi (*Par*. III 97-108):

> «Perfetta vita e alto merto inciela
> donna più sù», mi disse, «a la cui norma
> nel vostro mondo giù si veste e vela,
> perché fino al morir si vegghi e dorma
> con quello sposo ch'ogne voto accetta

3. La bibliografia di denuncia della monogamia, come fondamento del patriatrcato e/o del capitalismo, è sterminata. Mi limito qui a indicare, come particolarmente suggestivi e documentati, gli studi di Eva Illouz e Brigitte Vasallo.

4. Altro filo che lega i tre personaggi: tutte e tre queste donne, con finissima analisi psicologica, vengono caratterizzate come anelanti alla pace. Francesca parla della sua patria in questo modo (V 97-99): «Siede la terra dove nata fui / su la marina dove il Po discende per aver *pace* co' seguaci sui»; Pia augura a Dante un meritato riposo, al ritorno del suo viaggio (*Purg*. V 130-131): «Deh quando tu sarai tornato al mondo / e *riposato* della lunga via»; Piccarda spiega a Dante che le anime del Paradiso soddisfano ogni loro desiderio nella perfetta adesione alla volontà di Dio (*Par*. III 85-87): «E 'n la sua volontade è nostra *pace*: / ell'è quel mare al qual tutto si move / ciò ch'ella cria e che natura face». Si noti anche, sia in Piccarda che in Francesca, la metafora del mare, come spazio di confluenza e pacificazione.

che caritate a suo piacer conforma.
Dal mondo, per seguirla, giovinetta
fuggi'mi, e nel suo abito mi chiusi
e promisi la via de la sua setta.
Uomini poi, a mal più ch'a bene usi,
fuor mi rapiron de la dolce chiostra:
Iddio si sa qual poi mia vita fusi».

Si osservi innanzitutto la figura di reticenza che accomuna la figura di Piccarda a quelle di Francesca e Pia:[5] «Iddio si sa qual poi mia vita fusi», come «Quel giorno più non vi leggemmo avante» (*Inf.* V 138) e come «Salsi colui che nnanellata pria / disposando m'avea con la sua gemma» (*Purg.* V 135-136). Nel quadro della generale teoria linguistico-antropologica di Dante, per cui il soggetto personale ha un fondamento anzitutto espressivo, che consiste nel verbalizzare in lingua materna l'esperienza interna,[6] la violenza di cui è oggetto la donna nel rapporto matrimoniale può manifestarsi solo attraverso un velo di silenzio che ne occulti l'orrore e la ripugnanza. Da questo verso traggono spunto le leggende sulla morte di Piccarda, invocata ed ottenuta dalla donna prima di sposarsi.[7] Ma è evidente, confrontando i tre personaggi femminili della *Commedia*, che Dante ha 'inventato' a partire da una precisa ipotesi antropologica che è sviluppo della filoginia di cui è principalissimo veicolo poetico il mito di Beatrice.

Si leggano ora i due sonetti della Compiuta Donzella *A la stagion che 'l mondo foglia e fiora* e *Lasciar voria lo mondo e Deo servire*:[8]

5. La somiglianza fra le chiuse dei tre episodi, cioè la figura di reticenza che le accomuna, è rilevata da Anna Maria Chiavacci Leonardi nel suo commento al passo corrispondente del *Paradiso*. Con la consueta finezza, la studiosa imposta la sua lettura di Piccarda, nella Introduzione al canto III, sul rapporto di analogia-differenza con Francesca.

6. Nella cultura e nella società cristiane il silenzio in pubblico è, a partire da San Paolo, dovere della donna e requisito della buona sposa (1 *Corinzi* 14): «Come in tutte le comunità dei santi, le donne nelle assemblee tacciano perché non è loro permesso parlare; stiano invece sottomesse, come dice anche la Legge. Se vogliono imparare qualche cosa, interroghino a casa i loro mariti, perché è sconveniente per una donna parlare in assemblea». Sul significato della lingua materna nella teoria linguistica di Dante, rinvio ai miei studi, Pinto 2013 e 2018.

7. Si veda, per queste leggende, la voce *Piccarda*, di Mario Fubini, nella *Enciclopedia Dantesca*.

8. I due sonetti appaiono nella prima silloge della poesia italiana delle origini (insieme ad un terzo sonetto inserito in una tenzone), il Canzoniere Vaticano (la cui riproduzione fotogra-

A la stagion che 'l mondo foglia e fiora
acresce gioia a tutti fin' amanti:
vanno insieme a li giardini alora
che gli auscelletti fanno dolzi canti;
la franca gente tutta s'inamora,
e di servir ciascun tragges' inanti,
ed ogni damigella in gioia dimora;
e me, n'abondan marimenti e pianti.
Ca lo mio padre m'ha messa 'n errore,
e tenemi sovente in forte doglia:
donar mi vole a mia forza segnore,
ed io di ciò non ho disìo né voglia,
e 'n gran tormento vivo a tutte l'ore;
però non mi ralegra fior né foglia.

Lasciar vorria lo mondo e Deo servire
e dipartirmi d'ogne vanitate,
però che veggio crescere e salire
mattezza e villania e falsitate,
ed ancor senno e cortesia morire
e lo fin pregio e tutta la bontate:
ond'io marito non vorrìa né sire,
né stare al mondo, per mia volontate
Membrandomi c'ogn'om di mal s'adorna,
di ciaschedun son forte disdegnosa,
e verso Dio la mia persona torna.
Lo padre mio mi fa stare pensosa
ca di servire a Cristo mi distorna:
non saccio a cui mi vol dar per isposa.

Sintonizzati sulla tematica amorosa, che in quest'epoca nella lirica è quasi obbligatoria, in entrambi il dramma esistenziale a cui la donna vorrebbe sfuggire è quello di essere data come sposa ad un marito, cioè il matrimonio, a cui il padre la obbliga contro la sua volontà. Nel primo sonetto la destinazione matrimoniale le impedisce di godere del servizio amoroso di cui ogni *dami-*

fica, a cura di Lino Leonardi, è apparsa nel 2000). Qui cito dalla edizione Contini (1960: I, pp. 434-435).

gella gode in primavera; nel secondo la promessa in matrimonio (voluta dal padre) le impedisce di ritirarsi in un convento. La sua resistenza ai voleri paterni è proclamata in modo esplicito e fermo nei due sonetti: (*A la stagion*, 11-12) «donar mi vole a mia forza segnore, / ed io di ciò non ho disìo né voglia»; (*Lasciar voria*, 7) «ond'io marito non vorrìa né sire». Padre e marito si presentano così come i poli fra i quali oscilla la servitù femminile, poiché rappresentano la famiglia nella quale la donna viene schiavizzata (cioè obbligata a sottomettersi a un *signore*), prima come figlia e poi come moglie. E si osservi che la consapevolezza di tale schiavitù è possibile (in quest'epoca) solo a partire dalla esperienza dell'amore, che apre una finestra al desiderio femminile, altrimenti represso o negato fra le mura domestiche. Nella prospettiva del desiderio, così come viene teorizzato nella tradizione trovadorica, il matrimonio appare necessariamente come l'ambito di competenza del *gilós* (il marito-proprietario che sorveglia, con atteggiamento usuraio, il proprio patrimonio, di cui la donna-sposa è parte), come denuncia, in registro canzonatorio, il primo trovatore, Guilhem de Peitieu, quando si scaglia contro coloro (cioè i mariti) che recintarono il *con*:

> Senher Dieus, quez es del mon capdels e reis,
> qui anc primer gardet con, com non esteis?
> C'anc no fo mestiers ni garda c'a sidons estes sordeis.
> Pero dirai vos de con, cals es sa leis,
> com sel hom que mal n'a fait e peitz n'a pres:
> si c[om] autra res en merma, qui·n pana, e cons en creis.
> [...]
> e·l senher no·n pert son comte ni son ses:
> a revers planh hom la tala, si·l dampn...[9]

Diverse, però, sono le alternative che alla famiglia vengono prospettate: in un caso, quello che i trovatori propugnano, è la *fin'amor*, una sorta di ascetismo erotico che ha nell'immaginario sessuale il suo principio estetico e morale; nell'altro, quello che viene preferito da Compiuta nel secondo sonetto, la vita monastica. Relativamente alla prima soluzione, Compiuta esclude la via d'uscita che alla soggezione femminile nel matrimonio avevano escogita-

9. Cito dalla edizione Pasero (1973: 69-70).

to le *trobairiz*, e cioè l'adulterio, che in fondo significava accettare la logica trovadorica della *fin'amor*. Si legga ciò che afferma al riguardo la Comtessa de Dia (sec. XII):

> Ben volria mon cavallier
> tener un ser en mos bratz nut
> q'el se'n tengra per ereubut
> sol q'a lui fezes cosseillier;
> car plus m'en sui abelida
> no fetz Floris de Blanchaflor:
> eu l'autrei mon cor e m'amor,
> mon sen, mos huoills e ma vida.
> Bels amics, avinens e bos,
> cora·us tenrai e mon poder?
> e que jagues ab vos un ser
> e que·us des un bais amorós!
> Sapchatz, gran talan n'auria
> e·us tengues en luoc del marit,
> ab so que m'aguessetz plevit
> de far tot so qu'eu volria.[10]

Solo da sposata la poetessa può vivere una esperienza autentica di desiderio, per un uomo che, ovviamente, non è il marito: questi ha infatti sul suo corpo un diritto patriarcale di proprietà che esclude qualunque tensione passionale, essendo la libertà soggettiva condizione della passione d'amore. E si osservi come l'apertura immaginaria ad una realtà diversa si presenti come sostituzione di un oggetto d'amore (l'amante) al soggetto di proprietà (il marito): «Sapchatz, gran talan n'auria / qe·us tengues en luoc del marit». Compiuta evita questa soluzione, ma avverte in tutta la sua drammaticità l'antagonismo fra l'amore ed il matrimonio. I rituali dell'amor cortese sono ben presenti nel suo immaginario (come mostra il primo sonetto), ma si scontrano con la dura realtà di un padre che vuole darla in moglie a qualcuno (e si consideri che importa poco di chi si tratti: «non saccio a cui mi vol dar per isposa»; è il matrimonio, in quanto istituzione, ciò che la condanna alla infelicità, non l'identità dello sposo).

10. Cito da Riquer (1975: II, 798-99).

L'impossibilità di accettare la soluzione trovadorica dell'adulterio spiega perfettamente il ripiego che viene prospettato nel secondo sonetto, e cioè la vita monastica, che le permette di sfuggire al carcere del matrimonio senza incorrere negli anatemi di una società impregnata di cattolicesimo (ottiene così il riconoscimento e il beneplacito di un poeta così conservatore, sul piano ideologico, come è Guittone). Ed è qui che Dante raccoglie e si fa portavoce (forse proprio in chiave antiguittoniana) della protesta femminile di Compiuta. Piccarda, come la donzella fiorentina, sente ripugnanza nei confronti di un mondo, qual è la Firenze già capitalistica del tardo '200, che «produce e spande il maladetto fiore / c'ha disviate le pecore e gli agni» (*Par.* IX 131-132) e che ha affossato tutti gli ideali cortesi che la poesia dei trovatori aveva celebrato; Dante è perfettamente sintonizzato con Compiuta già nelle due dottrinali scritte a Firenze fra il 1295 e il 1300 (*Le dolci rime d'amor ch'io solea* e *Poscia ch'amor del tutto m'ha lasciato*): «Membrandomi ch'ogn'om di *mal* s'adorna, / di ciaschedun son forte *disdegnosa*», aveva scritto Compiuta; le fa eco Dante, in *Poscia ch'amor*, 102-106: «e questa [Leggiadria] *disdegnosa* di cotante / persone quante / sembiante portan d'omo, e non risponde / il lor frutto alle fronde / per *lo mal c'hanno in uso*».

Per tutto ciò, Piccarda dice che «Dal mondo, per seguirla, giovinetta fuggi'mi» (alludendo alla fondatrice dell'ordine francescano della Clarisse), come aveva già detto Compiuta: *Lasciar vorria lo mondo e Deo servire*.[11] Relativamente a questo *incipit*, si noti la citazione dal sonetto di Giacomo da Lentini: *I m'aggio posto in core a Dio servire*, e l'analoga contrapposizione, nei due sonetti, della vita religiosa all'amor cortese, che, però, Giacomo considera provocatoriamente e blasfemamente conciliabili (in Paradiso vuole andarci sì, ma non senza la sua donna), mentre Compiuta considera, molto più realisticamente, escludentisi l'un l'altra: per servire Dio, bisogna abbandonare il mondo. Ma è chiaro che Dante ha dedotto il rifiuto del patriarcato di Piccarda da quello di Compiuta, che è molto più di una fonte: Compiuta è la verifica sul piano storico e sociologico della filoginia che Dante ha messo al centro della sua poetica attraverso il mito di Beatrice (su cui rinvio alla *Introduzione* alla mia edizione della *Vita Nuova*) e la scoperta che l'unica teologia e poesia modernamente possibili sono quelle che si basano, sul piano espressivo, sull'uso

11. Si è soffermata su questo aspetto del personaggio di Piccarda, collegato ad analoghe esperienze di conflitto familiare in casi di santità femminile dell'Italia duecentesca, Pegoretti 2019.

della lingua materna (*cf. Vita Nuova* XXV, *Purg.* XXIV 48-60 e *Purg.* XXVI 115-117).

Che gli uomini, in quanto genere, si inclinino al male, viene affermato da Compiuta senza reticenze, come abbiamo visto, in *Lasciar vorria*, 9: «Membrandomi c'ogn'om di mal s'adorna.» Dante, come già in *Poscia ch'Amor*, anche qui, nel *Paradiso* e relativamente a Piccarda, raccoglie il suggerimento: «Uomini poi, a mal più ch'a bene usi» (cioè il fratello che la sottrasse al convento), restringendo, certo, il concetto (non tutti gli uomini, ma solo quelli che sono «usi a mal»), ma confermando la diagnosi di Compiuta, che il male viene dagli uomini, e che neppure il velo monastico mette le donne al riparo dalla loro perversa logica matrimoniale e patriarcale.

Bibliografia

Arriaga Flórez, Mercedes; Cerrato, Daniele & Nadales, María Rosal (2012). *Poetas italianas de los siglos XIII y XIV en la Querella de las mujeres*, Sevilla: ArCiBel.

Cerrato, Daniele (2014). «Nuove ipotesi su Compiuta Donzella», *Estudios Románicos*, 23, pp. 105-116.

Contini, Gianfranco (1960, a cura di). *Poeti del Duecento*, Milano-Napoli: Ricciardi.

Leonardi, Lino (2000). *Il Canzoniere Vaticano. Biblioteca Apostolica Vaticana, Vat. Lat. 3793*, riproduzione fotografica, a cura di Lino Leonardi, Firenze: SISMEL-Edizioni del Galluzzo.

Pasero, Nicolò (1973). Guglielmo IX d'Aquitania, *Poesie*, Edizione critica a cura di Nicolò Pasero, Modena: Mucchi.

Pegoretti, Anna (2019). «*Civitas diaboli*. Forme e figure della religiosità laica nella Firenze di Dante», in *Dante poeta cristiano e la cultura religiosa medievale. In ricordo di Anna maria Chiavacci Leonardi*, Atti del Convegno internazionale di Studi (Ravenna, 28 novembre 2015), a cura di Giuseppe Ledda, Ravenna: Centro dantesco dei Frati, pp. 65-116.

Pinto, Raffaele (2013). «La grammatica in Dante», *Quaderns d'Italià*, 18, pp. 15-44.

Pinto, Raffaele (2018). *Introducción* a D. A., *De Vulgari Elocuencia*, Madrid: Cátedra.

Pinto, Raffaele (2019). *Vita Nuova*, Firenze: Edimedia.

Riquer, Martí de (1975). *Los Trovadores*, II, Barcelona: Planeta, pp. 798-99.

La biblioteca del crociato nel De fine *di Raimondo Lullo*

Elena Pistolesi
(Università per Stranieri di Perugia)

1. Composizione e struttura

Il *De fine*, composto a Montpellier nell'aprile del 1305, fu offerto a Clemente V con la mediazione di Jaume II d'Aragona. Tale informazione si ricava dalla *Disputatio Raimundi christiani et Homeri saraceni* (Pisa, 4/1308):

> Et de hac materia largius sum locutus in *Libro finis*. Quem Dominus papa habet; quem dominus rex Aragoniae misit ad eum, qui quidem in Monte Pessulano obtulit suam personam, suam terram, suam militiam et suum thesaurum ad pugnandum contra Saracenos omni tempore, quo placeret Domino papae et dominis cardinalibus. Et de hoc sum certus, quia ego ibi eram (Llull 1998: 264).[1]

Llull accompagnò a Montpellier Jaume II d'Aragona e Jaume II di Maiorca all'incontro con il papa che ebbe luogo tra il 7 e l'11 ottobre 1305. Come recita la *Vita magistri Raimundi* (d'ora in poi *Vita*, § 35), in quell'occasione non solo egli fu testimone della consegna dell'opera, ma ebbe modo di esporre personalmente al pontefice i propri obiettivi, senza ricavarne un sostegno concreto (Hillgarth 1998: 92-94; Domínguez 2016: 255).

Il *De fine* si articola in tre Distinzioni: nella prima (*De disputatione infidelium*) Llull sottolinea la necessità di coniugare l'uso delle armi con la predicazione; si sofferma sugli errori dottrinali dei Saraceni, degli Ebrei, degli Scismatici e dei Tartari, indicando gli argomenti da usare nella disputa e i testi

1. Un accenno al destinatario si trova anche nel *Liber de acquisitione Terrae Sanctae* (Montpellier, 3/1309): «De acquisitione Terrae Sanctae jam feci unum librum et fuit domino papae Clementi quinto praesentatus» (*cf.* Bonner 1995: 90). Per motivi di spazio, dato l'elevato numero di opere lulliane citate, si indica a fianco di ciascuna solo il numero del Catalogo Bonner del Llull DB in modo da renderle identificabili nonostante le possibili varianti del titolo.

da cui attingerli. Nella seconda Distinzione (*De modo bellandi*) presenta la conquista della Terrasanta come disegno divino, dà indicazioni pratiche sulla gerarchia della spedizione, sulle tecniche militari e sull'itinerario da seguire. La terza (*De exaltatione intellectus*) ospita il primo catalogo ragionato delle opere lulliane, la cui composizione costituirà l'oggetto specifico di questo saggio.

Rispetto agli scritti precedenti dedicati alla crociata,[2] la trattazione nel *De fine*, oltre ad essere più sistematica ed organica, presenta alcune novità di rilievo legate sia alle esperienze di viaggio descritte nella *Vita* (§ 33) (Domínguez 2016: 243-251) sia al mutato quadro politico del decennio trascorso dalla stesura della *Petició* a Celestino V.

Nella prima e nella seconda Distinzione Llull insiste sulla propria testimonianza personale a sostegno delle strategie esposte nel testo: nel sottolineare l'importanza di conoscere le lingue per non essere derisi dagli infedeli, osserva «et de hoc experientiam habeo, quia fui...» (Llull 1981: 254); del *Corano* dice «Dictamen vero multum ornatum est; ego vidi» (p. 257); sui Tartari: «Ego vero fui in partibus ultramarinis, et audivi quod Cassanus, imperator Tartarorum, plures dicebat, quod volebat de fide christianorum esse certus» (p. 267); cita il metodo *per aequiparantiam* usato a Genova nella disputa con un ebreo («Dico et etiam iuro, quod Ianuae accidit mihi semel», p. 268); parla dei sontuosi ornamenti di San Pietro a Roma confrontandoli con l'abbandono in cui versava l'altare del tempio di Gerusalemme («Ego pluries coram altari beati Petri fui Romae. [...]. Sed aliud altare est, quod est exemplar et dominum omnium aliorum. Et quando vidi, in ipso duae lampades solae erant; una tamen fracta est.», pp. 272-273); sconsiglia l'itinerario che da Cipro conduce all'Armenia perché «istae terrae omnibus non sunt sanae, prout scio, quia fui» (p. 276), quindi afferma che Rodi «est bonus portus, sicut vidi» (p. 281).

Quanto alla strategia politica, il forte legame dell'iniziativa esposta nel *De fine* con la corona aragonese è confermato dall'itinerario che egli indica per raggiungere la Terrasanta.[3] Il tragitto iberico, proposto qui per la prima vol-

2. Si tratta di tre opere composte a Roma e sempre dirette a pontefici: il *Liber de passagio* (Roma 1292), la *Petició* a Celestino V (11/1294) e la *Petitio* a Bonifacio VIII (Roma 1295). Per un confronto con le altre opere dedicate alla crociata, si rinvia a Porsia (2005: 87-143) e Beattie (2014: 42-45).

3. Gli altri itinerari presi in esame sono: la via che da Costantinopoli, attraverso la Turchia e l'Armenia, porta in Siria («via est valde gravis seu difficilis»); la via attraverso Rosetta (Ales-

ta, coincideva infatti con gli interessi della Corona per la conquista del regno di Granada (Hillgarth 1998: 92-100; Domínguez 2016: 259). Al fallimento di tale campagna si collegano la *Disputatio Raimundi christiani et Homeri saraceni* (1308) e l'ultima opera dedicata alla crociata, il *Liber de acquisitione Terrae Sanctae* (1309), nelle quali, come abbiamo visto, è menzionano il *De fine*.

Altri aspetti da rilevare sono l'abbondanza di citazioni bibliche, da interpretare secondo le indicazioni di Bonner (2005), e il tenore degli appelli contro l'inerzia del clero e della nobiltà.[4] La *vis polemica* si conferma nella parte conclusiva, in cui Llull denuncia il proprio sconforto perché inascoltato:

> Et quia praedictas Artes non possum in mundo ad placitum radicare, immo propter hoc sum neglectus, ex eo quia pomposae scientiae, vel etiam lucrativae, volant et ambiunt ipsum mundum. Propter publicam utilitatem, quam video in praedictis, langueo et vivo in tristitia et dolore, et vado per mundum universum. Et qui me impedit, audiat, si mentales aures habeat, quantum contra bonum publicum hic consistit (Llull 1981: 289-290).

L'insistenza sull'*io*, sull'esperienza diretta dei luoghi e delle situazioni, legittima la voce dell'Autore, il quale si propone con i suoi scritti come unica fonte speculativa per il conseguimento del *bonum publicum*.

2. Una biblioteca per i crociati

La terza distinzione dell'opera dedicata alla *exaltatio intellectus* contiene il primo catalogo ragionato della produzione lulliana. La parte introduttiva è dedicata all'*Ars generalis*, la seconda all'illustrazione delle venti arti speciali che ne discendono. Nel *Tractatus de modo convertendi infideles* (Roma 1292), Llull aveva affermato che per la missione sarebbero stati fondamentali l'apporto di

sandria) («via est nimis longa et nimis requirit de expensis et pugnatoribus contra illam»); per mare da Cipro fino all'Armenia di cui abbiam detto; da Tunisi («multae gentes in eo commorantur, et nimis requirit de exercitu et de equis»), tragitto in merito al quale ricorda la sventura di Luigi IX; quindi l'itinerario ispanico che prevede il percorso dall'Andalusia fino a Granada («hic est locus amoenissimus et laudabilis»).

4. Sugli scritti politici di Llull, in particolare sul *Liber de consilio* citato più volte nel *De fine*, si veda ora Domínguez (2018).

uomini dotti in filosofia e teologia, la conoscenza delle lingue (da cui la proposta di istituire *studia* a Roma, a Parigi, in Spagna, a Genova e Venezia) e un trattato sui principi universali adatto a tutte le scienze, utile per una conversione rapida ed efficace degli infedeli. Nella successiva *Petició* a papa Celestino V si era limitato a un accenno alle *rahons necessàries* e alla *nova manera* donatagli da Dio (Perarnau 1982: 40):

> Aquesta mateixa manera puria hom tenir ab los sismàtics, als quals couendria que hom dixés *tan forts rahons e tan nescessàries*, ab les quals hom vensés totes lurs obieccions e posicions e que éls no poguessen soure nostres obieccions ni destruir nostres posicions; e d'aquestes rahons enaxí necessàries és molt bé garnida la sancta esgleya; e *yo*, Ramon Lul indingne, ne cuyt auer moltes segons alcuna noua manera que Déus m'a donada a vensre tots aquels qui contra la fe cathòlica vulen neguna cosa prouar o improuar.

La *Petició* a Celestino fu accompagnata dai *Flors d'amors e flors d'intel·ligència* (Napoli, 11/1294), dai *Cent noms de Déu* (Roma 1292) e dalla *Disputació de cinc savis* (Napoli, 11/1294), testi che non compaiono nel nostro trattato.

Nel *De fine* Llull allestisce una biblioteca selezionata della propria produzione che spazia dalle tecniche per la conversione degli infedeli alla formazione di tutti i ranghi dell'esercito e del clero. Tale biblioteca tiene conto del livello culturale e linguistico dei destinatari, si presenta cioè come sociologicamente differenziata. Nella prima Distinzione Llull consiglia ai missionari una serie di opere la cui efficacia è commisurata al tipo di errore che dovranno contrastare nella disputa, come mostra lo schema seguente:

Saraceni	Giudei	Scismatici	Tartari o pagani
III.71 *De aequiparantiam* III.69 *De praedicatione* III.48 *De Deo* III.58 *De disputatione fidei et intellectus* III.70 *De descensu et ascensu ipsius intellectus*	Alle opere citate per i Saraceni si aggiungono: III.62 *Libro de intellectu* III.63 *Libro de voluntate* III.64 *Libro de memoria* III.65 *De significatione*	[III.10 *Liber de passagio*] III.52 *Liber quid debet homo de Deo credere* «Multae aliae rationes possent deduci ad inveniendum propositiones contra Graecos, et	II.A.9 *Liber gentilis* III.71 [*Per aequiparantiam*] III.68 *De praedestinatione* III.29 *De astronomia*

III.67 *Libro de investigatione divinarum dignitatum* III.23 *Libro arboris scientiae* III.64ter *De syllogismis* III.65 *De significatione* III.67 *De actibus divinarum dignitatum*	maxime tenendo modum nostrae *Artis generalis*» (Llull 1981: 262).

Nella seconda Distinzione, che riguarda i partecipanti alla crociata, si specificano i destinatari delle singole opere: ai consiglieri del re sarà di supporto il *Liber de consilio* (III.66); ai soldati gioveranno alcune opere in volgare («Etiam alios libros fecimus in vulgari, qui boni essent suis militibus propter mores»): *De doctrina puerili* (II.A.6), *De Blanquerna* (II.A.19), *De Felix* (II.B.15), *De philosophia boni amoris* (III.32), *De gentili* (II.A.9); ai chierici si propongono il *De praedicatione* (III.69), l'*Ars generalis* e ancora il *Liber de consilio*; ai medici il *De medicina* (III.60) e ai giuristi il *De iure* (III.61). Non mancano le letture per i prigionieri: *Alquindi* (FD II.1) e *Telif* (FD II.2), quindi il *De Gentili* (II.A.9).

Non tutti i testi citati nelle prime due Distinzioni sono presenti nel catalogo finale dell'opera. Mancano, oltre ai testi in volgare per le milizie (*Doctrina pueril*, *Blaquerna*, *Felix*), il *De Deo* (III.48) e il *Quid credere de Deo homo debet* (III.52), ambedue con originale catalano; il *De disputatione fidei et intellectus* (III.58) e il *De syllogismis* (III.64.ter), che presentano una tradizione monolingue latina. Viceversa, le opere non citate nella prima e nella seconda Distinzione ma presenti nell'elenco finale sono quattro: *Arbor philosophiae* (III.14), *Liber de lumine* (III.59), *Liber de nova logica* (III.56), *Liber de nova rhetorica* (III.50).

2.1. *Il catalogo finale*

Il catalogo si apre con una sintetica presentazione delle parti di cui si compone:

> Prima est de *Arte generali aut compendiosa sive inventiva vel demonstrativa*. Quae in idem sonant, quia per eadem principia sunt deductae. Secunda est de viginti artibus specialibus, descendentibus ab *Arte generali*. [...] Omnes isti libri Artes specialissimae possunt dici, ex eo quia eorum principia subalternata sunt a generalissimis principiis Artis ipsius generalis (Llull 1981: 285-286).

L'*Ars* era stata citata due volte nei capitoli precedenti come *Ars generalis*.[5] Secondo Domínguez (2016: 254) le opere composte nel periodo di stanza a Montpellier hanno quale riferimento la *Lectura Artis*, *quae intitulata est brevis practica Tabulae generalis* (III.64.bis), il testo che domina questo ciclo, composto a Genova nel febbraio del 1304. Delle venti opere elencate nel *De fine* che applicano l'*Ars* a singole discipline, ben tredici furono infatti composte nel periodo che va dal novembre del 1303 al marzo del 1305, cioè dodici a Montpellier (III.62, III.63, III.64, III.59, III.65, III.67, III.68, III.66, III.60, III.70, III.69, III.71) e una a Genova (III.56 *Logica nova* ma tradotta in catalano a Montpellier). Allo stesso periodo risalgono due scritti che, assenti nel catalogo finale, sono citati all'interno della trattazione: la *Disputatio fidei et intellectus* (III.58, Montpellier 10/1303) e il *De syllogismis* (III.64.ter, Genova 2/1304).

Il catalogo non segue un'organizzazione tematica o cronologica, pur presentando alcune sequenze omogenee, quali i tre *Arbor* posti all'inizio dell'elenco (*Arbor scientiae*, *Arbor philosophiae*, *Arbor boni amoris philosophiae*), e la sequenza delle quattro opere dedicate alle tre potenze dell'anima razionale (*Liber de intellectu*, *Liber voluntatis*, *Liber de memoria* e *Liber de lumine*). Come ha rilevato Jordi Gayà (1979: 157), nel *De fine* Llull «concibe el actus y su estructura correlativa como el corazón de una teología apologética pertinente [...]. Con ello Llull reúne las obras de su período de Montpellier bajo un mismo ideal misionero y, quizá más interesante, bajo un mismo tema: el actus en Dios y la necesaria estructuración correlativa consecuente». Lo sviluppo dell'Arte nelle sue articolazioni può rispondere alle esigenze di un pubblico ampio di chierici e laici, di nobili e di prelati, che potranno concorrere all'esito positivo della crociata se seguiranno il duplice itinerario segnato da Llull,

5. Nel Llull DB si identifica l'*Ars generalis* citata nel catalogo finale delle opere con l'*Ars demonstrativa* (II.B.1), mentre non si offrono riscontri per le altre due occorrenze; sempre nel DB il titolo *Ars generalis aut compendiosa sive inventiva vel demonstrativa* risulta presente solo *De fine*. Nell'edizione del testo (Llull 1981: 262) si rinvia a tre opere: l'*Ars compendiosa inveniendi veritatem* (II.A.1), l'*Ars demonstrativa* (II.B.1) e l'*Ars inventiva veritatis* (III.1).

duplice in quanto il percorso intellettuale deve costituire la guida e il fondamento dell'azione militare.

3. La selezione delle opere

Il catalogo del *De fine* si presta ad alcune considerazioni sull'influenza che Llull esercitò sulla tradizione delle proprie opere. L'ipotesi di una selezione riconducibile al Beato e alla sua cerchia immediata, prima ancora che le vicissitudini storiche e culturali incidessero sul suo lascito, è stata verificata (Pistolesi 2018) attraverso alcuni parametri esterni ed interni al *corpus* lulliano. I parametri adottati sono le dediche, che assicuravano la copia e la custodia delle opere; la densità delle autocitazioni e la loro collocazione, fra le quali spiccano senz'altro quelle contenute nella *Vita*; la registrazione nell'*Electorium* e nel *Testamentum*, quindi la loro presenza in manoscritti di prima generazione, ossia in «aquells còdexs que el mateix Llull va encarregar i difondre i aquells que són coetanis d'aquests» (Soler 2010: 180). Su questa base si è svolta una prima classificazione limitata ai testi che presentano una dedica, dall'analisi dei quali si è osservato che le *artes* e gli scritti più tecnici che ne dipendono risultano donati (al doge Gradenigo, alle biblioteche, ai discepoli) ma non dedicati. L'interpretazione che si è data di questa assenza riguarda l'origine del metodo che Llull ricevette attraverso l'illuminazione. L'Arte avrebbe infatti dovuto superare le contingenze storiche e gli uomini che le incarnavano senza recare i segni del tempo. Le dediche a personaggi storici reali si concentrano in alcuni momenti dell'attività politica di Llull, dalla concitata fase dell'elezione di Celestino V fino ai ripetuti appelli a Filippo IV, cui Llull si rivolse fin dal primo viaggio a Parigi. L'insieme degli interlocutori reali o potenziali, espliciti o parzialmente velati, coinvolti nei testi compone alcuni addensamenti coerenti con i piani del Beato, saldi negli scopi quanto versatili nella ricerca di un supporto efficace alla missione.

Dalla ricognizione era rimasto fuori il *De fine* proprio per la sua particolarità, meritevole di essere approfondita a parte. La tradizione del *De fine*, solo latina, è costituita da sei manoscritti completi, uno acefalo e due incompleti; il testo è registrato nell'*Electorium* (n. 77), è citato nella *Disputatio* (III.81) e nel *De acquisitione terrae sanctae* (IV.12), ma soprattutto, pur in forma implicita, nella *Vita* (§ 35); non è tramandato da manoscritti di prima generazione, e non presenta una dedica in senso canonico, ma la sua composizione si collega a un'occasione («quia ego ibi eram») di assoluto rilievo politico. L'applicazione dei parametri adottati per il *corpus* conferma l'importanza strategica di quest'opera sia in rapporto ai suoi scopi immediati sia nella scelta di un nucleo di opere che Llull selezionò per presentarsi a interlocutori che avrebbero dovuto cooperare per la riuscita della crociata, distinti per responsabilità, mansioni e livelli di cultura. Estendendo i criteri adottati in Pistolesi (2018) ai testi citati nell'opera, si rileva che tutti sono registrati nell'*Electorium*, ad eccezione del *De syllogismis* (III.64.ter); due opere, il *Felix* (II.B.15) e il *Liber de praedestinatione* (III.68), sono citate solo nel *De fine*. Delle ventisette opere menzionate,[6] ben diciotto, tra le quali le tre appena richiamate, sono tramandate da manoscritti di prima generazione. E in manoscritti di prima generazione si trovano anche le tre *Artes* segnalate nel ROL IX in merito all'*Ars generalis* (II.A.1, II.B.1, III.1).

4. Conclusioni

Le opere citate nel *De fine*, in particolar modo quelle presenti nel catalogo, rispondono ai criteri individuati per delineare una selezione precoce del *corpus* riconducibile all'Autore. La scelta si accompagna alla decisa opzione per il latino rilevabile a partire dal 1303 (Pistolesi 2012), in base alla quale si può spiegare perché gli scritti volgari destinati ai militari, citati nella prima Distinzione del *De fine*, non sono inclusi nel catalogo finale. Nella laboriosa fase trascorsa a Montpellier (1303-1305) dedicata alle *artes speciales*, Llull dette finalmente corpo alla figura di «procurator infidelium» con cui si era presentato all'Università di Parigi nella *Disputatio fidelis et infidelis* (II.B.13, 1287-1289). Se con la *Disputatio* era uscito per la prima volta dall'anonimato firmandosi «Raymundus indignus servus eius [Dei] et insufficiens procurator infidelium», nel *De fine* Llull non solo poteva rivendicare di aver frequentato i luoghi degli infedeli (*ego vero fui*), ma poteva sciogliere anche il nodo della *nova manera* evocata nella ormai lontana petizione a Celestino V, vantando una biografia intellettuale all'altezza della missione che Dio gli aveva affidato.

6. Si escludono dal novero FD II.1 e FD II.2. Per queste due opere si vedano Lohr (1968) e Burman (1991).

Bibliografia

Beattie, Pamela (2014). «Crusading and the Penitential Life: James of Vitry's Crusade Sermon Models and Llull's *De fine*», *SL*, 54, pp. 33-66.

Bonner, Anthony (1995). «Correccions i problemes cronològics», *SL*, 35, pp. 85-95.

Bonner, Anthony (2005). «Reducere auctoritates ad necessarias rationes», en *Actes de les Jornades Internacionals Lul·lianes. Ramon Llull al s.* xxi. *Palma, 1, 2 i 3 d'abril de 2004*, ed. Maria Isabel Ripoll Perelló, Barcellona-Palma: Edicions UB - UIB, pp. 47-73.

Burman, Thomas E. (1991). «The Influence of the *Apology of Al-Kindî* and *Contrarietas alfolica* on Ramon Lull's Late Religious Polemics, 1305-1313», *Mediaeval Studies*, 53, pp. 197-228.

Domínguez Reboiras, Fernando (2016). *Ramon Llull. El mejor libro del mundo*, Barcellona: Arpa.

Domínguez Reboiras, Fernando (2018). «El pueblo cristiano, "atormentado por prelados y señores". Notas sobre Raimundo Lulio y la política», en *Les formes laïques de la philosophie. Raymond Lulle dans l'histoire de la philosophie médiévale*, ed. Dominique de Courcelles, Tournhout: Brepols, pp. 65-102.

Gayà, Jordi (1979). *La teoría luliana de los correlativos. Historia de su formación conceptual*, Palma.

Hillgarth, J. N., (1998). *Ramon Llull i el naixement del lul·lisme*, ed. Albert Soler; trad. Anna Alberni & Joan Santanach, Barcellona: Curial-PAM.

Llull, Ramon (1981). *De fine*, ROL IX, pp. 233-291.

Llull, Ramon (1998). *Disputatio Raimundi christiani et Homeri saraceni*, ROL XXII, pp. 159-264.

Lohr, Charles (1968). «Ramon Llull, *Liber Alquindi* and *Liber Telif*», *EL*, 12, pp. 145-160.

Perarnau i Espelt, Josep (1982). «Un text català de Ramon Llull desconegut: la *Petició de Ramon Llull al papa Celestí V per a la conversió dels infidels*. Edició i estudi», *ATCA*, 1, pp. 29-46.

Pistolesi, Elena (2012). «Retorica, lingue e traduzione nell'opera di Ramon Llull», en *Ramon Llull i el lul·lisme: pensament i llenguatge. Actes de les jornades en homenatge a J.N. Hillgarth i A. Bonner*, ed. Maria Isabel Ripoll & Margalida Tortella, Barcellona-Palma: Edicions UB - UIB, pp. 313-327.

Pistolesi, Elena (2018). «Alla ricerca dell'Autore: un percorso fra dediche, filologia e tradizione», dins *Ramon Llull, pensador i escriptor*, eds. Joan Santanach, Albert Soler & Lola Badia, Barcellona-Palma: Edicions UB - UIB, pp. 105-141.

Porsia, Franco (2005). *Progetti di crociata. Il* De fine *di Raimondo Lullo*, Taranto: Chimienti.

Soler, Albert (2010). «Els manuscrits lul·lians de primera generació», *Estudis Romànics*, 32, pp. 179-214.

Francesc de la Via, dues cartes d'amor i una autoritat de Petrarca (amb un ròssec gironí)

JOSEP PUJOL
(Universitat Autònoma de Barcelona)

Per bé que arrelat en la tradició de la literatura cortesa, el ciutadà de Girona Francesc de la Via comparteix amb el secretari reial barceloní Bernat Metge el gust per la paròdia i la contrafactura de gèneres, la projecció de la pròpia biografia i la realitat social i política en la literatura, i l'exhibició de postures irreverents o heterodoxes. Lola Badia, que ha fet de Barcelona i Girona dos pols de vida i de professió, ens ha ensenyat a llegir Bernat Metge des d'una òptica doble: la interpretació del sentit de les fonts clàssiques i humanístiques, i el problema del riure, o, més exactament, el problema de la posició intel·lectual i doctrinal d'un escriptor que fa de l'ambigüitat una eina fonamental, i és que el títol de l'article de 1984 que va ensenyar una manera nova de llegir Metge a tots els que aquells anys ens formàrem sota el seu mestratge («"Siats de natura d'anguila en quant farets": la literatura segons Bernat Metge») és tan explícit com l'interrogant que n'encapçala un altre («Ride opportunamente il lettore moderno?»).[1] Algunes idees d'aquests treballs sobre l'autor major es podrien projectar sobre l'autor menor, que em servirà com a punt de partida i de referència, però no pas per a transitar-ne els camins de l'humor, sinó el de les fonts de l'únic text en prosa que li sabem.

Francesc de la Via prologà la narració en vers que coneixem amb el títol *A Bella Venus*[2] amb una lletra en prosa adreçada a una dama que encobreix sota el *senhal* «Bella Venus» i signada per «Paris» a «la Joiosa Guarda», en

1. Badia (1984), recollit amb addicions a Badia (1988: 59-119), i Badia (2005).

2. Vegeu el text a Via (1997: 289-308; la lletra, a les pp. 291-294, d'on cito, modernitzant la grafia). Es conserva en un únic testimoni (Barcelona, Biblioteca de Catalunya, ms. 1833) de format petit (210 x 150 mm), malmès i incomplet, en lletra semicursiva de la primera meitat del segle xv. La manca d'èxplicit i el fet que les dues columnes omplin tota la caixa d'escriptura del darrer foli del manuscrit suggereixen interrupció, tot i que la sentència del narrador sembla completa. Les restes de foliació antiga i les dues qualitats de paper apunten que origi-

una síntesi emblemàtica del prestigi de la matèria clàssica i de la matèria artúrica. La lletra està escrita en una prosa artificiosament culta i llatinitzada en el lèxic i la sintaxi, i recull *exempla* clàssics i motius que es poden vincular amb les *Heroides* d'Ovidi i la seva herència. Es presenta com la resposta a una carta prèvia de la dona i, en resum, afirma la seva perseverança amorosa, evoca la visió que suscità l'amor, en descriu els efectes en termes psicològics molt precisos, prega que la dama llegeixi la lletra, respon a les excusacions d'ella per no haver-lo visitat, la informa que tot seguit li copia la sentència a una tençó que ella li havia tramès i conclou encomanant-la «En la gràcia e amor de Venus» (l. 83). La narració, que combina noves rimades de vuit i de sis síl·labes i en la qual s'insereixen cobles líriques de l'autor, evoca les circumstàncies de la petició de la dama, reprodueix la tençó en decasíl·labs que aquesta envià al narrador i es tanca amb la seva sentència. La qüestió d'amor plantejada —la tal tençó, de fet, és un *partimen*— és banal: què ha de fer una dama que estima «cell que·s torba d'altra aimia» (v. 266); «Francescs de la Via, / ciutadà de Gerona» (vv. 289-290), sentencia que la senyora «deu acomiadar / l'amic qui per caçar / vai cercant altra aimia» (vv. 322-324).[3] El Francesc de la Via narrador hi al·ludeix a circumstàncies adverses no documentades (adients a l'esplai literari, com en la *Medecina* de Metge): si en la lletra retreu a la dama que no l'ha visitat «en lo *s*eu perseguiment» (l. 69), en el poema precisa la circumstància amb l'afirmació que «En Copons» el «té pres en grillons» (vv. 63-69). La datació proposada per Arseni Pacheco comprèn l'arc que va de 1418-1420 a 1425-1428 (Via 1997: 26), més aviat cap a la segona data.

Ara bé, la lletra proemial de Francesc de la Via té una originalitat relativa —i, doncs, les característiques no li són exclusives— perquè en la major part és una recomposició a partir de fragments d'un altre text: un intercanvi epistolar anònim entre un home i una dona innominats, escrit en un català marcadament culte i artificiós, copiat a continuació de la traducció catalana del *De amore* d'Andreu el Capellà en un manuscrit que conté també la versió catalana de les *Tragèdies* de Sèneca (Madrid, Biblioteca del Palacio Real, ms. II-

nalment devia constituir un quadern de sis o set bifolis. Agraeixo les observacions generoses d'Anna Gudayol.

3. Encara es llegeix amb profit la descripció de Riquer (1964: I, 97-98), que ja assenyala el deute amb les *Heroides*. *Cf.* M. Cabré & Espadaler (2013: 371) i Pujol (2003) (per a l'afinitat amb el Metge satíric, pp. 447-449).

3096, ff. 99-100).[4] Tot i que es copien clarament separades del *De amore*, Eduard Julià (1920: 161-167) les transcriví —deficientment— sense solució de continuïtat amb el text anterior, i potser per això han passat del tot desapercebudes. Una nova edició, en apèndix, excusa de resumir-les.[5]

L'operació de Francesc de la Via és meditada. Bona part de l'epístola proemial reprodueix o reescriu l'epístola responsiva de la dona, amb les adaptacions necessàries. En depenen tota la primera part (ll. 1-27) i la darrera, en aquest cas no tan directament, perquè en pren passatges breus o l'estructura discursiva (ll. 61-64, 66-68, i 82-83). La part central, on evoca la visió i l'enamorament, és original —si no es demostra el contrari—, però pren una frase de l'exordi de la lletra de l'enamorat (ll. 33-35), suficient per a demostrar que componia el seu text amb totes dues epístoles al davant.

La naturalesa literària d'aquest intercanvi epistolar passa per la imitació d'Ovidi, mentre que la substància lingüística i algunes autoritats traeixen una mà amb formació cancelleresca. Ovidi és arreu, començant per l'evocació d'*exempla* de les morts provocades per l'amor —o, més exactament, pels ulls que el susciten:

> Oh! Bé són noïbles enemics los ulls de cascú si hom los diverteix a coses plasents e delitoses. Car si Helena no hagués vist Paris, Dido Eneas e Sil·la Minos, los murs de Troia, de Cartage e d'Alcitoe foren encara en llur estament; e si Tisbe no hagués vist Píramus, e Fedra Hipòlit, e Cànace Macareu, la terra dura no fora estada llit de llurs cossos delicats, en la qual, nafrades ab llurs pròpries mans, finiren llurs dies.

Amb l'excepció d'Escil·la i Tisbe, que venen de les *Metamorfosis*, les altres parelles apunten a les *Heroides*. La perspectiva femenina hi és tan coherent que, quan Francesc de la Via adaptà el passatge, hagué de canviar l'ordre per

4. Corresponents als folis 51-52 de la foliació antiga. Actualment, el manuscrit és factici, perquè la unitat (2), que conté la traducció catalana del *De cura et modo rei familiaris gubernandae* i unes profecies breus, s'inserí dins el manuscrit original (1), que quedà partit en dues meitats ara relligades amb l'ordre invertit respecte de l'originari: una amb les *Tragèdies*, l'altra amb el *De amore* i les dues lletres d'amor. El descriu Gimeno (1992), que en situa la còpia a la Cancelleria Reial i el data entre els darrers anys del segle XIV i els primers del XV —*terminus ante quem* per a la datació de les lletres.

5. Vaig apuntar la relació entre aquest epistolari i *A Bella Venus* a Pujol (2003: 501-502). Les cartes han continuat en l'oblit: no les esmenten Sabaté & Soriano (2008) ni han estat incloses a la secció epistolar del catàleg de la ficció sentimental de Pellissa (2013: 88-92).

adoptar una perspectiva d'enamorament masculí contrari al sentit d'històries com les d'Escil·la o Fedra:

> Si Paris no hagués vista Elena, Eneas Dido, e Minos Sil·la, los murs de Troia, de Cartage, d'Alcitoe foren encara en llur estament. E si Píramus no hagués vista Tisbes, Hipòlit Fedra e Macareu Cànace, la terra dura no fóra estada llit de llurs cossos delicats, en la qual nafrades ab llurs pròpries mans finiren llurs dies (ll. 11-17).

Les marques de vinculació amb les *Heroides* són arreu. Algunes protestes i precs de l'home, tot i el caràcter tòpic i formulari, hi tenen paral·lels. Per exemple, «no vulles menysprear la mia demanda» o «no sies rebel·le [...] ni vulles ésser dura vers lo teu devot servent» es poden reconduir a l'epístola de Paris: «Elena, no vulles menysprear la amor a mi donada per los fats» (XVI, 161-162), «Necessària cosa és o que muts la cara o que no sies dura» (XVI, 166-168).[6] No podem no pensar en l'Helena o la Fedra ovidianes quan llegim a la lletra de la dona:

> Dura cosa és, emperò, posar llei a l'amant, la transgressió de la qual me fa dubtar d'escriure ço que·s conté en aquesta lletra, la qual te prec que pacientment vulles llegir, car no és concebuda en alguna detracció tua; solament m'ha fet així escriure vergonya femenil e raonable temor.

A banda del probable record de Boeci (*Consolatio Philosophiae*, III, m. 12, 47-48: «Quis legem det amantibus? / Maior lex amor est sibi»), l'exhortació a la lectura prové de la quarta *heroida*:

> Hipòlit, llig perfetament ço que és escrit en aquesta lletra, car la letra llegida no·t nourà res, e pot ésser contenguda en ella alguna cosa qui·t plaurà. Ab aquestes aitals lletres són portats secrets per mar e per terra, e lo enemic llig lletres de son enemic (IV, 9-12).[7]

6. Cito segons la versió medieval de Guillem Nicolau (Ovidi 2018), més pròxima al text de les cartes, indicant lletra i ratlles. *Cf.* el text llatí corresponent (Ovidi 1927): «Parce datum fatis, Helene, contemnere amorem!» (281), «Aut faciem mutes aut non sis dura, necesse est» (289).

7. «Perlege, quodcumque est; quid epistula lecta nocebit? / Te quoque in hac aliquid quod iuuet esse potest: / His arcana notis terra pelagoque feruntur; / Inspicit acceptas hostis ab hoste notas» (3-6).

El dubte i la vergonya tenen paral·lels en els versos següents (vv. 7-14) de la mateixa lletra. Com Helena a Paris, la dona respon punt per punt a les requestes de l'home («primerament [...] dius aprés [...] pregues-me encara [...]») i obre la carta amb unes referències obligatòries a la correspondència que fan pensar en el motiu del record i la imaginació que, en Ovidi, suscita la lectura de la lletra:

> Ab quanta alegria e aviditat de cor és estada per mi reverentment rebuda la tua graciosa lletra, la mia perseverança ho demostra, car aquella tinc continuadament, ab mi habita i en aquella imagín e contemple la tua plasent cara, la qual, si a Fortuna, envejosa a la felicitat mundanal e novercant sovent a amor, hagués plagut, volgra que fos encara a mi per veure, car lo meu cor se pogra distribuir en altres coses que li foren pus expedients e honestes que ara no pot.

A part de la semblança amb una admonició de Tirèsies a *Lo somni* («car lo teu enginy no·s deu distribuir en amor. Pus altes coses li són degudes»; Metge 2006: 190), la formulació del *topos* de la Fortuna madrastra, amb l'adaptació al català del verb *novercari*, traeix una cultura d'escola; la mateixa que subjau en l'elogi de la retòrica de la lletra de l'enamorat, tan «ben dictada» que «sembla ésser escapada de la llima del Tul·li»: tots dos passatges foren represos per Francesc de la Via (ll. 1-9 i 66-68).[8] En les dues lletres anònimes —i en tota la d'*A Bella Venus*— abunden llatinismes inusitats, amb documentació nul·la o escassa, i l'hàbit de la duplicació sinonímica, unes singularitats que caldria estudiar tenint en compte la prosa cancelleresca coetània.

Un altre reflex de pràctica escolar o d'*ars dictandi* són les autoritats adduïdes en totes dues lletres, en passatges omesos per Francesc de la Via. La carta de l'enamorat en conté dues:

8. Entre altres autors del segle XII, usen el motiu «Fortuna noverca» Alà de Lilla, *Anticlaudianus*, VII, 369-370, i Enric de Settimello, *Elegia*, I, 41-42, II, 3 i 76-77. Per al verb *novercari*, vegeu Galter de Châtillon, *Alexandreis*, II, vv. 179-181, també sobre Fortuna («Hactenus exstiteras mater, quis te impulit illi / Velle nouercari quem promissum sibi regem / Mundus adoptabat?», Colker (1978: 45); les glosses n'expliquen el sentit: veg. p. 378). *Cf.* Du Cange 1883-1887, *s. v. novercari*. En català, trobo *novercar* en les lletres del notari i escrivà valencià Joan Aguilar, generós en calcs lèxics del llatí (Rubio 2017: 90). L'elogi de l'eloqüència del corresponsal és un *topos* en els intercanvis epistolars de *dictatores*, com ara els editats per Olivar (1936) i Morera (1965); *cf.* la comparació amb Ciceró en una lletra molt citada de Pere Margall a Bartomeu Sirvent, «lacte Tulliano longo tempore enutritus» (Olivar 1936: 646, lletra 14).

> No menyspreus los dits de Salamó dient: «Elegeix un sol amic al qual puixes revelar la tua paraula e secret, e aquell vulles notablement conservar en custòdia». No t'embravesques de les mies amonestacions, que·l proverbi antic dispon que més valen les ferides de l'amic que no fan les abraçades de l'enemic.

La segona tradueix un lloc bíblic molt difós: «Meliora sunt vulnera diligentis quam fraudulenta oscula odientis» (Prov 27,6).[9] La primera, en canvi, desplega en forma de proverbi sobre l'amistat Eccli 6,6 («Multi pacifici sint tibi; Et consiliarius sit tibi unus de mille»), potser a través d'un divulgat passatge de sant Ambròs,[10] però no he sabut documentar-ne l'equivalent exacte en textos i repertoris medievals llatins i romànics.[11]

La resposta de la dona recull, sense citació explícita, un proverbi del *De moribus* pseudosenequià («Peiora sunt tecta odia quam aperta», núm. 52; Sèneca 1902: 62):

> Car los dards e los ois amagats solen terriblement noure, e aquells qui són manifestats no fan dan algú.

I exhibeix, conclusivament, una autoritat dels «experts en art d'amor»:

> Lo privilegi que demanes ja és ordonat; no vulles que·s meta en pública forma, que dubte he que·t valgués tant, car dien los experts en art d'amor que les cartes dels amants són escrites en glaç, e los ponents són testimonis.

9. En el marc del *dictamen*, recull el proverbi el florilegi alfabètic que tanca el *Candelabrum* de Bene de Florència (*cf.* «Manus amici verberans est melius quam osculus inimici», Montserrat, ms. 981, f. 53r) i el cita l'escrivà Pere Guitard en una lletra responsiva a Bartomeu Sirvent (Olivar 1936: 649, lletra 18).

10. «Solatium quippe vitae huius est, ut habeas cui pectus aperias tuum [*cf.* Ciceró, *De amicitia*, 6.22], cum quo arcana participes, cui commitas secretum pectoris tui» (*De officiis ministrorum*, III, 22, 131; *PL* 16, col. 181c).

11. Al segle xvii Antonio de Escobar glossa Eccli 6,6 amb la fórmula «ex multis unum elige amicum cui pectoris arcana fidas» (*Commentarii literales et morales in Vetus ac Novus Testamentum*, vol. V, Lió, 1667, p. 194); la correspondència amb el proverbi català fa pensar que devia existir en aquesta forma en comentaris bíblics medievals. Walther (1963-1969, núm. 3471 i 27778) ofereix sentències amb la mateixa idea, però formalment molt diferents. Barry Taylor em fa veure que la idea és també als *Disticha Catonis*, II, 22 («Consilium archanum tacitum commite sodali») i a Albertà de Brescia, *De consolatione et consilio*, II, 10, glossant el lloc bíblic («Non tantum cum omnibus consilium habeas, sed unum de mille eligas consiliarium»). *Cf.* Ovidi, *Metamorfosis*, X, 317-318: «ex omnibus unum / elige, Myrrha, virum».

El passatge respon a la petició de l'amant que li faci «privilegi bastant e guarnit de bulles d'aur figurades del teu senyal, lo qual faça testimoni de vera seguretat». La dona afirma que ja ha decidit de correspondre'l, però diu que una escriptura pública no tindria cap valor perquè, proverbialment, les promeses dels enamorats són passatgeres: com si fossin escrites sobre el glaç en presència d'un vent càlid —els «ponents». Sota l'aparença de proverbi atribuït als «experts en art d'amor», no s'està citant ni Ovidi ni cap tractat amatori medieval, sinó molt precisament un passatge del començament del capítol I, 69, «De gratis amoribus», del *De remediis utriusque Fortunae*, de Petrarca. Ratio hi combat el convenciment de Gaudium de ser estimat:

> Persuasit, ut video; nec magnum persuadre volentibus: omnis amans cecus et credulus. Quod si fidem iuramento amatorio vis inesse, scriptum ab amante cyrographum tenera in glacie testibus austris in medium profer (Petrarca 2002: I, 320).

Unes quantes ratlles més amunt, en respondre a la professió d'amor de l'amant, la dama li ha retret que l'estima «per tal com tot amant és cec, e per consegüent no pot justament jutjar ni cobejar ço que deu»: hem anat a parar al mateix passatge de Petrarca.[12] La manera de citar-lo no pressuposa necessàriament el coneixement o l'ús directe del *De remediis*. La frase relativa a l'escriptura sobre glaç ha adoptat una forma sentenciosa, com sol passar en l'extracte de sentències morals a partir d'obres majors. Tanmateix, no he sabut veure-la en cap dels dos manuscrits d'origen català que transmeten un florilegi del *De remediis*, ni en la versió catalana reduïda que en depèn —les *Flors dels remeis de cascuna Fortuna*.[13] És clar, però, que la citació apunta un

12. La fórmula és sentenciosa; *cf.* Walther (1963-1969, núm. 20118, «Omnis amans cecus, nos est amor arbiter equus; / Nam deforme iudicat esse decus»). Bernat Metge la prengué de Petrarca (*Lo somni*, IV, ll. 347-348; Metge 2006: 247).

13. El florilegi llatí ha estat estudiat per Muñoz (2013) i (2014), que s'ha ocupat també de la relació amb la versió catalana (Barcelona, Biblioteca de Catalunya, ms. 9308, ff. 1v-5v), editada per Ramon d'Alòs-Moner (1936). El florilegi llatí es conserva a Madrid, Biblioteca Nacional de España, ms. 19358, ff. 226r-238v, i a Montserrat, Biblioteca del Monestir, ms. 981, ff. 2-29r. Aquest darrer, confegit per a ús de *dictatores* segurament a la cancelleria reial catalana, conté altres reculls de sentències, entre els quals hi ha unes *Auctoritats de alguns actors* que inclou alguns *dicta* d'autors antics extrets de la *Familiar*, II, 1, de Petrarca (Cruz 2014: 281-282). Vegeu la nota següent.

àmbit professional d'ús: el d'una primera recepció de Petrarca com a autoritat nova i prestigiosa per exhibir en la pràctica del *dictamen*. Dels dos manuscrits que transmeten el florilegi llatí (vegeu la nota 13), el de Montserrat és un manual cancelleresc que reuneix diversos reculls de sentències per a ús de dictadors. L'autor anònim d'aquestes lletres devia pescar en un manual semblant els proverbis antics i, potser —si no és que la llegí en el *De remediis* i hi donà forma proverbial—, la sentència petrarquesca del glaç i els austres.[14]

No sabem on i com Francesc de la Via conegué unes epístoles anònimes i indatades amb una citació de Petrarca prou primerenca. No en el manuscrit de Madrid —un *terminus ante quem* que fa de mal precisar—, que conté errors que Via no hereta. Però sí, potser, en l'entorn d'escrivans, notaris i juristes que, com a sotsveguer i jurat de Girona, coneixia molt bé i retratà amb gràcia en el *Procés de Corona d'Aur*. A *A Bella Venus* s'hi esmenten Guillem de Bell-lloc (vv. 68-69) i el seu fill Bernat (vv. 193-198), aquest amb el tractament de «micer» que li corresponia com a jurista i que potser feia servir («se fai nomnar») abans de doctorar-se l'any 1433, i a qui l'autor, diu, havia enviat temps enrere una tençó.[15] El manuscrit d'*A Bella Venus* —un quadern només amb aquest text— ingressà a la Biblioteca de Catalunya provinent de l'arxiu de la família Mercader, comtes de Bell-lloc i hereus del patrimoni dels Bell-lloc de Girona. Coetani de la producció del text i nascut segurament en l'entorn de Francesc de la Via, el manuscrit s'hagué de transmetre en el si de la família Bell-lloc a partir de Guillem i la seva muller, Nicolaua de Pont,

14. Per a l'entrada del Petrarca sentenciós en l'àmbit professional dels *dictatores* catalans del segle XIV, remeto al treball clàssic de Rico (1983). Per a la difusió catalana del Petrarca llatí, vegeu Coroleu (2012) i (2015) i Brovia (2016) (sobre el *De remediis* i els florilegis, vegeu les pp. 7-8, 160-161 i 197-198, respectivament); per als usos del *De remediis* com a repertori d'autoritats i sentències, vegeu Brovia (2012), que n'estudia la recepció francesa. En el marc de la difusió del *De remediis*, Mann (1971) remarcà la precocitat de les *Flors* (no coneixia el florilegi llatí) i les comparà amb els *Fioretti de' rimedii contro fortuna* extrets de la versió del *De remediis* de Giovanni da San Miniato (218-219). Giovanni glossa el símil amb el glaç i els austres: «i quali venti, perchè sono caldi, tosto struggeranno la ghiaccia, e così vedrai poco durare l'amore di colei verso di te, quante fa la ghiaccia al caldo» (Petrarca 1867: 277).

15. Així ho creu també Llorens (1935: 94-95). Per a Guillem II i Bernat I de Bell-lloc, vegeu Fernández (1995: 297-315). Bernat rebé el grau de batxiller en dret a Lleida entorn de 1428 i s'hi doctorà el 1433 (Llorens 1935: 96); la seva important activitat com a jurista es recull a Fernàndez (1995: 337-338).

identificable amb la destinatària del poema, o bé de *misser* Bernat.[16] Aquest entorn familiar, social i professional és també el del manuscrit de les esmentades *Flors* petrarquianes. L'hi vinculen dues notes de possessió al darrer foli (17v), l'una sota l'altra i amb la mateixa disposició, en escriptures de finals del segle XV o començament del XVI: «Aquest libre es de mossen bernat de billoch» i «Aquest libre es de micer bernat de belloch». Els tractaments ens porten a Bernat (II) de Bell-lloc, ciutadà († 1489), i al seu fill Bernat (III), jurista († 1533). La datació de les mans descarta l'avi Bernat I, l'esmentat a *A Bella Venus*, mort el 1466,[17] i no podem saber si ja li havia pertangut abans que passés al fill i al net. Sabem, però, que després restà en possessió d'una branca lateral de la família i els seus hereus fins a l'ingrés a la Biblioteca de Catalunya, i que algunes anotacions antigues al *recto* del primer foli i al *verso* dels dos darrers el relacionen explícitament amb Girona.[18] La part més antiga del manuscrit, que conté les *Flors*, és de la primera meitat del segle XV, i entre els textos que s'hi van copiar més tard destaca un fragment del pròleg de *La glò-*

16. La línia principal dels Bell-lloc de Girona es fusionà amb la dels Bell-lloc del Vallès el 1657, amb el casament de Jeroni de Bell-lloc i Anna Macip i de Bell-lloc (Fernàndez 1995: 33, n. 18; *cf.* Fernàndez & Fernàndez 1989: 16-17). Per a llur fill Ramon, l'arxiduc Carles creà el 1707 el comtat de Bell-lloc. Una còpia parcial de la segona meitat del segle XIX d'*A Bella Venus*, relligada actualment amb el manuscrit antic, informa que aquest era a la biblioteca del comte, llavors Joaquim de Mercader i de Bell-lloc. Antoni Llorens, col·laborador del seu fill, Arnau de Mercader i de Zufia († 1932), editià el text el 1935, quan el manuscrit era encara a l'arxiu Mercader (ingressà a la Biblioteca de Catalunya el 1958).

17. Per a la biografia i les trajectòries professional i política de Bernat II i Bernat III, vegeu Fernàndez (1995: 315-325 i 333-342). El tractament de mossèn a ciutadans era habitual en l'àmbit municipal; vegeu, per exemple, el document relatiu a «mossèn Bernat de Belloch, ciutedà» a Fernàndez (1993: 318).

18. El manuscrit fou propietat de Ramon d'Alòs-Moner i provenia de l'arxiu dels Cartellà, que havien emparentat amb una branca fadristerna dels Bell-lloc de Girona a mitjan segle XVI (Fernàndez 1995: 327-329). Per al llegat Alòs-Moner, vegeu Gudayol (2014). Una nota al f. 1r del manuscrit descriu els efectes de la crescuda de l'Onyar i el Güell el 1575; al 16v, s'hi copia un intercanvi jocós en llatí, en lletra del segle XVI o XVII, entre un «Sosia» i un «Sariera», rubricat «Carmina de pila volatili» (els Sarriera gironins estaven emparentats amb els Cartellà i compartiren bàndol contra els Agullana el primer quart del segle XVI); una nota de pagament al f. 17v fa referència a «les obres de la torre», potser la torre de Bell-lloc del Pla, que el jurista Bernat de Bell-lloc comprà el 1507 (Fernàndez 1995: 404) (dec el suggeriment a una comunicació personal de Josep Fernàndez Trabal, a qui agraeixo també el seu ajut en la identificació dels possessors del manuscrit).

ria d'amor de Bernat-Hug de Rocabertí associat a les *Lamentacions* de Joan Roís de Corella en els cançoners *Jardinet d'orats* i del marquès de Barberà (i també aquí, perquè està rubricat «Tisbe»): qui el posseí «seguia el temps». Encara que sigui tardana, l'associació del manuscrit amb els Bell-lloc ajuda a dibuixar el perfil del món literari i social de Francesc de la Via, fet de ciutadans, juristes i notaris que s'esplaien amb bon humor i distància irònica amb els gèneres, els temes i els procediments de la tradició cortesa,[19] i que, quan escriuen en prosa, apliquen a la ficció amorosa l'Ovidi epistolar i els models del *dictamen*, amb la seva cultura de florilegi posada al dia gràcies a Petrarca.

Apèndix. Edició de l'intercanvi epistolar de Madrid, Biblioteca del Palau Reial, ms. II-3096, ff. 99r-100r (ff. ant. 51r-52r)[20]

[99r] Lletra tramesa a una gentil dona

Ab gran angoixa e punyiment de cor fui mogut quan esguardí la resplendor de la tua faç, ornada de molt gran bellesa. E açò per tal com los meus afectuosos ulls conceberen diligentment les vostres vertuts e aptesa així fort, qui he posada en oblit tota altra servitud e pensament e fui presentat servir lo teu delitable benifet, en tant que, sens trobar en tu algun servici o senyal de consentiment, promoguí usurpar la tua molt agradable privadesa per forta[21] e constreta benivolença animosa, la qual subjugà en gran cuita lo meu propòsit, demostrant a tu la mia curosa cobejança. Sàpies, emperò, que quan te viu provocada a ira contra mi tots los meus senys corporals foren espaventats de greu temor, mas retornant-me a la tua excel·lència, e per conseguir la tua joiosa e pacífica fraternitat, fui opremut a defendre e sostenir lo meu començament, e abraçant l'escut de la tua mercè refrení la tua aspra disciplina. On te suplic

19. Reconstrueixen l'entorn social, i la seva presència en la literatura de l'autor, Arseni Pacheco a Via (1995: 17-23, 87-137 i 159-288) i Alberni (2007).

20. Edito el text de les lletres respectant escrupolosament el text del manuscrit. Puntuo i regularitzo la grafia segons la norma moderna, sempre que no interfereixi amb la pronúncia antiga; per això no desenrotllo les formes enclítiques de pronoms i articles, que separo amb un punt volat. L'aparat recull les lliçons rebutjades i documenta succintament les correccions proposades.

21. *Ms.* força.

d'ací avant me vulles pendre e retenir per esclau de la tua discreta ordinació, e no vulles menysprear la mia demanda, la qual per amor cordial t'és oferta, ans te plàcia oir sovent per la tua altesa relació del treball en què son posat contemplant en la tua molt graciosa persona, suplicant-te me vulles pendre per domèstic conseller del teu acord, per ço que mills conegues e veges la mia sana e sotsmesa intenció. E no sies rebel·le a revocar los fats de la mia benanança ni vulles ésser dura vers lo teu devot servent, mas benigna e misericordiosa. Si tu conceps les mies volentats e les vols secrestar dins lo teu cor, digna seràs de gran llaor. Oblida ergullosos motius, e ab digesta humilitat aconsola lo meu desig. Nota que empresa de ferma amistança no·s deu rompre ne departir per falses e amargoses informacions de llengües portants verí. Perpensa curosament que dona que resplendeix per llinyatge no la deu decebre vista, paraula, preu o cogitació, mas ab la prevista sospita deu esquivar solitud de lloc estrany e agre col·loqui per difugir al jou d'infàmia, la qual se defensa estant ab bona companyia, ulls reclusos e orella sorda. No menyspreus los dits de Salamó, dient: «Elegeix un sol amic al qual puixes revelar la tua paraula e secret, e aquell vulles notablement conservar en custòdia.» No sies flaca en estranyes temptacions, ans ab rigor expressament les foragita de tu, resistint aquelles. Com jo·t seré absent, plàcia't que·m representes dins lo teu voler per ço que sia ben segur dels aguaits e llaços dels meus adversaris, que no·t pusquen irèixer[22] contra mi. Si tu vetles recelosament e poses sots fel guarda la tua honor, la mia [99v] imaginació serà complida de repòs. No t'embravesques de les mies amonestacions, que·l proverbi antic dispon que més valen les ferides de l'amic que no fan les abraçades de l'enemic. E doncs, posa'm en segura fermetat la tua pau, e ab vot solemne per temps valedor fes-me privilegi bastant e guarnit de bulles d'aur figurades del teu senyal, lo qual faça testimoni de vera seguretat. E sien totes les bones fortunes en la tua companyia, de les quals sies dotada per preu de la tua molt sobirana e gran valor.

Resposta feta a la dita lletra

Ab quanta[23] alegria he aviditat de cor és estada per mi reverentment rebuda la tua graciosa lletra, la mia perseverança ho demostra, car aquella tinc con-

22. *Ms.* irrexer.
23. *Ms.* tanta. *Cf.* A Bella Venus, *l. 1:* quanta.

tinuadament, ab mi habita i en aquella imagín e contemple la tua plasent cara, la qual, si a Fortuna, envejosa[24] a la felicitat mundanal e novercant sovent a amor,[25] hagués plagut, volgra que fos encara a mi per veure, car lo meu cor se pogra distribuir en altres coses que li foren pus expedients e honestes que ara no pot. Oh! Bé són noïbles enemics los ulls de cascú si hom los diverteix a coses plasents e delitoses. Car si Helena no hagués vist Paris, Dido Eneas, e Sil·la Minos,[26] los murs de Troia, de Cartage e d'Alcitoe foren encara en llur estament. E si Tisbe no hagués vist Píramus,[27] e Fedra Hipòlit, e Cànace Macareu, la terra dura no fora estada llit de llurs cossos delicats, en la qual, nafrades[28] ab llurs pròpries mans, finiren llurs dies. Los grans senyors acostumen que·s fan fer tast a llurs servidors de la vianda rebedora per ells. E, si volien profundament considerar, seria'ls pus necessari que les imatges o formes a llurs ulls presentadores fossen primerament per altres tastades e previstes, per tal que del verí, si n'hi havia, fossen preservats. E pot ésser al món pus fort verí que aquell qui dolçament e secreta mata? Cert no, a mon juí, car los dards e los ois amagats solen terriblement noure, e aquells qui són manifestats no fan dan algú. Car la primera vista que haguí de tu fon dispositiva de alienar lo meu arbitre [100r] e d'egualar-lo al teu voler, mentre sia enclinat a coses honestes. Dura cosa és, emperò, posar llei a l'amant, la transgressió del qual me fa dubtar d'escriure ço que·s conté en aquesta lletra, la qual te preg que pacientment vulles llegir, car no és concebuda en alguna detracció tua. Solament m'ha fet així escriure vergonya feminil e raonable temor.

A les coses contengudes en la dita lletra tua, discretament feta e ben dictada, e la qual sembla ésser escapada de la llima del Tul·li, te respon breument, car dupte'm que prolixament parlant no descobrís la grosseria de mon engeny. E, primerament, com afermes ab congoixa e punyiment de cor ésser-te mogut quan reguardist la mia cara, que jo crec bé que veent mi cobegist haver ma privadesa e benvolença, no pas per la bellesa e altres virtuts que tu pretens ésser en mi, mas per tal com tot amant és cec, e per consegüent no pot justament jutjar ni cobejar ço que deu. Dius aprés que contra tu me presentí irada:

24. *Ms.* enverinosa. *Cf.* A Bella Venus, *l. 6*: invejosa.

25. *Ms.* en no veure aquella tan sovent amor. *Cf.* A Bella Venus, *l. 6-7*: e novercan soven a amor.

26. *Ms.* mines. *Cf.* A Bella Venus, *l. 12*: Minos.

27. *Ms.* p*ri*amus. *Cf.* A Bella Venus, *l. 13*: Piramus.

28. *Ms.* naffrada. *Cf.* A Bella Venus, *l. 16*: neffrades.

decebut est, car jo volia experimentar què tenia en tu —e jatsia jo fos ben alegra, desitjant saber si irada e pagada seria recollida quan me plagués en la torre de la tua benvolença. Pregues-me encara que·t retenga per catiu e conseller del meu acord: gran és la humilitat e eloqüència tua, la qual ha merescut enclinar lo meu cor a fer tot ço que vulles e possibilitat honesta sofira; molt sol obrar eloqüència quan és concebuda en lo cor de l'hom discret, com lo contrari sia encentiu de molts inconvenients e mals. Les instruccions que m'has donades te regraciu, no tant com deig, mas tant com puix ne sé; no·m pens que fos estat necessari al·legar llur actor, com, si no me n'engan, tu sobrepuges o eguales aquell. La tua conclusió ha que·t retenga constantment en lo meu cor: si bé m'has entesa, no·ns cal elegir àrbitre. Lo privilegi que demanes ja és ordonat; no vulles que·s meta en pública forma, que dubte he que·t valgués tant, car dien los experts en art d'amor que les cartes dels amants són escrites en glaç, e los ponents són testimonis. Sies content de ma promissió e hages-te[29] envers mi així com ne desiges ésser tractat. En la gràcia e amor de Venus sies conservat llongament.

Bibliografia

Alberni, Anna (2007). «El *Procés* de Francesc de la Via: una nota de societat gironina de l'any 1406», dins *Actes del 13è Col·loqui Internacional de Llengua i Literatura Catalanes (UdG, 8-13 de setembre de 2003)*, vol. III, Barcelona: PAM, pp. 82-101.

Alòs-Moner, Ramon d' (1936). «Flors de Petrarca de Remeys de cascuna fortuna», *EUC*, 21 [= *Homenatge a Antoni Rubió i Lluch*, vol. 2], pp. 651-666.

Badia, Lola (1984). «"Siats de natura d'anguila en quant farets": la literatura segons Bernat Metge», *El Crotalón*, 1, pp. 25-65.

Badia, Lola (1988). *De Bernat Metge a Joan Roís de Corella: Estudis sobre la cultura literària de la tardor medieval catalana*, Barcelona: Quaderns Crema.

Badia, Lola (2005). «Ride opportunamente il lettore moderno? Come definire la comicità ne *Lo somni* di Bernat Metge (1399)», dins *Il riso. Atti delle I Giornate Internazionali Interdisciplinari di Studio sul Medioevo. «Homo risibilis». Capacità di ridere e pratica del riso nelle civiltà medievali*, ed. F. Mosetti, Alessandria: Edizioni dell'Orso, pp. 341-366.

Brovia, Romana (2012). «Per una storia del petrarchismo latino: il caso del *De remediis utriusque fortune* in Francia (secoli xiv-xv)», dins *Fourteenth-Century Classicism:*

29. te *interlineat.*

Petrarch and Bernat Metge, ed. L. Cabré, A. Coroleu & J. Kraye, Londres-Torí: The Warburg Institute - Nino Aragno, pp. 15-28.

BROVIA, Romana (2016). «Per la fortuna manoscritta di Petrarca nei territori della Corona d'Aragona (secoli XIV-XV)», dins *Els manuscrits, el saber i les lletres a la Corona d'Aragó, 1250-1500*, ed. L. Badia, L. Cifuentes, S. Martí & J. Pujol, Barcelona: PAM, pp. 195-211.

CABRÉ, Miriam & ESPADALER, Anton M. (2013). «La narrativa en vers», dins *Història de la literatura catalana*, dir. Lola Badia, vol. 1, Barcelona: Enciclopèdia Catalana - Barcino - Ajuntament de Barcelona, pp. 297-372.

COLKER, Marvin L. (ed.) (1978). *Galteri de Castellione Alexandreis*, Pàdua: Antenore.

COROLEU, Alejandro (2012). «Introduction», dins *Fourteenth-Century Classicism: Petrarch and Bernat Metge*, ed. L. Cabré, A. Coroleu & J. Kraye, Londres-Torí: The Warburg Institute - Nino Aragno, pp. 1-14.

COROLEU, Alejandro (2015). «Huellas del Petrarca latino en la Corona de Aragón entre 1470 y 1520: el caso del Petrarca moral y religioso», dins *Acta Conventus Neo-Latini Monasteriensis. Proceedings of the Fifteenth International Congress of Neo-Latin Studies (Münster 2012)*, ed. A. Steiner-Weber & K. A. E. Enenkel, Leiden-Boston: Brill, pp. 160-165.

CRUZ TRUJILLO, Marta (2014). «Las *Auctoritats de alguns actors* en el manuscrito 981 de la Abadía de Montserrat», dins *Auctor et Auctoritas in Latinis medii aevi litteris / Author and Authorship in Medieval Latin Literature*, ed. E. D'Angelo & J. Ziolkowski, Florència: SISMEL - Edizioni del Galluzzo, pp. 277-289.

DU CANGE [Charles du Fresne, sieur du Cange] (1883-1887). *Glossarium mediae et infimae latinitatis*, 10 vols., Niort: L. Favre.

FERNÀNDEZ I TRABAL, Josep (1995). *Una família catalana medieval: Els Bell-lloc de Girona, 1267-1533*, Barcelona: PAM.

FERNÀNDEZ I TRABAL, Josep & FERNÀNDEZ I TRABAL, Joan (1989). *Inventari de pergamins del fons Mercader - Bell-lloc de l'Arxiu Històric Municipal de Cornellà de Llobregat (s. XI-XVIII)*, 2 vols., Barcelona: Fundació Noguera.

GIMENO BLAY, Francisco M. (1992). «El manuscrit II-3096 (olim 2.Ll.1) de la Biblioteca del Palacio Real», *Caplletra*, 13, pp. 175-184.

GUDAYOL, Anna (2014). «Un recorregut particular per la història de la cultura a Catalunya: els papers de la família Alòs-Moner», *Estudis Romànics*, 36, pp. 439-446.

JULIÀ, Eduard (ed.) (1920). *Régles de Amor i Parlament de un Hom i una Fembra, obra atribuida al canceller mossen Domingo Mascó, segle XIV*, Castelló: Sociedad Castellonense de Cultura.

LLORENS, Antoni (1935). «Francesc de la Via a Bella Venus», *EUC*, 20, pp. 88-97.

MANN, C. N. J. (1971). «Petrarch and the Transmission of Classical Elements», dins *Classical Influences on European Culture A. D. 500-1500. Proceedings of an Interna-*

tional Conference Held at King's College, Cambridge, April 1969, ed. R. R. Bolgar, Londres - Nova York - Melbourne: Cambridge University Press, pp. 217-224.

Metge, Bernat (2006). *Lo somni*, ed. Stefano M. Cingolani, Barcelona: Barcino.

Morera Sabater, José (1965). «Una curiosa correspondencia del año 1386 relativa al Cisma de Occidente», *Spanische Forschungen der Görresgesellschaft*, sèrie 1, 22, pp. 202-216.

Muñoz Jiménez, María José (2013). «El modelo latino de *Les flors de Patrarcha de Remeys de cascuna fortuna*», *Revista de Literatura Medieval*, 25, pp. 195-207.

Muñoz Jiménez, María José (2014). «Las *Flores sumpte a magistro Patrarcha laureato* del manuscrito 981 de Montserrat», dins *Auctor et Auctoritas in Latinis medii aevi litteris / Author and Authorship in Medieval Latin Literature*, ed. E. D'Angelo & J. Ziolkowski, Florència: SISMEL - Edizioni del Galluzzo, pp. 759-771.

Olivar, Marçal (1936). «Notes entorn la influència de l'*ars dictandi* sobre la prosa catalana de cancelleria de finals del segle xiv», *EUC*, 22 [= *Homenatge a Antoni Rubió i Lluch*, vol. 3], pp. 631-653.

Ovidi (1927). Publi Ovidi Nasó, *Heroides*, ed. Adela M. Trepat & Anna M. de Saavedra, Barcelona: Fundació Bernat Metge.

Ovidi (2018). Publi Ovidi Nasó, *Heroides. Traducció catalana medieval de Guillem Nicolau*, ed. Josep Pujol, Barcelona: Barcino.

Pellissa Prades, Gemma (2013). *La ficció sentimental catalana de la segona meitat del s. XV*, tesi doctoral, Barcelona: Universitat de Barcelona.

Petrarca, Francesco (1867). *De' rimedi dell'una e dell'altra fortuna di messer Francesco Petrarca, volgarizzati nel buon secolo della lingua per D. Giovanni Dassaminiato*, ed. Casimiro Stolfi, Bolonya: Gaetano Romagnoli.

Petrarca, Francesco (2002). Pétrarque, *Les remèdes aux deux fortunes / De remediis utriusque fortune*, ed. Christophe Carraud, Grenoble: Jérôme Millon.

Pujol, Josep (2003). «Ressenya de Francesc de la Via, *Obres*, edició d'Arseni Pacheco (Barcelona: Quaderns Crema, 1997)», *Llengua & Literatura*, 14, pp. 495-505.

Rico, Francisco (1983). «Petrarca y el "humanismo catalán"», dins *Actes del Sisè Col·loqui Internacional de Llengua i Literatura Catalanes (Roma, 28 setembre - 2 octubre 1982)*, Barcelona: PAM, pp. 257-291 [reeditat a Rico 2002: 147-178].

Rico, Francisco (2002). *Estudios de literatura y otras cosas*, Barcelona: Destino.

Riquer, Martí de (1964). *Història de la literatura catalana. Part antiga*, 3 vols., Barcelona: Ariel.

Rubio Vela, Agustín (2017). *Joan Aguilar, «escrivà de la sala» de la ciudad de Valencia (1423-1425). Voluntad de estilo en las misivas municipales*, València [edició privada].

Sabaté, Glòria & Soriano, Lourdes (2008). «Més sobre literatura *de amore*: estudi i edició de dos epistolaris medievals», *Studi Mediolatini e Volgari*, 54, pp. 251-267.

Sèneca (1902). *L. Annaei Senecae opera quae supersunt. Supplementum*, ed. Friedrich Haase, Leipzig: Teubner.

VIA, Francesc de la (1997). *Obres*, ed. Arseni Pacheco, Barcelona: Quaderns Crema.
WALTHER, Hans (1963-1969). *Proverbia sententiaeque latinitatis Medii Aevi: lateinische Sprichwörter und Sentenzen des Mittelalters in alphabetischer Anordnung*, 6 vols., Göttingen: Vandenhoeck & Ruprecht.

*Una epístola de Séneca en la poesía de Ferrán Sánchez Calavera**

Rafael Ramos
(Universitat de Girona)

La a menudo denominada «segunda escuela» de la poesía cortesana en Castilla se distinguió, fundamentalmente, por sus obras de tipo intelectual y moralizante, herederas de las alegorías dantescas, que profundizaban en cuestiones eruditas y científicas con una expresión elegante pero alambicada. En sus poemas, el amor ocupaba un lugar bastante secundario. Ferrán Sánchez Calavera sería uno de sus autores más representativos. Se trata de un poeta relativamente importante del que se conservan dieciséis composiciones de autoría segura y otras dos de atribución discutida, aunque muy probable. Su obra se ha conservado principalmente en el *Cancionero de Baena*, cuyo original se podría datar hacia 1426-1430 —y donde en principio ocupaba la cuarta sección del mismo, solo por detrás de Alfonso Álvarez de Villasandino, Francisco Imperial y fray Diego de Valencia—, pero también está presente en el *Cancionero de Estúñiga*, de hacia 1462; en el *Cancionero de Fernán Martínez de Burgos*, fechado en 1464; en el *Cancionero de París C*, del último tercio del siglo xv, y hasta en el *Cancionero de Ramón de Llavia*, impreso en Zaragoza entre 1484 y 1488. Como queda dicho, dos de esas composiciones también aparecen atribuidas a otros poetas: una a Fernando de la Torre en el *Cancionero de Roma*, de hacia 1465; la otra a Diego Martínez de Medina en el propio *Cancionero de Baena* y a Juan Rodríguez del Padrón en el *Cancionero de Fernán* Martínez de Burgos. Sin embargo, según los investigadores modernos, ninguna de esas nuevas atribuciones resulta verosímil (Dutton 1990-1991: VII, 433; Dutton & González Cuenca 1993: 586).

Apenas si se conocen datos firmes sobre su biografía. Su mismo nombre ha sido objeto de polémica, pues algunos testimonios antiguos y varios estudiosos decimonónicos leyeron como «Talavera» el «Calavera» de su apelli-

* Este artículo se inscribe en el proyecto de investigación PID 2019-109214 GB-I00, del Ministerio de Ciencia e Innovación.

do, confirmado a la postre por los pocos documentos que se han localizado hasta el momento. Se sabe, eso sí, que conoció la corte castellana en los últimos años del reinado de Enrique III y en los primeros de la regencia del infante don Fernando, donde parece ser que sirvió como escribano real y notario (Cátedra & Carr 2001: 39), que profesó como freile de la Orden de Calatrava en 1412 atendiendo una petición bastante anterior de don Enrique de Villena, como demuestra una bula de Benedicto XIII (Cuella Esteban 2011: 116-117), y que en esta orden llegó a detentar el cargo de comendador de Villarrubia (hoy Villarrubia de los Ojos, en la provincia de Ciudad Real) al menos desde 1423. Todo indica que debió fallecer entre 1434 y 1442 (para las cuestiones biográficas más generales, véanse Díez Garretas 1989: 9-13; Rodríguez-Picavea Matilla 2005: 238-239; Perea Rodríguez 2009: 157-161).[1]

1. De la lectura de sus propios poemas se pueden extraer otros datos. Así, acompañó a la corte de Enrique III en un desplazamiento de Madrid a Segovia en febrero («De Madrit partiendo con el Rey en febrero» ID 1657), lo que se podría datar en 1403, 1404 o 1405, aunque lo más probable es que se pueda descartar el primer caso, pues en 1403 la corte se detuvo en Segovia casi un mes entero y el poema advierte de que, apenas llegada, se volvió a poner en marcha (*cf.* «Tenía de camino leguas setenta», v. 9); en efecto, en 1404 casi de inmediato se trasladó a Tordesillas y en 1405, a Toro, donde había nacido el príncipe Juan (véase Arteseros 2003: 118, 124 y 130-131). Pretendió medrar al amparo de Ruy Díaz de Mendoza, hijo del mayordomo del rey Juan Hurtado de Mendoza *el Limpio* («Onde onra nin provecho» ID 1662), y lamentó la muerte del primero, acontecida en Valladolid entre agosto y octubre de 1404 («Por Dios, señores, quitemos el velo» ID 1658). Aunque algunos estudiosos (Rodríguez Puértolas 1981: 113 y 119; Alonso 1986: 108-109; Díez Garretas 1989: 97; Beresford 1998: 41-42...) han datado el primer poema en 1435, todo indica que las primeras fechas son más plausibles. Por un lado, porque el *Cancionero de Baena* original, donde aparece esta composición, se debió terminar entre 1426 y 1430 (Blecua 1974-1979: 242 y 262; Dutton & González Cuenca 1993: XIX-XX), así que difícilmente podía recoger en su sección correspondiente un texto escrito con posterioridad; por otro, porque el propio Juan Alfonso de Baena dejó claro en sus rúbricas que, tras profesar en la Orden de Calatrava, Sánchez Calavera abandonó su vida de cortesano. Igualmente, la muerte de Ruy Díaz de Mendoza se ha situado frecuentemente en 1406 o en 1408 (Rodríguez Puértolas 1981: 112 y 116; Díez Garretas 1989: 101; Dutton & González Cuenca 1993: 398 y 408), pero debió producirse en el periodo señalado. En Tordesillas, el 12 de agosto de 1404, Ruy Díaz de Mendoza, muy enfermo, otorga poderes a su hermano para que disponga su testamento y se haga cargo de sus dos hijas, Marina y Leonor; en Segovia, el 19 de octubre de 1404, el padre y el hermano de Ruy Díaz de Mendoza otorgan sendos poderes para concertar el matrimonio de la primera, ya huérfana, con Juan, hijo de Diego Fernández de Córdoba, mariscal de Castilla; en Valdesalce de los Oteros (León), el 28 de octubre de 1404, se acuerdan las capitulaciones matrimoniales; en Madrid, el 10 de noviembre de 1404,

En sus debates poéticos se relacionó con algunos de los autores más importantes del momento. Así, en el largo intercambio sobre la predestinación y el libre albedrío que inició y concluyó (ID 1644-1653), intervinieron Pedro López de Ayala, fray Diego de Valencia, fray Alonso de Medina, Francisco Imperial, el maestro Mahomad el Xartosse, García Álvarez de Alarcón y Ferrán Manuel de Lando.[2] Se trata, sin duda, del debate más estudiado del *Cancionero de Baena* (Gimeno Casalduero 1965; Fraker 1965 y 1974; Labrador 1973: 902-905; Mendoza Negrillo 1973: 343-384; Cavallero 1983; Brooks 1992; Archer 1993; Grande Quejigo 2003; Chiappinni 2005; Navarro Fuster 2019...), aunque es importante señalar que tuvo también cierta repercusión fuera de los círculos poéticos, pues fue recordado expresamente por fray Sancho de Aibar en la presentación del *Diálogo sobre la predestinación y el libre albedrío* que escribió Gonzalo Morante de la Ventura (Mendoza Negrillo 1973: 397) y por el rabino Moisés Arragel de Guadalajara, traductor de la *Biblia de don Luis de Guzmán* (Paz y Meliá 1899: 26 y 62). Asimismo, se ha sugerido que ese mismo debate pudo haber servido de inspiración a fray Martín de Córdoba para escribir su *Tratado de la Predestinación*, orientado precisamente hacia un público cortesano (Rubio 1964: XXXIII). Aparte de esa controvertida disputa literaria, también intercambió poemas con fray Diego de Valencia a propósito de algunas dudas sobre el misterio de la Trinidad, la Encarnación y el Pecado Original —lo que le valió una dura reprimenda del franciscano por su obstinación en inmiscuirse en temas tan elevados—, mientras que con Juan Sánchez de Huete cruzó otras rimas de tono más o menos festivo en las que se contraponían el amor carnal y la honra familiar.

Sus temas son fundamentalmente eruditos, como corresponde a los autores más representativos del *Cancionero de Baena*: debates sobre cuestiones teo-

---

Diego Fernández de Córdoba las ratifica (Madrid, Real Academia de la Historia, ms. 9/813, ff. 194v-200v).

2. Tradicionalmente se ha datado este largo debate antes de los primeros meses de 1407, fecha de la muerte de Pedro López de Ayala. La participación en él del bachiller en teología Alonso de Medina, fraile jerónimo del monasterio de Santa María de Guadalupe (en el que sería su único poema conocido), además, podría dar pie a situarlo hacia 1402, pues la corte de Enrique III recaló en este claustro durante unos días entre finales de abril y los primeros días de mayo de ese año (véase Arteseros 2003: 115). Fuera como fuere, la primera fecha se podría confirmar desde otro acontecimiento, pues el 2 de marzo de 1407 fray Alonso de Medina, junto a otros compañeros, fue expulsado del monasterio de Guadalupe aunque no de la orden (Catalina García 1907-1909: I, 145-146).

lógicas o morales, piezas contra el amor, sobre la decepción de las aspiraciones cortesanas, sobre las vanidades del mundo o sobre la brevedad de la vida y la angustia de la muerte integran el grueso de sus composiciones. Solo dos de sus poemas reflejan una tímida temática amorosa; dos piezas dialogadas en las que el poeta solicita los favores de su enamorada, pero ella se los niega: en un caso, no lo considera digno de su amor por su anterior comportamiento; en otro, porque desea profesar como monja. A pesar de ese tono aparentemente monocorde todo indica que su obra fue muy apreciada por sus contemporáneos. A mediados del siglo xv el marqués de Santillana lo elogió en su *Prohemio e carta* como uno de los grandes poetas del reinado de Enrique III, solo por detrás de Alfonso Álvarez de Villasandino y de Francisco Imperial: «Fernand Sánchez Calavera, comendador de la Orden de Calatrava, conpuso asaz buenos dezires» (Gómez Moreno 1990: 63). Y a esa mención expresa cabe añadir su influjo sobre otros poetas. De hecho, en su obra se han encontrado algunos de los precedentes más claros de las *Coplas* de Jorge Manrique (véanse solo Menéndez Pidal 1920: 277-278 y Salinas 1947: 62-63, 90, 167 y 173).

Sus inquietudes espirituales, que le llevaron a exponer sus supuestas dudas a sus interlocutores poéticos, su más que evidente angustia vital y su uso recurrente de los textos bíblicos dieron pie a que, sin más, fuera considerado cristiano nuevo por algunos investigadores (Fraker 1966: 13-20, 30, 34-51, y, en su estela, Alonso 1986: 108; Puigvert Ocal 1989: 137; Brooks 1992: 166; Beresford 1998: 40; Fontes 2005: 52; etc.), aunque nunca se han aducido argumentos de peso que reforzaran esa hipótesis. Significativamente, no lo calificaron como tal ni Cantera Burgos en su detallado estudio sobre los poetas judíos y conversos del *Cancionero de Baena* (1967) ni Castro (1970: 160, en la misma nota en que sí tachaba de conversos a Juan Álvarez Gato y a fray Diego de Valencia). Resulta claro, sin embargo, que sus intereses intelectuales se dirigieron a muy diversos horizontes. Así, se ha destacado su inteligente uso de algunos pasajes muy concretos del *Libro de buen amor*, hasta el extremo de que se han calificado como «las más valiosas reminiscencias del Arcipreste en el *Cancionero de Baena*» (Lida de Malkiel 1940: 119-120), y en algunas de sus composiciones se pueden detectar paráfrasis de textos del *Rituale romanum* o de algunos de los proverbios latinos más conocidos.[3]

3. Compárense, por ejemplo, «que irá al infierno, do no hay rendimiento» (ID 1653, v. 68) con «Quia in inferno nulla est redemptio» (Officium defunctorum, Ad matutinum, III Nocturnum, Lectio VII, Responsorium); o «Quien con dos liebres quisier' porfiar / la una por la

En esta ocasión, sin embargo, cabe la posibilidad de añadir a todo ese bagaje cultural un autor clásico como Séneca. Desde luego, parecía solo cuestión de tiempo que un poeta volcado en temas tan trascendentes acabara empapándose de la lectura de este filósofo, de forma similar a como lo estaba haciendo un poeta coetáneo como Ausiàs March, con cuyas inquietudes espirituales tantos puntos comparte y sobre el que se ha destacado una notable influencia senequista reflejada en sus temas y en imágenes muy concretas (baste con recordar las significativas aportaciones de Badia 1993: 83, 177, 191, 195-197, 218-219, 227-228, etc.). En efecto, en un impulso en el que se combinaban el afán de lecturas clásicas con una buena dosis de nacionalismo, al tratarse de un escritor de Córdoba, durante el segundo cuarto del siglo xv se fue extendiendo el conocimiento de sus obras en los círculos cortesanos de Castilla. En ellos, por supuesto, no se disfrutó tanto de los originales latinos como de las diversas traducciones que, directamente del latín o por medio de textos intermedios en italiano, catalán o francés, realizaron Alonso de Cartagena (entre 1430 y 1434), Pedro Díaz de Toledo (entre 1442 y 1446) y otros autores anónimos, que atendieron las peticiones que recibían de lectores como Juan II, el marqués de Santillana, Nuño de Guzmán y otros nobles que no dominaban el latín; traducciones, además, no solo del *corpus* canónico de Séneca, sino también de la compilación antológica del fraile dominico Luca Mannelli, realizada a mediados del siglo xiv, y de distintas obras apócrifas (Blüher 1983: 113-155). Convertido, así, en un autor de referencia poco menos que imprescindible para todo hombre culto del momento, fundamentalmente en los ámbitos cortesanos, no es de extrañar que sus doctrinas y algunas de sus expresiones aparecieran pronto en el campo de la poesía. Se han señalado, así, abundantes ecos de Séneca en las obras de Fernán Pérez de Guzmán y del marqués de Santillana (Blüher 1983: 165-179 y 186-205; Zinato 1995), poetas algo más jóvenes que Ferrán Sánchez Calavera. En ese sentido, resulta significativo que la influencia ahora estudiada no aparezca entre los poemas de este último recogidos en el *Cancionero de Baena* (finalizado, como queda dicho, hacia 1426-1430), sino en su única composición conocida que no aparece en él, por lo que en principio habrá que considerar que se escribió posteriormente, pues por su temática y metro

otra le conviene errar, / e al cabo de amas aver perdiçión» (ID 1666, vv. 22-24) con «Lepores duos insequens neutrum capit» (Walther 1963-1969: núm. 13669).

habría encajado a la perfección en esa colección. Se trata del poema ID 0114, cuyo único testimonio conocido aparece en el *Cancionero de París C (PN6)*, datado a finales del siglo xv, aunque parece derivar de una colección de mediados de la centuria, y en la que no por casualidad —por cuanto se ha señalado unas líneas más arriba— sobresalen las piezas de Fernán Pérez de Guzmán (ff. 1r-96r, 123r-128r y 134r) y del marqués de Santillana (ff. 119r-122r y 135v).

El texto de Séneca que parece imitar es la decimosegunda carta a Lucilio, una de sus obras más conocidas. Como se recordará, en ella el filósofo relata cómo se acercó a su casa de campo y se sorprendió de la cantidad de reparaciones que necesitaba, hasta que reparó en que todo en ella era viejo; él mismo había plantado los árboles y había visto sus primeras hojas. Hasta el pequeño hijo del granjero se había convertido ahora en un anciano repulsivo, sin apenas dientes. Esa visión le lleva a aceptar su propia vejez y a percatarse de los bienes que, paradójicamente, encierra. No es la antesala de la muerte, pues esta puede sorprendernos en cualquier edad, sino la etapa en que, al ser más conscientes que nunca de ella, más se debe recapacitar en las oportunidades que depara estar vivo y poder abrazar la segura muerte de forma que resulte placentera y dé pleno sentido a la propia vida. Sin embargo, su formulación modifica bastantes detalles, sobre todo de la parte final:

Dezir que fizo Fernán Sánchez quando fue al lugar do fue naçido
e falló los onbres todos viejos

Dezid amigos, parientes, señores,
d'aquesta villa del mi naçimiento
do vin' por reposo del mi entendimiento
e voy con angustias e grandes dolores;
¿qué mudamiento es este que veo
en vuestros semblantes, gesto, meneo?
Quanto más firme miro e oteo
mi coraçón siente mayores tenblores.

Que vos conoçí los tienpos passados
cuerpos derechos, gruesos, loçanos,
fuertes, fermosos, graçiosos, ufanos,
sueltos, ardidos, de vós muy pagados;
agora vos fallo los dientes podridos,

los ojos muy fondos, en sí encogidos;
los vuestros colores buenos, perdidos,
secos e canos e muy arrugados,

caídas las çejas, las fazes turbadas,
los pasos cortillos e bien vagarosos
y los continentes no muy donosos,
las vuestras bravezas ya sosegadas;
el uno fablando un poco çaçea,
el otro andando a vezes coxquea,
el otro se pone antojos que vea,
de día en día pasando jornadas.

El uno se quexa de mal de la ijada,
el otro se siente de los pulmones,
el otro padeçe mal de riñones,
el otro de gota muy afincada,
el otro no tiene quixal en la boca,
el otro se siente la vista muy poca;
el otro, si come, luego lo troca;
el otro escupe flema salada.

Lo más que me pesa d'aquesta fazienda
es que me cabe dende gran parte
e que no sé vía, mengía nin arte
por do estos males reçiban enmienda,
mas antes ya tanto de mal en peor,
assí a vasallo como a señor,
fasta que venga el gran segador
que dé fin a todo según la leyenda.

Y pues en esto la nuestra riqueza
no pone cobro, según que parece,
mas ella e nós de todo pereçe,
conviene que luego, sin otra pereza,
fagamos enmienda de nuestros pecados
con muchas limosnas, bien confesados,
por que del fuego, do van los dañados,
nos libre'l Señor por su gran nobleza.

(ID 0114; Dutton & González Cuenca 1993: 814-815)

En efecto, más que una traducción o imitación de la epístola de Séneca parece que se trata, más bien, de un recuerdo, de un punto de partida que ha adoptado Sánchez Calavera para crear su propia reflexión cristianizada. Los elementos en común, sin embargo, son demasiado numerosos como para suponer que se pudieran producir de forma aislada: el poeta regresa al lugar donde pasó su infancia y todo le recuerda su vejez y la cercana muerte. Los que eran jóvenes se han vuelto ancianos decrépitos, sin dientes (idea que se repite), y eso le lleva a reflexionar sobre la senectud y cuáles deberían ser sus ocupaciones primordiales. También coincide con el texto de Séneca en el paso de la primera persona del singular, que observa la caducidad de su entorno, a la del plural, pues exhorta a sus lectores a extraer una lección de lo contemplado, de manera que dispongan cuanto les resta de vida para prepararse adecuadamente para el inevitable desenlace de su vida. Se separa, en verdad, en el enfoque que ofrece de esta preparación, profundamente cristiano (por medio de la confesión y las buenas obras), en contraposición a la visión estoica del original. Pero, por cuanto se sabe de la recepción de Séneca en los ambientes culturales del siglo xv, eso fue lo habitual (Blüher 1983: 156-230), de manera que no desentonaría demasiado con lo que se esperaría de su lectura. Asimismo, parece adaptar a su propio discurso algunos detalles del original, de manera que los muros débiles y medio derruidos de la granja y los ramos secos, nudosos y retorcidos de los plátanos se traslucen en los «secos [...] e muy arrugados» (v. 16) restos de sus amigos, que contrastan con los «cuerpos derechos, gruesos, loçanos, / fuertes, fermosos, graçiosos, ufanos» (vv. 10-11) que se recordaban del pasado, de forma similar a cómo la inutilidad de los trabajos del administrador de la finca se transforman en la incapacidad de la medicina o el dinero para remediar lo inevitable. La imagen del anciano que cerraba la primera sección del original, por su parte, se convierte en una larga anáfora sobre los achaques de la vejez, ejemplo de amplificación que le permite multiplicar esa imagen de caducidad.

Parecería un elemento discordante, sin embargo, el hecho de que el poema se refiera al «suburbanum meum» del texto latino como la «villa del mi naçimiento» (v. 2) que aduce el poeta. Con todo, tendría una explicación muy sencilla. Como es bien sabido, en el siglo xv se realizaron dos traducciones al castellano de las *Epístolas* de Séneca de manera casi simultánea: una en el entorno de Fernán Pérez de Guzmán, a partir de la versión italiana; otra en el entorno de doña María de Castilla, reina de Aragón, a partir de la versión francesa, pero muy influida por la versión catalana medieval (Eusebi 1970; Zinato 1992 y 1993). La primera traducía el pasaje como «yo fui este otro día a mi aldea» (Biblioteca Nacional de España [BNE], mss. 8368, 9215 y 9443, ff. 31r, 8r y 34v respectivamente), mientras que la segunda lo hace como «yo era el otro día ido a mi villa» (BNE, ms. 8852, f. 15r), en la estela de «jo ere l'altre jorn anat a la mia vila» (BNE, ms. 9152, f. 25v). Desde esta última versión, pues, o quizá desde su modelo catalán, la aparición de la «villa del mi naçimiento» cobraba pleno sentido. Sea como sea, se torna sumamente atractiva la idea de releer la poesía de Ferrán Sánchez Calavera a la luz que podrían arrojar sobre ella las traducciones medievales de Séneca.

Bibliografía

ALONSO, Álvaro (ed.) (1986). *Poesía de Cancionero*, Madrid: Cátedra (Letras Hispánicas, 247).

ARCHER, Robert (1993). «Ausiàs March and the *Baena* debate on predestination», *Medium Ævum*, 62, pp. 35-50.

BADIA, Lola (1993). *Tradició i modernitat als segles XIV i XV: estudis de cultura literària i lectures d'Ausiàs March*, Valencia-Barcelona: Institut Universitari de Filologia Valenciana - PAM (Biblioteca Sanchis Guarner, 25).

BERESFORD, Andy (1998). «Poverty and (in)justice: temporal and spiritual conflict in a *Pregunta* by Ferrán Sánchez Calavera (ID 1657)», en *Cancionero Studies in Honour of Ian Macpherson*, ed. Alan Deyermond, Londres: Department of Hispanic Studies - Queen Mary and Westfield College (Papers of the Medieval Hispanic Research Seminar, 11), pp. 39-52.

BLECUA, Alberto (1974-1979). «"Perdiose un quaderno...": sobre los *Cancioneros de Baena*», *Anuario de Estudios Medievales*, 9, pp. 229-266.

BLÜHER, Karl Alfred (1983). *Séneca en España: investigaciones sobre la recepción de Séneca en España desde el siglo XIII hasta el siglo XVII*, Madrid: Gredos (Biblioteca Románica Hispánica, II: Estudios y ensayos, 329).

BROOKS, Elaine S. (1992). «Rhyme, reason, and absence in Sánchez Calavera's Debate on Predestination», *Romance Notes*, 33, pp. 161-168.

CANTERA BURGOS, Francisco (1967). «El *Cancionero de Baena*: judíos y conversos en él», *Sefarad*, 27, pp. 71-111.

CASTRO, Américo (1970). *Aspectos del vivir hispánico*, Madrid: Alianza (El Libro de Bolsillo, 252).

CATALINA GARCÍA, Juan (ed.) (1907-1909). Fray José de Sigüenza, *Historia de la Orden de San Jerónimo*, 2 vols., Madrid: Bailly - Bailliére (Nueva Biblioteca de Autores Españoles, 8 y 12).

Cátedra, Pedro M. & Carr, Derek C. (eds.) (2001). *Epistolario de Enrique de Villena*, Londres: Department of Hispanic Studies - Queen Mary and Westfield College (Papers of the Medieval Hispanic Research Seminar, 33).

Cavallero, Pablo A. (1983). «*Præscitus-preçitos* (*Rimado de Palacio*, N 1152a y 1573b): Ayala y los problemas teológicos», *Incipit*, 3, pp. 95-127.

Chiappinni, Gaetano (2005). «Pero López de Ayala nel *Cancionero de Baena*», en *I canzonieri di Lucrezia: atti del convegno internazionale sulle raccolte poetiche iberiche dei secoli XV-XVI (Ferrara, 7-9 ottobre 2002)*, eds. Andrea Baldissera y Giuseppe Mazzocchi, Padua: Unipress, pp. 9-24.

Cuella Esteban, Ovidio (2011). *Bulario Aragonés de Benedicto XIII (1394-1423), V: I. La Curia Cesaraugustana. II. Grupos privilegiados: servidores del Papa y del Rey*, Zaragoza: Institución «Fernando el Católico» (CSIC) - Diputación de Zaragoza (Fuentes Históricas Aragonesas, 58).

Díez Garretas, María Jesús (1989). *La poesía de Ferrán Sánchez Calavera*, Valladolid: Universidad de Valladolid (Literatura, 12).

Dutton, Brian (ed.) (1990-1991). *El Cancionero del siglo XV, c. 1350-1520*, 7 vols., Salamanca: Biblioteca Española del Siglo XV (Serie Maior, 1-7).

Dutton, Brian & González Palencia, Joaquín (eds.) (1993). *Cancionero de Juan Alfonso de Baena*, Madrid: Visor (Biblioteca Filológica Hispana, 14).

Eusebi, Mario (1970). «La più antica traduzione francese delle *Lettere morali* di Seneca e i suoi derivati», *Romania*, 91, pp. 1-47.

Fontes, Manuel da Costa (2005). *The Art of Subversion in Inquisitorial Spain: Rojas and Delicado*, West Lafayette (Indiana): Purdue University Press (Purdue Studies in Romance Literatures, 30).

Fraker, Charles F. (1965), «The "Dejados" and the *Cancionero de Baena*», *Hispanic Review*, 33, pp. 97-117.

Fraker, Charles F. (1966). *Studies on the «Cancionero de Baena»*, Chapell Hill: University of North Carolina (University of North Carolina Studies in the Romance Languages and Literatures, 61).

Fraker, Charles F. (1974). «The Theme of Predestination in the *Cancionero de Baena*», *Bulletin of Hispanic Studies*, 51, pp. 228-249.

Gimeno Casalduero, Joaquín (1965). «Pero López de Ayala y el cambio poético de Castilla a comienzos del siglo XV», *Hispanic Review*, 33, pp. 1-14.

Gómez Moreno, Ángel (1990). *El «Prohemio e carta» del Marqués de Santillana y la teoría literaria del s. XV*, Barcelona: Promociones y Publicaciones Universitarias (Filológica, 1).

Grande Quejigo, Francisco Javier (2003). «La "Respuesta" de fray Alonso de Medina en el *Cancionero de Baena*», en *Cancioneros en Baena: actas del II Congreso Internacional «Cancionero de Baena»: «In memoriam» Manuel Alvar*, ed. Jesus L. Serrano Reyes, Baena: Ayuntamiento de Baena - Delegación de Cultura, II, pp. 171-196.

LABRADOR, José J. (1973). «Las preocupaciones doctrinales de los poetas del *Cancionero de Baena*», *Boletín de la Institución Fernán González*, 181, pp. 882-915.

LIDA DE MALKIEL, María Rosa (1940). «Notas para la interpretación, influencia, fuentes y texto del *Libro de buen amor*», *Revista de Filología Hispánica*, 2, pp. 105-150.

MENDOZA NEGRILLO, Juan de Dios (1973). *Fortuna y Providencia en la literatura castellana del siglo XV*, Madrid: Real Academia Española (Anejos del Boletín de la Real Academia Española, 27).

MENÉNDEZ PIDAL, Ramón (1920). *Estudios literarios*, Madrid: Atenea (Biblioteca de Ciencias, 2).

NAVARRO FUSTER, Irene (2019). «Fernán Sánchez Calavera en el *Cancionero de Baena*: la duda teológica y las teorías poéticas del s. XV», *ArtyHum: Revista de Artes y Humanidades*, 59, pp. 147-167.

PAZ Y MELIÁ, Antonio (1899). «La Biblia puesta en romance por rabí Mosé Arragel de Guadalfajara (1422-1433) (*Biblia de la Casa de Alba*)», en *Homenaje a Menéndez y Pelayo en el año vigésimo de su profesorado: estudios de erudición española*, Madrid: Librería General de Victoriano Suárez, II, pp. 5-93.

PEREA RODRÍGUEZ, Óscar (2009). *La época del «Cancionero de Baena»: Los Trastámara y sus poetas*, Baena: Ayuntamiento de Baena - Fundación Pública Municipal Centro de Documentación Juan Alfonso de Baena (Biblioteca Baenense, 6).

PUIGVERT OCAL, Alicia (1989). «Perfil lingüístico y literario de Ferrant Sánchez Calavera», *Dicenda: Cuadernos de Filología Hispánica*, 8, pp. 135-160.

RODRÍGUEZ PUÉRTOLAS, Julio (1981). *Poesía crítica y satírica del siglo XV*, Madrid: Castalia (Clásicos Castalia, 114).

RODRÍGUEZ-PICAVEA MATILLA, Enrique (2005). «Prosopografía de la Orden de Calatrava en Castilla: la primera mitad del siglo XV», *Meridies: Revista de Historia Medieval*, 7, pp. 201-244.

RUBIO, Fernando (ed.) (1964). *Prosistas castellanos del siglo XV: II*, Madrid: Atlas (Biblioteca de Autores Españoles, 171).

SALINAS, Pedro (1947). *Jorge Manrique o tradición y originalidad*, Buenos Aires: Sudamericana (Historia y Crítica Literaria).

VEAS ARTESEROS, Francisco de Asís (2003). *Itinerario de Enrique III*, Murcia: Universidad de Murcia.

WALTHER, Hans (1963-1969). *Proverbia sententiæque Latinitatis Medii Ævi: Lateinische Sprichwörter und Sentenzen des Mittelalters in alphabetischer Anordnung*, 5 vols., Gotinga: Vandenhoeck & Ruprecht (Carmina Medii Ævi Posterioris Latina, 2).

ZINATO, Andrea (1992). «I volgarizzamenti delle *Epistulæ morales* di L. A. Seneca e loro diffusione nella penisola iberica», *Annali di Ca' Foscari: Serie occidentale*, 31, pp. 371-390.

ZINATO, Andrea (1993). «La vulgarización al catalán de las *Epistulæ morales ad Lucilium* de L. A. Seneca», *Annali di Ca' Foscari: Serie occidentale*, 32, pp. 377-394.

ZINATO, Andrea (1995). «Fernán Pérez de Guzmán e le glosse alla traduzione medievale castigliana delle *Epistulæ morales ad Lucilium*: un itinerario filologico e filosófico», *Annali di Ca' Foscari: Serie occidentale*, 34, pp. 403-427.

Avicenna, Gherardo Segarelli i un estudiant de Cantabrígia en el capítol 63 del Segon del Crestià

Xavier Renedo Puig
(Institut de Llengua i Cultura Catalanes, Universitat de Girona)

Entre les planes del *Segon del Crestià* (escrites entre els anys 1381-1382) i les del *Llibre dels àngels* (1392), de Francesc Eiximenis, es poden llegir dues versions d'un mateix *exemplum* que fa tot l'efecte que té el seu origen tant en les lectures i els estudis d'Eiximenis com en la seva fèrtil *inventio* literària. Són dues versions força diferents —la primera, més reeixida i escrita en una prosa fresca i saborosa; la segona, més eixuta i esquemàtica, i amb una prosa més seca—, però que en essència expliquen, a deu anys de distància l'una de l'altra, la mateixa història en un context molt similar.

L'estudiant de teologia de Cantabrígia

En el cas del *Segon del Crestià* l'exemple es troba en el capítol 63, enmig d'una secció (caps. 53-77) dedicada a les «falses revelacions» i als somnis profètics, un tema de la màxima actualitat en uns temps tan convulsos com els del Cisma d'Occident. Aquest capítol duu un títol que no pot resumir millor el seu contingut: «Com deu hom corregir los profetes falsaris d'aquest temps». Eiximenis hi critica la consciència obstinada i cauteritzada dels falsos profetes i proposa una mena de tractament de xoc «ab forts batiments», que, com veurem més endavant, extreu de la *Metafísica* d'Avicenna, per tallar de soca-rel la proliferació de «falses revelacions» i de profetes encara més falsos. La teràpia es presenta a través d'un exemple protagonitzat pel guardià del convent franciscà de Cambridge i un estudiant de teologia, també franciscà, que, sense ser un fals profeta, perverteix les regles de la lògica en benefici de la seva mandra i del seu egoisme.[1]

1. L'exemple es pot llegir en l'antologia del *Crestià* editada per A. Hauf (1983: 66-68) i en la col·lecció de textos pedagògics d'Eiximenis recopilada per D. Guixeras i X. Renedo (2005: 132-134).

Segons el relat d'Eiximenis, cada dia, mentre els altres membres de la comunitat s'aixequen per anar a matines, l'estudiant es demana a ell mateix «si ell es devia llevar a matines o no». Si la pregunta és sempre la mateixa, la resposta, un cop analitzats els arguments d'una banda i de l'altra, és, un dia sí i l'altre també, la mateixa: «donava-li vijares que aquells arguments que feia per la part negativa eren pus forts e millors, en tant que consentir als contraris afirmatius era fort perillós e contra sa consciència». (L'estudiant dormilec de Cambdrige sembla gairebé de la mateixa promoció que el Gargantua de Rabelais, que, educat sota la disciplina i els plans d'estudi d'uns mestres que són una paròdia dels escolàstics medievals, s'aixeca del llit, a misses i a matines dites, entre les vuit i les nou del matí, bo i citant com a argument d'autoritat per defensar la seva mandra un versicle dels Psalms: «Vanum est vobis ante lucem surgere» [Ps 126,2].)[2]

El guardià el renya diverses vegades perquè no té ni l'excusa de l'edat ni la d'una mala salut per no anar a resar les matines, però l'estudiant sempre li respon que si es llevés del llit tan d'hora, tindria greus problemes de consciència. Al final el guardià, davant de la pertinàcia de l'estudiant, decideix canviar les bones paraules per una dura penitència a base només de pa i aigua.

> —Frare meu, tu has consciència de llevar-te a matines, e jo he consciència perquè t'ho sofir, perquè jo vull que tu contínuament, tot dia, mentre no et lleus a matines, que tu menges pa e aigua.

L'estudiant, però, tampoc no té problemes de consciència per saltar-se la penitència imposada menjant «d'altres coses prou en amagat». El guardià, que comença a tenir de debò problemes de consciència en veure el fracàs de la seva estratègia, augmenta la duresa del càstig i el fa menjar «contínuament ab los gats en terra» i li prohibeix de sortir del convent. Com que, malgrat tot, tampoc no aconsegueix cap resultat positiu, el guardià acaba recordant que, com deia Avicenna, «testardia ab batiments s'ha a castigar», i li imposa un càstig encara més dur i més sever: el convoca davant del capítol, li mana que es despulli i amb «un gran manat de vergues [...] donà-li gran disciplina en tant que la pell de l'esquena era tota foradada e corrent de sang». Com diuen en castellà, «la letra con sangre entra» i, com deien en llatí a l'edat mitjana, «nocumentum, documentum».

2. *Gargantua*, I, XXI, a Rabelais 1978.

Com a conseqüència d'un càstig tan sever, l'estudiant no només acaba reconeixent, i reparant, la seva falta, sinó que també aplaudeix la teràpia que ha aplicat el guardià: «—Pare [...] diu hom "quia ferrum acuitur ferro" —qui vol dir que ferre s'agua ab ferre— e, per tal, la vostra consciència de ferre ha acuada la mia, qui era de ferre». El guardià, a la fi satisfet, tanca el relat amb una frase sentenciosa adreçada a tots els frares reunits en el capítol, i també a tots els lectors de l'obra: «a rompre folla consciència és lo millor remei gran disciplina e penitència». De fet, tant les paraules de l'un com les de l'altre són dues cares de la mateixa moneda i es poden sintetitzar en el versicle dels *Proverbis* que cita l'estudiant: «ferrum acuitur ferro» (Prov 27,17).

El monjo del «Llibre dels àngels»

El segon exemple es troba en el capítol XXXV de la tercera part del *Llibre dels àngels*, dedicada al «diligent servey e benifets que fan a nós los sancts àngels». Després de parlar de la custòdia angelical (primer servei), del suport que els àngels donen als desconsolats (segon), de la defensa (tercer) i guia del poble cristià (quart), i de la il·luminació i el consell que li dispensen (cinquè), Eiximenis dedica deu capítols (XXXIX-XLVIII) a parlar de com els àngels inflamen i encenen els fidels en l'amor a Déu (sisè servei). Una bona part d'aquesta secció està centrada en la distinció entre les inflamacions i contemplacions inspirades de debò pels àngels, i les causades pel diable. En el capítol XXXVI, que tracta de la «fervor imprudent» i «fort repreensible» d'origen diabòlic, Eiximenis insereix la segona versió de l'exemple que estic analitzant. Tant la versió, doncs, del *Llibre dels àngels* com la del *Segon del Crestià* estan inserides en uns contextos molt similars, relacionats amb la proliferació de visions i de textos profètics en ple Cisma d'Occident.

L'exemple del *Llibre dels àngels* està basat, segons Eiximenis, en una font escrita, l'*Itinerari* de Pictavensis, i té com a protagonistes un monjo, en comptes de l'estudiant de Cantabrígia, i un prelat, en comptes del guardià del convent. El marc espacial deixa de ser un convent franciscà i passa a ser una abadia o un monestir. La història, però, és gairebé la mateixa, tot i que és explicada de manera molt més succinta. El conflicte entre el monjo i el seu prelat no esclata a propòsit de les matines, sinó quan el monjo es nega a anar a donar almoina als pobres a la porta de l'abadia al·legant, «ab gran fervor», problemes de consciència. Segons el monjo, anar a la porta de l'abadia i veure les fembres que hi hauria entre la multitud que esperava almoina li provocaria «mals pensaments qui eren contra Déu», de manera que més li valia no acostar-se a la porta a repartir almoina. L'abat imposa al monjo un càstig duríssim, similar al del *Segon del Crestià*, per bé que sense l'augment progressiu de les penes propi del primer exemple: el monjo és reclòs en una cel·la sense que se li subministri gens de menjar. El prelat justifica la seva decisió amb l'argument que «ell havia gran consciència que a hom inobedient fos dat a menjar».[3]

Si el càstig del guardià del convent del *Segon del Crestià* segueix una triple gradació (menjar només pa i aigua, menjar a terra, i prohibició de sortir del convent i càstig públic, molt rigorós, a còpia d'una bona ració de vergassades davant de tot el capítol), en el *Llibre dels àngels* el monjo rebel claudica al tercer dia de penitència. La conclusió moral de tot plegat és que «lo major remey qui·s pot trobar a hòmens fervents, e horats, inohobedients e fora tota retgle si és trencar-los lo cap e gitar-los per terra, ab gran penes e batiments, e menyspreus e minves». Es tracta, sens dubte, de la mateixa història del capítol 63 del *Segon del Crestià*, però molt més comprimida, sense els diàlegs entre l'estudiant i el guardià, i sense detalls circumstancials com ara la triple gradació dels càstigs o els sil·logismes de l'estudiant de teologia per justificar la seva mandra. En el *Llibre dels àngels* Eiximenis va al gra: li interessa molt més la lliçó moral que es desprèn de la història, que no pas la marqueteria literària, potser a causa de les presses amb què, després dels pogroms del 1391 i de la crisi de les seves relacions amb la casa reial, va haver d'escriure aquesta obra.

Un consell d'Avicenna

L'exemple del *Llibre dels àngels* procedeix del *Segon del Crestià*, això és prou clar, però quin és l'origen de la història de l'estudiant i el guardià de Cambridge? Em sembla que la resposta s'ha d'anar a buscar en dues obres alhora: per una banda, la *Metafísica* d'Avicenna i, per l'altra, una crònica franciscana. De fet, la font filosòfica la confessa, al principi del capítol 63, el mateix Eiximenis quan, després de denunciar la «folla durícia, malícia e pertinàcia» de

3. Cito segons l'edició que n'està preparant Sadurní Martí per a les *Obres de Francesc Eiximenis* (OFE), que editen la Diputació i la Universitat de Girona.

«los profetes falsaris d'aquest temps», indica la manera de castigar-la i tallar-la de soca-rel:

> D'aquests e de semblants dona bon consell Avicenna en la sua *Metafísica* parlant contra aquells qui negaven lo primer principi, ço és que deien que no era ver que cascuna és o no és. Diu que contra aquests deu hom proceir ab forts batiments fins que coneguen que, com l'hom fer alcun, que llavors no es comporta així envers lo ferit com si no el feria e, per consegüent, com lo batiment no és, que no deu hom dir que és, lo contrari de la qual cosa ells posaven.

El 'primer principi' de què parla Eiximenis —o principi de no-contradicció— és el punt de partida de la lògica clàssica, que afirma, segons Avicenna, que «inter affirmationem et negationem non est medium». Es tracta, seguint de nou Avicenna, de la primera de les afirmacions verídiques de la metafísica, a la qual s'ha de remetre qualsevol discurs d'aquesta disciplina. Els qui neguen el primer principi, com en certa manera fa l'estudiant de Cambridge, i com fa de manera més clara, com veurem més endavant, el seu model, es mereixen, segons Avicenna, un càstig duríssim.

> Sed oportet ut stolidum mittamus in ignem, quoniam tenet ignem et non ignem esse unum, et verberibus faciamus eum dolere quoniam tenet quod dolere et non dolere sunt unum, et subtrahamus ei cibum et potum, quoniam comedere et non comedere, bibere et non bibere apud eum idem est (Avicenna 1977: 62).

La *boutade* d'Avicenna és una mena de reducció a l'absurd de la manca de lògica dels *stolidi* que, com l'estudiant de Cambridge, neguen el primer principi. I, com és obvi, és també el punt de partida de la recepta del xarop de vergassades que el guardià del convent acaba administrant a l'estudiant.

La teràpia d'Avicenna va tenir una difusió prou àmplia en la literatura escolàstica. La citen, dins de les files de l'orde franciscà, autors com Duns Escot, Thomas Buckingham o Pere Tomàs, tots ells presents en l'inventari de la biblioteca d'Eiximenis que va descobrir i editar Jacques Monfrin. Però la versió que es troba en els seus tractats no segueix al peu de la lletra la traducció llatina de la *Metafísica* d'Avicenna:

> Secundo ex intencione Avicenne, primo sue *Metaphysice*, dicit quod negantes primum principium sive quecumque principia manifesta pena indigunt. Unde dicit

> quod negantes principium primum sunt vapulandi vel igni exponendi, quosque concedant quod non est idem comburi et non comburi, vapulari et non vapulari. Similiter, illi qui negant aliquid esse contingens exponendi sunt tormentis, quosque concedant quod possibile est eos non torqueri.[4]

Tant Duns Escot (1950: 415) com Thomas Buckhingam (Genest 1992: 222-223) recullen l'observació d'Avicenna en uns termes molt similars, gairebé idèntics, als de Pere Tomàs. En la transformació del consell d'Avicenna en un *exemplum*, Eiximenis sembla estar, d'entrada, més a prop de la traducció llatina de la *Metafísica*, tot i que potser a través d'algun text intermedi, ja que les referències al «cibus» i al «potus» només es troben en el text llatí de la *Metafísica.* I fins i tot les vergassades del *Segon del Crestià* són més fàcils d'explicar a partir dels *verberibus* de la traducció llatina de la *Metafísica* que no pas a través de les diverses formes del verb *vapulare* presents en les versions de Duns Escot, Thomas Buckingham o Pere Tomàs.

Salimbene i Gherardo Segarelli

Si la teràpia a còpia de vergassades ve d'Avicenna, les figures de l'estudiant i del guardià em sembla que venen d'un parell d'anècdotes de la *Cronica* de Salimbene da Parma, protagonitzades per Gherardo Segarelli i el porter del convent franciscà de Parma. En l'obra d'Eiximenis no hi ha cap referència directa a Segarelli i només una menció de la secta dels apostòlics, fundada per ell, que en el capítol 24 del *Primer del Crestià* és presentada en aquests termes: «Apostòlichs són dits aquells qui no volen possehir res proprii ne volen rehebre negú qui res haja proprii».[5] Em sembla, però, que darrere les figures de l'estudiant i del guardià de Cambridge s'amaguen G. Segarelli i el porter del convent franciscà de Parma tal com es presenten en un parell d'escenes de la *Cronica* de Salimbene. El Segarelli del cronista franciscà també és un home «fantàstic, e capitós e ab consciència cauteriada» que s'obstina a interpretar els versicles bíblics de la manera més literal, ridícula i recargolada. Segons Sa-

4. Cito segons la versió que ofereix Pere Tomàs en el seu *Comentari al primer llibre de les Sentències* (Schabel 2003: 23).

5. Cito segons l'edició en premsa del *Primer del Crestià* de Pilar Gispert, que serà editada per la Diputació i la Universitat de Girona dins la sèrie de les OFE.

limbene, Segarelli tenia, a més, una manera de formular i de respondre preguntes molt singular, que en certa manera desafiava el principi de no-contradicció. Quan, per exemple, el convidaven a dinar, o a sopar, «respondebat semper sub dubio dicens: —Aut veniam aut non veniam» (Salimbene de Adam 1998: 391); i quan les preguntes les formulava ell, parlava d'una manera semblant i si, per exemple, buscava algú, demanava «si era o no era a la casa». Una vegada que Segarelli va preguntar al porter del convent de Parma si un frare era dins del convent, el porter, burlant-se de la seva manera de parlar, li va respondre que o bé hi era o bé no hi era:

> Cum autem iste frater Ghirardinus Segalellus in domo fratrum Minorum requirebat aliquem fratrem utrum in domo esset necne, respondebat portatorius trufatorie et derisive dicendo: —Aut est in domo aut non est (Salimbene de Adam 1998: 391-392).

L'estudiant d'Eiximenis és un personatge molt proper al Segarelli de Salimbene. Quan, com mana la regla, s'ha de llevar per anar a matines, l'estudiant, fent també un ús abusiu de les regles de la lògica, com Segarelli, es demana «si ell es devia llevar a matines o no», i després d'un debat llarg i ardu acaba decidint que llevar-se per anar a matines és «fort perillós e contra sa consciència» i, per tant, no s'aixeca.

La reacció del guardià de Cambridge, després de veure com fracassen les bones paraules, s'assembla molt a la del porter de Parma, ja que usa el mateix llenguatge, o els mateixos arguments, que l'estudiant per obligar-lo a llevar-se d'hora: «tu has consciència de llevar-te a matines, e jo he consciència perquè t'ho sofir»; i li comença a aplicar una pluja cada cop més intensa de càstigs per forçar-lo, a la fi, a anar a matines. En el comportament del guardià, l'exemple del porter de Salimbene es combina, doncs, amb el record de la teràpia recomanada per Avicenna per castigar els «negantes primum principium». Per una banda, imita la manera de parlar, i d'argumentar, de Segarelli i del porter del convent; i, per l'altra, aplica el xarop de vergassades que recomana Avicenna.

Conclusió

Em sembla que l'*exemplum* de l'estudiant de Cambridge és una bella mostra de l'art narratiu d'Eiximenis, que, com que no devia trobar en els reculls d'exemples *ad usum praedicatorum* cap relat que encaixés en els capítols del *Segon del Crestià* dedicats a parlar dels falsos profetes, se'l va haver d'inventar. Ho va fer construint un *exemplum* a partir de dos textos de natura ben diferent: un passatge de la *Metafisica* d'Avicenna, potser filtrat a través d'algun altre tractat franciscà, i un parell d'anècdotes transmeses per la *Cronica* de Salimbene. Eiximenis va trobar un nexe d'unió entre dues fonts que d'entrada no semblen fàcils de fusionar. El cronista franciscà no parla enlloc dels càstigs a què caldria haver sotmès Segarelli per redreçar-lo, però enmig de les planes que dedica a la secta dels apostòlics fa una observació que s'acosta molt al consell d'Avicenna i que Eiximenis repeteix al peu de la lletra en el capítol 63 del *Segon*.

Salimbene parla d'un servent dels franciscans anomenat Robert, un jove desobedient i pocavergonya, com l'estudiant de Cambridge, que va ser seduït per Segarelli i va acabar abandonant el convent per convertir-se en un dels primers socis dels apostòlics. Quan Salimbene explica les seves malifetes, aprofita l'avinentesa per recomanar una teràpia que en bona manera coincideix amb la d'Avicenna: «Et ideo bene quidam tyrannus dixit: "Genus servorum nisi cum supplicio non emendatur"».[6] De fet, hi coincideix tant que, enmig de l'exemple del *Segon del Crestià*, just en el moment en què el guardià decideix administrar a l'estudiant el xarop de vergassades, Eiximenis cita els consells d'Avicenna i de Salimbene l'un darrere de l'altre: «Anà lo cor al guardià al dit consell d'Avicenna, ço és que testardia ab batiments s'ha a castigar; noresmenys que llegim que aquell sant hom dix: "Hoc genus seruorum non nisi cum suppliciis emendatur"».

La connexió entre el consell d'Avicenna i les dues escenes de Salimbene, el punt de partida de l'exemple de l'estudiant de Cambridge, posa en relleu la inventiva literària d'Eiximenis. En efecte, en no trobar en els reculls d'*exempla* cap relat que permetés de donar forma narrativa al que volia dir en el capítol 63 del *Segon del Crestià*, Eiximenis va haver d'inventar-se un exemple nou a partir de dues escenes brevíssimes de Salimbene i del desenvolupament narratiu del consell d'Avicenna. Josep Pla (1969: 70), gran admirador de la prosa d'Eiximenis, lamentava que no hagués estat un autor heterodox, perquè, escrivint dins de l'ortodòxia, l'interès de la seva literatura acabaria quedant reduït a l'àmbit filològic i arqueològic. Deixant de banda el fet que Eiximenis

6. Aquesta frase ve del capítol CXIV («De sancto Ypolito») de la *Legenda aurea* (Varazze 2007: 860). El tirà que la pronuncia, que, com no trigarem a veure, Eiximenis converteix en un «sant hom», és el prefecte Valerià, responsable del martiri de sant Hipòlit.

va ser de debò un escriptor heterodox, o si més no va fregar l'heterodòxia, i que, per tant, l'interès de la seva literatura va més enllà de la filologia i l'arqueologia, l'exemple de l'estudiant de Cambridge demostra que, a més d'un bon enciclopedista, era també un hàbil narrador i fins i tot un bon inventor d'històries. Em sembla que Josep Pla hi hauria estat d'acord.

Bibliografia

Avicenna (1977). *Avicenna latinus. Liber de philosophia prima sive scientia divina. I-IV*, ed. S. Van Riet, Lovaina-Leiden: E. Peeters - E. J. Brill.

Duns Scotus (1950). *Ordinatio. Liber primus. Distinctio prima et secunda*, ed. C. Balic, Ciutat del Vaticà: Vatican Polyglot Press.

Eiximenis, Francesc (1983). *Lo Crestià (selecció)*, ed. Albert G. Hauf, Barcelona: Edicions 62 (MOLC, 98).

Eiximenis, Francesc (2005). *Llibres, mestres i sermons: antologia de textos*, ed. David Guixeras & Xavier Renedo, Barcelona: Barcino (Biblioteca Barcino, 2).

Genest, Jean-François (1992). *Prédetermination et liberté créée à Oxford au* XIVe *siècle*, París: Librairie Philosophique J. Vrin.

Monfrin, Jacques (1967). «La bibliothèque de Francesc Eiximenis (1409)», *Bibliothèque d'Humanisme et Renaissance*, 29, pp. 447-487 [reimpr. dins: *Estudis sobre Francesc Eiximenis 1. Studia Bibliographica*, ed. Lola Badia & Xavier Renedo, Girona: Col·legi Universitari de Girona i Diputació de Girona, 1991, pp. 241-287].

Pla, Josep (1969). *Notes disperses. Obra completa. Volum XII*. Barcelona: Destino.

Rabelais, François (1978). *Œuvres complètes*, ed. Jacques Boulenger & Lucien Scheler, París: Gallimard (Bibliothèque de la Pléiade).

Salimbene de Adam (1998). *Cronica I a. 1168-1249*, ed. Giuseppe Scalia, Turnhout: Brepols (CCCM, 125).

Schabel, Christopher (2003). «Peter Thomae's Question on Divine Foreknowledge from his *Sentences Commentary*», *Franciscan Studies*, 61, pp. 1-35.

Varazze, Iacopo da (2007). *Legenda aurea con le miniature dal codice Ambrosiano C 240 inf.*, ed. Giovanni Paolo Maggioni, Florència: SISMEL - Edizioni del Galluzzo.

«Abdalla sarracenus». Las supercherías de Pico della Mirandola

Francisco Rico
(Real Academia Española - Accademia Nazionale dei Lincei)

En mayo de 1966, en la nada solemne lectura de mi tesis doctoral (simplemente consentida: con la Universidad de Barcelona cerrada y un retén de policía junto a la Facultad de Letras), Martín de Riquer acogió con entusiasmo la propuesta de identificación que ahora corrijo y que, en el ínterin, en 1996, revivió independientemente Pier Cesare Bori, por más que sin nuevos datos. El de Riquer era un entusiasmo discutible pero comprensible en quien nos había dado el mejor examen de conjunto del autor en cuestión y en quien probaba una irresistible simpatía por los personajes singulares, y tanto mayor cuanto más extravagantes. Me pregunto y se lo pregunto a ella si nuestro común maestro llegó a contagiarle ese sentimiento a nuestra común y admirada alumna Lola Badia.

Lo cierto es que, discurriendo sobre el *Diálogo de la dignidad del hombre*, de Hernán Pérez de Oliva, aducía yo el arranque de la más ilustre versión del tema en la edad del Renacimiento, la *Oratio de hominis dignitate* de Giovanni Pico della Mirandola, hoy impecablemente editada por Francesco Bausi:

> Legi, patres colendissimi, in Arabum monumentis, interrogatum Abdalam sarracenum quid in hac quasi mundana scena admirandum maxime spectaretur, nihil spectari homine admirabilius respondisse.

En la redacción primitiva (manuscrito Palatino), la mención del mahometano alegado reza más bien así:

> Abdallam prophetam Sarracenum, cum rogarent eius discipuli quid [...], id est hominem repondisse.

A un discreto conocedor de la literatura catalana en la Edad Media, el nombre del tal mahometano debía sonarle por fuerza al que encabeza algunos escritos de un estupendo franciscano mallorquín a caballo de los siglos XIV y XV, del sur de Europa y el norte de África, del árabe y el vulgar, y, más estrepitosamente, del cristianismo y el Islam: «frare Anselm Turmeda, en altra manera apellat Abdal·là»; y para quien como yo estaba estudiando la fortuna en España del motivo de la *dignitas hominis* (lo trataría por largo en un libro de 1970) el dictamen que le atribuye Pico no podía sino remitirle al *Diálogo del asno*.

¿Por qué establecer esas asociaciones y conjeturar que el «Abdala» bajo cuya advocación comienza la *Oratio* era ni más ni menos que Anselm Turmeda? Vayamos por partes. Que en la versión definitiva del discurso se omita la calidad de profeta que se le otorgaba en el Palatino probablemente quiere decir que el mirandulano no tenía las cosas claras... o las quería a su capricho: porque tampoco se ve otra razón para prescindir de un título que reforzaba la autoridad del moro y el énfasis retórico del párrafo inicial. A una indecisión afín podría (pero no es imprescindible) achacarse la vaguedad de la referencia a la fuente, un anodino «in Arabum monumentis».

En vano buscaremos en las tres partes de la *Tuhfa* (autobiográfica, histórica y dogmática), escrita en árabe, paralelo alguno con la sentencia que abre la *Oratio*. Pero la apelación a Abdalá sí nos incita a hacerlo en la *Disputa del asno*. Provechosamente. Con andares de fábula y al arrimo siempre de un modelo ismaelí, la *Disputa*, conservada solo en una traducción francesa de 1544, escenifica el largo y vivaz debate entre fray Anselm y «l'Asne roigneux à la queue coupée», sobre si «la plus grande noblesse et dignité» entre las criaturas que pueblan la tierra debe concederse a los animales o a los hijos de Adán. Ambos contendientes defienden la superioridad de sus congéneres con buenos y a veces pintorescos argumentos, con los que es el burro quien suele cantar victoria, aunque a la postre, en un quiebro inesperado para el lector, la causa se falla a favor de los seres humanos. De hecho, los razonamientos de Turmeda trenzan página tras página un auténtico tratado *de hominis dignitate*. Falta en la obrita una afirmación que pudiera tomarse por equivalente literal de la supuesta cita de Abdalá, pero esta se dejaría entender sin problema como una suerte de resumen epigramático de la entera *Disputa*.

¿Pensaremos que Pico la conoció en algún manuscrito que informara además de la identidad de su autor entre los sarracenos? ¿O que alguien le dio noticia del interesante contenido y del peregrino pergeñador de la *Disputa*? Un adecuado informante habría sido su mentor y traductor por excelencia, Flavio Mitridate, no en balde «siculus» y con un «Moncada» por apellido postizo: pues la *Disputa*, tan fácil de transmitir como cuentecillo oral, sin duda circuló por la Sicilia catalana y aragonesa, donde Turmeda residió algún tiempo, de donde salió para una escandalosa conversión en Túnez y para colocarse allí privilegiadamente en la aduana como Abd Allah el Truchimán, en continuo contacto con compatriotas suyos navegantes y comerciantes. Una explicación en esa línea tiene demasiados puntos flacos. Mejor pasar de la anécdota a la categoría.

El rasgo más distintivo de Pico en el panorama intelectual de la época es su aspiración a la «concordia philosophorum». A la recuperación de los clásicos grecolatinos que era la sustancia misma del humanismo, él viene a sumar el descubrimiento de las novedades y las antigüedades orientales, en especial hebreas y árabes. Se trata de abarcar el máximo horizonte posible, incorporando a pensadores de todos los tiempos, procedencias y doctrinas «pugnantes pacis sub foedera sectas ducere» —dijo alguna vez—, en la esperanza de encontrar en sus coincidencias algunas verdades ciertas, conformes a su vez, y por ello corroboradas, con las de la fe cristiana.

Para ilustrarlo con un solo ejemplo bastaría el primer párrafo de la *Oratio*. La idea central es ahí que el hombre aventaja en «noblesse et dignité» a todas las otras criaturas terrestres, noción que se dice avalada, aunque insuficientemente, por el musulmán Abdala, el pagano Trismegisto del *Asclepius* —que funde al dios egipcio Tot con el griego Hermes—, y, en fin, el David de la Vulgata.

La ambición de ganar perspectivas mayores que las usuales lo llevó a poner sobre el tapete no pocos textos semíticos desconocidos a humanistas y escolásticos, pero también lo empujó con notable frecuencia a la superchería. «Nobody except Pico ever claimed to have seen Pico's Chaldean books», subrayaba Chaim Wirszubski. Cuando le convenía un apoyo que no pudiera rebatírsele, que diera a una cuestión semblantes de pertinencia o encubriera un préstamo quizá insatisfactorio, no vacilaba en inventárselo y asignarlo a un escritor oriental de obra para él inasequible que encontrara mencionado en alguna parte, o sencillamente le ponía un nombre formado a su antojo inspirándose en modelos genuinos.

Al tropezarse con esos autores universalmente ignotos, los estudiosos han tendido a explicarlos como errores puntuales de transcripción o de lectura. Sin embargo, el común denominador de hacerlos salir todos de donde nace el sol, próximo o lejano, el decirlos espigados en fuentes imprecisas o simplemente el asimilarlos a tradiciones genéricas apuntan con firmeza que nos hallamos ante las meras sombras de unos nombres sin cuerpo.

De nuevo bastará aquí un ejemplo que nos acerca a nuestro Abdala. La sección vigesimoprimera de las celebérrimas *Conclusiones* contiene ocho de ellas *secundum Adelandum arabem* y con referencias, además, a «Tabet Chaldeus», «Abdala» y «non solum Adelandus, sed omnes Mauri», «omnes sapientes Indorum, Persarum, Aegyptiorum et Chaldeorum». De Adelando, a quien en carta a Marsilio Ficino Pico hace condiscípulo de Plotino, nada se sabe en otras partes del cielo ni la tierra, pero un docto editor, S. A. Farmer, barrunta que podría dejarse relacionar en algún modo con Adelardo de Bath, como asimismo ocurriría con el Tabet de marras.

Vale decir: de igual modo que en la *Oratio* de 1486 Pico cita a un Abdala «in Arabum monumentis», en las *Conclusiones* del mismo año trae a colación a un homónimo análogamente en serie con otros apócrifos, revuelto con todos los sabios moros, indios, persas, egipcios y caldeos. Ni uno ni otro Abdala es Anselm Turmeda ni ningún filósofo árabe que en realidad hubiera existido, sino pura fabulación del Conte della Concordia.

Oso conjeturar cómo sucedieron las cosas. El arranque de la *Oratio* en la versión primitiva era verosímilmente la espléndida afirmación del Trismegisto, «Magnum, o Asclepi, miraculum est homo», que en seguida se diría ya acorde con otras de los «Persae» y David. Pero, deseoso de situarla en un ámbito mayor y aún en más ceñida coincidencia literal con los testimonios de otras tradiciones, fantaseó el paralelo de «Abdalla Sarracenus», supuso que su sentencia era también respuesta a una interrogación, como en el diálogo del *Asclepius*, y adjudicó al moro la calidad de profeta, tal vez para emparejarlo con David. No obstante, a corto plazo, en la redacción definitiva, omitió la mención de calidad tan vistosa, porque temió que otorgársela a un autor inexistente llamara la atención sobre él e hiciera fácil denunciarlo como ficticio. Así, de paso, un Abdala sin más señas le quedó disponible para invocarlo en las *Conclusiones* junto a «Adelandus», «Tabet» y toda la quimérica letanía de «sapientes Indorum, Persarum, Aegyptiorum et Chaldeorum».

El lul·lisme entre bambolines. La relació epistolar entre Mateu Obrador i Maria Antònia Salvà

Maribel Ripoll Perelló
(Universitat de les Illes Balears)

L'any 1996 Lluïsa Julià i Capdevila, investigadora de referència de l'obra de Maria Antònia Salvà i Ripoll (Palma, 1869 - Llucmajor, 1958) donava a conèixer la relació epistolar mantinguda entre la poetessa mallorquina i el lul·lista Mateu Obrador i Bennàssar (Felanitx, 1852 - Palma, 1909) entre els anys 1903 i 1909. En aquella ocasió, Julià apuntava la rellevància de l'epistolari, especialment ric pel fet de ser complet, en el sentit de conservar-se'n totes les cartes, tant d'Obrador com de Salvà.[1]

Més de vint anys després d'aquell treball, l'epistolari roman, encara, inèdit.[2] Per afegitó, aquesta documentació ha passat del tot desapercebuda en l'àmbit lul·lista, cosa fins a un cert punt sorprenent si es té en compte que, cronològicament, se situa durant els anys que Mateu Obrador va dedicar intensament a la investigació sobre Ramon Llull i a l'edició de l'obra lul·liana. Amb un cop d'ull a l'epistolari es confirma la hipòtesi que, en les cartes que s'intercanvien els dos autors, les informacions de temàtica lul·liana hi són habituals i permeten completar altres referències ja sabudes o intuir-ne de noves.

Amb aquest treball d'aproximació, que presentam com una nota prèvia a l'edició de l'epistolari, que actualment es troba en fase de transcripció, d'una banda volem posar en relleu les dades més destacades en matèria lul·liana que

1. Prèviament, el 1995, el cronista Bartomeu Font i Obrador (Llucmajor 1932-2005) pronunciava la conferència «Maria Antònia Salvà i Mateu Obrador. Testimoni vivencial (1903-1908)». Publicada per l'Ajuntament de Llucmajor, s'hi dibuixava la relació entre la poetessa i l'editor, d'acord amb el conjunt de cartes d'ambdós que se'n conservaven.

2. Devem a Margalida Tomàs la informació que algunes d'aquestes cartes foren publicades parcialment per Miquel Cardell a la revista local *Llucmajor de Pinte en Ample*, publicació que no hem pogut consultar.

s'hi detecten i, de l'altra, volem fer evident el paper que va tenir Mateu Obrador en la difusió de l'obra de l'Il·luminat entre els intel·lectuals i escriptors del cercle de l'escola mallorquina. Sense voluntat de ser exhaustius, el que el lector trobarà a continuació és una breu descripció de l'epistolari i del context en què es produeix; seguidament, s'indiquen els aspectes lul·lians més rellevants que s'hi tracten i se'n transcriuen algunes mostres significatives.

La correspondència epistolar manuscrita entre Mateu Obrador i Maria Antònia Salvà, procedent de l'arxiu particular de la família Salvà de la Llapassa, és custodiada actualment a la Biblioteca Lluís Alemany de Palma, en dues carpetes identificades amb la signatura E-MAS-C-5 (carpetes 31-223 i 32-223). S'hi inclouen, també, dues cartes de l'amiga i poetessa Emília Sureda (adreçades a Obrador) i una altra carta de mossèn Costa i Llobera (adreçada a Salvà). El material epistolar és divers: és constituït per cartes extenses (que inclouen poemes propis o altres documents: un cartell de la Societat Arqueològica Lul·liana, algun retall de premsa o còpies manuscrites d'algun article), targetes postals i targetes de visita. En força ocasions, especialment en la part d'Obrador, el paper i el sobre són enquadrats en una banda negra, en senyal de dol. Tots els documents han estat numerats posteriorment: es conserven vuitanta-nou testimonis d'Obrador i vuitanta-tres de Salvà. En general, el material epistolar és datat, tot i que s'hi detecten excepcions: en aquests casos, es pot recuperar la data gràcies a l'encuny del sobre. En algun cas puntual, aquesta recuperació és directament impossible, atès que el segell ha estat retallat. Aquestes cartes no datades s'han col·locat després de les datades.

La missiva més antiga que es conserva és de Maria Antònia Salvà i és datada del dia 28 de maig de 1902: és un escrit molt formal i impersonal, en el qual Salvà demana a Obrador que li revisi un text que ha elaborat per encàrrec de Bernat Batlle, destinat a un llibre escolar. Potser Obrador la hi va respondre, però la carta no s'ha conservat. La següent, que significaria el principi estricte de la relació epistolar, és d'Obrador i és datada el dia 7 d'abril de 1903. A partir d'aquest moment i fins a la mort de l'editor, l'intercanvi de notes, cartes i targetes de visita serà freqüent i habitual, i s'estendrà fins al mes de la mort d'Obrador, el maig de 1909: al revers del sobre 83, Salvà hi escrigué un tràgic «Mateu Obrador. Dia 29 de Maig de 1909. Morí el mateix dia 29 a les 12 menos 5 minuts del vespre. Al cel sia».

Situem-nos, per tant, en l'any 1903: Maria Antònia Salvà té trenta-quatre anys i és fadrina. Durant els sis anys que comprenen l'epistolari, viu amb la família (amb els germans, Francesc i Antoni; el primer, pintor, va il·lustrar alguns episodis biogràfics de l'Il·luminat i també era amic d'Obrador) entre Palma (on fa llargues estades) i Llucmajor (tant a la possessió de la Llapassa com a la casa que tenen a la vila). Són els anys d'inici de la producció poètica, de coneixença dels literats del moment (és rellevant la relació amb Josep Carner) i de l'inici de la traducció de *Mireio*, de Frederic Mistral. Mateu Obrador té cinquanta-un anys i viu la darrera gran etapa biogràfica, l'inici de la qual Damià Pons (2010: 31) situa al 1900. Després del període convuls al servei de l'arxiduc Lluís Salvador d'Àustria, Obrador assoleix una relativa estabilitat professional i econòmica en ser nomenat arxiver de la Diputació. Són els anys dedicats íntegrament a l'edició de les obres de Llull, a la Comissió Editora Lul·liana i a la redacció de diversos estudis de temàtica lul·liana, com ara l'*Estudi de les doctrines sociològiques de Ramon Llull*, citats en diferents moments de l'epistolari.

L'intercanvi epistolar sorgeix en aquest context i es pot considerar com un complement de les visites freqüents (diàries, en segones quines temporades) que es feien ambdós amics quan coincidien a la capital mallorquina. Les lletres intercanviades, en general, serveixen per tancar temes que s'han encetat durant les converses de capvespre, tan habituals que ben aviat són anomenades amb l'expressió familiar «cassoletes literàries» o, senzillament, amb la perífrasi «fer cassoleta». Sovint hi participen altres contertulians, com Emília Sureda (amiga íntima dels dos, la mort sobtada de la qual, el novembre de 1904, els trasbalsà profundament), mossèn Costa i Llobera (amb qui també s'establí una amistat estreta entre els tres) o Joan Alcover. En aquestes tertúlies casolanes, profitoses literàriament, l'obra lul·liana devia ser tema de conversa habitual i es pot aventurar que se n'hi llegien alguns fragments, segons les informacions que forneixen les missives, algunes de les quals eren acompanyades d'exemplars que l'editor deixava en préstec o que regalava a la poetessa. Ho il·lustra l'exemple següent:[3]

3. Per a la transcripció dels fragments, en regularitzam l'ortografia seguint la normativa actual. No intervenim, en canvi, en qüestions morfològiques o lèxiques. Val a dir que en l'edició en què treballam de les cartes serà necessari fer una anàlisi profunda sobre els aspectes lexicogràfics, molt especialment en el cas d'Obrador. Quant a la numeració de les cartes, seguim la que figura al fons. Les sigles Ob. i Sal. són nostres: la primera és per a les cartes d'Obrador i Sal., per a les de Salvà.

> Aquí té, amiga Maria antònia, es *Félix* que vostè desitjava llegir. Confii que li agradarà i que aviat li haurà pres es gust. El pot tenir es temps que vulga. El dia que mos tornem aplegar com anit passada, les daré a conèixer a vostè i na Emilia una escriptora catalana notabilíssima, de qui les volia ja parlar ahí, però no hi hagué lloc, amb tantes coses com vàrem retreure (Ob. 82, targeta no datada).[4]

Es conserva la targeta amb què Salvà acompanyà el retorn del volum del *Fèlix* al seu propietari, targeta significativa per l'interès que manifesta tant per l'obra lul·liana com per la tasca d'Obrador. Altrament, posa en relleu la preocupació de Salvà pel desconeixement que sobre Llull té la societat illenca, preocupació que es repeteix en una carta d'un mes després. És significatiu que Salvà es dirigeixi al seu receptor com a «bell amic» i hi faci servir alguna altra expressió de clara reminiscència lul·liana, que ella mateixa subratlla. Així mateix, cal observar que s'autoqualifica de «lul·lista» i reconeix el mestratge que ha exercit Obrador, qui l'ha instruïda en l'obra de Mestre Ramon:

> <u>Bell amic</u>:[5] aquí li torn aqueixes dues joies literàries tota agraïda de que les m'haja fetes conèixer. <u>Gran meravella me do</u> de l'autor del Fèlix com una tan alta gloria mallorquina sia així desconeguda pels mateixos compatricis. Quines estones tan bones he passades llegint aquest llibre! Ja en parlarem si Déu ho vol.
>
> No he olvidat l'oferiment que em va fer d'ensenyar-me qualque dia la seva conferencia de l'Ateneu de Barcelona. Fins demà vespre idò (targeta de visita, 4 de juny de 1904).[6]

> També començ a tornar <u>lul·lista</u> d'ençà que vostè m'ha ensenyat qualque cosa del gran Mestre mallorquí; i no hi puc consentir que sia tan desconegut entre noltros. An es convent de Llucmajor té capella pròpia; diumenge dia 3 d'aquest mes hi vaig anar de bon matí, i, res; ningú hauria dit que fos es dia de sa festa: no tenia ni un trosset de candela ni gota d'oli a sa llàntia. <u>El vaig plànyer</u> i, Deu m'ho tenga en

4. Pel context, podem pensar que és una nota escrita abans del dia 5 de novembre de 1904, pel fet que Obrador es refereix a Emília Sureda, el traspàs de la qual va produir-se la matinada del 4 al 5 de novembre d'aquell any.

5. Mantenim els subratllats originals.

6. Salvà seguia de tan prim compte els treballs d'Obrador que en la carta 22, del 27 d'agost de 1904, li suggeria que fes un recull de tots els seus treballs en un volum complet: «¡Quin dia serà aquell que veurem aplegada al manco, aquesta escampadissa de ses seues obres originals, que ara mos obliga a caçar-les al vol, a tots els qui sentim de bon de veres la nostra Roqueta!».

retret, li vaig enviar dos ciris: més tard vaig veure que també sa llàntia estava esplèndidament encesa. Cal que qualcú comenci... (Sal. 19, 9 de juliol de 1904).

Entre els mesos de juny i novembre de 1904 Obrador recomanava dues obres de Llull («dos llibrets») a la poetessa, la informava sobre l'estat de l'edició del *Llibre d'Amic e Amat* que preparava i li'n feia avinent un exemplar, quan l'edició era enllestida:

> Content n'estic de que li hagen agradat tant com me diu, i l'hagen encantada aquests dos llibrets de R. Lull i d'en Bernat Metge, que li vaig deixar. N'estava ben segur (jo qui literàriament ja li començ a conèixer es gust y ses preferències) de que los trobaria just sucre, y n'assaboriria —com un infant llépol y golós assaboreix un bobò— es delitós i expressiu llenguatge i estil d'un i altre. En tenir-ne avinentesa, ja n'hi deixaré llegir d'altres, tan gustosos o més que aquests; i no dubti que això és s'aliment millor y més nutritiu, juntament ab sa rèl pagesa que vostè ja té, per crear-se un parlar y estil ben castís, sense regust de forasterisme.
>
> Sa impressió de l'Amich e Amat fa via, lo mateix que sa d'aquella conferencia que va llegir, y esper poder-n'hi oferir aviat un exemplar per obsequi i recordança (Ob. 9, 29 de juny de 1904).

> La candela de l'Amic e amat ja crema des verd: estam imprimint es darrers fulls, i esper poder-n'hi oferir un exemplar d'aquí a un parell de setmanes (devers sa seva festa de 21 del corrent); confii que li agradarà aquesta joia mística lul·liana (Ob. 11, 3 d'octubre de 1904).

> Enllestit ja és es tomet del «Amich e Amat», n'hi envii pes correu d'avui un exemplar complet, es primer que és sortit de s'impremta; perquè en tenir lleguda i sa calma que desitja, el puga fullejar. Confii que aqueixa lectura li farà bé i la enllepolirà, tant com li anirà prenguent es gust a nel nostro vell y saborós llenguatge. —No és aquest exemplar es que li destín definitivament; sinó que ley envii a bon conte. Guardi es fulls a lloure que li vaig donar, i los completarem amb sos que hi manquen. Mentres tant, tenga aqueix; i si vol, l'oferesca a nes seu germà,[7] de part meua, com a petit obsequi d'amistat afectuosa (Ob. 14, 18 de novembre de 1904).

7. Es refereix al germà, Francesc Salvà.

La lectura i el comentari del *Llibre d'Amic e Amat*, així com la crítica de l'edició d'Obrador, van ser motiu freqüent d'intercanvi epistolar. El mes d'octubre, com a resposta a la lletra d'Obrador del dia 3, Salvà li responia que «estic molt contenta de la nova que em dona d'estar ja a punt de sortir el *Llibre d'amich e amat*. Ja l'esper ab bona devoció ara que m'he avesada un poch a llegí obres lul·lianes. També tench ganes ferm d'assaborí el prolech que vostè li ha posat» (Sal. 23, 17 d'octubre de 1904). Un mes següent, al novembre, la jove poetessa manifestava a Obrador que se sentia corpresa per la lectura de l'obreta lul·liana i li transmetia la voluntat de parlar-li'n extensament:

> Crec que el mes qui ve, no sé be quan, arribarem a ciutat. Llavors ja l'hauré llegit tot si Déu ho vol, a l'Amich e Amat i podré parlar-hi llargament. Ja des dels primers fulls me va cor-prendre, fent-me sentir una fonda emoció. Per mi és una vera joia, aqueix llibret, entresenyat de vermells e de novells vestiments. I la edició del Blanquerna no s'ha de fer per ara? He simpatisat molt amb aquest personatge i tenc ganes de sebre més coses d'ell (Sal. 27, 25 de novembre de 1904).

A finals d'any, Salvà comunicava a Obrador que havia llegit *Amic e Amat* dues vegades i li'n destacava els versos que més l'havien «elevada»:

> Deixem ara això, i sàpia que ja he llegit dues vegades l'Amich y l'Amat de cap a cap, i encara no serà sa darrera, si Déu ho vol. ¡Sap que m'agrada de molt! Quins bellíssims conceptes y quin llenguatge tan corprenedor! «Digues foll: Què és solitut? Respòs: solaç e companyia d'Amich e Amat... Amor es mar tribulada de ondes e de vents que no ha port ni ribatge. Pereix l'Amich en la mar, etc. Sembrava l'Amat diverses semences en lo cor de son Amich d'on naixia e fullava e floria e granava un fruyt tan solament... Amor es aquella cosa que los francs met en servitut e als servs dona llibertat... Demanaren-li si son Amat era en lo mon. Respos: Hoc, com lo scriptor en lo libre... etc... etc...». N'estic elevada (Sal. 29, 28 de desembre de 1904).

La resposta que Obrador li tornava demostra la confiança que es manifestaven mútuament. Progressivament, la relació prenia un to més familiar i desimbolt i, sobretot, posava en relleu el mestratge que l'editor exercia en la poetessa llucmajorera:

> Prou que la vaig rebre i ensaborir a glops a n'aquella carta seua —amb suplement i tot— en què parlant-me una vegada més de lo «elevada» que la tenia el llibret

> del Amich, el m'espipellava tan finament i discreta, com habilidosa jardinera qui per fer gentil ramell tria i cull les flors més de cap-de-brot (26-28-73-76-97-171) i les me feia obrar treballades de sa pròpia mà, com aquell qui diu: —¿La sents, amic, la sents bé, a-n aqueixa olor tan fina?... I en tal grau la vaig aspirar que me'n prengué com a n'el Mestre, que en aquella hora me semblà que, com ell, «me sentia fora exit de manera per gran fervor... d'amistat (pag. 20) i m'acudiren al pensament i a la ploma aquells versicles que li vaig enviar per resposta, y que me digué "que la havien feta riure de bon de veres" y que per respondre-hi trobava que hi havia de dormir». —Jo esperant pensava: —vejam quina gentil resposta li acudirà en haver-hi dormit!... I sa resposta va esser, a excuses de teuladera, volant des de la parra al llenyer, que «era per demés esperar-ne resposta i que li tocava un bon callar». ¡Valga'm Déu, quina dormida més pererosa! —«Vestia's l'amich mantell de conformitat e gonella de paciència»... ja que no hi ha més remei. Per lo demés, comprenc bé la seua peresa de versicoletjar, y no m'estranya gens ni mica. Tenguem confiança. Tal volta més endavant... (Ob. 20, 8 de febrer de 1905).

La recepció de l'edició va ser ben comentada pels dos amics. A la tornada d'una eixida breu a Barcelona que l'editor va dur a terme a principis de 1905, relatava a Salvà:

> Duc feina senyada, per molt de temps. No sé com n'hauré de sortir ni treure'n trella, de tanta com me'n han demanada i comanada. Es llibre de l'Amich los ha entrat per s'ull dret, a·n'es parèixer; los ha enllepolits, i ara tot son editors que en demanen d'altres i en voldrien publicar, de mestre Ramon, que los du abruixats, tant com més el lligen i el coneixen (Ob.21, 22 de febrer de 1905).

En aquest context, Obrador feia avinent a Salvà les ressenyes que rebia de les seves edicions:

> Ja que'm digué que li havia agradat veure algunes crítiques y ressenyes de sa nostra edició lul·liana publicades a fora Mallorca i que li vaig enviar aquí en té unes quantes més, per si li vé lleguda i voluntat de passar qualque estona desenfeinada, durant aquest parell de dies de festa i punt (Ob. 53, 1907).

> Aquí li envii, a bon conte (?) qualque cosa de lo que ahi li vaig dir que li faria veure, sobre es modo com la crítica mos tracta sa edició luliana (Ob. 51, 7 de gener de 1908).

Crech que per ara no mos podem quexá, y que hi som entrats amb bon peu. Ja n'hi faré veure més. Memories. Son a. a. y amich afm. (Ob. 51, 7 de gener de 1908).

Un altre tema destacat al llarg de l'intercanvi epistolar va ser el procés d'elaboració de la *Vida de Ramon Lull*, treball que Obrador enllestia a finals de 1904 i que va ser guardonat per la Societat Arqueològica Lul·liana el gener de 1905. El primer text citat posa de manifest la capacitat de treball d'Obrador, que hagué d'enllestir el treball el mateix dia que acabava el termini per lliurar-lo. El segon exemplifica la confidencialitat i la confiança ja al·ludida entre els dos autors:

M'he despedit de vostè, avui, més prest de lo que hauria desitjat, i he tallat en redó, perquè tenc en es telers i he d'acabar anit sens falta sa ditxosa vida luliana que envii a n'es concurs de s'Arqueològica (es termini acaba avui) i hauré d'acabar tardet, per càstig d'haver-ho deixat massa per ser darreretes. Serà mester fer vetlada llarga. Com vostè es colgarà —(per tant que se colg)— jo encara en tendré per bona estona, de vetlar; i si em descuit un poc o boietx perilla que m'hi trenc s'alba (Ob. 18, 31 de desembre de 1904).

Res de nou. Ah! Sí: escolt una cosa que li he de dir, petit-petit, a s'orella, i la m'ha de tenir guardada, fins diumenge qui ve, que es farà pública: —En es concurs de s'Arqueològica m'han premiat sa Vida de R. Lull, que hi vaig presentar. Diumenge, a sa festa lul·liana de la Sapiència, se farà públic s'acord, i hi llegiré es Prefaci. ¡Que m'agradaria tenir-la a vostè just su-devora! Per sa festa lul·liana de juliol ha de romandre llesta i estampada. Salut tenguem, tranquil·litat i lleguda (Ob. 29, 22 de gener de 1905).

El 1905 les tasques s'acumulaven: Obrador confessava a Salvà que se sentia aclaparat per totes les feines que havia d'enllestir, per la qual cosa treballar en diumenge no era gens estrany. Per referir-se a l'empresa lul·liana, introduïren al lèxic habitual el verb «lulietjar»:

Fa més de quinze dies que estic sense lulietjar! i no sé lo que em passa i amb això ja està dit tot, I em servirà de disculpa. [...] En Rubió, estimadíssim amic meu, que m'escriu de Barcelona que està malalt i retut, d'excés de treball, i es metges li aconsellen que se'n venga a Mallorca una temporada, a cercar la quietud i repòs que ha de mester, i se'n vendrà un dia d'aquests (tal volta demà) amb la seva senyora, i l'hauran d'atendre y agombolar... i es llibre que estic acabant... i ses

> «doctrines sociològiques lul·lianes»... i es tomet de n'Emilia...[8] i mil altres urgents quefers!! li dic que no sé què em fas, ni per on m'he de girar... ni com treure'n aguller de tanta i tanta mescladissa i entrunyellament de feines (Ob. 25, 13 de maig de 1905).

> Vet-aquí que jo m'estava avui, en bon diumenge dematí, tralladant tira-tira tranquillament un capítol de Mestre Ramon (el 109 del gran Libre de Contemplació, «Com hom se pren guarda de so que fan les aus») —quant m'arriba sa carteta, que es veure no més sa lletra (cada dia més dreta i redonenca) ja m'alegra (Ob. 35, 12 de novembre de 1905).

Arran de la labor editora, un altre tema interessant de l'epistolari és el que es refereix als viatges i a les visites que feu a les biblioteques de Munic i Milà durant l'any 1908. A banda de les informacions relatives al viatge en si i al *modus vivendi* en les ciutats europees, que ara no relatarem, l'excitació d'Obrador era palesa en la carta que trametia a l'amiga Salvà, des de Munic estant, el mes de juliol d'aquell any, de la qual transcrivim només el segon paràgraf, per mor de la llarga extensió de tota la carta:

> De l'endemà d'arribat, puc dir que som dins aquesta Biblioteca Real, esplèndida, riquíssima, inagotable, i que conté una maina preciosa de textos lul·lians primitius. ¡Oh, quin Blanquerna més castís i pur i saborós, tal com brollà de sa ploma de Mtre. Ramon! No me'n assacii de fulletjar-lo, i a l'hora d'ara pens en so gust que passarà qualcú (o qualcuna) en poder-lo veure estampat i fer-ne plaent i reposada lectura. És una vertadera gateria, un insaciable panxó de textos lul·lians, es que jo em prenc des que som aquí: un bo i s'altre millor, i tots a disposició meua, que no he de fer més que allargar sa mà, aquest vull, aquest no vull... M'hi pas tota la diada, des de les 8 des dematí fins a les 6 d'horabaixa, just interrompent una estona per anar a dinar i beure un glop de cafè. Fas feina a rompre, com un escarader. I així i tot, no sé com n'he de sortir d'aquesta llarga escarada. Déu ajudarà i es precs des qui em volen bé, m'obtendran una puntual i venturosa tornada. Tan venturosa com fou s'eixida que jo no podia esser millor ni més agradable (Ob. 62, 9 de juliol de 1908).

8. Es refereix al recull de poemes en homenatge pòstum a l'escriptora, la iniciativa del qual prengué Obrador.

Conclusions

L'anàlisi de l'epistolari entre Maria Antònia Salvà i Mateu Obrador des d'una perspectiva lul·lista posa en evidència la influència i el mestratge que Obrador va exercir en la poetessa, a qui va fer coneixedora de l'obra de Ramon Llull i dels clàssics catalans medievals. L'intercanvi intel·lectual sobre la figura i l'obra de l'Il·luminat és una constant durant els sis anys d'amistat dels dos autors (1903-1908), amistat estreta que coincideix amb els anys que l'arxiver i editor dedica intensament a Ramon Llull. El seguiment d'aquesta tasca editora i de la feina consegüent, la lectura i el comentari d'obres lul·lianes i la recepció dels estudis sobre Llull, esdevingueren la tònica habitual de les familiars «cassoletes literàries» i de les cartes que se'n deriven. Tot i que no s'ha comentat, per la limitació de l'espai i del tema, també s'hi adverteixen consideracions rellevants sobre la llengua i sobre la situació política de Catalunya. Igualment rellevants són les referències sobre alguns autors i intel·lectuals del moment, com ara Josep Carner, mossèn Costa i Llobera o Jeroni Rosselló, entre d'altres. En el nivell més personal, les cartes són testimoni de la confiança, el respecte i l'admiració intel·lectual que es manifestaven, així com de l'afecte especial que Obrador sentia per Salvà.

En definitiva, l'edició i la publicació d'aquest complex epistolari esdevenen una feina necessària per perfilar el coneixement biogràfic sobre els dos autors i, en conseqüència, sobre el coneixement de la seva ingent labor literària.

Bibliografia

Font i Obrador, Bartomeu (1995). *Maria Antònia Salvà i Mateu Obrador: Testimoni vivencial (1903-1908)*, pròleg de Sebastià Cardell, Llucmajor: Edicions de l'Ajuntament de Llucmajor (Papers de l'Allapassa, 8).

Julià i Capdevila, Lluïsa (1996). «Tast d'un ric epistolari: vint cartes entre Maria-Antònia Salvà i Mateu Obrador», *Randa*, 39, pp. 29-60.

Pons, Damià (2010). «Mateu Obrador: una vida incerta, una obra frustrada», dins *Trajectes literaris: de Mateu Obrador a Baltasar Porcel*, Palma: Lleonard Muntaner, (Temps Obert, 19).

Articles de Martí de Riquer a Revista *(1952-1955). Llibres i autors catalans*

Isabel de Riquer Permanyer
(rablb-ub-ircvm)

La col·laboració de Martí de Riquer (Barcelona, 1914-2013) en revistes periòdiques va començar l'any 1931 i, abans de la Guerra Civil, ja havia redactat més de dos-cents articles de temes literaris en publicacions barcelonines com *Iuventus*, *Revista de Catalunya*, *Mirador*, *Estudis Universitaris Catalans*, *La Veu de Catalunya*, *La Publicitat*, *La Revista*, etc. Com assenyalen Badia, Cabré & Coll-Vinent (2014: 71-136), des de molt jove «Martí de Riquer ho llegia tot —*tot* vol dir tant els estudis com les obres originals editades o no, i "tot, tota mena de lectures extraordinàries", en paraules de Salvador Espriu».

L'aparició del treball suara citat, modèlic per l'exhaustiva recerca i anàlisi dels articles riquerians, m'ha empès a dedicar a Lola Badia la llista de les col·laboracions i els comentaris crítics que redactà Martí de Riquer a *Revista. Semanario de Información, Artes y Letras*, entre els anys 1952 i 1955.[1]

Revista va ser fundada a Barcelona el 17 d'abril de 1952 per l'industrial català Alberto Puig Palau, assessorat per l'escriptor Dionisio Ridruejo (Ridruejo 1976: 298-299; Santamaría 1989: 95; Fabre & Febrés 2007: 106-142). Aquesta etapa inicial fou la de major coherència i qualitat. Al número 142 (30.12.1954 - 05.01.1955: 1), *Revista* «Inicia en el próximo número una nueva etapa, nuevo formato, aumento de páginas y más secciones al mismo precio». El setma-

1. Només en els dos primers números va aparèixer el subtítol: *Semanario de Actualidades, Artes y Letras*; del tercer en endavant va ser *Semanario de Información, Artes y Letras*. La redacció i l'administració eren al llavors espectacular i modern gratacels del número 16, pis 13, del carrer de Jonqueres. El preu era de quatre pessetes, que augmentà a cinc a partir del núm. 53. De la impressió, se n'encarregà S. A. Horta. Quant al que cobraven els redactors, només he trobat una al·lusió de Camilo José Cela quan va decidir donar l'exclusiva dels seus articles a *Destino*: «En la revista de Puig [Palau] calculo —no lo sé con exactitud— que me daría por articulo de 350 a 400 ptas. Supongamos que 350» (Sotelo 2018: 15). Ignoro si es pagava el mateix per les ressenyes.

nari, dirigit ara per Manuel Riera Clavillé, va continuar fins al número 409 (13.02.1960) sense perdre del tot la seva personalitat.[2]

Escrivien a *Revista* grans figures de l'alta cultura espanyola, amb participació important de professors universitaris, escriptors i artistes rellevants espanyols i estrangers («Lista de colaboradores», *Revista*, núm. 53: 6; Gatell & Soler 2008: 194-196).[3] Puig Palau va aconseguir que Jean Cocteau col·laborés amb un poema, *L'hommage à Góngora*, i set dibuixos seus exclusius al número 66 (juliol de 1953).

Com succeí amb el setmanari rival *Destino*, *Revista* fou una altra seqüela del model que *Mirador* havia establert en la vida cultural catalana dels anys trenta.[4]

> *Revista* nació y se hizo desde Barcelona y a pesar de que el grupo intelectual que, hasta 1954 estaba detrás de ella, era mayoritariamente de origen no-catalán, el semanario dedicó especial atención a los temas catalanes, social y literariamente hablando (Parellada 1984: 181).[5]

2. «Hasta febrero de 1960 se llamó simplemente, *Revista*, a continuación apareció como *Revista Gran Vía*, y de septiembre de 1962 a diciembre de 1971 como *Revista Europa*. [...] En 1967, Fraga Iribarne autorizó unas páginas de artículos en catalán» (Fabre & Febrés 2007: 107 i 138).

3. La col·lecció completa de *Revista* en paper només es troba a la Biblioteca del Col·legi d'Arquitectes de Barcelona, COAC, que la va comprar el 2012 a un llibreter de Barcelona. No és estrany que els arquitectes la volguessin tenir, ja que les col·laboracions dels artistes i crítics més avantguardistes dels anys cinquanta, com Dalí, Tharrats, J. Guinovart, C. Rodríguez Aguilera, E. Sordo, J. E. Cirlot, R. Llates, M. Masriera, A. Cirici Pellicer, R. Gullón, J. Benet Aurell, L. F. Vivanco, etc., tenen avui dia un interès enorme. El contingut era variadíssim i atractiu per a tota mena de lectors: política internacional, música, esports, espiritualitat, crítica de llibres recents, entrevistes, comentaris d'exposicions, cinema, teatre, mots encreuats, grafologia, acudits, anuncis, preguntes als experts, moltes il·lustracions, etc., i les magnífiques fotografies de Català Roca. S'hi utilitzaven pocs pseudònims (Vigía, Cerverí de Girona, Merlín, Audiens, CRAM; algun article amb les inicials o sense firma). La *M* que firma la breu ressenya del llibre de Rafael Tasis *La vida del rei en Pere III* (1954) podria ser de Martí de Riquer, pel tema i l'estil.

4. Molts dels col·laboradors de *Revista* també escrivien a *Destino*. «La coexistencia en los quioscos de dos semanarios de planteamiento tan similar como *Destino* y *Revista* resultaba absurda en términos del limitado mercado del momento y solo se justificaba por el esfuerzo económico mantenido por Puig Palau al margen de la viabilidad comercial» (Fabre & Febrés 2007: 135).

5. *Revista* donà suport als «Congresos de Poesía» de Segovia el 1952, de Salamanca el 1953 i de Santiago de Compostel·la el 1954, en els quals van tenir un paper fonamental, per part catalana, Carles Riba i Jordi Rubió (que col·laborà a *Revista* amb cinc o sis articles).

La capçalera de *Revista* va anar canviant. Des del primer número i durant tot l'any 1952 hi apareixia només la paraula *Revista* amb grafisme en blanc i negre creat per Salvador Dalí, amic de Puig Palau; a partir de 1953 es representà en color blanc sobre un fons vermell i, sobreposat, el nom *Revista* amb tipografia romana.[6] A partir del número 143 (any 1955) la capçalera va canviar del tot.

> [A *Revista*, Martí de Riquer] dio cuenta puntual de las novedades bibliográficas del ramo y muy particularmente de las filológicas [...], de este modo la sección universitaria [...] se convirtió en uno de los bastiones de la herencia universitaria de Menéndez Pidal y su Centro de Estudios Históricos (Mainer 2005: 418).

Com va analitzar Joaquim Parellada, els textos de Riquer, de to divulgatiu i extraordinària capacitat de síntesi, es poden dividir en tres seccions: ressenyes bibliogràfiques (la gran majoria), articles de temes variats i «retrats» o semblances, sovint necrològiques (1984: 200-205). Entre articles i ressenyes, Riquer va escriure en noranta números (vint-i-u l'any 1952, quaranta-set el 1953, vint-i-u el 1954 i només un el 1955). En total, unes cent divuit ressenyes (a vegades tres ressenyes a la mateixa secció), quatre necrològiques i deu articles de temes diversos. L'article «El *Saint Valentine's Day*» (núm. 149), el darrer de tots, podria haver estat provocat per la publicació al número 148 d'un extracte del llibre il·lustrat de J. J. Tharrats *Christmas y felicitaciones* (Barcelona: P.E.N., 1952), intitulat «San Valentín y las "Valentines"».

En aquells anys Martí de Riquer era catedràtic de la Universitat de Barcelona a la Facultat de Filosofia i Lletres, i les seves recerques filològiques, en un progrés constant i sòlid, convivien amb articles i ressenyes redactats en setmanaris i diaris.[7]

6. Dalí va escriure al núm. 1 l'article «Uno de los mil y un secretos de la Madona de Port Lligat: la justicia», il·lustrat per ell mateix amb un dibuix que representa unes balances sota les quals es pot llegir «valanzas [sic] de la justicia de Dalí / 1953 / Gala / Dalí». En el primer aniversari del setmanari va redactar «Carta a Alberto Puig» (núm. 53, 16 abril 1953). Va ser entrevistat per M. del Arco (núm. 111, maig-juny de 1954).

7. En els anys de *Revista* Riquer va signar més d'un centenar de publicacions, entre llibres, articles i ressenyes en revistes científiques de la seva especialitat, de temes variadíssims i de tots els gèneres i llengües de la literatura romànica medieval i del segle d'or castellà (Vela 1991: 733-764; I. de Riquer en curs de preparació).

A causa de la lògica limitació d'espai en aquest homenatge, he fet una tria dels articles de Riquer a *Revista*. Per bé que s'hi consignen totes les seves collaboracions, comento només les ressenyes dels llibres escrits en català, dels escrits en castellà per autors catalans i dels publicats per professors de la Universitat de Barcelona, així com qualsevol altre tema relacionat amb la cultura i la societat catalana. Dels altres llibres ressenyats de temes no catalans, només en dono la referència bibliogràfica.

Revista no s'editava amb gaire cura o no tenia bons correctors, ortotipogràficament parlant, i les seccions canviaven arbitràriament. En els textos escrits per Martí de Riquer hem trobat sovint errades que fan incomprensible el sentit de la frase, algunes de les quals degueren sobtar, indignar o fer riure un escriptor tan rigorós com Riquer: «ritmo de Navarra» en lloc de «reino de Navarra» (núm. 38), «Espada-Calpe» en lloc de «Espasa-Calpe» (núm. 27), «Jaime Naiman» en lloc de «Jaim Najman» (núm. 71), «1935» en lloc de «1953» (núm. 66), etc.; la puntuació i els accents molt sovint no segueixen cap criteri.[8] He regularitzat la nota bibliogràfica de cada ressenya, tot respectant una característica riqueriana com és la de consignar freqüentment el preu del llibre. Pel que fa al comentari de cada article de Riquer, només dono notícia d'allò que ell va escriure, ho resumeixo molt breument en català, i deixo en castellà les frases que es faria estrany de traduir i que són l'essència del seu estil de fer crítica i de la manera d'exposar-la.

Abreviatures bibliogràfiques

ACA	Arxiu de la Corona d'Aragó
AHCE	Asociación para la Historia de la Ciencia Española
BALH	Biblioteca de Antiguos Libros Hispánicos
BBC	Biblioteca Bibliográfica Catalana

8. En una carta del 23 de febrer de 1953 Riquer, que ha rebut des dels Estats Units el llibre de María Rosa Lida de Malkiel *La idea de la fama en la Edad Media castellana*, Mèxic D.F., 1952, escriu a l'autora uns dies més tard: «Me permití publicar una nota sobre su libro en un semanario de Barcelona [*Revista*, núm. 45]. Le envío la nota llena de errores de imprenta y de acentos mal colocados». I. de Riquer, «Epistolario de Martín de Riquer con María Rosa Lida de Malkiel y con Yakov Malkiel (1951-1959)», *BILRAE*, 13, 2019, p. 108-172, <http://revistas.rae.es/bilrae>.

BFB	Biblioteca Folklórica Barcino
BPC	Biblioteca Panoramas de Cultura
BRABLB	*Boletín de la Real Academia de Buenas Letras de Barcelona*
BRH	Biblioteca Románica Hispánica
BS	Biblioteca Selecta
BV	Biblioteca Verdagueriana
CC	Clásicos Castellanos
CCP	Colección Clásicos Políticos
CEHI	Centro de Estudios Históricos Internacionales
CEV	Centro de Estudios Vascos
CFUG	Colección Filológica Universidad de Granada
CHAGL	Colección Hispánica de Autores Griegos y Latinos
CIPP	Colección de Índices de Publicaciones Periódicas
CL	Clásicos Labor
COM	Colección Obras Maestras
CPB	Col·lecció Popular Barcino
CSIC	Consejo Superior de Investigaciones Científicas
CTT	Clàssics de Tots els Temps
CV	Compendios Vox
EEM	Escuela de Estudios Medievales
EM	Colección «El Mensaje»
ENC	Els Nostres Clàssics
FBM	Fundació Bernat Metge
FCE	Fondo de Cultura Económico
FFL	Facultad de Filosofía y Letras
GAL	Grandes Antologías Labor
GTE	Guías Turísticas de España
IEEM	Instituto Español de Estudios Mediterráneos
IEC	Istituto Editoriale Cisalpino
IEP	Instituto de Estudios Políticos
IEP	Instituto de Estudios Pirenaicos
IFRUR	Istituto de Filologia Romanza. Università di Roma
IMC	Instituto Miguel de Cervantes
IMCFH	Instituto Miguel de Cervantes de Filología Hispánica
INA	Instituto Nicolás Antonio
IPM	Instituto de Prehistoria Mediterránea
IRCA	Instituto Rodrigo Caro de Arqueología
JP de la FET y de las JONS	Jefatura Provincial de la Falange Española Tradicionalista y de las Juntas de Ofensiva Nacional Sindicalista
MIT	Manuales Ilustrados Telémaco

O.C.	*Obres completes*
OMCO	Obras Maestras de los Clásicos de Occidente
ORL	Obres de Ramon Llull
PIUM	Publicazione dell'Istituto Universitario di Magisterio
PMP	Patronato Menéndez Pelayo
RFE	*Revista de Filología Española*
SB	Selecciones Bibliófilas
SHA	Sociedad Hebraica Argentina

Número de Revista *i títol de l'article*	*Secció*	*Data, pàgina i columnes*	*Contingut*
04 «El catalán en nuestras universidades»	«Aventura del Espíritu» Mapa «Artículo masculino singular»	08.05.1952 p. 3 4 cols.	«La vigente ley de ordenación universitaria, promulgada en julio de 1944, dispone que en el quinto curso de la especialidad de Filología Románica de la carrera de Filosofía y Letras [...] se profese la asignatura titulada Filología Catalana. [...]. El romanista español [...] en modo alguno ha de ser lego en filología gallega y catalana, y ha de ser capaz de enfrentarse con textos de Ramon Llull o con cantigas de Alfonso *el Sabio* en su forma genuina». Martí de Riquer (MdR) continua fent una ressenya de la *Gramática histórica catalana* d'A. M. Badia Margarit, «primera obra de conjunto y completa sobre la materia [...]. Uno de los problemas ante los que se enfrenta el profesor Badia es el de la filiación del catalán en la Romania. [...] [Badia] llega a la siguiente consecuencia: el catalán es una lengua hispánica con mayoría de rasgos lingüísticos ultrapirenaicos. No se trata de una solución ecléctica ni de compromiso, sino del intento de una filiación lingüística basada en el estudio atento de fenómenos concretos». [ANTONI M. BADIA MARGARIT, *Gramática histórica catalana*, Barcelona: Noguer, 1951, 385 pp., diagr., maps.]
12 «Don Ramón Menéndez Pidal»	«Aventura del espíritu» Foto firmada	03.07.1952 p. 3 4 cols.	Homenatge a Ramón Menéndez Pidal, «maestro de los filólogos españoles», amb motiu de la concessió del Premi Internacional de Crítica i Història Literària per l'Accademia dei Lincei de Roma.
17 «Reflexiones sobre el Examen de Estado»	«Aventura del espíritu»	07.08.1952 pp. 3 i 10 3 cols.	Després de set anys de formar part de tribunals examinadors de les disciplines de literatura, geografia i història, MdR observa greus deficiències per part dels alumnes de les escoles i els instituts catalans, de les quals dona fe transcrivint algunes respostes xocants dels estudiants, fruit de la memorització de dates i títols sense haver llegit cap llibre. «Gran parte de la culpa de esta absurda e inútil manera de saber literatura la tienen los cuadros sinópticos, cuya existencia solo se puede tolerar como medio de recordar lo ya sabido, pero que en realidad se utilizan como único vehículo de aprender». MdR reclama amb urgència una reforma de l'ensenyament mitjà i un gran esforç per part dels alumnes, dels professors d'institut i d'universitat i dels pares dels estudiants.
20 «En la muerte de dos hispanistas»	«Aventura del espíritu» Foto d'A. Pagès al Marroc.	28.08.1952 p. 3 3 cols.	2 necrològiques: Amadeu Pagès dedicà «sesenta años de fructífera labor a la Antigua literatura catalana, muy especialmente a la poesía y con singular preferencia por Ausiàs March». Editià també els *fabliaux* catalans i *Lo desconhort*. W. J. Entwistle, «fino e inteligente hispanista inglés, [...] hablaba y escribía correctamente en castellano, catalán y portugués»; estudià cançons tradicionals catalanes, com *La dama d'Aragó*, i l'any 1927 «llegó a la conclusión de que Joanot Martorell residió en Londres». Dos anys després, l'erudit valencià A. Ivars ho corroborava documentalment.
21 «Dos libros sobre poetas»	«Aventura del espíritu»	04.09.1952 p. 8 1,5 cols.	2 ressenyes: Dámaso ALONSO, *Poetas españoles contemporáneos*, Madrid: Gredos, 1952, BRH, 448 pp., 80 ptes. Sebastià JUAN ARBÓ, *Verdaguer, el poeta, el sacerdot i el món*. Barcelona: Aedos, 1952, BBC, 612 pp., 36 làms., 175 ptes. «Un cúmulo de documentación publicada y algunas veces inédita (por lo que creo entrever), sobre todo confesiones personales, cartas íntimas y relatos de testigos. SJA no se calla nada ni se disimulan actitudes, que hoy nos parecen poco simpáticas, de relevantes figuras de la Cataluña de finales del pasado siglo».

22 «Textos literarios medievales»	«Aventura del espíritu»	11.09.1952 p. 8 1 col.	3 ressenyes: Don Juan Manuel, *Libro infinido y tratado de la asunción*, est. i ed. de José Manuel Blecua, Saragossa: Universidad de Granada, 1952, CFUG, 108 pp., 50 ptes. *Castigos y documentos para bien vivir ordenados por el rey don Sancho IV*, ed. A. Rey, Bloomington: Indiana University Publications, 1952, 232 pp., 5 làms. 3,50 dòlars. Ramon Muntaner, *Crònica*, text i notes per E[ditorial] B[arcino], Barcelona: Barcino, [s.a], CPB, nou volums enquadernats en dos toms i amb sis mapes, 155 ptes. «Don José María de Casacuberta acaba de dar fin a la primera edición moderna solvente de la Crónica [...]. Gracias a esta edición nos parece que leemos un Muntaner nuevo [...]. Sólo es de lamentar que el carácter popular de la colección [...] haya obligado a normalizar la grafía, aunque ello no suponga ninguna alteración de la morfología ni en la sintaxis de la lengua antigua».
23 «Entre la Edad Media y el Renacimiento castellanos»	«Aventura del espíritu»	18.09.1952 p. 8 1,5 cols.	2 ressenyes: Vittorio Borghini, *Giorgio Manrique: la sua poesia e i suoi tempi*, Gènova: PIUM, 1952, 314 pp. Francisco Delicado, *La Loçana andaluza*, ed. i pròl. A. Vilanova, Barcelona: 1952, SB LX, 292 pp. «La lengua de la *Loçana*, plantea constantemente graves problemas de interpretación, muchos de los cuales se han aclarado por vez primera en esta edición».
24 «Filología y literatura catalanas»	«El librero»	25.09.1952 p. 8 1,5 cols.	2 ressenyes: Francisco de B. Moll, *Gramàtica històrica catalana*, Madrid: Gredos, 1952, BRH, 450 pp., 80 ptes. En contrastar la *Gramàtica* de Moll, «uno de los primeros especialistas en filología catalana», amb la *Gramàtica* de Badia (vegeu 04), MdR observa que «lejos de perjudicarse, se complementan mutuamente [...]. Hay que destacar dos contribuciones virtualmente nuevas en la obra de M: la fonética de los arabismos catalanes y el capítulo dedicado a la formación de palabras». Bernat Desclot, *Crònica*, a cura de Coll Alentorn, 5 vols., Barcelona: Barcino, 1949-1951, ENC, 176 ptes. Edició «modélica desde todos los puntos de vista [...] el prólogo constituye una de las piezas más notables que se han escrito sobre historiografía catalana». Coll Alentorn conjectura que Bernat Desclot és la mateixa persona que un tal Bernat Escrivà que apareix sovint en la documentació de la cancelleria de Pere el Gran: «la gran cantidad de indicios que concuerdan en esta identificación la hace plenamente verosímil».
25 «Libros sobre el siglo xix»		02.10.1952 p. 8 1 col.	2 ressenyes: Fernando Díaz-Plaja, *La vida española en el siglo xix*, Madrid: Afrodisio Aguado, 1952, 286 pp., 50 làms., 100 ptes. «Libro útil para el estudioso o comentarista de la literatura del xix, principalmente en lo que se refiere al teatro y a la novela de costumbres urbanas» (vegeu 119). *Bosquejillo de la vida y los escritos de don José Mor de Fuentes*, delineat per ell mateix, pròl., ed. i notes de M. Alvar, Granada: Universidad de Granada, 1952, 200 pp.

26 «Fernando el Católico, rey de Sicilia»	09.10.1952 p. 8 1,5 cols.	Ressenya: J. Vicens Vives, *Fernando el Católico, príncipe de Aragón, rey de Sicilia 1458-1478*, Madrid: CSIC, BRC i PMP, 1952, 510 pp. Aquest volum, «que podemos calificar de sensacional», esbrina delicats aspectes del casament dels Reis Catòlics. Vicens conclou que «los motivos que indujeron a Juan II a ceder la corona de Sicilia al príncipe don Fernando [...] fueron los de acallar los anhelos independentistas de los sicilianos y atraerlos a su causa».
27 «Mitología y literatura»	16.10.1952 p. 8 1,5 cols.	2 ressenyes: Gustav Schwab, *Las más bellas leyendas de la antigüedad clásica*, trad. de la 4a ed. alemanya per F. Payarols, rev. textos grecs i llatins E. Valentí, Barcelona: Labor, 1953, xx + 792 pp., 16 làms., 23 il·ls., 140 ptes. «El libro está ideado frente a la juventud, por lo que las inmoralidades aparecen expurgadas o hábilmente disimuladas, de suerte que puede ir a parar a todas manos». José M. de Cossío, *Fábulas mitológicas en España*, pròl. D. Alonso, Madrid: Espasa-Calpe, 1952, xvi + 908 pp., 20 làms., 150 ptes. «En vano buscará el lector las que tan elegantemente desarrolló Bernat Metge y Rois de Corella, mientras se da cabida al Rector de Vallfogona y al mallorquín Guillermo Roca y Seguí, que hacen un papel bien triste después de tanto poeta bueno».
28 «Actualidad de Verdaguer»	23.10.1952 p. 8 1,5 cols.	2 ressenyes: Josep Miracle, *Verdaguer, amb la lira i el calze*, Barcelona: Aymà, 1952, 444 pp., 68 làms., 175 ptes. «Ahora que disponemos de tantos y excelentes documentos sobre su biografía ¿por qué no se estudia como merece su obra, que es lo que realmente ha hecho que al cabo de cincuenta años de su muerte nos acordemos de él? [...] Hace falta un libro extenso, documentado, crítico e inteligente sobre "el escritor" Verdaguer». Jacint Verdaguer, *Prosa antològica*, sel. i pròl. J. V. Foix, Barcelona: Selecta, 1952, BS, 286 pp., 1 làm., 35 ptes. «Con tan buena guía el lector advertirá el valor extraordinario de la prosa de V en sus múltiples aspectos».
29 «*La Divina Comedia*, traducida por Sagarra»	30.10.1952 p. 8 1,5 cols.	Ressenya: Dante Alighieri, *La Divina Comèdia* [*Purgatori*, *Infern*], vols. i i ii, trad. i com. J. M. de Sagarra, Barcelona: Alpha, 1952. «En el *Infierno* carga las tintas y acentúa las líneas góticas del verso dantesco en un innecesario rebajamiento del estilo de Dante» (vegeu 54)
30 «Dos colecciones de clásicos»	06.11.1952 p. 8 1,5 cols.	2 ressenyes: Arcipreste de Talavera, *Vidas de san Ildefonso y san Isidoro*, ed., pròl. i notes J. Madoz y Moleres S. I., Madrid: Espasa-Calpe, 1952, CC, núm. 134, 20 ptes. Tomás de la A. Recio, *Tito Livio*, Barcelona: Labor, 1952, CL.

31 «Se reanuda una traducción de Platón»		13.11.1952 p. 8 1 col.	Ressenya: PLATÓ, *Diàlegs*, vol. IV, *Cràtil. Menexen*, text i trad. Jaume Olives Canals, Barcelona: FBM, 1952. Olives Canals «ha logrado darle una elegante flexibilidad [...]; jamás su prosa se ha desprendido del digno empaque que tienen los diálogos platónicos».
32 «Antigua épica española»		20.11.1952 p. 8 1 col.	2 ressenyes: ANÓNIMO, *Poema de Mío Cid y Cantar de Rodrigo*, pròl., transcr. moderna en vers i notes de Luis Guarner, Barcelona: Iberia, 1952, COM, 266 pp. Juan GOROSTIAGA BILBAO, *Épica y lírica vizcaína antigua*, Biscaia: CEV de la FET y de las JONS, 1952.
33 «Una nueva edición de *La Celestina*» i «Compendios gramaticales del profesor Gili Gaya»	«Notas bibliográficas» (Primera aparició d'aquesta secció)	27.11.1952 p. 8 2 cols.	2 ressenyes: Fernando de ROJAS, *La Celestina*, pròl., notes i vocab. de Pedro Bohigas, Barcelona: Montaner y Simón, 1952, OMCO, XLVI, 334 pp., 2 làms. «PB hace unas acertadas observaciones sobre la falta de sentido religioso o laicismo de *LC*, vinculada a la herencia que viene de Boccaccio. [...] Edición presentada con un elegante y lujoso cuidado, a pesar de no ser, afortunadamente, una edición de bibliófilo». Samuel GILI GAYA, *Resumen práctico de gramática española*, 112 pp. *Nociones de gramática histórica española*, 104 pp. *Ortografía práctica*, 100 pp., Barcelona: Spes, 1952, «Compendios Vox»; 13 ptes. cada tom.
34 «Nueva actualidad de Ausiás March»	[no consta]	04.12.1952 p. 3 4 cols.	Ressenya: «El primer vol. va dedicado todo él a la Introducción, y constituye un sólido, sagaz y asequible estudio del gran poeta, lleno de puntos de vista nuevos, gracias al cual se facilita extraordinariamente la lectura de las poesías». El segon volum conté una edició crítica dels poemes, amb un breu comentari i notes: «Esta nueva edición reposa sobre una sólida y madura investigación, pone en claro aspectos y puntos hasta ahora no dilucidados convenientemente y cala hondo en el arte y sentido del poeta». *Ausiàs March*, a cura de Pere Bohigas, Barcelona: Barcino, 1952-1959, ENC.
35 «Una obra póstuma de Ramón Miquel y Planas»		11.12.1952 p. 8 1 col.	Ressenya: *Espill o llibre de consells de Jacme Roig*, 2 vols., ed. R. Miquel y Planas, Barcelona: Miquel Rius, 1929-1950, LXXII + 552 pp. L'*Espill* té «el valor de una pintoresca y colorida visión de la vida cotidiana del siglo quince y [...] representa una actitud más dentro de la violenta literatura misógina de la Edad Media». Conté uns elogis de Miquel y Planas, que «realiza el prodigioso esfuerzo de puntuar [el texto] de tal suerte que aparece el pensamiento del escritor, escondido en un intrincado laberinto de rimas, en el que las frases se alargan con la interposición de incisos interminables y los verbos principales no es raro que disten un centenar de versos de los complementos que rigen».
36 «Marcial, traducido por Miquel Dolç»	«Notas bibliográficas»	18.12.1952 p. 10 1 col.	Ressenya: M. VALERI MARCIAL, *Epigrames*, vol. II, text i trad. Miquel Dolç, Barcelona: FBM, 1952. «Traducción [que tiene] un curioso estilo equidistante entre lo culto y lo popular que casa muy bien con este tipo de poesía ingeniosa y malintencionada [...]. Ciertos mallorquinismos evidentemente conscientes [dan] a la versión cierto vago dialectalismo que los romanos de pura cepa veían en el latín del epigramatista celtíbero».

37 «Un barcelonés, el primer astrónomo hebreo de Europa occidental»	«Notas bibliográficas»	25.12.1952 p. 10 1 col.	Ressenya: José M.ª Millás Vallicrosa, *La obra enciclopédica Yesodé ha-tebuná u-mig-dal-ha-emuná de R. Abraham bar Hiyya ha-Bargeloní*, Madrid-Barcelona: CSIC, 1952. L'astrònom barceloní (*Bargeloní*) bar Hiyya «fue uno de los creadores del hebreo como lengua didáctica en el campo de las ciencias. [...] Las traducciones que de ellas se hicieron al latín contribuyeron en el renacimiento científico de la Europa cristiana».
38 «Una apasionante síntesis de historia de España»	«Notas bibliográficas»	01-07.01.1953 p. 6 1 col.	Ressenya: J. Vicens Vives, *Aproximación a la historia de España*, Barcelona: Universidad de Barcelona, 1952, CEHI, 176 pp. «El lector advierte enseguida que a cada paso se exponen ideas nuevas, no raramente revolucionarias, y, al propio tiempo, se han logrado condensar los resultados de la bibliografía histórica más moderna y más solvente».
39 «España, descrita por Estrabón»	«Notas bibliográficas»	08-15.01.1953 p. 6 1,5 cols.	Ressenya: Estrabón, *Geografía de España*, vol. VI de las *Fontes Hispaniae Antiquae*, trad. i com. d'A. Schulten, Barcelona: Universidad de Barcelona - FFL, 1952.
40 «Un poeta hermético del siglo XII» i «Un fraile catalán del siglo XIII, poeta y preceptista»	«Notas bibliográficas»	15-22.01.1953 p. 6 1 col.	2 ressenyes: Walter T. Pattison, *The Life and Works of the Troubadour Reimbaut d'Orange*, The Univ. of Minessota Press, 1952. Ettore Li Gotti, *Jofre de Foixá. Vers e Regles de trobar*, Mòdena: Testi e Manuali de l'IFRUR, 1952. «Aunque su importancia literaria no sea mucha, su producción merecía un estudio atento y una edición decorosa [como esta] que cumple excelentemente una misión dentro de la bibliografía de nuestra antigua historia literaria».
41 «El hispanista Allison Peers»	«Aventura del espíritu»	22-29.01.1953 p. 5 3 cols.	Necrologia d'Allison Peers, professor de la Universitat de Liverpool, «hispanista en el amplio sentido de la palabra, [que] conocía a fondo las literaturas castellana, catalana y portuguesa y hablaba a la perfección los tres romances peninsulares». Peers va convidar MdR a parlar als seus alumnes sobre *Tirant* a Anglaterra i narra divertides anècdotes d'aquella estada. Des de l'any 1929 Peers treballava sobre Llull.
41 «Una nueva traducción de Virgilio» i «Una monografía sobre los almogávares»	«Notas bibliográficas»	22-29.01.1953 p. 10 1 col.	2 ressenyes: *Obras completas de Virgilio*, trad., pròl. i notes de Marcial Olivar, Barcelona: Montaner y Simón, 1952, OMCO, 39 làms. «La traducción castellana de Virgilio es lo suficiente ajustada al original para poder convertirse en eficaz ayuda del estudiante de latín». Amb elogis de les notes i l'índex tan complet. F. Soldevila, *Els almogàvers*, Barcelona: Barcino, 1952, CPB, 88 pp., 14 ptes. «No es un libro de vulgarización. Hay en él buen número de observaciones propias y de noticias poco conocidas, [pues] reposa en una documentada bibliografía».

42 «Tres libros de Ramón Llull»	«Notas bibliográficas»	29.01-4.02.1953 p. 10 1 col.	Ressenya: *Llibre de home; Llibre de ànima racional; Llibre dels àngels*, ed. M. Tous Gayá, T.O.R., i R. Ginard Bauçá, T.O.R., Palma de Mallorca, 1950, ORL, vol. XXI, XL + 384 pp. MdR lamenta que sigui tan escassa la bibliografia de Llull des del punt de vista literari, ja que el llenguatge del beat és sempre «de una sorprendente perfección gramatical, de matices pintorescos y de aciertos de expresión».
43 «Una traducción del Ramayana» i «Las rimas autógrafas de Bécquer»	«Notas bibliográficas»	05-11.02.1953 p. 10 1 col.	2 ressenyes: *El Ramayana de Valmiki*, trad. Juan G. de Luaces, Barcelona: José Janés, 1952, EM, t. I, XX + 690 pp.; t. II, 784 pp. Gustavo Adolfo Bécquer, *Rimas autógrafas, con un dibujo de J. Palet Batiste y unas notas prologales por Emiliano M. Aguilera*, Barcelona: Iberia, [s. f.].
44 [Sense títol] «Canciones de Navidad»	«Notas bibliográficas»	12-18.02.1953 p. 10 1,5 cols.	2 ressenyes: *La poesía irlandesa*, vers., sel. i pròl. M. Manent, Barcelona: José Janés, 1952, 186 pp. En uns moments en què reviu el romanticisme cèltic a tot Europa, Marià M. «imbuido de los principios y las tesis de los intransigentes celtistas [logra unas versiones en que] la fidelidad a la letra, al ritmo y al tono lírico se hermana con una dicción bella y perfecta. [...] El prólogo es preciso, documentado y perfectamente orientador». J. Romeu Figueras, *Les nadales tradicionals (segles XIV a XIX). Estudi i crestomatia*, Barcelona: Barcino, 1952, BFB, 124 pp., 32 ptes. Romeu Figueras «estudia el origen dramático-litúrgico de las canciones de Navidad, establece la cronología, fija las características de los personajes y hace consideraciones sobre el lenguaje, el estilo y la métrica. [...] El estudio va acompañado de 33 "nadalas", profusamente comentadas, gran parte de ellas rigurosamente inéditas hasta ahora».
45 «La idea de la fama en la Edad Media castellana»	«Notas bibliográficas»	19-25.02.1953 p. 10 1 col.	Ressenya: María Rosa Lida, *La idea de la fama en la Edad Media castellana*, Mèxic - Buenos Aires: FCE, 1952, 316 pp. MdR observa que el llibre «lleva un título equívoco, o mejor dicho insuficiente, ya que bajo la rúbrica "Edad Media castellana" se hacen entrar obras como el *Tirant lo Blanc*: hubiera sido más acertado titular "Edad Media española"; [y dar], sin duda, una más detenida atención a las obras de Llull —al que sólo se dedica una página escasa, aunque acertada— y la consideración del humanismo trescentista de Bernat Metge y de algunos significativos momentos de Ausiàs March hubieran redondeado un libro tan inteligente y desbordante de ideas».
46 «El teatro de Marlowe» i «Los vientos en el folklore»	«Notas bibliográficas»	26.02-05.03.1953 p. 8 1 col.	2 ressenyes: Christopher Marlowe, *Teatro*, trad. Juan G. de Luaces, Barcelona: J. Janés, 1952, EM, 280 pp. M. Sanchis Guarner, *Els vents segons la cultura popular*, Barcelona: Barcino, 1952, BFB, 66 pp., 24 ptes. «Dedicando un capítulo a cada uno de los ocho vientos principales, MSG ofrece más de trescientos refranes catalanes comentados y procedentes de fuentes de garantía (ya se sabe que no es raro entre los aficionados al folklore la invención gratuita de costumbres, tradiciones y refranes). Destaca cierto interesante capítulo de la crónica de Jaime I y varios versos d'Ausiàs March, poeta tan aficionado a las imágenes marineras».

47 «La conquista de Cerdeña»	«Notas bibliográficas»	05-11.3.1953 p. 10 1 col.	Ressenya: Antonio Arribas Palau, *La conquista de Cerdeña por Juan II de Aragón*, Barcelona: IEEM, 1952-1953, 496 pp., 9 mapes. Exhaustiva descripció del fet militar amb nova documentació procedent de l'ACA. MdR lamenta «el estilo entre ampuloso y preciosista que desgraciadamente campea en todo el libro».
48 [Sense títol]	«Notas bibliográficas»	12-18.03.1953 p. 10 1,5 cols.	Ressenya: F. Soldevila, *Historia de España*, t. I, Barcelona: Ariel, 1952, xx + 464 pp., il·ls. i mapes. L'obra «pone de relieve la decisiva importancia de Cataluña dentro de la historia de España. Nadie puede dudar de la licitud de esta posición, consciente y calculada contrapartida a la de los historiadores castellanos que con tanta frecuencia presentan la H. de E. desde un punto de vista exclusivista y dan poca importancia, sobre todo en la Edad Media, a los otros reinos españoles [...]. Es posible que S exagere en algunas apreciaciones; extrae las últimas consecuencias de todo aquello que favorece a su tesis y tiende a dar menos importancia a lo que no se aviene con ella; evita siempre la mención de la Corona de Aragón y habla con exclusivismo de Cataluña incluso en aquellos tiempos en que esta palabra aún no existía».
49 «La historia de las literaturas hispánicas»	«Palabras» Foto dels 3 vols.	19-25.03.1953 p. 10 3 cols.	Ressenya: *Historia general de las literaturas hispánicas*, dir. G. Díaz-Plaja, Barcelona: Barna, 1949, 1951 i 1953. Aparició del tercer volum. MdR fa elogis del director i comenta les matèries i els autors de tots tres volums. «Rubió va dando noticias nuevas e insospechadas seguidas de una simple referencia a documentos del ACA, inéditos y no explotados, que el autor ha descubierto a lo largo de sus fecundas investigaciones» (vegeu 69).
50 «Una guía artística de Gerona» i «Un homenaje erudito a Menéndez Pidal»	«Notas bibliográficas»	26.03-01.04.1953 p. 10 1 col.	2 ressenyes: Pedro de Palol, *Gerona*, Barcelona: Aries, GTE, dir. J. Gudiol, 1953; il·ls., fotogrs. i un plànol, 75 ptes. Excel·lent monografia amb molt bona documentació. *Estudios dedicados a Menéndez Pidal*, t. IV, Madrid: CSIC, PMP, 1953, 646 pp.
51 «Un excelente diccionario»	«Notas bibliográficas»	02-08.04ç1953 p. 14 1 col.	Ressenya: *VOX. Diccionario general ilustrado de la lengua española*, pròl. R. Menéndez Pidal, 2a ed. corr. i ampl. S. Gili Gaya, Barcelona: Spes, 1953, 1816 pp., 250 ptes.
52 «La intimidad de la Edad Media»	«Notas bibliográficas»	09-15.04.1953 p. 10 1 col.	Ressenya: Enrique Bagué, *Pequeña historia de la humanidad medieval*, Barcelona: Aymà, 1953, MIT, 204 pp., 103 làms., 115 ptes. «Lo que distingue el libro de EB de todos los que tratan materia semejante es la acertada y constante vinculación del texto y las ilustraciones. Más de cien preciosas láminas, originalísimas».

53 «La Gramática histórica de García de Diego» i «Guías de archivos y bibliotecas»	«Palabras» i «Notas bibliográficas»	16-22.04.1953 p. 12 1 col. (A partir d'aquest número: 5 pts.)	2 ressenyes: Vicente García de Diego, *Gramática histórica española*, Madrid: Gredos, 1951. *Guías de archivos y bibliotecas*. Madrid: Dirección General de Archivos y Bibliotecas, 1953. «Un grupo de archiveros y bibliotecarios han emprendido la tarea, pesada y poco brillante ciertamente, pero básica y utilísima, de dar detallada y exacta relación del contenido bibliográfico y documental de los ricos depósitos nacionales». MdR destaca els volums dedicats als arxius de Barcelona.
54 «El *Paradiso* de Dante, traducido por Sagarra»	«Notas bibliográficas»	23-29.04.1953 p. 10 1 col.	Ressenya: Dante Alighieri, *La divina comèdia. Paradís*, vol. III, trad. i com. J. M. de Sagarra, Barcelona: Alpha, 1952, 414 pp. Elogis de les magnífiques i hàbils solucions del traductor. Advertiment entre parèntesis: «(Es recomendable leer la versión de S dos veces: una antes del comentario y otra después de leído este; de esta suerte el lector logra una eficaz aproximación al gran poema)» (vegeu 29).
55 «Homero traducido por Fernando Gutiérrez»	«Notas bibliográficas»	30.04-06.05.1953 p. 10 1 col.	Ressenya conjunta de dos llibres: Homero, *Odisea / Ilíada*, trasl. en vers F. Gutiérrez, Barcelona: José Janés, 1951-1953. «FG ha seguido [el texto] paso a paso, palabra por palabra, pero ello lo ha llevado a cabo en una especie de hexámetro español que suena maravillosamente». MdR lamenta el caràcter del pròleg de l'*Odisea*, que es basa en «las pintorescas y absurdas patrañas de las antiguas vidas de Homero».
55 «Al morir Alfred Jeanroy»	Foto dedicada	30.04-06.05.1953 p. 10 1,5 cols.	Necrològica del romanista Alfred Jeanroy († 13 de març de 1953), «el más ilustre de los romanistas franceses y maestro indiscutible en el estudio de los romanistas provenzales».
56 «Sir Henry Thomas y los libros de caballerías españolas» i «Aspectos de Unamuno estudiados por Clavería»	«Notas bibliográficas»	07-13.05.1953 p. 10 1 col.	2 ressenyes: Henry Thomas, *Las novelas de caballerías españolas y portuguesas (Despertar de la novela caballeresca en la Península Ibérica y expansión e influencia en el extranjero)*, trad. E. Pujols, Madrid: CSIC, IMCFH, 1952, 264 pp. Carlos Clavería, *Temas de Unamuno*, Madrid: Gredos, 1953, BRH, 160 pp., 80 ptes.

57 «La teoría y la práctica del periodismo»	«Notas bibliográficas»	14-20.05.1953 p. 10 1 col.	Ressenya: *El periodismo, teoría y práctica*, Barcelona: Noguer, 584 pp.
58 «Una extensa antología de cuentos»	«Notas bibliográficas»	21-27.05.1953 p. 10 1 col.	Ressenya: *Antología de cuentos de la literatura universal*, est. prel. R. Menéndez Pidal, sel. i notes G. M. Pidal i E. Bernis, Barcelona: Labor, 1953, GAL, XLIV + 1050 pp.
59 «*El Libro de los engaños* publicado en Norteamérica» i «*Lexis*, una enciclopedia original»	«La vida de los libros»	28.05-03.06.1953 p. 10 1 col.	2 ressenyes: *El libro de los engaños*, ed. J. E. Keller, Chapell-Hill: University of North Carolina, 1953. *Lexis, enciclopedia de artes, ciencias, oficios, juegos y deportes y diccionario de la lengua*, Barcelona: Fco. Seix, Editor, [s.a.]; vol. I, 912 pp.; vol. II, 830 pp.
60 «Una bibliografía de la literatura espanyola» i «Reconquista y repoblación»	«La vida de los libros»	04-10.06.1953 p. 10 1,5 cols.	2 ressenyes: José Simón Díaz, *Bibliografía de la literatura hispánica*, t. III, 1953, CSIC, IMCFH, XIV + 1276 pp. *La reconquista española y la repoblación del país*, Saragossa: CSIC, EEM, IEP, 1953, 268 pp.
61 «La Alta Edad Media»	«La vida de los libros»	11-17.06.1953 p. 12 1 col.	Ressenya: Enrique Bagué, *Historia de la cultura española*, pròl. J. Petit, Barcelona: Seix y Barral, 1953, HCE, 598 pp., 468 il·ls., 15 làm. «Perfecto equilibrio entre el texto y la ilustración, y ésta se dispone intencionadamente como si se tratara de una verdadera antología cultural».
62 «Carmen Conde estudiada y traducida al italiano» i «Una monografía sobre arte visigótico»	«Palabras» «La vida de los libros»	18-24.06.1953 p. 10 1 col.	2 ressenyes: Carmen Conde, *Poesie*, test., intro., trad. i notes J. [Giovanna], Milà: Granados, IEC, 1953, 296 pp. Pedro Palol, *Bronces hispanovisigodos de origen mediterráneo*, vol. I, *Jarritos y patenas litúrgicos*, pròl. M. A. B., Barcelona: CSIC, IPM, 1950, 192 pp., 62 làms.

63 «La vida de Julián Romero, escrita por Marichalar»	«La vida de los libros»	25.06-01.07.1953 p. 10 1 col.	Ressenya: Antonio MARICHALAR, MARQUÉS DE MONTESA, *Julián Romero*, Madrid: Espasa-Calpe, 1952, 530 pp.
64 «Homenaje al poeta Pedro Espinosa» i «Las inscripciones de Ampurias»	«La vida de los libros»	02-08.07.1953 p. 10 2 cols.	2 ressenyes: *Homenaje a Pedro Espinosa, poeta antequerano (1578-1650)*, Sevilla: Universidad de Sevilla, 1953. Martín ALMAGRO, *Las inscripciones ampuritanas: griegas, ibéricas y latinas*, Barcelona: CSIC, IPM, IRCA, 1952. «Completo y detallado repertorio de estas inscripciones de las que se hace la descripción de la lápida, transcripción del texto, traducción, reproducción fotográfica, bibliografía y comentarios sobre problemas de muy diversa índole». Elogis.
65 «Un libro del profesor Wartburg»	«La vida de los libros»	09-15.07.1953 p. 10 1 col.	Ressenya: Walther von WARTBURG, *La fragmentación lingüística de la Romania*, trad. M. Muñoz Cortés, Madrid: Gredos, 1952, BRH, 194 pp.
66 «Don Juan Manuel en Italia» i «Panorama de la Historia del Mundo»	«La vida de los libros»	16-22.07.1953 p. 10 1 col.	2 ressenyes: Ernesto LUNARDI, *El Conde Lucanor di Don Juan Manuel*, Gènova: Cenobio, 1953, 307 pp. René SEDILLOT, *Panorama de la historia del mundo*, trad. del francès E. Vallés, Barcelona: Aymà, 1953, BPC, 272 pp., 160 làms.
67 «Un erasmista del s. XVI y sus elogios a Barcelona»	«La vida de los libros»	23-29.07.1953 p. 10 1 col.	Ressenya: Jerónimo de MONDRAGÓN, *Censura de la locura humana y excelencias della*, ed. A. Vilanova, Barcelona: SB, 1953, 196 pp. Imprès a Lleida l'any 1598, és una clara imitació de l'*Elogi de la follia* d'Erasme. Vilanova «extrajo importantes consecuencias sobre el erasmismo de Cervantes». El llibre conclou amb un extens elogi de la ciutat de Barcelona, quinze anys abans del que va fer Cervantes.
69 «La Historia General de las literaturas hispánicas»	«La vida de los libros» Foto de la casa de Lope de Vega	06-12.07.1953 p. 10 3 cols.	Ressenya: *Historia general de las literaturas hispánicas*, vol. III, Barcelona: Barna, 1953. MdR amplia la seva anàlisi dels tres volums mencionant especialment els autors de «literatura peninsular» J. Filgueira Valverde i J. Rubió, així com el capítol sobre literatura científica del Dr. Marañón (vegeu 49).

70 «Una revista sobre Unamuno»	«Palabras» i «La vida de los libros»	13-19.08.1953 p. 10 1 col.	Ressenya: *Cuadernos de la Cátedra Miguel de Unamuno*, dir. M. García Blanco, Salamanca, Universidad de Salamanca. El tercer dels *Cuadernos* «es un precioso elemento para el estudio y comprensión de la cultura española de principios de nuestro siglo». Incorpora tres cartes inèdites de Maragall a Unamuno, escrites els anys 1900, 1902 i 1903, que reflecteixen admiració i respecte entre els dos interlocutors.
71 «Jaim Najman Bialik, poeta hebreo»	«La vida de los libros»	20-26.08.1953 p. 10 1 col.	Ressenya: *Poesía de Jaim Najman Bialik*, vers. directa de l'hebreu, intr. J. M. Millás Vallicrosa, Buenos Aires: SHA, 1953, 160 pp. La versió castellana d'un dels més remarcables poetes moderns jueus (1873-1934), dona «una feliz acomodación del pensamiento y la expresión del original y un ímpetu y tono religiosos de la más lograda originalidad».
72 «Estudios de toponimia de Menéndez Pidal» i «Una excelente traducción catalana de Plauto»	«La vida de los libros»	27-8.02-09.1953 p. 10 1,5 cols.	2 ressenyes: R. Menéndez Pidal, *Toponimia prerrománica hispánica*, Madrid: Gredos, 1952, BRH. Plaute, *Comèdies. El persa. El cartaginès*, rev. i trad. Marçal Olivar, Barcelona: FBM, 1952. Olivar ha trobat «la fórmula feliz de adaptación de la viveza, agilidad, el populacherismo del gran comediógrafo latino. [...] El lector halla constantemente expresiones populares, frases que se emplean hoy en día en el catalán más coloquial y espontáneo». Elogis.
74 «Nueva edición de la *Diana* de Gil Polo» i «Una antología italiana de poesía amorosa española»	«La vida de los libros»	10-16.09.1953 p. 10 1 col.	2 ressenyes: Gaspar Gil Polo, *Diana enamorada*, ed. R. Ferreres, Madrid: Espasa-Calpe, CC, XLVIII, 1953, 268 pp. Aurelio Roncaglia, *Poesie d'amore spagnole d'ispirazione melica popolaresca*, Mòdena: IFRUR, 1953, Testi e Manuali, 160 pp.
75 «Los Diálogos de amor de León Hebreo» i «Una nueva edición de la preceptiva del Pinciano»	«La vida de los libros»	17-23.09.1953 p. 10 1 col.	2 ressenyes: León Hebreo, *Diálogos de amor*, trad. i pròl. Dr. David Romano, Barcelona: José Janés, 1953, EM, VIII + 294 pp. Elogis del traductor. López Pinciano, *Philosophia Antigua Poetica*, ed. A. Carballo Picazo, Madrid: CSIC, BALH, toms XIX-XXI, 1953.

76 «Recientes estudios verdaguerianos»	 «La vida de los libros»	24-30.09.01953 p. 10 1,5 cols.	3 ressenyes: J. M. de CASACUBERTA, *Excursions i sojorns de Jacint Verdaguer a les contrades pirinenques*, Barcelona: Barcino, 1953, BV; J. M. de CASACUBERTA, *Sobre la gènesi de l'Atlàntida de Jacint Verdaguer*, Barcelona: Institut d'Estudis Catalans, 1951-1952; Manuel de MONTOLIU, *La genial imaginación de Verdaguer*, BRABLB, XXV, 1953. «Desde hace un año, se opina, se discute, se polemiza sobre detalles íntimos de la personalidad del sacerdote y sobre los más nimios acontecimientos de su vida, como si la obra del escritor fuera únicamente una faceta anecdótica de su zarandeada existencia [...]; parece que muchos de nuestros verdagueristas han olvidado [...] que fue el máximo poeta del catalán moderno. [...] Hastiados de lucubraciones sobre el caso Verdaguer, escritas a veces por personas que dan la sensación de no haber leído ni un solo verso del poeta [...] llegan a nuestro poder unos breves y sustanciosos estudios sobre el "escritor" [...] que encauzan los estudios verdaguerianos por el campo de la auténtica historia literaria» (vegeu 21, 28, 95).
77 «Biografía de Pedro el Grande» i «Un manual de cronología»	 «La vida de los libros»	01-07.10.1953 p. 10 1 col.	2 ressenyes: F. SOLDEVILA, *Pere II el Gran*, Barcelona: Barcino, 1953, CPB, 78 pp. «El libro es un verdadero prodigio de inteligente condensación de lo realmente fundamental, de lo que debe saber toda persona culta sobre aquel extraordinario soberano, espejo de caballeros, debelador de las ambiciones de la monarquía francesa y primer artífice del imperio mediterráneo». J. AGUSTÍ, P. VOLTES i J. VIVES, *Un manual de cronología española y universal*, CSIC, EEM, 1952, 510 pp. «Excelente y utilísimo elemento de trabajo para historiadores que suple, y en varios aspectos perfecciona, la famosa *Cronologia* de A. Cappelli, manual Hoepli».
78 «Poliodorus, comedia humanística exhumada por Casas Homs»	 «La vida de los libros»	08-11.10.1953 p. 10 1 col.	Ressenya: J. de VALLATA, *Poliodorus, comedia humanística desconocida*, intr., est., transcrip. i notes J. M. Casas Homs, Madrid: CSIC, INA, 1953. Casas Homs «ha intentado esclarecer el misterio del nombre de su autor, que hipotéticamente supone un seudónimo de Giovano Pontano». El *Poliodorus* es pot incloure dintre de l'humanisme i relaciona aquest tipus de teatre amb *La Celestina*. «Desde ahora al tratar de *La Celestina*, habrá que tener muy en cuenta el trabajo de CH».
79 «El rector de Salamanca»	[no consta] [Foto d'A. Tovar amb altres professors]	15-21.10.1953 p. 6 2 cols.	Semblança del professor Antonio Tovar, rector de la Universitat de Salamanca, catedràtic de llengua i literatura llatines, gran hel·lenista i especialista en les llengües primitives de la península Ibèrica.
81 «Los Semitistas de Barcelona y la Colección "El Mensaje"»	 «La vida de los libros»	29.10-04.11.1953 p. 10 1 col.	MdR fa lloança dels professors de Filologia Semítica de la Universitat de Barcelona que han publicat llibres dins la col·lecció El Mensaje, editada per J. Janés («un editor que solicita la colaboración de eminentes especialistas»): David ROMANO, *Diálogos de amor* de León Hebreo; Juan A. LARRAYA, *El libro de los muertos*; Juan VERNET, el *Corán* (1a trad. esp. íntegra i directa), i José María MILLÁS VALLICROSA, *Poesía hebraica post-bíblica*.

82 «Don Manuel de Cabanyes»	«Palabras» [Retrat del poeta pintat per S. de Mas]	05-11.11.1953 p. 11 3 cols.	Semblança del poeta Cabanyes (Vilanova i Geltrú, 1808-1883), «un caso aislado y singular en el romanticismo español». MdR comenta les crítiques que va rebre Cabanyes per la seva renúncia a utilitzar la rima i els elogis per part de Milà i Fontanals i Menéndez Pelayo. Relació de Cabanyes amb l'editor barceloní Bergnes de las Casas i el pintor Sinibaldo de Mas.
83 «El Romancero Hispánico de D. Ramón Menéndez Pidal»	«La vida de los libros»	12-18.11.1953 p. 10 2 cols.	Ressenya: R. M. Pidal, *Romancero hispánico (Hispano-portugués, americano y sefardí). Teoría e historia*, vol. IX i X de les seves *O.C.* La segona part està dedicada al problema dels orígens del *romancero*, en què es confirma la tesi de Milà i Fontanals.
87 «Una nueva traducción de Tucídides» i «El *Índice Histórico Español*»	«Revista de los libros»	10-16.12.1953 p. 10 1 col.	2 ressenyes: Tucídides, *Història de la guerra del Peloponès*, rev. i trad. Jaume Berenguer Amenós, Barcelona: FBM, 1953. La col·lecció BM dona entrada a Tucídides, el gran historiador. Pròleg molt informatiu i elogis de la traducció fidel i l'elegant prosa catalana de Berenguer Amenós. *Índice Histórico Español*, publ. trim., Barcelona: Teide - Universidad de Barcelona, 1953, CEHI, dir. J. Vicens Vives. «Da noticia bibliográfica de toda suerte de publicaciones referentes a la Historia de España [...] seguida de una breve explicación firmada y un esquemático y contundente juicio sobre ésta».
88 «El segundo tomo de la *Historia de España* de Fernando Soldevila»	«Revista de los libros»	17-23.12.1953 p. 10 1 col. triple	Ressenya: F. Soldevila, *Historia de España*, t. II, Barcelona: Ariel, 1953, 514 pp. Dos segles decisius, des de finals del XIII fins a finals del XV, són considerats sota la mirada crítica de Soldevila, que «en ocasiones es más revolucionario o innovador —si son permisibles estos adjetivos al hablar de obra tan mesurada— cuando tiene entre manos hechos y personas de la Corona de Castilla que cuando desarrolla los referentes a la Corona de Aragón».
90 «La primitiva lírica mozárabe» i «La Enciclopedia Universal Herder»	«Revista de los libros»	21.12.1953-06.01.1954 p. 10 1 col.	2 ressenyes: S. M. Stern, *Les chansons mozarabes*, Palerm: Università di Palermo, 1953, IFRUR, 66 pp. *Enciclopedia Universal Herder*, Barcelona: Herder, 1954, 2.342 col., 2.500 fotogrs., 60 làms., 8 mapes.
91 «Los clásicos del Instituto de Estudios Políticos»	«Revista de los libros»	07-13.1.1954 p. 10 1,5 cols.	Ressenya de la col·lecció Clásicos Políticos, dirigida per Francisco Javier Conde, amb títols d'obres de Plató, Aristòtil, Ciceró, etc. (algunes de les quals són ressenyades en aquestes pàgines). Elogis.

92 «La felicitación de un editor italiano» «Un tratado de teoría literaria»	«Revista de los libros»	14-20.01.1954 p. 10 1 col.	2 ressenyes: *Bécquer, saggio e versione de Mario Penna*, Torí: Vincenzo Bona, 1953, 198 pp., 18 làms. [*Capodanno Bona 1954*, felicitació de Cap d'Any]. R. Wellek i A. Warren, *Teoría literaria*, Madrid: Gredos, 1953, BRH, 544 pp.
94 «La nueva Geometría de Ramón Llull» i «Un diccionario de términos filológicos»	«La vida de los libros»	28.01-03.02.1954 p. 6 1 col.	2 ressenyes: *El libro de la «Nova Geometria» de R. Llull*, ed. crít., intr. i notes J. M. Millás Vallicrosa, Madrid: 1953, AHCE, 106 pp. «Obra que precisaba de la clara y puntual introducción de JMMV, especialista en la historia de la ciencia medieval». F. Lázaro Carreter, *Diccionario de términos filológicos*, Madrid: Gredos, 1953, BRH, 370 pp.
95 «Llull y Verdaguer»	«La vida de los libros»	04-11.02.1954 p. 10 1 col.	Ressenya: Rosalia Guilleumas, *Ramon Llull en l'obra de Jacint Verdaguer*, Barcelona: Barcino, BV, II, 1953, 166 pp. «El libro se abre sobre el lulismo en tiempos de JV [...] y sobre el conocimiento que el poeta vicense tuvo de la producción del escritor mallorquín». Verdaguer va recórrer els indrets lul·lians de Mallorca i, mentre era hoste a Miramar de l'arxiduc Lluís Salvador d'Àustria, escriví les *Perles del Llibre d'Amic e d'Amat*, el 1894. MdR insisteix en la necessitat de publicar les obres de Verdaguer i les de Llull, «figura cumbre de las letras medievales, y cuya obra escrita mantiene con todo el vigor y con íntegra eficacia los valores mera y exclusivamente literarios». Elogis.
97 «Un libro sobre Góngora»	«La vida de los libros»	18-24.02.1954 p. 10 1 col.	Ressenya: Emilio Orozco Díaz, *Góngora*, Barcelona: Labor, 1953, CL, XVIII, 340 pp.
99 «Una vida de Santa Clara»	[no consta]	04-10.03.1954 p. 11 1 col.	Ressenya: Ester de Andreis, *Santa Chiara, leggenda*, pròl. A. Fortini, Catània: Camene, 1953.
99 «Una antología comentada»	«Crítica literaria»	04-10.03.1954 p. 10 1 col.	Ressenya: G. Díaz-Plaja, *Comentario de textos de literatura espanyola*, Barcelona: La Espiga, 1953, 320 pp. Llibre escolar dedicat als alumnes. El volum es distribueix en dues seccions: a les pàgines parells se seleccionen seixanta fragments, entre prosa i vers, dels millors escriptors espanyols, des del *Cantar del Mío Cid* fins a textos d'Eugeni d'Ors, i a les pàgines senars, Díaz-Plaja comenta amb deteniment el fragment seleccionat.

101 «Una excelente guía del mundo clásico»	«Crítica literaria»	18-24.03.1954 p. 10 3 cols.	Ressenya: *Diccionario del mundo clásico*, 2 vols., dir. p. Ignacio Errandonea, S.I., Barcelona: Labor, 1954.
102 «*El Paradís perdut*. Traducción poética»	«Crítica literaria»	25-31.03.1954 p. 10 1,5 cols.	Ressenya: John Milton, *El paradís perdut*, trad. i notes J. M. Boix i Selva, Barcelona: Alpha, CTT, 1953, 460 pp. Boix ha traslladat el text de Milton al mateix metre que l'original, l'hendecasíl·lab sense rima; «bajo nueva forma linguística, Boix nos transmite intacta en su integridad una de las obras maestras de la poesía inglesa».
103 «Jeremías, traducido por Quevedo»	«Crítica literaria»	01-07.04.1954 p. 10 1 col.	Ressenya: Don Francisco de Quevedo, *Lágrimas de Hieremías castellanas*, ed., pròl. i notes E. Wilson i J. M Blecua, Madrid: RFE, annex LV, 1953, CXLIV + 180 pp.
105 «La *Retórica* de Aristóteles, editada y traducida por A. Tovar»	«Crítica literaria»	15-21.04.1954 p. 10 2 cols. [Dibuix de Matisse]	Ressenya: Aristóteles, *Retórica*, ed., text, apar. crít., trad., pròl. i notes A. Tovar, Madrid: CCP, IEP, 1953, XLVIII, 246 pp.
107 «Un manual de técnica literaria»	«Crítica literaria» Ensayo	29.04-05.05.1954 p. 10 1 col.	Ressenya: Wolfang Kayser, *Interpretación y análisis de la obra literaria*, trad. M.ª D. Mouton i V. G. Yebra, Madrid: Gredos, 1954, BRH, 710 pp.
109 «El *Oráculo manual* de Gracián»	«Crítica literaria»	13-19.05.1954 p. 10 1 col.	Ressenya: Gracián, *Oráculo manual*, ed. Romera Navarro, Madrid: CSIC, PMP, IMC, 1954.
110 «Estudios literarios del profesor Fucilla»	«Crítica literaria»	20-26.05.1954 p. 10 1 col.	Ressenya: Joseph G. Fucilla, *Relaciones hispano-italianas*, Madrid: CSIC, 1953, 240 pp.

111 «Índice y Antología de *El Europeo*»	«Crítica literaria»	27.05-02.06.1954 p. 10 1,5 cols.	Ressenya: Luis Guarner, *El Europeo (1823-1924)*, Madrid: CSIC, CIPP, IMC, 1954, xxvi, 152 pp. En una col·lecció, dirigida per J. de Entrambasaguas, que fa assequible una selecció d'articles de revistes antigues, ara s'hi afegeix *El Europeo. Periódico de Ciencias, Artes y Literatura* (Barcelona, 1823-1824). «Tres poemas y diez artículos de Aribau reproduce íntegramente LG. Entre estos cabe destacar los dedicados a literaturas orientales y a las últimas novedades literarias de París».
114 «Los Fueros de Sepúlveda»	«Crítica literaria»	17-23.06.1954 p. 8 1 col.	Ressenya: *Los Fueros de Sepúlveda*, ed. crít. i apèndix doc. E. Sáez, est. historicojurídic R. Gibert, est. ling. M. Alvar *et alii*, Segòvia: Diputación Provincial de Segovia, 1953.
116 «Ediciones y traducciones de clásicos»	«Crítica literaria»	01-07.07.1954 p. 8 1 col.	2 ressenyes: Jenofonte, *Hierón*, text, trad. i notes M. Fernández Galiano, CCP, IEP, 1954, vi + 64 pp. Plaute, *Comèdies*, vol. X, *Rudens*, text i trad. Marçal Olivar, Barcelona: FBM, 1954, 180 pp. MdR destaca les expressions del dialecte barceloní de la traducció «sin que jamás decaiga la dignidad del texto».
118 «El *Libro de Buen Amor*, modernizado»	«Crítica literaria»	15-021.07.1954 p. 8 1 col.	Ressenya: Arcipreste de Hita, *Libro de Buen Amor*, text íntegre i vers. María Brey Mariño, València: Castalia, 1954, Odres Nuevos, 316 pp.
119 «El siglo xix a través de los documentos»	«Crítica literaria»	22-28.07.1954 p. 8 2 cols.	Ressenya: F. Díaz-Plaja, *La historia de España en sus documentos. El siglo xix*, Madrid: IEP, 1954, 436 pp. «Documento vivo, con toda su fuerza y vigencia, sin la interpretación histórica que posteriormente puede haber dado la historia del pensamiento». MdR anima a seguir l'exemple i fer el mateix amb els segles xvi, xvii o amb l'edat mitjana.
127 «El rey Artús reúne a sus admiradores en Bretaña»	«Aventura del espíritu» [Dibuix de Dante Gabriel Rossetti d'un cavaller de la Taula Rodona]	16-22.09.1954 p. 5 3 cols.	Reportatge sobre el IV Congrés Internacional Arturià, celebrat a la Universitat de Rennes el mes d'agost. MdR, que va ser-hi l'únic representant espanyol, repassa els temes que foren més debatuts (Tristany, Lancelot, el Graal, les primeres novel·les en prosa, etc.). Destaca la ponència de la prof. Rita Lejeune (Univ. de Lieja), que assenyalà que algunes de les mencions més antigues a Tristany i Iseut pertanyen a trobadors catalans. MdR parlà dels problemes del romanç provençal en vers *Jaufré*, dedicat a un rei d'Aragó. Els congressistes van fer excursions a llocs relacionats amb la tradició artúrica, com el bosc de Brocelianda, la font de Barenton i «como era de rigor, nos extraviamos en el Val-sans-retour, incidente que unánimemente se atribuyó a la indignación que le produjo a Merlín que nos tomáramos poco en serio su tumba y que fuera profanada con máquinas fotográficas».

142 «Clásicos griegos y latinos en español»		30.12.1954-05.01.1955 p. 7 3 cols.	Ressenya: L'editorial barcelonina Alma Mater inaugurà a finals de 1954 la Colección Hispánica de Autores Griegos y Latinos (CHAGL), dirigida pel Dr. M. Bassols de Climent, amb tres volums: *Discursos*, de Lisies, cur. M. Fernández Galiano; *La conjuración de Catilina*, de Salusti, cur. J. M. Pabón, i *La ciudad de Dios*, de sant Agustí, cur. J. Bastardas i Ll. Riber. Extens comentari elogiós de cadascun dels tres volums i dels seus autors.
150 «El *Saint Valentine's Day* en nuestro medioevo»	«Aventura del espíritu» [Dibuix *Trovadores, en un grabado medieval*]	24.02-02.03.1955 p. 9 3 cols.	«Es del dominio general que el 14 de febrero, festividad de San Valentín, se celebra principalmente en países anglosajones el "día de los enamorados" y en este sentido todo el mundo recuerda [...] el *Hamlet*». MdR aporta autoritats literàries romàniques molt anteriors, com el poeta francès Oton de Granson († 1397) i, sobretot, el poeta català Pardo (s. xv), que escriu un poema d'amor a la seva estimada «en cest gay jorn del pros Sant Valentí». «La canción de este enigmático Pardo nos demuestra la existencia de la tradición del dia de San Valentín entre nosotros». L'edició d'aquest poema del *Cançoner Vega-Aguiló* de la Biblioteca de Catalunya, la publicà MdR a *RFE*, XXXIX, 1955.

Bibliografia

BADIA, Lola; CABRÉ, Lluís & COLL-VINENT, Sílvia (2014). «Publicacions de Martí de Riquer (1931-1936)», dins *Martí de Riquer i els valors clàssics de les lletres*, Barcelona: Barcino - Institució de les Lletres Catalanes, pp. 71-136.

FABRE, Jaume & FEBRÉS, Xavier (2007). *Tío Alberto: vida, secreto y fiesta de Alberto Puig Palau*, Barcelona: La Esfera de los Libros.

GATELL, Cristina & SOLER, Glòria (2008). *Martí de Riquer, viure la literatura*, Barcelona: La Magrana.

MAINER, José-Carlos (2005). «Los primeros años de *Revista* (1952-1955): diálogo desde Barcelona», dins *Prensa, impresos, lectura en el mundo hispánico: Homenaje a Jean-François Borrell*, ed. Jean-Michel Desvois, Bordeus: Université Michel de Montaigne Bordeaux 3 - PILAR, pp. 405-421.

PARELLADA Joaquim (1984). *La publicación barcelonesa* Revista *en el contexto cultural de los años cincuenta*, tesi de llicenciatura, Facultat de Filologia, Universitat de Barcelona.

Revista. Biblioteca COAC. Dipòsit D-R 34-35. Fons: 1952 (1-37); 1953 (38-89); 1954 (90-142); 1955 (143-194).

RIDRUEJO, Dionisio (1976). *Casi unas memorias*, Barcelona: Planeta.

SANTAMARIA, Núria (1989). «*Revista* (1952-1955) i la introducció del realisme social narratiu», *Els Marges*, 39, pp. 95-109.

SOTELO VÁZQUEZ, Adolfo (2018). *Aspectos del periodismo de Camilo José Cela*, Barcelona: Edicions de la Universitat de Barcelona.

VELA, Leonor (1991). «Bibliografía de Martí de Riquer», dins *Studia in honorem prof. M. de Riquer*, vol. IV, Barcelona: Quaderns Crema, pp. 733-764.

Nota sobre la poesia lul·liana de Jeroni Rosselló

PERE ROSSELLÓ BOVER
(Universitat de les Illes Balears)

1. INTRODUCCIÓ

Jeroni Rosselló Ribera (Palma, 1827-1902) ha passat a la història de la literatura sobretot pel fet d'esser l'iniciador de l'edició contemporània de l'obra de Ramon Llull. Això no obstant, aviat les seves edicions lul·lianes toparen amb recels seriosos a causa dels criteris emprats, que avui en dia són considerats un paradigma de com no ha de fer-se una edició rigorosa. Tanmateix, aquí no ens interessa tractar el vessant de Rosselló com a editor de Ramon Llull, sinó la seva aportació a la poesia de temàtica lul·liana. Amb la Renaixença, Llull esdevingué un dels personatges poètics tractats per la nostra poesia romàntica fins al punt de convertir-se en un dels tòpics dels poetes del segle XIX més inclinats al medievalisme.

El gir cap a l'edat mitjana caracteritza bona part de la poesia catalana de Jeroni Rosselló Ribera. Curiosament, però, la poesia castellana del poeta mallorquí —recollida a *Hojas y flores* (1853) i *Ecos del Septentrión* (1857)— enllaça amb una orientació més cap a l'expressió sentimental i que palesa la influència del romanticisme europeu, sobretot de Schiller. En canvi, les poesies incloses a *Lo joglar de Maylorcha* —imprès també el mateix any amb el títol de *Poesías premiadas* (1862) per Pere Josep Gelabert— s'inscriuen en el corrent romàntic que perseguia recrear temes, mites i personatges històrics medievals i, fins i tot, imitar-ne el llenguatge. En aquesta obra, però, només hi trobam un poema de tema lul·lià: «Plant de Ramon Lull». Les altres nou peces que formen aquest aplec de poemes també tracten temes i personatges de la nostra història medieval, sense que Llull hi sigui present.

Els altres poemes de Rosselló sobre Ramon Llull els hem d'anar a cercar al volum col·lectiu *Homenage al beato Raimundo Lull en el sexto centenario de la fundación del Colegio de Miramar*, publicat el 1877 també per Pere Josep Gelabert i que recollia les composicions llegides a la festa lul·liana organitzada per l'arxiduc Lluís Salvador d'Àustria, celebrada el 25 de gener de 1876. Jeroni Rosselló hi va col·laborar amb dues peces: el poema «Ramon Lull en lo cláustre de Miramar» i la lletra de l'«Himne de Miramar en honra y gloria del B. Ramon Lull», que porta música de Bartomeu Torres. Per altra part, l'antologia *Poesies*, de Jeroni Rosselló, publicada a la col·lecció Lectura Popular, d'*Ilustració Catalana*, reprodueix només el poema lul·lià «Plant de Ramon Lull», que havia estat inclòs a *Lo joglar de Maylorcha*, i no aporta cap altra peça de temàtica lul·liana. Deixam fora del nostre treball el poema apòcrif «De Lulli. – Lo conqueriment de Maylorcha», inclòs per Rosselló a les *Obras rimadas de Ramon Lull* (1859), perquè no es pot provar que sigui realment obra de Rosselló.

El fet que a hores d'ara els manuscrits de Jeroni Rosselló romanguin extraviats, dificulta encara més la recerca de la seva poesia, en bona part dispersa en revistes i periòdics de l'època. El material lul·lià del nostre poeta va passar a mans de la Societat Arqueològica Lul·liana i en aquests moments molts dels manuscrits que emprà per a l'edició de l'obra de Ramon Llull estan dipositats a l'Arxiu del Regne de Mallorca. Però no hi ha manuscrits dels poemes o de l'obra creativa de Jeroni Rosselló. Això no obstant, entre la documentació custodiada a la Societat Arqueològica Lul·liana hi ha dos documents procedents del fons Rosselló que criden la nostra atenció i que Llorenç Pérez (2004: 102) va inventariar. El primer és el text titulat *La conversió de Ramon Lull. Oratori musical per veu de baix y partitura a tota orquesta*, imprès a Palma el 1881, també per Pere J. Gelabert, i que consta de sis pàgines. No s'indica enlloc el nom de l'autor. És curiós que aquest text també fos publicat a la revista *Ilustració Catalana* aquell mateix any, sense que tampoc es digui de qui és i sense cap partitura musical que l'acompanyi, com caldria esperar.[1] Tanmateix, se'ns planteja el dubte de si aquest oratori podria ésser obra de Jeroni Rosselló, ja que el nostre autor va publicar bastants de poemes a l'*Anuari dels Jocs Florals de Barcelona* tot amagant-ne l'autoria. L'altre text conservat és un esborrany manuscrit titulat *El Amigo y el Amado*, versificació en castellà elaborada a partir de tres versicles del *Llibre d'Amic e Amat*, de Ramon Llull. Es tracta d'un esborrany, atès que conté mots i versos sencers ratllats i reescrits. L'autor d'aquest text és Jeroni Rosselló, ja que es va publicar complet a *Museo Balear* (1875: 453-458). En aquesta publicació apareix la data de 1860.

1. Pou Muntaner (VI: 1985, 75) recull la notícia de la publicació d'aquest text a *Ilustració Catalana*, però no indica l'edició feta a Palma per Pere J. Gelabert. Ramon Rosselló (2009) atribueix aquest text a Mateu Obrador.

Recordem que, com una mostra del seu interès per la poesia de tema lul·lià, en l'antologia *Poetas baleares. Siglos XVI y XVII* Rosselló (1870: 379-396) va recollir «A Ramon Lull. Canción», de Nicolau Mellinas, que Gabriel Guasp havia editat el 1605.[2]

2. «Lo cançoner de Miramar»

Segons algunes referències, Jeroni Rosselló deixà inèdit un aplec de poesies amb un títol de connotació lul·liana: *Lo cançoner de Miramar*. Desconeixem on pot haver anat a parar aquest text, si és que realment no va ser més que un projecte. La notícia més completa ens l'ofereix Joaquim M. Bover a *Biblioteca de escritores baleares*, on diu:

> *Lo Cançoner de Miramar. Per Jeróni Rosselló Mestre en Gay Saber.* 1 t. 4º Ms. Contiene las composiciones escritas por el autor en el idioma lemosin moderno. Es obra puramente de imaginacion y van comprendidas quizás en ella las poesías que mas relevan en el Sr. Rosselló las dotes de poeta. El volúmen es un verdadero ramillete de preciosísimas flores, ante el cual no se atreve uno a escojer, temeroso de no resaltar á las demás, tan bellas y exquisitas son todas las que le componen. Deseamos que pronto vea la luz pública para mayor renombre del autor. Hé aquí una de las poesías comprendidas en este tomo (Bover 1976: II, 314).

A continuació Bover reprodueix el poema «La Almoyna y la Oració», una peça que no apareixia a *Lo joglar de Maylorcha*, la qual cosa ens fa pensar que es tracta d'un volum que aplegava poemes diferents dels inclosos en el volum de 1862. Tot i la referència a Miramar del títol del volum, «La Almoyna y la Oració» no té res a veure ni amb Ramon Llull ni amb Miramar.

La nota de presentació de l'aplec antològic *Poesies* de la col·lecció Lectura Popular, esmentat abans, ens dona una mica més de claror sobre *Lo cançoner de Miramar*. L'autor de la nota —que potser era Francesc Matheu, l'editor— ens assabenta que Rosselló, després d'haver obtingut els tres premis preceptius dels Jocs Florals de Barcelona per rebre el nomenament de mestre en gai

2. Guasp l'editā amb el títol de *Canción a la milagrosa conversión, vida y muerte del Egregio Dr. Ramon Lull. Compuesta por el licenciado Nicolás de Mellinas, natural de la ciudad de Mallorca.*

saber, encara es va tornar a presentar al certamen amb el poema «L'almoina i l'oració» sota el pseudònim *Lo cançoner de Miramar*. Això no obstant, aquest poema no apareix entre els premiats als Jocs. I també ens diu que va tornar a ésser distingit en convocatòries posteriors pels poemes «La torre del misteri» i «Partida».[3] El primer d'aquests poemes fou guardonat als Jocs Florals de 1864. Segons Dámaso Calvet, secretari del jurat, «La torre del misteri» és una «valenta y dramática al·legoria» «enviada ab lo lema: *La mort est le prix de toute vérité* (Lamartine), notable per lo acert ab que l'autor ha sabut donar una forma poètica á la idea filosòfica» (*JFB* 1864: 22). La relació del poema amb *Lo cançoner de Miramar* es fa palesa cap al final de la composició, quan diu:

Jo prenguí la santa ploma,
Y vaig escríurer abaix
De Aquí jau «Lo Cançoner,
Cançoner de Miramar».
(*JFB* 1864: 76)

Quant a «Partida», fou premiat als Jocs Florals de 1874. L'autor s'amagava rere les inicials C.D.M., que coincideixen amb les inicials dels mots «Cançoner de Miramar». A l'acta es fa aquest comentari del poema:

> Lema: *Sus! via sus! á Mallorca!—Mort als alarbs!* Descripció plena de vida y moviment á la par que de veritat històrica y que's fa perdonar lo estudiadament artificiós de sa estructura per la novedat en la manera de pintar un fet tant conegut y que á tants ha servit de lema, com es la espedició del Rey D. Jaume á Mallorca (*JFB* 1864: 44).

La nota introductòria de *Poesies* dona per fet que *Lo cançoner de Miramar* és un llibre publicat i afirma que Rosselló, «Sots els títols *Lo Joglar de Maylorcha* y *Cançoner de Miramar*, publicà dos volums: un de romanços històrics en llenguatge arcaych, y altre de poesies líriques mallorquines» (Rosselló s.d.: 482). Tot seguit el prologuista assenyala com a tret de l'obra de Rosselló la doble influència del romanticisme alemany i del lul·lisme: «Sa característica

3. «Ademés obtingué un premi extraordinari ab sa poesia religiosa *L'almoyna y la oració*. Baix lo pseudònim "Lo Cançoner de Miramar" concorregué encara als Jochs en anys següents, obteninthi distincions ab ses poesies *La torre del misteri* y *Partida*» (Rosselló s.d.: 482).

general es una barreja d'idealisme germànich y de simbolisme lul·lià. En Rosselló havia format sa pròpia personalitat poètica en l'estudi de la boyrosa poesia septentrional, singularment alemanya, y en el de les misterioses alegories del gran Lull» (Rosselló s.d.: 482). Però, tot i haver dit que Rosselló havia publicat aquests dos llibres, a la part interior de la coberta posterior del volumet, dins un requadre on es fa el llistat dels llibres del nostre poeta, s'esmenta únicament *Lo joglar de Maylorcha*, sense fer cap referència a *Lo cançoner de Miramar*.

La revisió del conjunt dels poemes aplegats a l'antologia *Poesies* ens fa pensar que les peces seleccionades es podrien distribuir en aquests dos aplecs: *Lo joglar de Maylorcha* i *El cançoner de Miramar*. *Poesies* només recull deu poemes, tres dels quals —els tres darrers del volum— pertanyen a *Lo joglar de Maylorcha*. Es tracta dels titulats «Lo Rey Conqueridor», «Madona Violant» i «Plant de Ramon Lull». Un altre dels poemes, «Lo Castell de l'Harmonia», procedeix de l'*Anuari dels Jocs Florals de Barcelona* de 1862, on fou publicat per haver-hi estat premiat, juntament amb «Lo Rey Conqueridor». Els guardons per a aquests dos poemes li valgueren el nomenament de mestre en gai saber, ja que l'any anterior havia estat premiat per la composició «Madona Violant». És possible que els altres poemes recollits («La llengua pàtria», «Idili», «Tenebres», «Lo pelegrí», «L'Arenal. Paysatge mallorquí» i «Poncelles») —juntament amb altres, com «La Almoyna y la Oració», que Bover presenta com a part de *Lo cançoner de Miramar*— apareguessin en revistes i periòdics de l'època i potser Rosselló tenia el projecte d'arribar-los a aplegar en un tom sota el títol de *Lo cançoner de Miramar*, tot fent referència al caràcter més líric de les peces reunides, en oposició a les històriques de *Lo joglar de Maylorcha*, i alhora retent de nou un homenatge a Llull. Encara que tot això sols sigui una hipòtesi, és segur que *Lo cançoner de Miramar* no era un aplec poètic de tema lul·lià.

A més, a l'*Anuari dels Jocs Florals de Barcelona* de 1865 apareix *Lo cançoner de Miramar* entre el llistat d'autors que han obtingut premis extraordinaris, la qual cosa fa pensar que, més que el títol d'una obra presentada, Rosselló havia emprat aquests mots com una mena de lema i havia mantingut l'anonimat. Només, però, fins l'any 1895, quan al llistat d'autors premiats en anys anteriors s'indica entre parèntesis que *Lo cançoner de Miramar* correspon a Jeroni Rosselló. Possiblement, el fet que el 4 de maig de 1862 Rosselló ja hagués estat nomenat mestre en gai saber, el segon de la història del consistori restaurat, només precedit per Víctor Balaguer, l'havia dut a emprar aquest subterfugi per amagar el nom real. Tanmateix, malgrat que no sapiguem exactament quins poemes havien de formar *Lo cançoner de Miramar*, podem afirmar que la filiació lul·liana del volum estava sobretot en el títol.

3. «El Amigo y el Amado. Paráfrasis de tres versículos del celebrado cántico de Ramon Lull»

Jeroni Rosselló versifica en castellà tres dels versicles del *Llibre d'Amic e Amat*: l'1, el 2 i el 8. Aquest tercer versicle, el 8, es correspon amb el 9 de l'edició crítica de Soler (1995: 9). El contingut del versicle 1 és més extens que el de les edicions posteriors de l'obra, la qual cosa fa pensar que Rosselló el podria haver extret de la versió impresa del *Blaquerna* de Joan Bonllavi publicada a València el 1521, si bé tant en la citació d'aquest versicle com en la dels altres dos hi ha algunes petites diferències lingüístiques respecte d'aquesta edició.

Rosselló adapta aquests tres versicles del *Llibre d'Amic e Amat* a la forma de la silva, que implica una extensió molt major que la que tenen aquests textos lul·lians. Es tracta d'una combinació d'hendecasíl·labs amb heptasíl·labs, que segueix un esquema que varia a cada estrofa i que en alguns casos deixa alguns versos lliures. La forma escollida per Rosselló, més aviat pròpia del Renaixement i del barroc, fa perdre al text lul·lià la simplicitat i l'essencialitat originals. L'extensió i l'amplificació de la versió provoquen que aquests poemes presentin una gran semblança amb els de la lírica espanyola dels segles d'or i que perdin el to directe del text de Ramon Llull. Podem emprar com a exemple la versificació del primer versicle, l'inici del qual diu «Demanava l'Amich a son Amat si en ell havia romàs neguna cosa a amar» i que Rosselló transforma en aquesta primera estrofa:

> Del amor en las ansias abrasado,
> Con el deliquio celestial consigo,
>   Preguntaba el Amigo
>   A su glorioso Amado:
>   —Sol mío idolatrado,
>   Aunque en tus perfecciones
> Tanto encuentran amar los corazones,
>   En tan estrechos lazos
>   Unido á tí me siento,
> Y tanto te amo, que no sé yo mismo
> Ya que adorar en tí de amor sediento.

L'amplificació encara és molt més exagerada i retòrica a la resta del poema, format per dues estrofes, que es corresponen amb els fragments afegits a la versió del *Llibre d'Amic e Amat*. La frase «E l'Amat respos e dix que aço perquè l'amor de l'Amich se podia multiplicar en amar, restava tots temps per amar» es transforma en dues estrofes, que van molt més enllà d'una traducció i d'una versificació i que constitueixen en alguns moments més aviat un comentari. La idea que l'Amat es podia multiplicar en amar dona lloc ara a una llarga referència a l'encarnació de Déu en Jesucrist i a la seva mort a la creu, que no apareixen en el versicle original. La insistència en la idea del sacrifici de Jesucrist per salvar els homes es repeteix en les tres versificacions, que resulten molt semblants des de tots els aspectes. Cal anotar que, si el text lul·lià podia permetre una lectura interreligiosa, la versió que en fa Rosselló és exclusivament cristiana.

A més, en els tres poemes versificats per Rosselló hi ha moltes mostres de la retòrica culteranista i, també, un cert conceptisme que imita la poesia castellana dels segles XVI i XVII: «Amado amoroso», «en una cruz pendiente», «Puede multiplicar y multiplica», «Enjambre de quimeras», «Lo que puede y pudiera», «¿En dónde estàs? en dónde?», «luz de tu hermosura», «Diadema cruel de espinas», «sien soberana», «acerbo llanto», etc. El lèxic també ens recorda el vocabulari característic de la poesia del segle d'or: «amor divino», «morada», «llama», «en tropel», «acaudalas», «dulzura», «fulgor», «senda», «dulcedumbre», «lumbre», «duelo», «collado», «madero», «leño», «quebranto», etc. Tot plegat fa que, en general, aquestes tres versificacions perdin el caràcter lul·lià i no semblin gens medievals ni tampoc gens catalanes, com si Llull fos un poeta del segle d'or espanyol.

4. «Plant de Ramon Lull»

En l'edició de *Lo joglar de Maylorcha*, el poema «Plant de Ramon Lull», com tots els altres, va acompanyat d'una traducció en prosa al castellà, tal com Rosselló també havia fet amb els poemes del beat publicats per ell el 1859 al volum *Obras rimadas de Ramon Lull*. Aquesta traducció constitueix avui en dia un afegitó absurd, que únicament sembla tenir l'objectiu de voler servir d'ajuda en la comprensió del text al lector contemporani, però que presenta el text català com una raresa antiquada. Consta de trenta-set estrofes de quatre versos decasíl·labs amb rima ABAB. La cesura dels versos en uns casos es troba a la sisena síl·laba i en d'altres, a la quarta. El llenguatge és pretesament medievalitzant («neyra», «Déus», «stelas», «nuyt», «arma», «porá», «carçre», «mant», «leissá», «eu», etc.). Tanmateix, Rosselló sovint és incoherent i alterna alguna forma medieval amb la moderna («Déus» / «Déu»). El gust per les grafies d'aspecte medieval també caracteritza aquest poema («yl» per «ll», «cc» per «c», «s-» per «es-», etc.).

Pel contingut, el poema ens remet al *Cant de Ramon*, de Llull. Sobretot perquè Rosselló opta per usar la primera persona del singular per donar veu al personatge del beat. El plantejament biogràfic no representa cap novetat, però, en canvi, en identificar-se narrador i protagonista, la narració dels fets passa a un segon pla i queda tan sols suggerida. En canvi, la visió subjectiva del món interior del personatge queda ressaltada en un primer terme. Rosselló aquí escriu un monòleg en vers que, més que relatar una peripècia externa, ens revela una trajectòria espiritual o emocional: el viatge que Ramon Llull fa des de la consciència d'haver caigut en el pecat fins a la determinació d'haver de redimir els pecadors. Així, el poema s'inicia amb l'exposició del penediment per part de Llull, causat per haver pecat i no haver sabut distingir la veritat de l'error. Aquest estat d'ànim dolgut s'expressa mitjançant la imatge de la tempesta, que no podem deixar d'associar tant a Ausiàs March com al romanticisme:

— Passá! passà la neyra e gran tempesta
Que combaté tan fort ma frévol nau:
D'huy mays! Oh Deus, la platja hauré conquesta,
E porá haver mon cor conort é pau.

Aquesta caiguda en el pecat és resseguida en les estrofes següents tot continuant la metàfora del naufragi: «Ixquí á la mar del mon ab totes veles, / Remant lo braç sens fre, cluchats los uyls». La vida de pecat, que es caracteritza per la «mala amor» i per la pèrdua del seny, és presentada com un moment de fosca, d'absència de llum, la qual cosa també remet a una simbologia cristiana, molt pròpia de la poesia mística. A la quarta estrofa Rosselló també empra un altre motiu medieval, la «càrcer d'amor», ara transformada en una «carçre vil» en la qual les esperances i les joies de la joventut s'han esvaït. El jo poètic ens va descrivint la devastació que ha patit a causa del pecat, que ha destruït tot el que era bo i bell.

Les estrofes sisena i setena constaten la desviació del propòsit de seguir Déu que ha significat la caiguda en la vida pecaminosa. El jo poètic remarca que havia vingut al món per fer «sanctas e altas cosas» i per estar al servei de

Déu, per la qual cosa el Creador l'havia dotat d'una sèrie de qualitats: «valor, cor gran, pensa atrevida». Però, en desviar-se del camí, ha caigut en els vicis de la vanitat i l'orgull. I la vida pecaminosa el converteix, als seus ulls, en un «àngel mal» que ha descendit «per las escalas / En tro l'abís» i que ha perdut «les plomes de ses alas». La comparació del poeta amb un àngel caigut ens suggereix una equiparació del Llull pecador amb la figura romàntica del poeta rebel i maleït. A partir d'aquest moment, un altre pic reprèn la relació de vicis i de maldats en què s'havia rabejat, sobretot la luxúria i la vida lliurada als plaers sensuals. Això el duu a identificar-se amb el símbol del mal per excel·lència: la serp, transfiguració del diable mateix: «Eu fuí la serp liscant enfre las flors; / Fuí l'esperit d'infern qui'l mal conçela». El jo poètic, en el seu discurs autobiogràfic, insisteix sobretot en els pecats de mala amor, de luxúria, que l'han apartat de Déu i que l'han dut a escarnir el camí que Déu havia traçat per a ell: «Ne fahia scarn del dó que'm fiu mon Deu». A partir de la catorzena estrofa, tot insistint una vegada i una altra en el seu caràcter de pecador, la veu del protagonista fa ús d'un altre recurs ben car a Ramon Llull: la hipèrbole. Així, es presenta com l'home més pecador del món («en lo mon ne só'l puc peccador»), que ha caigut en la follia i en la ceguesa. L'enviliment del pecat el fa veure's com un esperit que es podreix dins son cor («Mon esperit pudria's dins mon cor»).

A partir de l'estrofa dissetena el discurs del protagonista fa un gir que l'aparta força dels textos lul·lians. El jo poètic es refereix a Blanca Picany i als seus fills, que han estat les víctimes de la mala vida i dels pecats que ha comès. Així, l'estrofa divuitena és una exclamació amorosa del jo poètic envers la seva dona, que representa el bon amor («¡Oh sperit car! ¡oh douça Blancha mia! / Angel de bé! d'amor estel lusent!») que ha estat ultratjat per ell. Per això dedica les quatre estrofes següents a sol·licitar el perdó de la muller, tot deixant ben clar que no li demana la restitució del seu amor, ni tornar a la vida conjugal anterior. Sols vol que el perdoni per apaivagar el malestar de la seva consciència. L'única possibilitat de retorn amb l'estimada ara es troba més enllà de la mort, la qual cosa li «dona sper d'haverte denant Deu». I encara en l'estrofa 24 insisteix en la possibilitat de recobrar l'amor de l'amada a partir de Déu:

Si't perdí say delay vuyl recobrarte,
Al Deu d'amor e á tu mercè clamant;
Contemplant Deu á tu vuyl contemplarte,
Digne'm vuyl far de que'm volguessis tant.

Aquesta idea de l'amor humà més enllà de la mort és clarament romàntica i és inimaginable en el marc mental lul·lià. En canvi, les tretze estrofes restants segueixen molt clarament el programa i la vida del beat: la recerca de la mort per martiri («Eu del martír cercant una corona»), el propòsit de fer el bé («Aytant mal fiu, aytant vuyl far lo bé») i d'enaltir i lloar Déu («vuyl encensar á Deu»), la vida solitària o eremítica («Me'n vaig á l'èrm!»), la contemplació i l'escriptura («Eu contemplant vuyl las bontats escriure»), la concepció de l'Art per mitjà de la revelació divina («Eu vuyl cercar una noveyla sciencia, / Puis par que Deus me n'hage dat la clau»), la idea de portar la veritat als pecadors («E'l guiayre esser de tuyt el qui vá errat»), la predicació als infidels («Vuyl presicar á los mortals») i als que viuen en l'error («Marteyl seray de las errades sectes, / Combatre vuyl tots los errors que y son»), i la demostració de la veritat mitjançant la raó amb l'Art lul·liana:

Conceb una *Art* que may fó coneguda,
E la raysó potne conexer Deu:
Virantme á Deu, per Deu l'hay concebuda,
Vuyla ensenyar anant p'el mon romeu.

Rosselló tampoc no oblida l'estratègia lul·liana de fer arribar el seu missatge als papes i als reis per estendre'l més fàcilment (estr. 35); ni tampoc la de convèncer amb la raó, sense excloure'n, si cal, la força, és a dir, la croada: «Vençre ne vuyl l'error per la doctrina, / E guerretjant, vençre per tot l'error». En tot aquest seguit d'estrofes que pràcticament sintetitzen tot el programa lul·lià, Rosselló també intercala algunes notes d'una poeticitat simple i ingènua, que recorda algunes de les imatges (el núvol, el sol, la font, el riu, el vent...) que apareixen en els *exemples* lul·lians, com a les estrofes 30 i 32:

Veig que de error lo mon se'n entenebra;
La neyre núu ne vá á eclipsar el sol:
Vuyl ser la font que cur l'ardenta febra,
E dels perduts la stela del consol.

Vuyl esser riu ont los setgles began
Lo pur crestayl dels divinals conçels:
Vuyl esser vent, qui quant los cels lampegan,
Rompa la núu que cela los estels.

Tanmateix, tota aquesta exposició del programa lul·lià no és introduïda a partir del record de les coses fetes, com al *Cant de Ramon*, sinó com una anticipació del que ha de venir i del que Llull es proposa dur a terme a partir del moment de la seva conversió. Això l'aparta del sentiment de fracàs i de decepció que la poesia lul·liana ens comunica i, en canvi, li proporciona un to vitalista que és absent en Ramon Llull, tal com es pot veure en l'estrofa que clou aquest «Plant de Ramon Lull»:

Rich de pensar e de riquea pobre
L'enteniment en Deu qu'un temps perdí,
Me'n vaig á l'èrm á asmar en la gran obre,
Me'n vaig á l'èrm ab mon tresor diví.

5. «Ramon Lull en lo cláustre de Miramar»

El poema que Jeroni Rosselló presentà per a la festa lul·liana de 1877 és, sens dubte, el més complex dels que va escriure sobre el Mestre. Està format per tres parts clarament diferenciades, tant perquè presenten un canvi mètric i estròfic, com perquè hi ha un canvi de narrador. La primera part està formada per quatre quintets, en els quals quatre versos són alexandrins i el tercer és un hexasíl·lab, que rimen segons l'esquema ABaAB. Aquesta mateixa forma és represa a la tercera part, formada per les quatre últimes estrofes del poema. La primera i la tercera part, a més, tenen un caràcter exclusivament d'introducció i de conclusió i es distingeixen de la segona pel fet que el poema és posat en boca d'un narrador en tercera persona, un *jo poètic* que identificam amb el poeta. La segona part, en canvi, és la més extensa i concentra tot el missatge lul·lià que Jeroni Rosselló vol fer arribar als lectors i/o oients. Està formada per trenta-sis quartets de versos decasíl·labs, excepte el segon, que és hexasíl·lab, les rimes dels quals segueixen l'esquema AbAB.

La primera part comença amb una al·lusió a l'entorn natural de Miramar, que serveix al narrador per presentar-nos Ramon Llull en els moments inicials del monestir. El Mestre vol salvar la humanitat del pecat i concep la idea del martiri com a ideal cristià. Per a ell els novicis del col·legi de Miramar són la llavor de la seva obra, la qual cosa el fa sentir-se «un nou apòstol enviat pel Redentor» (estr. 3, v. 5). La quarta estrofa, i final, d'aquesta primera part del poema, serveix per donar veu al protagonista, Ramon Llull, que adreçarà uns mots als seus deixebles en el que ja és la segona part del poema.

El canvi de veu es palesa, com hem dit, tant per la separació formal entre les dues parts, com pel canvi d'estrofa. Ara és Llull qui s'adreça, en estil directe, als novicis del monestir de Miramar. Els parla per acomiadar-se'n, atès que ja els ha ensenyat el camí que han de fer i ara vol iniciar el seu sacrifici en solitari. Aquesta ensenyança que els ha donat és l'Art. Els diu que Déu li ho ha donat tot i ara li toca, a ell, donar-ho tot per Déu. Conscient que el món viu en l'error, s'assigna l'objectiu de treure-l'en. Però Rosselló, que coneix ben a fons el pensament i l'obra lul·liana, no pot esquivar el seu tarannà romàntic, per la qual cosa fa que Llull reconegui la força que el paisatge de Miramar li ha infós:

> Dels pins de Miramar la flayra pura
> M'ha duyt la força al cor,
> Y contemplant á Deu en exa altura,
> Ha concebut mon seny pensaments d'or.
> (Estr. 5)

Llull, com a personatge narrador, parla als seus deixebles del mal que regna al món, de l'infern que ho domina tot, de la peresa i de les falses lleis, etc. En aquest context, lamenta que Jerusalem encara romangui en mans dels «alarbs impurs» (estr. 8, v. 2) i es queixa que ningú no es plantegi reconquerir Terra Santa. Tot seguit es refereix als que estenen falses doctrines i als cristians justs que moren per Jesús sense que els reis no facin res per evitar-ho. A continuació (estr. 11) esmenta el dolor que això li produeix i la necessitat de passar a l'acció tot difonent el missatge cristià. Els dos últims versos de l'estrofa 12 sintetitzen aquest ideal en una imatge basada en la idea dels contrastos: «En flor de Deu vull convertir l'espina, / En pura llum la fosca de la mort».

A partir d'aquest moment, el jo poètic, el personatge de Ramon Llull, va enumerant en les estrofes següents el seu programa d'acció: l'extensió de la caritat, l'eliminació de les doctrines errònies (amb una referència al llibre *Els cent noms de Déu*), l'ideal d'unitat (tot estenent el cristianisme a tota la Terra perquè s'imposin una sola fe i un sol déu a tota la humanitat), la implicació dels reis i del papa en el seu programa, el pelegrinatge, el debat amb els infidels («De l'India fins l'Algarb»; estr. 19, v. 2) per convertir-los mitjançant la raó, l'extirpació del pecat entre els cristians i la imposició de la llei de Crist, el propòsit de martiri, la conversió tant per mitjà de la ciència com per la poesia (és a dir, per la raó o pel sentiment, la qual cosa és una altra tergiversació romàntica de Rosselló), etc. L'estrofa 26 aporta un canvi en el discurs de Llull als seus deixebles: ara insisteix que porta Déu en si mateix, la qual cosa li dona forces per poder afrontar el martiri: «Jo'l sent dins mi mateix; / Jo'l sent en la dolor, qui m'aconorta, / Sent que m'ajuda quant m'engruna'l feix» (vv. 2-4).

L'al·lusió als receptors del seu discurs, als deixebles de Miramar, a l'estrofa 29, conté una nova intromissió del poeta romàntic, que al·ludeix a «les alzines centenaries» (v. 1) de Miramar. Ara Llull demana als alumnes que preguin per ell, que estudiïn l'Art i que es converteixin en «la maça que lo mal enclogue» (estr. 31, v. 1). Altre cop el poeta romàntic no pot amagar la fascinació paisatgística i fa que Llull vegi en el paisatge de Miramar una metàfora de la lluita que s'ha de produir entre cristians i gentils:

> Fibblons de Miramar, onadas blaves
> Rompent á nostres peus,
> Semblança'n son de les tempestes braves
> Qu'axecarán gentils, alarbs, jueus.
> (Estr. 32)

Finalment, el personatge lul·lià creat per Rosselló s'acomiada dels deixebles, tot demanant-los que segueixin el seu exemple, vagin a predicar als infidels i a morir per Déu.

A la tercera part del poema el narrador que trobàvem a la primera part torna a prendre la veu per contar-nos que Ramon Llull emprèn el seu viatge per mar amb l'objectiu de fer realitat tot el que ha explicat abans. La darrera estrofa, a més, es refereix a l'obra de Ramon Llull, per la qual «reys y prínceps lo esguarden de reull» (estr. 4, v. 2), tot esmentant com a llibres més alts el *Fèlix* i el *Blaquerna*.

6. «Himne de Miramar en honra y gloria del B. Ramon Lull»

L'himne que Jeroni Rosselló va escriure per a la festa de Miramar, amb música de Bartomeu Torres, és un poema més senzill que els anteriors, com pertoca a una peça concebuda per ser cantada, en la qual el contingut ha de ser clar i no gaire complex. Consta d'una estrofa inicial que fa la funció de cançoneta que s'ha de repetir intercalada entre cadascuna de les altres estrofes del poema. Aquesta cançoneta està formada per dues quartetes de vuit versos tetrasíl·labs, que rimen segons l'esquema –abc –abc. En realitat, la cançó només és un càntic de glorificació de Ramon Llull, que serveix per ajuntar el nom del Mestre als de Miramar i Mallorca.

Les quatre estrofes següents també estan formades per dos quartets de versos eneasíl·labs, que en realitat són decasíl·labs comptats a la manera castellana. L'esquema mètric és el següent: –AAB –CCB. La primera estrofa uneix la figura de Ramon Llull al paisatge de Miramar i anuncia els càntics que hom li dedicarà amb motiu de la restauració del monestir. La idea subjacent en aquests versos és amarada d'esperit renaixentista, ja que la recuperació de Ramon Llull ha d'implicar el retorn a les glòries d'antany. La segona estrofa compara la migradesa de l'ofrena present que li fan en aquest homenatge amb la grandesa de l'obra lul·liana, com si es tractàs d'una espècie de *captatio benevolentiae* en nom de tot el col·lectiu dels poetes aplegats a Miramar. I parla de la idea del martiri com a culminació d'aquesta immensa obra, que ja no podia caber en els límits humans:

> No cabé ton saber dins la terra,
> Com no cap tant d'aroma en un lliri;
> Y les ales prenint del martiri
> Cap al cel esteneres ton vol.

La tercera estrofa es refereix a la pervivència de Llull en el poble mallorquí, el qual continua lloant-lo i manté viva la seva fe en ell, que li fa d'intercessor davant Déu. I la quarta i última estrofa apel·la al sentiment patriòtic dels mallorquins, ja que Ramon Llull ennobleix l'autoestima del nostre poble i li reafirma el sentiment religiós: «Dins ta gloria Mallorca's veu bella, / Y's veu noble per ser tú fill seu».

En resum, es tracta d'un poema escrit per a una ocasió i amb una finalitat concreta, que cobreix eficaçment.

7. Conclusions

Tot i l'extensa dedicació de Jeroni Rosselló a l'edició de l'obra de Ramon Llull, en la seva obra poètica no abunden els poemes de tema lul·lià. Les peces que publicà demostren un bon coneixement de l'obra i la figura de Llull, però sovint cau en algunes tergiversacions romàntiques. Aquests poemes sintetitzen pràcticament tot el projecte lul·lià i les idees principals del pensament del Mestre, per la qual cosa potser Rosselló no fou més prolix a l'hora d'escriure poesies de tema lul·lià. Situats en el context estètic de l'època, aquests poemes tenen un clar valor i, segurament, obeeixen al propòsit d'estendre l'amor a Ramon Llull com una tasca patriòtica.

Bibliografia

Homenage al beato Raimundo Lull en el sexto centenario de la fundación del Colegio de Miramar, Palma: Impremta de Pere Josep Gelabert, 1877 [edició facsímil: Palma, Cort, 1996].

«La conversió de Ramon Lull. Oratori musical per veu de baix y partitura a tota orquesta». *Ilustració Catalana*, 28 (10 abril 1881), p. 222.

Llull, Ramon (1995). *Llibre d'amic e amat*, ed. Albert Soler, Barcelona: Barcino.

Pérez Martínez, Llorenç (2004). *Els fons manuscrits lul·lians de Mallorca*, ed. Albert Soler, Barcelona: Universitat de Barcelona - Universitat de les Illes Balears (Biblioteca Blaquerna, 4).

Pou Muntaner, Juan (1985). *Noticias y relaciones históricas de Mallorca. Siglo XIX*, tom VI (1881-1885), Palma: Societat Arqueològica Lul·liana.

Rosselló, Jeroni (1862). *Lo joglar de Maylorcha*, Palma: Impremta de Pere Josep Gelabert [imprès també amb el títol de *Poesías premiadas*, Palma: Impremta de Pere Josep Gelabert, 1862].

Rosselló, Jeroni (1870). *Poetas baleares. Siglos XVI i XVII*, Palma: Impremta de Pedro José Gelabert, pp. 379-396.

Rosselló, Jeroni (1875). «El Amigo y el Amado. Paráfrasis de tres versículos del celebrado cántico de Ramón Lull», *Museo Balear*, 13 (juliol), pp. 453-458.

Rosselló, Jeroni (s.d.). *Poesies*, Barcelona: Ilustració Catalana (Lectura Popular. Biblioteca d'Autors Catalans, 138).

Rosselló Vaquer, Ramon (2009). *Mateu Obrador i Bennàssar. Biografia i obra literària*, Felanitx: Ajuntament de Felanitx.

Abreviatures

JFB = *Anuari dels Jocs Florals de Barcelona*

Lola Badia, introductora de Ramon Llull

Josep E. Rubio
(Universitat de València)

Etimològicament, l'introductor és aquell que ens guia, que ens condueix cap a l'interior d'un lloc desconegut; algú que no sols ens mostra el camí, sinó que ens acompanya en els primers passos, per força insegurs, en un terreny encara no fressat, fins que ja podem continuar la marxa tots sols.

Si pense en els temps en què vaig accedir, per primera vegada, a l'obra i a la figura de Ramon Llull, és inevitable que em vinguen al cap una sèrie de noms propis, autors de textos imprescindibles per introduir-se en aquell món que em semblava (i em continua semblant, més d'un quart de segle després) immens. En són molts. Per sort, i encara que des d'aleshores la recerca lulliana ha avançat considerablement en molts camps, ja als anys vuitanta del segle passat teníem a l'abast estudis importants que havien obert nous camins per a la investigació futura. Monografies com la dels germans Carreras i Artau (1939, I), la d'Armand Llinarès (1968) o la de Cruz Hernández (1977), oferien descripcions acurades, fruit d'una síntesi ordenada, del funcionament de l'*Ars* en les seues línies generals. L'accés a aquestes obres era relativament fàcil en un moment en què un estava limitat a la disponibilitat de volums en la biblioteca universitària del *alma mater* de torn, si no és que es tractava de llibres encara disponibles en el fons de les editorials. Un mica més complicat es feia l'accés a altres títols igualment necessaris pel seu caràcter introductori, com el del P. Platzeck (1962-1964) —complicat no sols per la dificultat de trobar-ne un exemplar, sinó per l'entrebanc lingüístic de la lectura en versió original, si hom arribava a aconseguir alguna còpia de la imponent monografia en alemany.

Però per a qui, a principis dels noranta, volia introduir-se en els racons encara inexplorats de l'*Ars*, o de la seua relació amb l'obra més literària de Llull (en definitiva: per als joves que, com qui signa aquestes ratlles, volíem aleshores, amb una empenta no exempta d'ingenuïtat, 'aportar' alguna cosa nova), calia afegir a les anteriors moltes altres referències que convenia pair amb calma abans d'atrevir-se a moure un dit. Per fortuna, disposàvem de traduccions dels estudis pioners en les noves interpretacions de l'*Ars*, vinguts de fora, i de recopilacions actualitzades d'altres textos fonamentals per a la recerca lul·liana, 'clàssics' que apareixien de nou en escena tot aportant un aire renovellat a les generacions joves.

Esmentaré tan sols tres volums, fonamentals, encara que se'n podrien afegir d'altres. Tres fites imprescindibles que han obert les portes a Llull almenys a dues generacions d'estudiosos, de moment —dos publicats en l'any 1985 i un tercer, en 1991: *Assaigs sobre Ramon Llull* (Yates 1985), *Ramon Llull i el lul·lisme* (Rubió 1985) i *Estudis sobre Ramon Llull* (Pring-Mill 1991). Són d'aquells llibres que un té subratllats i anotats fins a la darrera pàgina. Realment, no cal explicar ací la importància que tenen en els estudis lul·lians: qualsevol que conega mínimament l'autor n'és conscient. Personalment, reconec el meu deute envers aquests volums amb què em vaig iniciar en la recerca. Llegir-los i digerir-los haguera estat molt més difícil, però, si tots tres no hagueren tingut l'avantatge de sengles introduccions redactades per la destinatària d'aquest homenatge.

En efecte: en prologar aquests tres reculls, Lola Badia s'erigeix en 'introductora' de Llull per partida doble. Perquè també ho és, *per se*, en haver publicat altres volums igualment de referència en aquells anys: els estudis recollits en *Teoria i pràctica de la literatura en Ramon Llull* (Badia 1992) i, en col·laboració amb Antoni Bonner, el manual *Ramon Llull: vida, pensament i obra literària* (Bonner & Badia 1988). El que ara i ací voldria evocar, però, és la feina de redacció dels estudis introductoris als estudis d'altri: un gènere sovint oblidat de manera injusta, però al meu parer importantíssim i en el qual Lola Badia, també, va excel·lir. Ho demostra el fet que tinc les seues introduccions als tres volums esmentats tan subratllades com els treballs que presenta.

Considere que és de justícia trencar una llança a favor d'aquesta tipologia textual que és l'estudi introductori; tot un gènere en si que, quan es treballa com cal, no sols té la virtut d'aportar una exegesi al servei de la comprensió del text que presenta, sinó que, a més a més, entra en diàleg amb aquest i l'ubica en la tradició científica de l'objecte d'estudi: el contextualitza. I això és el que trobem en les pàgines de presentació dels tres volums de què tractarem a continuació.

Cronològicament, la primera de les introduccions és la del llibre de Jordi Rubió i Balaguer, datada en setembre de 1984. El recull aplega una sèrie de treballs que Lola Badia agrupa en quatre categories: articles d'enciclopèdia, aportacions bibliogràfiques, l'edició de la *Lògica del Gazzali* i treballs relacionats amb la literatura catalana. Al llarg d'unes onze pàgines, el pròleg analitza acuradament l'aportació de Rubió en aquests quatre apartats, bo i remarcant en tot moment un aspecte central: el caràcter pioner dels treballs reunits. Aquesta serà una característica important també en els estudis introductoris als dos volums següents: l'autora sempre posarà en relació els treballs introduïts amb les línies de recerca que els precedeixen i, encara, amb les noves línies que enceten i que caldrà seguir. «La investigació de Rubió va ser peonera i encara és fonamentalment vàlida», afirma en referència a l'estudi sobre les miniatures del *Breviculum* (Rubió 1985: 8); però no s'atura en aquesta remarca, sinó que afegeix tot seguit les aportacions que, seguint la petja de Rubió, van fer Hillgarth i Batllori.

Un dels objectius d'aquest pròleg apareix, doncs, amb evidència quan més enllà d'apuntar els treballs que han continuat el de Rubió (sovint afinant el que ja va dir, però sense modificar substancialment l'aportació pionera), presenta amb tots els ets i uts les línies mestres del que hauria de ser la investigació futura. Açò és especialment remarcable en el comentari al quart grup d'estudis, els relacionats amb els aspectes més literaris de l'obra lul·liana. Així, Lola Badia presenta «una llista provisional dels textos lul·lians sobre llengua, retòrica, gramàtica i predicació que cal tenir en compte per a prosseguir pel camí iniciat per Rubió» amb el seu estudi sobre la *Rhetorica nova* (Rubió 1985: 13). Aquesta nòmina, encara vàlida un quart de segle després, és tota una guia per a qui vulga fressar el terreny obert per l'estudi pioner —un terreny en bona part desbastat per la mateixa estudiosa amb el seu llibre *Teoria i pràctica de la literatura en Ramon Llull* (Badia 1992), ja anunciat en aquest pròleg al de Rubió.

Passem a continuació al volum dels assaigs de Frances Yates sobre Llull traduïts al català, publicat el mateix any que l'anterior. El pròleg de Lola Badia, però, està datat cinc mesos després que el del llibre de Rubió: febrer de 1985. Tretze pàgines denses, plenes d'informació preciosa per a l'estudiós de Llull, en les quals, més enllà de l'anàlisi dels estudis de l'autora britànica, estableix les bases del que serà el treball posterior dut a terme per altres investigadors (i per la mateixa Lola Badia) en temes tan cabdals com l'astronomia lul·liana, el poder significatiu de la metàfora o el mecanisme del pensament analògic. Tothom que es dedica a Llull deu tenir immediatament *in mente* els noms dels especialistes que han treballats aquests camps, la importància dels quals es fa palesa en una lectura atenta de l'anàlisi del pròleg a les aportacions de Yates. Qui llegia aquelles ratlles quan van ser publicades, podia sentir una innegable curiositat davant l'expectativa desvetllada per unes paraules com aquestes: «em consta que hi ha qui treballa en l'aclariment del fonament cosmològic de les arts del beat» (Yates 1985: 15), que pràcticament inclouen el subtítol del treball de Ruiz Simon (1986), publicat poc després, al qual fan referència. Aquesta és la línia mestra de tot el pròleg: considerar els estudis de Yates com un referent inexcusable per a noves investigacions que cal esperonar.

Lola Badia no s'està tampoc de matisar alguns aspectes de la recerca de Yates, sempre des del respecte màxim. Després d'una descripció aclaridora dels resultats de les teories de l'estudiosa britànica sobre l'origen de l'*Ars*, puntualitza que «cal introduir un correctiu»: no existeix l'Art de Ramon com a sistema de pensament únic i fixat (Yates 1985: 13-14). La feina de Yates fou immensa, quasi increïble, i no se li pot fer cap retret en aquest sentit, com reconeix Badia: ja era prou haver estat capaç de construir una teoria potent sobre l'*Ars* a partir de textos d'uns manuscrits aleshores encara inèdits! Però per avançar en la interpretació del sistema lul·lià calia contemplar-lo en la seua dinàmica, i ací el pròleg remet al lector, directament, a un complement imprescindible:

> Frances Yates era perfectament conscient que els seus estudis eren tot just un inici. Per això conserven un cert valor de textos introductoris. El lector català els podrà completar amb el *Microcosmos lul·lià* de Robert Pring-Mill publicat a Palma de Mallorca el 1961 (Yates 1985: 14).

En altres moments també és capaç de descobrir en estudiosos posteriors les aportacions sorgides de les intuïcions de Yates, com ara les de Michela Pereira o Julio Samsó, a partir de la possible relació entre Llull i Escot Eriúgena, que apunta a «un vell cor neoplatònic en Llull diversament empeltat d'aristotelisme» (Yates 1985: 17).

Tot un programa, doncs, per a la recerca lul·liana del futur més immediat és el que articula el discurs d'aquest pròleg amb uns estudis pioners, dels quals Lola Badia extreu tot el suc d'unes intuïcions vàlides però necessitades d'un treball ulterior. Quasi com una continuació lògica d'aquesta introducció tenim, doncs, la del tercer dels volums ací considerats: el dels *Estudis sobre Ramon Llull*, de Pring-Mill. Datada el Dimecres Sant de 1990, s'afegeix de manera explícita a la presentació dels dos estudis d'un lustre enrere, citats a la primera nota a peu de pàgina, els quals, en paraules de la prologuista, «responen a la mateixa intenció de facilitar l'accés a la bibliografia fonamental del present segle sobre Llull» (Pring-Mill 1991: 7).

El programa es fa així més evident: amb aquest tercer lliurament es completa la introducció a una part de la bibliografia fonamental per als estudis lul·lians del futur més immediat. L'aportació de Pring-Mill és col·locada, primer de tot, en una línia que continua l'obra de referents anteriors: els Carreras i Artau, Longpré, Platzeck i Yates. El lul·lista britànic extreu, en efecte, de la proposta de Yates de fonamentació cosmològica de l'*Ars*, el fil que li dona la clau del funcionament analògic de les primeres versions del mètode lul·lià de trobar la veritat, especialment de l'*Art demostrativa*. La història és ben coneguda: la rèplica del P. Platzeck a la tesi del paper de l'analogia elemental projectada en la figura de les dignitats divines, la contrarèplica de Pring-Mill i la solució final de compromís. Totes les línies mestres d'aquest debat són resumides per Lola Badia i —el que és més important— són presentades com una etapa d'un procés *in fieri* que té la continuació més immediata en la definició de dues fases en l'*Ars*. El lector entén així d'on i per què ha sorgit l'esquema de la producció de Llull en quatre etapes ideat per Antoni Bonner, al qual es fa referència, per cert, en els pròlegs anteriors com a guia imprescindible per ordenar i ubicar cada obra en el conjunt evolutiu de l'immens catàleg de Llull.

Si la part dedicada a la presentació dels treballs de Pring-Mill relacionats amb l'*Ars* obliga a posar-los en relació amb els estudis previs (entre els quals els de Frances Yates ocupen un lloc primordial), el comentari dels articles que tracten de la part més literària de l'obra de Llull («Entorn de la unitat del *Llibre d'amic e amat*», «Els recontaments de l'*Arbre exemplifical*»...) no és possible sense obrir un diàleg amb els estudis pioners recollits al volum de Jordi Rubió i Balaguer. Tots tres pròlegs tenen una unitat de fons, una concepció comuna que fa que puguen ser llegits com tres parts d'un sol escrit. Aquesta unitat es fonamenta en la idea central que els treballs dels tres mestres són el model i l'esperó per a les recerques que seguiran, per un motiu ben clar: posen l'*Ars* en el centre de tota la producció de l'autor mallorquí i superen la dicotomia entre filosofia i literatura. Queda clar, per a Lola Badia, que tant Jordi Rubió com Robert Pring-Mill fan una incursió obligada en la filosofia per poder entendre i fer comprensible la peculiar proposta literària lul·liana. I aquest ensenyament és un llegat que les seues introduccions als estudis d'aquests mestres han deixat a les següents generacions de lul·listes.

Bibliografia

Badia, Lola (1992). *Teoria i pràctica de la literatura en Ramon Llull*, Barcelona: Quaderns Crema (Assaig, 10).

Bonner, Antoni & Badia, Lola (1988). *Ramon Llull: Vida, pensament i obra literària*, Barcelona: Empúries (Les Naus d'Empúries. Pal Major, 2).

Carreras i Artau, Tomás & Carreras i Artau, Joaquín (1939-1943). *Historia de la filosofía española: Filosofía cristiana de los siglos XIII al XV*, 2 vols., Madrid: Asociación Española para el Progresso de las Ciencias [reproducció facsímil: Barcelona-Girona: Institut d'Estudis Catalans - Diputació de Girona, 2001].

Cruz Hernández, Miguel (1977). *El pensamiento de Ramon Llull*, Madrid: Fundación Juan March - Castalia (Pensamiento Literario Español, 3).

Llinarès, Armand (1968). *Ramon Llull*, Barcelona: Edicions 62 (Estudis i Documents, 12).

Platzeck, Erhard-Wolfram (1962-1964). *Raimund Lull, sein Leben, seine Werke, die Grundlage seines Denkens (Prinzipienlehre)*, 2 vols., Roma-Düsseldorf: Editiones Franciscanae - L. Schwann (Bibliotheca Franciscana, 5-6).

Pring-Mill, Robert D. F. (1991). *Estudis sobre Ramon Llull*, ed. Lola Badia & Albert Soler, Barcelona: Curial - PAM (Textos i Estudis de Cultura Catalana, 22).

Rubió i Balaguer, Jordi (1985). *Ramon Llull i el lul·lisme*, Barcelona: PAM (Biblioteca Abat Oliba, 37).

Ruiz Simon, Josep Maria (1986). «De la naturalesa com a mescla a l'art de mesclar (sobre la fonamentació cosmològica de les arts lul·lianes)», *Randa*, 19, pp. 69-99.

Yates, Frances (1985). *Assaigs sobre Ramon Llull*, Barcelona: Empúries.

Sobre les discrepàncies respecte a la intenció dels autors en els diàlegs de Lo somni

Josep Maria Ruiz Simon
(Universitat de Girona)

A la seva edició de *Lo somni*, Lola Badia (1999: 185-186 i 195) remarca la relació entre un passatge (I, 3) en què Bernat Metge ha volgut donar una «lectura epicúria» d'una autoritat bíblica i un altre (I, 18) en què fa el mateix amb una autoritat clàssica (Badia 1999: 56 i 74-75). Aquest escrit parteix de l'anàlisi d'aquests dos passatges paral·lels i explora com es tracta en l'obra la possibilitat de llegir els mateixos textos de maneres diferents. L'objectiu d'aquesta exploració és preparar el camí per al replantejament d'un altre assumpte que vaig abordar fa anys (Ruiz Simon 2002: 30-33) i que aquí tot just se suggereix: el de la possibilitat de llegir de maneres diferents el text mateix de *Lo somni*.

Tant *Lo somni*, I, 3, com *Lo somni*, I, 18, es troben a la part del diàleg en què Bernat i l'espectre de Joan I disputen sobre la immortalitat de l'ànima. A I, 3, Bernat al·lega l'autoritat de Salomó com un aval de la seva opinió epicúria contrària a aquesta immortalitat: «Una és la mort dels hòmens e de les bèsties, e egual la condició de cascú; així com moren los hòmens, moren les bèsties e totes coses que espiren, e l'home no ha res més avant que la bèstia» (Eclesiastès 3,19).[1] Joan li objecta que la lectura que proposa d'aquest passatge del llibre bíblic no es correspon amb la intenció d'aquell savi rei jueu en escriure'l. L'espectre fonamenta aquesta objecció en l'autoritat de Gregori el Gran (*Dialogi*, IV, 4) i Tomàs d'Aquino (*Contra gentiles*, II, q. 79) i també en dos passatges d'aquest llibre sapiencial en què el mateix Gregori

1. A la baixa edat mitjana, aquesta tesi segons la qual l'ànima mor amb el cos era tinguda per una tesi característicament epicúria i s'associava a l'afirmació que la felicitat s'ha de buscar en els plaers temporals. Aquesta associació es troba, per exemple, a les *Esposizioni* de Boccaccio sobre la *Commedia* de Dante (1994: I, 521 i 526) i al *Commentum* a la *Commedia* de Benvenuto da Imola (1887: 1, 340), que assenyala que dei Cavalcanti, un florentí seguidor d'Epicur a qui Dante troba a l'infern, pronunciava sovint les paraules d'Eclesiàstes 3, 19.

i de retruc Tomàs basaven la seva interpretació d'aquest i d'altres passatges incòmodes per als creients. Més d'acord amb aquelles autoritats i aquests passatges que amb l'evidència textual, sosté que Salomó havia escrit l'Eclesiàstès com una obra en què s'expressaven les veus de molts i que, en el verset al·legat, no expressava la seva pròpia opinió, sinó la d'un infidel.

A I, 18, en canvi, és Joan I qui al·lega una autoritat, la de Valeri Màxim, com un aval de la posició favorable a la immortalitat. Bernat li objecta que, tot i que Valeri Màxim expliqui diversos episodis en què la creença en aquesta immortalitat interpreta un paper, no sembla que l'historiador romà hi cregués. I Joan I respon a aquesta objecció dient que Valeri Màxim no diu el que diu amb la intenció que Bernat es pensa. Igual que a I, 3, Joan I atribueix a Bernat una interpretació errònia de la intenció de l'autor a què es refereix. Però, en aquest cas, a diferència d'I, 3, on l'afirmació reial sobre la *intentio salomonis* no és obertament qüestionada, Bernat raona, invitat per l'espectre, la seva interpretació alternativa.

Bernat expressa la sospita que Valeri no creia seriosament en la immortalitat i l'argumenta fent referència a un dels *exempla* dels *Dicta et facta memorabilia*, el que explica que els gals (els «francesos») deixaven diners confiant que els els tornarien a l'infern. En aquest context, recorda que Valeri comenta que ell diria que aquests «francesos» són bojos si no fos perquè creien el mateix que Pitàgores havia cregut sobre la immortalitat. I l'espectre del rei, per bé que ratifica, repetint-lo amb una subtil modificació, aquest comentari de l'historiador romà sobre Pitàgores i els gals, torna a discrepar de Bernat pel que fa a la intenció de Valeri. En la repetició subtilment modificada del comentari, ja no parla d'una coincidència de creences, sinó d'una coincidència d'afirmacions, i els que coincideixen no són els «francesos» i Pitàgores, sinó Pitàgores i tots aquells que, com ell, afirmen la immortalitat. La diferència no és irrellevant. No només perquè el que es diu no necessàriament coincideix amb el que es pensa, sinó perquè alguns autors de l'antiguitat havien considerat que, en determinades matèries, com la relativa a la immortalitat, podia resultar convenient l'afirmació d'allò en què no es creu, de manera que l'afirmació d'aquesta immortalitat podia ser enunciada, per raons diverses, tant pels que hi creien com pels qui no.

Per argumentar la seva discrepància sobre la *intentio Valerii*, el rei Joan esmenta dos altres llocs dels *Dicta et facta memorabilia*: 1) el passatge (I, 6, 13) on Valeri comenta que aquells que havien mort Cèsar, volent-lo allunyar del nombre dels homes, l'havien afegit al nombre dels déus, i 2) el passatge (I, 8,

1) on es diu que Càstor i Pòl·lux de vegades lluitaven en les guerres dels exèrcits romans contra els seus enemics.

Dicta et facta memorabilia, I, 6, 13, és un passatge satíric en què Valeri es riu d'aquells que volien eliminar Juli Cèsar com a actor polític de la república i van acabar afavorint l'arribada d'un règim que el va divinitzar. Explica, en resum, un acudit més o menys mordaç que no permet treure cap conclusió afirmativa sobre la credulitat de l'historiador. D'altra banda, *Dicta et facta memorabilia*, I, 8, 1, és el primer dels passatges del capítol on Valeri narra alguns fets prodigiosos que van passar entre els romans. Més endavant, en el mateix capítol (I, 8, 7), Valeri remarca que no vol amagar que els fets miraculosos que explica poden ser posats en dubte, però diu que la tradició literària els transmet, que els primers autors que en van parlar són aquells a qui correspon garantir la fiabilitat d'aquests fets i que, com que havien estat consagrats pels testimonis literaris més celebrats, el seu deure consisteix a no rebutjar-los com si fossin impostures.[2] Però Bernat no fa referència a aquest excurs, que podria posar en dubte tant la veritat dels episodis narrats, entre els quals hi ha el referent a Càstor i Pòl·lux, com la credulitat de Valeri. Ni tampoc no esmenta un paràgraf d'una altra font molt freqüentada, el *De civitate Dei* (IV, 27, 1), en què Agustí assenyala, en el context de la seva crítica a la vella religió romana, el que hauria dit el «molt savi pontífex» pagà Escèvola sobre els famosos Dioscurs que protagonitzen l'anècdota de Valeri al·legada per l'espectre del rei. Segons Agustí, Escèvola havia distingit tres menes de déus: aquells de què parlaven els poetes, aquells de què parlaven els filòsofs i aquells de què parlaven els responsables del govern de les ciutats. I, quan tractava del discurs filosòfic sobre els déus, un discurs la divulgació del qual podia perjudicar l'interès general, s'havia referit al que alguns savis ensenyaven sobre Càstor i Pòl·lux: que aquests dos germans no havien estat déus, sinó homes, i que, com escau a la naturalesa humana, havien mort per sempre, una veritat que Escè-

2. El problema de la fiabilitat dels testimonis no només és rellevant en relació amb la credibilitat de les autoritats històriques que al·lega l'espectre del rei o, des d'un altre punt de vista, en relació amb la credibilitat del testimoni posterior d'Orfeu sobre els inferns. També ho és en relació amb el mateix testimoni de Bernat Metge com a autor de *Lo somni*, on explica una visió semblant a aquelles amb què tradicionalment s'havien alimentat les creences relatives a una altra vida. Tant Agustí d'Hipona en el *De utilitate credendi* com Gregori el Gran en el llibre IV dels *Dialogi*, per esmentar només dues obres que han estat considerades com a fonts de *Lo somni*, tracten aquest problema.

vola i altres romans, com Varró, opinaven que calia ocultar perquè pensaven que si es considerava aquests assumptes des del punt de vista del bé comú, calia concloure que el poble havia de ser enganyat en matèria de religió.

Tant *Dicta et facta memorabilia*, I, 8, 7, com *De civitate Dei*, IV, 27, 1, poden ajudar a entendre la intenció poc ingènua per la qual l'autor de *Lo somni* hauria decidit posar l'episodi de Càstor i Pòl·lux en boca de l'espectre de Joan I. D'altra banda, tampoc no convé passar per alt dos altres elements relatius a *Lo somni*, I, 18: la presència del nom de Pitàgores en el centre del debat sobre la *intentio Valerii* que s'hi ofereix i el fet que, en els *Dicta* (I, 8, ext.), el mateix Valeri, després d'iniciar amb l'exemple dels Dioscurs la llista de fets prodigiosos que havien passat entre els romans, comença la llista de fets prodigiosos esdevinguts entre els estrangers amb l'exemple del mite d'Er, un guerrer aparentment mort en el camp de batalla que hauria reviscut al cap de deu dies per explicar les visions que havia tingut en el més enllà, d'acord amb la història que Plató fa explicar a Sòcrates al final de la *República* (X, 614a-621b).

Lola Badia (2013) parla de la presència en l'obra de Metge de l'anècdota de Valeri Màxim sobre la credulitat dels francesos i segueix un fil que ajuda a contextualitzar la doble referència a Pitàgores de *Lo somni*, I, 17-18. Aquí en seguiré un altre, relacionat amb els plantejaments sobre el paper de l'engany en la religió que, com acabem de veure que recorda Agustí, s'associaven a la figura d'Escèvola. Des de l'antiguitat, havia esdevingut un tòpic, i aquest lloc comú apareix a *Lo somni*, I, 16 (Badia 1999: 72-73), relacionar Pitàgores amb el sorgiment de la doctrina de la immortalitat de l'ànima. I a la baixa edat mitjana aquest pensador s'havia convertit en el principal exemple d'aquells filòsofs antics que havien considerat que, per al bon govern de la ciutat, era necessari inventar lleis divines o religions que prometessin un premi per als bons i un càstig per als dolents en una altra vida perquè, tot i que la immortalitat fos indemostrable i amb independència de si ells mateixos hi creien o no, pensaven que calia persuadir els ciutadans de la seva existència amb l'objectiu de fomentar el desig de cultivar les virtuts i defugir els vicis. Sota aquest perfil el presenten tant Albert el Gran (*Metaphysica*, II, 11) com Siger de Brabant (*Quaestiones in Metaphysicam*, II, q. 17, i III, q.16, *commentum*) o Marsili de Pàdua al *Defensor pacis* (I, 4, 3, i I, 5, 10-11). I tots tres interpreten el mite de la transmigració sobre el qual es fonamenta la llei religiosa de Pitàgores com una faula equiparable amb les que posteriorment es trobaran a l'últim llibre de la *República* de Plató (el mite d'Er, de què parla Valeri) i del *De re publica* de Ciceró (el somni d'Escipió, que en aquesta obra fa el paper que en l'anterior interpretava el mite d'Er). Siger, a més, quan parla del paper de les mentides i les faules en la religió, relaciona explícitament aquesta llei amb els nombrosos i plaents relats dels poetes antics sobre els càstigs de les ànimes (III, q. 16, *commentum*). Convé subratllar aquesta darrera relació perquè, com veurem més endavant, a més de *Lo somni*, I, 3, i *Lo somni*, I, 18, hi ha un tercer passatge de l'obra (*Lo somni*, III, 7) on es torna a escenificar la possibilitat de llegir de maneres diferents els mateixos textos, i aquest passatge tracta precisament de les ficcions sobre l'infern que es troben en els poetes antics. Però abans de comentar aquest passatge voldria demorar-me en la connexió entre *Lo somni* de Metge i el *Somnium Scipionis* de Ciceró, que, amb els *Commentarii* que en va fer Macrobi, és la font d'on ragen les claus principals per a la comprensió de la seva significació. No resulta estrany, per aquest motiu, que en el transcurs de la disputa entre l'espectre del rei i Bernat s'esmentin explícitament aquestes obres. Ho fa l'espectre en aquests termes:

> Aquesta mateixa opinió havia haüda lo dit Escipió, qui per tres jorns abans que morís disputà molt sobre lo bon regiment de la cosa pública, de la qual disputació fou la darrera part la immortalitat de les ànimes. E dix aquelles coses que son pare, Publi Escipió, li havia dit sobre la dita immortalitat, quan après sa mort li era aparegut en lo somni que féu, lo qual recita Tul·li en lo llibre *De republica*, e Petrarca semblantment en l'*Africa*; l'exposició del qual [...] te prestí en Mallorca e la't fiu diligentment estudiar, per tal que jo e tu ne poguéssem a vegades conferir (Badia 1999: 73-74).

Aquest passatge retrata la cort com un lloc on un príncep i un secretari comparteixen lectures. El rei deixa un llibre de la seva biblioteca a un dels seus favorits amb la voluntat que aquesta lectura es pugui convertir en tema de conversa, de reflexió. No és l'únic llibre que, segons *Lo somni*, Joan I hauria deixat a Bernat, com recorda més endavant aquest últim en una frase en què l'adverbi *diligentment* torna a acompanyar el verb *estudiar*: «vós me prestàs algunes de vegades l'*Alcorà*, e estudié-lo bé e diligentment», I, 21. El rei no només li havia deixat llibres per poder-ne parlar i discutir, sinó que, a més, un cop difunt, recorda molt bé quines han estat les lectures del seu secretari. Coneix, per exemple, la seva gran familiaritat amb Valeri Màxim («bé ho saps tu, qui l'has assats familiar», I, 17) i la seva afecció pels historiadors («covinent historial ést», II, 12). Segons la ficció de *Lo somni*, la disputa sobre la immortalitat de l'ànima que somnia Bernat reprèn aquells diàlegs, en els quals

Joan I mai no havia aconseguit convèncer-lo que s'allunyés de les opinions epicúries i afirmés la immortalitat de l'ànima (II, 9). El fet de llegir els mateixos llibres no comporta, com hem anat veient, llegir-los de la mateixa manera ni compartir les mateixes creences. Però hi ha lectures que suggereixen que el fet de llegir diferent el mateix o de no tenir les mateixes opinions, no impedeix que es puguin arribar a compartir les afirmacions. I el *Somnium Scipionis* i els *Comentarii* que en va fer Macrobi formen part d'aquesta mena de lectures.

Com hem vist, al *De re publica* de Ciceró, el *Somnium Scipionis* ocupa el mateix lloc i interpreta el mateix paper que el mite d'Er a la *República* de Plató, que és l'obra que aquell va prendre com a model a l'hora d'elaborar el pla del seu diàleg sobre el millor règim polític. En els *Comentarii*, Macrobi descriu tant aquell mite com aquest somni com narracions fabuloses o, si es prefereix, com relats que, per bé que persuadeixen d'opinions correctes, són ficticis perquè el sentit literal d'allò que narren és fals. I, seguint el camí indicat per Pitàgores i Plató, justifica el recurs a aquestes narracions fabuloses assenyalant la intenció dels seus autors, que no era cap altra que la d'infondre a les ànimes tant dels governants com dels governats el sentit de la justícia indicant que els justos seran premiats i els injustos, castigats (I, 1, 3-4). Segons Macrobi, també és de cara a aquest objectiu que, en el pla de les dues obres, just abans dels relats d'aquestes ficcions, s'ofereixen proves de la immortalitat de l'ànima, sense l'assumpció de la qual aquests relats no són ni versemblants ni creïbles (I, 1, 5-6). Macrobi presenta aquestes proves com a irrebatibles, però també recorda una cosa que l'espectre de Joan I sembla o fingeix ignorar: que els aristotèlics mai no les han tingudes com a tals (II, 14). De fet, el mateix Ciceró tampoc no les tenia per realment demostratives. En el seu cas, la convicció (també heretada de Pitàgores i Plató) sobre la necessitat política d'explicar relats sobre els premis i els càstigs dels difunts anava del bracet de l'escepticisme (assumit de l'Acadèmia Nova) en relació amb els arguments a favor de la immortalitat.

Al llibre I de les *Tusculanae disputationes* (I, 26), que és una altra de les fonts de *Lo somni* i en què el diàleg s'orienta a la dissipació de la por a la mort per mitjà de l'argument que la mort mai no pot ser considerada com un mal, Ciceró es mou en el marc de l'alternativa plantejada per Sòcrates a l'*Apologia de Sòcrates*, de Plató (40c i segs.). És l'alternativa entre la consideració de la mort com l'anihilació total de l'ésser humà (una posició coincident amb l'epicúria) o com el pas a una vida millor. Tant en aquesta obra com en el *De amicitia* o en el *De senectute*, Ciceró, que no vol prendre en consideració la possibilitat d'una vida pòstuma pitjor, es mostra sensible als sentiments que poden fer subjectivament preferible la segona opinió. Però, tot i que recull arguments a favor de la immortalitat, remarca que no es tracta d'arguments concloents, sinó d'arguments dialèctics que, com a molt, poden ajudar a fer-la versemblant (I, 17 i I, 78). L'espectre de Joan I, en canvi, tot i que s'abeura abundantment en les *Tusculanae*, presenta aquests arguments com a arguments del tot demostratius. Un hipotètic lector de *Lo somni* que també hagués llegit les *Tusculanae* no podria deixar d'adonar-se d'aquesta circumstància. I les bromes que el personatge de Bernat fa sobre la força demostrativa dels arguments que li subministra l'espectre, tenen molt a veure amb la intenció de subratllar-ho. Joan I no para de saquejar Ciceró. Però, a pesar de l'epicureisme de què parteix, Bernat, que acaba atorgant la posició que afirma la immortalitat però que no es pren seriosament la seva suposada demostració com a «ciència certa», és, pel seu escepticisme, més ciceronià que el rei.[3] I, en el seu atorgament final, a més de la molt ciceroniana decisió de no allunyar-se obertament de l'opinió comuna, ressona el pla de la *República* de Ciceró, que presenta la creença general en aquesta immortalitat com una condició necessària per al bon regiment de la cosa pública.

D'altra banda, la referència a Mahoma i l'*Alcorà* en la conversa (I, 21) és usada per Metge per indicar aquest aspecte polític de l'assumpte tractat i per contraposar aquelles ficcions que responen pertinentment a l'objectiu que les justificaria i aquelles que ho fan d'una manera no adient. Segons diu Bernat en el diàleg, Mahoma era un impostor que afirmava una immortalitat en què no creia perquè volia que hi creguessin els seus sequaços. Però ho feia d'una manera inadequada perquè (a semblança del que passava en el cas dels gals de Valeri en relació amb l'avarícia i la usura) la doctrina sobre el paradís amb què relacionava aquesta immortalitat no afavoria la vida virtuosa, sinó la luxúria i altres vicis relacionats amb els plaers corporals, tot el contrari, encara que això no es digui explícitament en *Lo somni*, de la imatge de l'altra vida que preconitzaven Plató i Ciceró.

3. *Cf.* amb la posició d'Aureli Cotta a *De natura deorum*, III, on aquest *pontifex maximus* de la república romana, que Ciceró caracteritza com un seguidor de les posicions de l'Escèvola abans esmentat i d'altres personatges il·lustres que l'havien precedit en el càrrec, desvincula la seva acceptació de la religió tradicional de qualsevol suposada certesa derivada d'arguments racionals basats en el coneixement teòric de les realitats naturals.

A *Lo somni*, III, 7, que és un altre passatge, el tercer, on es torna a posar en escena la possibilitat de llegir diferent el mateix, Bernat ja no parla amb l'espectre de Joan I, sinó amb Orfeu. No és casual que Metge parli amb el poeta Orfeu després de parlar amb el rei, ni tampoc que parli amb ell de les ficcions poètiques i, en concret, d'aquelles ficcions que expliquen viatges a l'infern, com la que narra el mite d'aquest mateix personatge que, mentre era viu, havia baixat infructuosament a l'infern a buscar Eurídice, la seva esposa morta. Algunes fonts de *Lo somni* també tracten d'aquestes faules. Ciceró, que, com acabem de veure, no és partidari de prendre seriosament en consideració una vida pòstuma pitjor que l'actual, en parla a *Tusculanae*, I, 5, 10, i es riu d'aquells que creuen en el seu sentit literal, una cosa que, al seu entendre, no fan les persones cultes. Macrobi (I, 2) i Boeci suggereixen que aquestes narracions fabuloses s'han de llegir al·legòricament buscant els ensenyaments que transmeten sobre com cal buscar la felicitat en aquesta vida. Boeci, a la *Consolatio Philosophiae* (III, metre 12), s'ocupa, precisament, del mite del mateix Orfeu, que interpreta com una faula que parla de l'ànima que busca la felicitat i que, per obtenir-la, ha de vèncer la tendència cap al plaer corpori, que estaria personificat per Eurídice. D'acord amb aquesta interpretació, que de fet converteix aquest personatge mitològic en un símbol d'aquells que, d'acord amb la consideració epicúria, buscaven la felicitat en els plaers corporals, Orfeu només pot sortir de l'infern, només pot obtenir la felicitat, si s'allibera de les cadenes de la concupiscència. El personatge de Bernat se sent sentimentalment proper a Orfeu perquè comparteix amb ell la tendència a buscar la felicitat en els plaers de l'amor. Però la conversa entre els dos personatges no culmina en un col·loqui entre dos homes enamorats que parlen de les dones estimades, ni en una disputa sobre una idea potser errònia de la felicitat (aquesta segona disputa, Bernat la mantindrà més endavant amb Tirèsies), sinó amb una nova escenificació de la possibilitat de llegir de manera diferent els mateixos textos.

A *Lo somni* es presenta Orfeu com algú que, tot i que no desconeix que els mites també poden tenir un sentit al·legòric, diu que creu en el sentit literal dels mites (Gómez 2002). Com algú, en definitiva, que, sense fer cas dels ensenyaments de Macrobi (*Comentarii*, I, 2, 11) sobre els vels amb què els poetes antics van ocultar als ulls de la gent comuna les seves veritats filosòfiques, s'empassa o fingeix que s'empassa com a veritats les mentides amb què s'han teixit aquests vels i que, a més, es mostra disposat a cristianitzar aquestes històries identificant amb els dimonis els personatges mitològics que (com Radamant o Minos) hi administren la justícia. No resulta inversemblant que Orfeu, que és poeta, estigui fingint o mentint a la manera dels poetes. Particularment si es tenen en compte els riures amb què acaba la conversa i la referència final als «hòmens il·literats, rudes e no savis», que serien precisament aquells que, d'acord amb el que ja havia apuntat Ciceró en diversos llocs (*De legibus*, I, 1, 4; *De natura deorum*, I, 14, 36; III, 24, 62), tendirien a creure en la literalitat d'aquesta mena de ficcions. En qualsevol cas, la lectura que proposa d'una manera aparentment humorística és la pròpia d'aquests homes rudes que no entenen la intenció veritable dels poetes que van escriure aquests relats.

A *De utilitate credendi*, 6, que ha estat proposada com una possible font d'algun altre passatge de *Lo somni* (Renedo 2002: 90, 92-94), Agustí d'Hipona parla d'aquesta manera de llegir les ficcions dels poetes en el context de la tipologia que ofereix dels errors que es poden cometre quan es llegeix. Segons ell, el primer error que es pot cometre consisteix a creure veritable el que és fals en aquells casos en què l'autor opina una cosa i n'escriu una altra. I l'exemple que ofereix és precisament el d'aquells lectors que diuen i creuen que, a l'infern, Radamant convoca els morts per escoltar-los i jutjar-los perquè han llegit aquestes coses a l'*Eneida* de Virgili (*De utilitate credendi*, 6, 566-569). Segons Agustí, aquests lectors cometen un error doble: d'una banda, creuen una cosa que és increïble; de l'altra, imaginen que l'autor també la creia. Per bé que sembla obvi que l'Orfeu de *Lo somni* només fingeix creure que els poetes antics creien en les coses increïbles que explicaven, l'assumpció de la lectura que proposa comportaria caure en aquest doble error.

Agustí considera, a més d'aquesta primera mena d'error, dues altres de possibles. La segona és la que poden cometre els lectors que es deixen portar per l'autoritat d'un autor i imaginen que el que diu, que en aquest cas coincideix amb el que opina, és veritat i cal creure-ho. Com a exemple d'aquest segon cas, en el qual el lector erra perquè assumeix un error de l'autor, Agustí convida a imaginar algú que llegeix i assumeix la sentència del poeta epicuri Lucreci que diu que l'ànima és un compost d'àtoms que es dissol amb la mort. Significativament, la tercera mena d'error també l'il·lustra amb un exemple relatiu a l'epicureisme. És el que cometria un lector que, quan llegeix un passatge en què Epicur lloa la continència, l'interpreta malament pensant que manté que la virtut és el bé suprem. Segons Agustí, aquest últim error no perjudica el lector. És del tot perdonable i fins i tot es pot considerar com un error digne. En aquest cas, com quan es llegeix un llibre de la Bíblia, el que importa no és que el lector entengui el text d'acord amb la intenció que tenia l'escriptor en escriure'l, sinó que, encara que el tergiversi, entengui el que Déu mostra que és veritable a les ments d'aquells que són capaços de rebre la seva llum (*Confessiones*, XII, 18, 27, i XII, 31, 42). Per a Agustí, la intenció dels autors era, en definitiva, una matèria tan dúctil com, al cap i a la fi, irrellevant.

Com acabem de veure a propòsit de *Lo somni*, III, 7, la tipologia augustiniana dels errors que es poden cometre llegint ofereix una interessant perspectiva sobre la possibilitat de llegir de maneres diferents els mateixos textos que es posen en escena en diversos passatges de *Lo somni*. Des del punt de vista d'algú que, com el mateix Bernat (II, 17), estava familiaritzat amb l'obra de Valeri Màxim, la lectura que en fa l'espectre de Joan I a *Lo somni*, I, 18, podia ser un clar exemple de la tercera mena d'error. D'altra banda, la lectura que el mateix rei fa del passatge i del llibre sencer de l'Eclesiastès podia ser un exemple no menys clar d'un error de la segona mena, que, en aquest cas, es veuria mediatitzat per la caiguda en la mateixa mena d'error en la seva lectura de Gregori el Gran i de Tomàs d'Aquino. Evidentment, convé no menystenir el fet que aquesta última mena d'error podia ser considerat, per aquells que compartien els plantejaments d'Agustí, com un error desitjable i que aquesta consideració justificava la promoció de lectures allunyades de la intenció de l'autor fins i tot per part d'aquells que les sabien errònies.

En el primer dels passatges de *Lo somni* en què es posa en escena la possibilitat de llegir de maneres diferents els mateixos textos (I, 3), l'espectre de Joan I parla com si exemplifiqués o conegués la doctrina augustiniana sobre la utilitat religiosa d'algunes lectures incorrectes. En el segon (I, 17-18), se suggereix amb subtilesa la doctrina platònica sobre la utilitat política d'algunes mentides o, si es prefereix, sobre la conveniència d'afirmar allò que no es creu quan resulta convenient per al «bon regiment de la cosa pública». I, en el tercer (III, 7), finalment, es juga amb la doctrina macrobiana dels vels poètics, que, en última instància, recorda que els savis i els qui no ho són llegeixen de maneres diverses el mateix. La possibilitat de llegir *Lo somni* d'una manera diferent de la *lectio facilior* a l'abast del públic majoritari era indestriable de les ombres que aquestes tres doctrines projecten sobre els diàlegs de l'obra. Però també pressuposava l'existència d'algun lector o d'una minoria de lectors capaços d'identificar aquestes ombres com a ombres, lectors dotats d'un nivell suficient de competència hermenèutica i coneixedors de les fonts que permetien fer-ne la *lectio difficilior* desxifrant la significació dels seus jocs literaris i les seves bromes intertextuals.

Bibliografia

Agustí d'Hipona (1891-1892). *De utilitate credendi, De duabus animabus, Contra Fortunatum Manichaeum*, ed. J. Zycha, Viena: Verlag der Österreichischen Akademie der Wissenschaften (Corpus Scriptorum Ecclesiasticorum Latinorum, 25).

Agustí d'Hipona (1955). *De Civitate Dei*, ed. B. Dombart & A. Kalb, Turnhout: Brepols (Corpus Christianorum. Series Latina, 47 i 48).

Agustí d'Hipona (1981). *Confessiones*, ed. L. Verheijen, Turnhout: Brepols (Corpus Christianorum. Series Latina, 27).

Albert el Gran (1960). *Metaphysica*, dins *Opera Omnia*, XVI, 1, i XVI, 2, ed. Bernhard Geyer, Institutum Alberti Magni, Münster: Aschendorff.

Badia, Lola (2013). «*Francesos que prestaven pecúnia ab condició que hom la los retés en infern* en *Lo somni* de Bernat Metge», *Revista Catalana de Teologia*, 38, 2 (Miscel·lània d'Homenatge al Prof. Dr. Josep Perarnau i Espelt), pp. 353-362.

Benevenuto da Imola (1887). *Comentum super Dantis Aldigherii Comoediam*, ed. G. F. Lacaita, 5 vols., Florència: Barbèra.

Boccaccio, Giovanni (1965). *Esposizioni sopra la Comedia di Dante*, ed. G. Padoan, dins *Tutte le opere di G. Boccacio*, VI, Milà: Mondadori.

Boeci (2002). *Consolació de la Filosofia*, ed. Valentí Fàbrega i Escatllar, Barcelona: Alpha (FBM, 332).

Ciceró (1929). *De l'orador*, ed. Salvador Galmés, Barcelona: Alpha (FBM, 43, 54 i 65).

Ciceró (1948). *Tusculanes*, ed. Eduard Valentí, Barcelona: Alpha (FBM, 90, 94 i 96).

Ciceró (1998). *Cató el Vell (De la vellesa)*, ed. Pere Villalba, Barcelona: Alpha (FBM, 308).

Ciceró (1999). *Leli (De l'amistat)*, ed. Pere Villalba, Barcelona: Alpha (FBM, 312).

Ciceró (2006). *La República*, ed. Joan M. del Pozo, Barcelona: Alpha (FBM, 354).

Ciceró (2013). *Les lleis*, ed. Núria Gómez Llauger, Barcelona: Alpha (FBM, 395).

Ciceró (2018). *La naturalesa dels déus*, ed. Joan M. del Pozo, Barcelona: Alpha (FBM, 254 i 336).

Gómez, Francesc (2002). «L'ofici del poeta segons Orfeu: una clau hermenèutica per *Lo somni* de Metge?», dins *Literatura i cultura a la Corona d'Aragó (s. xiii-xiv)*, ed. Lola Badia, Miriam Cabré & Sadurní Martí, Barcelona: Curial - PAM, pp. 63-85.

Gregori el Gran (1991). *Diàlegs*, 2 vols., ed. Manuel Balasch, Narcís Xifra & Alexandre Olivar, Barcelona: Alpha (FBM, 260 i 269).

Macrobi (1970). *Comentarii Somnium Scipionis*, ed. I. Willis, Leipzig: B. G. Teubner (Bibliotheca Teubner).

Marsili de Pàdua (2005). *Defender of the peace*, ed. Annabel Brett, Cambridge: Cambridge University Press.

Metge, Bernat (1999). *Lo somni*, edició i comentaris de Lola Badia, Barcelona: Quaderns Crema.

Plató (1931). *Diàlegs*, vol. I, *Defensa de Sòcrates. Critó. Eutífron. Laques*, ed. Joan Crexells, 2a ed., Carles Riba, Barcelona: Alpha (FBM, 6).

Plató (1989). *La República*, ed. Manuel Balasch, Barcelona: Alpha (FBM, 258, 263 i 273).

Renedo, Xavier (2002). «La fe en els pares i la fe en la immortalitat de l'ànima: de sant Agustí a Bernat Metge», dins *Literatura i cultura a la Corona d'Aragó (s. XIII-XIV)*, ed. Lola Badia, Miriam Cabré & Sadurní Martí, Barcelona: Curial-PAM, pp. 87-97.

Ruiz Simon, Josep Maria (2002). «*Lo somni* de Metge: el malson filosòfic d'un epicuri», dins *Literatura i cultura a la Corona d'Aragó (s. XIII-XIV)*, ed. Lola Badia, Miriam Cabré & Sadurní Martí. Barcelona: Curial-PAM, pp. 25-47.

Siger de Brabant (1981). *Quaestiones in Metaphysicam*, ed. William Dunphy, Lovaina: Éditions de l'Institut Supérieur de Philosophie.

Tomàs d'Aquino (2000). *Opera Omnia*, ed. Enrique Alarcón, dins *Corpus Thomisticum*, Pamplona: Universitat de Navarra. Text disponible en línia a: <www.corpusthomis ticum.org>.

Valeri Màxim (1888). *Factorum et dictorum memorabilium libri novem [decem]*, ed. Carolus Kempf, Leipzig: B. G. Teubner (Bibliotheca Teubner). Text de Hans-Friedrich Mueller disponible en línia a: <www.hs-augsburg.de/~harsch/Chrono logia/ Lspost01/Valerius/val_fac0.html>.

Astrología matemática en el Llibre de les nativitats *de Bartomeu de Tresbens*

Julio Samsó
(Universitat de Barcelona)

1. Introducción

Bartomeu de Tresbens ejerció como físico del rey Pere el Cerimoniós entre 1361 y 1374[1] y aparece mencionado en un documento de 1359, como «magister in artibus et medicina» y como miembro del tribunal encargado de juzgar la competencia de Jaume de Pallars y autorizarle para ejercer la medicina en Barcelona (Torre & Rubió 1971: 38-42, doc. 22). Por otra parte, su reputación se debe, sobre todo, a su actividad como astrólogo, la única disciplina sobre la que ha dejado obra escrita.

Tresbens es el autor de una importante colección de textos astrológicos, redactados en catalán, de los que solo una parte (*Llibre de les nativitats*) ha sido editada, con el título de *Tractat d'astrologia* (Vernet & Romano 1957-1958). Esta edición se basó en el manuscrito de París, Bibliothèque nationale de France, Esp. 411, con variantes del ms. XXI de la Biblioteca Lambert Mata de Ripoll. El manuscrito de Ripoll contiene asimismo un *Tractat de les interrogacions*, un *Tractat de les eleccions* (dedicado al rey Pere) y un breve *Libel d'investigació de tresors o alcunes coses amagades encercar*, también dedicado al rey (este último en Giralt 2018a). Las cuatro obras parecen haber sido redactadas en la década 1360-1370 (Giralt 2018b: 9-12) y Cifuentes (2001: 209) las interpreta como cuatro tratados independientes, mientras que Sabaté & Soriano (2012: 401) consideran que son cuatro partes de un único tratado de astrología que sigue de cerca la versión latina del *al-Bāriʿ fī aḥkām al-nuŷūm* de Ibn Abī l-Riŷāl

1. Rubió 1908-1921: I, 250, doc. CCLXIV, y II, 131-132, doc. CXXXI, y 175, doc. CLXXXVII; Vernet & Romano 1957-1958: I, 11-12 (en la p. 11, n. 3, se encuentran referencias a otros documentos de archivo que contienen información sobre este autor). Ferragud & Giralt (2019) acaban de publicar una edición de toda la documentación conocida sobre este personaje. *Cf.* también Giralt 2018b y Ferragud 2018.

(*Libro conplido en los iudizios de las estrellas*, en la traducción alfonsí).[2] El estudio sistemático realizado por Giralt confirma la influencia de Ibn Abī l-Riŷāl, pero muestra que nuestro autor utilizó también otras fuentes y que su tratamiento de los temas presenta rasgos originales (Giralt 2018b: 17-18; Giralt 2017).

2. Qué se entiende por astrología matemática

Las predicciones astrológicas que son el resultado del levantamiento de un horóscopo se llevan a cabo en dos etapas claramente diferenciadas: en la primera el astrólogo realiza una serie de cálculos con el fin de dividir las casas y determinar las longitudes planetarias mientras que, en la segunda, aspira a interpretar los datos obtenidos y a elaborar una predicción. El cálculo de las posiciones planetarias para una fecha y una hora determinadas es un proceso totalmente científico e implica el uso de unas tablas astronómicas.

Cada planeta se sitúa, en el horóscopo, en una de las doce 'casas', de acuerdo con su posición con respecto a la eclíptica. Cada una de las llamadas casas tienen un significado y afecta a un aspecto concreto de la vida humana: en el horóscopo que analizaré al final de este trabajo la casa IV tiene un significado especial, ya que es la «casa de los padres»: se trata, como veremos, del horóscopo natalicio del hijo de Tresbens, utilizado para determinar, a partir de él, la duración de su propia vida.

Estas casas son el resultado de dividir los 360° del círculo de la eclíptica en doce partes generalmente desiguales, de acuerdo con una multitud de métodos, complejos y sofisticados, que se utilizaban, sobre todo, cuando el cliente pertenecía a una clase social pudiente. Este tipo de técnicas implicaban más trabajo para el astrólogo y, obviamente, elevaban el precio del horóscopo, así como la satisfacción del cliente, que solía considerar que un producto caro debía tener una mayor calidad y, por consiguiente, implicar una predicción más fiable.

Varios eruditos han analizado los métodos utilizados para dividir las casas y han demostrado (North 1986; Kennedy 1996; Casulleras 2009) que consti-

2. En esta obra los libros I-III se ocupan de interrogaciones, IV y V de natalicios, VI de aniversarios de natalicios, y VII de elecciones.

tuyen diferentes soluciones a un problema de matemática aplicada y, por consiguiente, que tienen un carácter claramente científico por más que la predicción que deriva de ellos no lo sea.

Tresbens no se ocupa del tema de la división de las casas y no he encontrado en su obra ningún horóscopo con suficientes datos que me permita establecer cuál es el método de división que utiliza. En cambio, sí encuentro, en el *Llibre de les nativitats*, referencias a otras dos técnicas que entran de lleno dentro de la astrología matemática: la progresión o prorrogación (*tasyīr* en las fuentes árabes, «atazir» o «endreçament» en Tresbens) y la proyección de rayos.

3. El «atazir» en Tresbens

Nuestro autor se ocupa del «atazir» en el capítulo 14 del *Llibre de les nativitats* (Vernet & Romano 1957-1958: I, 104-107). Esta técnica astrológica pretende calcular el tiempo que falta para que se produzca un determinado acontecimiento, muy frecuentemente la muerte del sujeto del horóscopo. Con esta finalidad se elige un planeta o un punto significativo de la eclíptica, llamado en árabe *haylāŷ* («ylégia», «yleig»)[3] y se le hace avanzar hasta que coincide con un elemento maléfico (el *qāṭiʿ*, cortador, denominado «taiador» en la versión alfonsí del *Libro conplido*),[4] que interrumpe el proceso y da lugar, habitualmente, a un final desagradable, como la muerte del sujeto del horóscopo.[5] Aunque, en algunos casos, la distancia entre el «yleig» y el 'cortador' se mide sobre la eclíptica y corresponde, por tanto, a la diferencia de longi-

3. Tresbens indica que los «ylégia» o «yleig» posibles son el grado del ascendente, el grado del Sol, de la Luna, del medio cielo, el grado de la parte de la fortuna y el grado de la conjunción u oposición del Sol y de la Luna anterior al nacimiento o a la interrogación (Vernet & Romano 1957-1958: I, 104-105).

4. En el *Llibre* de Tresbens encuentro «mal planet» y también «tallament» (Vernet & Romano 1957-1958: I, 107).

5. Tresbens da una lista de los posibles «cortadores»: Saturno, Marte. Sol, Luna en cuarto menguante, Luna en el ascendente, Cabeza y Cola del Dragón (nodos ascendente y descendente de la Luna) y las estrellas denominadas «corazón»: *Qalb al-ʿAqrab* (Corazón de Escorpio, α Scorpii, Antares) y *Qalb al-Asad* (Corazón de Leo, α Leonis, Régulo): *cf.* Vernet & Romano 1957-1958: I, 108-109. Tresbens no menciona *Qalb al-Thawr* (Corazón de Tauro, α Tauri, Aldebaran) ni *Qalb al-Ḥūt* (Corazón de Piscis, β Andromedae, Andromeda) que suelen ser mencionados en las fuentes árabes. Sobre este tema *cf.* Díaz-Fajardo 2019.

tudes, lo más habitual consiste en proyectar las posiciones de ambos astros o puntos sobre el ecuador (dado que, en términos modernos, el tiempo se mide por la rotación de la esfera terrestre en el plano del ecuador).[6] Una vez determinada esta distancia, sobre el ecuador o la eclíptica, se establece lo que falta para que se produzca el acontecimiento basándose en una equivalencia entre grados y unidades de tiempo.

En el texto de Tresbens la distancia entre los dos indicadores se establece en «ascensiones oblícuas» («Açò fes per les assencions del clima o regió en què és la nativitat del nat feta» Vernet & Romano 1957-1958: I, 106).[7] Esta opción resulta coherente con la práctica astrológica habitual que establece que si el indicador está situado en una de las casas meridianas (IV y X), el cálculo debe basarse en ascensiones rectas, mientras que si está en una de las casas horizontales (I y VII), se utilizarán ascensiones oblicuas.[8] Tresbens está analizando horóscopos natalicios, en los que el indicador suele ser el ascendente del nacimiento (casa I), por lo que es lógico que utilice ascensiones oblicuas. No obstante, el ejemplo que da a continuación utiliza el Sol como indicador, sin aclarar en qué casa se encuentra:

El «yleig» es el Sol que se encuentra a 11 grados de Géminis (71°) y lo queremos progresar hasta Marte, que está en Libra 13° (193°). Obtiene las ascensiones oblicuas (α_φ) para la latitud de Barcelona, por más que los valores numéricos que da no coinciden con los de la tabla de ascensiones oblicuas en las *Tablas de Barcelona* (Millás 1962: 222-223):

α_φ (71°) = 48;14° (en las *Tablas de Barcelona* 48;57°; 48;24° en las *Tablas de Toledo*).[9]

6. Sobre los distintos procedimientos utilizados, *cf.* Casulleras & Hogendijk 2012.

7. La ascensión oblicua es la distancia, medida sobre el ecuador, entre su intersección con la eclíptica y el grado del ecuador que cruza el horizonte simultáneamente con un grado de la eclíptica. La ascensión oblicua depende de la latitud geográfica del lugar para el que se levanta el horóscopo.

8. La casa I (ascendente) se inicia en la intersección de la eclíptica con el horizonte oriental, y la casa VII (descendente) en su intersección con el horizonte occidental (casas horizontales); en cambio, la casa X (medio cielo) empieza en la intersección de la eclíptica con el meridiano en su culminación superior, y la casa IV (ángulo de la Tierra) en su intersección con el meridiano en su culminación inferior (casas meridianas).

9. Estoy utilizando la tabla de ascensiones oblicuas para el principio del clima V (latitud 41;30°, que coincide bastante bien con los 41° de la latitud de Barcelona). *Cf.* Pedersen 2002: III, 1057-1060.

α_φ (193°) = 196;30° (en las *Tablas de Barcelona* 196;20°; 196;28° en las *Tablas de Toledo*).

196;30° - 48;14° = 148;16° (el arco del «atazir»).

La equivalencia en tiempo, asignada por Tresbens, es 1° por año y, en este caso, 148;16° equivale a 148 años y 96 días.[10]

Tresbens afina el cálculo del *tasyīr* dividiendo el arco previamente calculado en secciones desiguales, sometidas a la influencia de planetas benéficos o maléficos. Estas secciones son los «termes» o «térmens» (*ḥudūd* en árabe) derivados de la tradición astrológica egipcia, que Abū Maʿšar (Lemay 1995-1996: parte V, cap. 9; véase también Wright 1934: 453) y Tresbens (Vernet & Romano 1957-1958: I, 112) consideran la mejor. De este modo podrá analizar las sucesivas etapas de la vida del sujeto del horóscopo. El planeta dominante en cada una de estas etapas recibe el nombre de «algebubtat» (derivado del persa *al-ŷanbajtār*) (Wright 1934: 327). Esto se aclara mediante un ejemplo (Vernet & Romano 1957-1958: I, 112-114):

Ascendente del natalicio (el «yleig»): Leo 8° (= 128°), que es término de Venus (comprendido entre 5° y 11° de Leo).

α_φ (128°) = 113;35° (para el 5° clima según el texto y según las *Tablas de Toledo*).

α_φ (133°) = 119:59°. El fin del término de Venus es 133°, en lugar de 131° adoptado por Abū Maʿšar. Por lo tanto, 133° parece un error, según se desprende del inicio del término siguiente. El valor de la ascensión oblicua coincide con el que se encuentra en las *Tablas de Toledo*.

119;59° - 113;35° = 6;24°.

La influencia de Venus se mantendrá durante 6 años, 4 meses (corresponde a 20') y 24 días (corresponde a 4', a razón de 6 días por minuto).

Luego analiza el término de Saturno que va de Leo 11° (131°) a Leo 18° (138°) y opera:

α_φ (131°) = 117;26° (*id.* en *Tablas de Toledo*).

α_φ (138°) = 126;27° (*id.* en *Tablas de Toledo*).

126;27° - 117;26° = 9;1°

Corresponde a 9 años y 6 días sometidos a la influencia de Saturno.

El texto termina diciendo que el proceso continuará a lo largo de toda la vida del neonato.

10. 97.33 días si utilizamos un año solar de 365 días.

4. Proyección de rayos

Los planetas ejercen su influencia, en primer lugar, como resultado de los «aspectos» que forman sus cuerpos con otros planetas o puntos significativos de la eclíptica. Estos 'aspectos' son la conjunción (ambos planetas se encuentran en el mismo grado de la eclíptica), oposición (se encuentran a 180°), trino (distancia de 120°), cuadratura (distancia de 90°) y sextil (distancia de 60°). A esto se añade, por otra parte, que los planetas pueden también proyectar sus rayos de acuerdo con los aspectos mencionados: oposición, trino derecho o izquierdo, cuadratura derecha o izquierda y sextil derecho o izquierdo. Tenemos, por tanto, siete lugares posibles en los que pueden recaer los rayos del planeta y producir un efecto (benéfico o maléfico) sobre un punto determinado de la eclíptica que coincida con un aspecto significativo del horóscopo (el ascendente del nacimiento de una persona, por ejemplo) (Vernet & Romano 1957-1958: I, 118).

Tresbens expone el procedimiento de la línea horaria única («single hour line method» en la terminología de Casulleras & Hogendijk (2012: 68-71)[11] para calcular dónde cae el rayo. Este procedimiento es de fácil aplicación si se utiliza un astrolabio (en el que están trazadas las líneas horarias), pero no resulta tan sencillo si se recurre al cálculo. Al igual que muchas otras fuentes (entre ellas la gran introducción a la astrología de Abū Maʿšar, que parece ser la fuente utilizada por Tresbens; *cf.* Lemay 1995-1996: III, 549-550) atribuye el método a Ptolomeo (Vernet & Romano 1957-1958: I, 121): aunque no se encuentra en ninguna de las obras del astrónomo de Alejandría, está claro que tiene un claro equivalente en el procedimiento para calcular el *tasyīr* expuesto en el *Tetrabiblos* III, 10. Curiosamente, Tresbens insiste en que debe tenerse en cuenta la latitud [del planeta] («E guarde que no faces projecció de raigs sens latitut», Vernet & Romano 1957-1958: I, 117), por más que el procedimiento de cálculo que expone —el más habitual en la práctica astrológica medieval— prescinde por completo de esta coordenada.

El *Llibre de las nativitats* expone el método para cuatro posiciones del planeta que emite sus rayos: entre el ascendente (I) y el medio cielo (X), entre el

11. *Cf.* especialmente sobre este procedimiento Kennedy & Krikorian-Preisler 1983; y Casulleras 2007.

ascendente (I) y el ángulo de la Tierra (IV), entre el ángulo de la Tierra (IV) y el descendente (VII), y entre el descendente (VII) y el medio cielo (X) (Vernet & Romano 1957-1958: I, 118-121). En los cuatro casos el punto de partida del procedimiento es la obtención de la distancia, medida sobre el ecuador, entre el planeta y una de las cuatro cúspides. En el primer caso, Tresbens expone el procedimiento completo:

1. El planeta se encuentra entre el ascendente y el medio cielo:
   - Obtiene $\Delta\alpha_o[h]$, la diferencia entre la ascensión recta (α_o, «assencions... per lo cercle dret») del grado del planeta y la ascensión recta del medio cielo expresada en horas del grado del planeta («tempora horarum»). Una hora del grado del planeta equivale al número de grados de rotación de la Tierra durante una hora temporal cuando el Sol tiene la misma longitud que el planeta. La duración de estas horas depende de dos variables: la longitud del Sol y la latitud del lugar.
   - Toma la ascensión recta del grado del planeta corregida en aspecto $\alpha_o(\lambda) \pm 60°/90°/120°$ o $180°$, según el aspecto ($\alpha_o(\lambda) \pm R$) y obtiene la longitud que corresponde al resultado utilizando inversamente la tabla de ascensiones rectas:
   $$\alpha_o^{-1}(\alpha_o(\lambda) \pm R) = \lambda'$$
   - Opera del mismo modo con la ascensión oblicua (α_φ) del grado del planeta («assencions del grau del planet en la taula del clima en què obreràs, so és, en lo cercle oblich», Vernet & Romano 1957-1958: I, 118):
   $$\alpha_\varphi^{-1}(\alpha_\varphi(\lambda) \pm R) = \lambda''$$
   - Si $\lambda' = \lambda''$, ya se ha obtenido el punto de la eclíptica en la que cae el rayo. Si no son iguales, opera:
   $$\Delta\lambda = |\lambda' - \lambda''|$$
   $$e = \Delta\lambda/6 \cdot \Delta\alpha_o[h]$$
   $$\lambda' + e \text{ (si } \lambda' < \lambda''\text{) o}$$
   $$\lambda'' + e \text{ (si } \lambda'' < \lambda'\text{)}$$

Con lo que se habrá obtenido el punto de la eclíptica en el que incidirán los rayos del planeta.

2. El planeta está entre el ascendente y el ángulo de la tierra (IV): aquí el texto se limita a exponer el procedimiento para obtener la distancia, sobre el ecuador, entre el planeta y el ascendente. Esta distancia está ex-

presada en horas nocturnas del planeta, ya que este se encuentra por debajo del horizonte.

- Obtiene, como en el primer caso, $\Delta\alpha_o$ (diferencia, en ascensión recta, entre el planeta y el grado del medio cielo).
- Obtiene *h* (número de grados que corresponde a una hora temporal del planeta) y multiplica *h · 6* (obtendrá el arco semidiurno).
- $\Delta\alpha_o$ - h · 6
- ($\Delta\alpha_o$ - h · 6) / h' (donde h' es el número de grados de 1 hora temporal del nadir del planeta). El resultado será el n.º de horas de la distancia entre el grado del planeta y el ascendente.

Da un ejemplo:

Ascendente: Virgo 21° (171°).
Venus: Scorpio 9° (219°) en la casa II.
Ángulo de la tierra (casa IV): Sagitario 19° (259°).
Medio cielo (X): Géminis 19° (79°).
α_o (79°) = 166;2° (168;2° en las *Tablas de Toledo*, Pedersen 2002: III, 972-975; 168;12° en las *Tablas de Barcelona*, Millás 1962: 220-221).
α_o (219°) = 306;36 (306;35° en las *Tablas de Toledo* y en las *Tablas de Barcelona*).
$\Delta\alpha_o$ = 306;36° - 166;2° = 140;34°.
La «parte de las horas del grado del planeta» = 12;42° (12;50° en las *Tablas de Toledo*).[12]
12;42° x 6 = 76;42° (debiera ser 76;12°).
140;34° - 76;42° = 63;51° (debiera ser 63;52°).

12. Es el n.º de grados de 1 hora temporal cuando el Sol se encuentra a 219°. Las *Tablas de Barcelona* editadas por Millás no contienen ninguna tabla que nos dé este valor, que puede calcularse partiendo de la expresión:
Arco diurno = [90° + sin-1 (tan δ · tan φ)] · 2.
Calculo con los siguientes datos:
δ (219°) = -14;33° (Millás 1962: 194-195).
φ = 41°.
Obtengo un arco diurno de 153;55° y 153;55 : 12 = 12;50°, como en las *Tablas de Toledo*, frente a los 12;42° de Tresbens.

63;51° debe dividirse por la «parte de las horas» del grado opuesto al grado de Venus (Tauro 9° = 39°) que es 17;13° (17;10° en las *Tablas de Toledo*).[13]

63;51° : 17;13° = 3;42,31 horas nocturnas (correcto) que será la «llongària» del planeta del ascendente.

El pasaje termina con las palabras siguientes:

> «E si sobre asó ajustaràs la quantitat de aquell aspectu que volràs, hauràs la projecció dels raigs, servada la manera desús, és a saber, compessant les assencions de la regió del mig del cel e del lloc del planet» (Vernet & Romano 1957-1958: I, 120).

En los casos 3 (distancia entre el planeta y la casa IV) y 4 (distancia entre el planeta y la casa VII), Tresbens, al igual que Abū Maʿšar, opera como en los casos 1 y 2, respectivamente.

5. El horóscopo del nacimiento del hijo de Tresbens

El capítulo 18 del *Llibre de les nativitats* contiene un pasaje (Vernet & Romano 1957-1958: I, 129-132) muy similar a otro de Ibn Abī l-Riŷāl.[14] En el texto del astrólogo tunecino se expone un procedimiento para determinar la duración de la vida del padre a partir del horóscopo natalicio de su hijo. Las fuentes mencionadas por Ibn Abī l-Riŷāl son autores indios (Ŷunnah, en Sezgin 1979: 94) y otros sin identificar (Mahlah o Bahlah, Aqrīṭūn y Aqṭīʿūs). En el caso de Tresbens, nuestro astrólogo aplica el mismo procedimiento utilizando el horóscopo natalicio de un hijo suyo. En ambos casos tenemos ejemplos numéricos que sugieren la posibilidad de determinar una fecha que coincida con las posiciones planetarias del horóscopo y, dado que Tresbens nos

13. La «parte de las horas» del grado opuesto es igual al número de grados de rotación que corresponden a una hora nocturna del grado en el que se encuentra Venus. Dado que el número de grados que corresponden a una hora diurna + el número de grados de una hora nocturna deben ser necesariamente 30°, es evidente que 17;13° no corresponde a los 12;42° de una hora nocturna, ya que

17;13° + 12;42° = 29;55°.

14. Ms. Biblioteca Hassaniyya de Rabat 3503, fol. 124v; Hilty 1954: 206-207.

dice que tenía 47 años en el momento del nacimiento de su hijo, cabe la posibilidad de calcular su año de nacimiento.

Al examinar los datos del horóscopo del hijo de Tresbens, el primer dato indiscutible es la longitud del Sol sobre la eclíptica: Piscis 24;47° (= 354;47°), lo que implica que el nacimiento tuvo lugar en el mes de marzo. Tresbens adopta la posición del Sol como «indicador»[15] del padre, ya que, según establece Ptolomeo (*Tetrabiblos* III, 5), los indicadores del padre son el Sol (en los nacimientos diurnos) y Saturno (en los nocturnos), y nuestro autor señala que su hijo nació durante el día. Por otra parte, en lo que se refiere a las dignidades que posee el Sol como significador del padre, Tresbens señala que está en la casa XI del horóscopo, que es una casa 'sucedente' (sigue a la casa X, el medio cielo, que es una de las cuatro cúspides); Júpiter 'se alegra' en esta casa (Burnett, Yamamoto & Yano 1994: 30-31); Venus tiene su exaltación en [27° de] Piscis (Burnett, Yamamoto & Yano 1994: 22-23), signo que pertenece a la triplicidad de agua (Cáncer, Escorpio y Piscis), cuyo señor, de día, es Venus (Burnett, Yamamoto & Yano 1994: 26-27); finalmente, Marte domina el tercer decano («fas») de Piscis (en el que se encuentra el Sol) (Burnett, Yamamoto & Yano 1994: 22-23) y es el señor de la triplicidad de agua durante la noche (Burnett, Yamamoto & Yano 1994: 26-27).

Como resultado del análisis de estas dignidades, Tresbens considera que los tres planetas que constituirán la base de su predicción son Júpiter, Venus y Marte e indica que deben buscarse sus ascensiones oblicuas («e cerca les assencions en la taula de la regió dels llocs d'aquests tres senyors», Vernet & Romano 1957-1958: I, 130), que serán:

Júpiter 16;42°
Venus 0;33°
Marte 8;18°

La suma de estos tres valores es 25;33°, lo que le lleva a afirmar que sobrevivirá 25 años, 6 meses y 18 días al nacimiento de su hijo, a razón de 1° por año.

A continuación, Tresbens plantea una segunda posibilidad en la que Saturno es el significador, por más que el nacimiento sea diurno, dado que tiene

15. «Indicador» es también el término utilizado en la traducción alfonsí (*Libro conplido*). El texto árabe de Ibn Abī l-Riŷāl utiliza la expresión *ṣāḥib nawbat al-ab* (el señor del turno [diurno] del padre).

un mayor número de dignidades: Saturno está en la casa IV (una de las cúspides) y en el signo de Libra. La casa IV es significadora del padre (Burnett, Yamamoto & Yano 1994: 30-31), y la exaltación de Saturno tiene lugar en [21° de] Libra (Burnett, Yamamoto & Yano 1994: 18-19),[16] mientras que el Sol está en un signo [Piscis] en el que no tiene ninguna dignidad; Venus es el señor de la casa IV, lo que interpreto como una alusión al hecho de que Venus tiene su domicilio en Libra (Burnett, Yamamoto & Yano 1994: 18-19); Libra pertenece a la triplicidad de aire (Géminis, Libra y Acuario) dominada por Júpiter;[17] Júpiter domina, asimismo, el [tercer] decano de Libra [¿en el que se encontraría Saturno?]. Como resultado de estas consideraciones, los planetas que hay que tener en cuenta son:

Saturno 12;58°
Júpiter 16;42°
Venus 0;33°

La suma de estos tres valores da 30;13°, y, de ello, Tresbens pronostica una duración de su vida de 30 años, 2 meses y 18 días.[18]

En toda la exposición anterior el único dato claro es que la longitud del Sol es 354;47° y está claro que esta posición es la menos importante a la hora de establecer el año del nacimiento, ya que se repite cada año en fechas similares. Los valores numéricos están relacionados con las ascensiones oblicuas de los planetas y el texto de Tresbens no nos aclara en qué consiste esta relación. El pasaje de Ibn Abī l-Riŷāl es algo más explícito, ya que dice «pues de los subimientos que fincan a estas tres planetas en sos signos...», lo que coincide con el texto árabe (*fa min maṭāliʿ mā baqiya li-hāḏihi l-kawākib*, «lo que queda de las ascensiones de estos planetas»): tanto el castellano *fincar* como el árabe *baqiya* significan *quedar* al efectuar una resta. El mismo sentido parece tener la palabra «sobrans» ('sobrantes') cuando el texto habla de Saturno («e assencions dels sobrans són 12 graus e 58 menuts», Vernet & Romano

16. El texto de Tresbens sitúa la exaltación de Saturno en 20° de Libra.

17. De hecho, según Abū Maʿšar (Burnett, Yamamoto & Yano 1994: 24-27) el señor diurno de esta triplicidad es Saturno, seguido por Mercurio, mientras que, por la noche, domina Mercurio seguido por Saturno. Júpiter es un mero asociado (*šarīk*) a ambos planetas, tanto de día como de noche.

18. El resultado correcto debiera ser 19 días, asumiendo meses de 30 días.

1957-1958: I, 131). Mi hipótesis es, por tanto, que estos valores corresponden a la diferencia en ascensión oblicua entre el final del signo zodiacal en la que se encuentra el planeta y la posición del planeta mismo. Esto nos permite calcular la ascensión oblicua de cada planeta y, utilizando inversamente la tabla de ascensiones oblicuas, obtener su longitud. Todo ello requiere saber en qué signo zodiacal se encuentra el planeta y los datos que nos ofrece el texto son:

Saturno está en Libra, a 8° del final de la casa IV.[19]

Júpiter también está en la casa IV, a 1° del ángulo (¿del principio de la casa?). Esto nos permite suponer que también se encuentra en Libra, por más que esto sea una mera hipótesis, ya que una casa no tiene por qué coincidir con un signo zodiacal: puede empezar en un signo y continuar en el siguiente. Por ello hay que mantener la posibilidad de que Júpiter esté en Libra, Virgo o Escorpio. Veremos, a continuación, que se obtienen los mejores resultados si Júpiter está en Virgo.

Venus está en Piscis.

El texto no nos da información acerca del signo en el que se encuentra Marte, aunque al final de este análisis sugeriré la posibilidad de que se encuentre en Piscis.

Conviene, por otra parte, establecer qué tablas de ascensiones oblicuas está utilizando Tresbens. Disponemos de una única pista: Tresbens nos dice que las ascensiones de Piscis[20] son 17;30° (Vernet & Romano 1957-1958: I, 132), lo que coincide bastante bien con la tabla de ascensiones oblicuas para el clima 5° de las *Tablas de Toledo*, en el que las ascensiones de Piscis son 17;31° (Pedersen 2002: III, 1057-1060).[21] Hemos visto otros casos de coincidencias entre los valores de la ascensión oblicua que da Tresbens y los que se obtienen en las *Tablas de Toledo*.

19. Agradezco a Juan Estadella su observación de que la posición del Sol, con una longitud de 354;47°, en la casa XI, resulta incompatible con una casa IV (Saturno y Júpiter), que aparentemente se extiende en el tramo 168°-209°. No creo que el error se encuentre en la mención de la casa XI, ya que el texto aclara que es una casa «sucedente», sino en la referencia a la casa IV, que podría ser la V.

20. Las ascensiones de Piscis son la diferencia en ascensión oblicua entre el principio y el final del signo. Estas diferencias se denominan, habitualmente, *rising times* (tiempos de orto) y miden el tiempo que tarda un signo zodiacal en cruzar el horizonte oriental para una latitud determinada.

21. En las *Tablas de Barcelona*, en cambio, las ascensiones de Piscis son 17;48° (Millás 1962: 222-223).

Con estos datos podemos calcular las longitudes (λ) de Saturno, Júpiter y Venus, asumiendo que las cantidades que nos da Tresbens para cada planeta son la diferencia entre las ascensiones oblicuas (α_{φ}) del planeta y del final del signo en que se encuentra:

Planeta	Ascensión oblicua	Longitud
Saturno (en Libra)	218;9° - 12;58° = 205;11°	205;14°
Júpiter (en Libra)	218;9° - 16;42° = 201;27°	196;52°
Júpiter (en Virgo)	180° - 16;42° = 163;18°	166;49°
Júpiter (en Escorpio)	256;36° - 16;42° = 239;54°	226;54°
Venus (en Piscis)	360° - 0;33° = 359;27°	359;2°

No sabemos qué tablas utilizó Tresbens para calcular estas posiciones. Es probable que tuviera a su disposición el almanaque preparado por Pere Gilbert (m. 1362) y Dalmau Ses Planes (m. 1383) (Chabás 1996; Chabás 2004), una colección de efemérides que contenía las posiciones trópicas de los planetas entre 1361 y 1433. Desgraciadamente solo la introducción y parte de los cánones (no las tablas numéricas) parecen haberse conservado de esta fuente (Millás 1962: 87-93). No parece probable que pudiera utilizar las *Tablas de Barcelona*, completadas por Jacob Corsuno en fecha bastante posterior, ya que su presencia en Barcelona está documentada entre 1378 y 1380.[22] Entre las colecciones de tablas que podrían haber sido utilizadas por Tresbens, he utilizado, para el recálculo, las tablas de al-Jwārizmī (Suter 1914; Neugebauer 1962), las *Tablas de Toledo* (en la edición de Pedersen 2002) y las *Tablas alfonsíes* (Poulle 1984), a las que he añadido las efemérides históricas calculadas, con procedimientos modernos, por Tuckerman (1964). Los mejores resultados se obtienen para fechas de comienzo del mes de marzo de 1364. Los resultados obtenidos son, en mi opinión, aceptables, dado que desconocemos las tablas utilizadas por Tresbens. Las fechas concretas utilizadas para cada tabla se han elegido en función de la posición del Sol. Por

22. Un discípulo musulmán de Corsuno copió, en Zaragoza, en 1381, la traducción árabe del *Almagesto* de Ptolomeo realizada por Ḥunayn b. Isḥāq y afirma, en una nota, que Jacob Corsuno era astrónomo/astrólogo (*munaŷŷim*) del rey Pedro el Ceremonioso (Kunitzsch 2001: 32-33).

otra parte, las posiciones de Júpiter (en Virgo) y Marte (en Piscis) no están documentadas en el texto, pero son las que dan mejores resultados. Finalmente, parece claro que Tresbens está utilizando posiciones trópicas, ya que se ajustan mejor las posiciones calculadas con las *Tablas de Toledo* (valores corregidos en precesión), *Tablas alfonsíes* y efemérides de Tuckerman, y difieren notablemente de las que se obtienen con las tablas de al-Jwārizmī, que dan posiciones sidéreas.

1364	Posiciones derivadas de los datos del texto	al-Jwārizmī (19-3-1364)	*Tablas de Toledo* (8-3-1364)	*Tablas alfonsíes* (6-3-1364)	Tuckerman (6-3-1364) (fracciones decimales)
Sol	354;47°	354;40°	355;6°	354;50°	354.35°
Saturno	205;14°	186;3°	197;16°	200;26°	200.51°
Júpiter	166;49° (¿Virgo?)	160;12°	170;41°	169;18°	170.09°
Marte	[360]° - 8;18° = 351;42° (¿Piscis?) α_{φ}^{-1} (351;42°) = 345;23°	339;28°	345;45°	345;21°	344.61°
Venus	359;2°	5;41°	0;28°	359;27°	357.97°

Sugiero, por ello, que el nacimiento del hijo de Tresbens tuvo lugar en marzo de 1364, y la fecha del nacimiento de Tresbens debe situarse 47 años antes, o sea en 1317.[23]

6. Conclusiones

La lectura del *Llibre de nativitats* me hace pensar que Tresbens era un astrólogo competente y que utilizaba buenas fuentes. He podido establecer que su tratamiento de la proyección de rayos deriva claramente de la gran introducción a la astrología de Abū Maʿšar, mientras que el procedimiento para predecir la duración de su propia vida en función del horóscopo natalicio de su

23. Curiosamente, es el mismo año sugerido por Ferragud & Giralt (2019: 117), sobre bases totalmente diferentes.

hijo parece tener su origen en un pasaje análogo de Ibn Abī l-Riŷāl. A lo largo de todos los pasajes comentados en el presente trabajo, Tresbens utiliza, sobre todo, ascensiones oblicuas y ascensiones rectas y es probable que, para las primeras, utilizara una tabla para el clima V derivada de la que aparece en las *Tablas de Toledo*. No parece que pueda deducirse lo mismo de los valores mencionados para las ascensiones rectas.

El pasaje más interesante es el que ofrece algunos datos del horóscopo natalicio de su hijo, ya que nos permite tener una idea del año en el que nació Tresbens. Es evidente que estos datos no son los habituales: en un horóscopo completo conoceríamos el grado inicial de cada una de las doce casas, así como las posiciones en longitud del Sol, la Luna, los cinco planetas y el nodo ascendente de la Luna, lo que nos permitiría fecharlo con absoluta precisión. Aquí solo tenemos la longitud del Sol y un número de grados para Saturno, Marte, Júpiter y Venus, así como el signo zodiacal en el que se encuentran Saturno y Venus. A esto se añade la especificación de que Saturno y Júpiter se encuentran en la misma casa. He interpretado que este número de grados corresponde a la diferencia en ascensión oblicua entre el planeta y el final de su signo zodiacal y he intentado calcular la longitud correspondiente. El resultado de mi hipótesis ha sido obtener una serie de longitudes, que no coinciden exactamente con las que derivan de ninguna de las tablas al uso. Está claro que Tresbens no utilizó ninguna de ellas y que no sabemos qué tablas utilizó. De todos modos, las posiciones relativas de los cuatro planetas encajan con lo que cabría esperar para una fecha indeterminada de comienzos de marzo de 1364, fecha que está de acuerdo con el periodo (1360-1370) en el que, según Giralt, se escribió el *Llibre de nativitats*. Considero, por ello, muy probable que Tresbens naciera en 1317.

Bibliografía

Burnett, Charles; Yamamoto, Keiji & Yano, Michio (eds.) (1994). *Abū Maʿšar: The Abbreviation of the Introduction to Astrology Together with the Medieval Latin Translation of Adelard of Bath*, Leiden - Nueva York - Colonia: Brill.

Casulleras, Josep (2007). «Ibn ʿAzzūz al-Qusanṭīnī's tables for computing planetary aspects», *Suhayl*, 7, pp. 47-114.

Casulleras, Josep (2009). «Métodos para determinar las casas del horóscopo en la astrología medieval árabe», *Al-Qanṭara*, 30, pp. 41-67.

CASULLERAS, Josep & HOGENDIJK, Jan P. (2012). «Progressions, rays and houses in medieval Islamic astrology: a mathematical classification», *Suhayl*, 11, pp. 33-102.

CIFUENTES I COMAMALA, Lluís (2001). *La ciència en català a l'edat mitjana i el Renaixement*, Barcelona - Palma: Universitat de Barcelona - Universitat de les Illes Balears.

CHABÁS, José (1996). «Astronomía andalusí en Cataluña: las *Tablas de Barcelona*», en *From Baghdad to Barcelona: Studies in the Islamic Exact Sciences in Honour of Prof. Juan Vernet*, ed. Josep Casulleras & Julio Samsó, Barcelona: Instituto Millás Vallicrosa de Historia de la Ciencia Árabe, vol. I, pp. 477-525.

CHABÁS, Josep (2004). «L'activitat astronòmica a l'època del rei Pere (segle XIV)», en *La ciència en la història dels Països Catalans*, ed. Joan Vernet & Ramon Parés, València, Institut d'Estudis Catalans - Universitat de València, vol. I (*Dels àrabs al Renaixement*), pp. 483-514.

DÍAZ-FAJARDO, Montse (2019). «Estrella-corazón, estrella-cortador: una interpretación nueva del concepto de estrella *bābanī*», *Anuario de Estudios Medievales*, 49, pp. 509-531.

FERRAGUD, Carmel (2018). «Bartomeu de Tresbens, físic i astròleg del rei Pere el Cerimoniós i l'infant Joan: entre el servei a la corona i al municipi», *Asclepio*, 70, pp. 227-239.

FERRAGUD, Carmel & GIRALT, Sebastià (2019). «Bartomeu de Tresbens, metge i astròleg de Pere el Cerimoniós: aproximació biogràfica i diplomatari», *Magnificat: Cultura i Literatura Medievals*, 6, pp. 113-163.

GIRALT, Sebastià (2017). «Drawing from the marrow of the authors of astrology: the sources of Bartomeu de Tresbens, astrologer to King Pere the Ceremonious of Aragon», en *De Frédéric II à Rodolphe II: astrologie, divination et magie dans les cours (XIIIe-XVIIe siècle)*, ed. Jean-Patrice Boudet, Martine Ostorero & Agostino Paravicini Bagliani, Florencia: SISMEL - Edizioni del Galluzzo (Micrologus Library, 85), pp. 71-96.

GIRALT, Sebastià (2018a). «Astrologia aplicada a la recerca de tresors; el *Libell d'investigació de tresors* de Bartomeu de Tresbens», *eHumanista/IVITRA*, 14, pp. 761-793.

GIRALT, Sebastià (2018b). «Astrology in the service of the crown: Bartomeu de Tresbens, physician and astrologer to King Pere the Ceremonious of Aragon», *Journal of Medieval History*, 44/1, pp. 1-26.

HILTY, Gerold (ed.) (1954). *Aly Aben Ragel: El Libro conplido de los iudizios de las estrellas: traducción hecha en la corte de Alfonso el Sabio*, Madrid: Real Academia Española.

KENNEDY, Edward S. (1996). «The astrological houses as defined by medieval Islamic astronomers», en *From Baghdad to Barcelona: Studies in the Islamic Exact Sciences in Honour of Prof. Juan Vernet*, ed. Josep Casulleras & Julio Samsó, Barcelona: Instituto Millás Vallicrosa de Historia de la Ciencia Árabe, vol. II, pp. 535-578. [Reimpr. en Kennedy, Edward S. (1998). *Astronomy and Astrology in the Medieval Islamic World*, Aldershot, Ashgate Variorum (Collected Studies, 600), XIX].

Kennedy, Edward S. & Krikorian-Preisler, Haiganoush (1972). «The astrological doctrine of projecting the rays», *Al-Abhath*, 25, pp. 3-14. [Reimpr. en Edward S. Kennedy, colleagues and former students (1983). *Studies in the Islamic Exact Sciences*, Beirut: American University of Beirut, pp. 372-383].

Kunitzsch, Paul (2001). «A hitherto unknown Arabic manuscript of the *Almagest*», *Zeitschrift für Geschichte der Arabisch-Islamischen Wissenschaften*, 14, pp. 31-37.

Lemay, Richard (1995-1996). *Abū Maʿšar al-Balḫī [Albumasar]: Kitāb al-madḫal al-kabīr ilā ʿilm aḥkām al-nujūm = Liber introductorii maioris ad scientiam judiciorum astrorum*, 9 vols., Nápoles: Istituto Universitario Orientale.

Millás Vallicrosa, José María (1962). *Las tablas astronómicas del rey Don Pedro el Ceremonioso*, Madrid - Barcelona: CSIC, Instituto «Arias Montano» - Asociación para la Historia de la Ciencia Española.

Neugebauer, Otto (1962). *The Astronomical Tables of al-Khwārizmī: Translation with Commentaries of the Latin Version edited by H. Suter supplemented by Corpus Christi College MS 282*, Copenhague: Ejnar Munksgaard (Historisk-filosofiske skrifter, 4.2).

North, John D. (1986). *Horoscopes and History*, Londres: The Warburg Institute.

Pedersen, Fritz S. (2002). *The Toledan Tables: A Review of the Manuscripts and the Textual Versions with an Edition*, 4 vols., Conpenhague: Kongelige Danske Videnskabernes Selskab - C.A. Reitzels Forlag (Historisk-filosofiske skrifter, 24).

Poulle, Emmanuel (1984). *Les Tables alphonsines avec les canons de Jean de Saxe*, París: CNRS.

Rubió i Lluch, Antoni (1918-1921). *Documents per l'historia de la cultura catalana migeval*, Barcelona: Institut d'Estudis Catalans. [Reimpr. Barcelona: Institut d'Estudis Catalans, 2000].

Sabaté, Gloria & Soriano, Lourdes (2012). «Sobre la traducció i recepció de la ciència dels estels a la Península Ibèrica (ss. xiii-xv)», en *XVIII Simposio de la SELGYC (Alicante 9-11 de septiembre 2010): Literaturas ibéricas medievales comparadas*, ed. Rafael Alemany & Francisco Chico, Alicante: Universitat d'Alacant - Sociedad Española de Literatura General y Comparada, pp. 397-408.

Sezgin, Fuat (1979). *Geschichte des Arabischen Schriftums. VII. Astrologie-Meteorologie und Verwandtes bis ca. 430 H.*, Leiden - Frankfurt am Main: E. J. Brill - Institut für Geschichte der Arabisch-Islamischen Wissenschaften.

Suter, Heinrich (1914). *Die Astronomischen Tafeln des Muḥammed ibn Mūsā al-Khwārizmī in der Bearbeitung des Maslama ibn Aḥmad al-Madjrīṭī und der latein. Uebersetzung des Athelhard von Bath auf Grund der Vorarbeiten von A. Björnbo† und R. Besthorn in Kopenhagen*, Copenhague: A. F. Høst.

Torre y del Cerro, Antonio de la & Rubió i Balaguer, Jordi (1971). *Documentos para la historia de la Universidad de Barcelona. I. Preliminares, (1289-1451)*, introducción, notas y comentarios por Jordi Rubió Balaguer, Barcelona: Universitat de Barcelona, Facultad de Filosofía y Letras.

TUCKERMAN, Bryant (1964). *Planetary, Lunar and Solar Positions A.D. 2 to A.D. 1649 at Five-day and Ten-day Intervals*, Filadelfia: American Philosophical Society.

VERNET, Joan & ROMANO, David (eds.) (1957-1958). *Bartomeu de Tresbens: Tractat d'astrologia*, Barcelona: Biblioteca Catalana d'Obres Antigues.

WRIGHT, R. Ramsay (ed.) (1934). *Abū'l Rayḥān Muḥammad ibn Aḥmad al-Bīrūnī: Kitāb al-tafhīm fī awā'il ṣinā'at al-tanŷīm = The Book of Instruction in the Elements of the Art of Astrology, Facsimile Edition and Translation*, Londres: Luzac.

*Apunts sobre la influència de la poesia medieval als inicis de la Renaixença**

Joan Santanach Suñol
(Universitat de Barcelona)

1. La lira dels avis

A la seva *Oda a la pàtria* Aribau considerava un ingrat aquell que, ofegat per l'enyorança, no «cull del mur sagrat la lira dels seus avis» (v. 32). És fàcil veure en aquesta referència, enmig d'una poesia d'exaltació del passat gloriós de la llengua catalana i de la Catalunya medieval, un record dels poetes antics. Aquells que havien precedit els autors barrocs dels quals Aribau i la seva generació es volien distingir. En aquest sentit, és pertinent recordar les paraules de Jordi Rubió quan afirmava, en justificar la divisió de la seva història de la literatura en tres grans etapes, que «El Romanticisme fa girar els ulls a l'Edat Mitjana i inspira el sentiment de restauració de l'antiga poesia catalana en primer lloc, de la prosa literària després, i, finalment, de la revalorització total de la llengua» (1984: 28).

El model medieval, mal que sigui el d'una edat mitjana estilitzada, parcial i idealitzada, és evident en múltiples àmbits de l'Europa vuitcentista, on actua sovint com a signe de modernitat. El record del certamen literari de la gaia ciència, instaurat a Barcelona el 1393 a imatge del de Tolosa de Llenguadoc, va ser repetidament esgrimit en la reivindicació d'uns jocs florals que, finalment, van ser "restaurats" el 1859 (Domingo 2011). Més enllà de l'embolcall arcaïtzant que constituïen els Jocs, celebrats en el medievalíssim Saló del Tinell del Palau Reial Major de la ciutat, i del recurs constant a personatges i episodis d'ambientació medieval —històrics o ficticis—, és legítim demanar-se si, efectivament, la poesia antiga va exercir cap influència directa, no merament simbòlica, en els poetes immediatament posteriors a les trobes d'Aribau. És a dir, fins a quin punt es pot parlar de l'existència d'un vincle perceptible entre la poesia dels segles XII a XV i la de mitjan segle XIX, aquella poesia que va prenent cos a partir del 1833 fins a la seva institucionalització l'any 1859.

* Agraeixo als professors Josep M. Domingo i Albert Soler la lectura que van fer d'una versió anterior d'aquest treball.

La data de 1859 no és sols la de la instauració dels Jocs Florals de Barcelona, sinó també la de la celebració dels primers Jocs a València, en commemoració del quart centenari de la mort d'Ausiàs March. Aquest certamen, contràriament al de Barcelona, que a partir de llavors es va celebrar anualment, no va tenir continuïtat fins al cap de vint anys. És igualment la data en què van veure la llum les *Obras rimadas* de Ramon Llull, a cura de Jeroni Rosselló. En un moment en què ja bufaven aires renaixentistes, l'editor reivindicava precisament la condició de poeta del mallorquí i feia accessibles una pila de versos seus (Santanach 2018a; Rosselló 2019).

Aquesta qüestió, la de la disponibilitat de les obres dels autors medievals invocats com a referents, no és menor. Quin accés podia tenir la primera fornada de poetes romàntics catalans a uns textos que tot just aleshores començaven a ser reivindicats? Dues antologies publicades poc abans del certamen de 1859, *Los trobadors nous*, compilada per Antoni de Bofarull el 1858, i *Los trobadors moderns*, a cura de Víctor Balaguer, apareguda el mateix any dels Jocs, mostren un gruix important d'autors, vora una cinquantena, que haurien estat inspirats pel romàntic «sentiment de restauració de l'antiga poesia catalana» de què parlava el Dr. Rubió. La pregunta, aleshores, és de quina manera tota aquesta colla podia llegir uns textos que, llevat d'alguna escadussera excepció, no havien estat impresos des de feia segles. Això, si mai havien arribat a les premses.

L'antologia de poesia lul·liana de 1859 no inclou els versicles del *Llibre d'amic e amat* en prosa, que caldrà continuar llegint en la versió «valenciana» de Joan Bonllavi, de 1521. No va ser fins cap al 1886 que el mateix Jeroni Rosselló va preparar una edició en fascicles de diversos títols lul·lians, entre els quals hi havia l'opuscle místic; lamentablement, aquest va ser un dels que no havia arribat a completar l'any 1892, quan el projecte es va estroncar. Més sort va tenir Ausiàs March, de qui Francesc Pelai Briz va publicar una primera edició moderna el 1864; la segona va haver d'esperar un parell de dècades (Santanach 2018b). També devem a Briz altres edicions, com la de *Lo llibre dels poetes* (1867), una àmplia antologia de composicions dels segles XII al XVII. Els primers articles de Manuel Milà i Fontanals sobre poesia medieval, en què sovint recollia mostres de textos, es remunten als anys quaranta del segle XIX; per a les monografies més extenses, cal esperar fins a la dècada dels seixanta.[1]

1. Penso sobretot en *De los trovadores en España* i la *Ressenya històrica i crítica dels antics poetes catalans*, premiada als Jocs Florals del 1865 (Milà 1861 i 1865), per bé que no són les úniques monografies que dedicà al tema en aquests anys. Vegeu Jorba 1989: 49-50, 157-196.

Abans de les edicions esmentades, els poetes interessats en aquests autors van haver d'anar a consultar-los, i de vegades a copiar-los a mà, a les biblioteques que en custodiaven alguna edició antiga, com van fer Briz amb l'obra de March o Verdaguer amb el llibre místic lul·lià.

Milà va dedicar-se ben aviat a buscar textos en biblioteques. Ja el 1838, o potser el 1839, va fer una estada a París que va aprofitar per «estudiar con su ingénita aplicación la poesia provenzal en los manuscritos y códices de la Biblioteca Nacional», segons consta en unes notes biogràfiques conservades al fons Milà de la Biblioteca de Menéndez Pelayo de Santander (citades per Jorba 1984: 314 i 56-57). Tornant del viatge, via Montpeller, va llegir l'obra de Raynouard.

Qui va tenir un paper especialment destacat a l'hora de guiar i posar escriptors i poetes en contacte amb l'antiga literatura catalana va ser Marià Aguiló. Va fer recerca en arxius i biblioteques, per a la qual cosa va sol·licitar i obtenir una llicència especial del ministre de Gràcia i Justícia, específicament per accedir als fons de les biblioteques de Madrid i de l'Escorial (Aguiló 2014: 47-48, § 50; 146, § 280; 157, § 303, i 187, § 359); i, sobretot, per al que ara ens interessa, des de la seva posició a la Biblioteca de Sant Joan va proporcionar textos i indicacions a aquells que s'hi interessaven. En parla a les seves *Cartes sobre el Renaixement*, on arriba a afirmar que «Si el *jo* no fos un conseller perillós, diria que el verdader moviment catalanista començà en la Biblioteca provincial de S. Joan»; a continuació recorda que va ser ell qui va localitzar l'*Oració a la sacratíssima Verge* de Corella, i esmenta diversos noms de persones a qui va proporcionar textos, entre els quals hi ha el de Víctor Balaguer, de qui remarca en almenys tres ocasions «que llegia les *ſſ ff*» (Aguiló 2014: 143, § 275, i també 166, § 321, i 193, § 368). Cap als anys setanta, a més, va començar a preparar edicions de textos medievals, sobretot per a la Biblioteca Catalana. I, malgrat que en l'obra de creació el seu principal estímul fos la literatura popular, també hi ressonen els autors medievals (en relació amb Llull, vegeu Tomàs 2019).

Per accedir a les obres medievals hi havia, igualment, l'opció de localitzar edicions esparses d'alguns poemes en repertoris com les *Memorias para ayudar a formar un diccionario crítico de los escritores catalanes* de Fèlix Torres Amat (1836), o en catàlegs de manuscrits, com el que Eugenio de Ochoa va preparar de la Biblioteca de París (1844). N'hi havia així mateix en les aproximacions històriques a la literatura catalana de F. Jaubert de Paçà, que es tanca amb un apèndix de textos, sobretot de documents (1824);[2] de Magí Pers i Ramona (1850, 1857), o de F. R. Cambouliu (1857). Posats a fer, tampoc no és sobrer recordar que Josep Pau Ballot havia recollit algunes poesies, sobretot de poetes barrocs, com a apèndix a la seva *Gramàtica i apologia de la llengua catalana* (1815), o bé que l'impressor Antoni Bergnes de las Casas va publicar, vers 1840-1843, un plec titulat *Muestras de varias poesías catalanas, según el especial carácter de sus diversas épocas*, amb versions molt fragmentàries de *Lo somni de Joan Joan* de Jaume Gassull, l'*Oració panegírica* del Rector de Vallfogona, *Les Comunitats de Castella* d'Antoni de Puigblanch, i, aquesta sencera, les *Trobes* d'Aribau (Jorba 2013: 52-54). No hi havia gaires coses més.

Aquestes limitacions no van impedir que diversos poetes destacats de la primera onada romàntica, que conjugaven els seus interessos literaris amb la recerca en arxius i biblioteques, llegissin autors medievals. La gestació de la Renaixença, abans de convertir-se en un moviment molt més ampli, s'ha de vincular a un grup reduït d'erudits. Alguns d'aquests no sols van llegir l'obra de poetes medievals, sinó que els van emprar com a model a imitar i en van aprofitar versos en composicions pròpies. Em fixaré en alguns poemes previs o datables al voltant de 1859 escrits per Joaquim Rubió i Ors, Manuel Milà i Fontanals i Víctor Balaguer. Tots tres eren poetes que, en graus i amb motivacions diferents, van optar per seguir Aribau a l'hora de polsar la lira dels avis.

2. El Gaiter del Llobregat, lector dels trobadors

De ben jove, Joaquim Rubió i Ors, nascut en una família d'impressors i llibreters, compaginava la composició poètica amb l'arqueologia literària. Així, al mateix temps que escrivia i publicava al *Diario de Barcelona* les poesies de *Lo Gaiter del Llobregat* (1839-1840, recollides en volum el 1841), impulsava amb Josep M. de Grau una Col·lecció d'Obres Antigues Catalanes. Tot i les bones intencions expressades a l'«Advertència» amb què s'obria el primer tom, on s'anunciaven edicions tant de poetes medievals com moderns, i d'algunes cròniques, la col·lecció va quedar aturada quan tot just n'havien aparegut els dos primers volums, dedicats al Rector de Vallfogona i a Pere Serafí, per aquest

2. Hi ha també algunes cobles d'Ausiàs March i poesies del Rector de Vallfogona, a més d'alguns versos de les *Trobes* del pretès cavaller medieval Jaume Febrer.

ordre, tots dos impresos el 1840. En l'apèndix al primer volum, per cert, hi van incloure algunes mostres de textos d'Ausiàs March, Francesc Alegre, Pere Serafí i Francesc Fontanella.

En la poesia que obria el volum de *Lo Gaiter del Llobregat*, «Mos cantars», situada en aquesta posició pel seu caràcter programàtic, per bé que havia estat la setena que havia aparegut al *Diario de Barcelona*, Rubió hi reprenia la imatge citada d'Aribau:

> dels antics trobadors la muda lira
> jo arrencaré de llurs humits sepulcres,
> i al geni que divaga entre llurs lloses
> plorant invocaré.
> (Rubió 2006: 37, vv. 9-12)

Ara ja no són uns avis més o menys indefinits, sinó que el referent es concreta en uns «antics trobadors» d'inequívoca ascendència medieval. Rubió n'havia llegit l'obra, tant dels trobadors com de poetes posteriors, i ho fa evident en els lemes que acompanyen els seus poemes. La llista és llarga. Hi trobem versos de Pere el Cerimoniós al costat d'Aribau (I), Guilhem de Peitieu (III), Pèire Cardenal i Folquet de Marselha (V; del segon, en cita uns versos que també s'han atribuït a Falquet de Romans), Guilhem Figueira (VII), Alegret (IX), Ausiàs March i Raimon Menudet (X), Raimbaut d'Aurenga (XI i XVI), Bertran de Born (XIV), Albertet de Sisteron i Guilhem Hug d'Albí (XVIII), Guilhem d'Autpol (XIX), Pistoleta (XX), un dels versos occitans que Dante posa en boca d'Arnaut Daniel (XXII), Joan Esteve (XXIV) i Peire de Cols d'Arloac (XXVI). Tot sembla indicar que el gruix de les citacions dels trobadors occitans prové de l'extens *Choix des poésies originales des troubadours* de François Raynouard (1816-1821). Al costat d'aquests versos, també hi trobem una citació de Pere Miquel Carbonell sobre Barcelona (II),[3] un passatge del *Romance del rey Rodrigo* (IV), una citació provinent de la *Comédie humaine* de Balzac (XIII), i un vers de la poesia «À M. Jules Canonge» del poeta setcentista Jean Reboul, nascut a Nimes (XXVII). L'atenció a les obres medievals supera àmpliament qualsevol altre àmbit d'interès, i el pes atorgat específi-

3. Provinent de *De la conservatió e duratió de la ciutat de Barcelona* (ACA, Cancelleria, reg. 1529/I, f. 16v), inclòs per Pròsper de Bofarull en *Los condes de Barcelona vindicados* (1836), d'on degué prendre'l Rubió; vegeu-ne una nova transcripció en Toldrà 2016.

cament a la poesia trobadoresca s'ha d'entendre com a part de la reivindicació d'aquesta tradició, en la qual Rubió situa Aribau com a epígon i de la qual ell mateix se sent part, si més no en aquest moment. Ho fa explícit al pròleg del llibre:

> Ell [el Gaiter del Llobregat] ha recorregut i recorre encara tota la galeria de trobadors des de Guillem d'Aquitània hasta lo modest Aribau, que sembla haver volgut posar lo segell als cants de nostres poetes amb sa oda a la Pàtria, digna del dialecte en què està escrita [...] ell ha estudiat i estudia encara estes poesies escrites en una llengua quasi desconeguda, a les quals estan confiats tants dolorosos sofriments, tants sentiments apassionats, tantes palpitacions secretes [...]. Un petit esforç li bastaria [a Catalunya] per reconquistar la importància lliterària de què gosà en altres èpoques (Rubió 2006: 30-31).

Com no podia ser d'altra manera, els temes medievals són freqüents en les poesies del Gaiter. Les escriu en un català que assumeix, sense escarafalls, la llengua que li havia llegat la tradició prèvia. La publicació dels volums del Rector de Vallfogona i de Pere Serafí, i la mateixa llista dels títols que haurien hagut de constituir la Col·lecció d'Obres Antigues Catalanes, amb autors medievals i moderns, mostren poques prevencions, ni tan sols estètiques. Per això, entre els poemes del Gaiter crida l'atenció, pel que fa a la llengua i al model poètic adoptat, «Lo lai del joglar» (XXVI), datat al setembre de 1840. Rubió el va compondre amb una forma tan cara a Ausiàs March com és la cançó en cobles de vuit decasíl·labs amb tornada, amb una endreça final. L'exemple de la primera cobla permet observar l'exercici lingüístic, de resultat dubtós, que el Gaiter hi va dur a terme, amb diverses formes occitanes que ja no acostumem a trobar en els versos de March:

> Car sotz spill, ma dompna, d'hermosura
> vullatz, cruzel, que'n vostre riz me mir';
> car sotz spill pel qui amatz de ternura,
> acconortetz cell que per vos sospir':
> car sotz spill dels sants ayci en la terra
> per dar al trist que muyr d'enuig conort,
> del dolor greu que'l cor marcit m'afferra
> lliuratzme tost, ó tost damnatzme á mort.
> (Rubió 2006: 150, vv. 1-8)

L'ascendència marquiana de la poesia s'observa també en l'ús del *senhal* «Lir entre carts». Hi ressonen, a més, altres referents medievals, com el vers 3 del «Desert d'amics» de Jordi de Sant Jordi, reprès al vers 36, «car far[t] yeu suy d'enuig é de tristor». El Gaiter degué llegir March en alguna de les edicions cinccentistes i el poema de Jordi de Sant Jordi gràcies a la transcripció que en va incloure Torres Amat en el seu repertori (1836: 328-333, esp. 331). Les set mostres de poesies del poeta valencià que es recullen en les *Memorias*, on encara es manté la confusió respecte a la personalitat i l'època en què va viure (Valsalobre 2007), havien estat copiades per Josep Tastu a partir del cançoner de París, l'anomenat *Cançoner d'obres enamorades* (per a la recepció moderna de Jordi de Sant Jordi, vegeu Cabré & Pujol 2020).

El lai de Rubió va ser elogiat per Tomàs Aguiló, el desembre de 1841, tant per la reproducció del llenguatge pretesament antic com per l'elevació de sentiments. Tot sembla indicar que era vist com una cosa seriosa. El Gaiter s'hi feia ressò d'un corrent arcaïtzant existent llavors en la poesia castellana, en què l'esmentat Tomàs Aguiló havia participat. La seva va ser la primera manifestació d'un corrent equivalent en la literatura catalana, un dels màxims representats del qual serà Jeroni Rosselló, l'editor del recull lul·lià de 1859 (Massot 1988).

3. Un record lul·lià en la poesia de Milà i Fontanals?

Abans de la instauració dels Jocs Florals, Manuel Milà i Fontanals havia escrit ben poca poesia en català. Tot just una balada popularitzant, titulada «La font de Melior», situada en una indefinida edat mitjana. Segons apunta Manuel Jorba, no va ser fins que va ressenyar l'*Essai* de Cambouliu (1857) a les pàgines del *Diario de Barcelona* que el de Vilafranca es va plantejar «abordar sense complexos "provincials" l'estudi insistent de la literatura catalana medieval en els seus diferents períodes i especialment de la poesia, que se li manifestava no mancada d'originalitat» (1989: 170). Abans d'aquesta data tampoc no li havia semblat que la poesia medieval constituís un model operatiu per als poetes romàntics, paper que atorgava, molt més decididament, a la pocsia popular (Jorba 1984: 218; Jorba 1989: 160-161).

Segurament del 1859 és una poesia dedicada a la Mare de Déu de Montserrat, titulada «Montserrat» o «A Montserrat», segons les edicions, composta per tres estrofes de sis alexandrins monorims (Marrugat 2009: 52-54; Milà 2010: 27; *cf.* Jorba 1984: 224-225). La coincidència de metre amb el *Plany de nostra Dona* de Ramon Llull (2012), compost igualment per alexandrins monorims, encara que amb estrofes de dotze versos, i la coincidència amb la data de les *Obras rimadas*, on es va incloure el *Plany*, planteja la possibilitat que Milà hagués optat per recuperar el metre usat per Llull en la seva obra mariana. I més quan feia poc que havia canviat la seva consideració respecte de la literatura autòctona antiga. Malgrat tot, llevat de la forma i la dedicació a la Mare de Déu, no hi ha altres elements que ens permetin defensar aquesta represa.

Pel que fa a la producció d'inspiració medieval de Milà, també cal fer referència, mal que siguin posteriors, als poemes èpics basats en les exigències formals i formulàries pròpies del gènere a l'edat mitjana. El juny de 1867 va escriure la «Cançó del pros Bernard, fill de Ramon»; l'agost del mateix any, «La mort de Galind», totes dues amb tirades de decasíl·labs de 6 + 4 de rima assonant, i el febrer de 1872 va dedicar a la seva esposa «La complanta d'en Guillem», amb estrofes de tres decasíl·labs, de nou de 6 + 4 i rima assonant. L'aportació de Milà va propiciar que altres poetes fessin ús d'aquest vers, tampoc estrany a la poesia popular, entre els quals trobem Tomàs Aguiló (1993: 32-33) i Jacint Verdaguer —aquest darrer als cants V i VIII del *Canigó*.

4. L'Ausiàs March de Víctor Balaguer

És igualment fruit d'una lectura atenta de les poesies marquianes el poema que Víctor Balaguer va presentar als Jocs Florals de la ciutat de València, celebrats en el quart centenari de la mort del poeta de Gandia i amb el qual va guanyar-hi l'englantina d'or. Es tracta d'una extensa composició de dos-cents quatre versos, majoritàriament decasíl·labs, titulada «Ausias March» (2002: 53-60). Cinc cobles d'aquesta composició, corresponents als versos 53-92, ja havien vist la llum a final de l'any anterior, amb algunes variants; Balaguer les va incloure, amb el títol «Homenatge á Áusias March», a les pàgines inicials, prèvies a l'obra, del seu drama en espanyol *Ausias March* (Balaguer 1858).

La composició presentada als Jocs valencians de 1859 s'obre amb una endreça als mantenidors del certamen, composta per set quartets encadenats, en la qual reivindica l'ús de la llengua en què «compongueren sos lais los trobadors» (v. 14), per bé que de seguida fa referència, per evitar qualsevol recel, a la dolça llengua castellana; la part introductòria inclou una salutació als poetes valencians que, alhora que honoren la llengua dels avis, «obriu gloriós camí a la joventut» (v. 18). El cos del poema s'inicia al vers 29, amb un sonor vocatiu: «Jo et conec, Ausias March, puix de ta glòria / n'està plena la pàtria llemosina». A partir d'aquí, l'obra es compon de cobles sobretot de vuit decasíl·labs (sovint el penúltim vers és un hexasíl·lab), per bé que també n'hi trobem de set, nou i deu.

Fins al vers 100, el poema s'adreça a March, «Petrarca llemosí» (vv. 33 i 57), «rossinyol dels trobadors» davant del qual la resta calla (v. 88), perquè és el màxim poeta de l'amor: «Jamai ningú sabrà pintar com pintes / la passió de l'amor i son martiri» (vv. 61-62). I és que no sols, «encara nin, tos versos aprenguí» (v. 44),[4] sinó que, amb un record del poema XVIII de March, afirma que

> Jo, fantasiant, t'he vist en nit obscura
> ta veu, com d'una arpa l'harmonia
> amb dolça melodia
> aixís a mos oïdos ressonà.
> (vv. 96-100)

A partir del vers 101 i fins al 172, March pren la paraula. És en la seva intervenció que el nombre de versos per cobla varia; n'hi trobem uns quants de presos directament de les seves poesies, i també alguns de glossats.

L'adolorit poeta, passat pel sedàs romàntic de Balaguer, hi invoca llamps i tempestes, que voldria que el ferissin, al mateix temps que anhela que se l'enduguin «A córrer les altures» (v. 108), tal com desitjarà Gentil, anys més tard, al cant setè del *Canigó*. La referència a les tempestes afavoreix la citació dels versos 9 i 12 del poema LXVIII, i la del 88 del CXIV:

> Jo som aquell que en lo temps de tempesta
> vaig sobre neu, descalç, amb nua testa,
> jo som aquell que diuen Àusias March.
> (vv. 116-118)

Als versos 129-132, en canvi, s'hi poden detectar motius provinents dels poemes XLVI i LXXVI:

4. Sobre aquest vers, i la pretesa familiaritat de Balaguer, ja en la infantesa, amb la poesia marquiana, cal llegir el comentari irònic que hi dedica Marià Aguiló (2014: 193, § 368).

Jo só la nau que per la mar portada
va per contraris vents, sens aturall,
i en va busca pertot una ensenada,
i fons mai troba enlloc son escandall.

Torna a citar, gairebé literalment, un parell de versos marquians a l'inici de la cobla següent; en aquest cas, són els versos 49 i 50 de la poesia CXII: «Oh, greu dolor que tots los dolors passes!, / [...] / tu que ets a l'hom com al cavall mordasses» (vv. 138 i 140). El poeta recreat per Víctor Balaguer desitja la mort i, fent una «imitació», com ell mateix ho qualifica en una nota, del vers 17 del poema I de March, «Plagués a Déu que mon pensar fos mort», escriu «Fereix de mort, Déu meu, mon pensament!» (v. 142); per als versos 154-155, reconeix de nou en nota que s'ha inspirat en un vers de la mateixa poesia (en aquest cas, el 19, «Malament viu qui té lo pensament per enemic»): «Sempre amb mon propi pensament en guerra, / visc de tristeses rodejat, i dol». Entremig de les dues represes de la poesia I, localitzem una nova reelaboració de dos versos marquians, els inicials del poema LXXXIX («Cervo ferit no desija la font / aitant com jo ésser a vós present»): «Cervo ferit a qui la set abrusa, / no desitja la font com jo la calma» (vv. 145-156).

Agustí Rigalt, «Ausiàs March i el príncep de Viana», 1852. BMVB-1279. Biblioteca Museu Víctor Balaguer. Vilanova i la Geltrú.

Finalment, al 163 se cita el vers inicial del poema CXIX: «Maleït lo jorn que em fou donada vida». Enllestit el planyívol parlament, en la trentena de versos que tanquen el poema (vv. 173-204), Ausiàs March continua el seu trajecte, «de l'huracà en les ales» (v. 181), cap a una mena de cel de les glòries catalanes antigues.

Dos anys més tard, el 1861, aquesta vegada als Jocs Florals de Barcelona, Víctor Balaguer hi va presentar la poesia «Era cap a la vesprada...», amb la qual optava a aconseguir un quadre del pintor Agustí Rigalt, ofert com a premi. La tela, que actualment forma part de la Biblioteca Museu Víctor Balaguer de Vilanova, representa Ausiàs March dret, llegint en veu alta davant d'un atent Carles de Viana, assegut en un tron. A la poesia s'hi recrea el mateix motiu: una trobada entre els dos personatges, en què el poeta llegeix nou cobles al príncep de Viana. Aquesta vegada són totes de vuit decasíl·labs i presenten rimes correctament organitzades. A les estrofes, a més de motius inspirats per March, s'hi recullen de nou alguns versos procedents de poesies seves (com ara XCIX, 65, i XXXIX, 1, que consten com a vv. 42 i 50).

Més sorprenent és, en canvi, que Víctor Balaguer posi en boca d'Ausiàs March, sense identificar-los, un parell de versos de l'única composició coneguda de Francesc d'Estanya: «essent jo viu, vos dic que ja só mort» (v. 72) i «ric só d'enuigs i pobre de conhorts» (v. 100), que es corresponen amb els versos 4 i 1 del poema medieval. Es tracta d'una dansa amb refrany i una sola cobla, de tot just dotze versos, ben identificada als cançoners i igualment a les fonts que Víctor Balaguer hauria pogut manejar, com el *Catálogo razonado* de la Biblioteca de París, on es dediquen nombroses pàgines al *Cançoner d'obres enamorades* i als autors i les poesies que s'hi van copiar (Ochoa 1844: esp. 372-373; per a mossèn Estanya, vegeu Torró 2009: 23). La presència d'aquests versos podria haver estat fruit d'una confusió, per bé que tampoc no es pot descartar una incorporació deliberada, ja que lliguen perfectament amb el to i el sentit del poema.

5. L'efecte del sentiment

El «sentiment de restauració» de l'antiga poesia catalana que va inspirar el romanticisme, tal com en deia Jordi Rubió, en diversos casos es va traduir en un estímul efectiu i en un model que calia imitar. La renovació que la poesia romàntica va operar en el context de la lírica catalana, paral·lela a la recuperació de la imatge de l'edat mitjana, va conduir alguns poetes, que al mateix temps exercien com a historiadors i estudiosos dels textos antics, a fer una lectura directa d'aquests textos i, sobretot, per al que ara ens interessa, a emprar-los en composicions pròpies.

Els exemples esmentats procedeixen tot just de tres poetes renaixentistes de la primera fornada, malgrat que es tracti d'alguns dels que van tenir més pes en aquests primers anys. D'exemples de textos escrits a partir de 1859 i inspirats en composicions medievals se'n poden esmentar alguns més. Víctor Balaguer va tenir presents els autors antics al llarg de la seva extensa producció, fins i tot en poesies de rabiosa actualitat, com «Jo vaig proscrit», datada al castell de Foix l'1 de setembre de 1866, on, usant de nou cobles de vuit decasíl·labs, mesclava l'enyor de l'exiliat que era —després d'haver-se implicat en les activitats conspiradores del general Prim—, amb records de Jordi de Sant Jordi i Ramon Llull (2002: 119; al vers 21 considera que «Desert d'amics me trobo tot a l'hora» i al vers 23 se sent «foll de desconhort»). Igualment va inspirar-se en Ausiàs March el seu editor de 1864, el ja esmentat F. P. Briz, quan va escriure el poema «Penediment. Stramps», premiat als Jocs del 1868 i dos anys més tard recollit en el poemari *Flors i violes*. Als mateixos Jocs, Ramon Picó i Campamar hi va ser premiat per tres «Chants d'amor (Imitació d'Ausias March)». Totes dues composicions, de to ben diferent, són escrites —un cop més— en cobles de vuit decasíl·labs.

La poesia medieval no va ser només un referent simbòlic, sinó que va exercir un paper com a estímul inicial, per bé que de cap manera únic, entre els poetes renaixentistes esmentats. No és tan clar, en canvi, que aquests exemples transcendissin el cercle d'estudiosos de les lletres antigues. En aquells casos en què sí que degué ser així, diria que de nombre més aviat reduït, caldria avaluar els termes en què haurien exercit aquesta influència. Perquè l'interès inicial per la poesia antiga, vinculat a la recerca d'uns precedents de prestigi, no és ben equiparable amb l'ús que se'n podia fer a mitjan anys seixanta, amb el moviment ja força consolidat, i encara menys amb la reescriptura tan personal del *Llibre d'amic e amat* que Verdaguer va dur a terme a les *Perles*, més de trenta anys després. El tema no està de cap manera tancat.

Bibliografia

Aguiló i Forteza, Tomàs (1993). *Obra poètica*, ed. Joan Mas i Vives, Barcelona: Barcino (Biblioteca Renaixença, VI).

Balaguer, Víctor (1858). *Áusias March: drama en cuatro actos*, Barcelona: Librería Nacional y Estranjera de Salvador Manero.

Balaguer, Víctor (2002). *Poesia*, cur. Joaquim Molas, Vilanova i la Geltrú: El Cep i la Nansa (Biblioteca Antina, 13).

Ballot, Josep Pau (1815). *Gramática y apología de la llengua catalana*, Barcelona: Estampa de Joan Francisco Piferrer.

Bofarull, Próspero de (1836). *Los condes de Barcelona vindicados, y cronologia y genealogia de los reyes de España considerados como soberanos independientes de su marca*, 2 vols., Barcelona: Imprenta de J. Oliveres y Monmany.

Briz, Francesch Pelay (ed.) (1867). *Lo llibre dels poetas: Cansoner de obras rimadas dels segles XII, XIII, XIV, XV, XVI y XVII, acompanyat de notas y de un prólech*, Barcelona: Salvador Manero.

Briz, Francesch Pelay (1870). *Flors y violas. Aplech de rimas premiades*, Barcelona: Estampa de Lo Porvenir.

Cabré, Lluís & Pujol, Josep (2020). «La recepció de la poesia de Jordi de Sant Jordi entre 1836 i 1936», *Estudis Romànics*, 42, pp. 177-202.

Cambouliu, F. R. (1857). *Essai sur l'histoire de la littérature catalane*, París: Durand (2a ed.: París, Durand, 1858, «augmentée de la *Comedia de la gloria d'amor* de fra Rocabertí, poème inédit tiré dez Manuscrits de la Bibliothèque imperiale et d'un nouveau fragment de la traduction catalane de Dante»).

Domingo, Josep M. (2011). «Barcelona i els Jocs Florals, 1859. Literatura, modernització urbana i representació col·lectiva», dins *Barcelona i els Jocs Florals, 1859: Modernització i romanticisme*, Barcelona: MUHBA, pp. 39-76.

Jaubert de Paçà, F. (1824). *Recherches historiques sur la langue catalane (1824)*, estudi introductori Enric Prat & Pep Vila, Perpinyà: Trabucaire, 2000.

Jorba, Manuel (1984). *Manuel Milà i Fontanals en la seva època: Trajectòria ideològica i professional*, Barcelona: Curial (Biblioteca de Cultura Catalana, 54).

Jorba, Manuel (1989). *L'obra crítica i erudita de Manuel Milà i Fontanals*, Barcelona: Curial - PAM (Textos i Estudis de Cultura Catalana, 17).

Jorba, Manuel (2013). *A propòsit de la primeríssima recepció de «La pàtria» d'Aribau (1833-1859): Discurs de recepció de Manuel Jorba com a membre numerari de la Secció Històrico-Arqueològica, llegit el dia 24 de gener de 2013*, Barcelona: Institut d'Estudis Catalans. Secció Històrico-Arqueològica.

Llull, Ramon (2012). *Hores de nostra dona santa Maria. Desconhort de nostra Dona*, ed. Simone Sari, Palma: Patronat Ramon Llull (NEORL, XI).

Marrugat Cuyàs, Ramon (ed.) (2009 [2010]). *La poesia en català de Manuel Milà i Fontanals*, Sant Sadurní d'Anoia: Institut d'Estudis Penedesencs (Biblioteca Penedès, 3).

Massot i Muntaner, Josep (1988). «La llengua arcaica durant la Renaixença», dins *Studia in honorem prof. M. de Riquer*, vol. III, Barcelona: Quaderns Crema, pp. 67-86; reproduït dins *Llengua, literatura i societat a la Mallorca contemporània*, Barcelona: Curial Edicions Catalanes - PAM, 1993 (Textos i Estudis de Cultura Catalana, 29), pp. 9-27.

Milá y Fontanals, Manuel (1857). «"Ensayo sobre la literatura catalana", por M. F. R. Cambouliu», *Diario de Barcelona* (29 de juliol); reproduït dins OC, vol. V, pp. 10-15.

Milá y Fontanals, Manuel (1861). *De los Trovadores en España. Estudio de poesía y lengua provenzal*, Barcelona: Librería de Joaquín Verdaguer.

Milá y Fontanals, Manel (1865). «Resenya histórica y crítica dels antichs poetas catalans», dins *Jochs Florals de Barcelona en 1865*, Barcelona, pp. 113-200. També dins OC, vol. III, Barcelona, pp. 141-240.

Milà i Fontanals, Manuel (2010). *Poesies catalanes*, ed. Albert Mestres, Barcelona: Edicions 62 (La Butxaca).

Ochoa, Eugenio de (1844). *Catálogo razonado de los manuscritos españoles existentes en la Biblioteca real de París seguido de un suplemento que contiene los de las otras tres bibliotecas públicas (del Arsenal, de Santa Genoveva y Mazarina)*, París: Imprenta Real.

Pers y Ramona, Magín (1850). *Bosquejo histórico de la lengua y la literatura catalana desde su origen hasta nuestros días*, Barcelona: J. Tauló.

Pers y Ramona, Magín (1857). *Historia de la lengua y la literatura catalana desde su origen hasta nuestros días*, Barcelona: Imprenta de José Tauló.

Raynouard, François-Just-Marie (1816-1821). *Choix des poésies originales des troubadours*, 6 vols., París: Imprimerie Firmin Didot.

Rosselló, Pere (2019). «Les edicions lul·lianes de Jeroni Rosselló», dins *Ramon Llull en la literatura catalana del segle xix: VI Seminari d'Estudis Catalans del Vuit-cents. Palma (Mallorca), 11 de novembre de 2016. Universitat de les Illes Balears*, Palma: Lleonard Muntaner Editor (Temps Obert, 32), pp. 75-104.

Rubió i Balaguer, Jordi (1984). «Preliminars», dins *Història de la literatura catalana*, vol. I, Barcelona: PAM, pp. 19-31.

Rubió i Ors, Joaquim (2006). *Lo Gaiter del Llobregat (1841). Roudor de Llobregat (1842)*, ed. Albert Mestres, Barcelona: Edicions 62 (Nova Biblioteca Selecta, 6).

Santanach Suñol, Joan (2018a). «De Jeroni Rosselló a Salvador Galmés, passant per Mateu Obrador. Un segle de publicacions lul·lianes a Mallorca (1859-1950)», *Estudis Romànics*, XL, pp. 193-214.

Santanach Suñol, Joan (2018b). «Francesc Pelai Briz i la primera edició moderna d'Ausiàs March», *Sonograma Magazine* [en línia], 38 (23 d'abril de 2018), <http://sonograma.org/2018/04/francesc-pelai-briz-ausias-march/>.

Toldrà, Maria (2016). «De la conservació i duració de la ciutat de Barcelona», *Vademècum* [en línia], <https://mariatoldra.com/2016/10/09/de-la-conservacio-i-duracio-de-la-ciutat-de-barcelona/#_ftnref8>.

Tomàs, Margalida (2019): «Ramon Llull en l'obra literària i erudita de Marià Aguiló», dins *Ramon Llull en la literatura catalana del segle* XIX. *VI Seminari d'Estudis Catalans del Vuit-cents. Palma (Mallorca), 11 de novembre de 2016. Universitat de les Illes Balears*, introducció de Damià Pons, Palma, Lleonard Muntaner Editor (Temps Obert, 32), pp. 121-144.

Torres Amat, Fèlix (1836). *Memorias para ayudar a formar un diccionario crítico de los escritores catalanes*, Barcelona: Imprenta de J. Verdaguer (facsímil: Barcelona-Sueca, Curial, 1973 (Documents de Cultura-Facsímils)).

Torró 2009 = Lluís de Requesens, Bernat Miquel, Martí Garcia, Rodrigo Dies, Lluís de Vila-rasa, Francesc Sunyer. *Sis poetes del regnat d'Alfons el Magnànim*, ed. Jaume Torró, pròleg Lola Badia, Barcelona: Barcino, 2009 (ENC, B 29).

Valsalobre, Pep (2007). «Història d'una superxeria. El cas de Jordi de Sant Jordi», dins *El (re)descobriment de l'edat moderna. Estudis en homenatge a Eulàlia Duran*, ed. Eulàlia Miralles & Josep Solervicens, Barcelona: PAM - Universitat de Barcelona, pp. 295-335.

*Il papa Blaquerna, arabista**

Simone Sari
(Centre de Documentació Ramon Llull - Universitat de Barcelona)

Sono molti gli accenni al mondo arabo e subsahariano rintracciabili nel quarto libro (capp. 78-95) del *Romanç d'Evast e Blaquerna*, riguardanti tanto la geopolitica quanto l'ambito delle lettere, che rendono il papa Blaquerna un profondo conoscitore della situazione politico-economica a lui contemporanea oltreché un esperto delle altre religioni. Appena eletto, Blaquerna ascolta una *performance* sul valore eseguita dal *Joglar de Valor* e da *Ramon Lo Foll* e decide di attribuire a ognuno dei suoi quindici cardinali un versetto della dossologia maggiore, affinché sia restituita alla corte papale «la honor en que esser sulia» (Llull 2009: 349) e attribuendo a sé il primo versetto: *Gloria in excelsis Deo*. Attraverso l'operato dei cardinali, che dovevano riunirsi settimanalmente (Llull 2009: 351), e quello dei loro procuratori, che rendevano noto cosa succedeva nelle varie parti del mondo, il papa poteva così gestire meglio la cristianità e mettere in atto dei piani per la conversione degli infedeli che sembrano i primi abbozzi dei futuri piani di crociata presentati da Llull in maniera più organica ai papi, o meglio una dimostrazione della loro applicabilità.

1. La conoscenza dell'altro

L'incontro col mondo arabo avviene già al primo concistoro (cap. 80,1): il sultano di Babilonia[1] scrive al papa meravigliandosi che i crociati usino gli stessi metodi di Maometto per riconquistare la Terra Santa, cioè la forza delle

* This paper is part of a project that has received funding from the European Union's Horizon 2020 research and innovation programme under the Marie Skłodowka-Curie grant agreement No 746221.

1. Come era d'uso nel medioevo Babilonia indicava Al-Fusṭāṭ, l'antico nucleo urbano ora inglobato dall'attuale Cairo. Nell'*Atles català* (c. 1375) sono indicate come due città vicine, con

armi, quando dovrebbero al contrario usare la maniera di Cristo e degli apostoli, ossia la predicazione e il martirio, come mezzo per la conversione. Dietro questo episodio traspare l'incontro di san Francesco col sultano Al-Kāmil (1219) secondo quanto narrato nel pur controverso *Verba fratris Illuminati* (Fontes Franciscani 1995: 2160-2162), una falsificazione nata tra XIII e XIV secolo per legittimare la crociata (Jeusset 1996: 189-193). Il sultano propone due prove all'assisiate: nella prima deve camminare sopra un tappeto decorato con croci, cosa che il santo esegue spiegando poi al sultano che la Vera Croce era in mano dei cristiani mentre i musulmani avevano quelle dei due ladroni; nella seconda il sultano chiede, in modo simile a quello lulliano, perché i cristiani usino la violenza, contraria all'insegnamento di Cristo, e cerchino di conquistare le terre in mano ai musulmani citando Romani 12,17 e Mt 5,40. Francesco risponde citando Mt 18,8-9 e giustificando l'operato dei cristiani come reazione al fatto che i fedeli dell'Islam bestemmino il nome di Dio e allontanino gli altri uomini dalla vera religione. Anche Llull usa quest'ultima citazione evangelica poco dopo, al cap. 92 del *Blaquerna* (Llull 2009: 408); non possiamo quindi scartare la conoscenza da parte del maiorchino degli *exempla* collegati alla visita di Francesco al sultano, che circolavano già verso la metà del XIII secolo.[2]

1.1. Gli Assassini, esempio del martirio, e il ruolo dei frati lulliani

Nel secondo paragrafo del cap. 80 troviamo citata la setta degli Assassini (Porsia 2005: 209-219), tema che ritorna nel cap. 88,6 e nel *Llibre de santa Maria*:

il nome di *Babillonia* e di *Chayre*. Il sultano di Babilonia, rappresentato alla sinistra del Nilo, è descritto come il più potente della regione.

2. L'episodio è citato da Llull altre tre volte: nell'*Ars notatoria* (Llull 1978: 34-37), nel *Llibre de meravelles* (Llull 2011: 141) e nel *Llibre de santa Maria* (Llull 1915: 154-155). I due *exempla* si rintracciano nel manoscritto di origine borgognona (seconda metà del s. XIII), BAV, Ott. Lat. 522, che raccoglie il *Liber exemplorum Fratrum Minorum* (Oliger 1927: 250-251). Jeusset (1996: 192-193) individua un antecedente del tema del secondo *exemplum*, non legato a san Francesco, nella cronaca della prima crociata di Fulcherio di Chartres.

Blaquerna, cap. 80,2	*Blaquerna*, cap. 88,6	*LSM*, cap. 20,8
Aprés aquestes paraules entrà per la cort un misatger qui aportá novelles con dos axixins havien mort un rey crestiá e con hom los havia fets murir a mala mort. (Llull 2009: 353)	En Ultramar vench un recomptador qui tramés a dir al cardenal que dos axixins havien mort .i. prinçep e que·ls havia hom morts (Llull 2009: 397)	E los sarrains, regina, qui son homens sens fè, ja nodrexen homens axexins qui van per lo mon ociure los reys e·ls alts barons per honrar lur secta e per desonrar la fè romana. (Llull 1915: 153-154)

In tutti e tre i casi l'*exemplum* serve per stimolare la cristianità a votarsi al martirio, ed è per lo stesso motivo che la setta viene citata nelle petizioni ai papi e nei trattati sulla crociata:

Adhuc, in praedictis studiis [per imparare le lingue] nutriantur pueri ad addiscendum infidelium idiomata et ad habendum deuotionem mori propter Christum. Et si Saraceni nutriant *assisinos* propter diabolicam intentionem et uanitatem huius mundi, quid mirum, si Christiani nutrirent propter Christum, qui pro nobis crucifixus est, et expectat dare gloriam et benedictionem illis, qui sua uestigia sequuntur, et etiam quia iudex noster est et erit? (*Liber de passagio*, Llull 2003: 342)

E concirats con los hòmens d'aquest món per los béns temporals emprenen grans fets e de trebail, en qui són molt perilozes, axí com reys qui entreprenen grans guerres; e *anxexins*, qui scientalmén se liuren a mort per so que lurs parens pusquen gitar de la seruitut en què són. (*Petició a Celestí*, Perarnau 1982: 41-42)

Nec est praetermittendum propter eius prolixitatem a uiris magnanimis tantum bonum considerantibus, quomodo mundani homines aggrediuntur laboriosa et ualde ardua propter bona transitoria acquirenda, et quomodo reges terrae guerras maximas et ualde periculosas assumunt, quomodo etiam *Assassini* se ipsos morti scienter exponunt, et ad hoc faciendum ab infantia nutriuntur, ut genus suum tradere ualeant libertati. (*Petitio ad Bonifacium*, Llull 2014: 435)

Et non scitis, quod Saraceni *arsicinos* nutriunt, propter bona temporalia huius mundi? Quid mirum, si nutritis sanctos ad multiplicandum honores Iesu Christi et gentium saluationem? (*De fine*, Llull 1981: 255)

Perarnau (1982: 42, n. 70) suggeriva: «[s]eria interessant d'estudiar fins a quin punt la força de xoc lul·liana formada pels sants homens no és el revers de la medalla d'aquella altra força de xoc terrorista» e, di fatto, Llull non sembra condannare la setta nizarita (Porsia 2005: 184, n. 28), ma se ne serve come esempio di vocazione al martirio. L'insistenza sul lavoro in coppia degli Assassini nel *Blaquerna* coincide con il numero di frati indicato tanto nel *De fine*: «[e]t essent tali [frati] ordinati, quod quando duo, in lingatgiis informati, extra ad praedicandum mitterentur, duo noui alii introirent» (Llull 1981: 253) quanto in molti degli *exempla* che leggeremo a continuazione.

Ritorniamo al cap. 80. Dopo aver convocato dei religiosi e i Maestri del Tempio e dell'Ospedale, viene presentato il progetto delle scuole di lingua, che dovevano ispirarsi a quella «del monestir de Miramar, qui es en la illa de Mallorcha» (Llull 2009: 354). Il reclutamento degli insegnanti, precisato al § 3, viene esemplificato all'inizio del cap. 87, con la richiesta da parte del papa di farsi mandare frati dalla cristiana Georgia: «per ço que mostrasen lur lenguatge e lurs letres als frares latins, e que aprenguesen latí e que ab los frares latins retornasen en lur terra per preycar la santa fe e doctrina de Roma» (Llull 2009: 390). In questo caso si prevede quindi uno scambio, mentre nel *De fine* i docenti delle 'lingue degli infedeli' saranno attratti soprattutto dal guadagno.[3]

L'insegnamento del latino e delle Scritture forma anche parte del progetto di conversione degli ebrei e dei musulmani presenti in terre cristiane che, come indicato ai § 5-6 del cap. 80, deve avvenire a spese della Chiesa. Il camerlengo, che per gran parte di questo libro ha il ruolo di avvocato del diavolo (Perarnau 1982: 32, n. 11-14), si oppone a questo piano, affermando che il capitale della Chiesa diminuirebbe inutilmente perché gli infedeli fuggirebbero. A ciò risponderà il Giullare di Valore chiedendogli se sia più onorevole far diminuire il reddito della Chiesa o permettere che ebrei e musulmani continuino a disonorare Dio. Al § 13 l'efficacia del metodo è esposta con un *exemplum*: in una terra dieci ebrei e altrettanti musulmani studiavano con dieci frati, la metà degli infedeli divenne cristiana e questi ultimi continuarono a tentare di convertire gli altri, fino alla completa conversione di tutti i non cristiani ivi presenti. Questo dialogo era supportato materialmente dalla Chiesa, che viene invitata a fare un ulteriore investimento al cap. 85 (Llull 2009: 383). Al § 1 il cardinale che ha l'ufficio di glorificare Dio racconta l'*exemplum* di un re che con tutta la sua corte va in un bosco a divertirsi. Arrivato il brut-

3. «Et ad habendum magistros has scientes dominus cardinalis ad illas partes mitteret, in quibus inueniret homines pauperes, *qui libenter uenirent causa lucri*, et informarent praedictis lingatgiis illos ualente homines supra dictos» (Llull 1981: 253). Il corsivo è mio.

to tempo, solo il re si ripara nella tenda e non distribuisce i suoi beni agli altri che rimangono al freddo sotto le intemperie. Il cardinale espone quindi il significato del racconto: il re rappresenta le alte cariche ecclesiastiche che dovrebbero uscire dal loro lusso per distribuire i beni della Chiesa, per esempio istituendo conventi alle frontiere della cristianità con monaci che imparino le lingue degli infedeli per predicare senza mediatori. Coloro che muoiono di freddo sono invece i cristiani che vivono nelle terre degli infedeli, che vanno aiutati non solo per i rischi che corrono, ma anche perché potrebbero abiurare per paura. Il progetto dei conventi frontalieri sarà approvato dal papa al § 2 ma non comparirà nei successivi trattati sulla crociata del maiorchino.

I frati che conoscono l'arabo possono inoltre essere usati per annunciare la crociata e fare in modo che gli infedeli si convertano prima dell'arrivo dell'esercito (cap. 81,6, Llull 2009: 361) oppure, come i procuratori, possono diventare fonte di informazione per la corte pontificia. Nel cap. 87,5-6 si riporta la notizia che alcuni missionari erano stati aggrediti e che alcuni re infedeli impedivano ai cristiani di predicare. Su questa base si decide un attacco congiunto con il potere secolare contro tutti coloro che non accettano i missionari nelle loro terre. In seguito, due frati riporteranno che un re saraceno impediva ancora l'ingresso ai predicatori, allora il cardinale 'del potere' ricorda al papa che se il re si difende con il potere corporale (l'esercito) questo è vinto da quello spirituale, rappresentato dai martiri per la fede (Llull 2009: 392). La vocazione al martirio va quindi coltivata e su questo Llull propone un ennesimo *exemplum* (cap. 92,7): due frati che conoscono l'arabo vanno dai saraceni, ma uno di loro teme la morte e decide di tornare alle comodità occidentali. Incontra un banditore che gli chiede se sia meglio la morte per malattia o quella per martirio, e quale delle due assomigli di più ai *vestiments vermells* (Llull 2009: 411) di Cristo. Mentre il banditore parla, il frate è tentato da una bella donna. A quel punto il banditore chiede se sia più meritorio andare a predicare ai saraceni o rimanere nella cristianità cercando di sfuggire alle tentazioni della carne. Il frate decide naturalmente di tornare in missione tra gli infedeli, dimostrando al contempo l'importanza di votarsi al martirio.

1.2. L'unione degli ordini cavallereschi, i Bellatores reges *e la propaganda lulliana*

Ancora nel cap. 80,7 viene presentato un altro progetto caro a Llull: il papa chiede ai Maestri del Tempio e dell'Ospedale l'unificazione degli ordini cavallereschi e che la formazione dei cavalieri avvenga attraverso *breus rahons* (Llull 2009: 356) tratte dalla lulliana *Ars compendiosa inveniendi veritatem* e l'apprendimento delle lingue. I cavalieri potrebbero diventare così consiglieri dei potenti e strumenti di conversione con le armi e con la scienza. Il progetto è esemplificato al § 11: il papa manda da un re saraceno un cavaliere dell'*orde de sciencia cavalleria* (Llull 2009: 358), il quale con la forza vince dieci cavalieri e con la scienza (*rahons*) dimostra a tutti i saggi di quella terra la verità della fede cattolica.[4] Dopo l'accettazione del progetto da parte dei Maestri e dei suoi religiosi, al § 8 *Ramon lo Foll* e il Giullare di Valore portano al papa *tinta e paper* (Llull 2009: 356) affinché scriva al sultano e al califfo di Baghdad per metterli al corrente del valore dei suoi sottoposti e delle sue attività. Se il sultano corrisponde al personaggio (fittizio?) citato all'inizio del capitolo 80, il califfo collima con un personaggio reale, il califfo Abū l-ʿAbbās Aḥmad al-Ḥākim (m. 1302), che dalla presa di Baghdad da parte dei Mongoli nel 1258 risiedeva effettivamente al Cairo. Ci troviamo quindi in quello spazio liminare tra finzione letteraria e realtà.

Il fulcro del progetto crociato lulliano presentato nel *De fine* si incarna nel *bellator rex* a capo dell'ordine cavalleresco unificato (Hillgarth 1998: 93-101). Nel *Blaquerna* (cap. 81.3-6) Llull non prevede ancora un unico sovrano ma racconta attraverso un *exemplum* la possibilità che siano due. Il papa si dirige con tre cardinali da due potenti re cristiani che erano stati in guerra tra di loro, nonostante i tentativi del cardinale 'della pace' di riappacificarli, e suggerisce loro la crociata: uno sarebbe andato dai saraceni di levante, l'altro da quelli di ponente, quindi si sarebbero riuniti al momento della sconfitta dei saraceni di mezzogiorno. Se questi re si identificano con quelli di Francia e d'Aragona, come proposto da Badia, Santanach, Soler (2016: 106, n. 18), questa proposta va letta come la soluzione inascoltata del conflitto tra i due regni che portò alla crociata contro la Catalogna del 1285, che dà una chiave di lettura politica all'accenno alla corte pontificia alla fine del romanzo, poiché la crociata era stata ufficialmente dichiarata dal papa (reale) Martino IV.

4. L'episodio è da confrontare con quello del cavaliere presentato al cap. 64, il quale «no sabia les Scriptures, per açó no volia respondre al rey [musulmano] per rahons, mas que per força d'armes aremia tots los cavallers de sa cort la .i. aprés l'altre» (Llull 2009: 295). Questo cavaliere, spinto dall'amore mariano, riuscirà a sconfiggere in duello alcuni cavalieri, a convertirne uno e a morire con quest'ultimo martire senza essere uomo di scienza.

Non può infine mancare, pur nell'anonimità ufficiosa del romanzo, il riferimento alla produzione del maiorchino. Cinque delle otto opere lulliane citate nel romanzo compaiono infatti nel libro IV, ma l'esempio più eclatante dell'autopropaganda del *mestre* e dei suoi effetti lo troviamo al cap. 86,2: un artista, nel senso lulliano, presenta alla corte pontificia la necessità di usare per tutte le discipline un'unica Arte, progetto che stimola un saggio a chiedere il permesso di andare tra gli infedeli a esporre gli articoli della fede e il vero contenuto della fede cristiana (§ 4).

2. L'Africa subsahariana

Nel cap. 84,5 un anziano messaggero arabo legge alla corte la lettera di un re musulmano nella quale chiede al papa se sia vero che la fede cristiana non si possa provare per ragioni (necessarie), visto che un cristiano l'aveva convinto a convertirsi ma non voleva farlo se la nuova fede non era dimostrabile.[5] Il racconto si interrompe qui, rimanendo senza soluzione per l'entrata in scena di un gentile del Ghana.[6] Costui era un messaggero di una comunità di idolatri la quale, spinta da un proprio membro alla ricerca di un unico Dio, aveva mandato ambasciate per capire cosa doveva essere adorato *sobre totes les coses* (Llull 2009: 379). Il papa decide quindi di mandare gli articoli della fede, dei libri sulle ragioni necessarie e i frati che parlano l'arabo, ottenendo così la piena conversione sia del re saraceno del primo *exemplum* sia della comunità dei gentili. Il percorso per arrivare in Ghana viene accennato al cap. 88. Al §1 il cardinale votato a Cristo divide il mondo in dodici province, come al cap. 80, ma non più per mandare dei procuratori, bensì dei messaggeri. Uno di questi trova una carovana a *Tibalbert* (attuale Tabelbāla, Algeria) che trasporta sale (§ 2).[7] La miniera di sale più vicina era quella di Taghāza, che se-

5. Altro *exemplum* molto noto e riutilizzato diverse volte nella produzione lulliana, vedi Badia, Santanach & Soler (2016: 232-234).

6. Gli arabi e gli europei hanno derivato il nome dell'impero saheliano dal suo governatore, il *ghana* appunto, mentre il nome usato dai suoi fondatori, i Soninke, era Wagadu. Questo impero fu islamizzato quando passò sotto il dominio dell'impero del Mali nel 1240, indicato nell'*Atles català* con la *ciutat de Mellí*, il cui re più noto, Mansa Musa, è rappresentato subito a fianco a Timbuctu (*Tenbuch*), *cf.* Gomez (2018: 30-42 e 59-143).

7. Llull è il primo autore occidentale a citare l'oasi di Tabelbāla (Champault 1969: 24).

condo Ibn Baṭṭūṭa (2017: 804) distava 25 giorni da Sigilmassa, snodo commerciale importante delle rotte nordafricane e punto di partenza naturale della rotta trans-sahariana che passava per Tabelbāla.[8] Il viaggiatore arabo stava andando verso sud e, nella descrizione del Mali che successivamente propone, commette un 'errore': parla del Nilo riferendosi al fiume Niger. Lo stesso fa Llull per indicare la direzione della carovana che descrive: «e anaven a la terra on hix lo flum de Damiata» (Llull 2009: 395). Il Niger era considerato un tributario del Nilo fin dai tempi di Plinio (*Naturalis Historia*, 5.X) e perfino nell'*Atles català* è rappresentato da una linea blu che scorre al fondo della carta dell'Africa, che unisce il Nilo con un lago appena sotto Timbuctu. Lo stesso errore si ritrova nel geografo arabo Al-Bakrī (1040-1094), nel quale rintracciamo quel drago venerato come Dio, presentato subito dopo in Llull:[9]

> De Terenca, le pays habité par les Noirs s'étend jusqu'au territoire des Zafcou, peuple nègre qui adore un serpent semblable à un énorme boa. Cet animal a une crinière et une queue [touffue]; sa tête est comme celle du chameau. Il habite le désert et se tient dans une caverne, à l'entrée de laquelle on voit un berceau de feuillage, quelques pierres et une maison habitée par les gens dévots qui se sont consacrés au culte du serpent. Au berceau ils suspendent les habits les plus riches et les effets les plus précieux. Ils y déposent pour leur divinité des plats remplis de mets et de grands vases pleins de lait et de sorbets. Lorsqu'ils veulent attirer l'animal dans le berceau, ils prononcent certaines paroles et sifflent d'une manière particulière; aussitôt le reptile sort au-devant d'eux (Al-Bakrī 1859: 379-380).

Si sta descrivendo Bida, una divinità adorata dagli antichi abitanti dell'impero del Ghana e ancora presente nelle storie dei Soninke (Gomez 2018: 32, 38 e 234). Il trasferimento dell'ambientazione da una grotta a un'isola potrebbe essere invenzione lulliana, anche se non mancano citazioni di isole con draghi nelle descrizioni geografiche arabe.[10] La conoscenza lulliana dei tracciati commerciali subsahariani può infatti dipendere dai racconti dei mercanti maiorchini, più che da quelli dei geografi arabi. Lungo la pista indicata passava-

8. Tutte e tre le città sono citate nell'*Atles català* come *Tebelbelt*, *Tagaza* e *Sigilmessa*. Per la mappa delle rotte commerciali *cf.* Krätli & Lydon (2011: xvi).

9. «En aquella terra ha una illa en mig loch de un gran stany; en aquella illa está un drach al qual fan sacrifiçi les gents d'aquella terra e lo qual ahoren com a Deu» (Llull 2009: 395).

10. *Cf.* come esempio l'*Isola dell'idra* descritta da Al-Qazwīnī (Arioli 2015: 135 e 281-282).

no, oltre al sale, anche l'oro e gli schiavi (Ross 2011) e a Maiorca uno dei nuclei ebraici più citati nella documentazione è proprio quello proveniente da Sigilmassa, per l'appunto venditori di schiavi (Soto Company 1978: 158-162).

3. Accenni letterari

Le ultime annotazioni che possiamo trarre dal libro IV del *Blaquerna* riguardano i richiami letterari. Sembra sfuggito agli studi lulliani il riuso al cap. 92,6 di un celebre poema dell'accitano Al-Shushtarī, segnalato da Massignon (1949: 30-31), nel quale il banditore che vaga per la piazza domandando cosa valga di più «o "Diria hom" o "Poch m'ho preu"» (Llull 2009: 410) ricorda il *Piccolo shaykh della terra di Meknès* del mistico andaluso:

> Little *shaykh* from the land of Meknes / wanders the souks and sings: / «What care have I for others? / What care have they for me?», vv. 1-4 (Al-Shushtarī 2009: 74).

La grande differenza che trovo tra il poema e la citazione lulliana riguarda il bisogno di spiegare queste parole. Mentre per Al-Shushtarī questo non è necessario,[11] Llull non solo espone subito il loro significato,[12] ma le farà diventare figure allegoriche per l'educazione del suo Fèlix (Badia, Santanach, Soler 2016: 117).[13] Anche la storia di Juḥā citata al cap. 87.2 meriterebbe un approfondimento sulle fonti. Al camerlengo che si lamenta delle difficoltà legate all'invio dei frati in Georgia, riferito *supra*, il cardinale del 'potere divino' risponde con questo *exemplum*:

> Una vegada s'esdevench que en Jofa anava per .i. camí e sdevench a una aygua on estaven a la riba gran re d'omens qui badaven un home qui era negat en l'aygua. En Jofa demanà a aquells homens per que aquel home no era anat al cap de l'aygua

11. «What's been said is clear, / it needs no explanation» vv. 15-16 (Al-Shushtarī 2009: 74).

12. «E ell dix que "Diria hom" era lo blasme que les gents temen con fan alcuna cosa contra les vanitats d'aquest mon; e "Poch m'o preu" era lo blasme que hom menysprea pus sia contra virtut e contra la honor de Deu e·l menyspreament d'aquest mon» (Llull 2009: 410-411).

13. La frase con la quale Massignon presenta la citazione è abbastanza infelice ed è stata riusata anche in articoli recenti senza riguardare gli originali. Urvoy (1979: 38-40) chiarisce alcuni punti di questo articolo ma non si occupa di questo passaggio preciso.

> e que fos passat de l'altra part; respós .i. home: «Quant fora axó fet? Con sia cosa que .v. jornades ha tro al cap del aygua!» Respós en Jofa: «E quant levará aquest home d'aquest loch?» (Llull 2009: 390).

Questo Jofà è l'arabo Juḥā, il turco Nasreddin Khoja, il siciliano Giufà, il sefardita Giochà, ossia la figura dell'antieroe tragicomico, protagonista, spesso con il suo asino, di divertenti aneddoti morali diffusi in tutta l'area mediterranea e usati anche nella letteratura sufi.[14] Come accade per altri *exempla* lulliani, non è possibile trovare una fonte puntuale, ma si può indicare una costellazione di testi che propongono gli stessi elementi tematici, come quello che propongo qui, tratto dalla tradizione araba di Juḥā:

> Hallábase la esposa de Yehá lavando sus ropas a la orilla del río, cuando tuvo la desgracia de resbalar y caer. La gente acudió, la buscó agua abajo del sitio en que había caído, temiendo que la corriente la hubiera arrastrado, y no halló su cuerpo. Dieron cuenta de ello a Yehá. Este se presentó allí y comenzó seguidamente a buscar hacia arriba. Le preguntaron, extrañados: — ¿Qué haces? ¿Ignoras por ventura que un cuerpo arrojado en el agua va hacia abajo siguiendo el curso del río y nunca hacia arriba? Yehá les contestó: — Es que vosotros ignoráis que ella lo hacía todo al contrario. Dejadme, pues, que yo sé bien el camino que ha seguido (Cuentos de Yehá 1950: 11-12).

Llull è il primo autore occidentale a citare questo personaggio importante della letteratura araba, alla quale attribuisce anche 'un' *Llibre de amic e amat*. Al cap. 88,4 si racconta infatti la storia di un messaggero, inviato in Barberia, che assistendo a una lettura pubblica del Corano si meraviglia dell'effetto che ha sul suo pubblico, commosso al punto di arrivare alle lacrime. Lì trova inoltre un *Libro d'amico e amato* e si stupisce della brevità dei processi. In relazione al racconto del messaggero, la corte papale decide di tradurre il libello mistico, di abbellire la forma dei sermoni e di accorciare i processi.[15] Gli elogi ai modi eloquenti dei musulmani si ripetono al cap. 93, nel quale la cor-

14. La figura, originaria del mondo arabo, è attestata per la prima volta nel IX secolo (Vernet 2002: 215-216).

15. Il *Llibre de amic e amat*, cioè il libro V del *Blaquerna*, non è questa «traduzione» e ricordo che anche Ramon lo Foll parla per metafore protagonizzate per le due figure allegoriche, su cui si veda Badia (1992: 65-67).

te si chiede cosa fare per magnificare la fede cristiana. Il papa domanda a un cardinale esperto nella predicazione se qualcuno avesse mai pianto durante i suoi sermoni e questi risponde di no. Il papa allora si sorprende della poca devozione ai sermoni dei cristiani chiedendosi perchè i musulmani piangano durante la *khuṭba*. Uno scriba arabo della corte, cristiano «de la çenturia» (Llull 2009: 412), ossia orientale (Martínez Romero 1994), spiega quindi che i sermoni arabi si occupano della devozione, del paradiso e dell'inferno e che questo sollecita la devozione e il pianto.[16] Un altro cardinale suggerisce inoltre di provare, nei sermoni, per ragioni naturali la differenza tra virtù e vizi, e che lo strumento ideale per fare questo è la lulliana *Art abreujada d'atrobar veritat*. Si propone infine di comporre 365 sermoni (Llull 2009: 413), brevi e comprensibili, e di fare pubblica lettura dei capitoli della *Doctrina pueril* sulle glorie del paradiso e sulle pene dell'inferno.

Conclusioni

Come sembra evidente da quest'ultimo passo, la trasposizione della retorica araba in occidente, filtrata attraverso l'opera lulliana, è un'azione necessaria per innalzare la devozione cristiana. Questa affermazione, sorprendente per un autore medievale, è una dimostrazione della grande capacità intellettuale del maestro maiorchino di appropriarsi delle strategie vincenti del nemico per metterle al servizio della causa cristiana (che siano dei terroristi come gli Assassini o i più pacifici metodi di elocuzione non sembra fare la differenza). Alla fine del suo percorso come papa, Blaquerna ha acquisito alcune conoscenze sul mondo islamico fondamentali per controbattere con le stesse armi il grande nemico della cristianità del momento. Questa conoscenza non è superficiale o tesa solo allo scopo della conversione, ma si estende a tutti gli aspetti che possono essere utili alla crescita morale della cristianità. Nonostante sia allettante il confronto tra il papa Blaquerna e il futuro Celestino V, nella metarealtà del *Romanç* il pontefice lulliano è molto lontano dall'eremita di Morrone, e sembra rispecchiare invece la descrizione che dello stesso Llull propone Lola Badia (1992: 11):

16. La descrizione dei temi e degli effetti della sermonistica islamica corrispondono a quelli indicati da Jones (2012). Questo volume dovrà essere preso in considerazione per i prossimi studi sull'argomento.

> Llull no era cap utòpic somiatruites, com argumenta Hillgarth (1981-1983), perquè tocava de peus a terra a l'hora d'inserir les seves propostes en la mecànica del poder polític dels seus dies; tanmateix lluitava per canviar rumb de la història i la natura humana mateixa amb la seva Art.

Attraverso il racconto delle imprese del papa Blaquerna, Llull sta inoltre mettendo in pratica i progetti di crociata che dettaglierà successivamente in forma di trattato e non di romanzo, dimostrandone la loro realizzabilità.

Bibliografia

Al-Bakrī, ʿAbd Allâh ibn ʿAbd al-ʿAzīz Abū ʿUbayd (1859). *Description de l'Afrique septentrionale*, trad. Mac Guckin de Slane, Paris: Imprimerie impériale.

Al-Shushtarī, Abū al-Ḥasan (2009). *Songs of Love and Devotion*, trad. and intr. Lourdes María Alvarez, New York - Mahwah: Paulist Press.

Arioli, Angelo (2015). *Isolario arabo medievale*, Milano: Adelphi.

Badia, Lola (1992). *Teoria i pràctica de la literatura en Ramon Llull*, Barcelona: Quaderns Crema.

Badia, Lola; Santanach, Joan & Soler, Albert (2016). *Ramon Llull as a Vernacular Writer: Communicating a New Kind of Knowledge*, trad. Robert Hughes, Londres: Tamesis.

Champault, Francine Dominique (1969). *Une oasis du Sahara nord-occidental: Tabelbala*, París: CNRS.

Cuentos de Yehá (1950). Ed. Tomás Garcia Figueras, trad. Antonio Ortiz Antiñolo y José Linares Rubio, Tetuán: Editora Marroquí.

Fontes Fransciscani (1995). A cura di Enrico Menestò, Stefano Brufani *et al.*, Assisi: Porziuncola.

Gomez, Michael A. (2018). *African Dominion. A New History of Empire in Early and Medieval West Africa*, Princeton - Oxford: Princeton University Press

Hillgarth, Jocelyn N. (1981-1983). «Raymond Lulle et l'utopie», *EL*, 25, pp. 175-185.

Hillgarth, Jocelyn N. (1998). *Ramon Llull i el naixement del lul·lisme*, ed. Albert Soler, trad. Anna Alberni i Joan Santanach, Barcelona: Curial - PAM.

Ibn Baṭṭūṭa (2107). *A través del Islam*, a cura di Serafín Fanjul e Federico Arbós, Madrid: Alianza.

Jones, Linda Gale (2012). *The Power of Oratory in the Medieval Muslim World*, New York: University of Cambridge - Cambridge University Press.

Krätli, Graziano & Lydon, Ghislaine (eds.) (2011). *The Trans-Saharan Book Trade. Manuscript Culture, Arabic Literacy and Intellectual History in Muslim Africa*, Leiden: Brill.

Llull, Ramon (1915). *Libre de Sancta Maria. Hores de Sancta Maria. Libre de Benedicta tu in mulieribus*, ed. Salvador Galmés, Palma (ORL, X).

Llull, Ramon (1978). *Ars notatoria*, ed. Jordi Gayà, Madrid: CITEMA.

Llull, Ramon (1981). *ROL IX, 120-122, in Monte Pessulano anno MCCCV composita*, ed. Alois Madre, Turnhout: Brepols.

Llull, Ramon (2003). *ROL XXVIII, 49-52, Liber de sancta Maria in Monte Pessulano anno MCCXC conscriptus, cui Liber de passagio Romae anno MCCXCII compositus necnon brevis notitia operum aliorum incerto tempore ac loco perfectorum adnectuntur*, ed. Blanca Garí i Fernando Domínguez Reboiras, Turnhout: Brepols.

Llull, Ramon (2009). *Romanç d'Evast e Blaquerna*, ed. Albert Soler i Joan Santanach, Palma: Patronat Ramon Llull (NEORL, VIII).

Llull, Ramon (2011). *Llibre de meravelles. Volum I: llibres I-VII.*, ed. Lola Badia, Xavier Bonillo, Eugènia Gisbert i Montserrat Lluch, Palma: Patronat Ramon Llull (NEORL, X).

Llull, Ramon (2014). *ROL XXXV, 54-60. Annis 1294-1296 composita*, ed. Coralba Colomba i Viola Tenge-Wolf, Turnhout: Brepols (CCCM, 248).

Martínez Romero, Tomàs (1994). «Un comentari a propòsit de "Crestians de la Centura" (*Blaquerna*, cap. XCIII)», *Randa* 35, pp. 7-15.

Massignon, Louis (1949). «Investigaciones sobre Šustarī, poeta andaluz, enterrado en Damieta», *Al-Andalus* 14/1, pp. 29-57.

Oliger, Livarius (1927). «Liber exemplorum fratrum minorum saeculi xii (excerpta e cod. Ottob. Lat. 522)», *Antonianum*, 27, pp. 203-276.

Perarnau i Espelt, Josep (1982). «Un text català de Ramon Llull desconegut: la "Petició de Ramon Llull al papa Celestí V per a la conversió dels infidels". Edició i estudi», *ATCA*, 1, pp. 9-46.

Porsia, Franco (2005). *Progetti di crociata. Il* De fine *di Raimondo Lullo*, Taranto: Chimienti.

Ross, Eric (2011). «A Historical Geography of the Trans-Saharan Trade», in Krätli & Lydon (2011), pp. 1-34.

Soto Company, Ricard (1978). «La Aljama judaica de Ciutat en el siglo XIII (época de Jaime I)», *BSAL*, 36, pp. 145-184.

Urvoy, Dominique (1979). «Les emprunts mystiques entre Islam et Christianisme et la véritable portée du "Libre d'amic"», *EL*, 23, pp. 37-44.

Vernet, Joan (2002). *Literatura árabe*, Barcelona: El Acantilado.

L'Arbre dels començaments de medicina de Guillem Pagès

Albert Soler
(Centre de Documentació Ramon Llull - Universitat de Barcelona)

L'any 2002 Lola Badia va publicar l'edició crítica dels *Començaments de medicina*, de Ramon Llull, dins del volum V de la sèrie Nova Edició de les Obres de Ramon Llull. La versió catalana d'aquesta obra, que és l'original, s'ha conservat en tres manuscrits que, en l'edició esmentada, reben les sigles A, V i D.[1] Aquest darrer, avui sabem que és una còpia que va fer Guillem Pagès, un escrivà col·laborador estret de Ramon Llull durant almenys vint-i-cinc anys;[2] tanmateix, en el moment en què Lola Badia feia la seva edició, aquest detall tan significatiu encara no es coneixia. Durant els treballs preparatoris ella em comentava que s'inclinava per establir D com a testimoni base, malgrat que els testimonis A i V presentaven una *scripta* molt homogènia, de bon llegir, més moderna. En la introducció va desenvolupar aquesta idea i va avançar una hipòtesi que força anys més tard hem formulat i sostingut col·lectivament Badia, Santanach & Soler: que hi ha una *scripta* catalana primitiva en els còdexs més antics que, a partir de la segona meitat del segle xiv, va ser objecte d'una actualització en una segona *scripta*.[3] Així, doncs, va ser el seu bon criteri com a editora el que va fer que encertés plenament, des del punt de vista textual, codicològic i històric, el que havia de ser el testimoni base dels *Començaments de medicina*.

1. Es tracta dels manuscrits següents: (A) Milà, Biblioteca Ambrosiana, I 117 Sup. S (folis 127r-179r), del segle xv; (D) Dublín, University College. Archives, B 95 (folis 1r-24v), de final del segle xiii; (V) Venècia, Biblioteca Marciana, Fr. Z. 25 (folis 1r-38r), del segle xv.

2. Guillem Pagès va copiar manuscrits lul·lians almenys entre 1274 i 1301; n'hem conservat sis, alguns dels quals amb traces o indicis d'intervencions personals de Llull. Veg. Soler 2006.

3. En concret, el 2002 Badia deia que «la grafia d'AV és més etimològica que no pas la de D, que presenta un tipus de coherència més aviat fonètica; entenem que l'antecedent de la branca d'AV, en un moment o en diversos, va trobar arcaic el sistema de representacions de D i es va comportar, en part, com un editor que regularitza i retoca» (NEORL, V, 31). Vegeu posteriorment Badia, Santanach & Soler 2010.

En aquesta nota d'homenatge i de reconeixement al mestratge i a l'amistat de Lola Badia, voldria centrar-me en la figura de l'Arbre dels començaments de medicina que va dur a terme Guillem Pagès, amb la col·laboració d'un il·lustrador, en el còdex a què m'acabo de referir.[4] El que em proposo d'explicar té relació amb les múltiples i variades recerques lul·lianes de Lola Badia no només pel que fa a la medicina lul·liana, sinó també pel que fa a l'ús que Ramon fa dels colors en la seva obra.

El manuscrit D dels *Començaments de medicina* està format per dos sexterns de pergamí, de dimensions prou generoses, que encara ho serien més si no haguessin patit la intervenció dels relligadors.[5] A banda dels sexterns, hi ha un bifoli d'un pergamí una mica més gruixut, que, a la part interior, conté el dibuix de l'Arbre. Aquest bifoli, encara que avui està deslligat, havia estat cosit als dos sexterns i constituïa l'inici del còdex.[6] El manuscrit, per tant, en obrir-se, oferia un dibuix a cinc colors —negre, blau, vermell, verd i groc—, de grans dimensions, que ocupava senceres dues pàgines acarades i que tenia una forma suggeridora i alhora complexa. L'estat de conservació actual no fa justícia al que devia ser aquest dibuix en el seu estat original: el color verd ha virat a un color gris pàl·lid, que costa de distingir del negre sèpia, i el color groc pràcticament ha desaparegut. Ens l'hem d'imaginar en un pergamí blanc i sense cap tara afegida pel pas del temps, amb uns colors llampants i uns traços ben definits. Per a un lector de l'època, obrir el manuscrit i trobar-se l'Arbre dels començaments de medicina havia de ser, si més no, impactant.

4. Guillem Pagès, si més no, va copiar tots els termes que hi ha inscrits a les arrels, el tronc i les fulles de l'Arbre. És ben possible, però, que el disseny i l'execució del dibuix fos obra d'un altre artesà. Aquí, per simplificar, li atribuirem hipotèticament tota aquesta feina a ell mateix.

5. Les mides actuals de la pàgina són 326 x 220 mm, amb una caixa d'escriptura de 240 x 165 mm; és el tercer més gran dels còdexs conservats copiats per Pagès i podem considerar que té una talla mitjana-gran (Soler 2006: 232).

6. Lola Badia, a la descripció del manuscrit que fa a la seva edició de NEORL, V, explica que els dos sexterns estan deslligats i que es conserven dins del bifoli, separats uns i altre d'unes cobertes de cartó i paper que potser són del segle XVIII. Aquesta circumstància, sens dubte, era accidental: els forats que el bifoli presenta al plec central coincideixen exactament amb el lligat dels dos bifolis i mostren, per tant, que aquest havia estat relligat amb aquells. Actualment, el manuscrit B 95 de la Franciscan Library de Dún Mhuire, a Killiney, es custodia als arxius de la University College de Dublín, i tots els elements del còdex es conserven dins d'una carpeta; el bifoli ja no actua com a portafolis dels sexterns.

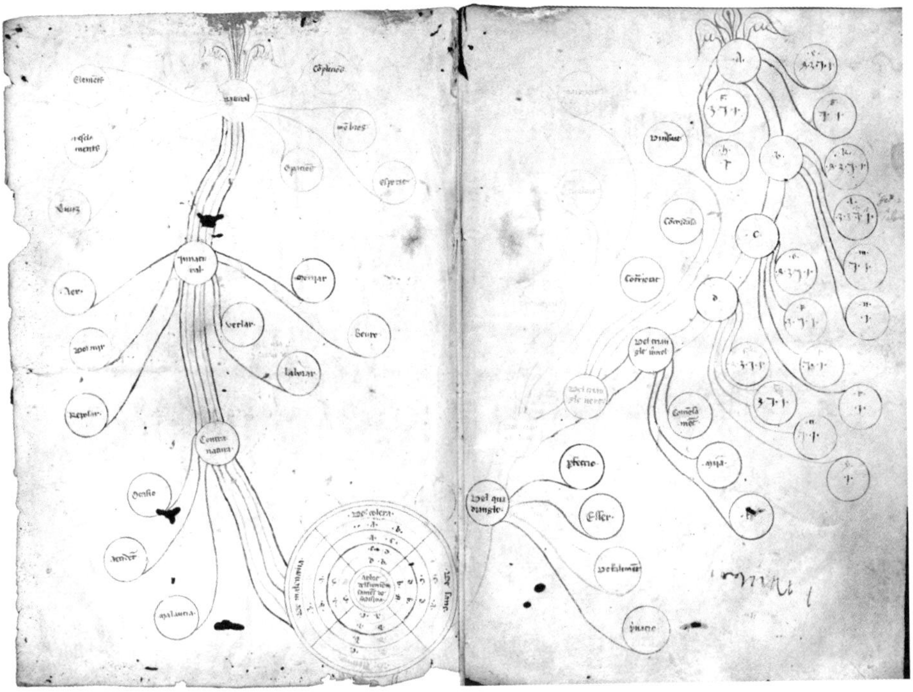

Dublín, University College. Archives, B 95, folis Iv (<https://tinyurl.com/y93dyler>) i IIr (<https://tinyurl.com/y8rg96mx>).

Cap altra còpia dels *Començaments de medicina* no ha estat tan generosa en la representació de l'Arbre. Tots els altres testimonis conservats de l'obra són llatins i tots, sense excepció, han reduït el dibuix a una sola cara de foli.[7] L'esquema següent permet, amb més comoditat, fer-se una idea de la complexitat de la figura —composta d'arrels, tronc, brancatge i fulles— que va executar Guillem Pagès:

7. L'edició de ROL, XXXI, reprodueix diversos d'aquests arbres entre les pp. 432-433. Val a dir que l'esquema de l'Arbre elaborat per al referit volum també es desplega en dues làmines (entre aquestes mateixes pàgines).

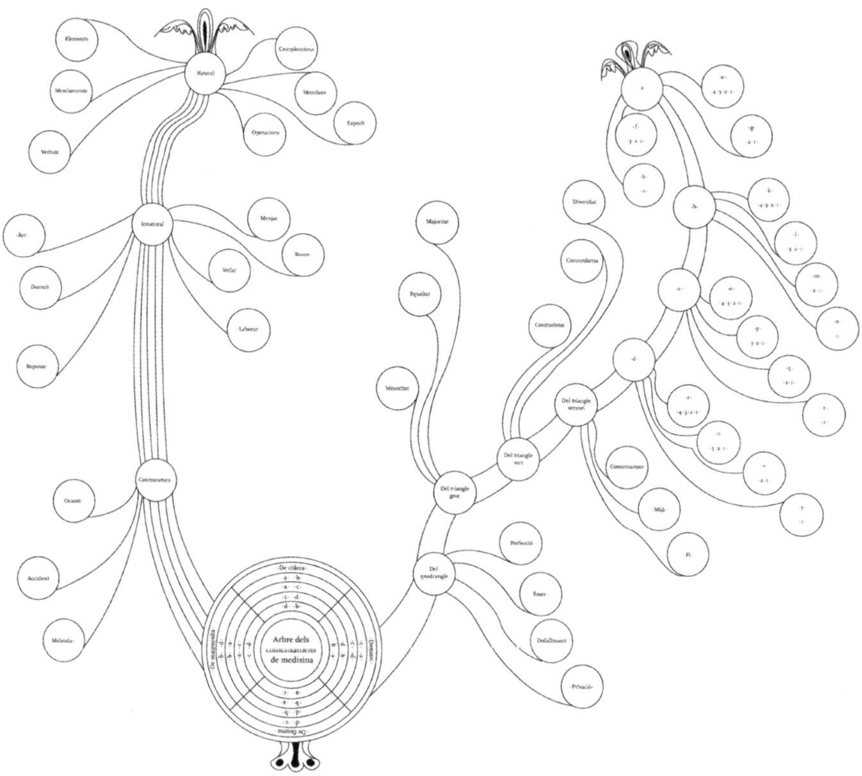

Esquema de l'Arbre dels començaments de medicina de Guillem Pagès (<https://tinyurl.com/y7emzq7q>).

És important identificar els diferents components de l'Arbre:

1. Les arrels recullen les diverses composicions possibles (òptimes, menys adequades o dolentes) dels humors de la medicina hipocraticogalènica i de les seves propietats, representats per lletres i colors.
2. La primera branca de l'Arbre, la de l'esquerra, és la dels principis de l'antiga medicina, amb tres subconjunts.[8]
3. La segona branca de l'Arbre, la de la dreta, representa la nova medicina lul·liana i està dividida en dues parts:

8. Tal com precisa Badia a la introducció de la seva edició dels *Començaments*, «corresponen al resum introductori de la medicina present a la *Isagoge* de Joanici, el primer component de l'*Articella*» (NEORL, V, 9).

- Les qualitats ABCD, presents en setze medicaments simples representats per les lletres EFGHKLMNOPQRSTVY en quatre graus possibles: 4, 3, 2, 1.
- Tres triangles de la Figura T i un quadrangle de la Figura X de l'*Ars compendiosa inveniendi veritatem*.[9]

La relació que s'estableix entre la primera i la segona branca de l'Arbre és només instrumental: la primera proporciona els materials bàsics amb els quals hom emprarà les eines que li forneix la segona («los graus e·ls triangles») i podrà construir d'aquesta manera una nova ciència mèdica racional.[10]

El primer problema que havia de plantejar-se l'il·lustrador era com havia de distribuir els diversos elements que conformen l'Arbre en l'espai de què disposava, de manera que el resultat fos clar i ordenat. Pagès, o l'il·lustrador que hagués intervingut en aquella ocasió, tenia a la seva disposició una superfície de dibuix molt gran. Les dues branques dibuixen dues diagonals en la pàgina i els diferents principis es distribueixen agrupats a banda i banda, penjant en forma de ramells. En total, quaranta-nou rodones que contenen principis, penjant d'onze rodones inserides en el tronc: la pàgina s'omple de línies, rodones i lletres, i el conjunt, per a un lector que s'enfronta per primer cop a l'obra lul·liana, resulta fascinant.

El dibuix de Guillem Pagès, d'altra banda, presenta uns trets decoratius propis que el singularitzen. A la branca esquerra, cada un dels tres components que la formen, ha estat copiat amb un color; de baix a dalt: vermell («Contranatura»), blau («Innatural») i verd («Natural»). I el tronc d'aquesta branca està format per línies de colors blau, verd i vermell, que surten del costat esquerre de la roda que constitueix les arrels de l'Arbre, que té els mateixos colors. En la descripció de l'Arbre que fa Llull, aquests detalls cromàtics de la branca esquerra no s'especifiquen i hem de pensar que són purament decoratius o, com a molt, suggeridors de la relació que uneix els diversos elements.

Els colors dels components de la branca dreta sí que tenen un paper significatiu i molt rellevant i per això s'especifiquen minuciosament en la descripció. En canvi, torna a tenir una intenció purament decorativa el fet que el

9. Cal tenir en compte que en la realització de Pagès, aquests tres triangles i el quadrangle s'han representat amb rodones.

10. «Lullo usa le figura dell'*ars* per dare alla medicina, come all'astronomia, una struttura razionale che elimini l'incertezza del procedere empririco» (Pereira 1979: n. 17).

tronc d'aquesta branca estigui format per trams del mateix color de l'element que té més proper.[11] Tot resulta extraordinàriament esquemàtic, però, així i tot, el realitzador del dibuix es permet uns lleus tocs decoratius com els que s'acaben de descriure i com les fulles en forma de plomall que rematen, al capdamunt, les dues branques de l'Arbre, i com els que s'intueix —més que no pas es veu— que hi havia al peu de la roda de les arrels.

La forma arbòria complexa sota la qual Llull reuneix i ordena els components de la seva obra té una funció didàctica i propedèutica que connecta amb el fet que adreci explícitament els *Començaments de medicina* als estudiants pobres que passen fatigues per seguir els estudis reglats de medicina a les universitats. Això diu en precisar per què l'obra se centra en les febres, i no en altres malalties:[12]

> Con febra sia la pus universal malautia, *et cor esta art sia abreujada per so que en breu de temps traga de trebay los escolans pobres, que per pobretat an trebayl en continuar l'estudi de medicina*, e cor los comensamens universals son demostracions et comensamens als comensamens particulars, per asó nos en general tractam de les febres tan solament, et esquivam a tractar de les altres malauties per so que no alongem la art, et per asó cor per la art potz devalar de l'universal al particular, et de los uns comensamens a los altres (NEORL, V, 48).

El caràcter compendiós del sistema lul·lià permet que sigui suficient mostrar l'aplicació dels principis de la nova medicina «artificial» a un sol camp i que els nous professionals mèdics després els apliquin a qualsevol patologia gràcies a la destresa que hauran adquirit.[13]

Per això, la primera distinció de l'obra, dedicada a la descripció de la figura de l'Arbre i, per tant, a l'enumeració dels principis, comença amb aquesta declaració tan rotunda sobre la necessitat de recursos visuals que ajudin a la lectura:

11. De les arrels a la rodona que representa el quadrangle és de color verd; del 'quadrangle' fins a la rodona que representa el triangle groc és de color groc; del 'triangle' groc a la rodona del verd és de color verd; del 'triangle' verd al vermell és de color vermell; del 'triangle' vermell a la D és de color verd; de la D a la C és de color blau; de la C a la B és de color negre; de la B a la A és de color vermell.

12. Vegeu el comentari que fa M. Pereira d'aquest passatge (1979: 15).

13. Per això mateix insisteix, al pròleg, en el caràcter breu de l'obra: «E departim aquest libre abreujadament en .x. distincions» (NEORL, V, 43).

Natura es d'enteniment que *entena mils per demostració feta per vista et per oiment, que per oir tan solament. Et per asò nos, al comensament d'aquest libre formam .i. arbre segons esta manera*, per tal que ab les flors demostrem veritat de so que ensercam a l'umá enteniment, lo qual arbre es apelat Arbre dels comensamens de medissina (NEORL, V, 44).

Que Ramon parli d'«oir» el text, i no de llegir-lo, no és només una reminiscència de la dimensió oral de la cultura medieval, sinó que probablement és un indici que té al cap un context comunicatiu de tipus escolar. Per això mateix insisteix, en alguns llocs, en la conveniència que el lector desenvolupi els seus propis recursos didàctics i tingui una actitud activa en el seu procés d'aprenentatge:

Qui aquesta art vol entendre ni saber, a ssaber li cové l'alfabet damunt dit, et cové que les flors de l'arbre *translat en altres flors movables et entalades*, per tal que pusca demostrativament mesclar et formar et egualar et crexer o minvar les unes ab les altres (NEORL, V, 46).[14]

L'ús de colors en la figura de l'Arbre és un recurs visual fonamental. La policromia en les representacions gràfiques és una adquisició fonamental de l'*Ars compendiosa inveniendi veritatem*, tal com ha assenyalat Lola Badia.[15] Encara que complica —i encareix— moltíssim la feina del copista, representa una ajuda eficaç a la memorització de les correspondències entre humors, propietats

14. I, en parlar del nocturlabi o Esfera de la nit: «[22] *Si tu fas de lautó o d'altre metal, o de paper*, .iª. roda que a·l nom damunt dit, et que es estrument a conexer les hores de la nit, lo qual estrument sia fet segons esta figura» (NEORL, V, 110). També és un recurs visual, que en aquest cas té a veure amb la *mise en texte*, l'ús dels guarismes àrabs 4,3,2,1, que Llull reserva per a la representació dels graus per tal que no es puguin confondre amb cap altra xifra, per a l'expressió de les quals utilitzarà les xifres romanes (NEORL, V, 45).

15. «La dimensió intel·lectual, en aquest cas semiòtica, del color és un recurs preuadíssim per al Llull dels primers anys: les Arts quaternàries són polícromes i desenvolupen un sistema de representació basat en les sis tintes bàsiques de l'Edat Mitjana —si comptem el blanc del suport escriptori—, negre, vermell, blau, verd, groc, que funciona en part al marge dels valors establerts de la simbologia heretada. [...] Malgrat els esforços d'alguns copistes i il·luminadors dels segles XIII i XIV mai no ha estat fàcil treballar sobre els colors de les Arts primeres de Ramon: no hi ha dubte que la marginació gràfica gairebé total del color a partir de 1290 forma part del paquet de mesures pràctiques del pas de les Arts quaternàries a les ternàries» (Badia 2003: 18).

i medicaments, d'una banda; i dels principis de cadascun dels tres triangles i del quadrangle, de l'altra.[16] El programa cromàtic aplicat al disseny de l'Arbre és detallat minuciosament en el text de l'obra perquè és indefugible:[17]

> Cascuna de les letres cové esser flor en l'arbre, et cové aver apropriada color la letra et sos graus, per so que les letres e los graus se covengen a fer la demostració. On per asó nos apropriam a la .A.E.F.G.H. color vermela, et aquesta color metexa donam als graus qui son de calor. A la .B.K.L.M.N. donam color negra, et asó metex als graus qui son de seccor. A la .C.O.P.Q.R. donam color blava, et asó metex de los graus qui signifiquen humiditat. A la .D.S.T.V.Y. donam color vert, et a los graus qui son de fredor.
>
> Lo triangle vermel es en .iii. flors: comensament et mijá et fi. Et lo triangle vert es en altres .iii. flors, so es a ssaber: diversitat, concordansa, contrarietat. Lo triangle groc es departit en altres .iii. flors, so es a ssaber: en majoritat, egualtat, menoritat.
>
> Lo quadrangle es departit en .iiii. flors: esser, privació, perfecció, defaliment. Esser es de color vermela, et perfecció de color blava, et privació de color negra, et defaliment de color vert (NEORL, V, 45-46).

El diagrama arbori dels començaments de medicina està format per la reunió de dos esquemes i dues taules que s'haurien pogut integrar perfectament per separat dins de l'exposició. Agrupar les quatre figures en una de sola resultava molt més difícil des del punt de vista del seu disseny i de la seva realització. Llull els va voler reunir perquè volia expressar gràficament que la seva proposta d'una nova ciència mèdica era alhora general i compendiosa:[18] en reunia les parts en un tot articulat, abastable i harmònic; la plasmava amb una forma emblemàtica, amb valor al mateix temps al·legòric i diagramàtic.

El manuscrit D ofereix la realització més antiga de l'Arbre dels començaments de medicina. No tots els detalls de mida, impaginació i disseny es poden

16. «L'attribuzione dei colori, qui e in tutte le altre figure dell'*ars*, aumenta l'efficacia mnemotecnica» (Pereira 1979: 18).

17. Guillem Pagès incorre en algun error en l'aplicació d'aquestes instruccions; veg. NEORL, V, 18, n. 9.

18. «General» i «compendiosa» són alguns dels adjectius que Llull associa a diverses versions de l'Art. Aplicats a la medicina lul·liana, indiquen que aquesta dona raó de tots els àmbits de la medicina mitjançant un nombre concret de principis generals. Pereira (1979: 8) ja remarca que, entre totes les obres mèdiques lul·lianes, els *Començaments de medicina* és la que té un caràcter més general.

atribuir a l'autor, però és difícil pensar que el conjunt, per la seva excepcionalitat, no obeeixi a la seva intenció original i personal: encapçalar el primer tractat científic d'aplicació de l'Art amb una figura d'una gran força visual, que integra tots els dominis de la medicina i totes les eines per renovar-la, i oferir-la com a gran pòrtic en un dels primers —si no el primer— manuscrits que se'n va copiar.

Bibliografia

Badia, Lola (2003). «Natura i semblança del color a l'*opus* lul·lià: una aproximació», *SL*, 43, pp. 3-38.

Badia, Lola; Santanach, Joan & Soler, Albert (2016). *Ramon Llull as a Vernacular Writer: Communicating a New Kind of Knowledge*, trad. Robert Hughes, Londres: Tamesis.

Pereira, Michela (1979). «Le opere mediche di Lullo in rapporto con la sua filosofia naturale e con la medicina del xiii secolo», *EL*, 23, pp. 5-35.

Soler, Albert (2006). «Estudi històric i codicològic dels manuscrits lul·lians copiats per Guillem Pagès (ca. 1274-1301)», *ATCA*, 25, pp. 229-266.

La construcció d'un Ausiàs March renaixentista en glosses i comentaris cinccentistes

JOSEP SOLERVICENS
(Universitat de Barcelona)

La fixació textual, interpretació i valoració de l'obra d'Ausiàs March al Renaixement a partir de l'edició barcelonina de 1543, perfila nítidament la imatge d'un poeta renaixentista a imitació de l'operació que els impressors venecians havien aplicat al *Canzoniere* de Petrarca. Albert Lloret (2013: 101-209) ha resseguit com la preocupació per ordenar orgànicament el conjunt de composicions marquianes, ja plantejada en un dels manuscrits preparatoris de l'edició barcelonina de 1543, es resol aconseguint que March expliqui una història d'amor unitària i coherent. L'articulació del corpus implica que una part del sentit de cada composició deriva de la seqüència en què s'insereix i, per tant, pressuposa una interpretació inequívocament petrarquista, d'acord amb els paràmetres que impulsa el *cinquecento*, en una versió més evolucionada de Petrarca.

Els paratextos —amb reclams, notes als marges, glosses, taules i, a vegades, declaracions proemials— de les tres edicions marquianes de Barcelona (1543, 1545 i 1560), de l'edició en català impresa a Valladolid (1555) i del manuscrit impulsat per Lluís Carròs de Vilaregut el 1546, clarament destinat a la impremta, permeten reforçar la voluntat de convertir March en un clàssic del Renaixement.[1]

1. Tot i admetre que pot ser controvertible no iniciar el discurs amb la primera visita d'Ausiàs March a la galàxia Gutenberg, l'aproximació del primer editor i traductor al castellà, Baltasar de Romaní (València, 1539), sembla encara medieval en el procediment i en el resultat. Es tracta d'una selecció de només quaranta-sis poemes, feta amb criteris eminentment morals i acompanyada d'una traducció castellana en vers encarregada de llimar-ne els mínims components susceptibles d'una lectura heterodoxa. En aquesta direcció caldria entendre la supressió de les endreces, per obviar que March adreça el seu discurs amorós a diverses dames. Es poden consultar diverses versions facsímils de l'edició i traducció de Baltasar de Romaní, impresa per Joan Navarro el 1539 i adreçada al duc de Calàbria: la versió curada per Vicent Josep Escartí a Bancaixa - Generalitat Valenciana (València, 1997) o la versió prologada per

Si l'ordenació del conjunt de composicions marquianes ja és una primera i gens menyspreable via per imposar-ne una interpretació, un procediment més explícit per pautar-ne el sentit rau en les anotacions lingüístiques que l'edició barcelonina de 1543 situa als marges dels poemes i tant les altres edicions preses en consideració com el manuscrit impulsat per Lluís Carròs de Vilaregut concentren en unes taules de «vocables scurs». Una visió tradicional vinculava aquests paratextos a l'evolució del català, entesa

> com a indicació d'una decadència generalitzada de l'idioma [...] i les justificacions que els uns i els altres cercarem o creurem haver trobat no modificaran uns fets evidents. Els grans autors medievals, els nostres clàssics, ja no poden ésser una guia; per comprendre'ls cal recórrer a ajuda. L'allunyament entre els models i la realitat grisenca ha esdevingut major cada dia (Colón 1987).

Tanmateix, ni les edicions de literatura catalana eren les úniques que durant aquells anys articulaven operacions hermenèutiques similars, ni tots els termes «obscurs» glossats a les notes són arcaismes o dialectalismes, s'hi inclouen també paraules que responen a l'ús literari de la llengua. De la confrontació amb les edicions de Petrarca i d'Ariosto a les premses venecianes d'aquells mateixos anys se'n pot inferir que el tractament que rep March a les glosses és el d'un clàssic i que al darrere hi ha una opció revitalitzadora i no pas decadent.

L'edició barcelonina de 1543 inclou cinquanta-un escolis lingüístics, amb l'equivalència en un registre literàriament no marcat. Els termes glossats inclouen arcaismes —«*veus* per vegades», «*membrar* per reduir a memòria» o «*fényer* per burlar»—, però també usos literaris, com «esculls» en el sentit de 'dificultats' a «Si en esculls per cas se veu posat», o «poncell» en el sentit d''inexpert en amor' (ff. 4r, 8v, 11r, 21r, 31v, 35r). L'edició barcelonina de 1545 reorganitza els materials de manera que les notes passen dels marges als prolegòmens i es presenten com una llista alfabètica de seixanta-sis termes, la «Taula i alfabet dels vocables scurs». L'equivalència apareix tant en català com en una traducció al castellà, possiblement perquè l'impressor tenia clar que el públic interessat per l'obra de March no era només catalanoparlant. L'amplia-

---

Jaume J. Chiner a Generalitat Valenciana (València, 2009). Vegeu un bon estudi del marc conceptual en què se situa Romaní, a Lloret (2013: 17-99).

ció del glossari incorpora encara més termes d'ús literari: «alt» per 'agraciat', «abziac» per 'dia de tristesa', «bornar» per 'fer marrada' o «punyar» per 'treballar intensament'. A la tercera edició barcelonina, la de 1560, apareixen vuitanta-dos termes, alguns dels quals, de fet, deriven directament de l'edició que més es preocupa pels aclariments lingüístics, la de Valladolid de 1555.

L'edició de Valladolid no solament és la que ofereix un glossari més ampli, sinó també l'única que incorpora una introducció a la llengua de March i un conjunt de normes d'ús del glossari, que a la pràctica no sempre es compleixen, però, si més no, mostren una voluntat de sistematització. L'autor que signa el *Vocabulario* és Juan de Resa, capellà de Carles V i mestre de la capella reial. Tanmateix, tant Gregori Mayans als *Orígenes de la lengua española* com Just Pastor Fuster consideraven que l'autor real era l'humanista valencià Honorat Joan, que aquells anys també circulava per la cort com a preceptor del príncep Carles.[2] Juan de Resa, tal vegada auxiliat per Honorat Joan, no solament glossa termes metafòrics, sinó que fins i tot reflexiona explícitament sobre la qüestió als prolegòmens:

> porque muchas veces [March] habla por metáforas y enigmas, algunos vocablos van declarados según aquella intención y no conforme al verdadero sentido de la lengua lemosina, como en sus propios lugares se verá. Al que por ellos pasare, no le parezca la interpretación extraña de la verdad (f. 219r).

D'altra banda, a les glosses s'inclouen també noms propis com «Ariadna», «Arnau Daniel», «Cató», «Mart», «Nil», «Pau», «Salomó» o «Troia».

La fascinació pels aclariments lingüístics, o l'ús simbòlic d'aquests materials, és compartida al manuscrit encarregat per Carròs de Vilaregut el 1546, que inclou una «Declaració de paraules llemosines escures amb 143 mots».

2. «Juan de Resa, capellán de Felipe Segundo, publicó un *Vocabulario* de las voces lemosinas más estrañas de este poeta, con sus explicaciones en castellano para que más fácilmente se pudiese entender. Y no será temeridad el pensar que el autor de dicho *Vocabulario* haya sido Don Honorato Juan, natural de Valencia y obispo de Osma, muy apasionado a nuestro poeta, tanto que le leía a su discípulo, el malogrado príncipe Don Carlos, y refiere Escolano que compuso un abecedario semejante» (Mayans 1737: 56); «Inserté al fin del primer tomo este vocabulario que compuso el sabio valenciano D. Honorato Juan, obispo de Osma, y se imprimió al fin de las obras de Ausiàs March en Valladolid el año 1555, aunque a nombre de D. Juan de Resa, solo con el objeto de que el príncipe D. Carlos de Austria, hijo del rey D. Felipe II, de quien era preceptor, entendiese y disfrutase de las bellezas de aquel célebre poeta» (Fuster 1827: 7).

El glossari no aclareix tampoc només arcaismes, sinó que té en compte tant noms propis («*Lètel*: riu dels inferns») com usos literaris i aclariments de caire conceptual, a vegades d'explicació enrevessada. És el cas, per exemple, del terme «drut» del vers «E fin' Amor de mi 's partrà breument / e si com fals *drut* cercaré delit», on Figueres, en comptes de recórrer a l'explicació lògica del terme, que designa un concubí o adúlter, inventa un neologisme per esquivar-ne el sentit real: «*Drut*: cert ordre religiós en França que es deien druters, que feien molt estreta vida» (f. 4r). Intencionadament, la glossa explicita just el contrari del que afirma March.

Els procediments hermenèutics, tot i tenir una indubtable funció simbòlica, s'han de vincular a laments com els que formula Francesc Calça al sonet proemial de l'edició barcelonina de 1560, en el sentit

> que ningú hi ha que en sa lectura es meta
> que no el judic hom biscaí o armeni,
> no l'entenent, trobant-hi cent mil roses.
> (f. a4r)

O el que formula Joan Pujol a la *Visió en somni*, sobre la incorrecta interpretació que es fa de l'obra de March. La incomprensió de March no s'ha d'entendre tant com la conseqüència d'un canvi de model lingüístic, que, en qualsevol cas, tampoc no s'hauria d'associar a la «decadència» de la llengua, sinó com l'efecte de la subtilitat dels conceptes que March articula i de la riquesa metafòrica amb què els basteix. Dit amb Francesc Calça:

> per quant aquest nostr·excel·lent poeta
> fon tan sabent i tan subtil d'ingeni
> i tan pregon entra dintre les coses.
> (f. a4r)

És difícil trobar a l'època exemples paral·lels en català, perquè no es pot situar en el mateix horitzó hermeneuticosimbòlic la «Taula de paraules difícils» de l'edició de la *Crònica* del rei Jaume (València: Vídua de Joan Mey, 1558), que als marges superiors de cada full és qualificada també com a «Exposició de les diccions obscures». En aquest cas, la impressora, Jerònima Galès, hi glossa occitanismes, gal·licismes, arcaismes i termes àrabs que havien de resultar lingüísticament opacs als lectors, amb indicació dels capítols on apareixen, sense cap voluntat de convertir el monarca en un clàssic de la llengua pròpia.

Una tipologia d'anotació textual similar d'obres en vulgar s'aplica a Petrarca i a Ariosto a partir dels anys trenta del segle XVI: el 1532 Giovan Battista da Castiglione confegeix una guia als *Luoghi difficili del Petrarca nuovamete dichiarati* (Venècia: Antonio Niccolini), que el 1533 Aldo Manuzio incorpora a l'edició en octau del *Canzoniere* i dels *Trionfi*; d'altra banda, el 1535 l'edició d'Alessandro Bindoni i Maffeo Pasini de l'*Orlando furioso*, també en octau, és la primera que va incorporar notes lingüístiques, una *Breve esposizione dei luoghi difficili*, que les edicions venecianes posteriors no solament mantenen, sinó que amplien.[3] El format en octau o fins i tot en dotzau aplicat a la difusió impresa de reculls lírics, «si gran volumi in piccola e manigevole forma», lluny de ser un instrument per a la divulgació massiva de continguts, esdevé el disseny predilecte per a la lectura de les dames nobles i burgeses, si més no a Itàlia. Del caràcter elegant i distintiu de les *Rime* de Petrarca impreses en octau, en donen testimoni la sèrie de «dame col Petrarchino» que assenyalen el seu poema preferit de l'edició de butxaca de Petrarca, pintades per Andrea del Sarto o pel Bronzino, o de nobles amb la mateixa edició de butxaca de Petrarca pintats pel Parmigianino o per Lorenzo Lotto, possiblement la imatge idealitzada del tipus de públic a qui també s'adrecen els March cinccentistes en octau.

L'ordenació pautada dels poemes i les glosses lèxiques situades als marges o a les taules ofereix només uns primers auxilis per a la interpretació textual. Altres elements paratextuals de les edicions marquianes (títols, pròlegs, poemes proemials, imatges de portada...) i una part de les glosses poètiques dels creadors del Renaixement aporten elements globals d'interpretació i vies més subtils d'anàlisi que, en línies generals, coincideixen en la construcció d'una imatge del poeta molt sovint filtrada pels mateixos cànons renaixentistes. Els elements bàsics que sostenen aquesta interpretació són la subtilitat del seu pensament, que esdevé així un model de viure, i l'eloqüència i l'elaboració estilística, que converteixen March en un model d'escriptura artística. A la imatge del March filòsof i estilista, s'hi afegeix a vegades un tercer element prou recurrent: el de l'au fènix que reneix després d'uns anys de descurança i d'oblit. Els fonaments d'aquesta nova visió marquiana solen recolzar en autoritats poètiques clàssiques (Plató, Aristòtil, Virgili, Horaci, Suetoni, Donat...),

3. *Cf.* Ricci (1997) i Regn (2004).

que, tot i coincidir en la voluntat de legitimar i prestigiar la veu de March, de fet el vinculen a universos conceptuals divergents, amb implicacions hermenèutiques rellevants.

Novament, la imatge marquiana que perfilen els prolegòmens es val d'estratègies analítiques i interpretatives forjades a Itàlia al voltant de Petrarca als prolegòmens de l'edició aldina de 1501, al comentari d'Alessandro Vellutello al *Canzoniere* i als *Trionfi* (1525), al comentari de Fausto da Longiano al *Canzoniere* (1532), a *I luoghi difficili del Petrarca* de Giovambattista da Castiglione (1532), al comentari de Silvano da Venafro a *Canzoniere* i *Trionfi* (1533), al comentari de Giovanandrea Gesualdo a *Canzoniere* i *Trionfi* (1533), a la quarta edició aldina de Petrarca amb *Avviso* de Paolo Manuzio e *Chiose* (1533), a les *Osservazioni* de Francesco Alunno (Ferrara, 1539), a la primera edició del comentari de Daniello a *Canzoniere* e *Trionfi* (1541), a les *Annotazioni ai luoghi difficili* de Sansovino (1546) o a les *Dichiarazioni et annotazioni* d'Antonio Brucioli (1548). Tot i que tant la densitat i l'especificitat com el gruix dels comentaristes italians són difícilment comparables amb cap altre procés de legitimació autorial durant el Renaixement, alguns coetanis eren capaços de trobar paral·lelismes entre la rehabilitació de Petrarca i la de March; i no solament a l'àmbit català, perquè Lilio Gregorio Giraldi als *Dialogi duo de poetis nostrorum temporum* (1545) considera els «Poemata [Marci] iam diis delituissent, hoc tempore a viro illustri sunt edita et ea religione ab Hispanis legutur, ut a nostratibus Francisci Petrarchae rhythmi» (Giraldi 1551: 70-71).

L'articulació d'un March filòsof, lluny d'una lectura exclusivament en clau moral o dogmàtica, es vincula a la reflexió sobre la condició humana i detecta els elements distintius de la ficció marquiana, fonamentalment a través de dos referents clàssics: Aristòtil i Horaci. Juan de Resa, a l'epístola proemial adreçada a Gonzalo Fernández de Córdoba (Valladolid 1555), considera que la poesia de March aporta primordialment saber. Per avalar la seva opció, recorre a l'*Art poètica* d'Horaci (vv. 309-311):

> Scribendi recte sapere est et principium et fons.
> Rem tibi Socraticæ poterunt ostendere chartæ,
> verbaque provisam rem non invita sequentur.

El saber és el fonament de l'escriptura, de manera que si l'escriptor domina bé un tema, les paraules sorgeixen soles; aquest és el sentit de la citació. Però la remissió explícita al passatge horacià permet apreciar que el domini del tema passa també per una sòlida preparació filosòfica. Per a Resa, la de March és una «obra provechosa, llena de preceptos de bien vivir, conversar y morir, en la cual como en un claro espejo está representada toda la razón de la vida humana» (f. a4r), comparable, pel que fa al saber amorós, amb l'obra de Plató; pel que fa al saber moral, amb la d'Aristòtil, i pel que fa al coneixement sobre la mort, amb l'obra de Ciceró. Resa en destaca tant el bon coneixement de la filosofia com la temperància que se'n desprèn. En aquest sentit, la ficció poètica és l'instrument idoni per a l'anàlisi de la condició humana.

Claudi Bornat, als prolegòmens de l'edició barcelonina de 1560, emet en la mateixa freqüència, però recolza implícitament la seva reflexió en la *Poètica* d'Aristòtil, una autoritat també implícita al sonet proemial d'Antic Roca a la mateixa edició. Bornat es refereix als «delicadíssims i polits conceptes» de March i n'elogia la ciència que és capaç d'activar, a través de la qual s'obté «la verdadera raó i policia de les coses d'amor», «com sia cert que, en lo contentament, lo comprendre a l'explicar fassa gran avantatge» (f. a2v). L'observació parteix d'una de les claus de volta de la *Poètica* aristotèlica, el plaer cognitiu inherent a la mimesi, de manera que l'experimentació de l'amor en la ficció permet comprendre'l amb més eficàcia que no pas l'explicació abstracta sobre el tema. Un dels sonets proemials a la mateixa edició barcelonina és signat per Antic Roca, professor de la Universitat de Barcelona i possiblement el cervell gris de la publicació. Roca considera que l'obra de March assedega tots els «sedejants de saber» i vincula el coneixement que se n'obté a l'aristotelisme:

> Ausiàs March tot l'enteniment dobla
> de cascun hom amb coses sublimades.
> Los seus dictats lleven totes errades
> dels sedejants que tenen pensa moble.
> No cal dormir en lo alt mont de Parnàs,
> ni gens gustar de la font cabal·lina
> per a saber grans secrets de natura,
> aquí et dirà, si entendre bé sabràs,
> aquell poder que en amor t'inclina,
> morals virtuts, la mort cruel i molt dura.
> (f. a4v)

Al marge de valoracions literàries, que més aviat desmentirien les pomposes formulacions de Roca, amb aquests plantejaments es vol situar obertament en contra de Jorge de Montemayor, que als prolegòmens de l'edició de Valladolid (1555) i després als de la seva traducció castellana de March (impresa a València per Joan Mey el 1560 i reimpresa a Saragossa el 1562), insisteix en el «divino ingenio» de March, en la intermediació de l'Helicó i del Parnàs i en el fet que «espíritu divino te inspiraba, / el cual así movió tu pluma y mano» (Valladolid, 1555, f. 6r; València, 1560, f. 4r), a partir de l'utillatge conceptual del neoplatonisme més pur.

La imatge del March poeta eloqüent i fi estilista que és present implícitament en la consideració de *poeta* i de *clàssic*, s'explicita amb més matisos als paratextos de l'edició de Valladolid (1555), de l'edició barcelonina impresa per Bornat (1560) i del manuscrit valencià impulsat per Lluís Carròs (1546). En tots tres casos, l'eloqüència es vincula a la subtilitat i l'elegància, però també a la forja d'una llengua literària, amb Virgili i Horaci com a marc teòric. Jeroni Figueres, al pròleg del manuscrit copiat a València el 1546, es refereix a March com a

> tan exemplar i de meravellós e angèlic ingeni, art, saber, gràcia i estil de trobar, eloqüència i audàcia de parlar i escriure en vers [...]; recollint amb tot compliment les sues excel·lents i mel·lífflues obres, les quals en valor i estima, art, estil i eloqüència sobrepugen als immortals poetes Dant i Petrarca i a l'eloqüent Juan de Mena i a tots los altres antipassats (BNE, ms. 3695, f. 5r).

Juan de Resa, a l'edició de Valladolid (1555), amplifica la qüestió i en fa derivar noves implicacions: pondera la gravetat, agudesa i enginy que és capaç d'articular, però va força més enllà quan compara el llatí arcaic d'Enni amb el llemosí de l'època de March i, implícitament, Virgili amb March, per mitjà de Suetoni i de Donat.

Com les gemes que sorgeixen de la femta d'Enni, «gemmes Enii de stercore lego», Resa sentencia sense revelar-ne la font, tot confiant que en descobrim la remissió i que, estirant-ne el fil, ens situem en les biografies de Virgili elaborades per Suetoni i per Donat i en les lloances a Dante de Poliziano. Subtilment, la citació llatina permet a Resa considerar Virgili i March, en paral·lel, com els primers forjadors de la llengua literària llatina i catalana, destinats a concedir a les respectives llengües una capacitat expressiva, una elegància estilística i una subtilitat que converteixen el mitjà expressiu dels seus precedents en femta. Per ponderar la importància de l'eloqüència, Resa recorre novament a un vers horacià, el 72 de l'*Art poètica*, «quem penes arbitrium est et vis et norma loquendi», destinat a valorar l'ús per damunt de la norma i la capacitat de transgredir les convencions per tal de ser creatiu. En aquest sentit, la composició llatina de Calça als prolegòmens de l'edició barcelonina de 1560 equipara el que van significar Homer i Virgili per al grec i per al llatí amb el que per als hispànics ha significat March.

Finalment, la connexió entre March i l'au fènix apareix estridentment al gravat situat a la portada de l'edició barcelonina de Carles Amorós (1545), amb l'eloqüent lema «Mereix qui feu / les obres d'aquest llibre / mèritament / renom de fènix home», llegible iniciant la lectura des de qualsevol dels seus angles.[4] La potència de la imatge sembla activar un conjunt d'ampliacions i d'interpretacions de l'au fènix als prolegòmens d'edicions posteriors, fins que s'acaba vinculant definitivament a l'obra de March. Juan de Resa obre l'epístola proemial de l'edició de 1555 situant March «entre los autores que cada día se redimen y libran de las tinieblas en que el tiempo los ha tenido escondidos» (f. a3v); Pere Serafí, als prolegòmens de l'edició barcelonina de 1560, explicita que:

> lo fènix sol mort i cremat, fet cendra,
> de temps en temps torn a cobrar la vida
> on mostra clar que hom amb virtut unida
> si per temps mor, pot altra vida prendre
> [...] tal se pot dir d'Ausiàs March, poeta
> que mort reviu.
> (f. a1v)

I en la mateixa edició, Claudi Bornat, l'impressor, insisteix en el tema: la fortuna és feliç subvertint tant la felicitat i la memòria dels éssers humans com tot el que els humans han descobert per vèncer la mort, però, gràcies a Don Ferrando de Cardona, ara la fortuna es pot revertir i pot fer renéixer de l'oblit l'obra marquiana. De fet, prèviament Lilio Gregorio Giraldi ja havia insinuat la qüestió (Giraldi 1551: 70-71) als *Dialogi duo de poetis nostrorum temporum* (1545), sense recórrer a la imatge de l'au fènix.

La imatge sembla *a priori* estranya, perquè en realitat l'obra de March es difon ininterrompudament, tot i que a través de cançoners manuscrits, i ge-

4. Sobre la importància dels gravats en la interpretació i canonització de l'obra literària, vegeu Bolzoni (2012).

nera ben aviat un estol d'imitadors. Els responsables de la tria de la imatge i els que en fan la glossa amplificada podrien referir-se només al fet que March no havia accedit a la impremta, però sembla que del que es tracta és d'aplicar a March la mateixa categorització adoptada per als clàssics grecollatins, que, ells sí, des de l'horitzó mental humanista van viure uns temps mitjans d'oblit, fins que van renéixer durant el que ara coneixem com a Renaixement. Més explícit en aquesta direcció és Claude Duret al *Thresor de l'histoire des langues de cest univers*:

> [March] en sa vie composa divers poemes en langue catalane ou langue ancienne espaignole, lesquels demeurerent long temps ensepuelis ez tenebres sans qu'on en fit grand estat, mais depuis parvenus à la cognoissance des doctes et sçavants pour avoir esté imprimez et mis en lumière, ont esté et son encor pour le jourd-huy tellement cheris et prisez des espaignols et des curieux de la langue espaignole que les poemes italiens de Petrarque, Arioste et Tasse le sont de tous les italians et de ceux qui desiderent d'aprendre la pure langue toscane (1613: 819).

La mateixa imatge s'aplicava aleshores a Petrarca, que, en paraules de Giovanandrea Gesualdo, «fu il primo che [...] da profonde e lunghe tenebre a guisa d'un luminoso sole richiamò in aperta e viva luce le buone lettere latine» (1533: 64r), i a qui el *cinquecento* recupera de nou com a clàssic de la llengua materna. És així com Ausiàs March rep, també textualment i ecdòticament, la consideració de clàssic, a qui els editors barcelonins aconsegueixen fer renéixer de les cendres, al costat dels poetes grecollatins. En realitat, els diversos nivells de lectura de l'obra de March dibuixen una imatge coherent del poeta com a clàssic de la literatura catalana, a qui s'han d'aplicar els mateixos mètodes ecdòtics i exegètics establerts per als clàssics grecollatins, i per això mateix es preocupen per establir el millor text de l'autor i per adjuntar-hi un conjunt de notes interpretatives. Com a clàssic, la seva obra s'ofereix com a model de reflexió sobre la condició humana i com a model imitable d'eloqüència i elaboració estilística.

Per explicitar-ne el caràcter modèlic, els editors i exegetes recorren a autoritats clàssiques, com Aristòtil, Horaci, Virgili, Suetoni o Donat, però també a Dante, Poliziano o Ariosto, i, és clar, a Petrarca. La combinatòria d'aquestes autoritats permet llegir March des de perspectives teòriques diverses i fer-lo transmissor de múltiples modulacions d'una mena de saber inconfusiblement vinculat a l'episteme renaixentista i als nivells més elevats de poesia.

En darrer terme, a través dels nous paràmetres teòrics que introdueix el Renaixement, aconsegueixen, amb unes composicions encara medievals, construir la imatge d'un poeta renaixentista.

Bibliografia

Bolzoni, Lina (2012). «Il commento attraverso le immagini: poesie e ritratti», dins *Il poeta e il suo publico*, ed. M. Danzi & R. Leporatti, Ginebra: Droz, pp. 17-36.

Colón, Germà (1987). «Els vocabularis barcelonins d'Ausiàs March al segle xvi», dins *Problemes de la llengua a València i als seus voltants*, vol. I, València: Servei de Publicacions de la Universitat de València, pp. 117-138.

Duret, Claude (1613). *Thresor de l'histoire des langues de cest univers*, Colònia: M. Berjon.

Fuster, Just Pastor (1827). *Breve vocabulario valenciano-castellano sacado de varios autores*, València: José Gimeno.

Gesualdo, Giovanandrea (1533). *Il Petrarcha colla sposizione di misser G.G.*, Venècia: Giovanni Antonio e Fratelli da Sabbio.

Giraldi, Lylius Gregorio (1551). *Dialogi duo de poetis nostrorum temporum*, Florència: Lorenzo Torrentino.

Lloret, Albert (2013). *Printing Ausiàs March: Material Culture and Renaissance Poetics*, Madrid: Centro para la Edición de los Clásicos Españoles.

Mayans, Gregori (1737). *Orígenes de la lengua española*, Madrid: Juan de Zúñiga.

Regn, Gerhard (2004). «Autorität, Pluralisierung, Performanz – die Kanonisierung des Petrarca volgare», dins *Questo leggiadrissimo Poeta! Autoritätskonstitution im rinascimentalen Lyrik-Kommentar*, ed. G. Regn, Münster: Lit, pp. 7-23.

Ricci, Antonio (1997). «"Si gran volume in piccola e manigevole forma": Biondi and Pasini's 1535 edition of the *Orlando furioso*», *Quaderni d'Italianistica. Official Journal of the Canadian Society for Italian Studies*, 18/2, pp. 183-204.

Llull's Proverbis d'ensenyament *in a copy of Hernán Núñez's* Refranes, o proverbios en romance *(Salamanca, 1555) in the British Library*

Barry Taylor
(The British Library)

The *Refranes, o proverbios en romance* compiled by Hernán Núñez (1475-1553), professor of Greek and rhetoric at the University of Salamanca and editor of Pliny, Seneca, Pomponius Mela, Moschus and Juan de Mena, was not the first collection of Spanish popular proverbs, but it was the most famous (ed. Combet *et al.* 2001; Madroñal 2007).

Núñez, like earlier collectors such as Pedro Vallés, included parallel proverbs in Latin, Basque, French, Italian, Catalan, Portuguese and Galician. Although it did not originate with Erasmus, this is essentially the technique of the *Adagia*. Erasmus does supply vernacular parallels to the sayings of the ancients, but he is essentially Latin: Núñez is a liminal figure between Latin and vernacular. His sources were at least in part printed, such as the work of Pedro Vallés (Madroñal 2007).

The margins of his book and spaces between lines, like others, were used by early readers to record parallel proverbs which they encountered in their reading.[1] Rosenthal (1997) shows copies of Erasmus's *Adagia* (no. 46) and Valerius Maximus (no. 149) to which further examples have been added in manuscript.

Copy 635.l.11 of Núñez's *Refranes* in the British Library is copiously annotated by at least four hands.[2] Of particular interest is the inclusion of a good number of the *Proverbis d'ensenyament* of Ramon Llull. The manuscript an-

1. The following copies are annotated: Buenos Aires, Biblioteca Nacional 621FD; Madrid, Biblioteca Histórica Municipal Par. 531 and Par. 535; Madrid, Biblioteca Nacional R/14056; Usoz 1209 (digitized); Madrid, Universidad Complutense M-UC-NOV, BH FLL 24153 (digitized).

2. It is digitized by Google Books.

notations to the BL copy are not glosses; they are all extra examples. We might note the use of Latin as a medium: 'Vide', 'Italus', 'Gall[us]'.

Provenance

One suggestion of provenance is a slip tipped in between ff. 120v and 121r which reads:

> Don Juan Teres Arçobispo de Tarragona [Joan Terès i Borrull, d. 1603]
> Obiit Rdus pater Berengarius de Villamulorum quodam archieps S. Eccesiae XIIII. Kal. Madii anno M.C.XCIV [Berenguer de Vilademuls, Archbishop of Tarragona, d. 1194]

There are also some Spanish proverbs. This could be Hand 1 (see below).

This copy has been in the British Museum Library since its foundation in 1753. It bears the previous pressmarks E.91 and 3*Ln*; the reverse title page has the black stamp MUSEUM BRITANNICUM and in pencil 8.o.k. It belonged to Sir Hans Sloane (1660-1753), physician and secretary of the Royal Society.[3] He included Spanish books in his extensive library, and used a copy of Nicolás Antonio as a selection tool (Blakeway 2011: 14-16). He had another copy of Hernán Núñez in the 1619 edition. Copy 635.l.11 has been known to scholarship since 1815: Alexander Chalmers (1815: 273), under the heading HERNÁN NÚÑEZ (p. 273) recorded, "of this edition there is a copy in the British Museum with ms notes".

At the foot of the title page is 'de fran\co/ [the surname is eaten away by worms]; on the last page 143v his name is complete: "este libro es de fran[cis] co/ lopez".

Four hands, I believe, have annotated the book. I list them according to the number of proverbs they record. Although they are hard to date, I am certain that all the annotations were made to the book before Sloane acquired it.

Hand 1 heads his notes "Adagia Graeca et latina quae iis respondent" (fol. 1r) but records Latin, Spanish and Catalan parallels, a few French (f. 28r) and

3. <http://www.bl.uk/catalogues/sloane/FullDisplay.aspx?RecordId=025-000034827&QueryID=1&Type=0>; <http://www.bl.uk/catalogues/sloane/>; <http://www.bl.uk/catalogues/ sloane/FullDisplay.aspx?RecordId=025-000034827&QueryID=5&Type=0>.

none in Greek. This is the only hand to have been cropped (e.g. 77v, 95r), which suggests it is the earliest. The ink of Hand 1 has corroded the paper. It resembles a number of hands of authors active around 1600 (Jauralde 2008). It is possibly that of Francisco López.

Hand 2 contributes many Italian proverbs (e.g. a sequence at ff. 22-25, beginning 'Chi') and some French (ff. 28r, 59r). At f. 36r Hand 2 writes around Hand 1. It seems that the same person uses different scripts for Italian and French. There is abundant evidence in the early modern period that scholars from outside Italy learned to write an Italic hand as they learned the language: Francis of Sales (Mellinghoff-Bourgeries 2011) and the Englishmen John North (Gallagher 2017) and the anonymous annotator of a copy of Baret's *Alvearie* (Koppelmann and Wechsler 2015; Woudhuysen 2014).[4]

Hand 3 is also Spanish, taller than Hand 1 (ff. 22v, 28v, 67r), and seems to be earlier than Hand 2. Hand 4 (f. 30r) also contributes some Italian.

Although they occur throughout, the annotations are densest at the beginning (this seems to be the norm for manuscript annotations in printed books). A few of the later pages are untouched (the earliest is 41v), and some have only a series of ticks in the margin (e.g. f. 61v).

Latin proverbs

Hand 1 marks some of his Latin quotes with 'M' or 'M. V.', which can be identified as Michael Verinus (Taylor 1999).

> 1r: Quod precibus vendis, pretium tibi uile uidetur:
> An mihi res emitur carior ulla prece: M.
> (Verino 1987: c6v; see also 1r, 2r, 2v, 5r, 8r, 10r, 11v, 12v, 14v)

Some sources marked with just an Arabic number are citations by page from Laurentius Mondanarius, *Miscellanea Disticha ad Vitae Institutionem* (Antwerp: Plantin, 1565).

> 1v: Discas Pythagorae prius silendo artes quam doceas bonos loquendo. 133
> (Similarly ff. 5v, 8r, 8v, 9rv, 10r, 11r, 12r, 16r, 19r, 20rv 32v)

4. For Cambridge examples, see Fairbanks and Dickins (1962).

A further source of Latin tags is the *Sententiae* of Publilius Syrus Mimus, here called, as was not uncommon, Publianus (ff. 9r, 11v, 16v, 18v, 20r, 64v).

There are also unsurprisingly a number of quotations from the wisdom books of the Bible, cited by title and chapter: f. 5v: Ecclesiasti 25; f. 6r: Proverb. 15; f. 71r Ecclesiasti. XI; f. 54r.

Vernacular Proverbs

Hand 1 quotes Spanish proverbs:

> f. 129r: Viña, y potro, crielo otro. Vide Petrum Ferdinandez de Andrada libro 2 de la n[atur]aleza del cavallo. fol. 78.

The reference is to the first edition of 1580 (see also 21v, 23v, 35r).

Hand 1 also notes Italian proverbs paired with French:

> f. 28r: [Núñez: El italiano. Assi va el mundo mezquino, sabado Griego, miercoles Latino] Ainsi va le monde meschin, samedy grec, et mercredy latin. Cosi presto muorono le piegore giouani, come le uecchie. Italus. i. tan presto mueren las ovejas moças como las uiejas. Gall. Aussi tost mourent ieunes brebis que vielles.

The source is Corrozet (1547: B1r), where the Italian and French translation appear in the same combination (similarly, f. 28v, 52v, 60r, 67v, 79r, 123r). As the Spanish does not appear in Corrozet, this makes it more likely to be Hand 1's own translation.

Hand 4 contributes Italian and some French and also likely handled Corrozet, as he writes

> Qui respond pour aultruy
> pour luy mesme paye
> Chi per altri sta, per se paga.
> (f. 102r; *cf.* Corrozet I4r)

Ramon Llull

A notable feature of this volume are forty-nine proverbs in Catalan copied by Hand 1, with the identifier 'Catal. R. L.', or 'R. Lull' or 'Catal. ex. R. L.' or similar, with a Spanish translation. The Catalan text is from the *Proverbis d'ensenyament* (Tous 2016). Tous (2018) takes account of the Catalan in his edition and shows the variants in Núñez are minor.

[1] f. 26v: Con buen pobre te acompaña y no con rico que apaña. Catal. R. L. Mais ams star ab paubre bo, que ab rich auar fals faillo. *Cf.* Tous 24: mes vulles esser pobre y bon / que rich a maledicçion.
[2] f. 30r: Del que tu mal no reprehende no confies porque te uende. Catal. ex. Raym. Lull. Not uulles a home fiar que not reprende to mal far. *Cf.* Tous 21.
[3] Del que los terminos niega, en disputa te despega. Contra negantes principia non est arguendum. Catal. R. L. No uulles ab cel disputar, que tos termes uulla negar. Cf Tous. 149. Note that there is a Latin translation as well as Spanish.
[4] f. 39r: El que no cumple y prefiere un maleuolo se adquiere. Catal. R. L. Cel qui promet et no ateyn, asi quer home mal uolen. *Cf.* Tous 40.
[5] f. 46v: En el beuer ten tal tino que lleues, mas no a ti el uino. Catal. R. L. Not port lo ui que tu beuras, por ta lo tu quant per la tas. *Cf.* Tous 171: no·t port lo vi que tu beurás; / porta-lo tu quant parlarás.
[6] 55v: Hazte algun angel amigo, que te sea guardia y abrigo. Catal. R. L. D'algun Angel fas ton amich, perto quet guart del enemich. *Cf.* Tous 30. The annotator misreads 'ço' as 'to'.
[7] Haz de grado y a plazer lo que por fuerça has de hazer. Catal. R. L. There is no Catalan. Not by Llull?
[8] f. 57v: Hombre por su cortedad se admira de infinidad. Catal. R. L. Con cascun hom sta finit, se marauilla dl infinit. *Cf.* Tous 103.
[9] f. 75v: Mantente a dios por amigo y riete del enemigo. Catal. R. Lul. Sols que Deu sia ton amich, en nulla te hauras destrich. *Cf.* Tous 13: nulla re.
[10] Mas uale cortes obrero que descortes cauallero, Catal. R. L. Caualler uila descortes no uall tant quant cortes pages. *Cf.* Tous 35.
[11] f. 77v: [cropped at top] Mientras estas en pecado, [...] ya no podras hauer ualor, de mentre sies peccador. *Cf.* Tous 125.
[12] f. 81v: Ni busques fuego en fontana, ni castidad en putana. Catal. R. L. No cerci lo foch en la fontana, ne castedad en la putana. *Cf.* Tous 108.
[13] f. 84v: No te metas en prision do no se guarda razon. Catal. R. L. Guardet no entres en preso, on no esta dret ne rassio. *Cf.* Tous 129: Guarde·t no entres en presó / hon no está dret ni rahó.
[14] No hagas viage seguido con hombre no conocido. Catal. R. L. Si vas ab hom allonga via, sapias aquell hom e qual sia. *Cf.* Tous 132.
[15] No quieras bolver la cara al que em [*sic*] razon te habla. Catal. R. L. No vulles a home fugir, que ab rao te vol seguir. *Cf.* Tous 135.

[16] No te comas tu capon a hurtadas como gloton. Catal. R. L. No vulles manjar ton capo, com a layron, ni a gloton. *Cf.* Tous 170.
[17] No seas a nadie importuno por lo que es de util ninguno. Catal. R. L. No vulles a home demanar de lo que not pot profitar. *Cf.* Tous 19.
[18] No quieras ser mas honrado de lo que requiere tu peccado. Catal. R. L. No vulles esser mais honrat que no pertain per ton peccat. *Cf.* Tous 27.
[19] No gastes tiempo en querer lo que no puedes haver. Catal. R. L. No ames tal causa voler, pus says non la pots haver. *Cf.* Tous 29: no ames tal cosa haver, / pus saps que[5] no la pots haver.
[20] No lleves trigo al molino do se compra el pan y el vino. Catal. R. L. Guarde no ports blat al moli, on hom empre el pa e el vi. *Cf.* Tous 155: guarde no ports blat al molí / hon hom ampra[6] lo pa y el vi.
[21] No te despidas de quien te puede hazer [*corrected to:* uenir] gran bien. Catal. R. L. Not vulles de home partir de qui gran bet pusca venir. *Cf.* Tous 147.
[22] No seas tan resabido que otrie quede corrido. Catal. R. L. Non sies tan fort ensenhat, quel altre ne sia blasmat. *Cf.* Tous 53: no sies tan fort enseñat[7] / que l'altro ne sia blasmat.
[23] No quieras, si eres discreto, de nadie saber secreto. Catal. R. L. No vulles a tal demanar, la causa questa a celar. *Cf.* Tous 131.
[24] No te haga hypocresia gemir ni ayunar un dia. Catal. R. L. Guardet not fassa dejunar, hypocresia ni plorar. *Cf.* Tous 174.
[25] No seas facil a ofrecer lo que no puedes hazer. Catal. R. L. No ams a home proferir de fe que no li pots cumplir. *Cf.* Tous 39.
[26] No respondas al ayrado, ni te escuses al malvado. Catal. R. L. No [*deleted*] No partes ab home airat, nit escuses a home malvat. *Cf.* Tous 74.
[27] 85r No oyas sermon de quien obra mal y dize bien. Catal. R. L. No uulles de home auzir sermo que fassa lo mal el be no. *Cf.* Tous 79.
[28] No alabes señor ni Rey que por oro rompe ley. Catal. R. L. No uulles aquell Rey llauser, que per dines deixa iustiar. *Cf.* Tous 83.
[29] No alabes tu palafren a quien de nadie dize bien. Catal. R. L. No llous ton cauall ni ton astor a home gran scarnidor. *Cf.* Tous 81.
[30] 87v: No reposes en sendero que tiene mal paradero. R. Lull. No uulles repaus en cama [*sic*] on treball na ha bona fi. *Cf.* Tous 11: no vulles repós en camí / hon treball no ha bona fi.

5. *que* supplied by editor.
6. See Tous's note.
7. See Tous's note.

[31] 87v: No procuraras uengarte de quien puede al doble honrarte. Catal. ex R. Lull. Not vulles de home uengar, quet puga ta honra dotblar. *Cf.* Tous 23.
[32] 87v: No alojes en la posada do alguno de ti mal habla. Catal. ex Ray. Lull. No uulles posar en hostal em [*sic*] que hom diga de tu mal. *Cf.* Tous 20.
[33] 87v: No des tu puñal prestado a quien la capa has hurtado. Catal. R. L. No [*corrected from* non] vulles prestar ton coltell a cel qui has tolt mantell. *Cf.* Tous 126.
[34] 95r: Piensa a menudo que haras porque no te halles atras. Catal. ex Ray. Lull. Sovin consira que faras, per po [*sic*] que non cagas al pas. Sovent considera que faras / per so que no caygues al pas. *Cf.* Tous 16. The annotator misreads 'ço' as 'po'.
[35] f. 102v: Quando el pensamiento uiene, mira bien si buen fin tiene. Catal. Ex. R. Lull. Sit ue null pensar pelagri ueges si ve a bona fi. *Cf.* Tous 7.
[36] Quanto a este mundo te acercas, tanto del otro te alejas. Catal. R. L. Si daqueste mon fas ton amich, laltre mon faston enemich. *Cf.* Tous 18.
[37] 102v: Quando uas la noche al lecho, piensa al dia lo que mal has hecho. Catal. R. L. La nuit quant entraras en llit memorat que has al jorn fallit. *Cf.* Tous 26.
[38] 107v: Quien cura mucho el pellejo, a uicios haze aparejo. Catal. ex. Ray. Lull. Aquell quis mira son talo, nos fa de uirtuts companio. *Cf.* Tous 22.
[39] 107v: Quien uil menester aprende, poco bien hazer entiende. Catal. R. L. Aquell qui apren uil mester, ab eyll non pora gran be fer. *Cf.* Tous 172.
[40] 111v: Quien la honra aqui procura, en infierno havra locura. Catal. ex R. L. Cel qui aci acquer honor, en infern aura deshonor. *Cf.* Tous 9: çell qui a si aquer honor / en infern haurá deshonor.
[41] 119v: Si peso te echas a cuestas hale tal que subas cuestas. Catal. ex. Ray. Lull. Lo faix quet uols carregar fel tal quel puscas luens portar. *Cf.* Tous 15.
[42] 119v: Si hablares con tu señor hazle en tu habla honor. Catal. R. L. Quant parlaras dauant senyor, ab ton parlar le fe honor. *Cf.* Tous 122.
[43] 119v: Sabio es quien el mal sostiene y mas quien el bien retiene. Catal. R. L. Saui es cel quel mal sap sofrir, e mais que al be sap retenir. *Cf.* Tous 94.
[44] 119v: Si amas siempre lo que deues, no temas quel pecar poruenes [*sic*]. Catal. ex. R. Lull. Si uols mais so que Deus [*sic*] amar, en nulla re poras pec\c/ar. *Cf.* Tous 12: si vols mes so que deus amar, / en nulla re porás peccar.
[45] 119v: Si en eterno quies [*sic*] biuir este siglo has de aborrir. Catal. ex. Ray. Lull. Si tu uols per tostemps uiuir aqueste mon fas ton enemich. *Cf.* Tous 17: si tu vols per tots temps vivir, / aquest mon hages en air.
[46] 120r: Si te amenazare alguien, mira quanta fuerça tien. Catal. R. L. Aquell quit amanassara, consira quanta forsa ha. *Cf.* Tous 78.
[47] 120v: Si quieres ser tuyo entero, seras todo de dios primero. Catalanus. Si tu uols asser de tu teu primerament sies de Deu. R. Lull. *Cf.* Tous 5.
[48] 124r: Tendras de peccar recato como el raton teme al gato. Catal. ex R. Lull. Ay tant com lo rat tem lo gat, ages paor de far peccat. *Cf.* Tous 8.

> [49] 124r: Ten tu punto en quanto vales con tus bienes naturales. Catal. ex R. Lull. Ay tant uulles ualer quanto [*sic*] uals segons los teus bens naturals. *Cf.* Tous 10.

Where did our man find his Llull? He can only have known the text of Llull in manuscript, as the *Proverbis d'ensenyament* were first printed by Morel-Fatio in 1882. The manuscript tradition of the *Proverbis* is extremely poor: there are only two manuscripts, both in the Ambrosiana in Milan. Both are of the sixteenth century and both come from the library of the Italian Humanist Gian Vincenzo Pinelli (1535-1601). Morel-Fatio (1882: 191) pointed to Castilianisms in spelling. The Spanish proverbs are not found elsewhere and seem to be a translation from the Catalan. This parallels Hand 1's addition of Spanish translations to the French and Italian of Corrozet.

Conclusions

This study has taken in only a small sample of the annotations. The *Refranes* is a good example of print as a home for manuscript. Joseph Scaliger (1540-1609) wrote:

> I never used a lexicon except a simple one, and not to look up words, but to add to it words that I had read (Blair 2010: 245).

It reminds us that at least in this case the added proverbs came from written rather than oral sources, printed or (in the case of Llull) manuscript. In fact, by collecting additional proverbs from printed sources our annotator is continuing the methodology of Hernán Núñez himself.

And, last but not least, this copy is interesting for the textual history of Llull's *Proverbis d'ensenyament*: although Francisco López does not bring any significant readings, he is a witness that someone was reading the *Proverbis* in manuscript well before the princeps of 1882.

Bibliography

Blair, Ann (2010). *Too Much to Know: Managing Scholarly Information before the Modern Age*, New Haven: Yale UP.

Blakeway, Amy (2011). "The Library Catalogues of Sir Hans Sloane: Their Authors, Organization, and Functions", *eBLJ*, 2011, art. 16, <http://www.bl.uk/eblj/2011articles/pdf/ebljarticle162011.pdf>.

Chalmers, Alexander (1815). *The General Biographical Dictionary*, London: J. Nicols.

Combet, Louis *et al.* (2001). *Hernán Núñez, Refranes o proverbios en romance* (ed.), Madrid: Guillermo Blázquez.

Corrozet, Gilles (1550). *Bonne réponse à tous propos ... traduict d'Italien en nostre vulgaire françois ... Brefve addition d'aucuns autres proverbes sententieux, communs par toute Italie...*, Paris: par Gilles Corrozet.

Fairbanks, Alfred & Dickins, Bruce (1962). *The Italic Hand in Tudor Cambridge*, Cambridge: Cambridge Bibliographical Society.

Gallagher, John (2007). "The Italian London of John North: Cultural Contact and Linguistic Encounter in Early Modern England", *Renaissance Quarterly*, 70, pp. 88-131.

Jauralde, Pablo (dir.) (2008). *Biblioteca de autógrafos españoles, I (siglos* XVI-XVII*)*, Madrid: Calambur.

Koppelmann, George & Wechsler, Daniel (2015). *Shakespeare's Beehive: An Annotated Elizabethan Dictionary Comes to Light*, 2nd ed., New York: Axletree Books.

Madroñal, Abraham (2002). "Los *Refranes o proverbios en romance* (1555), de Hernán Núñez, Pinciano", *Revista de Literatura*, 64, pp. 5-40.

Mellinghoff-Bourgerie, Vivianne (2011). "François de Sales et l'automne de la Renaissance", in *Rencontres autour de St François de Sales*, Thonon: Académie Chablaisienne, pp. 15-38.

Morel-Fatio, Alfred (1882). "Proverbes rimés de Raimond Lull", *Romania*, 11, pp. 188-202.

Nuñez, Hernán (1555). *Refranes, o Proverbios en romance que nueuamente colligiò y glossò el Comendador Hernan Nuñez ...; Van puestos por la orden del Abc ...; Van tambien aqui* añadidas *vnas coplas, hechas a su muerte* ..., Salamanca: en casa de Iuan de Canova, 1555 (BL, 635.l.11).

Rosenthal, Bernard M. (1997). *The Rosenthal Collection of Printed Books with Manuscript Annotations: A Catalog of 242 Editions mostly before 1600 Annotated by Contemporary or Near-Contemporary Readers*, New Haven: Yale University.

Sloane Database: <http://www.bl.uk/catalogues/sloane/>.

Taylor, Barry (1999). "Michael Verinus and the *Distichs of Cato* in Spain", in *Latin and vernacular in Renaissance Spain*, ed. Barry Taylor and Alejandro Coroleu, Manchester: Dept of Hispanic Studies, pp. 73-82.

Tous Prieto, Francesc (2016). "'Cascun proverbi és escrit / per ço que en son lloc sia dit': els proverbis rimats de Ramon Llull", *Mot So Razo*, 15, pp. 69-84.
Tous Prieto, Francesc (2018). Ramon Llull, *Mil proverbis; Proverbis d'ensenyament*, NEORL, 15, Palma: Patronat Ramon Llull.
Verino, Michele (1987). *Distichorum liber*, ed. Catalina Terrasa Montaner, Palma: Conselleria d'Educació i Cultura del Govern Balear.
Woudhuysen, H. R. (2014). "Review of first edition of Koppelmann & Wechsler 2015", *Times Literary Supplement*, 22-29 August, pp. 28-29.

Notes de Pau Ignasi de Dalmases a la seva col·lecció de manuscrits catalans

Maria Toldrà i Sabaté
(Centre de Documentació Ramon Llull - Universitat de Barcelona)

Els catàlegs d'escriptors de Nicolás Antonio —la *Bibliotheca hispana sive hispanorum* [...] *qui post annum secularem MD usque ad praesentem diem floruere* (1672), coneguda com a *Nova*, i la pòstuma *Bibliotheca hispana vetus* [...] (1696)— van ser rebuts com una aportació cabdal a la bibliografia hispànica, per bé que des de ben aviat se'n van denunciar les llacunes. Els assaigs d'actualització van anar des dels simples apunts marginals de propietaris privats fins a les notícies d'erudició més profunda, com les de Francesc Pérez Bayer a la *Vetus* per a la segona edició de les Biblioteques (1783-1788).

El criteri per actualitzar Antonio sol ser de base territorial. Es pretén millorar-lo en tot allò que fa referència a la nació pròpia per exalçar-ne les glòries a través del catàleg d'escriptors patris, sigui quina sigui la llengua en què han escrit. Els erudits catalans no van ser cap excepció i a les primeres dècades del segle xviii ja es documenten iniciatives per completar Antonio amb autors d'aquella procedència. Entre les més antigues hi ha les notes de Pau Ignasi de Dalmases, que presento en les ratlles següents; poc després hi treballava Pere Serra i Postius, que no tractaré aquí. Projectes com els seus són precursors que al segle xix confluiran amb altres tradicions en les primeres històries de la literatura catalana, l'última gran representant de les quals és la *Història de la literatura catalana* dirigida, per als volums sobre literatura medieval (2013-2015), per Lola Badia.

Notes de Dalmases al seu exemplar de les Biblioteques d'Antonio

El diplomàtic, historiador i erudit Pau Ignasi de Dalmases i Ros (1670-1718), marquès de Villalonga, fundador de l'Acadèmia dels Desconfiats i cronista oficial del Principat, va afegir unes notes al seu exemplar de les Biblioteques d'Antonio. Uns anys després, Josep Finestres va comprar l'exemplar al convent de Santa Caterina de Barcelona, on havien anat a parar alguns volums de la llibreria de Dalmases i el seu fill, Ramon de Dalmases i de Vilana, i hi va afegir més notes. En morir Finestres el 1777, l'exemplar va passar a l'hereu de la biblioteca, el jurista cerverí Andreu Massot i Tarragona, i abans de la mort d'aquest, el 1798, es va fer una còpia de les notes per a Jaume Pasqual, que avui es conserva als *Sacrae Cathaloniae antiquitatis monumenta* (BC, ms. 729/11; *MCEM*, 122).

A l'exemplar d'Antonio que posseïa Dalmases —en quatre toms i que no s'ha de confondre amb la *Vetus* de la mateixa procedència que va restar al convent de Santa Caterina i avui és a la Biblioteca de la Universitat de Barcelona—, les notes manuscrites es llegien als marges i en cèdules soltes. En l'opuscle preparat per a Pasqual s'han copiat per ordre d'aparició, començant per la *Vetus* i seguint amb la *Nova*. De vegades s'hi indica qui n'ha estat el redactor, Dalmases o Finestres; també n'hi ha del germà petit d'aquest, Daniel Finestres, i alguna d'un anònim. No resulta sempre fàcil, però, atribuir-les a un dels erudits que hi treballaren. La majoria són referències bibliogràfiques, notes breus de caràcter biogràfic i bibliogràfic, en castellà, llatí i català, que amplien la informació d'Antonio o n'omplen llacunes; entre les fonts dominen les biblioteques impreses, universals, eclesiàstiques o d'ordes religiosos, com ara les *Bibliothecae dominicanae* d'Ambrogio di Altamura (1677). La informació nova afecta autors en diverses llengües dels regnes peninsulars, sovint eclesiàstics, pel tipus de fonts emprades; ara bé, segons la còpia per a Pasqual, a l'índex d'autors s'hi afegia una «raíta» als catalans, i l'amanuense ja es demanava si això tenia a veure amb un projecte de biblioteca catalana «separada».

Enmig de l'erudició bibliogràfica habitual, criden l'atenció dues notes de Dalmases sobre manuscrits de la seva biblioteca, a l'apartat d'anònims de la *Vetus*: «Anonimus alius, catalanus ut credo, scripsit breve chronicon habeo ms. Vide a l'aposento de dintre» (no identificat) i «Anonimus alius catalanus: scripsit una Historia de los sarracenos, turcos i tártaros i de las guerras que tuvieron. Téngola en mi librería, aposento de dentro» (versió catalana d'Aitó de Gorigos, BC, ms. 490).

La iniciativa d'aplegar les notes de Dalmases i Finestres en un opuscle autònom va tenir una bona rebuda. Josep de Vega i Sentmenat i després l'oratorià Ramon Ferrer el van copiar (RAH, ms. 9/5712, i BUB, ms. 712, respectivament; *MCEM*, 2431). Durant el pas del segle XIX al XX, a can Dalmases es va fer una còpia de Ferrer (BC, ms. 1878; *MCEM*, 225), que va ingressar a la Biblioteca de Catalunya amb la resta de llibres de la col·lecció adquirits el 1916 (BC, Arxiu Administratiu, 496/2; [Alòs-Moner] 1916).

Una col·lecció desconeguda d'addicions a Antonio

El manuscrit AHCB, A-35, conté unes addicions anònimes a la *Vetus* d'Antonio, que vaig identificar com a obra de Dalmases en la descripció del manuscrit per a la *Base de dades Manuscrits catalans de l'edat moderna* (*MCEM*, 2627). La lletra és seva, coincideix amb la d'algunes miscel·lànies i diccionaris històrics de Dalmases conservats al mateix arxiu. Hi ha més proves que avalen l'atribució. Abans de res, l'al·lusió en primera persona a una obra publicada el 1702: «Yo dexé hecha larga i cumplida memoria de Boadas en mi *Dissertación histórica por la patria de Paulo Orosio*, cap. 29, desde la pág. 359». Encara més: Dalmases hi fa moltes al·lusions a manuscrits que posseïa, una bona part dels quals ha arribat fins als nostres dies. Així, doncs, les addicions són una eina per a l'estudi de la seva important col·lecció de còdexs i, en conseqüència, per a la història de la formació de la tradició literària i cultural catalana al començament del segle XVIII. Dalmases hi treballava després de 1710, data d'una referència al *Journal des Sçavans*, i potser, de 1714-1715, a causa de l'absència de manuscrits lul·lians, dels quals, com veurem, es va desprendre aquests anys, si bé aquest argument no és concloent.

El manuscrit A-35 consta de quaranta-vuit bifolis parcialment numerats sense relligar, és acèfal i àpode, i té llacunes. L'única rúbrica conservada —«Addiciones a mis addiciones a la Biblioteca antigua de don Nicolás Antonio»— és, de fet, el títol parcial al bifoli que conté les notes al conjunt. Les addicions pròpiament dites comencen al bifoli 2, que és el primer que duu les inicials «*B. V.*» (*Bibliotheca vetus*) al marge. L'estructura pren la forma d'un catàleg d'escriptors, sense que s'hi pugui discernir quin criteri s'ha seguit a l'hora d'ordenar-los, senyal que es tracta de materials en curs de treball. De fet, no és rar que alguns autors hi apareguin en blocs donats pel fet que Dalmases els troba en una mateixa font. La primera notícia, acèfala, correspon al jurista Jaume Desfar. De cada autor es donen notícies sobre la vida i l'obra, i sovint es deixa pas a l'excurs biogràfic i erudit, a la transcripció de taules i extractes. El criteri de selecció territorial és important —la majoria són catalans—, però no únic, i la llengua no en determina la tria. Són medievals: Antonio marcava la pauta quan establia l'any 1500 com a frontera entre la *Vetus* i la *Nova*. L'absència en aquestes es destaca, però no és cap requisit previ. Quant als gèneres, hi dominen la historiografia, el dret i la literatura moral i religiosa; la literatura de creació en llengua vulgar pràcticament no hi té cabuda. Per raons d'espai, al resum que segueix ometo la nòmina completa d'autors i em limito a les entrades sobre els catalans, sobretot quan s'hi fa referència a manuscrits o a edicions antigues.

«Anónymo catalán, monge benito claustral del real monasterio de Santa María de Ripoll, escribió una historia en latín de los hechos de los serenísimos condes de Barcelona i reies de Aragón»: Dalmases contrasta les genealogies dels comtes reis citades per Antonio amb les *Gesta comitum barcinonensium* editades per Baluze a *Marca hispanica* (1688) i les genealogies que es llegien en un manuscrit copiat el 1600 per Jaume Ramon Vila, avui perdut (*cf. MCEM*, 1524); la seva font són les *Memorias* citades a continuació. Martí d'Ivarra («Jurra»): li atribueix una història de Catalunya; és una confusió entre la dedicatòria d'Ivarra a Galceran de Cardona per a la tercera edició de les *Històries e conquestes* de Tomic (1534) i el text del mateix Tomic, originada per una mala lectura de la font, el capítol sobre escriptors catalans de les *Memorias de Cataluña hasta los condes hereditarios de Barcelona*, del marquès de Mondéjar, Gaspar Ibáñez de Segovia, un altre col·leccionista de còdexs catalans (extractades per Dalmases a AHCB, ms. B-4; *MCEM*, 1017). Joan Margarit: no identifica el *Templum Domini* (ACB, C.83) amb les notícies de Joan Gaspar Roig i Jalpí referents a un còdex de la catedral de Barcelona interessant per a la Guerra Civil, sobre el qual anota: «Se à de vèurer est libre en lo archiu de la seu». Bernat Mallol, compilador de Santes Creus: n'extracta una notícia del *Compendium abreviatum* (AHN, Clero, còdex 459), «no sólo para cumplir con mi instituto de transcribir un fragmento de los libros ms. i antiguos cuia noticia produzgo, sino por la novedad de las que en este capítulo se contienen», observació que fa pensar en un possible prefaci perdut a les addicions. Duoda: tot i no ser catalana ni espanyola, «Dodana merece lugar en la bibliotheca antigua de los escritores españoles», perquè estava casada amb Bernat, governador de Barcelona; n'extracta la taula del *Manual* segons Mabillon, encara que a la biblioteca Dalmases n'hi havia un exemplar, que aleshores potser no hi havia ingressat (BC, ms. 569). Arnau de Capdevila: del tractat de les monedes afirma que «este libro tuve io en mi poder algún tiempo, tenía las cubiertas de madera i las ojas escritas en pergamino, después no he podido saber qué se á hecho ni dónde á parado» i en transcriu un capítol (ms. no identificat; *cf. MCEM*, 1064, possible còpia). Alfons el Magnànim: en cita «oraciones i epístolas», però sobretot reprodueix elogis de la seva activitat cultural, extrets de les *Cròniques d'Espanya* de Carbonell (1547) i d'altres fonts. Joan Ripoll: en transcriu l'epitafi d'Elionor de Xipre, a partir de Carbonell, i afegeix una notícia sobre la reina, que treu d'un manuscrit que li pertany (identificable amb el catàleg de consellers de Rafael de Cervera, BC, ms. 505; *MCEM*, 82). L'infant Pere d'Aragó: «merece lugar en estas observaciones literarias historicocríticas»; li dedica un extens capítol, amb atenció a l'activitat poètica. Bernat Boades: Antonio no el coneixia, «pues ahún no estava descubierto su libro» per l'admirat Roig i Jalpí, a qui no segueix, però, en el cas del cronicó del gironí Liberat, que tracta de falsificació a l'entrada que li dedica a les addicions; del pseudo-Boades, Dalmases n'ha fet una còpia i esmenta la del comte de Savallà (BC, ms. 491 i 492; *MCEM*, 70 i 1117); en transcriu passatges. En Pacs: de la *Doctrina moral*, «que es el mismo original [...] tengo en mi librería [...]», en transcriu el pròleg, la taula i un capítol (BC, ms. 472). Jafudà Bonsenyor: transcripció del pròleg i la taula (mateixa font). Pere III: defensa l'autoria reial de la crònica particular, llegida a través de Carbonell —tan ric en notícies com «poco conocido»—; copia les rúbriques del seu exemplar de les *Ordinacions de la cort reial* (potser el del citat Vila, AHCB, ms. B-49; *MCEM*, 927) i cita els exemplars de l'Arxiu Reial de Barcelona, anotat pel rei (BHUV, ms. 1124), i del marquès de Mondéjar; ha llegit l'*Obra de mossèn Sant Jordi* a l'Arxiu Reial (ACA, Cancelleria, reg. 1529/I; *MCEM*, 591). Isabel de Villena: s'exclama que Antonio no citi «esta extraordinaria sabia i venerable señora»; només en té la informació d'Hipòlit Samper a les *Advertencias históricas* de Luis de Salazar y Castro (1688), que també és la font de les notícies sobre Miquel Peres i —amb Antonio— Bernat Fenollar. Guillem Botet: té les *Consuetudines ilerdenses* i en copia el pròleg i la taula (BC, ms. 483). Notícies d'autors i obres extrets de BC, ms. 482 (*MCEM*, 1709), que li pertany: «Anónymo, poeta catalán» autor d'un romanç sobre la caiguda de Constantinoble (*inc.*: «Plors, plants, sanglots e gemecs de congoixa») i Joan Feixes, canonge de Barcelona. Joan Pasqual: transcriu el pròleg i la taula del *Llibre de beatitud* (BC, ms. 467), però considera perdut el *De pena* (ibídem, ms. 468, procedent de Dalmases, com l'anterior); la dedicatòria a Joan Llull obre la porta a un excurs sobre els Llull basat en fonts heràldiques pròpies: el *Ceremonial* de Diego de Valera (BC, ms. 529; *MCEM*, 95), l'armorial de Bernat Mestre (BC, ms. 510; *MCEM*, 86) i la *Crònica de cavallers catalans* de Francesc Tarafa (BUB, ms. 84; *MCEM*, 403). Felip de Malla: només en comenta i transcriu algun passatge d'un sermonari en poder seu (BC, ms. 466); d'aquest, també n'extreu dades sobre Joan Gat —de fet, Giovanni Gatto—, bisbe de Cefalù, de qui planteja un possible origen català. «F. Pedro N.»: «español de nación, pero no sé ni el reino o provincia ni el lugar donde nació»; es tracta de fra Ponç Carbonell, autor de comentaris bíblics i d'una cronologia de papes i emperadors, també present a la seva llibreria (BC, ms. 545); n'extracta la cronologia i l'epístola a Joan d'Aragó, arquebisbe de Toledo i Tarragona. El mateix arquebisbe té una extensa entrada, amb atenció a la biografia i l'acció legislativa, basada, entre altres fonts, en l'arxiepiscopologi tarragoní de Josep Blanc, que posseeix (BC, ms. 515; *MCEM*, 91). Notícies sobre autors i textos de BC, ms. 473 (*MCEM*, 66), també seu: Antoni Canals, de qui transcriu l'endreça al rei Martí i la taula de l'*Escala de contemplació*; un jerònim, traductor de la *Contemplació de Jesucrist*, de sant Bonaventura, de la qual copia el pròleg i la taula; un anònim català, potser franciscà, traductor de les revelacions de santa Àngela de Foligno, de les quals transcriu el pròleg i les rúbriques. Pere Busquets: conserva dos exemplars de la versió de Domenico Cavalca, *Mirall de la creu* (BC, ms. 474 i AHCB, ms. B-76); en transcriu el pròleg i la taula. Joan Ramon Ferrer: n'esmenta dos manuscrits que té a la llibreria, el *De antiquitate legum* (BC, ms. 614), del qual transcriu la dedicatòria a l'arquebisbe Pere d'Urrea, i una desconeguda *Oratio* en lloança de Joan II, inacabada, amb dedicatòria al rei datada a Barcelona l'1 d'agost de 1458, que transcriu (*inc.*: «Jam septem anni sunt, illustrissime princeps, dum emeritus ab agro bononiensi recessurus essem») amb un altre fragment (ms. no localitzat). Anònim: crònica dels comtes reis de Catalunya i Aragó, en la tradició de Tomic, escrita en temps de Joan II i amb una nota de 1461 de la mateixa mà; acèfala (*inc.*: «[...] dit gran archabisbe de Toledo no fo així, ans diu lo dit archabisbe que aquest rey Garcia fo molt bon e gran bataller e hac per muller dona Uracha»); en transcriu les rúbriques i un capítol a partir del seu exemplar (ms. en mans privades). Jaume Ferrer de Blanes: dedica a les *Sentències catòliques del diví poeta Dant florentí* (1545) un llarg excurs, basat en Roig i Jalpí. Francesc Eiximenis: n'elogia les obres «por tener, como tengo, muchas d'ellas manuscriptas en mi librería, que guardo i venero con la maior estimación i aprecio» (BC, ms. 456-464); en transcriu el pròleg i part de la taula de la *Vida de Jesucrist* (ibídem, ms. 459-460). El manuscrit A-35 s'interromp aquí.

Una absència: Ramon Llull

Encara que Dalmases no hi cita tots els seus manuscrits catalans, medievals o còpies modernes, sorprèn que Llull no aparegui en les col·leccions de notes, si bé cal dir que Antonio ja l'havia inclòs a la *Vetus*. Ara sabem, però, que Dalmases posseïa manuscrits lul·lians i que en va cedir alguns arran de la seva col·laboració en l'aplega de materials per a la primera gran edició moderna de Llull, la Moguntina (1721-1742), a cura d'Ivo Salzinger. El seu nom ha passat inadvertit, potser amagat rere la contribució de la marquesa de la Manresana, Josepa de Boixadors; a la dedicatòria del primer volum, Salzinger recordava que la «comitissa» (sic) era parenta del beat pels Erill i n'havia enviat relíquies i manuscrits. El copiador de lletres de l'ambaixada de Dalmases a Londres com a representant de les institucions catalanes al final de la Guerra de Successió aporta més dades (*La Junta General de Braços de 1713* 2008).

Resumeixo la veu sobre Dalmases que vaig redactar per a la secció «Lul·listes» de la *Base de dades Ramon Llull*: segons cartes del «marchese Dalmases» enviades des de Frankfurt, Amsterdam i Londres al príncep elector Joan Guillem II i d'altres, consta que, per petició d'aquest, el març de 1714, tot i la situació bèl·lica de Barcelona, feia gestions per reunir manuscrits lul·lians seus i de la marquesa, i que el lul·lista Jaume Costurer ja devia ser a la ciutat; «mossèn Joan» —Joan Pau Colomer, bibliotecari dels Dalmases, compilador de manuscrits sobre heràldica i mariologia— i altres havien de cercar els que hi havia a can Dalmases; el març de 1715 els llibres eren a Gènova en mans d'un agent que esperava instruccions. La correspondència de l'ambaixador no especifica quins volums es van enviar, però la presència de notes autògrafes de Colomer em va permetre identificar dues còpies parcials del *Llibre de contemplació en Déu* (Mainz, Martinus-Bibliothek, ms. 220i i 220k). No formava part del grup l'actual manuscrit 7 de la Societat Arqueològica Lul·liana (Palma), que conté el *Llibre de meravelles* i el *Llibre d'intenció*, també anotat per Colomer; ni un tractat del lul·lista Dimes de Miquel: *Breve y compendioso compendio de la arte de Raimundo Lull* (BC, ms. 676; *MCEM*, 112).

Pel que fa als impresos, l'inventari de la llibreria dels Dalmases redactat per Colomer (BC, ms. 677) inclou el *Blaquerna* (1521), l'*Ars generalis ultima* (ed. Francesc Marçal, 1645), una edició de l'*Arbor scientiae* i les *Disertaciones históricas* de Costurer (1700). Tot plegat sembla indicar una escassa atenció vers l'obra i la figura de Llull, més enllà de la gestió paral·lela a l'activitat diplomàtica del marquès.

Les notes de Dalmases i l'estudi de la tradició literària catalana

La importància de les notes de Dalmases a Antonio del manuscrit A-35 resideix en el fet que moltes es redacten a partir de manuscrits de la seva propietat, una col·lecció que l'atzar de la conservació ha convertit en essencial per estudiar la transmissió d'alguns noms de la literatura medieval i moderna catalana, ja que ens n'ha arribat una bona mostra, avui a Barcelona (BC, AHCB, BUB), Mainz i Palma. D'altra banda, les notes completen els inventaris antics de la biblioteca dels Dalmases: el citat de Colomer i un altre d'elaborat quan una part dels volums ja era al convent de Santa Caterina (*Llista dels llibres que se han notat de la llibreria de don Ramon Dalmases*, BUB, ms. 1944/7).

A l'hora de valorar les notes, s'ha de tenir en compte que el criteri de selecció de Dalmases obeeix, tant o més que a la passió bibliogràfica, als interessos historiogràfics de qui havia estat nomenat cronista oficial del Principat per les Corts de 1701-1702, càrrec que el dugué a redactar uns *Anales de Cataluña* (RABLB, ms. 3-I-25; *MCEM*, 2241) i va generar correspondència sobre fonts (BC, ms. 618; *MCEM*, 109). Això explica els excursos sobre història civil i eclesiàstica amb què s'allarguen moltes entrades i la presència de qüestions del discurs historiogràfic modern com les falsificacions. L'estudi del conreu de les lletres hi és entès com un argument per prestigiar la nació, i per això no és rar que es 'desviï' —des del punt de vista de la filologia del segle XIX ençà— en discussions que han allunyat aquests textos de l'anàlisi de la construcció de la tradició literària. N'és un altre exemple la *Barcelona armada con letras*, de Lluís de Valencià (*ca.* 1690); s'obre amb un pròleg on s'anuncia un itinerari per les belles lletres de Barcelona i Catalunya des dels orígens fins al present, però no té res a veure amb el que avui considerem història de la literatura: l'autor s'endinsa en polèmiques erudites al voltant d'uns quants temes destinats a prestigiar-ne els orígens, i la part conservada no va més enllà d'Otger Cataló (BC, ms. 2566; *MCEM*, 259). Això no vol dir que aquestes obres no siguin útils per a l'estudi de la formació de la tradició catalana, així com ho són les dels juristes de l'època, hereus d'una línia d'arrel medieval, reforçada pels conflictes del segle XVII, en què el dret s'abeura en la historiografia i la tradició jurídica s'assimila com a element de la construcció de la identitat nacional.

Tot i això, les addicions de Dalmases contenen transcripcions de pròlegs, taules i fragments dels seus còdexs, molts en català. Es tracta d'un criteri de redacció conscient: «Observando la lei que me he impuesto en la relación de los libros ms. de que doi noticia, pondré los títulos de los capítulos». Ho sol fer per a obres i/o exemplars poc o gens coneguts per la bibliografia, començant per Antonio, que donen valor tant a la tradició cultural pròpia com a la biblioteca personal. Seria exagerat, però, veure-hi una sensibilitat filològica com la que caracteritza els projectes del seu coetani Antoni de Bastero (Feliu 2000). El mateix any que sortia cap a Roma, el 1710, el canonge li deixava impresos i manuscrits moderns de tema històric, polític i literari que es detallen en una cèdula dins una crònica de Miquel Parets propietat de Dalmases (BC, ms. 502; *MCEM*, 79). Amb Bastero, compartia l'atenció pel món trobadoresc, documentada amb extractes puntuals sobre el «gai saber» i altres qüestions del manuscrit N.352 dels carmelites descalços de Sant Josep (BC, ms. 239), que Dalmases copia en una miscel·lània històrica (AHCB, ms. B-186; *MCEM*, 1055). El marquès, però, no manifesta l'interès de Bastero per les fonts literàries com a material d'estudi de la llengua. A la *Crusca provenzale* (1724), aquest ja donava notícies sobre autors i textos catalans, i les va ampliar amb notes en un exemplar de l'obra (RABLB, ms. 3-II-4; *MCEM*, 2698). A banda de l'explotació lexicogràfica i lingüística a què se sotmet els textos, la nòmina d'escriptors citats als materials per a la *Crusca* destaca encara per la presència d'obres de creació literària, absents en Dalmases. Valguin a tall d'exemple Ausiàs March, Joanot Martorell —incloent-hi un buidatge lexicogràfic de l'edició de 1490 del *Tirant*— i Jaume Roig, valencians que Bastero considera integrats a la pròpia tradició, i els clàssics siscentistes: els catalans Francesc Vicent Garcia i Francesc Fontanella; d'aquest, Bastero i Joan Torres i Oliva cercaven un manuscrit perdut (RABLB, ms. 3-II-3; *MCEM*, 2697).

Bibliografia

[Alòs-Moner, Ramon] (1916). «La biblioteca Dalmases», *Butlletí de la Biblioteca de Catalunya*, III, pp. 28-57.

Bonner, Anthony (dir.). *Base de dades Ramon Llull* [en línia], Barcelona: Centre de Documentació Ramon Llull (Universitat de Barcelona), <www.ub.edu/llulldb/>.

Expósito, Ricard (2009-2010). «Literatura prohibida a la Barcelona del tombant de segle xvii: les desiderates bibliogràfiques de Pau Ignasi de Dalmases i Ros», *Butlletí de la Reial Acadèmia de Bones Lletres de Barcelona*, 52, pp. 137-202.

Feliu, Francesc (2000). *Catàleg dels manuscrits filològics d'Antoni de Bastero*, Barcelona: Institut d'Estudis Catalans.

La Junta General de Braços de 1713: L'ambaixada Dalmases i altra documentació (1713-1714), ed. Josep M. Bringué i Portella *et alii*, Barcelona: Parlament de Catalunya - Generalitat de Catalunya, 2008.

MCEM = Duran, Eulàlia (dir.) & Toldrà, Maria (coord.) (2011-). *Base de dades Manuscrits catalans de l'edat moderna*, Barcelona: Institut d'Estudis Catalans, <https://mcem.iec.cat/>.

Valsalobre, Pep (2002). «Llocs, formes i textos de la protohistòria literària catalana. Segles xv-xvii: del marquès de Santillana a Nicolás Antonio (1676)», *Estudi General*, 22, pp. 309-336.

De l'amistat i dels llibres

Jaume Torró Torrent
(Universitat de Girona)

En un fragment d'Alceu (fr. 148), relacionat amb l'exili, llegim:

. . .

].ακα.[
].ιον ὄλβιος ὀ[
]νδε δυστάν[
πλά]σδομ' ἔρημ[ος
πῆλ]ε των φίλω[ν
οἶ]ος· ἀ̣λ̣λ̣' ὠς οἰκ[
οἴ]ζυρον ζώην [βίον
ἀθα]νάτοισι

(Traducció: [...] feliç [...] dissortat [...] erro desert [...] lluny dels meus amics [...] sol; però quan [...] visc una vida plena de tristesa [...] als déus immortals).

Un altre fragment (fr. 130a), probablement relacionat també amb l'exili, comença així:

Ἀχνάσδημι κάκως, οὔτε γὰρ οἰ φίλοι

(Traducció: Em sento terriblement desgraciat, perquè ni els meus amics [...]).

En la literatura existeixen la tradició i els temes i motius universals. És important distingir-los de la tradició i reconèixer-los com a motius universals perquè ens parlen sense intermediaris de l'ànima humana. Convé no identificar amb una tradició o una imitació el que és solament un document de la unicitat humana. Un dels versos més cèlebres de la lírica catalana és «Deserts d'amics, de béns e de senyor», per la seva capacitat d'evocar els sentiments de la soledat i la desemparança propis de la captivitat. En aquesta composició, Jordi de Sant Jordi transposa a la circumstància de la presó motius i estilemes amorosos de la cançó d'absència i llunyania procedents de Guillaume de Machaut i d'Otó de Granson (Torró 2014: 335-336). Per a aquesta transposició en té prou amb el primer hemistiqui: «Deserts d'amics». Ovidi, el poeta de l'exili com a tema literari, enyora des de l'última frontera de l'Imperi els amics, l'esposa i Roma (Torró 2007: 383-404). El motiu arriba fins al poema I d'Ausiàs March en un procés invers al de Jordi de Sant Jordi amb el «Presoner». L'enyor dels amics, la mancança dels parents i protectors, la llunyania de la pàtria i de la llar («en estrany loch y en estranya contrada»), són des de l'inici de la lírica monòdica occidental un *tópos* de l'exili. L'origen de la transformació d'un motiu de la cançó d'absència i de llunyania, d'un motiu de la tradició literària francesa dels segles XIV i XV, fou una experiència personal que posa de manifest la unicitat de l'ésser humà, per la qual som capaços de sentir amb persones d'altres temps que ens parlen a través dels llibres i de la poesia. Perquè tots els homes som un únic home, perquè provenim d'un únic pare, Adam, i d'una única mare, Eva, la mare de tots els vivents. Aquest és també un exercici fonamental del comentari dels autors a l'aula amb els estudiants: mostrar-los que són capaços de descobrir i comprendre l'ànima humana, allò que és essencial i perdurable de la condició humana.

Aquest és el fonament de la relació personal que Petrarca estableix amb els llibres. D'aquesta manera, la lectura es transforma per a ell en una conversa amb els autors antics, als quals tracta d'amics i amb els quals parla més a pler que amb aquells que es pensen que estan vius: «Interea equidem hic [i. e. Vauclusa] michi Romam, hic Athenas, hic patriam ipsam mente constituo; hic omnes quos habeo amicos vel quos habui, nec tantum familiari convictu probatos et qui mecum vixerunt, sed qui multis ante me seculis obierunt, solo michi cognitos beneficio litterarum [...], ex omnibus locis atque omni evo in hanc exiguam vallem sepe contraho cupidiusque cum illis versor quam cum his qui sibi vivere videntur [...]. Sic liber ac securus vagor et talibus comitibus solus sum; ubi volo sum; quotiens possum mecum sum [...]» (*Familiares*, XV, 3, 14-15).[1] Aquesta vegada ens trobem davant un efecte cultural de la unicitat de l'ésser humà, perquè els llibres i les biblioteques són una troballa d'Occident, que ha considerat centrals en l'educació la capacitat de parlar i escriure bé i de raonar de forma correcta, de les quals és inseparable la formació mo-

1. Sobre el motiu, veg. Wilkins (1964: 37-38), Petrarca (1978: xx-xxi), Rico (1992: 360), Feo (1998a: 245-294), Chines (2003: 367-384) i Marcozzi (2006: 294).

ral o l'art de ben obrar; en resum, ens trobem davant el redescobriment del que els grecs anomenaven la παιδεία i els romans, la *humanitas* (Aulus Gel·li, *Noctes atticae*, XIII, 17). Ciceró diu en el *De oratore* (III, xv, 57) que l'eloqüència ensenya alhora a ben dir i a ben obrar, i que són els mateixos els preceptors del bon viure i el bon parlar, com aquell fènix d'Homer, donat per company de guerra al jove Aquil·les pel seu pare Peleu, perquè el fes «oratorum verborum actoremque rerum».

En una lletra de Ciceró a Varró (*Familiares*, IX, 1), «vir Romanorum eruditissimus», segons Quintilià (*Inst. or.*, X, 95), el qual rebé l'encàrrec de Cèsar de crear una biblioteca d'estat i la conservà sota Octavià,[2] li parla dels seus amics els llibres:

> Ex iis litteris, quas Atticus a te missas mihi legit, quid ageres et ubi esses, cognovi; quando autem te visuri essemus, nihil sane ex iisdem litteris potui suspicari. In spem tamen venio appropinquare tuum adventum: qui mihi utinam solatio sit! etsi tot tantisque rebus urgemur, nullam ut allevationem quisquam non stultissimus sperare debeat; sed tamen aut tu potes me aut ego te fortasse aliqua re iuvare; scito enim me, posteaquam in urbem venerim, redisse cum veteribus amicis, id est cum libris nostris, in gratiam; etsi non idcirco eorum usum dimiseram, quod iis suscenserem, sed quod eorum me suppudebat; videbar enim mihi, cum me in res turbulentissimas infidelissimis sociis demisissem, praeceptis illorum non satis paruisse. Ignoscunt mihi, revocant in consuetudinem pristinam teque, quod in ea permanseris, sapientiorem quam me dicunt fuisse. Quamobrem, quoniam placatis iis utor, videor sperare debere, si te viderim, et ea, quae premant, et ea, quae impendeant, me facile transiturum. Quamobrem, sive in Tusculano sive in Cumano ad te placebit sive, quod minime velim, Romae, dummodo simul simus, perficiam profecto, ut id utrique nostrum commodissimum esse videatur.

La col·lecció dels setze llibres de les *Familiars* de Ciceró romangué desconeguda fins que Coluccio Salutati la descobrí i se la feu copiar el 1392. Petrarca no la pogué llegir. Que el llibre és una persona i amb ell es pot parlar com si fos una persona viva és un motiu literari universal, almenys de la cultura occidental. També ho és la consolació que l'estudi procura ajudant a suportar la desgràcia, que en *Lo somni* és la privació de la llibertat («un divendres, entorn mitja nit, estudiant en la cambra on jo havia acostumat estar, la qual és

2. Veg. Suetoni, *Vides dels dotze cèsars*, *Juli Cèsar*, 44.

testimoni de les mies cogitacions») i en l'*Apologia*, la pesta («Estant a mi, l'altre jorn, ab gran repòs e tranquil·litat de la pensa en lo meu diversori, en lo qual acostum estar quan desig ésser ben acompanyat [dels llibres dels vells autors]»). Em costa tant imaginar-me Bernat Metge cartejant els volums de les *Familiares*, les *Seniles* i les *Metrice*, com afigurar-me que Bernat Metge, després de llegir la lletra de Ciceró a Varró en què l'invitava a visitar-lo a Tusculum, on s'havia retirat «cum veteribus amicis, id est cum libris», hagués imaginat la visita del seu amic Ramon mentre ell s'estava retirat a la seva cambra amb la companyia dels llibres. No veig gens clar que Bernat Metge en l'*Apologia* recordi l'*epistola metrica* a Giacomo Colonna (I,6), ni cap altra *Familiar* (XVI, 6) o text de Petrarca citat per mostrar la seva amistat amb els llibres,[3] com jo mateix he defensat en un altre lloc.[4] La fama actual de l'*epistola metrica* ens ha enlluernat fins a cercar alguna semblança amb la personalíssima relació de Petrarca amb els llibres i la seva transformació de la lectura en una conversa i dels llibres en persones. No tenim cap evidència del coneixement de Bernat Metge de les epístoles en prosa i en vers de Petrarca més enllà dels casos particularíssims d'epístoles de transmissió independent (*Familiar*, XXII, 8; *Senil*, XVII, 3 i 4). En l'inici de l'*Apologia* trobem una derivació del motiu de l'oci i les lletres i de la sentència extreta de Sèneca «Otium sine litteris mors est et vita hominis sepultura» (*Epistulae ad Lucilium*, X, 82,3), la qual és també al darrere del sermó de Bacus a Curial i de sentències anònimes com ara «Vita sine libris mors est».[5] Bernat Metge es presenta com l'home que omple l'oci amb els llibres, en oposició a tants homes insensats que solament es mouen pel plaer i el profit («per tal com alguna cosa no hic és preada ne requesta si no és plasent al cos e profitosa a la bossa»). Aquesta és exactament la mateixa defensa que Bernat fa de la literatura vulgar al final de *Lo somni*: «Danses e cançons dius que escolten les dones ab gran plaer. No me'n meravell, car natural cosa és prendre delit en música, e especialment que sia mesclada ab retòrica e poesia, que concorren sovent en les danses e cançons dictades per bons trobadors. Poc s'adeliten los hòmens en oir semblants coses, les quals deurien saber per fer fugir ociositat e per poder dir bé lo concebiment de llur pensa. Mas deliten-se molt en oir trufadors, escarnidors, ralladors, mals parlers,

3. Veg. Petrarca (1978: xx-xxi), Rico (2010: 229-231) i Feo (1998a: 249-253).

4. Veg. Metge (1959: 158-159), Metge (1999: 237), Cingolani (2002: 137-139) i Torró (2012: 60-62).

5. *Curial e Güelfa* (2018: 366).

cridadors, avolotadors, jutjadors e mitjancers de bacalleries e de viltats» (Metge 1999: 173). En canvi, ens consta que Bernat Metge conegué gràcies al *Secretum* el motiu de parlar amb el llibre com si fos una persona viva, l'aprecià i volgué repetir-lo, com mostra l'*Apologia*:

> Lladoncs ell [i. e. Ramon] entrà dins e dient que ab mi volia parlar un poc; e siguem-nos ambdós en sengles escabells, e raonam-nos tot lo jorn de diverses matèries, les quals, per esguard d'ell, qui me n'ha molt pregat, perquè no m'obliden, car gran plaer trobaré sovent en reduir-les a memòria, he deliberat de comanar a tu, petit llibre meu, lo qual vull haja nom *Apologia*, que vol dir excusació e satisfacció, car en tu seran excusades e defeses diverses impugnacions fetes contra veritat e satisfet a mos dubtes per gràcia divina.
>
> E per tolre fadiga a aquells que llegiran, no vull que en tu sia atrobat «dix» e «diguí», sinó «Ramon» e «Bernat», per tal com lo dit amic meu e jo son així nomenats. D'aquest estil han usat los antics, especialment Plató en lo *Timeu*, e Ciceró en les *Qüestions tusculanes* e Petrarca en los *Remeis de cascuna fortuna* e en altres llocs.
>
> E per tal que no tengam temps, sàpies que el raonament començà així (Metge 1999: 177-178).

Petrarca confia un diàleg i una confessió de caràcter íntim a un llibre (Rico 1992: 358-360). Bernat Metge repeteix aquest caràcter íntim en confiar a un llibre («he deliberat de comanar a tu, petit llibre meu») la conversa i l'examen amb un gran amic anomenat Ramon, de qui amaga el cognom, el qual no pertany a la comunitat atemporal d'amics units pel gust per la lectura i els llibres («véne un gran amic meu apellat Ramon, hom no molt fundat en ciència, mas de bon enginy e de covinent memòria»). Convé distingir entre el motiu de parlar amb el propi llibre com es pot parlar a una persona i el motiu de parlar amb els homes de tots els temps a través dels llibres. També els trobadors parlaven a balades i cançons, i probablement no seria gaire difícil esmentar un poeta japonès o xinès parlant a un poema o a una cançó. Bernat Metge no parla amb els seus amics els llibres, parla amb el seu amic Ramon en la cambra on passa temps estudiant i aprenent amb els llibres. En el breu fragment de l'*Apologia* no apareixen ni el mot «amic» ni el mot «parlar» referents als llibres. El gran amic de Bernat és Ramon, que interromp el recés. Sens dubte, ens ha confós l'expressió «conversar», que no significarà 'parlar' fins als temps moderns.

El *Secretum* posa en els anys 1342-1343 la que es coneix com la crisi i conversió de Petrarca, o *mutatio vitae*. D'acord amb els estudiosos de l'escriptor, convé situar aquesta crisi en els anys 1347-1350, i la solució en els anys 1351-1353, quan pren cos el projecte del *Canzoniere*, es comença a donar forma a les *Familiars*, a les *Metrice* i és completat el *Secretum*, que devia escriure el 1347 i revisar el 1349.[6] Els primers anys de la dècada de 1350 neixen els grans llibres petrarquescos que elaboren en clau d'autobiografia ideal la passada vida humana de l'autor, construint a partir de fragments lírics o epistolars un dietari sentimental i intel·lectual. Petrarca imaginà i construí aquesta crisi i conversió sobre sant Agustí, i els petrarquistes han trobat en les *Confessions* (2, 1, 1; 10, 11, 18) l'origen del nom *Rerum vulgarium fragmenta* per al cançoner (Rico 1974: 444-446; Rico 1976: 120-122 i 135-137); en canvi, no han fet cap proposta per a l'origen del nom del *Secretum*. Enrico Fenzi remet altra vegada a les *Confessions*. En realitat, el major descobriment de Petrarca foren els diaris sentimentals dels elegíacs llatins, els llibres de Tibul, Properci i Ovidi, el llibre de Catul («Sed fieri potest ut nugas meas tibi habere», *Familiares*, I, 1, 18; «nugellas meas vulgares», *Seniles*, XIII, 11, 3) i els llibres d'Horaci, amb una extraordinària varietat de metres i temes.

El segon llibre dels *Sermones* («Converses») d'Horaci s'inicia amb una conversa entre el jurista Trebaci i el poeta satíric Horaci. Trebaci aconsella a Horaci de no escriure més sàtires i aquest li respon en termes poètics. En un moment de la conversa Horaci diu:

> quot capitum vivunt, totidem studiorum
> milia: me pedibus delecta claudere verba
> Lucili ritu, nostrum melioris utroque.
> ille velut fidis arcana sodalibus olim
> *credebat libris* neque, si male cesserat, usquam
> decurrens alio neque si bene; quo fit ut omnis
> votiva pateat veluti descripta tabella
> vita senis. *sequor hunc*, Lucanus an Apulus anceps;
> nam Venusinus arat finem sub utrumque colonus.
> (*Serm.* II, 1, 27-35)

(Traducció: Tants són els caps com hi ha milers de gustos. I a mi m'agrada de cloure els mots dins la mesura del vers a l'estil de Lucili, que val més que nosaltres

6. Veg. Wilkins (1951), Rico (1974), Rico (1976), Rico (1988), Santagata (1992: 39-101) i Fenzi (1992: 5-77).

dos. Ell en aquell temps *confiava els seus secrets als llibres, com a amics fidels*, i tant si les coses li anaven bé com si no, no acudia a cap altre recurs; aquesta és la raó per la qual la vida d'aquell vell és tan transparent com si estigués escrita en una taula votiva. *Jo segueixo el seu exemple*, jo que no sé ben bé si soc lucà o si soc pullès; car el colon de Venosa llaura al límit de l'una i l'altra contrada).

Segons els escoliastes Porfirió i pseudo-Acró, la imatge que els poetes confien els seus secrets als llibres («velut fidis arcana sodalibus olim credebat libris») deriva de Lucili, els quals afegeixen que Aristoxen de Tàrent diu que Safo, Alceu i Anacreont tenien com a amics els propis llibres (Alceu 1999: I, 11 [*testimonia* xxviii]). Horaci fou, després de Virgili, el poeta llatí més estimat i citat per Petrarca. Conservem dos llibres anotats d'Horaci de la biblioteca de Petrarca: l'*Orazio Morgan* i l'*Orazio Laurenziano* (Rostagno 1933; Billanovich 1985; Feo 1998b). L'*Orazio Morgan* conté el text d'Horaci net i amb una gran quantitat de senyals de lectura de la mà de Petrarca a les *Odes* i als Èpodes. L'*Orazio Laurenziano* conté als marges abundants glosses al text d'Horaci derivades dels comentaris de Porfirió i del pseudo-Acró i els marges deixen poc espai per als senyals de lectura. En l'*Orazio Morgan*, el text d'Horaci és net de glosses, *maniculae* i altres senyals de lectura a partir del foli 64v, a mig text de *Sermones* I,4. En canvi, en l'*Orazio Laurenziano*, els versos citats disposen de les glosses dels escoliastes i dos senyals de lectura de Petrarca. Les transcric per facilitar la lectura i afegeixo una il·lustració que permet veure dues vegades el senyal de lectura usat més sovint per Petrarca al marge dels seus còdexs, amb forma d'una floreta constituïda per tres puntets seguits d'un traç descendent o variadament ondulat:

> *Lucili ritu*] satyrico more. *Nostrum melioris utroque*] hoc est: qui melior fuit et te et me, o Trebati, idest censu et natalibus me antecedit; fuit enim valde nobilis Lucilius, utpote qui esset Magni Pompei avus. *Ille*] Lucilius. *fidis*] non prodituris. *sodalibus*] amicis. *Ille velut... credebat libris*] dicitur enim suam vitam scripsisse in opere suo et non sibi pepercisse. *Usquam decurrens alio*] ad aliud genus vite quam ad libros. *Quo fit ut omnis votiva... tabella*] unde fit ut ita lucida sit vita ipsius quemadmodum ex voto imago aut in templo aut in publico posita indicet quicquid est pictum. Ordo: fit ut omnis pateat vita senis veluti votiva tabella descripta, quoniam solent naufragi se pingere et consecrare in aliqua ede. votiva dicitur tabula que ponitur in publico in qua scribitur vita boni civis decernente civitate. Scilicet idest picta in tabella ut naufragi solent tabulam portare depictam.

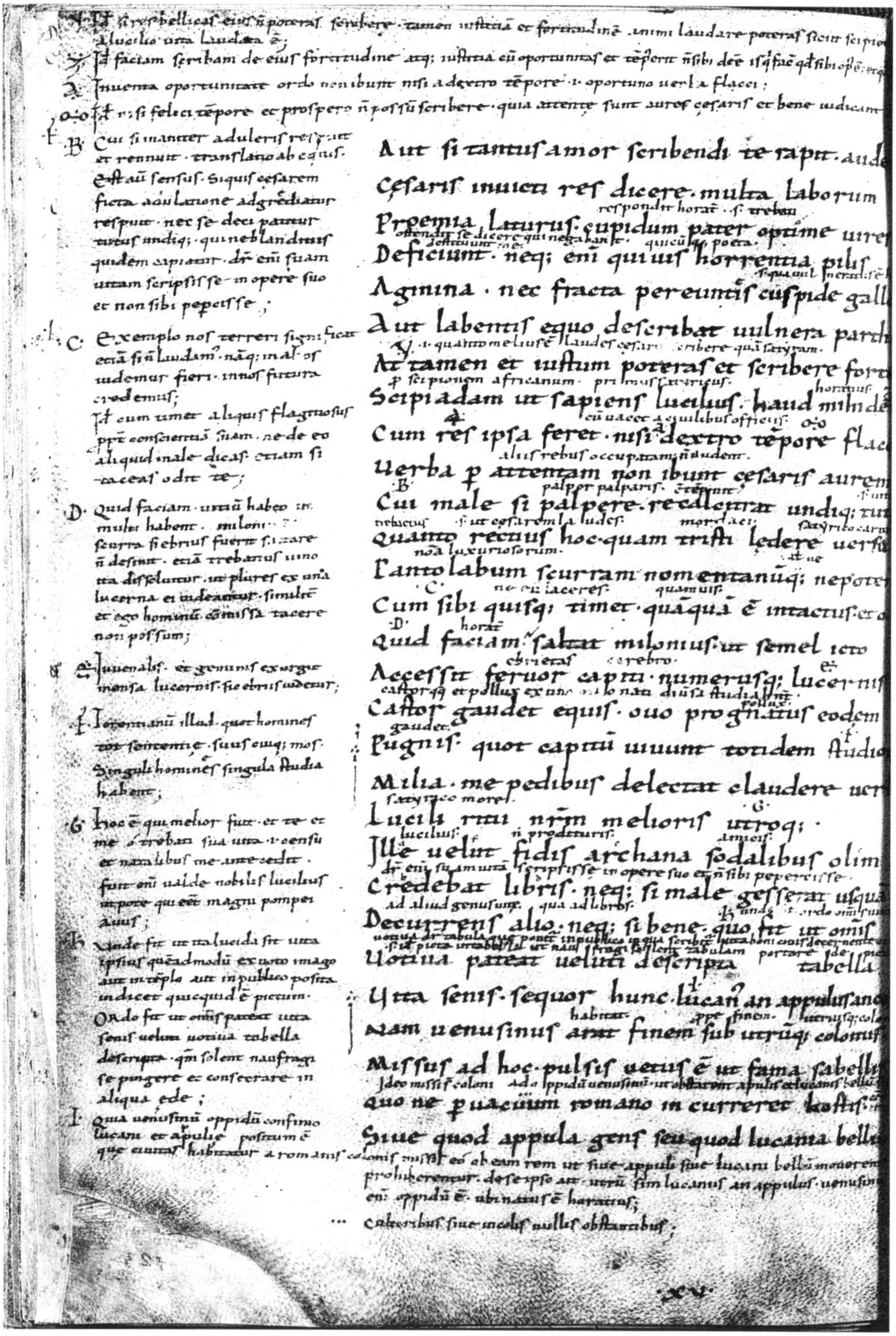

Aut si tantus amor scribendi te rapit. aude
Cesaris inuicti res dicere. multa laborum
Premia laturus. cupidum pater optime uire
Deficiunt. neq; eni quiuis horrentia pilis
Agmina. nec fracta pereuntis cuspide gall
Aut labentis equo describat uulnera parth
At tamen et iustum poteras et scribere fort
Scipiadam ut sapiens lucilius. haud mihi de
Cum res ipsa feret. nisi dextro tempore flac
Uerba p attentam non ibunt cesaris aurem
Cui male si palpere recalcitrat undiq; tut
Quanto rectius hoc. quam tristi ledere uersu
Pantolabum scurram nomentanuq; nepote
Cum sibi quisq; timet. quamquam e intactus et o
Quid faciam? saltat milonius ut semel icto
Accessit feruor capiti. numerusq; lucern
Castor gaudet equis. ouo prognatus eodem
Pugnis. quot capitu uiuunt totidem studio
Milia. me pedibus delectat claudere uer
Lucili ritu nostrum melioris utroq;
Ille uelut fidis archana sodalibus olim
Credebat libris. neq; si male gesserat usqua
Decurrens alio. neq; si bene. quo fit ut omis
Uotiua pateat ueluti descripta tabella
Uita senis. sequor hunc. lucan an appulus anc
Nam uenusinus arat finem sub utruq; colonus
Missus ad hoc. pulsis uetus e ut fama sabell
Quo ne p uacuum romano incurreret hostis
Siue quod appula gens seu quod lucania bell

xv

F. Rico anotà «ille velut fidis arcana sodalibus olim / credebat libris» (vv. 30-31) com el precedent clàssic més notable del gust de Petrarca per humanitzar els llibres i personificar-los com si tractés amb amics (Rico 1974: 474, nota 70). Petrarca anotà aquest passatge a l'inici i al final («quot capitum vivunt, totidem studiorum / milia: me pedibus delectat claudere verba», vv. 27-28; «sequor hunc», v. 34). L'amistat entre un lector i el llibre és insondable, però ens consta que Petrarca anotà doblement aquest passatge. En l'epístola mètrica a Giacomo Colonna, Petrarca anomena els llibres els amics secrets: «comitesque latentes» (I, 6, 181), rememorant molt probablement els mateixos versos d'Horaci. En algun moment, Petrarca havia de llegir-hi la construcció de l'autobiografia literària ideal a partir del llibre de poesies, això és, la solució literària a la crisi i *mutatio animae* que confià al *Secretum*, i el poeta («ille velut fidis arcana sodalibus olim / credebat libris»), seguint l'exemple d'Horaci i Lucili («sequor hunc»), donà títol al llibre: «Secretum enim meum es et diceris».

Bibliografia

Alcée (1999). *Fragments*, 2 vols., text fixat, traduït i anotat per Gauthier Liberman, París: Les Belles Lettres.

Biblioteca Medicea Laurenziana, ms. Plut. 34.1, *Orazio Laurenziano*.

Billanovich, Giuseppe (1985). «L'Orazio Morgan e il giovane Petrarca», dins *Tradizione classica e letteratura umanistica: Per Alessandro Perosa*, cur. Roberto Cardini, Eugenio Garin, Lucia Cesarini Martinelli & Giovanni Pastucci, vol. I, Roma: Bulzoni, pp. 121-138.

Chines, Loredana (2003). «Loqui cum libris», dins *Motivi e forme delle Familiari di Francesco Petrarca (Gargagno del Garda, 2-5 ottobre 2002)*, cur. Claudia Barra, Milà: Istituto Editoriale Cisalpino.

Cingolani, Stefano M. (2002). *El somni d'una cultura:* Lo somni *de Bernat Metge*, Barcelona: Quaderns Crema.

Curial e Güelfa (2018), ed. crít. Ramon Aramon i Serra, rev. Joan Santanach, Amadeu-J. Soberanas & Jaume Torró, estudi i notes Lola Badia & Jaume Torró, Barcelona: Barcino (ENC).

Fenzi, Enrico (1992), «Introduzione», dins Francesco Petrarca, *Secretum: Il mio segreto*, Milà: Mursia.

Feo, Michele (1998a). «"Sì che pare a' lor vivagni". Il dialogo col libro da Dante a Montaigne», dins *Agnolo Poliziano, poeta, scrittore, filologo: Atti del Convegno Inter-*

nazionale di Studi (Montepulciano, 3-6 novembre 1994), cur. Vincenzo Fera & Mario Martelli, Florència: Le Lettere.

Feo, Michele (1998b). «Petrarca», dins *Orazio. Enciclopedia Oraziana*, vol. III, Roma: Istituto dell'Enciclopedia Italiana, pp. 405-425.

Marcozzi, Luca (ed.) (2016). *Petrarca lettore: Pratiche e rappresentazioni della lettura nelle opere dell'umanista*, Florència: Franco Cesati.

Metge, Bernat (1959). *Obras*, ed. crít., trad., notes i pròl. Martí de Riquer, Barcelona: Universidad de Barcelona.

Metge, Bernat (1999). *Lo somni*, ed. i com. Lola Badia, Barcelona: Quaderns Crema.

Petrarca (1978). *Obras: I. Prosa*, cur. Francisco Rico, textos, pròl. i notes Pedro M. Cátedra, José M. Tatjer & Carlos Yarza. Madrid: Alfaguara.

Rico, Francisco (1974). *Vida u obra de Petrarca: Lectura del* Secretum, Pàdua: Antenore.

Rico, Francisco (1976). «'Rime sparse', 'Rerum vulgarium fragmenta'. Para el título y el primer soneto del "Canzoniere"», *Medioevo Romanzo*, 3, pp. 101-138.

Rico, Francisco (1988). «Prólogos al 'Canzoniere' (Rerum vulgarium fragmenta, I-III)», *Annali della Scuola Normale Superiore di Pisa. Classe di Lettere e Filosofia*, sèrie III, 18, pp. 1071-1104.

Rico, Francisco (1992). «"Secretum meum" di Francesco Petrarca», dins *Letteratura italiana: Le opere*, vol. I, *Dalle origini al Cinquecento*, dir. Alberto Asor Rosa, Torí: Giulio Einaudi, pp. 351-378.

Rico, Francisco (2010). «La biblioteca di Petrarca», dins *Atlante della letteratura italiana*, cur. Sergio Luzzatto & Gabrielle Pedullà, vol. I, *Dalle origini al Rinascimento*, cur. Amedeo De Vicentiis, Torí: Giulio Einaudi.

Rostagno, Enrico (1933). *L'*Orazio Laurenziano *già di Francesco Petrarca*, Roma: Libreria dello Stato.

Santagata, Marco (1992). *I frammenti dell'anima: Storia e racconto nel* Canzoniere *di Petrarca*, Bolonya: il Mulino.

The Morgan Library & Museum, ms. M.404, *Orazio Morgan*.

Torró Torrent, Jaume (2007). «Pròlegs al cançoner d'Ausiàs March: Ovidi exiliat», dins *Actes del Tretzè Col·loqui Internacional de l'Asssociació de Llengua i Literatura Catalanes (Girona, 8-13 de setembre de 2003)*, cur. Sadurní Martí, Miriam Cabré, Francesc Feliu, Narcís Iglésias & David Prats, Barcelona: Associació Internacional de Llengua i Literatura Catalanes - Institut de Llengua i Cultura Catalanes (Universitat de Girona) - PAM.

Torró Torrent, Jaume (2012). «Il *Secretum* di Petrarca e la confessione in sogno di Bernat Metge», dins *Fourteenth-Century Classicism: Petrarch and Bernat Metge*, cur. Lluís Cabré, Alejandro Coroleu & Jill Kraye, Londres-Torí: The Warburg Institute - Nino Aragno.

Torró Torrent, Jaume (2014). «La poesia cortesana (cap. 12)», dins *Història de la literatura catalana*, dir. Àlex Broch, vol. II, *Literatura medieval (II). Segles* XIV-XV, dir. Lola Badia, Barcelona: Enciclopèdia Catalana - Barcino - Ajuntament de Barcelona.

Wilkins, Ernest Hatch (1951). *The Making of the* Canzoniere *and Other Petrarchan Studies*, Roma: Edizioni di Storia e Lettetura.

Wilkins, Ernest Hatch (1964). *Vita del Petrarca e la formazione del* Canzoniere, Milà: Feltrinelli.

Sobre les «Condicions d'amor» i la mort de l'amic

Francesc Tous Prieto
(Universitat de Girona)

L'*Arbre de filosofia d'amor* (1298) ha estat recentment descrit per Lola Badia, Joan Santanach i Albert Soler (2013: 464) com un «esplet de formes breus, enquadrades en l'estructura temàtica de les set parts del llibre, cada una de les quals està fragmentada en subseccions, que generen sèries de sentències o proverbis, i d'unitats narratives amb una organització dominada en tot moment per la noció d'amor en sentit místic». És ben sabut que Llull escrigué el llibre a París, que el dedicà als reis de França, que el plantejà com una «versió fàcil de l'*Art amativa*» (1290) i que hi reutilitzà l'esquema compositiu de l'*Arbre de ciència* (1295). Tant l'enciclopèdia com el tractat místic són productes literaris prototípics de la segona fase de l'Art (1290-1308), un període en què «Llull diu adeu a la narrativa de llarg alè que havia practicat al *Blaquerna* i al *Fèlix*» (Badia, Santanach & Soler 2013: 401) i, en canvi, tendeix a proposar col·leccions o repertoris més o menys sistemàtics de formes breus, derivats o vinculats als plantejaments epistemològics i expositius de les Arts d'aquesta etapa.

Si a l'*Arbre exemplifical* Llull menciona i delimita al pròleg els dos tipus de formes breus que hi conrea —ell les anomena de manera general «exemple»—, el «recontament» (la narració breu) i el proverbi, que s'alternen i s'entremesclen en les diverses seccions de l'opuscle, a l'*Arbre de filosofia d'amor* no hi ha cap indicació equivalent i, de fet, el lector es troba amb una gran quantitat de formes, modalitats i gèneres de discurs, sovint sense que hi ha hagi cap solució de continuïtat i sense que es pugui establir una frontera evident entre ells.[1] Més enllà de les indicacions i les pistes que ofereixen els títols de les sec-

1. Tanmateix, que Llull «etiqueti» i, per tant, delimiti les formes de l'*Arbre exemplifical* no significa que siguin menys riques i creatives que les de l'*Arbre de filosofia d'amor*. De fet, especialment el terme *proverbi* és utilitzat per conveniència a causa del seu valor didàctic genèric i de la polivalència semàntica que havia adquirit en temps de Llull (vegeu Tous 2016). Si s'examinen les diverses sèries de proverbis contingudes a les «arrels», el «tronc», els «rams» i les «flors» de l'*Arbre exemplifical*, es fa evident la diversitat de formulacions i manifestacions que

cions i les subseccions, segurament seria útil fer un estudi aprofundit sobre la qüestió que descrigués de manera detallada aquesta remarcable diversitat formal i discursiva, i que la posés en relació amb l'estructura filosòfica i teològica esbossada, entre d'altres, per Pereira (2007 i 2008). Deixant de banda el discurs teòric o expositiu, com a mínim caldria comptar-hi la definició, la màxima o la proposició, l'aforisme narratiu, la pregària, la qüestió, el diàleg, l'exemple i el relat al·legòric, que poden aparèixer de manera autònoma, molt sovint en forma de llista o combinada en una unitat discursiva complexa.[2] L'eix que vertebra el text des d'un punt de vista retòric i discursiu, i el que explica en bona manera la seva riquesa i heterogeneïtat formals, és, evidentment, les «semblances» citades i explicitades al pròleg (Llull 1980: 20). A diferència de l'*Arbre exemplifical*, que segurament requereix una major uniformitat estructural perquè pugui funcionar com a repertori apte per a predicadors i altres tipus d'usuaris, la unitat temàtica de l'*Arbre de filosofia d'amor* i el seu desplegament argumental, que el configuren més clarament com a tractat, probablement permeten a l'autor desenvolupar la matèria amb una major flexibilitat formal i estructural, la qual no es contradiu amb l'aplicació dels principis i de la combinatòria artística a l'«amància».[3]

La fragmentació i el predomini de les formes breus en l'*Arbre de filosofia d'amor* assenyalats per Badia, Santanach i Soler (2013), s'emmarquen, per tant,

---

pot assumir la forma, des de la màxima o l'axioma fins al diàleg narratiu breu, passant per la interrogació, l'exclamació, l'amonestament o la sentència impersonal.

2. Rubió i Balaguer (1985 [1960]: 336-337) considera que al llibre hi ha dos procediments de composició principals: el primer correspondria a les exigències de la combinació artística, mentre que el segon comporta l'ús de la narració com a «forma expressiva de la intenció de l'autor». Potser és una formulació un pèl simplista, però revela, més que no pas dos «procediments», dos pols d'escriptura.

3. Cal tornar a matisar que la distinció que acabem de formular apunta només unes diferències de caràcter estructural, temàtic i funcional evidents entre els dos textos, però no pretén ni de bon tros reduir-los a una única etiqueta. És difícil trobar en Llull un text que no admeti diverses lectures i funcionalitats. Que l'*Arbre exemplifical* es pot utilitzar com un repertori o un recull de formes exemplars és obvi, però això no vol dir que no admeti altres usos, com Llull indica explícitament al pròleg. De fet, tal com posa en relleu Hauf (2002), la diluïda però efectiva presència d'un mestre, Ramon, i un deixeble, el monjo Guillem, que demana sovint pel sentit dels exemples i mostra la seva perplexitat davant les dificultats interpretatives que plantegen, recorda evidentment els procediments i els personatges del *Fèlix* (1287-1289) i estimula una lectura del text com a itinerari formatiu abreujat.

en una estructura arbòria que, com ja succeïa en les diverses parts de l'*Arbre de ciència*, permet fonamentar el discurs sobre el saber produït per l'experiència mística, en els principis i els mètodes d'anàlisi de l'Art, i transmetre'l mitjançant un llenguatge i uns procediments que predisposin el lector a convertir-se i a seguir l'itinerari espiritual encarnat en la figura de l'amic (Pereira 2007). Una de les seccions que marquen d'una manera més determinant el sentit d'aquest itinerari és la dels famosos «Accidents d'amor», que curiosament han estat considerats un *unicum* en la producció mística lul·liana (Pereira 2007) o una «excepció» narrativa en el marc de la producció literària pròpia de la segona etapa de l'Art (Badia, Santanach & Soler 2013: 403). Els «Accidents» apareixen de manera «imprevista» un cop Llull ja ha tancat la darrera de les tres parts de les «Fulles d'amor»: «Dit avem de les fuyles d'amor. Ara volem dir d'alcuns accidens qui ixen d'amor e per amor en l'amic qui ama son amat» (Llull 1980: 108). Aquesta aparent anomalia, que trenca l'estructura ternària de la majoria de seccions del llibre, ha estat força comentada per la crítica.[4] Rubió i Balaguer (1985 [1960]) assenyala que és l'únic fragment de l'obra que conté una acció continuada i que és una subsecció no exigida pel desenvolupament argumental de les «Fulles». Dronke (1981: 233-236) posa l'accent en les asimetries estructurals del text i les transgressions de les normes al·legòriques que introdueix Llull. Els «Accidents» serien justament la manifestació més remarcable d'aquests dos aspectes. En canvi, Franklin-Brown (2012: 293-298) no hi està d'acord i considera que són simplement una «digressió» sobre la malaltia i la mort de l'amic i que potser aporten una «demostració» del tema tractat a les «Fulles».

Segurament ha estat Pereira (2007: 194-197) qui, mitjançant l'exercici de posar Llull i Margarita Porete davant per davant, ha afinat més a l'hora de valorar la importància dels «Accidents» en el desplegament argumental del text i en la configuració d'una mística de l'anihilament de l'ànima que desemboca en la formulació d'una teologia de la missió. Més enllà de l'asimetria estructural que pugui introduir, la conclusió del relat al·legòric, és a dir, la mort de l'amic per amor, és, segons l'estudiosa, el tema nuclear que genera el discurs sencer del llibre, atès que és l'única via d'accés a la veritable «filosofia d'amor»,

4. L'estructura ternària de les seccions del llibre era patent per als lectors contemporanis del text, tal com demostra la miniatura del f. 1v del ms. F-129 del Col·legi de la Sapiència (inicis s. XIV), en què de cada branca de l'arbre, que representen les diverses seccions del llibre, pengen tres fulles (vegeu Soler 2006: 10-17; Pereira 2007: 196, n. 49, també ho subratlla).

formulada a les «Flors». Pereira interpreta que la mort de l'amic és una transformació mística en què la intervenció divina efectiva permet vèncer les resistències psicològiques del subjecte —representades per Vida d'amor, l'advocat defensor de l'amic en el judici que el condemna a morir per amor. El «novell amic» que apareix a partir de les «Lausors d'amor» té, d'una banda, característiques similars a l'ànima anihilada del *Miroir* de Porete —les potències de l'ànima racional ja no el governen, la voluntat personal ha estat substituïda pel voler de Déu— i, de l'altra, assumeix l'exigència missional a què l'obliga l'Amor, corroborada pel també famós relat de les «Honors d'amor» (Llull 1980: 146-152; Badia, Santanach & Soler 2013: 465), en què es conjura la temptació de l'amic d'abandonar el món després de constatar el seu pèssim estat.

D'altra banda, Pereira també remarca que els «Accidents», a banda de permetre un desplegament argumental i funcional ple de les semblances esmentades al pròleg, desenvolupen i duen a compliment un motiu, expressat especialment com a desig de morir per amor, que apareix diverses vegades a les seccions precedents, però encara vinculat a l'activitat de l'intel·lecte i als afectes de la voluntat. Es fa evident, doncs, que els «Accidents» no són una mera «recompensa» o concessió literària al lector persistent que ha suportat estoicament l'aridesa de les seccions precedents i que ara es pot complaure a detectar les ressonàncies de la literatura al·legòrica profana, sinó que són un relat frontissa que evoca mitjançant un llenguatge figurat, patètic i diàfan una transformació espiritual fonamental per a l'itinerari i el capteniment proposats al lector. Poc importa si Llull el va concebre «fora» de l'esquema general del tractat o si introdueix un desajust estructural —un fenomen, d'altra banda, gens rar en l'obra del beat—, perquè la seva funció en l'engranatge global del text és essencial i està íntimament connectada amb els continguts de les altres seccions del llibre. En aquesta breu nota d'homenatge a Lola Badia simplement m'agradaria cridar l'atenció sobre un parell d'aspectes que al meu parer reforcen aquesta lectura.

En primer lloc, la mort al·legòrica de l'amic que els «Accidents» escenifiquen —i que segons Pereira equivaldria a la «morte dello spirito» en l'escala poretiana— es produeix en unes determinades condicions i després que l'amic hagi recorregut un camí de purificació i ascens espiritual. Tot i que l'estructura arbòria no descrigui pròpiament les etapes del procés, els aforismes i les narracions que se succeeixen al llarg del llibre sí que desgranen alguns dels seus elements clau. Així, a la tercera secció de les «Fulles», titulada «De temor d'amor», l'amic, en diàleg amb les divuit arrels, duu a terme un complet examen de consciència en què li són revelats els seus falliments contra l'amor de l'Amat. Els principis fan evident la conducta «egocèntrica» de l'amic, que fins a aquell moment ha posat els seus desigs i interessos personals per davant del bé comú i l'honor de Déu. L'amic descobreix que el seu amor no és durador perquè «moltes vegades amà son amat per so que li perdonàs e que en infern no·l metés, e poques vegades l'avia amat per la granea e eternitat de sa bontat» (Llull 1980: 103); o és considerat culpable per l'amor «en quant no havia volgut usar de la libertat de sa volentat aitant com ne podia usar en voler e amar vertuts e en desamar vicis» (Llull 1980: 104); o és acusat per Veritat de no haver-la socorregut, «car él sabia que si és I home catòlic, c ne són infeels e en error, qui creen falsetat» (Llull 1980: 105). Justament després dels parlaments de Veritat i Glòria, l'amic es confessa, i després d'haver fet penitència i haver satisfet els seus pecats, «son amat li tramès caritat e esperansa» (Llull 1980: 105). Més endavant, però, l'amic encara conserva resistències als treballs que ha de patir per culpa d'amor i la Igualtat demana justícia a Déu perquè no ha pogut combatre les temptacions de l'amic per culpa de la seva ociositat. En un clar avançament del destí que l'espera, l'amic ofereix la seva voluntat a Majoritat, Bondat i Grandesa.

Malgrat que potser es projecta sobre un pla diferent de l'experiència moral i religiosa, l'examen sintetitzat breument en aquest apartat té unes connexions evidents amb el camí de guarició espiritual traçat d'una manera molt més detallada en una obra com la *Medicina de pecat* (1300). Recentment Fernàndez-Clot (2019) ha posat en relleu que la cinquena i darrera part d'aquest itinerari penitencial exposa un mètode d'oració contemplativa basat en les Regles i Qüestions de l'Art que culmina, en els dos darrers capítols (vv. 5622-5858), en el rapte místic. Fernàndez-Clot (2019: 85) posa en relació aquest fragment amb altres textos, entre els quals hi ha el tercer paràgraf de «Matèria d'amor», la segona secció del «Tronc» de l'*Arbre de filosofia d'amor*:

> En l'amar de l'amic volgren entrar differència, concordansa, comensament, mejà e fi e egaltat ab majoritat, per so que l'amar de l'amic fos major; mas l'amic s'escusà a eles e dix que no podia major amor caber en sa amabilitat. Mas l'amor e l'amat obriren la porta e entraren les semblanses de l'amat en la amor del amic, ab majoritat, e l'amic perdé ymagenar e sentir e estec en rabeu per sobre amor e amar (Llull 1980: 36).

Tal com succeeix també en el passatge de la *Medicina de pecat* (vv. 5719-5730), el rapte només es produeix quan hom ha «perdut» la imaginació i els sentits, quan l'activitat sensorial ha cessat completament i les «semblances» de l'Amat, és a dir, els correlatius, actuen directament sobre l'ànima de l'amic. Tal com assenyala Fernàndez-Clot (2019: 82-83), aquest estat no es pot assolir si abans no es compleixen una sèrie de condicions, principalment haver-se deslliurat del pes del pecat, pregar amb amor, devoció i contrició, no pregar en benefici propi i concentrar les facultats racionals exclusivament en la contemplació de les virtuts divines. En els primers nivells de la pregària, quan la sensualitat encara intervé, els sospirs i els plors, tal com succeeix en les «Fulles» de l'*Arbre de filosofia d'amor*, són un pas necessari per desvetllar en l'ànima el «temor» que la guia cap al penediment dels pecats i la devoció.

És probable que la profunda transformació de l'ànima evocada en els «Accidents» converteixi en estadi «permanent», encarnat en el «novell amic», una experiència mística que en les parts precedents de l'*Arbre* s'expressa com a desig i que en els mètodes i itineraris d'oració es descriu més aviat com un estat d'arravatament místic fruit d'unes determinades circumstàncies. En el capítol 77 (Llull 1980: 112-115), el del judici, l'amic acaba condemnat a mort com a conseqüència necessària, pràcticament ineludible, d'una correcta interpretació i aplicació de les «Condicions», la primera part de les «Branques», al cas concret plantejat. En efecte, Vida d'amor (advocat defensor) i Mort d'amor (fiscal acusador) utilitzen les condicions com a fonaments «jurídics» per justificar les seves posicions. En total se n'expliciten set (§ 3-7), tot i que en el paràgraf vuitè el narrador precisa que en el judici se n'utilitzen moltes més. Els dos contrincants o bé debaten a partir d'una mateixa condició, exposada sempre d'entrada per Vida d'amor i rebatuda per Mort d'amor, o bé Mort d'amor combat els arguments de la seva rival amb una condició diferent. Les set condicions formen part dels primers cinc apartats de condicions («De bona amor», «De gran amor», «De duració e amor», «De poder e amor», «De saviesa e amor», Llull 1980: 42-46) i s'introdueixen de manera ordenada i seqüencial. El conjunt té, doncs, un caràcter exemplar: ofereix un model d'aplicació de les condicions a una «qüestió particular». Cal recordar que les condicions són màximes universals que, en el cas de l'*Arbre*, exploten les combinacions binàries dels principis i les mesclen amb la definició d'amor (en total n'hi ha 153). Les condicions estableixen, és clar, les propietats universals, abstractes, de la «bona amor», i garanteixen el bon funcionament conjunt dels principis. Com és habitual, Llull no explicita tots els passos del procés ni dona la solució mastegada al lector, el qual ha d'inferir dels arguments exposats per l'advocat i pel fiscal les raons per les quals Vida d'amor és «mentidera» i, en canvi, Mort d'amor és finalment escoltada per l'Amat. Així, en primer lloc l'advocat cita la desena condició de «bona amor» («Sens concordança d'amic e d'amat neguna amor pot ésser bona») i adverteix a l'Amat que ell que és bo no pot matar l'amic, atès que destruiria la concordança que els uneix; en canvi, el fiscal respon amb la tretzena («Bon amor és fi e repòs de bon amador») i li recorda que l'amic ha volgut fugir dels treballs que li imposava Amor i, per tant, no té bona amor (§ 3). A continuació, tots dos argumenten a partir d'una mateixa condició, la segona del capítol de «gran amor» («Poder qui no pot d'amor fer nuyla res, no pot ésser gran»). Vida d'amor al·lega que el poder d'amor només pot ser gran si l'amic viu i, gràcies a aquest poder, té grans desigs, amors, sospirs i plors; en canvi, Mort estableix que el poder d'amor és molt més gran si és capaç de matar els amics a causa de l'amor que els nodreix (§ 4).

Tanmateix, en aquest cas la clau interpretativa és evident des de l'inici: l'advocat, abans de començar a citar les condicions, inicia la defensa assenyalant que l'amor és bo i gran si dura molt, i per això l'Amat ha de permetre que l'amic visqui fins a la seva vellesa, per fer durar el seu amor. Tot i així, el fiscal apunta directament el problema que anul·la tota l'argumentació de Vida d'amor: l'amor de l'amic no és ni bo ni gran perquè s'ha aliat amb Minoritat i Contrarietat i ha fugit amb elles (§ 2). L'última discussió (§ 7), que parteix de la setena condició del capítol de «saviesa e amor» («Tot amic savi és contrari als enemics d'amor»), fa emergir de nou el mateix problema: encara que Vida d'amor posi en valor que l'amic ha combatut els vicis, Mort torna a recordar que, en canvi, no ha estat capaç d'oposar-se als «missatges de falsa amor», això és, Contrariar e Menorificar. L'opinió de Contrarietat i Minoritat, que quan l'Amat demana consell a les arrels d'amor són les úniques que li recomanen que el salvi, corrobora la solució. L'Amat ha de condemnar l'amic a mort i anorrear definitivament totes les seves resistències «individualistes». Només d'aquesta manera l'amic viurà un amor bo, gran, durable, etc., i en respectarà les «condicions».

Bibliografia

Badia, Lola; Santanach, Joan & Soler, Albert (2013). «Ramon Llull», dins *Història de la literatura catalana*, vol. I, *Literatura medieval (I). Dels orígens al segle XIV*, dir. Lola Badia, Barcelona: Enciclopèdia Catalana - Fundació Carulla - Ajuntament de Barcelona, pp. 377-476.

Dronke, Peter (1981). «Arbor caritatis», dins *Medieval Studies for J.A.W. Bennett Aetatis Suae LXX*, ed. P. L. Heyworth, Oxford: Clarendon, pp. 207-243.

Fernàndez-Clot, Anna (2019). «L'oració contemplativa i el rapte místic a la *Medicina de pecat* de Ramon Llull», *Comprendre. Revista Catalana de Filosofia*, 21/2, pp. 75-93.

Franklin-Brown, Mary (2012). *Reading the World. Encyclopedic Writing in the Scholastic Age*, Chicago - Londres: The University of Chicago Press.

Hauf, Albert (2002). «Sobre l'*Arbor exemplificalis*», dins *Arbor Scientiae: der Baum des Wissens von Ramon Lull. Akten des Internationalen Kongresses aus Anlass des 40-jährigen Jubiläums des Raimundus-Lullus-Instituts der Universität Freiburg i. Br*, ed. Fernando Domínguez, Pere Villalba & Peter Walter, Turnhout: Brepols (Instrumenta Patristica et Mediaevalia. Subsidia Lulliana, 1), pp. 303-342.

Llull, Ramon (1980). *Arbre de filosofia d'amor*, ed. Gret Schib, Barcelona: Barcino (ENC, A 117).

Pereira, Michela (2007). «Morire d'amore. Note per un confronto fra Raimondo Lullo e Margherita Porete sull'esperienza mistica», dins *Donne tra saperi e poteri nella storia delle religioni*, ed. Sofia Boesch Gajano & Enzo Pace, Brescia: Morcelliana, pp. 183-203.

Pereira, Michela (2008). «La sapienza dell'amore: motivi comuni e sviluppi diversi nell'*Ars amativa boni* e nell'*Arbor philosophiae amoris*», dins *Il mediterraneo del '300: Raimondo Lullo e Federico III d'Aragona, re di Sicilia. Omaggio a Fernando Domínguez Reboiras*, ed. Alessandro Musco & Marta M. M. Romano, Turnhout: Brepols (Instrumenta Patristica et Mediaevalia. Subsidia Lulliana, 3), pp. 389-409.

Rubió i Balaguer, Jordi (1985 [1960]). «Introducció a l'*Arbre de filosofia d'amor*», dins *Ramon Llull i el lul·lisme*, pròl. Lola Badia, Barcelona: PAM (Obres de Jordi Rubió i Balaguer, II), pp. 324-351.

Soler, Albert (2006). «El "llibre cortès de lectura" en català: a propòsit del manuscrit F-129 del Col·legi de la Sapiència de Palma», *Caplletra*, 41, pp. 9-42.

Tous, Francesc (2016). «El proverbi en context: teoria i pràctica de les formes sentencioses medievals», *Els Marges*, 109, pp. 10-30.

*Una versione veneziana dell'*Epistola ad Alexandrum de dieta servanda

Ilaria Zamuner
(Università di Chieti-Pescara - Opera del Vocabolario Italiano)

1. Premessa[1]

Il manoscritto Ital. Quart. 62 della Biblioteca Jagellonica di Cracovia (= C, prima metà del xiv sec.)[2] e il ms. G VIII 67 della Biblioteca Nazionale di Napoli (= N, terzo quarto del xiv sec.)[3] trasmettono rispettivamente al f. 18r-v e ai ff. 24v-25va un volgarizzamento, parziale e interpolato, dell'*Epistola ad Alexandrum de dieta servanda*.[4] Se ne offre qui, per la prima volta, un'edizione.

1. A Lola Badia, in ricordo delle lunghe conversazioni sulla tradizione romanza del *Secretum secretorum* ps.-aristotelico (= *SS*) in occasione della mia permanenza a Barcellona come borsista dell'Institut d'Estudis Catalans e della Universitat de Barcelona (ottobre-dicembre 2002). Questo lavoro si inserisce nel progetto di ricerca «Narpan II: Ciencia vernácula en el Occidente mediterráneo medieval y moderno» (MICIU PGC2018-095417-B-C64, 2019-2021), coordinato da Lluís Cifuentes (Universitat de Barcelona), <www.sciencia.cat>, e nel progetto «ReMediA - Repertorio di Medicina Antica», coordinato da Ilaria Zamuner ed Elena Artale (CNR - Istituto Opera del Vocabolario Italiano), <http://www.ovi.cnr.it/index.php/it/progetti>.

2. Per una descrizione del codice, *cf.* Sosnowski 2012: 118-121.

3. *Cf.* Miola 1878: 199-204, e Giacosa 1901: 466-467 (con riproduzione dei ff. 7v-8r), che datano il ms. al xv sec. (1366 per Sosnowski 2012: 120). Il ms. N discende da un modello comune con C, ma presenta tratti linguistici diversi: un confronto puntuale tra i due codici, interamente inediti, sarà oggetto di un prossimo contributo.

4. L'*Epistola* corrisponde ai capitoli dedicati all'igiene e alla dietetica della versione breve (*SS*/A o *Short Form*) del *Sirr-al-'asrār* («Segreto dei Segreti») e coincide grossomodo con i nn. 29-49 del *SS* nell'ed. Möller. Sul *SS*, si veda il volume di Steven J. Williams (2003), con ampia bibliografia alle pp. 431-471 (e la recensione al volume a cura di chi scrive, in «Studi Medievali», 47, 2, 2006, pp. 722-733). Nei mss. C ed N si leggono in traduzione le seguenti porzioni del testo latino: edizione Suchier 1883: 475, 2,1-5 e 11-21; 477, 2,79-81; 478-479, 2,95-139. Dopo il r. 5 e prima del r. 11 del testo latino, è stato interpolato un breve passo dalle *Quatro partite del corpo* (vedi *infra*, Tabella 4).

La traduzione oggetto del presente studio pare essere del tutto indipendente dalla versione toscana recentemente edita e trasmessa dai codici F (Firenze, B. Riccardiana, 1538), G (Genova, B. Universitaria, A.IX.28), L (London, BL, Sloane 416), M (Milano, B. Ambrosiana, I 166 inf.), V (Città del Vaticano, BAV, Barb. lat. 4110) e la cinquecentina (= St) pubblicata da Iacopo Corbinelli con il titolo *L'ethica di Aristotele ridotta in compendio da ser Brunetto Latini. Et altre traduttioni, & scritti di quei tempi, con alcuni dotti auuertimenti intorno alla lingua* (Lione, per Giovanni de Tornes, 1568).[5] Tuttavia, la presenza di un breve passo tratto dalle *Quatro partite del corpo* (discendente dal *SS*), la cui tradizione manoscritta pare riconducibile alla sola Toscana (*cf.* Zinelli 2000: 546), ci porta culturalmente nella Firenze di Zucchero Bencivenni e di Ruberto di Guido Bernardi: infatti, le *Quatro partite* fanno parte sia di quel manipolo di scritti che generalmente appare in coda alla *Santà del corpo*, traduzione del *Régime du corps* di Aldobrandino da Siena a cura di Bencivenni, e che, secondo David Bénéteau, l'autore stesso collegò alla *Santà* (1310),[6] sia delle ricette farmaceutiche, formule di incantesimi e indicazioni astrologiche a firma di Ruberto (1364).[7]

2. Edizione

C ed N, oltre a trasmettere la medesima versione dell'*Epistola*, contengono nello stesso ordine un frammento della *Lettera a Cesare* dello ps.-Ippocrate,[8] frammenti della *Chirurgia parva* di Bruno da Longobucco (*cf.* Sosnowski 2018) e un ricettario organizzato *a capite ad calcem*.[9] I due codici discendono da un

5. *Cf.* Zamuner 2015 (edizione alle pp. 133-138).

6. *Cf.* Bénéteau 2000: 242, che offre il testo alle pp. 244-246.

7. L'opera è trasmessa unicamente dal ms. Firenze, Biblioteca Riccardiana, 2067 (ed. Giannini 1898). Si noti in C l'esito *orechie* (< AURĬCULAE) vs *oregle* (f. 26r), più tipico veneziano (*cf.* Formentin 2002: 110); la conservazione dell'affricata palatale e della dentale sorda in *acetoso* (latinismo?), ma subito prima *asedo*; *pipioni* per 'piccioni', comune nelle parlate toscane (*cf. Corpus OVI*), ma presente anche nel padovano (*cf. Bibbia istoriata padov.*, XIV ex.: 7 occorrenze): si legga Boerio *s. v. colombo*: «I Colombi diconsi ancora *Piccioni*, quantunque parlando a ragione, si dica Piccione il colombo di tenera età». Gli elementi non sono sufficienti per ipotizzare una fonte toscana alla base di C.

8. Sulla *Lettera a Cesare*, *cf.* Guidi 2018-2019 (non consultata).

9. C è acefalo e pertanto mancano le «Tavole per calcolare le fasi della luna ecc.» e la «Figura delle vene e dei luoghi ove devesi salassare», presenti nei ff. 1r-8r di N (*cf.* Miola 1878:

modello comune; ciò nonostante presentano tratti linguistici diversi: C è veneziano (*cf. infra*, § 2.2), mentre N sembra adattare un modello veneziano a un proprio sistema grafico-linguistico (inserimento delle vocali finali nelle parole tronche in consonante, passaggio di *-cl-* a *-ch-*, raddoppiamento delle consonanti, ecc.). Oltre a ciò, C appare più corretto e fedele all'antigrafo, quando invece N sembra spesso travisare la lezione del modello. C sarà pertanto alla base della presente edizione; tuttavia, nel § 2.1 verranno proposti alcuni passi corrispondenti di N (vedi *infra*, note 11 e 18) e nel § 2.4 (edizione del testo) saranno segnalate in nota delle lezioni concorrenti (sostanziali) del ms. N.

2.1.

Il ms. C pare trasmettere un volgarizzamento indipendente dell'*Epistola ad Alexandrum* rispetto alla versione trasmessa dai codici F, G, L, M, V e la cinquecentina St. Nel seguente passo (vedi oltre, tabella 1), ad esempio, si nota che la versione toscana (più il ms. L) presenta un problema di carattere sintattico, assente nel ms. C, determinato forse da un'errata interpretazione del verbo «accidat» del testo latino, tradotto nella versione toscana con «conviene che avegnano»; tale sintagma verbale introduce una nuova frase (una soggettiva), assente nel testo latino, e determina la necessità di coordinare la proposizione successiva (in realtà la principale nell'originale) con un elemento di collegamento, la congiunzione illativa «per la qual cosa».

Tabella 1

Suchier 1883: 475, 2,1-6	Ms. C, f. 18r	Zamuner 2015: 133	Zamuner 2015: 140 (= L)
Alexander, cum sit homo corpus corruptibile eique accidat corrupcio ex opposicione humorum qui in eo sunt, visum est michi in presenti	Co(n) çò sia cosa ch'el corpo del'omo sia coronpevole e aven corucio(n) p(er) sop(er)clame(n)to de colera over d'altri humori li qual sé i(n)	O Alexandro, con ciò sia cosa che l'uomo sia corpo corruptibile, conviene che avegnano a llui corruptioni de corpo et d'omori; per la qual	Alaxandro, cun ciò ça cosa che l'umo sia corpo coruptibile, conviene ch'avegnano a lli coruptone del corpo e de humorii; per la quale coxa te

199 e Giacosa 1901: 466); N è a sua volta mutilo della fine (*cf.* Miola 1878: 204 e Giacosa 1901: 467).

tempore tibi scribere quedam utilia et omnino necessaria ex secretis artis medicine, quibus contentus eris, maxime cum sit inhonestum quod appareant medicis omnes infirmitates regis.	lo corpo, ò pensado de scriver i(n) q(ue)sto presente libro arqua(n)te cose utele e al postuto necesarie dele segrete del'arte dela medexi(n)a dele qual sì conterò.	cosa ti voglio scrivere alquante cose utili et bisognevoli de' secreti dell'arte dela medicina, dele quali tu sarai contento spetialmente con ciò sia cosa ke sia honesto che le 'nfertadi del re siano manifeste a' medici.	voglio scrivere aliquante coxe util'e besognivole de' segreti della medisina, e seco(n)do questo ordene no(n) bexonerà medico, si altro accide(n)te no(n) advene.

Dal confronto si rileva inoltre la tendenza di C sia a condensare il testo attraverso dei tagli (vedi soprattutto l'assenza della frase «maxime cum sit *ecc.*»), sia la maggiore aderenza al dettato latino: ad esempio la frase «accidat corrupcio ex opposicione humorum qui in eo sunt» viene tradotta «aven corucio(n) p(er) sop(er)clame(n)to de colera over d'altri humori li qual sé i(n) lo corpo», mentre la versione toscana muta (semplificando) il senso originale del testo: «avegnano a llui corruptioni de corpo et d'omori».

La maggiore vicinanza di C al testo latino è documentata anche dal passo riportato nella tabella 2 (si noti inoltre la frase «Lavati la state *ecc.*» della versione toscana che non trova piena corrispondenza né nel testo latino né in C).

Tabella 2

Suchier 1883: 475, 2,11-18	Ms. C, f. 18v	Zamuner 2015: 133-134	Zamuner 2015: 140 (= L)
Oportet te, o Alexander, cum a sompno surrexeris, modicum ambulare et membra tua modicum extendere et equaliter, caput pectere, quia extensio corroborat corpus et pectinacio extrahit fumositates, humores ad caput ascendentes tempore	E qua(n)do te lievi da dormir va un pocho i(n)torno, p(ro)tende le me(m)bre tuo agualme(n)tre e petena(n)te lo chavo, inp(er)çò che lo p(ro)tendare fortifica lo corpo e llo petenar *** i vapori del cavo che se lieva i(n) lo te(m)po del dormir.	Dunque, re Alexandro, prima ti fa mestiere quando ti lievi da dormire un poco andare, e le tue membra un poco igualmente distendere et pettinare il capo, perciò che l'astensione fortifica il corpo, e-l pettinare trae fuori ' vapori e le	P(rima), come tu levi, destendere le me(m)bra tue e petinare lo capo: e-l testendere fortifica lo corpo, lo pectinare chava le humore e vapori e fumositate, e gova lo stomaco. E làvate in la state cu(m) aqua frida, p(er)çiò ch'(e)la (con)stringe e ritene '

dormicionis a stomaco; et lavare, in estate cum aqua frigida, quia hoc constringit et retinet calorem corporis, et hoc erit quasi excitacio voluntatis ad comedendum...	E llavate le man e llo volto i(n)p(er)çò che q(ue)sto co(n)stre(n)çe li chalori del corpo e q(ue)sto serà quasi un movim(en)to de volu(n)tà de mançar[10].	fumositadi asredente al capo | 348*v* | delo stomacho nel tempo che ti lievi da dormire. Lavati la state coll'acqua fredda però ch'ella constrigne et ritiene i vapori del corpo, e-l calore del corpo si muove ad uscire fuori. Quando ti lavi il viso con questa acqua fresca, fattene andare un poco nelli occhi: si rischiara il vedere. Ancora, tutto questo sarà quasi un commovimento a dare appetito da mangiare.	vapore del corpo, e-l calore de capo si move de uscire fuore; e fatene andare un poch(o) d'aqua innelle ochii, ch(è) reschararà el videre; e av(er)à appetito da ma(n)giare.

Sebbene generalmente fedele all'*Epistola* latina, emerge nel volgarizzamento veneziano la resa del lat. «fumositates» con «vapori» (vedi *supra*, tabella 2); come si è avuto già occasione di osservare (Zamuner 2007: 176-177), la parola lat. «vapores» compare nel *SS*: «pectinatio capitis vapores ad capud ascendentes tempore dormitionis a stomaco deducit» (Möller 1963: 64, L 30,1), ed è pertanto ipotizzabile all'origine di C un testo più prossimo alla versione tripolitana che a quella ispalense.[11]

10. Ms. N, f. 25ra: «Et quando tu te lievi da dormire, *** petenatti lo chavo, imp(er)ciò che lo pretendere fortificha lo corpo et lo petenare *** li vapori del chavo che se lievano in lo tempo del dormire. Et lavate le mane e lo volto, imp(er)ciò che questo co(n)strençe li chalori del corpo. Et questo serà quasi uno movime(n)to della voluntà del manzar». Si noti la medesima lacuna del verbo lat. «extrahit» in entrambi i codici C ed N, ma in N si osserva anche un'ulteriore lacuna (assente «va un pocho i(n)torno, p(ro)tende le me(m)bre tuo agualme(n)tre e»), che determina la lezione errata *pretendere* per *protendere*, decontestualizzata e quindi fraintesa (errato scioglimento dell'abbreviazione?).

11. Si è invece proposto all'origine del volgarizzamento toscano una versione latina contaminata: «[l]a juxtaposition des termes *vapori* et *funmositadi* dans la version i_1 semble le résultat d'une opération de contamination entre l'*Epistola*, dans laquelle on trouve les mots *fu-*

Si osservi inoltre che la prescrizione di 'lavarsi le mani e il volto', assente sia nel testo latino che in quello toscano (più L), trova corrispondenza nel *Libellus conservande sanitatis* di Taddeo Alderotti e nei volgarizzamenti A e B del *Libellus*:[12]

> *Libellus conservande sanitatis*: [6] Pecte capud tuum, quia sordes resolvitur circa cutem, et capud et cerebrum propterea leviatur. [7] Manus tuas et faciem tuam lava cum aqua frigida et recenti, nam colorem reddit bonum et lucidum, et naturalis calor plurimum confortatur (Rossi 2012-2013: 90).
>
> A, *Libello per chonservare la santà del corpo*: «[6] Ancho ti pectinerai lo capo, però che per lo pectinare la soççura del capo se ne disolve, e per quello disolvere il capo e lo celabro se ne alieva. [7] Ancho le mani e la faccia laverai col'acqua fredda però che ti faràe buono colore e chiaro e 'l calore naturale se ne conforta» (Rossi 2012-2013: 70).
>
> B, *Libello della sanità conservare*: [6] Pectena lo cappo tuo perciò che lla lordura si risiolve intorno alla cottena et lo tuo cappo et celabro soleva. [7] Le tue mane et la tua facia con acqua freda et ricente lava, per ciò che cotale lavamento dona al'uomo buono et lucente colore et lo calore naturale molto se ne conforta (Rossi 2012-2013: 81).

L'*Epistola ad Alexandrum* è stata una fonte fondamentale del *Libellus* alderottiano[13] e il volgarizzamento A precede la traduzione toscana dell'*Epistola*

---

mositates et *humores*, et le *Secretum secretorum*, qui utilise le terme *vapores*» (Zamuner 2007: 177). Non è invece verosimile ipotizzare la caduta della parola «fumositadi» in C perché il verbo lat. «extrahit»/tosc. «trae fuori», caduto in C, precede nella versione toscana la dittologia «vapori e le fumositadi» (medesimo ordine in L).

12. Puccinotti 1850-1866: vol. II, parte I, Doc., p. XLI, aveva ipotizzato che Taddeo fosse stato l'artefice della traduzione dell'*Epistola*, anche perché convinto che il *Libello* volgare avesse preceduto il testo lat.; tuttavia Federico Rossi ha dimostrato con solidi argomenti che i due *Libelli* sono in realtà dei volgarizzamenti (presumibilmente anonimi) del *Libellus* di Taddeo (Rossi 2012-2013: 33-37). In tal caso l'ipotesi di Puccinotti potrebbe essere rovesciata, vale a dire si potrebbe pensare che l'autore del volgarizzamento dell'*Epistola* sia stato anche l'artefice della traduzione A del *Libellus*.

13. Sulla dipendenza del *Libellus* dal *SS* si veda in partic. Rossi 2012-2013: 8-13, a cui aggiungo solo una postilla: non è semplice, come scrive Federico Rossi (pp. 21-22), stabilire quale versione (l'ispalense o la tripolitana) sia fonte del *Libellus* alderottiano, sia perché convergono nell'opera più fonti, il *Liber canonis* di Avicenna e il *Régime du corps* di Aldobrandino da

nel «Codice Mantovano», ms. perduto da cui discende la stampa di Iacopo Corbinelli (= St):[14] la contiguità tra i due testi spinge a ipotizzare la probabile dipendenza di C dal *Libellus* o da una fonte latina comune, e forse anche l'esistenza in origine di una tradizione manoscritta nella quale *Epistola* e *Libellus* già convivevano.

Si prenda infine uno dei passi più critici dell'*Epistola*: «lactuce agrestes quas rustici *sarcallias* vocant sive *scorias*, *sartabas*»[15] (vedi oltre, Tabella 3). Il passo crea non pochi problemi al volgarizzatore (o al copista della fonte di F, G, L, M, V e dell'*exemplar* della cinquecentina St), che introduce un lessico difficilmente interpretabile: «latughe salvatiche (le quali †sarcolan†, †ugner†, †satrapassa†, chiamavano)» (L è qui significativamente lacunoso). Il volgarizzatore dell'*Epistola* veneziana semplifica il passaggio, eliminando l'incomoda glossa del testo latino e aggiungendo la prescrizione, assente nell'originale, di 'non lavare la lattuga' prima di farne uso.

Tabella 3

Suchier 1883: 478, 2,95-108	C, f. 18v	Zamuner 2015: 136-137	Zamuner 2015: 141 (= L)
Debes quoque sollicite custodire quatuor tempora anni, quia ver est humidum et calidum tempus, temperatum et aëre simile, et excitatur in eo sanguis et proficit in eo omne quod fuerit equalis	E diè vardar li quatro te(m)pi del'a(n)no. In la p(ri)maviera è te(m)po caldo e humido, e simele a reparam(en)to de arie. Isvèglase i(n) q(ue)sto te(m)po lo sa(n)gue; e fa i(n) q(ue)sto te(m)po ogni	Dee altri sollicitamente guardare i quattro tempi dell'anno, imperciò che la primavera è tempo caldo et humido, temperato, simigliante al'aria; et commuovesi molto il sangue nel corpo in	De' altre solicitame(n)ti guardare li quatuoro tempi dell'an(n)o inp(er)çiò ch(e) la p(rima)vera è te(m)ppo caldo e humido, te(m)p(er)ato, similiante l'aiera; e comovese multo el sanghe, e quillo te(m)-

Siena (pp. 13-27), sia perché — aggiungo — non è da escludere la circolazione in ambito latino di una redazione dell'*Epistola ad Alexandrum* (versione ispalense) contaminata con la sezione L29-L49 della versione tripolitana (*cf.* Zamuner 2007: 176-177).

14. Scrive Puccinotti 1850-1866: vol. II, parte I, Doc., p. xxxix: «Gli uomini di lettere sanno, che il libro pubblicato dal Corbinelli fu tratto da un codice trovato in Mantova dal Pusterla contenente frammenti di Brunetto Latini, d'Aristotele, e di Cicerone, che avean fatto parte del suo Tesoro...».

15. *Cf.* il *Sinonimario* fior.: «389. Endivia vel trosivia id est scariola sive *lactuca agresta*» (Fontanella 2000: 75).

complexionis, id est temperatum, ut sunt pulli gallinarum et coturnices et ova non superflua, set usque ad .vi., et lactuce agrestes quas rustici *sarcallias* vocant sive *scorias, sartabas*, et lac caprinum. Nullum enim, tempus eo melius vel utilius ad minucionem et proficit in eo usus Veneris et motus corporis et solucio ventris et usus balnei ac sudoris et pocionis specierum ad digerendum, id est purgatoria accipienda sunt, et quodcunque medicine ex cura vel digestione vel minucione acciderit hoc tempus abilitate sua restaurat[16].

cosa de te(m)perada co(m)presion, sì como sé polastri, galine, ove mole, e llatuge sença lavare, asedo, brodeto de ove, e late de chavra caldo. E q(ue)sto te(m)po è plu te(m)perado, mior e plu utelle e plu vale; e çuova de usar lo choito, p(er) exerç[i]o del corpo e sulicio(n) de ve(n)tre, e uso de bag(no), e sudar e ber beveraço de specie, restre(n)çe[r] li purgam(en)ti; sono da recever e da prendere medesina over curacio(n) p(er) mal padir over de solaçar le done. E i(n) questo te(m)po se può restaurar lo sangue[17].

quello tempo, imperciò è buono in quel tempo usare ogni cosa la quale è d'iguale complessione, sì come sono polli de gallina, et cotornice, vuova, latughe salvatiche (le quali †sarcolan†, †ugner†, †satrapassa†, chiamavano), lacte caprino, perciò che neuno tempo è migliore né più utile a torre sangue; et giova in quel tempo congiugnerti cola femina, et andare, et muovere, et usare i bangni, sudare, et beveraggi di spezie per ismaltire; et si dee altri purgare. Et qualunque cosa è perduta per errore de medicina. Questo cotal tempo ristora per la sua humiditade.

po è bono uxare pulli e ova fresca, çoè †li terli† ***; e giova in quillo te(m)po conzongerese cola femena, e andare, e movere, e usare le bagni, e bere cu(n) specie dulce ***. E qualuncha coxa sie p(er)duta p(er) medisina. Quisto te(m)po restora p(er) la sua humiditate.

16. Brinkmann 1914: 44, 136: «lactucae agrestes, quos rustici farralias vocant»; Spetia 1994, p. 430, 79-80: «latuce aggrestes, quas rustici appellant sarcallias» e Möller 1963: 74, L 37,10.3: «lactuce agrestes, quas rustici vocant scarias».

17. Ms. N, f. 25va-b: «Et diè vardar li quatro te(m)pi dell'ano. In la primavera è tempo chaldo et humido, simille è a riparime(n)to di ariie. A sveglarsse in questo tempo lo sangue, fa in questo te(m)po pro ad ogny cossa temperada per complexion, sì chomo è pollastri e gallina, e ove, melle et latughe senza lavarlle, e lo axedo, et brodeto de ove, et lacte de chavra chaldo. Et da questo te(m)po è più di temperado et mior (et) plu utille et plu val. Et çova di usare lo coyto p(er) exercicio del corpo et solution di ventre, e usso di bagno et de sudare, et bevere beverazo de speçie, restrençer li purghamenti. So(n)no di reçevere et di prendere me | 25vb | dicina overo churative di mal padir overo de asolaçare le done. Et da questo tempo se può reastaurar lo sangue».

L'indipendenza di C pare essere corroborata da un ulteriore elemento: l'interpolazione (vedi oltre, Tabella 4) di una porzione delle *Quatro partite del corpo* (vedi, *supra*, § 1).[18]

Tabella 4

C, f. 18r-v[19]	Bénéteau 2000: 244	R, f. 79ra-b[20]
Sapié che lo corpo del'omo se divide i(n) quatro p(ar)te: la p(ri)ma p(ar)te sì è lo chavo; la sego(n)da sì è lo peti; la t(er)ça sì è lo stomego; la quarta sì è li testicoli çoè tuti li altri me(m)bri. Qua(n)do i(n) le p(re)dite cose de q(ue)ste .iiij. p(ar)te se rechoie algu(n)a sop(er)clança, sì lo porà l'omo saver p(er) li i(n)frascriti segni: inp(ri)ma diremo del cavo, e dele suo co(n)dicio(n) e remedii. Qua(n)do i(n) lo cavo se recoie alguno sop(er)chio, sì	Dicie il Filosafo ne· libro del Segreto de' segreti, i qualli elli mandò ad Alesandro, che 'l corpo de l'uomo si divide in quatro partite. La prima sì è il capo, la seconda il petto, la terza sì è lo stomaco, la quarta sono i testicoli. E quando nelle dete quatro parti si racoglie alcuna soperchianza sì 'l potràe uomo sapere per l'infrascritti segni e sovenire e qurare per l'infrascritti insegnamenti; e prima diremo della prima parte, cioè del capo, e delle	Dice lo filosofo nel libro del Secreto de' secreti, lo quale elgli mandò ad Allexa(n)dro, che llo co(r)po dell'uomo si divide i(n) quatro p(ar)te: la p(rima) è lo capo; la seco(n)da è lo petto; la terça è lo stomaco; la qua(r)ta sono i testicoli. E q(ua)n(do) nelle p(re)d(i)c(t)e quatro p(ar)tite si raccolglesse alcuna sop(er)chiança, sì lo potrae l'uomo sap(er)e p(er) li i(n)frascripti seg(ni) (et) poi sovenire (et) curare p(er) li i(n)frascripti insengnam(en)ti. E p(rima)

18. *Cf.* Bénéteau 2000: 242. Mi pare invece poco probabile che l'interpolazione sia dovuta al copista della fonte di C ed N, il quale non dimostra una particolare progettualità nella raccolta di testi, spesso frammentari (vedi i ff. 1r-24r di C e i ff. 1r-26v di N); al contrario, colui che interpola la porzione delle *Quatro partite* nell'*Epistola* dimostra di conoscere l'origine comune dei due testi, discendenti entrambi dal *Sirr-al-'asrār*. Tuttavia va sottolineato che lo stesso brano si trova anche a f. 26r (vedi nota successiva).

19. Lo stesso brano è copiato a f. 26r di C: «Quando lo chavo archoyse algu(n) sop(er)chio, sì averà li ogli tenebrosi e scuri, e greveça i(n) le çeie over batime(n)to i(n) le temple e busenam(en)to i(n) le oregle over seram(en)to en le narise del naso. E qua(n)do algu(n) se(n)tise li sovraditi segni, r(ecipe) vin dolçe over maduro co(n) radixe de poliçuol e chuosase i(n) questo vin ta(n)to che torni meço; e de questa concio(n) prenda e tegna i(n) bocha plusor maitine inperçò che molto purga la testa; e usa 'nde i(n) lo so cibo graneli de senavro co(n) arqua(n)ti de comi(n) e q(ue)llo si meta i(n) bocha ta(n)to che le granele se desfaça aço [che] q(ue)lla cotal no(n) cresia unde lo celebro de pre(n)dese p(er)icolosi turbamenti; la qual cosa Dio ne defenda» (*cf.* anche f. 29r). *Cf.* N, ff. 28r e 31r.

20. Ms. Firenze, Biblioteca Riccardiana, 3050 (XIV sec.); testo inedito e assente nell'apparato di Bénéteau 2000.

averà li ogli tenebrosi e scuri, e greveça i(n) le çeie, o p(er)cusio(n) en le te(m)ple, e toname(n)ti e buciname(n)to i(n) le orechie, over cludi-|18v|mento i(n) le nare del naso. E qua(n)do algun sentise li sovraditi segni, si toia vin dolçe co(n) radixe de poleçuol, e cuosase tanto che torni a meço, e de q(ue)sto beva e tegna i(n) bocha plu maitine; e q(ue)sto purga la testa. Ancora usa granele de senavro co(n) arqua(n)te de comi(n), e q(ue)ste tegna i(n) bocha tanto che se desfaça; e q(ue)sto sana lo celebro. E ancora a çò che q(ue)lla cotal rochol[t]a no cresia unde lo celebro porave vegnir i(n) p(er)icolosi turbam(en)ti; la qual cosa Dio ne defenda. Amen.

sue corruzioni e rimedi.
Quando nel capo si racoglie alquno soperchio sì avràe li ochi tenebrosi e osquri, e graveza nelle ciglia overo perqussione nele tenpie, overo tonamento e bucinamento nelli orechi, overo chiudimento nelle nari. E quando alquno sentisse i sopradetti segni, prenda eusfrasgia e quocala in vino dolcie e maturo co· radicie di pulegio; e quocansi tanto le dette cose che torni il vino ala metade. Poi apresso prenda la detta dicozione e tengane in boca più mattine, che molto purga la testa; e usi anche nel suo cibo dele granella dela senape. E la sera quando va a dormire prenda di quelle granella dela senape con alquanto diecimino, e quello si metta in boca e tengalo quanto puote, acciò che quella cotale racolta non cresciesse in grave e pessima |97r| onde il cielabro e' sensi prendesono pericolosi conturbamenti; dela qual cosa Dio ne difenda.

dire|79rb|mo del capo, dela p(rima) p(ar)tita (et) dele sue co(n)ditioni (et) delle sue co(r)ruptioni (et) delli rimedi a q(ue)llo.
Quando nel capo si raccolgle alcuno sop(er)chio si ssono q(ue)sti seg(ni): gli occhi tenebrosi (et) obscuri, graveçça nelle cilglia, p(er)cussione nelle te(m)pie, tonam(en)to (et) bucinam(en)to neli orecchi, chiudim(en)to nelglia nari del naso. E q(ua)n(do) alcuno sentisse i sop(ra)d(i)c(t)i sengnii, r(ecipe) eufragia (et) cuocala in vino dolce (et) maturo con radici di puleggio; (et) quocansi tanto le dette herbe che to(r)ni lo vi(n)o ala metade (et) poi p(re)nda la d(i)c(t)a dicotione (et) tengala i(n) bocca (et) q(ue)sto faccia più mattine p(er)ciò che se apre: purga molto la testa. E usi anche nel suo cibo delle granella della senape; e lla sera q(ua)n(do) va a do(r)mire p(re)nda di q(ue)lle granella della senape con alqua(n)to dyacimino; e q(ue)llo si metta in bocca (et) tengalo q(uan)to puote, acciò che q(ue)lla cotale raccolta no(n) crescesse i(n) grande (et) pessima malattia, onde lo celebro e lli sensi no(n) rendessero p(er)icoloso co(n) turbam(en)to; dela quale cosa Idio ci difenda.

2.2.

C presenta gli elementi caratteristici del veneziano trecentesco[21]. In particolare si segnalano:

– per la grafia, *g* con valore velare anche davanti vocale palatale: «llatuge», «figi»; *ç* per l'affricata alveolare sorda e sonora: «çò» (1), «t(er)ça» (2), «çoè» (2), «çeie» 'ciglia' (2), «solaçar» (5, 6), ecc., «co(n)stre(n)çe» (3), «mançar» (3), (6), «çuova» (5), ecc.;[22] *x* per la sibilante sonora: «medexi(n)a» (1) (ma anche «medesina» 5), «radixe» (2), «co(m)plexion» (6), «oxelli» (7), ecc. (tratti presenti anche in altre varietà venete);

– per il vocalismo, la caduta delle vocali finali (*-e* e *-o*) dopo *l* (per *-e*)/*ol* (per *-o*), *n*, *r*: «corucio(n)» (1), «scriver» (1), «saver» (2), «cotal» (2), «qual» (1bis, 2, 6, 7, ecc.), ecc.; «over» (1, 2, 5bis), «poleçuol» (2), «vin» (2, 7, 8), ecc.; l'estensione del dittongamento di *e* aperta e *o* aperta;[23] «lievi» (3), «aliegra» < ALĂCREM (3), «çuova» < IŬVAT (5), «può» (5), «vien» (6, 7, 8), «covien» (6), «diè» < DĒBĔT (5),[24] ecc.; l'esito di *-al-* + dentale > *ol* («colda» 6);[25] l'assimilazione della *e* in iato («mior» 5);

– per il consonantismo, l'esito conservativo di *-lli* («elli» 3, «oxelli» 7) contro *-gi* (innovativo) delle varietà di Terraferma; la terminazione avverbiale *-mentre*, con l'epentesi della vibrante: «agualme(n)tre» 3 (ma anche «te(m)p(er)adame(n)te» 6); conservazione della consonante + *l-* («cludimento» 2);

– per la morfologia, l'aggettivo indeclinabile in *-o* («dele suo co(n)dicio(n)» 2, «le me(m)bre tuo» 3);[26] il sostantivo indeclinabile in *-i* («peti» 'petto' 2);[27]

21. Per l'analisi che segue, si è consultato Stussi 1965, Stussi 1995, Formentin 2002, Gambino 2007, Tomasin 2010a, Tomasin 2010b, Tomasin 2013.

22. Talvolta però al posto di *ç* per l'affricata dentale sorda e sonora si rileva l'uso di *c* non sempre foneticamente interpretabile: «sulicio(n)», «specie», «recever», «curacio(n)», «co(n)flecion».

23. Per il dittongo *uò* «bisogna attendere il terzo decennio» del Trecento (Tomasin 2010b: 29).

24. Questo esito (*ie* < Ē) spinge ad abbassare la datazione del ms. Su questa specifica forma verbale (*dè*/*diè*), *cf.* Stussi 1965: LXVII, Tomasin 2010b: 59 e Formentin 2014: 28. Si notino inoltre le occorrenze «fliema» (f. 8r), «fievre» 'febbre' (f. 12r) e «apostieme» (f. 13vbis).

25. *Rescolda* a ff. 7v, 9r-v, ecc.

26. La netta prevalenza dell'articolo determinativo sing. *lo* (rispetto a *el*) mantiene la datazione del volgarizzamento entro la prima metà del Trecento. *Cf.* Formentin 2002a: 110.

27. *Cf.* Formentin 2004.

– per la morfologia verbale, la desinenza *-à* nella terza persona sing. dell'indicativo perfetto di prima coniugazione: «ma(n)dà» 1; la forma *sé* per la terza persona sing. del presente indicativo del verbo 'essere' (1, 2, 6, 7, 8); la terza persona sing. in luogo della terza plurale («d'altri humori li qual sé i(n) lo corpo» 1; «sì como sé polastri» 5, 7; «li venti sì è caldi» 8).[28]

Nel resto del codice C (vergato da una sola mano) troviamo altri elementi tipici del veneziano: oltre a «peti» 'petto' f. 9r^BIS^, «ladi» 'lato' f. 3r-v^TER^, 6r, 9r, 10r, ecc. (*cf.* Formentin 2004); l'esito «plobana» (f. 33r); la conservazione della *-s* della seconda persona singolare («seras» f. 19v; «averas»^BIS^, «mançeras» f. 20r; «as» f. 21r; «vuos», «domanderas» f. 22v, ecc.); il verbo *stropar* 'tappare' nella forma del participio passato «stropade» (f. 10v) attestato in *Legg. ss. Piero e Polo*, c. 1370 (venez.), pp. 48 e 53 (ed. Brusegan Flavel 2005), il partic. pass. con valore di agg. «mesedada» (dal v. *mescidare* 'mescidare'), ff. 8v, 11r, ecc., attestato solo negli *Statuti veneziani* dal 1334 al 1370 e nell'*Esopo veneto* (*cf. Corpus OVI*) , e la forma «chancaro» 'cancro' (f. 13v), assente nel *Corpus OVI* (*cf.* Boerio 1856, *s. v. cancaro*).

2.3

L'edizione si ispira a criteri conservativi, affidando alle note il compito di riportare le lezioni originarie in caso di interventi sul testo. Si mantiene dunque la grafia del codice C, ma si separano i gruppi grafici; si normalizza l'utilizzo delle maiuscole e delle minuscole; si distingue tra *u* e *v*; la *j* è trascritta *i*; s'inserisce l'interpunzione secondo criteri moderni. E, inoltre,

- si indica fra barrette verticali la cartulazione del ms.;
- gli accenti gravi e acuti sono inseriti secondo l'uso moderno, con la seguente distinzione nel caso dei monosillabi omografi: «e» 'e', «è» 'è'; «o» 'o', «ò» 'ho'; «se» 'se', «sé» 'è'; «si» 'si', «sì» '(co)sì';
- lo scioglimento delle abbreviazioni paleografiche avviene tra parentesi tonde;

28. Quest'ultimo tratto è presente in tutta l'area veneta (*cf. ibidem*).

- sono tra parentesi quadre [ ] le integrazioni editoriali; il corsivo indica il passo interpolato; le lacune non ricostruibili sono segnalate con tre asterischi ***.

2.4

| 1 | | 18r | Questa sì è la pistola che Aristole[29] sì ma(n)dà ad Alexandro.

Co(n) çò sia cosa ch'el corpo del'omo sia coronpevole e aven corucio(n) p(er) sop(er)clame(n)to[30] de colera over d'altri humori li qual sé i(n) lo corpo, ò pensado de scriver i(n) q(ue)sto presente libro arqua(n)te cose utele e al postuto[31] necesarie dele segrete del'arte dela medexi(n)a dele qual sì conterò.

| 2 | *Sapié che lo corpo del'omo se divide i(n) quatro p(ar)te: la p(ri)ma p(ar)te sì è lo chavo; la sego(n)da sì è lo peti; la t(er)ça sì è lo stomego; la quarta sì è li testicoli çoè tuti li altri me(m)bri. Qua(n)do i(n) le p(re)dite cose de q(ue)ste .iiij. p(ar)te se rechoie*[32] *algu(n)a sop(er)clança, sì lo porà l'omo saver*[33] *p(er) li i(n)frascriti segni: inp(ri)ma diremo del cavo, e dele suo co(n)dicio(n) e remedii. Qua(n)do i(n) lo cavo se recoie alguno sop(er)chio, si averà li ogli tenebrosi e scuri, e greveça i(n) le çeie, o p(er)cusio(n) en le te(m)ple, e toname(n)ti e bucioname(n)to*[34] *i(n) le orechie, over cludi* | 18v | *mento*[35] *i(n) le nare del naso. E qua(n)do algun sentise li sovraditi segni, si toia*[36] *vin dolçe co(n) radixe de poleçuol,*[37] *e cuosase tanto che torni a meço, e de q(ue)sto beva e tegna i(n) bocha plu maitine; e q(ue)sto purga la testa. Ancora usa granele de senavro co(n) arqua(n)te de comi(n), e q(ue)ste tegna i(n) bocha tanto che se de-*

29. Si potrebbe ipotizzare anche un errore per aplografia e correggere *Aristole* in *Aristo[le]le* attestato in Jacopo Alighieri, *Dottrinale* (ed. Crocioni 1895), a. 1349 (fior.), p. 132; tuttavia si veda C, f. 33r: «A far colirii e aque de ogli dixe Galieno e Ypocras e Aristole *ecc.*». Ms. N «Aristotille».

30. 'Eccesso' (*GDLI s. v. soverchiamento*).

31. 'Del tutto' (*GDLI s. v. postutto*, § 2).

32. N «reççe» 'regge' (lezione errata); *cf. supra*, tabella 4: Bénéteau 2000: 244, «si racoglie», e R, f. 79ra, «si raccolglesse».

33. N «sanare»; *cf. supra*, tabella 4: Bénéteau 2000: 244, «sapere», e R, f. 79ra, «sap(er)e».

34. 'Fischio nelle orecchie'. *Cf. GDLI* e *TLIO s. v.* «buccinamento».

35. 'Otturamento'. *Cf.* GDLI e *TLIO s. v.* «chiudimento» (prima attestazione: *Questioni filosofiche*, p. 1298).

36. *Cf.* Stussi 1965: 12 (27).

37. 'Puleggio' (*cf.* Tomasin 2010a: 66).

sfaça; e q(ue)sto sana lo celebro. E ancora a çò che q(ue)lla cotal rochol[t]a[38] *no cresia*[39] *unde lo celebro porave vegnir i(n) p(er)icolosi turbam(en)ti; la qual cosa Dio ne defenda. Amen.*[40]

| 3 | E qua(n)do te lievi da dormir va un pocho i(n)torno, p(ro)tende le[41] me(m)bre tuo agualme(n)tre e[42] petena(n)te lo chavo, inp(er)çò che lo p(ro)tendare fortifica lo corpo e llo petenar *** i vapori del cavo che se lieva i(n) lo te(m)po del dormir. E llavate le man e llo volto i(n)p(er)çò che q(ue)sto co(n)stre(n)çe li chalori del corpo e q(ue)sto serà quasi un movim(en)to de volu(n)tà de mançar. E puo vèstite de blanchisimi pa(n)ni de lino e mùdate speso, e vèstite de belli pa(n)ni inp(er)çò ch'elli aliegra[43] l'anemo del'omo e co(n)fortalo, e delètase[44] la toa vertude[45] ***.

| 4 | E a dormir l'omo i(n)ançi pasto deventa l'omo secho e magro ***.

| 5 | E diè vardar li quatro te(m)pi del'a(n)no. In la p(ri)maviera è te(m)po caldo e humido, e simele a reparam(en)to de arie. Isvèglase i(n) q(ue)sto te(m)po lo sa(n)gue; e fa i(n) q(ue)sto te(m)po ogni cosa de te(m)perada co(m)presion,[46] sì como sé polastri, galine, ove mole,[47] e llatuge sença lavare, asedo, brodeto de ove, e late de chavra caldo. E q(ue)sto te(m)po è plu te(m)perado, mior e plu utelle e plu vale; e çuova de usar lo choito, p(er) exerç[i]o[48] del corpo e sulicio(n) de ve(n)tre,[49] e uso de bag(no), e sudar e ber beveraço de specie, re-

38. C «rōchola», N «rancholla», ma «raccolta» nel ms. Firenze, Biblioteca Riccardiana, 3050, f. 79rb.

39. N «crescha»; *cf. supra*, tabella 4: Bénéteau 2000: 244, «cresciesse», e R, f. 79ra, «crescesse».

40. Vedi *supra*, nota 19.

41. Ms. «lē».

42. N lacuna.

43. N «che molto aliegra».

44. C «deletarse».

45. N «i(n)fortisse la toa virtude»; lat. «dilatabitur (in apparato C «delectatur» e S «delectabitur») virtus splendoris tui» (Suchier 1883: 475, 2,20-21).

46. N «fa in questo te(m)po pro ad ogny cossa temperada per complexion»; ma lat. «proficit in eo omne quod fuerit equalis complexionis» (Suchier 1883: 478, 2,98-99).

47. N «ove, melle» (per «mele» 'miele'?); ma lat. «ova non superflua» (Suchier 1883: 478, 2,100).

48. N «exercicio». Ma «exercio» ricorre nel ms. del *Libro de conservar sanitate* (*cf.* Tomasin 2010a: 8, che corregge in «exer[ci]cio»). Si noti anche l'oscillazione grafica «exercitio»/«exercicio»/«exercio» (*ibidem*).

49. 'Dissenteria' (GDLI *s. v.* «soluzione», § 15).

stre(n)çe[r][50] li purgam(en)ti; sono da recever e da prendere medesina over curacio(n) p(er)[51] mal padir over de solaçar le done. E i(n) questo te(m)po se può restaurar lo sangue.

| 6 | Apreso vien lo tempo del'istade ch'è caldo e secho, i(n) lo qual te(m)po se comuove[52] la còlora rosa ado[n]cha te covien vardar da cose de colda co(m)plesion, ni no ber[53] ne no mançar tropo, a çò che no se spenga lo calor natural; e ma(n)ça i(n) q(ue)sto te(m)po cose frede e humede de co(m)plexion sego(n)do come [sé][54] carne de vedelo da late e de chavredo da late co(n) asedo, e çucha, e polastri grasi, farina d'orço, e frute che sia d'acetoso savor sego(n)do che sono mele acerbe. E llo cho[i]to[55] usa te(m)p(er)adame(n)te. Q(ue)ste cose sì usa como io te conto qua e tiente d'ogno solaçar de femena[56] | 19r | se p(er) necesso no fose e ll'asercit[i]o[57] del corpo sé temp(er)ado.

| 7 | Apreso vien lo te(m)po del'autono lo qual è fredo e secho, e segnoriça[58] la còlora negra e lla mele(n)conia; adoncha te abesogna de ma(n)çar cose calde e humide de co(m)plexio(n), sì como sé polastri, e oxelli, e uve dolçe, e vin vechio sotil, e astiente[59] d'ogni cibo che inçenera mele(n)conia.

| 8 | Apreso vien lo inverno lo qual è fredo e humido, e dièse mudar cibi e medexine calde e seche sì como sé pipioni, charne de castron, figi, noxie, e vin vermio[60] bon, e tute co(n)fecion,[61] e lectoarii[62] caldi; e astiente[63] de solu-

50. N «restrençer». Ma lat. «ad digerendum, id est purgatoria accipienda sunt» (Suchier 1883: 478, 2,105-106).

51. N «overo churative di».

52. N «se co(n)viene et se comove».

53. N «non bever vino».

54. N «chomo sono».

55. N «scotto»; *cf. supra*, 5 «choito».

56. N «ne non trar a s. con f.».

57. N «ex(er)citio».

58. N «significha».

59. N «artiente»; lat. «abstineatur» (Suchier 1883: 478, 2,124-125).

60. N «vermeio» 'vermiglio'.

61. C «co(n)flecion», N «co(n)fection».

62. C «le toraii»; lat. «electuaria» (Suchier 1883: 479, 2,135).

63. N «che è astinente».

cion [del corpo][64] e de trarte sangue s'ello no fose p(er) neceso[65] grande; alora abesogna andar al'aire[66] e de rescaldarte; e usa lo choito p(er) lo exercit[i]o[67] del corpo e [ll']abonda(n)çia[68] deli cibi, inp(er)çò che li venti[69] sì è caldi, 'de[70] sì è forte[71] la vertude delo gusto.[72]

Bibliografia

Ageno, Franca (1952). Iacopone da Todi, *Laudi Trattato e Detti*, Firenze: Le Monnier.

Bénéteau, David P. (2000). «Segreti, ricette e Virtù del ramerino in appendice alla *Santà del corpo* di Zucchero Bencivenni secondo il cod. Laur. Plut. LXXIII.47», *Bollettino dell'Opera del vocabolario italiano*, 5, pp. 241-250.

Boerio, Giuseppe (1856). *Dizionario del dialetto veneziano*, Venezia: Giovanni Cecchini.

Brinkmann, Johannes (1914). *Die apokryphen Gesundheitsregeln des Aristoteles für Alexander den Großen in der Übersetzung des Johann von Toledo*, Leipzig: Metzger & Wittig.

Brusegan Flavel, Emanuela (2005). «La *Legenda di glorioxi apostoli misier sen Piero e misier sen Polo* (codice Venezia, B.M.C. Correr 1497)», *Quaderni veneti*, 41 (giugno), pp. 7-108.

Contini, Gianfranco (1960). *Poeti del Duecento*, 2 voll., Milano - Napoli: Ricciardi.

Corpus OVI = Larson, Pär & Artale, Elena (2005). *Corpus OVI dell'Italiano antico*, ultimo aggiornamento 4.02.2020 <http://gattoweb. ovi.cnr.it/>.

64. C «del corpo» om.; lat. «a solucione ventris» (Suchier 1883: 479, 2,132).

65. N «se non de n.».

66. N «mudar l'ayre»; ma lat. «temperari aerem» (Suchier 1883: 479, 2,135).

67. N «ex(er)citio».

68. N «nella abondançia» (diffrazione).

69. 'Ventri'. *Cf.* Jacopone (ed. Ageno 1952), XIII ui.di. (tod.), p. 83, vv. 17-18: «mia mate stava assai malamente / del parto del vente, – che fo molto amaro»; *San Brendano* tosc. (ed. Grignani 1975), XIV (ven.>tosc.), p. 121: «sì come voi scampasti Noè dal diluvio e David da Golia gigante e Giona dal vente del pesce».

70. *Cf. Proverbia que dicuntur* (ed. Contini, I, 1960), XII u.q. (venez), p. 550, v. 645, e p. 554, v. 731.

71. N «açio che tu sii forte».

72. *Cf.* lat. «Nec impedit [*Bl.* 51c] hoc tempore exercicium Veneris et motus corporis, quod digestio fit valida, nec habundancia cibi utaris, ne digestio debilitetur» (Suchier 1883, p. 479, 2,137-139).

CROCIONI, Giovanni (1895). *Il Dottrinale di Jacopo Alighieri*, Città di Castello: Lapi.

FORMENTIN, Vittorio (2002). «L'area italiana», in *Lo spazio letterario del Medioevo, 2. Il Medioevo volgare*, dir. Piero Boitani, Mario Mancini, Alberto Varvaro, *II. La circolazione del testo*, Roma: Salerno Editrice,

FORMENTIN, Vittorio (2004). «Un esercizio ricostruttivo: veneziano antico "fondi" 'fondo', "ladi" 'lato', "peti" 'petto'», in *«Le sorte dele parole»: testi veneti dalle origini all'Ottocento*, Atti dell'Incontro di studio (Venezia, 27-29 maggio 2002), a cura di Riccardo Drusi, Daria Perocco, Piermario Vescovo, Padova: Esedra, pp. 99-116.

FORMENTIN, Vittorio (2014). «Rendiconti duecenteschi in volgare dall'archivio dei Procuratori di San Marco», *Lingua e Stile*, 49/1, pp. 5-42.

GAMBINO, Francesca (2007). *I Vangeli in antico veneziano: ms. Marciano It. I. 3*, con una presentazione di Furio Brugnolo, Roma - Padova: Antenore.

GDLI = BATTAGLIA, Salvatore [poi BARBERI SQUAROTTI, Giorgio] (1961-2002). *Grande dizionario della lingua italiana*, Torino: UTET.

GIACOSA, Piero (1901). *Magistri salernitani nondum editi: catalogo ragionato della Esposizione di storia della medicina aperta in Torino nel 1898*, Torino: Fratelli Bocca.

GIANNINI, Giovanni (1898). *Una curiosa raccolta di segreti e di pratiche superstiziose fatta da un popolano fiorentino del secolo XIV e pubblicata per cura di G. G.*, Città di Castello: Lapi.

GRIGNANI, Maria Antonietta (1975). *Navigatio Sancti Brendani: la navigazione di San Brandano*, Milano: Bompiani.

GUIDI, Flavia (2018-2019). *Due manoscritti veneti inediti del XIV secolo di argomento medico: analisi comparativa ed edizioni della* Lettera di Ippocrate a Cesare *e delle ricette del* Thesaurus Pauperum, tesi di Laurea dell'Università di Pisa.

MIOLA, Alfonso (1878). *Le scritture in volgare dei primi tre secoli della lingua ricercate nei codici della Biblioteca Nazionale di Napoli*, vol. I, Bologna: Tipografia Fava e Garagnani.

MÖLLER, Reinhold (1963). Hiltgart von Hürnheim, *Mittelhochdeutsche Prosaübersetzung des* Secretum Secretorum, Berlin: Akademie Verlag (Deutsche Texte des Mittelalters, 56).

PUCCINOTTI, Francesco (1850-1866). *Storia della Medicina*, 2 voll., Livorno: presso M. Wagner.

ROSSI, Federico (2012-2013). *Ricerche sui volgarizzamenti del* Libellus conservande sanitatis *di Taddeo Alderotti*, prova scritta di passaggio al IV anno, Pisa: Scuola Normale Superiore di Pisa.

SOSNOWSKI, Roman (2012). *Manoscritti italiani della collezione berlinese conservati nella Biblioteca Jagellonica di Cracovia (XIII-XVI sec.)*, Kraków: Wydział Filologiczny Uniwersytetu Jagellońskiego.

SOSNOWSKI, Roman (2018). «Bruno di Longobucco nell'Ital. Quart. 62 della Biblioteca Jagellonica di Cracovia», in *Volgarizzamenti: il futuro del passato*, a cura di Roman Sosnowski e Giulio Vaccaro, Firenze: Franco Cesati, pp. 91-102.

SPETIA, Lucilla (1994). «Un nuovo frammento dell'*Epistola Aristotelis ad Alexandrum*», *Studi Medievali*, s. 3^A^, 35/1, pp. 405-434.

STUSSI, Alfredo (1965). *Testi veneziani del Duecento e dei primi del Trecento*, Pisa: Nistri - Lischi.

STUSSI, Alfredo (1995). *Venezien - Veneto*, in *Lexikon der Romanistischen Linguistik*, Tübingen: Niemeyer, vol. II/2, pp. 124-134.

SUCHIER, Hermann (1883). *Epistola Aristotelis ad Alexandrum cum Prologo Johannis Hispanensis*, in *Denkmäler provenzalischer Literatur und Sprache*, Halle: Niemeyer, pp. 473-480, note alle pp. 530-531.

TLIO = *Tesoro della Lingua Italiana delle Origini*, diretto da Pietro G. Beltrami [poi da Lino Leonardi, ora da Paolo Squillacioti], consultabile all'indirizzo <www.ovi.cnr.it>.

TOMASIN, Lorenzo (2010a). Maestro Gregorio. *Libro de conservar sanitate: volgarizzamento veneto trecentesco*, Bologna: Commissione per i testi di lingua.

TOMASIN, Lorenzo (2010b). *Storia linguistica di Venezia*, Roma: Carocci.

TOMASIN, Lorenzo (2013). «Quindici testi veneziani 1300-1310», *Lingua e Stile*, 48/1, pp. 3-48.

WILLIAMS, Steven J. (2003). *The* Secret of Secrets*: the Scholarly Career of a Pseudo-Aristotelian Text in the Latin Middle Ages*, Ann Arbor: University of Michigan Press.

ZAMUNER, Ilaria (2007). «Les versions françaises de l'*Epistola ad Alexandrum de dieta servanda*: mise au point», in *La traduction vers le moyen français*, 2^E^ Colloque de l'Association Internationale pour l'Étude du Moyen Français (Université de Poitiers - CESCM, 27-29 avril 2006), ed. C. Galderisi & C. Pignatelli, Turnhout: Brepols . CESCM, pp. 165-184 (più 3 ill.).

ZAMUNER, Ilaria (2015). «Un volgarizzamento toscano dell'*Epistola Aristotelis ad Alexandrum de dieta servanda*», *Studi Mediolatini e Volgari*, 61, pp. 109-148.

ZINELLI, Fabio (2000). «Ancora un monumento dell'antico aretino e sulla tradizione italiana del *Secretum secretorum*», in *Per Domenico De Robertis. Studi offerti dagli allievi fiorentini*, ed. I. Becherucci, S. Giusti & N. Tonelli, Firenze: Le Lettere, pp. 509-561.

Resums / Abstracts

Anna Alberni, «*Pus qu'estorts suy del lach de la mar fonda* i la memòria literària d'Andreu Febrer»

RESUM: El «Sirventesch fet per Andreu Febrer per lo passatge de Barbaria», *Dolorós critz ab votz brava, terribla* (RAO 59,7) és una cançó de croada escrita per encoratjar l'expedició catalana de 1398 al nord d'Àfrica, i el poema *Pus qu'estorts suy del lach de la mar fonda* (RAO 57,14) és un cant d'agraïment a la Verge pel retorn dels «sants crosats», sorpresos per una terrible tempesta davant la costa de Mallorca. Aquest article vol mostrar que en aquestes dues cançons, lligades per reclams textuals explícits, Febrer sembla tenir present el record de la dansa al·legòrica adreçada a la Verge per Jaume II de Sicília, *Mayre de Deu e fylha*, que Dante cita en un pas de la *Commedia*, traduïda en versos catalans per Andreu Febrer.

PARAULES CLAU: Andreu Febrer, sirventès, cançó de croada, dansa de Jaume II de Sicília, Dante, intertextualitat

ABSTRACT: The "Sirventesch fet per Andreu Febrer per lo passatge de Barbaria", *Dolorós critz ab votz brava, terribla* (RAO 59,7) is a *chanson de croisade* written to enhance the 1398 Catalan expedition to North Africa, while the piece *Pus qu'estorts suy del lach de la mar fonda* (RAO 57,14) is a poem addressed to the Virgin Mary in order to thank her for the safe return of the "sants crosats", whose boat was wrecked by a terrible storm. This article tries to show how, in these two poems linked by explicit textual references, Febrer seems to recall the allegorical *dansa* by James II of Sicily *Mayre de Deu e fylha*, a piece also cited by Dante in his *Commedia*, which Febrer translated into Catalan.

KEYWORDS: Andreu Febrer, *sirventes*, *chanson de croisade*, *dansa* by James II of Sicily, Dante, intertextuality

Giovanni Albertocchi, «Alessandro Manzoni e l'attesa della *Colonna infame*»

RESUM: La *Storia della Colonna infame* va néixer com un episodi 'in fieri' de la novel·la *I promessi sposi*, de la qual es va anar separant de forma progressiva fins assolir una identitat pròpia. El present treball analitza les etapes més destacades d'aquesta emancipació a través, sobretot, del testimoni de diverses cartes de l'epistolari del mateix Manzoni i d'alguns membres del seu entorn. També es tenen en compte les expectatives i la curiositat del públic i dels experts per una obra que semblava destinada a renovar l'èxit d'*I promessi sposi*.

PARAULES CLAU: Pesta, «untadors», teoria de la novel·la històrica, epistolaris

ABSTRACT: The *Storia della Colonna infame* originated as an episode within the novel *I promessi sposi*, from which it was extracted progressively until it became a novel on its own right. The text presented here reveals the phases of this process of narrative emancipation through, mainly, the analysis of the correspondence of Manzoni himself and some members of his entourage. It also contemplates the expectations and desires of both the public and experts that demanded a sequel to the immensely successful *I promessi sposi*.

KEYWORDS: Plague, "anointed", theory of historical novel, epistolary

Rafael Alemany Ferrer, «Diafebus i Hipòlit, junts i en contrast»

RESUM: L'anàlisi comparativa dels personatges Diafebus i Hipòlit, del *Tirant lo Blanc*, palesa unes concomitàncies (noms de ressonàncies clàssiques, parents i membres del seguici de Tirant, relacions sentimentals amb dones de Constantinoble, ascens estamental rellevant) i unes diferències (major protagonisme de Diafebus en la primera meitat de l'obra i d'Hipòlit en la segona, disparitat de ritmes de millorament social i d'importància de les seues actuacions militars respectives, models ètics diferents). Tanmateix, tant Diafebus com Hipòlit, forasters bretons desplaçats a Constantinoble, mitjançant els seus matrimonis respectius amb la noble donzella grega Estefania i, sobretot, amb la titular de l'imperi Grec, contribueixen a evitar el fracàs de l'aliança de la cavalleria cristiana occidental amb l'imperi cristià d'Orient, que presagiaven les morts inopinades de Tirant i Carmesina, la parella protagonista.

PARAULES CLAU: *Tirant lo Blanc*, Constantinoble, matrimoni secret, cavalleria cristiana, imperi cristià d'Orient, personatges masculins protagonistes

ABSTRACT: The comparative analysis of the characters Diafebus and Hipòlit, from *Tirant lo Blanc*, shows affinities (names of classical resonances, family members and companions of Tirant, love romances with women of Constantinople, relevant social ascent) and differences (greater prominence of Diafebus in the first half of the work and of Hipòlit in the second half, disparity of rhythms of social improvement and importance of their respective military actions, different ethical profiles). However, both Diafebus and Hipòlit, Bretons displaced to Constantinople, through their respective marriages to the noble Greek maiden Estefania and, above all, to the head of the Greek empire, contribute to prevent the failure of the alliance of the Christian Western cavalry with the Christian empire of the East, which foreshadowed the unexpected deaths of Tirant and Carmesina, the leading couple.

KEYWORDS: *Tirant lo Blanc*, Constantinople, secret marriage, Christian chivalry, Latin Empire, leading male heroes

Annamaria Annicchiarico, «La *Lletra consolatòria* di Joan Roís de Corella. Qualche postilla filologica, commento, traduzione»

RESUM: Aquest article vol demostrar com en la *Lletra Consolatòria* l'autor construeix una ficció dins de la ficció autobiogràfica: un diàleg amb un amic-alter ego que és consolat amb l'objectiu final d'autoconsolar-se. En resulta un punt de vista interessantíssim, ple d'autoironia, que el jo literari s'aplica a si mateix. Es proposa una traducció a l'italià acompanyada de notes filològiques sobre el text de partida, que és reavaluat en relació amb les edicions existents, sobretot des del punt de vista de la interpretació i la interpunció.

PARAULES CLAU: Joan Roís de Corella, *Lletra consolatòria*, autoironia, traducció, consolació, interpunció

ABSTRACT: The contribution aims to demonstrate how in the *Lletra Consolatòria* the author builds a fiction inside the autobiographical fiction: a dialogue with a friend-alter ego to be consoled in order to self-console. The result is a very interesting speculum, full of self-deprecating ideas, applied to one's prismatic literary self. A translation of the *Lletra* in Italian is also provided, accompanied by some philological notes that refer to the original text, here reconsidered, with respect to the available editions, from the interpretation/punctuation point of view.

KEYWORDS: Joan Roís de Corella, *Lletra consolatòria*, self irony, translation, consolation, punctuation

José Aragüés Aldaz, «Ramon de Penyafort, Alfonso el Sabio y Ramon Llull. Itinerario hispánico de un milagro mariano»

RESUM: L'article analitza la relació entre tres versions hispàniques d'un miracle marià esdevingut a principi del segle XIII al Santuari de Nostra Senyora Delbeza, a prop de Briançon, als Alps francesos. El miracle, testimoniat per Ramon de Penyafort i poetitzat per Alfons X a les seves *Cantigas*, figura a l'*Arbre exemplifical* de Ramon Llull adaptat al propòsit teològic del seu marc: la il·lustració de les nocions d'esperança i desesperança.

PALABRAS CLAVE: Ramon de Penyafort, Alfons X el Savi, Ramon Llull, *Cantigas de Santa María*, *Arbre exemplifical*

ABSTRACT: This article analyses the relationship between three Hispanic versions of a Marian miracle that occurred in the early thirteenth century at the Sanctuary of Santa Maria Delbeza, near Briançon, in the French Alps. The miracle, testified by Ramon de Penyafort and poeticized by Alfonso X in his *Cantigas*, appears in Ramon Llull's *Arbre exemplifical* adapted to the theological purpose of his framework: the illustration of the notions of hope and hopelessness.

KEYWORDS: Ramon de Penyafort, Alfonso X of Castile, the Wise, Ramon Llull, *Cantigas de Santa Maria*, *Arbre exemplifical*

Jaume Aymar i Ragolta, «Ramon Llull i la descoberta d'Amèrica»

RESUM: Diversos autors han parlat sobre la influència de Ramon Llull o, si més no, del lul·lisme en Cristòfol Colom i la descoberta d'Amèrica. Aquest treball proposa que l'Almirall coneixia els fons de Ramon Llull en el Monestir de Sant Jeroni de la Murtra on els Reis Catòlics el reberen després del seu primer viatge a Amèrica.

PARAULES CLAU: Biblioteca, espirituals, lul·lisme, marees, monestir

ABSTRACT: Several authors have spoken about the influence of Ramon Llull or, at least, Lullism on Christopher Columbus and the discovery of America. This work proposes that the Admiral was familiar with the Lullian volumes in the Monastery of Sant Jeroni de la Murtra where the Catholic Monarchs received him after his first trip to America.

KEYWORDS: Library, spirituals, Lullism, tides, monastery

Rafael Beltran, «La sogra de Juvenal (*Sàtira VI*), l'Emperadriu de *Tirant*, l'Artemia de la *Serafina* i altres mares lascives de comèdia»

RESUM: Els versos 231-241 de la *Sàtira VI* de Juvenal, la més extensa, coneguda i àcida de l'autor llatí, es dediquen al personatge de la sogra com a còmplice de la filla adúltera. Donat el coneixement de Juvenal entre alguns escriptors de la corona d'Aragó durant l'Edat Mitjana, aquesta imatge hiperbòlica de la *socrus* podria haver contribuït a la creació del personatge còmic de l'Emperadriu de Constantinoble al *Tirant lo Blanc*. El comportament com a sogres libidinoses d'Artemia (*Comedia Serafina*, València, 1521) i d'altres sogres de comèdia humanística confirmarien aquestes possibles traces de Juvenal.

PARAULES CLAU: Juvenal, *Sàtira VI*, *Tirant lo Blanc*, *Comedia Serafina*, comèdia humanista

ABSTRACT: Lines 231-241 of Juvenal's *Satire VI*, the most extensive, well-known and critical satire by this Latin author, deal with the character of the mother-in-law as an accomplice of her adulterous daughter. Juvenal was well known by some writers in the Crown of Aragon during the Middle Ages, and this fact explains how his hyperbolic portrait of the *socrus* could have contributed to the creation of the comic character of the Empress of Constantinople in *Tirant lo Blanc*. The behaviour of Artemia (*Comedia Serafina*, Valencia, 1521) and those of other libidinous mothers-in-law in humanistic comedies would confirm these Juvenal traces.

KEYWORDS: Juvenal, *Satire VI*, *Tirant lo Blanc*, *Comedia Serafina*, humanist comedy

Anthony Bonner, «A qui volia adreçar-se Ramon Llull?»

RESUM: S'argumenta que la *Disputatio eremitae et Raimundi super aliquibus dubiis quaestionibus Sententiarum Magistri Petri Lombardi* no pot haver estat dirigida a la Facultat de Teologia de la universitat de París, sinó a un grup de deixebles i seguidors organitzat per Tomàs Le Myésier que aviat formarà una comunitat textual, amb el seu propi llenguatge —el de l'Art— al qual els membres s'havien d'«habituar». Llull tenia molta cura a no constituir un grup que critiqués l'Església, sinó un que la renovés des de dintre, oferint mètodes col·laterals de demostracions que ordenessin la Cristiandat d'acord amb la doctrina de la seva primera intenció.

PARAULES CLAU: Comunitat textual, art lul·liana, habituació, universitat de París

ABSTRACT: This article argues that the *Disputatio eremitae et Raimundi super aliquibus dubiis quaestionibus Sententiarum Magistri Petri Lombardi*, could not have been directed towards the Theological Faculty of the University of Paris, but instead to a group of disciples and followers organized by Thomas Le Myésier, which would form the nucleus of a textual community, with its own language – that of the Art – to which members would have to "habituate" themselves. Llull was particularly careful to not allow the group to become one that criticized the Church, but rather one that tried to reform it from within, offering collateral methods of demonstration capable of reorganizing Christianity according to his doctrine of the first intention.

KEYWORDS: Textual community, Lullian Art, habituation, University of Paris

Lluís Cabré, «"Per menor món l'hom per tots se nomena". Sobre Ausiàs March i la filosofia natural»

RESUM: Aquest assaig ofereix una lectura detallada d'un passatge d'Ausiàs March (112, vv. 371-380), acarant-lo amb la *Visión deleytable* d'Alfonso de la Torre per tal d'explicar la referència de March al motiu de l'home com a microcosmos en connexió amb el principi aristotèlic que estableix la impossibilitat del buit en l'univers.

PARAULES CLAU: Ausiàs March, microcosmos i macroscosmos, poesia catalana medieval

ABSTRACT: This essay provides a close reading of Ausiàs March's poem 112, l. 371-380, in the light of Alfonso de la Torre's *Visión deleytable*, in order to account for March's reference to man as a microcosm in connection with the Aristotelian principle that states the impossibility of void in the macrocosm.

KEYWORDS: Ausiàs March, macrocosm and microcosm, Medieval Catalan poetry

Miriam Cabré, «Cerverí de Girona a la premsa catalana (1835-1938)»

RESUM: La premsa catalana reflecteix l'evolució de l'interès pel trobador Cerverí de Girona i els avenços dels estudis sobre el seu immens corpus, que el transformen d'autor totalment desconegut en un dels clàssics catalans. El descobriment de la seva tradició manuscrita i els treballs de Milà i Fontanals, Massó i Torrents, Nicolau d'Olwer i Riquer constitueixen les fites d'aquesta trajectòria, que il·lustra la construcció d'una cultura nacional i la seva recepció en la societat catalana, alhora que explica alguns aspectes que es van privilegiar en la interpretació de Cerverí.

PARAULES CLAU: Cerverí de Girona, trobadors, premsa catalana, cançoners, història de la filologia catalana

ABSTRACT: The Catalan press reflects the evolving interest in the troubadour Cerverí de Girona and the progressive study of his vast corpus, which transform him from an unknown author into a Catalan classic. The discovery of his manuscripts and the studies by Milà i Fontanals, Massó i Torrents, Nicolau d'Olwer i Riquer are the milestones in this process, which illustrates the construction of a national culture and its reception in Catalan society, while explaining the focus on some aspects in his interpretation.

KEYWORDS: Cerverí de Girona, troubadours, Catalan press, *chansonniers*, History of Catalan Philology

Rosanna Cantavella, «La carta pròleg d'Aldonça de Montsoriu a la *Vita Christi* d'Isabel de Villena»

RESUM: Caracterització de l'estil retòric de la carta prologal, signada per Aldonça de Montsoriu, a la *Vita Christi* d'Isabel de Villena (1490), seguida d'una apreciació de la seua formació cultural, i acabada per una refutació de la infundada hipòtesi que hauria estat un home l'autor d'aquesta peça, i no la signatària.

PARAULES CLAU: Dones escriptores medievals, cultura catalana medieval, pròlegs literaris, prosa d'art, cultura de dones religioses, misogínia

ABSTRACT: A characterization of Aldonça de Montsoriu's rhetorical style in her signed prologal letter to Villena's *Vita Christi* (1490), followed by an appreciation of her cultural education, and concluded by a rebuttal of the unfounded hypothesis that a male writer would have been the real author of this piece, not its signatory.

KEYWORDS: Medieval women writers, medieval Catalan culture, literary prologues, prosa d'arte, religious women's culture, misogyny

Antònia Carré, «Els sequaços literaris de Guillem Metge»

RESUM: Breu anàlisi del tractament literari que reben els especiers o apotecaris a la literatura medieval, amb exemples de procedència diversa, extrets dels *Canterbury Ta-*

les, l'*Espill*, *La Celestina* o *El conde Lucanor* i referències a Ramon Llull i Bernat Metge. Es tenen en compte alguns dels instruments de treball dels apotecaris (receptaris, antidotaris), es presenten els apotecaris com a personatges secundaris amb valor auxiliar i es conclou que la literatura medieval dona una valoració positiva de l'ofici.

PARAULES CLAU: apotecaris, literatura catalana medieval, Bernat Metge, Jaume Roig

ABSTRACT: This brief analysis of the references to apothecaries in medieval literature presents examples from a variety of sources, such as the *Canterbury Tales*, *Espill*, *La Celestina* and *El conde Lucanor* and the works of Ramon Llull and Bernat Metge. Some professional texts (recipe books, antidote books) are also taken into account, as well as the presence of apothecaries as secondary characters with a helping role. In conclusion, medieval literature offers a positive image of their profession.

KEYWORDS: Apothecaries, medieval Catalan literature, Bernat Metge, Jaume Roig

Lluís Cifuentes i Comamala, «La *scripta* llibrària catalana primitiva als primers textos mèdics en català»

RESUM: La hipòtesi de l'existència d'una *scripta* llibrària catalana primitiva, creada en la segona meitat del segle XIII per a fer front a la novetat que era haver d'emprar el vulgar català per a l'elaboració de llibres en prosa, permet entendre la forma escrita dels primers llibres en català. Aquesta hipòtesi, generada des dels estudis lul·lians ara fa deu anys, s'ha pogut verificar en algunes edicions de textos catalans de medicina, sovint indatats, i és fonamental, per tant, per a conèixer el primer període de la vernacularització del saber mèdic, científic i tècnic en català.

PARAULES CLAU: *Scripta* llibrària, traduccions catalanes, medicina, manuscrits

ABSTRACT: The hypothesis of the existence of an early Catalan book *scripta*, created in the second half of the 13th century to deal with the novelty of using Catalan vernacular for prose book production, allows us to understand the written form of the first books in Catalan. This hypothesis, generated some ten years ago from Lullian studies, has been verified in some editions of Catalan texts on medicine, which are often undated, and therefore it is essential to understanding the first period of the vernacularization of Catalan medical, scientific and technical knowledge.

KEYWORDS: *Scripta* for books, Catalan translations, medicine, manuscripts

Alejandro Coroleu, «Notes sobre la presència del Virgili llatí al segle XVI a la Corona d'Aragó»

RESUM: Aquest treball ofereix una sèrie de reflexions sobre la difusió impresa i manuscrita del Virgili llatí a la Corona d'Aragó entre el 1500 i el 1600. Aquesta contribució analitza també les notes manuscrites de l'incunable 953 de la Biblioteca Universitària de Barcelona, que conté tot el corpus virgilià.

PARAULES CLAU: Virgili, Corona d'Aragó, impremta, traducció, segle XVI

ABSTRACT: The purpose of this essay is to provide an overview of the printed and manuscript dissemination of Virgil's works in Latin in the Crown of Aragon in the period from 1500 to 1600. Attention is paid to the manuscript notes found in an incunable edition of Virgil (Biblioteca Universitària de Barcelona, Inc. 953).

KEYWORDS: Virgil, Crown of Aragon, printing, translation, sixteenth century

Chiara Crisciani, «L'*Epistola contra alchimistas* di Nicola Eimeric»

RESUM: Aquest estudi se centra en el *Tractatus contra alchemistas* escrit per l'inquisidor dominicà Nicolau Eimeric (1396). La crítica de l'alquímia que hi fa, únicament a partir de fonts escrites, va ser el desenllaç extrem de la més general «quaestio de alchimia» que s'havia desenvolupant entre els segles XII i XV. En la condemna de l'alquímia, Eimeric va arribar a associar-la amb l'heretgia.

PARAULES CLAU: Nicolau Eimeric, inquisició, alquímia, «quaestio de alchimia», segle XIV

ABSTRACT: This paper deals with the *Tractatus contra alchemistas* written by the Dominican Inquisitor Nicola Eimeric (1396). His critique of alchemy, which relies on scriptural sources only, was the extreme outcome of the general 'quaestio de alchimia' which had developed from the 12th to the 15th centuries. Eimeric's condemnation of alchemy goes as far as associating alchemy and heresy.

KEYWORDS: Nicola Eimeric, inquisition, alchemy, quaestio de alchimia, 14th century

Rocío Da Riva, «Els textos rituals dels temples en època babilònica tardana (s. IV-I aC)»

RESUM: L'època de la Babilònia tardana (finals del I mil·lenni aC) ha donat un gran nombre de tauletes cuneïformes escrites en accadi, una part de les quals, aproximadament 4.000, van ser trobades al temple Esagil, dedicat al culte de Marduk, el déu patró de Babilònia. Aquestes tauletes n'inclouen un grup molt important que fa referència a rituals relacionats amb els temples, i que ofereixen descripcions en profunditat dels procediments i accions a realitzar en el culte.

PARAULES CLAU: Babilònia, rituals de temples, època hel·lenística i parta, tauletes cuneïformes, arxius

ABSTRACT: The Late Babylonian period (late I Millennium BCE) has yielded a vast number of cuneiform tablets written in Akkadian, a large number of which – roughly 4,000 – were unearthed in the Esagil temple, dedicated to worship of Babylonia's patron god Marduk. These tablets include a very important group of rituals relating to the temples of Babylon which provide in-depth descriptions of the procedures and actions to be performed in worship.

KEYWORDS: Babylonia, temple rituals, Hellenistic and Parthian period, cuneiform tablets, archives

Fernando Domínguez Reboiras, «La memoria y la fe. Reflexiones seniles en clave luliana»

RESUM: L'estudi ressalta la importància de la memòria (i, amb ella, de la fe) en el discurs lul·lià. Segons Llull, per estimar Déu, és necessari revifar el coneixement de les criatures, que són signes palpables de l'activitat divina. Aplegant els senyals i les manifestacions d'aquestes criatures i els articles de la fe revelada, la memòria proporciona a l'enteniment una base sòlida per connectar i ordenar tots aquells detalls dispersos que, un cop ben coneguts, poden ser la base per estimar, acte de la voluntat, tercera potència de l'ànima humana. La memòria i la fe són així la base per a un procediment ordenat del pensament humà.

PARAULES CLAU: Memòria, fe, enteniment, voluntat, món

ABSTRACT: This study emphasizes the importance of memory (and with it, faith) in the Lullian discourse. According to Llull, in order to love God it is necessary to heighten our knowledge of creatures, which are the palpable signs of divine activity. Selecting the signs and manifestations of these creatures along with the articles of the revealed faith, memory provides the understanding with a solid base for connecting and ordering all these scattered details which, once known, can form a basis for loving, which is the third power of the human soul. Memory and faith are thus the basis for the ordered procedure of human thought.

KEYWORDS: Memory, faith, understanding, will, world

Anton M. Espadaler, «Rere el rastre català de *Flamenca* i del *Jaufré*»

RESUM: L'article fa un recorregut per la lírica i la narrativa catalana medieval a la recerca de traces de les grans novel·les occitanes del segle XIII, *Flamenca* i *Jaufré*. Hom constata que el seu record és molt feble, car es detecta en aspectes no gaire rellevants i no sempre definitius en les obres de ficció, mentre que la seva petja es fa nítida en les cròniques d'autors com Bernat Desclot i Ramon Muntaner.

PARAULES CLAU: *Flamenca*, *Jaufré*, noves, lírica, narrativa catalana medieval

ABSTRACT: This article offers an overview of medieval Catalan poetry and narrative in search of traces of the great Occitan romans of the 13th century, *Flamenca* and *Jaufré*. It verifies that their reminiscence is very weak, detected in quite irrelevant aspects – and not always definite – in the fictional works, whereas their trail becomes crystal clear in the chronicles of Bernat Desclot and Ramon Muntaner.

KEYWORDS: *Flamenca*, *Jaufré*, *novas rimadas*, lyric poetry, medieval Catalan narrative

Giorgio Faggin, «Galeotto fu Metge»

RESUM: El 2004 es va publicar una edició bilingüe català-italià de *Lo somni* de Bernat Metge. Durant el procés de traducció i de preparació del volum, Giorgio Faggin, com a traductor, i Lola Badia, autora de la introducció i de les notes al text, van mantenir una correspondència assídua. L'article evoca aquesta correspondència, de la qual Faggin cita alguns extrets, especialment amb la intenció de fer veure el sentit de l'humor i el domini de l'italià demostrats per Lola Badia.

PARAULES CLAU: Bernat Metge, Lola Badia, Giorgio Faggin, traducció, llengua italiana

ABSTRACT: A bilingual Catalan-Italian edition of Bernat Metge's *Lo somni* ("The Dream"; late 14th century) was published in 2004. During the process of the volume's translation and preparation, Giorgio Faggin, as the translator, and Lola Badia, the author of the introduction and notes to the text, kept up a regular correspondence. This article evokes that correspondence, from which Faggin quotes some excerpts, especially intended to show the wit and mastery of Italian exhibited by Lola Badia.

KEYWORDS: Bernat Metge, Lola Badia, Giorgio Faggin, translation, Italian language

Kálmán Faluba, «Les paraules polisèmiques *batalla* i *lliça* al *Curial*»

RESUM: Aquest article localitza i sistematitza les ocurrències de les diverses accepcions de les paraules *batalla* i *lliça* al *Curial*, novel·la cavalleresca catalana de mitjan segle XV, per a buscar-ne després les correspondències en una recent modernització del text medieval i en la traducció hongaresa en curs de realització. La comparació de les tres versions dona lloc a propostes de millorament del text hongarès.

PARAULES CLAU: *Curial*, polisèmia, modernització, traducció, hongarès

ABSTRACT: This article locates and systematizes the occurrences of different meanings of the words *batalla* and *lliça* in *Curial*, the Catalan chivalric novel of the mid-15th century, in order to subsequently find the correspondences in a recent modernization of the medieval text and in the Hungarian translation in progress. The comparison of the three versions gives rise to proposals for improving the Hungarian text.

KEYWORDS: *Curial*, polysemy, modernization, translation, Hungarian

Anna Fernàndez-Clot, «Ministrers i música al *Curial e Güelfa*»

RESUM: Aquest treball recull les referències a la música, al cant i a la dansa que es troben al *Curial e Güelfa*. Les diverses informacions es presenten contextualitzades en el marc de la novel·la i es posen en relació amb els espais i les formes d'interpretació musical vigents a la primera meitat del segle XV.

PARAULES CLAU: *Curial e Güelfa*, música, ministrers, dansa

ABSTRACT: This paper gathers the musical references widespread in the *Curial e Güelfa*. These references are contextualised within the novel and connected to the scenarios and musical performance modes current in the mid-15th century.

KEYWORDS: *Curial e Güelfa*, music, minstrels, dance

Montserrat Ferrer Santanach, «Els altres herois. El cas de Marc Valeri Corb»

RESUM: El treball comenta un fragment del final del llibre VII de la *Història de Roma* de Tit Livi, en el qual els romans s'enfronten per primera vegada als samnites i els vencen gràcies a la intel·ligència i valentia del seu cabdill, Marc Valeri Corb. L'episodi, que la traducció catalana medieval reuneix en un sol capítol, conté els discursos de Marc Valeri a les seves tropes i la narració de la batalla. Marc Valeri és tractat i descrit com els grans herois clàssics que tant admiraven els lectors medievals. S'edita el capítol de la traducció catalana medieval.

PARAULES CLAU: Tit Livi, Marc Valeri Corb, traducció medieval, parlaments, herois clàssics

ABSTRACT: This article comments on a fragment from book VII of Livy's *History of Rome*, in which the Romans first faced the Samnites and beat them thanks to the intelligence and bravery of their chieftain, Marcus Valerius Corvus. This episode, which the medieval Catalan translation brings together in a single chapter, contains the speeches of Marcus Valerius to his army and the narration of the battle. Marcus Valerius is described just as the great classical heroes whom medieval readers admired so much.

KEYWORDS: Titus Livius, Marcus Valerius Corvus, medieval translation, speech, classical heroes

Alexander Fidora, «L'astròleg maligne. Notes sobre les fonts d'un exemple lul·lià»

RESUM: El conte de l'astròleg maligne de l'*Arbre exemplifical* és un dels exemples literaris més coneguts de l'obra de Ramon Llull. Tot i que els estudis dels darrers anys han pogut mostrar que Llull hi combina diverses tradicions narratives, la qüestió de l'origen d'aquestes tradicions no s'ha pogut respondre de manera concloent. En aquest article proposem dues noves fonts per al conte lul·lià, a saber, la història de Jaʿfar, visir del califa Hārūn al-Rashid, recollida al repertori biogràfic *Wafayāt al-aʿyān* d'Ibn Khallikān, i el *Secretum secretorum* pseudoaristotèlic, que Llull conegué molt probablement a través del *Llibre de doctrina* del rei Jaume.

PARAULES CLAU: Astrologia política, literatura exemplar, Ibn Khallikān, *Secretum secretorum*

ABSTRACT: The story of the treacherous astrologer of the *Arbre exemplifical* is one of the best-known literary exempla of Ramon Llull's work. Although recent studies have shown that Llull combines several narrative traditions, the question of the very origin of these traditions has not yet been conclusively answered. In this article I propose two new sources for the Lullian tale: the story of Jaʿfar, vizier of the caliph Hārūn al-Rashid, collected in the biographical repertoire *Wafayāt al-aʿyān* by Ibn Khallikān, and the pseudo-Aristotelian *Secretum secretorum*, which Llull probably knew through King James's *Llibre de doctrina*.

KEYWORDS: Political astrology, exempla literature, Ibn Khallikān, *Secretum secretorum*

Roger Friedlein, «L'obra ibèrica d'Otto Denk, historiador de la literatura catalana medieval al segle XIX»

RESUM: L'autor bavarès Otto Denk, àmpliament desconegut, és un dels primers historiadors de la literatura catalana antiga de fora del país. A part de la seva *Einführung in die Geschichte der altkatalanischen Literatur* (1893), peça principal dels seus escrits relacionats amb la península ibèrica, l'obra del polígraf alemany també abraça una sèrie de narracions literàries medievalistes. Sempre marcades per un catolicisme intransigent, les seves obres arrelen en la historiografia romàntica i configuren un relat de decadència i recuperació.

PARAULES CLAU: historiografia de la literatura catalana, medievalisme, romanticisme catòlic, catalanisme alemany, filologia del segle XIX

ABSTRACT: The largely unknown Bavarian author Otto Denk is one of the first historians of ancient Catalan literature from outside of Catalonia. Apart from his *Einführung in die Geschichte der altkatalanischen Literatur* (1893), which is the capital piece of his writings related to the Iberian peninsula, the works of the German polygrapher also include medievalist short fiction. Denk's writings, characterized by intransigent Catholicism, are rooted in Romantic historiography and tell a story of decadence and restoration.

KEYWORDS: Historiography of Catalan literature, Medievalism, Catholic Romanticism, Catalanism in Germany, 19th century philology

Francisco M. Gimeno Blay, «Un trasllat notarial i una butlla de plom de Jaume I»

RESUM: El 16 de juny de 1323, el notari lleidatà Bernat de Caldes autoritzà el trasllat notarial d'un document original expedit per la Cancelleria reial de Jaume I datat el 19 de març de 1262 a Montpeller. El notari que validà la còpia descriu minuciosament l'original, fent èmfasi, especialment, en la butlla de plom emprada per donar validesa jurídica.

PARAULES CLAU: Trasllat notarial, butlla de plom, Jaume I, Cancelleria Reial

ABSTRACT: On 16 June 1323, the Lleida notary Bernat de Caldes authorized the notarial copy of an original document issued by the Royal Chancery of Jaume I dated 19 March 1262 in Montpellier. The notary who validated the copy carefully describes the original, with particular emphasis on the bulla used to provide legal validity.

KEYWORDS: Notarial copy, bulla, King James I, Royal Chancery

Sebastià Giralt, «El deix occità de Bartomeu de Tresbens»

RESUM: L'inici de l'edició dels tractats astrològics breus de Bartomeu de Tresbens (*fl.* 1359-1375) ha revelat la influència de la llengua occitana en la seva obra, una de les pistes que ha dut a descobrir els orígens d'aquest astròleg i metge de Pere III el Cerimoniós en el comtat de Foix. Després de considerar els possibles castellanismes, aquí es recullen els occitanismes de Tresbens, pertanyents sobretot a l'àmbit del lèxic i conservats especialment en un dels testimonis de la seva obra, el ms. Ripoll, Biblioteca Lambert Mata, XXI.

PARAULES CLAU: astrologia medieval, català medieval, occità medieval, manuscrits, Bartomeu de Tresbens

ABSTRACT: The start of the edition of brief astrological treatises by Bartomeu de Tresbens (fl. 1359-1375) revealed the influence of the Occitan language in his works, one of the clues leading to discovery of the origins of this astrologer and physician to Peter III the Ceremonious in the county of Foix. After considering the possible Castilianisms, this paper reviews Trebens's Occitanisms, which pertain mainly to vocabulary and are conserved especially in one of the examples of his works, MS Ripoll, Biblioteca Lambert Mata, XXI.

KEYWORDS: Medieval astrology, medieval Catalan, medieval Occitan, manuscripts, Bartomeu de Tresbens

Francesc J. Gómez, «Curial *in bivio*, la ciència de Bacus i la iconografia de les Arts Liberals»

RESUM: Aquest treball se centra en el sentit i les fonts de l'anomenada «segona visió mitològica de *Curial*»: principalment, dos comentaris antics de la *Commedia* de Dante (el de Benvenuto da Imola i la tercera redacció del de Pietro Alighieri) i la tradició iconogràfica del Triumphus Augustini o Al·legoria de la Saviesa. Aquesta tradició, àmpliament difosa a Itàlia des de mitjan segle XIV, proporciona una clau cultural per a dilucidar la relació entre Bacus i les Arts Liberals, el sentit ocult del passatge, la seva funció dins el conjunt de l'obra i l'originalitat de l'autor.

PARAULES CLAU: *Curial e Güelfa*, iconografia de les Arts Liberals, Triumphus Augustini, al·legoria de la Saviesa, Dante i la tradició dels comentaris antics

ABSTRACT: This essay focuses on the meaning and sources of the so-called "Curial's second mythological vision": mainly two ancient commentaries on Dante's *Commedia* (Benvenuto da Imola's and the third draft of Pietro Alighieri's), and the iconographic tradition of the Triumphus Augustini, or Allegory of Wisdom. This iconographic tradition, widespread in Italy from the mid-fourteenth century, provides a cultural key to elucidate the link between Baccus and the Liberal Arts, the hidden meaning of the passage, its function within the whole work and the originality of its author.

KEYWORDS: *Curial e Güelfa*, iconography of the Liberal Arts, Triumphus Augustini, Allegory of Wisdom, Dante and the ancient commentaries tradition

David Guixeras Olivet, «Eiximenis a la premsa catalana dels anys 1925-1939»

RESUM: Entre 1925 i 1939 les pàgines culturals de la premsa catalana van incloure nombroses referències a l'obra de Francesc Eiximenis, considerat aleshores un autor important per la configuració de la llengua estàndard o literària, gràcies a les edicions d'Els Nostres Clàssics. Es cataloguen un total de 38 referències d'abast i temàtica molt variats. Una quarta part dels textos presenten Eiximenis com a model de lèxic i sintaxi per al català contemporani. El catàleg inclou diversos articles monogràfics, així com ressenyes i extractes d'edicions científiques.

PARAULES CLAU: reforma fabriana, llengua estàndard, model sintàctic, premsa cultural

ABSTRACT: Between 1925 and 1939 the cultural pages of the Catalan press included numerous references to the work of Francesc Eiximenis, considered at the time an important author for the configuration of the standard or literary language, thanks to the editions of Els Nostres Clàssics. A total of 38 references with very varied scope and subject are catalogued. A quarter of the texts present Eiximenis as a lexicon and syntax model for contemporary Catalan. The catalogue includes a number of monographic articles, as well as reviews and excerpts from scientific publications.

KEYWORDS: Fabra's reform, standard language, syntactic model, cultural press

Robert D. Hughes, «Ramon Llull and the rhetoric of prayer. A brieff commentary»

RESUM: Es proposen alguns breus comentaris sobre una porció molt petita d'una subunitat més gran extreta d'un text enorme, el *Llibre de contemplació* (1273-74 ?) de Ramon Llull; al mateix temps que aquesta obra és només una fracció d'una producció literària encara més extensa. Es voldria suggerir que no només algunes de les qualitats de la prosa sinó també de la riquesa del pensament de Ramon es posen de manifest en els seus escrits tant si els considerem des d'un punt de vista micro com macro.

PARAULES CLAU: Retòrica, oració/pregària, cogitació, elogi, culpa

ABSTRACT: This essay proposes a brief commentary upon a minute portion of a larger sub-unit drawn from the middle of an immense text, namely, the *Llibre de contemplació* (1273-74?) by Ramon Llull, this text itself forming only a fraction of a far vaster oeuvre. It suggests that certain of the qualities of the prose as well as the richness of thought reveal themselves equally at the micro and the macro level of Llull's writings.

KEYWORDS: Rhetoric, prayer, cogitation, praise, blame

Josep Izquierdo, «Una aproximació a Jean Gerson i Felip de Malla com a mestre i deixeble»

RESUM: La lectura del segon llibre del *Memorial del pecador remut* ens proporciona informació sobre l'ús que fa Felip de Malla d'algunes obres del seu mestre a París Jean Gerson, especialment del *De mystica theologia*, la *Josephina* i el *De consolatione theologiae*, i s'hi destaca l'aspecte autojustificatiu i consolatori de l'obra en relació amb l'opinió de Malla sobre l'enfrontament amb Alfons el Magnànim pels benifets que li foren concedits per Martí V al Concili de Constança i amb unes indefinides «transgressions» de les quals s'autoinculpa.

PARAULES CLAU: Felip de Malla, segon llibre del *Memorial del pecador remut*, Jean Gerson, *De mystica theologia*, Alfons el Magnànim

ABSTRACT: The reading of the second book of the *Memorial del pecador remut* gives us information about Felip de Malla's use of some works of his master in Paris, Jean Gerson. Especially of *De mystica theologia*, the *Josephina*, and *De consolatione theologiae*. Salient are the self-justifying and consolatory aspects of the work in relation to Malla's opinion about the confrontation with Alfons el Magnànim due to the benefits that were granted to him by Martí V in the Council of Constance and with indefinite "wrongdoings" of which he blames himself.

KEYWORDS: Felip de Malla, second book of the *Memorial del pecador remut*, Jean Gerson, *De mystica theologia*, Alfons el Magnànim

Xavier Lamuela, «Algunes observacions sobre l'etimologia del mot *dessen* de l'occità antic»

RESUM: L'etimologia de l'adverbi occità antic *dessen* 'de seguida' ha estat molt controvertida; la hipòtesi acceptada més generalment és que provindria del truncament de *de sempre*. Aquest article examina la hipòtesi esmentada i d'altres que s'han proposat —llatí SĔMEL 'una vegada' i DE SE 'per si mateix'— i en mostra els defectes. Finalment, reformula una proposta descartada —llatí EXIN 'després d'això'—: l'ètim podria ser el resultat de la fusió d'EXIN i EXHINC, amb els significats de 'després d'això' i 'fins ara'.

PARAULES CLAU: Occità antic, etimologia, canvi lingüístic, desse(n), immediatament

ABSTRACT: The etymology of the Ancient Occitan adverb *dessen* 'presently' has been much controverted, the most generally accepted hypothesis being that it is a truncation of *de sempre*. This paper examines this hypothesis and others that have been proposed – Latin SĔMEL 'once' and DE SE 'from himself' – and shows their shortcomings. Finally, a discarded proposal – Latin EXIN 'thereafter' – is reformulated: the etymon could be a result of the blending of EXIN and EXHINC, with the meanings 'thereafter' and 'until now'.

KEYWORDS: Ancient Occitan, etymology, language change, desse(n), presently

Jeremy Lawrance, «Civic ideals and "humanism" in the Crown of Aragon, 1383-1588»

RESUM: A partir de la crítica de Lola Badia a la tesi noucentista d'un humanisme català en temps de Joan I, aquest treball revisa l'empremta de la ideologia clàssica del concepte de «civilitat» a la Corona d'Aragó medieval. Analitzant el canvi semàntic de termes com *cosa pública*, *comunitat* i *regiment de poble* des del segle XIV fins al XVI, l'article defensa que, de fet, sí que es va produir una veritable Renaixença (en el sentit filosòfic que Panofsky associa al terme) cap al final del segle XV, però que el seu origen s'ha de buscar en la tradició autòctona de pactisme pròpia de la Corona d'Aragó més que no pas en la retòrica civil dels humanistes italians.

PARAULES CLAU: Humanisme civil, pactisme, Francesc Eiximenis, Gauberte Fabricio de Vagad, Gerónimo Blancas

ABSTRACT: Building on Lola Badia's critique of the Noucentista thesis of a premature Catalan humanism under Joan I, this essay reconsiders the imprint of classical "civic" ideology in the Crown of Aragon. By looking at semantic change in terms like *cosa pública*, *comunitat*, and *regiment de poble* from the fourteenth to the sixteenth century, it argues that there was indeed a true Renaissance (in Panofsky's philosophical sense) by the end of the fifteenth century; but it sprang not so much from the civic rhetoric of Italian humanists as from native Aragonese traditions of pactism.

KEYWORDS: Civic humanism, pactism, Francesc Eiximenis, Gauberte Fabricio de Vagad, Gerónimo Blancas

Lino Leonardi, «Per l'edizione di Guittone d'Arezzo. "Tutto mi strugge, in pensero e 'n pianto" (VI)»

RESUM: Aquest article proposa l'edició i comentari d'una cançó d'amor de Guittone d'Arezzo on la perfecta correspondència entre els amants (*il nostro amore*) venç tota dificultat exterior. La proposta s'inscriu en el marc de l'edició crítica de tota l'obra poètica de Guittone, en preparació.

PARAULES CLAU: Guittone d'Arezzo, cançons d'amor, *lausengiers*, correspondència entre els amants, edició crítica

ABSTRACT: From the forthcoming complete edition of Guittone d'Arezzo's poems, this article presents the critical text of one of his love *canzoni*, where the mutual relationship between the lovers (*il nostro amore*) overcomes all external obstacles.

KEYWORDS: Guittone d'Arezzo, love *canzoni*, *lausengiers*, lovers happiness, critical edition

Albert Lloret, «Boscà, Mendoza, Cetina i March»

RESUM: En aquest assaig s'estudien les fonts textuals de la recepció de l'obra d'Ausiàs March en tres poetes del Renaixement hispànic: Joan Boscà, Diego Hurtado de Mendoza i Gutierre de Cetina. La identificació de les edicions de l'obra de March emprades per aquests autors en l'escriptura dels seus versos aporta elements per a datar poemes i manuscrits, atribuir obres i entendre els estímuls editorials i sociològics de l'ausiasmarquisme de la primera meitat del segle XVI.

PARAULES CLAU: Ausiàs March, recepció, Joan Boscà, Diego Hurtado de Mendoza, Gutierre de Cetina

ABSTRACT: This essay studies the textual sources of the reception of Ausiàs March's poetry among three poets of the Hispanic Renaissance: Joan Boscà, Diego Hurtado de Mendoza, and Gutierre de Cetina. The identification of the editions of March's works used by these authors to compose their verses provides clues to date poems and manuscripts, attribute works, and understand the editorial and sociological stimuli among Ausiàs March's poetic followers during the first half of the sixteenth century.

KEYWORDS: Ausiàs March, reception, Joan Boscà, Diego Hurtado de Mendoza, Gutierre de Cetina

Marta Marfany, «Postil·les musicals franceses als *Estramps* de Jordi de Sant Jordi»

RESUM: En aquest article s'analitzen els *Estramps* de Jordi de Sant Jordi, especialment l'estrofa inicial, des de la perspectiva de la tradició poètica francesa i tenint en compte les composicions musicals de l'època.

PARAULES CLAU: Jordi de Sant Jordi, *Estramps*, poesia catalana medieval, poesia francesa medieval, Manuscrit de Chantilly

ABSTRACT: This article analyses Jordi de Sant Jordi's *Estramps*, particularly the initial stanza, from the perspective of the French poetic tradition and considering the musical compositions of the period.

KEYWORDS: Jordi de Sant Jordi, *Estramps*, medieval Catalan poetry, medieval French poetry, Chantilly manuscript

Sadurní Martí, «Sobre els falsos profetes al *Segon del Crestià*»

RESUM: Els capítols 53-80 del *Segon del Crestià* de Francesc Eiximenis tracten sobre les temptacions en què el dimoni usa de «ficció de santedat». Són capítols molt desconeguts, plens de les «finors psicològiques» eiximenianes, com va escriure Martí de Barcelona. El contingut presenta també la visió d'Eiximenis sobre els visionaris i els profetes, especialment dels del seu temps, i ens ajuda a entendre millor, també, alguns episodis de la vida del menoret, com ara la palinòdia dels continguts profètics del capítol 466 del *Dotzè del Crestià* després de la topada l'any 1391 amb Joan I.

PARAULES CLAU: Profecia, Francesc Eiximenis, teoria política, teologia medieval

ABSTRACT: Chapters 53-80 of Francesc Eiximenis's *Segon del Crestià* are concerned with diabolical temptations by means of "a fiction of holiness". They are little-known and full of "psychological subtleties", in the words of Martí de Barcelona. They also present Eiximenis's outlook on visionaries and prophets, particularly those contemporary, and are key to understanding some episodes in his life, such as the recantation of the prophetic content in chapter 466 of his *Dotzè del Crestià*, after a disagreement with King John I in 1391.

KEYWORDS: Prophecy, Francesc Eiximenis, political theory, Medieval theology

Llúcia Martín Pascual, «La *Història de Jacob Xalabín*, trenta anys després»

RESUM: La *Història de Jacob Xalabín*, tot i la seua brevetat, és una obra que ha generat l'interés de la crítica per la seua excepcionalitat. La novel·la té una base històrica que es remonta als orígens de l'Imperi Otomà i la desfeta de Kossovo de 1389. Però sobretot és un producte literari que barreja elements històrics amb els propis de la narrativa cavalleresca i sentimental i també amb d'altres de folklòrics. La dissort del jove Jacob i la crueltat de Bajacet són la base sobre la que es basteix la novel·la.

PARAULES CLAU: *Història de Jacob Xalabín*, narrativa cavalleresca, cròniques orientals

ABSTRACT: *Història de Jacob Xalabín* ("History of Jacob Xalabin") is a short novel that has generated critical interest because of its exceptional nature. The work has a historical background that goes back to the origins of the Ottoman Empire and the defeat of Kossovo in 1389. But it is above all a literary product that mixes historical elements with chivalrous and sentimental narrative and also with folkloric tales. Jacob's misfortune and the cruelty of Bajacet are the basis on which the novel is built.

KEYWORDS: *Història de Jacob Xalabín*, chivalric narrative, oriental chronicles

Tomàs Martínez Romero, «Narcís Vinyoles i els petits animals literaris»

RESUM: En un poema col·laboratiu editat a la segona edició del *Cancionero general* d'Hernando del Castillo, Bernat Fenollar pregunta a Narcís Vinyoles sobre el nom d'una dama les dues primeres síl·labes o parts del qual formen el mot amb què es denomina el més petit dels animals. Com que sabem que la dama en qüestió és Brianda de Santàngel, aquest animal ha de ser un *brian*. A partir de les dades proporcionades pels tractats mèdics de l'època s'intenta esbrinar de quin animal s'hi parla.

PARAULES CLAU: Narcís Vinyoles, Bernat Fenollar, poesia endevinativa, *Cancionero general*, herpes

ABSTRACT: In a collaborative poem published in Hernando del Castillo's second edition of the *Cancionero general*, Bernat Fenollar asks Narcís Vinyoles about the name of a lady, whose two first syllables or parts together form the word used to describe the smallest animal. As they know that the lady in question is Brianda de Santàngel, the referred animal must be a *brian*. Taking into consideration the data provided by some medical treatises of the period, the aim is to discover the animal that hides behind the description.

KEYWORDS: Narcís Vinyoles, Bernat Fenollar, divinatory poetry, *Cancionero general*, herpes

Josep Massot i Muntaner, «Higini Anglès i Rafael Patxot i Jubert»

RESUM: Aquesta nota fa un repàs de les relacions que coneixem entre el gran mecenes català Rafael Patxot i Jubert i el musicòleg Higini Anglès. Anglès col·laborà en una de les iniciatives més importants de Patxot, l'Obra del Cançoner Popular de Catalunya, i fou premiat en un dels concursos musicals promoguts per Patxot a través de l'Orfeó Català. Durant la guerra civil de 1936-1939, tots dos mantingueren correspondència. El contacte desaparegué durant la postguerra i més aviat desembocà en una tibantor.

PARAULES CLAU: Rafael Patxot i Jubert, Higini Anglès, Obra del Cançoner Popular de Catalunya, Orfeó Català, guerra civil espanyola

ABSTRACT: This paper provides an overview of the relationship between the great Catalan patron Rafael Patxot i Jubert and the musicologist Higini Anglès. Anglès worked on one of Patxot's most important projects, the Benevolent Fund for the Popular Catalan Chansonnier, and was awarded a prize in one of the musical competitions that Patxot organised through the Orfeó Català choral society. The two men corresponded during the Spanish Civil War (1936-1939), but lost touch afterwards, when tensions between them emerged.

KEYWORDS: Rafael Patxot i Jubert, Higini Anglès, Benevolent Fund for the Popular Catalan Chansonnier, Orfeó Català, Spanish Civil War

Annemarie C. Mayer, «Llull's arguments for the existence of God. A reflection on the basis the *Llibre del gentil*»

RESUM: Al primer llibre del *Llibre del gentil*, Llull estableix una multitud de demostracions de l'existència de Déu. Els seus arguments són molt breus i concisos. L'ordre segueix la disposició de les flors dels arbres del pròleg, que s'inspira en la seqüència dels atributs de l'*Ars*. Sembla que Llull vol il·luminar el seu objecte, Déu, des de la major quantitat de perspectives possibles de manera que desapareguin totes les ombres. Aquesta contribució investiga en detall una selecció de les proves de Llull i explica algunes de les premisses argumentatives pressuposades, és a dir, els supòsits lògics i ontològics, i després procedeix a configurar una tipologia de les demostracions de Llull.

PARAULES CLAU: Proves de l'existència de Déu, *argumentum ex gradibus*, *argumentum ex convenientia*, *demonstratio per aequiparantiam*

ABSTRACT: In the first book of the *Llibre del gentil*, Llull establishes a multitude of demonstrations for the existence of God. His arguments are very brief and concise. Their order follows the arrangement of the flowers of the trees from the prologue, which is inspired by the sequence of the attributes in the *Ars*. One gets the impression that Llull wants to illuminate his object, God, from as many sides as possible so that all shadows disappear. Taking a closer look at a selection of Llull's arguments, this contribution explains some of the argumentative premises presupposed, i.e., the logical and ontological assumptions, and then proceeds to set up a typology of Llull's demonstrations.

KEYWORDS: Proofs for the existence of God, *argumentum ex gradibus*, *argumentum ex convenientia*, *demonstratio per aequiparantiam*

Jaume Mensa i Valls, «Arnau de Vilanova i els títols efectistes»

RESUM: Arnau de Vilanova va escriure una quarantena d'obres espirituals. Els títols d'aquestes obres són majoritàriament descriptius: anuncien el gènere de l'obra (tractat, al·locució, denúncia, etc.), el tema, la persona a qui va dirigida, o el lloc on fou redactada. En els moments més crítics de la polèmica que va mantenir amb els dominics, Arnau de Vilanova intitula de manera efectista dues de les seves obres, el *Gladius iugulans Thomatistas* i l'*Antidotum effussum per fratrem Martinum de Atheca, praedicatorem*. Arnau era ben conscient de la força propagandística que podia tenir un títol.

PARAULES CLAU: Arnau de Vilanova, obres espirituals, títols efectistes, *gladius*, *antidotum*

ABSTRACT: Arnau de Vilanova wrote about forty spiritual works. The titles of these works are mostly descriptive: they announce the genre of the work (treatise, speech, complaint, etc.), the subject, the person to whom it is addressed, or the place where it was written. In the most critical moments of the controversy he had with the Dominicans, Arnau de Vilanova sensationally titled two of his works, the *Gladius iugulans Thomatistas* and *the Antidotum effussum per Frater Martinum de Atheca, praedicatorem*. Arnau was aware of the propagandist strength a title could have.

KEYWORDS: Arnau de Vilanova, spiritual words, sensationalist titles, *gladius*, *antidotum*

Károly Morvay, «Un tastet de fraseologia del *Curial e Güelfa*»

RESUM: La riquesa idiomàtica del *Curial* es manifesta ja en les primeres frases de l'obra. El text és especialment ric en somatismes fraseològics, fins i tot s'hi troben frases que en contenen tres, o quatre com la que segueix: «Los ulls se li empliren d'aigua e, venint-li lo cor en un fil, se li engendrà en lo cor un desig tan gran de veure-la que tota la sang li fugí» (157). En l'*Apèndix* publico una llista d'uns tres-cents somatismes fraseològics (fraseologismes formats amb noms de les parts del cos) que apareixen en la novel·la.

PARAULES CLAU: *Curial e Güelfa*, fraseologia, somatismes fraseològics, riquesa fraseològica, equivalents hongaresos

ABSTRACT: The idiomatic richness of the *Curial* is already manifested in the first sentences of the work. The text is especially rich in phraseological somatisms; there are even phrases that contain three, or four, like the one that follows: "Los ulls se li empliren d'aigua e, venint-li lo cor en un fil, se li engendrà en lo cor un desig tan gran de veure-la que tota la sang li fugí" (157). In the *Appendix* you find a list of three hundred phraseological somatisms (phraseologisms formed with names of body parts) appearing in the novel.

KEYWORDS: *Curial e Güelfa*, phraseology, phraseological somatism, phraseological richness, Hungarian equivalents

María de las Nieves Muñiz Muñiz, «Tracce del *Tirant lo Blanc* fra le righe dell'*Orlando furioso*»

RESUM: Les traces del *Tirant lo Blanc* a l'*Orlando furioso* d'Ariosto no havien estat sotmeses a un nou examen des del segle XIX. Aquest estudi avalua la seva pertinència i en proposa d'altres, tot delimitant-ne l'abast.

PARAULES CLAU: *Tirant lo Blanc*, *Orlando furioso*, intertextualitat

ABSTRACT: The traces of *Tirant lo Blanc* found in Ariosto's *Orlando furioso* had not been re-examined since the 19th century. This study evaluates its relevance and proposes other coincidences delimiting its scope.

KEYWORDS: *Tirant lo Blanc*, *Orlando furioso*, intertextuality

Josep Murgades, «Ocurrències de contrafisió en March»

RESUM: La contrafisió, figura retòrica tardanament categoritzada com a tal, és també present entre els recursos expressius desplegats per March. La seva desesperació és pura literatura.

PARAULES CLAU: contrafisió, ironia, March, retòrica i sinceritat

ABSTRACT: *Contrefision*, a rhetorical figure categorised as such after the fact, is also present among the expressive resources of March. His desperation is pure literature.

KEYWORDS: Contrefision, irony, March, rhetoric, sincerity

Marina Navàs Farré, «*Fin'amors* pon ous al niu»

RESUM: Aquesta nota gira a l'entorn d'una metàfora estrambòtica sobre l'Amor, assimilat a un ocell que pon ous al niu, que es troba per primera vegada en Ramon de Cornet i que va inspirar uns versos d'Ausiàs March. Aquesta figura serveix d'exemple per il·lustrar una de les característiques de Cornet, un autor juganer que crea imatges noves dins dels cànons estètics del moment i que va deixar una petja en autors catalans: tot plegat enunciat per primera vegada per Lola Badia.

PARAULES CLAU: Ramon de Cornet, Ausiàs March, lírica trobadoresca, amor cortès, tradició mariana

ABSTRACT: This essay is concerned with an odd metaphor of Love, likened to a bird that lays eggs in a nest, which is first documented in Ramon de Cornet and later inspired some lines in Ausiàs March. Through this motif, Cornet can be described as a playful poet who creates new images within the aesthetic canon of the time, and who was followed by Catalan authors, as Lola Badia had noticed.

KEYWORDS: Troubadour poetry, Ramon de Cornet, Ausiàs March, courtly Love, Marian tradition

Raquel Parera, «El recurs a l'exegesi dantesca en la traducció de la *Commedia* d'Andreu Febrer»

RESUM: Andreu Febrer, algutzir d'Alfons el Magnànim, va enllestir la seva traducció en vers de la *Commedia* de Dante el 1429, una versió ambiciosa plausiblement dedicada al monarca. Sembla evident que Febrer havia de recórrer a un aparat exegètic suficient per a la comprensió del poema dantesc, ja fos en forma de comentaris o de glosses. El present article ofereix diversos exemples en què aparentment l'exegesi dantesca suggereix al traductor una determinada solució, de manera que avala i justifica la versió de Febrer.

PARAULES CLAU: Andreu Febrer, Dante Alighieri, *Divina Comèdia*, exegesi dantesca, traduccions medievals

ABSTRACT: Andreu Febrer, bailiff of Alfonso the Magnanimous, completed his Catalan translation in verses of Dante's *Commedia* in 1429. It was an ambitious version, plausibly dedicated to the monarch. It seems clear that Febrer had to use sufficient exegetical apparatus – whether commentaries or glosses – for understanding Dante's poem. This article offers several examples in which the ancient commentaries of the *Divine Comedy* apparently suggested a certain solution to the translator, endorsing and justifying Febrer's version.

KEYWORDS: Andreu Febrer, Dante Alighieri, *Divine Comedy*, Dante and the ancient commentaries tradition, Medieval translations

Jordi Parramon i Blasco, «Els orígens d'un gènere popular. Apunts i comentaris sobre el *Cançoneret Rovirola*»

RESUM: L'anomenat *Cançoneret Rovirola* és un manuscrit copiat a començaments del segle XVI on es conserva la col·lecció de nadales més extensa anteriors a la formació del repertori actual. Totes les cançons que conté són anònimes i en còpia única. En aquest article, dividit en quatre apartats, exposo alguns comentaris i observacions dels textos del *Rovirola* a partir de les edicions fetes per J. Romeu i Figueras.

PARAULES CLAU: Cançoner, segle XV, anònims, poesia popular, nadales

ABSTRACT: The so-called *Cançoneret Rovirola* is a manuscript copied at the beginning of the 16th century that conserves the largest collection of Christmas carols prior to the formation of the current repertoire. All the songs that it contains are anonymous and have come down to us in a single copy. In this article, divided into four sections, I present some comments and observations to the texts of the *Rovirola* from the edition made by J. Romeu i Figueras.

KEYWORDS: Songbook, 15th century, anonymous, folk poetry, Christmas carols

Gemma Pellissa Prades, «"Un monument de la literatura catalana". Apunt sobre els incunables de les *Transformacions* de Francesc Alegre»

RESUM: Aquest article aporta informació nova sobre els incunables conservats de les *Transformacions* de Francesc Alegre (Barcelona, 1494). Els exemplars IB.52537 de la British Library i Inc. 3.h.5.3 de la Cambridge University Library inclouen el *cancellandum* dels folis a2 i a7. Es comparen amb els folis *cancellans* equivalents i s'informa d'altres errors corregits en diferents còpies de la mateixa impressió. Així mateix, es comenta la recepció del text a partir de les marques de lectura.

PARAULES CLAU: incunables, *Transformacions* de Francesc Alegre, història del llibre, Pere Miquel, Ovidi

ABSTRACT: This article presents new information on the existent incunabula of Francesc Alegre's *Transformacions* (Barcelona, 1494). The copies IB.52537 from the British Library and Inc. 3.h.5.3 from Cambridge University Library contain the *cancellandum* of a2 and a7. These are compared with the corresponding *cancellans* and other mistakes that have been corrected in some copies of the same edition are reviewed. Moreover, the reception of the text is also addressed through the analysis of marginalia.

KEYWORDS: Incunabula, *Transformacions* by Francesc Alegre, history of the book, Pere Miquel, Ovid

Michela Pereira, «Segreti celesti e prassi terrena. Llull, Lavinyeta, Bruno»

RESUM: La relació entre astrologia i medicina és mencionada per Llull diverses vegades al *Tractatus novus de astronomia*, i és considerada com a tema central al *Liber de regionibus sanitatis et infirmitatis*. Aquest aspecte del seu pensament, que s'interessa per un element habitual en la cultura escolàstica i mèdica del seu temps, va ser rebut i valorat en el context del lul·lisme del Renaixement, tal com mostren diversos manuscrits a partir del segle XV, com també l'*Explanatio compendiosaque applicatio artis Lulli* de Bernat de Lavinheta, que, en la secció mèdica, parteix del *Liber de regionibus*. Això no obstant, només Giordano Bruno se centra explícitament en aquesta obra lul·liana (que ha llegit a l'*Explanatio*), reconeix que la relació entre macrocosmos i microcosmos n'és el veritable nucli, i identifica l'instrument per davallar dels principis universals cap als particulars concrets (*ad praxin*) en la figura medicoastronòmica que Lavinheta havia elaborat basant-se en les figures de Llull, i que ell reprodueix i analitza en la seva *Medicina Lulliana*.

PARAULES CLAU: Astrologia, medicina, Bernat de Lavinheta, Giordano Bruno

ABSTRACT: The link between astrology and medicine is mentioned by Llull several times in the *Tractatus novus de astronomia*, and is regarded as the central theme of the *Liber de regionibus sanitatis et infirmitatis*. This feature of his thought, which takes up a current element in the scholastic and medical culture of his time, was perceived and valued in the context of Renaissance Lullism, as shown by some manuscripts from the 15th century on, as well as by the *Explanatio compendiosaque applicatio artis Lulli* by Bernardus de Lavinheta, which has the *Liber de regionibus* as the fulcrum of its medical section. However, only Giordano Bruno focuses explicitly on this Lullian work (which he read in the *Explanatio*), recognizing the relationship between macrocosm and microcosm as its core, and identifying the instrument to descend from universal principles to the specific particular (ad praxin) in the medical-astronomical figure that Lavinheta had built upon the figures of Llull, reproduced and analysed in his *Medicina Lulliana*.

KEYWORDS: Astrology, medicine, Bernardus de Lavinheta, Giordano Bruno

Raffaele Pinto, «Dante e 'La compiuta donzella di Firenze'. Appunti di filoginia ed eterodossia dantesca»

RESUM: Els sonets de la Compiuta Donzella, una protesta femenina contra la lògica matrimonial del patriarcat, van suggerir a Dante alguns dels arguments per a la seva crítica de la societat florentina, sobretot a través del personatge de Piccarda Donati, la qual, al «Paradiso», denuncia la violència familiar que va patir per la seva condició de dona.

PARAULES CLAU: Sonets de la Compiuta Donzella, Dante, Piccarda Donati, crítica al patriarcat, matrimoni

ABSTRACT: The sonnets of Compiuta Donzella, a female protest against the matrimonial logic of patriarchy, suggested to Dante some insights for his criticism of Florentine society, in particular through the character of Piccarda Donati, who in «Paradise» denounces the family violence of which she was a victim.

KEYWORDS: Compiuta Donzella's sonnets, Dante, Piccarda Donati, subversion of patriarchal roles, marriage

Elena Pistolesi, «La biblioteca del crociato nel *De fine* di Raimondo Lullo»

RESUM: El *De fine* constitueix un punt d'arribada per a les reflexions lul·lianes sobre la croada i sobre les eines, materials i intel·lectuals, indispensables per al seu èxit. La importància del tractat rau precisament en el catàleg d'escrits que Llull posa a la tercera part de l'obra i que haurien de guiar l'itinerari espiritual de la missió. La contribució se centra en la llista d'obres citades al *De fine* subratllant el pes que l'autor, a partir d'aquesta selecció, va exercir sobre la tradició textual de les seves obres.

PARAULES CLAU: Ramon Llull, *De fine*, tradició de les obres, croada, conversió dels infidels

ABSTRACT: The *De fine* constitutes a fundamental step in Llull's reflections on the Crusade and on the tools essential for his success, both material and intellectual. The importance of the treatise lies precisely in the catalogue of Llull's writings listed at the end of the work, which serve to guide the spiritual journey of the mission. The essay focuses on this list, discussing the weight exercised by the author on the textual tradition of his works.

KEYWORDS: Ramon Llull, *De fine*, tradition of works, Crusade, Conversion of Infidels

Josep Pujol, «Francesc de la Via, dues cartes d'amor i una autoritat de Petrarca (amb un ròssec gironí)»

RESUM: Francesc de la Via (1380-1443) modelà la lletra amorosa que prologa el poema *A bella Venus* a partir d'un intercanvi epistolar anònim que havia passat desapercebut. L'article detalla el deute de l'autor amb aquestes epístoles amoroses, editades en apèndix, i en descriu les característiques literàries principals: reminiscències de les *Heroides*, i trets propis de la retòrica del *dictamen*, com ara la citació de sentències; hi destaca una sentència provinent del capítol I, 69 del *De remediis utriusque fortunae* de Petrarca, que apunta cap a un entorn d'escrivans de cancelleria. L'article conclou mostrant que el manuscrit de *A bella Venus* i el d'un florilegi català del *De remediis* havien pertangut des del segle XV a membres de la família Bell-lloc de Girona, pròxima a Francesc de la Via i al seu món professional d'escrivans i juristes.

PARAULES CLAU: Francesc de la Via, Ovidi (recepció de), Petrarca (recepció de), retòrica medieval, epistolografia amorosa medieval

ABSTRACT: As a preface to his poem *A Bella Venus*, Francesc de la Via (1380-1443) wrote a prose love letter to a lady, which is based on an anonymous love correspondence hitherto unnoticed. This paper offers an edition of these letters, shows how de la Via used them in his work and describes their main features, especially the echoes of Ovid's *Heroides* and the use of proverbs and sentences. The quotation of a passage from Petrarch's *De remediis utriusque fortunae*, I, 69 is a striking novelty that can be related to a professional entourage of chancery scribes. The paper also shows that the extant manuscripts of *A bella Venus* and of a Catalan florilegium from the *De remediis* were owned by members of the Bell-lloc family, which was closely associated with Francesc de la Via and his professional entourage of scribes and lawyers.

KEYWORDS: Francesc de la Via, Ovid (reception of), Petrarch (reception of), Medieval rhetoric. Medieval love epistolography

Rafael Ramos, «Una epístola de Séneca en la poesía de Ferrán Sánchez Calavera»

RESUM: En aquest treball s'estudia la possible influència de la traducció medieval d'una de les més conegudes epístoles a Lucili de Sèneca sobre el poeta Ferrán Sánchez Calavera, un dels autors més significatius de les primeres escoles poètiques castellanes del segle XV.

PARAULES CLAU: Ferrán Sánchez Calavera, Luci Anneu Sèneca, poesia de cançoners, traducció medieval, prehumanisme

ABSTRACT: This paper studies the possible influence of the medieval translation of one of the most famous letters to Lucilius of Seneca about the poet Ferrán Sánchez Calavera, one of the most significant authors of the first Castilian poetical schools of the 15th century.

KEYWORDS: Ferrán Sánchez Calavera, Lucius Annæus Seneca, *cancionero* poetry, Medieval translation, prehumanism

Xavier Renedo Puig, «Avicenna, Gherardo Segarelli i un estudiant de Cantabrígia en el capítol 63 del *Segon del Crestià*»

RESUM: Anàlisi d'un *exemplum* que Francesc Eiximenis va usar, en dues versions diferents, en les planes del *Segon del Crestià* (1381-1382) i del *Llibre dels àngels* (1392). L'origen de l'*exemplum* es troba en el desplegament narratiu d'un passatge de la *Metafísica* d'Avicenna combinat amb la reelaboració d'unes escenes de la crònica de Salimbene da Parma protagonitzades per Gherardo Segarelli.

PARAULES CLAU: Francesc Eiximenis, Avicenna, Gherardo Segalelli, apostòlics, exemplum

ABSTRACT: Both in the *Segon del Crestià* (1381-1382) and the *Llibre dels àngels* (1392), Francesc Eiximenis used two different versions of the same *exemplum*. This article analyses the origin of the *exemplum* as a narrative development of a passage in Avicenna's *Metaphysics*, combined with the elaboration of some scenes from Salimbene da Parma's chronicle, which have Gherardo Segarelli as the main character.

KEYWORDS: Francesc Eiximenis, Avicenna, Gherardo Segalelli, Pseudo-Apostles, exemplum

Francisco Rico, «"Abdalla sarracenus". Las supercherías de Pico della Mirandola»

RESUM: L'autor proposa corregir la identificació que ell mateix havia fet de la referència a un «Abdalla sarracenus» en la *Oratio de hominis dignitate* de Giovanni Pico della Mirandola. L'esmentada autoritat és, amb tota probabilitat, una invenció de Pico.

PARAULES CLAU: Pico della Mirandola, fonts àrabs

ABSTRACT: The author proposes to correct the identification he has made concerning the reference to a certain "Abdalla sarracenus" in the *Oratio de hominis dignitate* of Giovanni Pico della Mirandola. The authorship referred to is undoubtedly an invention of Pico himself.

KEYWORDS: Pico della Mirandola, Arabic sources

Maribel Ripoll Perelló, «El lul·lisme entre bambolines. La relació epistolar entre Mateu Obrador i Maria Antònia Salvà»

RESUM: Entre 1903 i 1909 el lul·lista Mateu Obrador va mantenir una llarga i abundosa correspondència amb la poetessa Maria Antònia Salvà, justament durant el període que Obrador dedicà a l'obra de Llull. En l'epistolari, riquíssim perquè es conserva íntegrament, aquesta labor lul·liana hi apareix sovint referida i s'hi esbossa la influència que Obrador tengué en les lectures lul·lianes de Salvà. En aquesta contribució se'n fa un tast i se'n subratllen els temes més rellevants.

PARAULES CLAU: Lul·lisme, Mateu Obrador, Maria Antònia Salvà, epistolari, influències

ABSTRACT: Between 1903 and 1909, the Lullist Mateu Obrador maintained a long and rich correspondence with the poet Maria Antònia Salvà, during the period that Obrador dedicated to Llull's work. In the epistolary, entirely preserved, this work often appears and the influence that Obrador had on Salvà's Lullian readings was outlined. This essay presents some examples and the most relevant issues are underlined.

KEYWORDS: Lulism, Mateu Obrador, Maria Antònia Salvà, epistolar correspondence, influences

Isabel de Riquer Permanyer, «Articles de Martí de Riquer a *Revista* (1952-1955). Llibres i autors catalans»

RESUM: La col·laboració de Martí de Riquer a *Revista. Semanario de Información, Artes y Letras*, entre els anys 1952 i 1955, va consistir a donar compte de les novetats bibliogràfiques filològiques. Entre articles i ressenyes, Riquer va escriure unes cent-divuit ressenyes, quatre necrològiques i deu articles de temes diversos. Aquí es comenten només les ressenyes dels llibres escrits en català, dels escrits en castellà per autors catalans i dels publicats per professors de la Universitat de Barcelona, així com qualsevol altre tema relacionat amb la cultura i la societat catalanes.

PARAULES CLAU: Martí de Riquer, *Revista*, 1952-1955, ressenyes, llibres en català, autors catalans

ABSTRACT: Martí de Riquer's contribution to *Revista* during 1952-1955 consisted in tracking novel publications in the field of philology. Riquer had written 118 reviews, 4 articles *in memoriam* and 10 articles on various topics. In the present work attention is restricted to his reviews of books written in Catalan, books written in Spanish by Catalan authors, those written by faculty members of the Universitat de Barcelona as well as others, provided they are related to Catalan society and culture.

KEYWORDS: Martí de Riquer, *Revista*, 1952-1955, reviews, books written in Catalan, books written in Spanish by Catalan authors

Pere Rosselló Bover, «Nota sobre la poesia lul·liana de Jeroni Rosselló»

RESUM: Jeroni Rosselló i Ribera fou el primer editor de l'obra catalana de Ramon Llull al segle XIX. Com a poeta, també dedicà alguns dels seus poemes en català a l'autor de *Blaquerna*, tot seguint la moda medievalitzant del romanticisme català. En aquest article es parla de les referències lul·lianes que es troben a la seva obra poètica i sobretot s'analitzen els quatre poemes que Rosselló escriví sobre Ramon Llull. A més, es planteja la possible autoria de Rosselló de l'oratori anònim «La conversió de Ramon Lull», publicat el 1881.

PARAULES CLAU: Jeroni Rosselló, Ramon Llull, poesia, romanticisme, lul·lisme contemporani

ABSTRACT: Jeroni Rosselló i Ribera was the first publisher of Ramon Llull's Catalan works in the 19th century. As a poet, he also dedicated some of his poems in Catalan to the author of *Blaquerna*, following the medievalizing fashion of Catalan romanticism. This paper discusses Lullian references found in his poetic work and, above all, analyzes four poems that Rosselló wrote concerning Ramon Llull. It also considers the possibility that Rosselló is the author of "The Conversion of Ramon Lull", an anonymous oratorio published in 1881.

KEYWORDS: Jeroni Rosselló, Ramon Llull, poetry, romanticism, contemporary Lullism

Josep E. Rubio, «Lola Badia, introductora de Ramon Llull»

RESUM: Entre el 1985 i el 1991 es van publicar en català tres reculls d'estudis fonamentals per a l'avanç de la recerca sobre Llull: els de Jordi Rubió (1985), Frances Yates (1985) i Robert Pring-Mill (1991). Tots tres van encapçalats per sengles introduccions de Lola Badia, que més enllà de la mera presentació dels treballs, en destaca la importància i els ubica en el lloc que els pertoca dintre d'un programa de recerca obert al futur més immediat, dissenyat en les pàgines dels pròlegs.

PARAULES CLAU: Ramon Llull, Lola Badia, bibliografia

ABSTRACT: Between 1985 and 1991, three collections of fundamental studies were published in Catalan for the advancement of Llull's research: those of Jordi Rubió (1985), Frances Yates (1985) and Robert Pring-Mill (1991). All three include individual introductions by Lola Badia, who, beyond the mere presentation of the works, highlights their importance and puts them in context within a research programme open to the immediate future, and designed in the pages of the prefaces.

KEYWORDS: Ramon Llull, Lola Badia, bibliography

Josep Maria Ruiz Simon, «Sobre les discrepàncies respecte a la intenció dels autors en els diàlegs de *Lo somni*»

RESUM: Alguns passatges dels diàlegs de *Lo somni* de Bernat Metge escenifiquen la possibilitat de llegir els mateixos textos de maneres diferents i la relacionen amb la identificació correcta o errònia de la *intentio auctoris*. Aquest article analitza el sentit d'aquests passatges prenent en consideració alguns elements intertextuals que poden ajudar a interpretar-los.

PARAULES CLAU: Bernat Metge, Ciceró, hermenèutica, *intentio auctoris*, filosofia política medieval, epicureisme

ABSTRACT: Some passages in the dialogue of *Lo somni* by Bernat Metge dramatise the possibility of reading the same text in different ways and relate it to the correct or incorrect identification of the *intentio auctoris*. This article looks at the meaning of these passages, taking into account some intertextual elements that can help interpret them.

KEYWORDS: Bernat Metge, Cicero, hermeneutics, *intentio autoris*, medieval political philosophy, epicureanism

Julio Samsó, «Astrología matemática en el *Llibre de les nativitats* de Bartomeu de Tresbens»

RESUM: Aquest treball analitza les tècniques matemàtiques emprades per Bartomeu de Tresbens en el *Llibre de les nativitats*. L'obra no ofereix cap informació sobre el procediment que utilitzava per a dividir les cases de l'horòscop, però sí que explica com prorrogar un planeta o un punt significatiu de l'eclíptica (*tasyīr*/«atazir») per a calcular el temps que falta per a un esdeveniment determinat. Igualment, Tresbens dona informació completa sobre la tècnica astrològica de la projecció de raigs i afegeix exemples numèrics de totes dues tècniques que permeten conjecturar que estava emprant les taules d'ascensions obliqües per al principi del clima V de les *Taules de Toledo*. Finalment, l'autor ofereix algunes dades sobre l'horòscop natalici d'un seu fill i aquest article intenta datar-ne el naixement que, probablement, va ser en el mes de març de 1364. Com que Tresbens afirma que tenia quaranta-set anys quan va néixer el seu fill, suggereixo que ell va néixer, probablement, en l'any 1317.

PARAULES CLAU: astrologia en català, Corona d'Aragó, s. XIV, «atazir», projecció de raigs, horòscop natalici

ABSTRACT: This is an attempt to analyse the mathematical techniques used by Bartomeu de Tresbens in the *Llibre de les nativitats*. The book offers no information about his procedure for dividing the houses of the horoscope, but it explains how to trace a planet or a significant point of the ecliptic (*tasyīr*/ "atazir") in order to determine the amount of time until a particular event will take place. There is also a complete explanation of the astrological technique of casting the rays and, in both cases (*tasyīr* and projection of rays), Tresbens gives numerical examples that allow us to conject that he is using the tables of oblique ascensions for the beginning of the fifth climate preserved in the *Toledan Tables*. Finally, the author gives some details about the nativity horoscope of his son and this paper tries to date the event which, probably, took place in March 1364. As Tresbens states that he was forty-seven years old when his son was born, I suggest that he was probably born in 1317.

KEYWORDS: Astrology in Catalan, Crown of Aragon, 14th century, *atazir*, casting of rays, nativity horoscope

Joan Santanach Suñol, «Apunts sobre la influència de la poesia medieval als inicis de la Renaixença»

RESUM: L'article avalua el paper que la poesia medieval va exercir com a estímul, no únicament simbòlic, sinó també efectiu, en la poesia catalana composta abans i al voltant de la instauració dels Jocs Florals de Barcelona (1859). Se'n ressegueixen alguns exemples a partir de les obres de tres dels iniciadors del moviment, Joaquim Rubió i Ors, Manuel Milà i Fontanals i Víctor Balaguer. Tots tres comparteixen la doble condició de poetes romàntics i estudiosos de les lletres antigues.

PARAULES CLAU: Poesia, Renaixença, Rubió i Ors, Milà i Fontanals, Víctor Balaguer

ABSTRACT: This article evaluates the role that medieval poetry played as a stimulus, not only symbolic but effective, in Catalan poetry composed before and around the establishment of the Jocs Florals in Barcelona (1859). Some examples are analysed from the works of three of the initiators of the movement, Joaquim Rubió i Ors, Manuel Milà i Fontanals and Víctor Balaguer. All three share dual status as romantic poets and scholars of ancient letters.

KEYWORDS: Poetry, Renaixença, Rubió i Ors, Milà i Fontanals, Víctor Balaguer

Simone Sari, «Il papa Blaquerna, arabista»

RESUM: En el món ideal, i no utòpic, reconstruït en el *Romanç d'Evast e Blaquerna*, el nou elegit papa rep una educació notable en relació amb el món islàmic i subsaharià. A través d'un repàs d'aquestes suggestions podem entendre que el papa desitjat per Llull presta molta atenció a tots els aspectes politicoeconòmics del seu temps i que el llibre IV de la novel·la és una aplicació dels projectes de croada que el mestre mallorquí proposarà més tard en forma de tractats.

PARAULES CLAU: papa Blaquerna, projectes de croada, influència islàmica, sufisme, ruta transsahariana

ABSTRACT: In the ideal, but not utopic, world depicted in the *Romanç d'Evast e Blaquerna*, the newly elected pope receives a remarkable education about the Islamic and Sub-Saharan world. Through reviewing these excerpts we can understand that the pope desired by Llull is very attentive to all the socio-political aspects of his time as well as that book IV of the novel is an application of the Crusade projects that Llull will later detail in the shape of treaties.

KEYWORDS: Pope Blaquerna, Crusade projects, Islamic influence, Sufism, Trans-Saharan trade route

Albert Soler, «L'Arbre dels començaments de medicina de Guillem Pagès»

RESUM: L'article descriu la figura de l'Arbre dels començaments de medicina que es va dur a terme a la còpia de l'obra executada per Guillem Pagès a final del segle XIII (avui conservada a Dublín, University College). No tots els detalls de mida i disseny es poden atribuir a Ramon Llull, però es pot sostenir que el conjunt, per la seva excepcionalitat, respon a la seva intenció.

PARAULES CLAU: Ramon Llull, codicologia, diagramàtica

ABSTRACT: This article describes the figure of the Tree of the Principles of Medicine present in the copy made by Guillem Pagès at the end of the 13th century (now in the library of University College, Dublin). Not all the details of the size and design can be attributed to Ramon Llull, but one could argue that on the whole, because of its exceptional nature, it corresponds to his intentions.

KEYWORDS: Ramon Llull, codicology, diagramatics

Josep Solervicens, «La construcció d'un Ausiàs March renaixentista en glosses i comentaris cinccentistes»

RESUM: L'article analitza els procediments interpretatius de l'obra poètica d'Ausiàs March al Renaixement, prenent com a base les edicions de Barcelona (1543, 1545 i 1560) i de Valladolid (1555) i el manuscrit impulsat per Carròs de Vilaregut (1546)

i destinat a la impremta, per tal de descobrir amb quins mitjans autoritzen un model literari en català, el de March, a través dels nous paràmetres teòrics del Renaixement i en paral·lel amb les edicions italianes cinccentistes de Petrarca i d'Ariosto.

PARAULES CLAU: Ausiàs March, Renaixement, petrarquisme, construcció d'autoritat poètica, canonització

ABSTRACT: This article analyses the way Ausiàs March's poetry is interpreted in the Renaissance, on the basis of the Barcelona (1543, 1545 and 1560) and Valladolid (1555) editions and the manuscript initiated by Carròs de Vilaregut (1546), in order to find out by which means a literary model in Catalan, that of Ausiàs March, is legitimized through the new theoretical parameters of the Renaissance, in parallel with the Italian editions of Petrarca and Ariosto of the time.

KEYWORDS: Ausiàs March, Renaissance, Petrarchism, constructing poetic authorities, canonization

Barry Taylor, «Llull's *Proverbis d'ensenyament* in a copy of Hernán Núñez's *Refranes, o proverbios en romance* (Salamanca, 1555) in the British Library»

RESUM: Un exemplar dels *Refranes, o proverbios en romance* d'Hernán Núñez (Salamanca, 1555) conservat a la British Library (635.l.11) conté nombrosos proverbis addicionals en castellà, llatí, francès, italià i català, copiats com a mínim per quatre mans diferents. Dins del corpus redactat en català figuren 49 proverbis dels *Proverbis d'ensenyament de Ramon Llull* en traducció castellana.

PARAULES CLAU: Proverbis, traducció, català, castellà, notes manuscrites

ABSTRACT: A copy of Hernán Núñez's *Refranes, o proverbios en romance* (Salamanca, 1555) in the British Library (635.l.11) has many additional proverbs in Spanish, Latin, French, Italian and Catalan, supplied by at least four early hands. Among the Catalan proverbs are forty-nine of Llull's *Proverbis d'ensenyament* with a Spanish translation.

KEYWORDS: Proverbs, translation, Catalan, Spanish, manuscript additions

Maria Toldrà i Sabaté, «Notes de Pau Ignasi de Dalmases a la seva col·lecció de manuscrits catalans»

RESUM: L'article presenta les dues col·leccions de notes de l'historiador i erudit Pau Ignasi de Dalmases (1670-1718) a les *Bibliotheca hispana vetus* i *Nova* de Nicolás Antonio. Es destaca la importància de les addicions de Dalmases a la *Vetus* en forma de catàleg d'escriptors, en la seva major part catalans (AHCB, ms. A-35), ja que es basen sobretot en la important col·lecció de manuscrits medievals del mateix Dalmases.

PARAULES CLAU: Catàlegs d'escriptors catalans, manuscrits catalans, Pau Ignasi de Dalmases, Ramon Llull, tradició literària catalana

ABSTRACT: This article presents the two collections of notes on Nicolás Antonio's *Bibliotheca hispana vetus* and *Nova*, by the historian and scholar Pau Ignasi de Dalmases (1670-1718). The importance of Dalmases' additions to the *Vetus* in the form of a writers' catalogue, mostly Catalans (AHCB, ms. A-35), is emphasized as they rely largely on his own important collection of medieval manuscripts.

KEYWORDS: Catalogues of Catalan authors, Catalan manuscripts, Pau Ignasi de Dalmases, Ramon Llull, Catalan literary tradition

Jaume Torró Torrent, «De l'amistat i dels llibres»

RESUM: L'autor ressegueix el motiu de l'enyor dels amics en Alceu i Ovidi, en Jordi de Sant Jordi i Ausiàs March, el motiu dels llibres com a amics en Ciceró i en Horaci i els seus escoliastes, i el motiu del llibre com un amic íntim a qui el poeta confia moments petits i grans de la seva vida fins a convertir el llibre en una mena de diari personal i una autobiografia. Finalment, proposa un passatge d'Horaci per al nom del *Secretum* de Petrarca.

PARAULES CLAU: els amics, els llibres com a persones, Petrarca lector d'Horaci

ABSTRACT: The author traces the theme of missing one's friends from Alcaeus and Ovid to Jordi de Sant Jordi and Ausiàs March. He then traces the theme of books being one's friend in Cicero and in Horace and his scholiasts, and identifies the theme of the book as a close friend in whom the lyric poet confides a collection of little and great moments from his life, so as to turn it into a sort of personal diary and autobiography. Lastly, the author suggests a passage from Horace as Petrarch's inspiration for the title of his *Secretum*.

KEYWORDS: Friends, books as people, Petrarch reader of Horace

Francesc Tous Prieto, «Sobre les "Condicions d'amor" i la mort de l'amic»

RESUM: Després d'una breu recapitulació de la diversitat i la riquesa formals de l'*Arbre de filosofia d'amor* (1298) de Ramon Llull, considerat un dels productes prototípics de la literatura alternativa lul·liana, l'article, seguint en bona part les aportacions de Michela Pereira, remarca la transcendència dels «Accidents d'amor» en l'itinerari místic que proposa el text i reforça aquesta lectura mitjançant una breu anàlisi de l'ús de les «Condicions d'amor» en el capítol 77 («Con l'amic fo jutjat a mort per amor»).

PARAULES CLAU: Ramon Llull, *Arbre de filosofia d'amor*, amància, literatura mística, formes breus

ABSTRACT: After a brief summary of the formal diversity and richness of *Arbre de filosofia d'amor* (1298), a prototypical example of Ramon Llull's alternative literature, this article aims to underline, on the basis of Michela Pereira's contributions, the importance of "Accidents d'amor" for the mystical itinerary proposed by the text, and attempts to reinforce this interpretation with a brief analysis of the use of several "Condicions d'amor" in chapter 77 ("Con l'amic fo jutjat a mort per amor").

KEYWORDS: Ramon Llull, *Arbre de filosofia d'amor*, "amància", mystical literature, brief forms

Ilaria Zamuner, «Una versione veneziana dell'*Epistola ad Alexandrum de dieta servanda*»

RESUM: En aquest estudi es proposa l'edició de la traducció veneciana, fins ara inèdita, de l'*Epistola ad Alexandrum de dieta servanda* transmesa pels manuscrits Cracòvia, Biblioteca Jagellonica, Ital. Quart. 62, i Nàpols, Biblioteca Nazionale, G VIII 67. Després d'una breu introducció, el text és acarat amb la tradició llatina i toscana, i se'n fa una anàlisi lingüística. L'edició es fonamenta en el manuscrit de Cracòvia, amb les lliçons concorrents del còdex de Nàpols en nota.

PARAULES CLAU: medicina, dietètica, *Secretum secretorum*, filologia italiana, venecià antic

ABSTRACT: The present study proposes the edition of the Venetian translation, previously unpublished, of the *Epistola ad Alexandrum de dieta servanda* recorded in the manuscripts Krakov, Jagiellonian Library, Ital. Quart. 62, and Naples, National Library, G VIII 67. After a brief introduction, the text is compared with the Latin and Tuscan traditions, and analysed from a linguistic point of view. The edition is based on the Krakow manuscript with the concurrent lessons of the Naples manuscript in note.

KEYWORDS: Medicine, dietetics, *Secretum secretorum*, Italian Philology, medieval Venetian

Bibliografia de Lola Badia (1971-2020)

Lluís Cifuentes i Comamala
(Universitat de Barcelona)

Aquesta bibliografia es presenta en dues parts. La primera part (I) conté les obres majors, és a dir, les relacionades més directament amb la tasca de recerca i amb l'alta divulgació de la recerca: els treballs doctorals propis, les monografies, els articles i capítols de llibre, les edicions i antologies de textos antics, les obres col·lectives o d'un autor determinat que l'homenatjada hagi coordinat o curat, i els llocs web i les bases de dades que ha dirigit. La segona part (II) recull les obres menors, és a dir, les referents a la divulgació adreçada a un públic més ampli, però també a la informació biobibliogràfica dels col·legues, les presentacions de treballs d'altri i la transcripció de les seves opinions: els articles a la premsa periòdica general, les traduccions menors, els pròlegs i epílegs, els articles d'enciclopèdia, les ressenyes, les bibliografies, les col·laboracions en ràdio i televisió i altres enregistraments audiovisuals, i les entrevistes que ha concedit.

En una i altra part les referències es presenten ordenades per l'any que consta a l'edició, independentment del fet que la publicació efectiva no s'hi correspongui. Com que no se'n fa una presentació temàtica, cal advertir que les referències creuades que s'han considerat oportunes no enllacen temes similars, sinó obres derivades o seriades. A la segona part s'ha procurat presentar agrupats, a cada anualitat, els articles, traduccions i pròlegs, les ressenyes, les bibliografies, els audiovisuals i les entrevistes, per aquest ordre. Quant als pròlegs, només s'han referenciat a part els que presenten publicacions en les quals no intervé l'homenatjada. En el cas dels audiovisuals, cal advertir que s'han recollit tots els que s'han pogut localitzar, malgrat que no poden ser exhaustius. El mateix advertiment és vàlid per a les entrevistes que ha concedit, que s'ha considerat pertinent incloure-les pel fet que transmeten directament la seva opinió. En l'actualitat, molts dels treballs recollits a les dues llistes són d'accés lliure a Internet, però no s'ha trobat necessari fer constar els enllaços corresponents, a excepció de les publicacions en format exclusivament digital i els audiovisuals accessibles a la xarxa. Les contribucions puntuals de Lluís Cabré, Antònia Carré, Xavier Lamuela, Josep Pujol, Joan Santanach, Albert Soler i Lourdes Soriano han millorat la relació que segueix.

I

Obres majors

Tesis, llibres d'assaig i de divulgació, articles de recerca i de crítica, edicions crítiques i de divulgació, antologies de textos medievals, coordinació i curadoria de reculls d'estudis d'autor i col·lectius, i direcció de recursos a la xarxa.

1973

1. *Estudis sobre la traducció catalana del Decàmeron*, tesi de llicenciatura de la Universitat Autònoma de Barcelona, Departament de Filologia Espanyola i Catalana, dirigida per Josep Romeu i Figueras, 1973 [mecanoscrit]. *Cf.* I.2.

1974

2. «Sobre la traducció catalana del *Decameron* de 1429», *Boletín de la Real Academia de Buenas Letras de Barcelona*, 35 (1973-1974), pp. 69-101. *Cf.* I.1.

1975

3. Bernat Metge, *Obra completa*, ed. Lola Badia & Xavier Lamuela, Barcelona: Selecta (Biblioteca gasela, 7), 1975, 289 pp.

1977

4. *Estudi i edició del cançoneret catalano-provençal contingut en el manuscrit 129 del fons de Ripoll de l'Arxiu de la Corona d'Aragó*, tesi doctoral de la Universitat Autònoma de Barcelona, Departament de Filologia Espanyola i Catalana, dirigida per Martí de Riquer, 1977, 432 ff. [mecanoscrit] [resum: Bellaterra: Universitat Autònoma de Barcelona, 1978, 13 pp.]. *Cf.* I.27 i I.80.

1979

5. «Desgreuge per Tirant», *Quaderns Crema*, 2 (1979), pp. 101-106.

1980

6. «L'‘humanisme català': formació i crisi d'un concepte historiogràfic», dins *Actes del Cinquè Col·loqui Internacional de Llengua i Literatura Catalanes (Andorra, 1-6 d'octubre de 1979)*, ed. Jordi Bruguera & Josep Massot i Muntaner, Barcelona: PAM (Biblioteca Abat Oliva, 19), 1980, pp. 41-70 [reimpr. dins I.55, cap. 1].
7. «Llegir Ausiàs March», *Serra d'Or*, 22/244 (gen. 1980), pp. 43-44.
8. «El beat Ramon Llull o la literatura que torna», *Serra d'Or*, 22/249 (juny 1980), pp. 29-30/399-400.
9. «El verb ‘buscar' documentat a mitjan segle xiv», dins *Homenatge a Josep M. de Casacuberta*, vol. 1, Barcelona: PAM (Estudis de Llengua i Literatura Catalanes, 1), 1980, pp. 65-68.

1981

10. «Problemes de l'humanisme en la cultura catalana», *Serra d'Or*, 23/259 (abril 1981), pp. 65-69/257-261.
11. «Ramon Llull, els sarraïns i les lletres», *Serra d'Or*, 23/266 (nov. 1981), pp. 45-48/717-720.
12. «Sota la pedra de Calvino», *Quaderns Crema*, 4 (1981), pp. 63-70.
13. «“De verms” (comentari al poema XIII d'Ausiàs March)», *L'Espill*, 9 (1981), pp. 117-124 [reimpr. amb el títol «Lectura del poema XIII d'Ausiàs March», dins *Anàlisis i comentaris de textos literaris catalans*, ed. Narcís Garolera i Carbonell, vol. 1 (*De Llull a Verdaguer*), Barcelona: Curial (Manuals Curial, 5), 1982, pp. 136-147] [nova ed. refosa dins I.81, cap. 8].
14. «“No cal que tragats exempli dels romans”», dins *Miscel·lània Pere Bohigas*, vol. 1, Barcelona: PAM (Estudis de Llengua i Literatura Catalanes, 3), 1981, pp. 88-94.
15. «A propòsit dels models literaris lul·lians de la dona: Natana i Aloma», *Estudi General*, 1/2 (1981), pp. 23-28.

16. «"Sí com lo taur..."», *Els Marges*, 22-23 (1981), pp. 10-31 [reimpr. amb el títol «A propòsit d'una esparça d'Ausiàs March», dins *Anàlisis i comentaris de textos literaris catalans*, ed. Narcís Garolera i Carbonell, vol. 3, Barcelona: Curial Edicions Catalanes (Manuals Curial, 8), 1985, pp. 93-111] [nova ed. refosa dins I.81, cap. 9].
17. Ramon Llull, *Tractat d'astronomia (segons el ms. Add. 16434 del British Museum)*, ed. Jordi Gayà & Lola Badia, dins *Textos y estudios sobre astronomía española en el siglo XIII*, ed. Juan Vernet, Barcelona: Facultad de Filosofía y Letras, Universidad Autónoma de Barcelona - Instituto de Filología, Institución Milá y Fontanals (CSIC), 1981, pp. 205-323 + 2 ff. de làm. *Cf.* I.119.

1982

18. «Disputa del Clergue Pere i de Ramon, el Fantàstic», *L'Estruç*, 2a època, 1 (abril 1982), pp. 1-2. *Cf.* I.40 i I.135.
19. *Història de Jacob Xalabín*, estudi introductori, edició i notes de Lola Badia, Barcelona: Edicions 62 (El Garbell, 7), 1982, 108 pp.
20. «La nostàlgia dels sants i dels dimonis», *Quaderns Crema*, 6 (1982), pp. 87-90.
21. *Poesia trobadoresca: antologia*, [pròleg, selecció i notes de 60 poemes de trobadors] a cura de Lola Badia, versions [poètiques] d'Alfred Badia, Barcelona: Edicions 62 - "la Caixa" (Les Millors Obres de la Literatura Universal, 14), 1982, 305 pp. *Cf.* II.35.

1983

22. «El Llull de la senyora Yates», *Serra d'Or*, 25/282 (març 1983), pp. 47-50/175-178.
23. «Jordi Rubió i Balaguer (1887-1982): per una semblança intel·lectual», *L'Avenç*, 62 (jul.-agost 1983), pp. 583-587.
24. «Ramon Llull i la literatura», *L'Avenç*, 64 (oct. 1983), pp. 770-774.
25. «El poema proemial d'Ausiàs March», *L'Espill*, 17-18 (1983), pp. 51-65 [nova ed. refosa dins I.81, cap. 7].
26. «"Et hoc patet per regulam C"», *Quaderns Crema*, 7 (1983), pp. 79-98.

27. *Poesia catalana del s.* XIV*: edició i estudi del «Cançoneret de Ripoll»*, Barcelona: Quaderns Crema (Miscel·lània: Sèrie Gran, 3), 1983, XVIII + 350 pp. *Cf.* I.4 i I.80.
28. *El* Libre de definicions, *opuscle didàctic lul·lià del segle* XV, Barcelona: Humanitas (Biblioteca Humanitas de Textos Inéditos, 2), 1983, 109 pp.

1984

29. «Poesia i Art al *Libre del Gentil* de Ramon Llull», *Reduccions*, 25 (gen. 1984), pp. 87-96.
30. «*Solitud*, novel·la», *Quaderns Crema*, 8 (gen. 1984), pp. 27-35.
31. «Teresa, la Ben Plantada: una 'midons' del Nou-cents», *Patio de Letras*, 7 (març 1984), pp. 57-67.
32. «Frontí i Vegeci, mestres de cavalleria en català als segles XIV i XV», *Boletín de la Real Academia de Buenas Letras de Barcelona*, 39 (1983-1984), pp. 191-215.
33. *Les poesies de Jordi de Sant Jordi, cavaller valencià del segle* XV, ed. Martí de Riquer & Lola Badia, València: Tres i Quatre (Biblioteca d'Estudis i Investigacions, 7), 1984, 367 pp.
34. «"Siats de natura d'anguila en quant farets": *Lo somni* de Bernat Metge (1399)», *El Crotalón*, 1 (1984), pp. 24-65 [reimpr. dins I.55, cap. 4].
35. [Amb el pseudònim Digna Vallvé] «Arnau d'Alfarràs, un bon estilista del segle XV», *El Crotalón*, 1 (1984), pp. 831-840.

1985

36. Ramon Llull, *Libro de amigo y Amado*, traducción y notas de Martín de Riquer, introducción de Lola Badia, Barcelona: Planeta (Clásicos Universales Planeta, 96), 1985, LII + 92 pp.
37. *Literatura catalana medieval: selecció de textos*, Barcelona: Empúries (Les Naus d'Empúries: l'Estol, 1), 1985, 299 pp.
38. «Verdad y literatura en las crónicas medievales catalanas: Ramon Muntaner», *Dispositio*, 10/27 [=*Medieval historiographical discourse*] (1985), pp. 29-44 [trad. catalana actualitzada dins I.81, cap. 1].
39. «El Ovidio exiliado en Ausiàs March», dins *Estudios románicos dedicados al prof. Andrés Soria Ortega en el XXV aniversario de la Cátedra de Literaturas*

Románicas, ed. Jesús Montoya Martínez & Juan Paredes Núñez, vol. 1, Granada: Universidad de Granada, 1985, pp. 267-272 [nova ed. refosa dins I.81, cap. 9].

40. *Disputa del clergue Pere i de Ramon, el fantàstic*, traducció i justificació fervorosa de Lola Badia, Bellaterra: Stelle dell'Orsa (Stelle dell'Orsa, 2), 1985, 164 pp. [reimpr. del pròleg, amb el títol «Estudi del *Phantasticus* de Ramon Llull», a *Estudios Lulianos*, 26 (1986), pp. 5-21]. *Cf.* I.18 i I.135.
41. Frances A. Yates, *Assaigs sobre Ramon Llull*, [ed. Lola Badia], traducció de Daniel Vivern, Barcelona: Empúries (Biblioteca Universal Empúries, 25), 1985, pp. 7-19. *Cf.* II.67.

1986

42. *Estudis de literatura catalana en honor de Josep Romeu i Figueras*, ed. Lola Badia & Josep Massot i Muntaner, 2 vols., Barcelona: Associació Internacional de Llengua i Literatura Catalanes - Universitat Autònoma de Barcelona - PAM (Biblioteca Abat Oliba, 45), 1986. *Cf.* II.81.
43. Martí de Riquer & Lola Badia, «Les poesies de Ramon Boter i l'herència d'Ausiàs March», dins *Estudis de literatura catalana en honor de Josep Romeu i Figueras*, ed. Lola Badia & Josep Massot i Muntaner, vol. 2, Barcelona: Associació Internacional de Llengua i Literatura Catalanes - Universitat Autònoma de Barcelona - PAM (Biblioteca Abat Oliba, 45), 1986, pp. 253-293.
44. «La filosofia natural de Guillem de Conches en català», *Boletín de la Real Academia de Buenas Letras de Barcelona*, 40 (1985-1986), pp. 137-169. *Cf.* I.105.
45. *Noves noves rimades: La ventura del cavaller N'Huc e de Madona*, ed. Lola Badia & Amadeu-J. Soberanas, Bellaterra: Stelle dell'Orsa (Stelle dell'Orsa, 4), 1986, 126 pp. *Cf.* I.96.
46. «Per la presència d'Ovidi a l'edat mitjana catalana amb notes sobre les traduccions de les *Heroides* i de les *Metamorfosis* al vulgar», dins *Studia in honorem prof. M. de Riquer*, vol. 1, Barcelona: Quaderns Crema, 1986, pp. 79-109 [nova ed. actualitzada dins I.81, cap. 2].
47. *Lògica, ciència, mística i literatura en l'obra de Ramon Llull*, ed. Lola Badia, dossier monogràfic, Randa, 19 (1986), pp. 1-201. *Cf.* II.79 i II.80.

1987

48. «Sobre l'edat mitjana, el Renaixement, l'humanisme i la fascinació ideològica de les etiquetes historiogràfiques», *Revista de Catalunya*, 8 (1987), pp. 143-155 [reimpr. dins I.55, cap. 2].
49. «"E visch de ço que persones no tasten": de l'"ebrietat' amorosa en els poemes de *Llir entre cards*», dins *Estudis de literatura catalana al País Valencià*, ed. Rafael Alemany, Benidorm-Alacant: Ajuntament de Benidorm - Universitat d'Alacant (Cursos Internacionals de Benidorm), 1987, pp. 11-24 [nova ed. ampliada i refosa dins I.81, cap. 6].
50. «La segona visió mitològica de Curial: notes per a una interpretació de l'anònim català del segle xv *Curial e Güelfa*», dins *Miscel·lània Antoni M. Badia i Margarit*, vol. 6, Barcelona: PAM (Estudis de Llengua i Literatura Catalanes, 14), 1987, pp. 265-292 [reimpr. dins *Actas del I Congreso de la Asociación Hispánica de Literatura Medieval (Santiago de Compostela, 2 al 6 de diciembre de 1985)*, ed. Vicente Beltrán, Barcelona: PPU, 1988, pp. 157-176].
51. Bernat Metge, *Sueño*, introducción de Lola Badia, versión espanyola Alfredo Darnell Gascou, Madrid: Alianza - Enciclopèdia Catalana (Biblioteca de Cultura Catalana, 14), 1987, xv + 125 pp. *Cf.* I.111 i I.127.
52. «De la "reverenda letradura" en el *Curial e Güelfa*», *Caplletra*, 2 (1987), pp. 5-18 [reimpr. dins I.55, cap. 5].

1988

53. «Ramon Llull i la tradició literària», *Estudios Lulianos*, 28/2 (1988), pp. 121-138.
54. Anthony Bonner & Lola Badia, *Ramon Llull: vida, pensament i obra literària*, Barcelona: Empúries (Les Naus d'Empúries: Pal Major, 2), 1988, 190 pp. *Cf.* I.82.
55. *De Bernat Metge a Joan Roís de Corella: estudis sobre la cultura literària de la tardor medieval catalana*, Barcelona: Quaderns Crema (Assaig, 6), 1988, 196 pp. [conté I.6, I.48, II.92, I.34, I.52 i «"En les baixes antenes de vulgar poesia": Corella, els mites i l'amor», un inèdit presentat al II Congreso de la Asociación Hispánica de Literatura Medieval (Segòvia, 1987)].
56. «Sólo para los ojos de una reina», dins Raimundus Lullus, *Electorium parvum seu Breviculum (Handschrift St. Peter perg. 92 der Badischen Landes-*

bibliothek Karlsruhe) = Raimundo Lulio, *Electorium parvum seu Breviculum (Codex St. Peter perg. 92 de la Biblioteca de Baden en Karlsruhe): compilación de Thomas Le Myésier*, ed. Gerhard Stamm & Rafael Díaz Casariego, vol. [2] [comentari al facsímil del manuscrit], Karlsruhe-Wiesbaden-Madrid: Engelhard & Bauer - Reichert - Ediciones de Arte y Bibliofilia, R. Díaz-Casariego, 1988, pp. 1-105.

1989

57. «A propòsit de Ramon Llull i la gramàtica», dins *Miscel·lània Joan Bastardas*, vol. 1, Barcelona: PAM (Estudis de Llengua i Literatura Catalanes, 18), 1989, pp. 157-182.
58. «L'aportació de Ramon Llull a la literatura en llengua d'oc: per un replantejament de les relacions Occitània-Catalunya a la baixa Edat Mitjana», dins *Actes del Vuitè Col·loqui Internacional de Llengua i Literatura Catalanes (Tolosa del Llenguadoc, 12-17 de setembre 1988)*, ed. Antoni M. Badia i Margarit & Michel Camprubí, vol. 1, Barcelona: PAM (Biblioteca Abat Oliba, 77), 1989, pp. 261-295.
59. «De *La Faula* al *Tirant lo Blanc*, passant, sobretot, pel *Llibre de Fortuna e Prudència*», dins *Quaderns Crema, deu anys: miscel·lània*, Barcelona: Quaderns Crema, 1989, pp. 17-57 [nova ed. corr. dins I.81, cap. 4].
60. «Ficció autobiogràfica i experiència lírica a la *Tragèdia de Caldesa*, de Joan Roís de Corella», dins *Homenaje al profesor Antonio Vilanova*, ed. Adolfo Sotelo Vázquez (coord.) & Marta Cristina Carbonell, vol. 1 (*Estudios de literatura española: Edad Media y Edad de Oro*), Barcelona: Universidad de Barcelona, Departamento de Filología Española, 1989, pp. 75-93 [nova ed. corr. dins I.81, cap. 3].
61. «Manipulacions literàries lul·lianes: de la pastorel·la al sermó», dins *El debat intercultural als segles XIII i XIV: actes de les I Jornades de Filosofia Catalana (Girona, 25-27 d'abril de 1988)*, ed. Marcel Salleras, Girona: Universitat de Girona (Estudi General, 9), 1989, pp. 13-27.
62. «Materiales para la interpretación de la obra literaria de Joan Roís de Corella», *Revista de Filología Románica*, 6 (1989), pp. 97-109.
63. «*Raimundi Lulli Opera Latina* XV: Ramon Llull i la predicació», *Llengua & Literatura*, 3 (1988-1989), pp. 563-575.

1990

64. «El vailet de March no ha abandonat cap vell senyor al poema LXVIII», *Reduccions*, 46 (agost 1990), pp. 49-57 [nova ed. corr. dins I.81, cap. 12].
65. «El càstig de l'imaginar al poema XXVII de March», *Serra d'Or*, 32/368 (set. 1990), pp. 51-53/667-669 [nova ed. corr. dins I.81, cap. 10].
66. «L'infortuni anunciat i el jo prepotent en el poema XLVI d'Ausiàs March», *Revista de Catalunya*, 45 (oct. 1990), pp. 129-140 [nova ed. corr. dins I.81, cap. 11].
67. *La narrativa segons Llull: relats instructius de difusió universal*, Palma: Ajuntament de Palma - Centre d'Estudis Teològcs de Mallorca (Centre d'Estudis Teològics de Mallorca, 8), 1990, 38 pp. *Cf.* I.69.
68. Amadeu-J. Soberanas & Lola Badia, «Manuscrits lul·lians de la Biblioteca de Catalunya, I», *Estudios Lulianos*, 30/2 (1990), pp. 173-193 [reimpr. dins *Documenta et scripta*, Barcelona: Universitat de Barcelona, Departament d'Història Medieval, Paleografia i Diplomàtica (Rvbrica: Paleographica et Diplomatica Studia, 5), 1993, pp. 215-235].
69. «La novel·la espiritual de Barlaam i Josafat en el rerafons de la literatura lul·liana», *Catalan Review*, 4/1-2 [=*Homage to Ramon Llull*] (1990), pp. 127-154. *Cf.* I.67.
70. *Del frau a l'erudició: aportacions a la història del lul·lisme dels segles* XIV *al* XVIII, ed. Lola Badia, dossier monogràfic, Randa, 27 (1990), pp. 1-136. *Cf.* II.115.

1991

71. «El *Tirant*: la tradició i la moral», *Serra d'Or*, 33/373 (gen. 1991), pp. 56-59 [nova ed. actualitzada dins I.81, cap. 5].
72. «Tardor medieval i incubació de la modernitat», *Serra d'Or*, 33/379-380 (jul.-agost 1991), pp. 54-55/566-567.
73. «El *Plany dolorós de la reina Hècuba* de Joan Roís de Corella: restauracions i contextos», dins *Miscel·lània Joan Fuster: estudis de llengua i literatura*, ed. Antoni Ferrando & Albert G. Hauf, vol. 3, Barcelona: PAM (Biblioteca Abat Oliba, 94), 1991, pp. 195-224.
74. «Traduccions al català dels segles xiv-xv i innovació cultural i literària», *Estudi General*, 11 [=*Llengua i literatura de l'edat mitjana al Renaixement*] (1991), pp. 31-50.

75. «El Ramon Llull de Robert Pring-Mill», dins Robert D. F. Pring-Mill, *Estudis sobre Ramon Llull (1956-1978)*, [ed. i trad. catalana] a cura de Lola Badia & Albert Soler, Barcelona: Curial Edicions Catalanes - PAM (Textos i Estudis de Cultura Catalana, 22), 1991, pp. 7-21.

1992

76. *Teoria i pràctica de la literatura en Ramon Llull*, Barcelona: Quaderns Crema (Assaig, 10), 1992, 239 pp.
77. Ramon Llull, *Pàgines escollides*, ed. Lola Badia & Albert Soler, Vic: Eumo (Textos Pedagògics, 31), 1992, LXX + 143 pp.
78. «Bernat Metge i els "auctores": del material de construcció al producte elaborat», *Boletín de la Real Academia de Buenas Letras de Barcelona*, 43 (1991-1992), pp. 25-40.
79. «Monolingüisme i plurilingüisme segons Ramon Llull: de l'ideal unitari a les solucions pragmàtiques», *Boletín de la Real Academia de Buenas Letras de Barcelona*, 43 (1991-1992), pp. 277-295.
80. *El Cançoneret de Ripoll: ms. 129 del fons de Ripoll de l'Arxiu de la Corona d'Aragó*, ed. Lola Badia, Bellaterra: Universitat Autònoma de Barcelona, Seminari de Filologia i Informàtica (Materials de l'Arxiu Informatitzat de Textos Catalans Medievals: Concordances, 1), 1992, 2 mf. + 12 pp. [reed., sense el fullet, a la mateixa col·lecció, sèrie «Els Cançoners catalans: Concordances», 10, 1995, 2 mf.]. *Cf.* I.4 i I.27.

1993

81. *Tradició i modernitat als segles XIV i XV: estudis de cultura literària i lectures d'Ausiàs March*, València-Barcelona: Institut Universitari de Filologia Valenciana - PAM (Biblioteca Sanchis Guarner, 25), 1993, 271 pp. [Conté, traduïts, actualitzats, corregits, ampliats o refosos: I.38 (trad. cat. act.), I.46 (act.), I.60 (corr.), I.59 (corr.), I.71 (act.), I.49 (ampl. i ref.), I.25 (ref.), I.13 (ref.), I.16 (ref.), I.39 (ref. en cat.), I.65 (corr.), I.66 (corr.) i I.64 (corr.)].
82. Lola Badia & Anthony Bonner, *Ramón Llull: vida, pensamiento y obra literaria*, traducción del catalán [de] J. M. Martos, Barcelona: Sirmio - Quaderns Crema (Biblioteca General, 14), 1993, 241 pp. *Cf.* I.54.

83. «El *Tirant* en la tardor medieval catalana», dins *Actes del Symposion Tirant lo Blanch*, Barcelona: Quaderns Crema (Assaig, 14), 1993, pp. 35-99.
84. «"Aucis amors": teoria i pràctica del desengany d'amor segons Joan Roís de Corella», dins *Literatura medieval: actas do IV Congresso da Associaçâo Hispânica de Literatura Medieval (Lisboa, 1-5 Outubro 1991)*, ed. Aires A. Nascimiento & Cristina Almeida Ribeiro, vol. 3, Lisboa: Cosmos (Medievalia, 9), 1993, pp. 275-282.
85. «Literatura catalana i patronatge reial al segle xv: episodis d'un distanciament», *Pedralbes*, 13/2 [=*Actes del Tercer Congrés d'Història Moderna de Catalunya: les institucions catalanes (segles xv-xvii)*, 2] (1993), pp. 525-534.
86. «La *Disputatio contra iudeos* d'Inghetto Contardo», *Studia Lulliana*, 33/1 (1993), pp. 47-50.

1994

87. «Tot per a la dona però sense la dona: notes sobre el punt de vista masculí al *Tirant lo Blanc*», *Journal of Hispanic Research*, 2/1 (1993-1994), pp. 39-60.
88. «La literatura catalana medieval vista per alguns erudits vuitcentistes», dins *Actes del Col·loqui internacional sobre la Renaixença (18-22 de desembre de 1984)*, vol. 2, Barcelona: Curial Edicions Catalanes (Estudis Universitaris Catalans, 28), 1994, pp. 9-16.
89. «Postil·les naturals a Llull i Jordi de Sant Jordi», dins *The Discerning Eye: Studies Presented to Robert Pring-Mill on His Seventieth Birthday*, ed. Nigel Griffin, Clive Griffin, Eric Southworth & Colin Thompson, Oxford: The Dolphin Book, 1994, pp. 27-38.
90. *Intel·lectuals i escriptors a la baixa edat mitjana: treballs del Seminari de Literatura Medieval del Departament de Filologia Catalana (Universitat de Barcelona, 1988-94)*, ed. Lola Badia & Albert Soler, Barcelona: Curial Edicions Catalanes - PAM (Textos i Estudis de Cultura Catalana, 36), 1994, 279 pp.
91. «La legitimació del discurs literari en vulgar segons Ferran Valentí», dins *Intel·lectuals i escriptors a la baixa edat mitjana: treballs del Seminari de Literatura Medieval del Departament de Filologia Catalana (Universitat de Barcelona, 1988-94)*, ed. Lola Badia & Albert Soler, Barcelona: Curial Edicions Catalanes - PAM (Textos i Estudis de Cultura Catalana, 36), 1994, pp. 161-184.

92. «On qui ama és content de ço que ha (*Flamenca*, 6569-6624): "Quan dui aman fin e coral"», dins *Actes du IV Congrès international de l'AIEO (Vitoria-Gasteiz, 22-28 août 1993)*, ed. Ricardo Cierbide (coord.) & Emiliana Ramos, vol. 1, Vitòria: Association Internationale d'Études Occitanes - Universidad del País Vasco, 1994, pp. 3-18.

1995

93. «Ramon Llull», dins *Lecciones de literatura universal (siglos XII a XX)*, ed. Jordi Llovet, prólogo de Martín de Riquer, epílogo de José María Valverde, Madrid-Barcelona-Girona: Cátedra - Institut d'Humanitats de Barcelona - Ajuntament de Girona (Crítica y Estudios Literarios), 1995, pp. 61-71.
94. «Sobre una versió vulgar de l'epítom català de la *Historia gotica*», dins *Miscel·lània Germà Colón*, vol. 4, Barcelona: PAM (Estudis de Llengua i Literatura Catalanes, 31), 1995, pp. 23-36. *Cf.* I.103.
95. «Ramon Llull: autor i personatge», dins *Aristotelica et lulliana magistro doctissimo Charles H. Lohr septuagesimum annum feliciter agenti dedicata*, ed. Fernando Domínguez, Ruedi Imbach, Theodor Pindl & Peter Walter, la Haia-Beernem-Steenbrugge: Martinus Nijhoff International - in Abbatia S. Petri (Instrumenta Patristica, 26), 1995, pp. 355-375.

1996

96. Lola Badia & Amadeu-J. Soberanas, «*La ventura del cavaller N'Huc e de Madona*: un nouveau roman occitano-catalan en vers du XIVe siècle», *Romania*, 114/453-454 (1996), pp. 96-134. *Cf.* I.45.
97. *Textos catalans tardomedievals i "ciència de natures": Discurs llegit el dia 21 de novembre de 1996 en l'acte de recepció pública de Lola Badia Pàmies i contestació de l'acadèmic numerari Josep Romeu i Figueras*, Barcelona: Reial Acadèmia de Bones Lletres de Barcelona, 1996, 101 pp.
98. «La ficción luliana en los orígenes de las letras catalanas», dins *Constantes y fragmentos del pensamiento luliano: actas del simposio sobre Ramón Llull en Trujillo (17-20 septiembre 1994)*, ed. Fernando Domínguez & Jaime de Salas, Tübingen: Niemeyer (Beihefte zur Iberoromania, 12), 1996, pp. 59-76.

99. Lola Badia, José M. Blecua, Glòria Claveria, Josep Pujol, Amadeu-J. Soberanas & Joan Torruella, *Els cançoners catalans medievals: concordances* [projecte], Bellaterra: Fundació "la Caixa" - Universitat Autònoma de Barcelona, Seminari de Filologia i Informàtica, 1996, 17 pp.

1997

100. «"Fa che tu scrive": variaciones profanas sobre un tema sagrado, de Ramon Llull a Bernat Metge», dins *The Medieval Mind: Hispanic Studies in Honour of Alan Deyermond*, ed. Ian Macpherson & Ralph Penny, Londres: Tamesis (Serie A: Monografías, 179), 1997, pp. 3-20.
101. «Ausiàs March i l'enciclopèdia natural: dades científiques per a un discurs moral», dins *Ausiàs March: textos i contextos*, ed. Rafael Alemany Ferrer, València-Alacant-Barcelona: Institut Universitari de Filologia Valenciana - Universitat d'Alacant, Departament de Filologia Catalana - PAM (Biblioteca Sanchis Guarner, 37), 1997, pp. 31-58.
102. «Ausiàs March: un programa metodològic», *Afers*, 12/26 [=*Ausiàs March*] (1997), pp. 9-13.
103. «Dos creaciones retóricas olvidadas en el epítome catalán de la *Historia gothica*», dins *Actas del VI Congreso internacional de la Asociación Hispánica de Literatura Medieval (Alcalá de Henares, 12-16 de septiembre de 1995)*, ed. José Manuel Lucía Megías, vol. 1, Alcalá de Henares: Universidad de Alcalá, 1997, pp. 233-242. *Cf.* I.94.
104. «Scienza e letteratura nella produzione volgare di Raimondo Lullo», dins *Francescanesimo in volgare (secoli XIII-XIV): atti del XXIV Convegno internazionale della Società Internazionale di Studi Francescani (Assisi, 17-19 ottobre 1996)*, Spoleto: Centro Italiano di Studi sull'Alto Medioevo, 1997, pp. 245-269.
105. Guillelmi de Conchis, *Summa de philosophia in vulgari*, cura et studio L[ola] Badia [et] J[osep] Pujol, dins Guillelmi de Conchis, *Dragmaticon Philosophiae*, cura et studio I[talo] Ronca, Turnhout: Brepols (Corpus Christianorum, Continuatio Medievalis, 152 / Guillelmi de Conchis Opera Omnia, 1), 1997, pp. 275-531. *Cf.* I.44.

1998

106. «"Lo temps és tal que tot animal brut": lectures d'Ausiàs March (poema LXIV)», dins *Lectures d'Ausiàs March (15 de gener-10 de desembre de 1997)*, València: Fundació Bancaixa, 1998, pp. 183-204.
107. Lola Badia, Josep Pujol & Lluís Cabré, «Parlaments: Pere i Jaume March a Gandia», *A Sol Post*, 4 (1998), pp. 139-156.

1999

108. «El saber i les lletres fins al 1500», dins *Història de la cultura catalana*, dir. Pere Gabriel, vol. 1 (*L'esplendor medieval, segles XI-XV*), Barcelona: Edicions 62, 1999, pp. 71-124.
109. «La literatura alternativa de Ramon Llull: tres mostres», dins *Actes del VII Congrés de l'Associació Hispànica de Literatura Medieval (Castelló de la Plana, 22-26 de setembre de 1997)*, ed. Santiago Fortuño Llorens & Tomàs Martínez Romero, vol. 1, Castelló de la Plana: Universitat Jaume I, 1999, pp. 11-32.
110. «La caiguda dels greus i la digestió dels remugants: variacions lul·lianes sobre l'experiència del coneixement», dins *Estudis de filologia catalana: dotze anys de l'Institut de Llengua i Cultura Catalanes, Secció Francesc Eiximenis*, ed. Pep Valsalobre & August Rafanell, Barcelona: Institut de Llengua i Cultura Catalanes - PAM (Biblioteca Abat Oliba, 219), 1999, pp. 153-173.
111. Bernat Metge, *Lo somni*, edició i comentaris de Lola Badia, Barcelona: Quaderns Crema (Mínima Minor, 86), 1999, 267 pp. *Cf.* I.51 i I.127.

2000

112. «Ramon Llull y la cuadratura del círculo», *Concentus Libri: Boletín Informativo de la Asociación de Bibliófilos de España*, 12 (abril 2000), pp. 300-305.
113. «Le lusinghe dell'amore romantico nei *Canti* e nelle *Operette morali*», dins *Giacomo Leopardi: poesia, pensiero, ricezione, nel bicentenario della nascita del poeta (1798-1998). Atti del Convegno Internazionale di Barcellona (5-7 marzo 1998)*, ed. María de las Nieves Muñiz Muñiz (coord.), Fran-

cisco Amella Vela & Francesco Ardolino, Leonforte: Insula (Symposia, 1), 2000, pp. 25-44.

114. «Entre *Los amores deleitables* petrarquescos y la condenada opinión de Epicuro: en el laberinto de *Lo somni* de Bernat Metge», dins *Actas del VIII Congreso Internacional de la Asociación Hispánica de Literatura Medieval (Santander, 22-26 de septiembre de 1999, Palacio de la Magdalena)*, ed. Margarita Freixas, Silvia Iriso (coords.) & Laura Fernández, Santander: Consejería de Cultura del Gobierno de Cantabria - Año Jubilar Lebaniego - Asociación Hispánica de Literatura Medieval, 2000, pp. 257-268.

2001

115. «Pour la version occitane du *De rerum proprietatibus* de Barthélemy l'Anglais (XIVe siècle)», dins *Le rayonnement de la civilisation occitane à l'aube d'un nouveau millénaire: 6e Congrès international de l'Association Internationale d'Études Occitanes (12-19 septembre 1999)*, ed. Georg Kremnitz, Barbara Czernilofsky, Peter Cichon & Robert Tanzenmiester, Viena: Praesens Wissenschaftsverlag, 2001, pp. 310-326.

116. «Ramon Llull: el multiculturalisme mediterrani», dins *Estètica i valors mediterranis a Catalunya*, ed. Maria-Àngels Roque, Barcelona: Institut Català de la Mediterrània d'Estudis i Cooperació (Estudis i Simposis, 21), 2001, pp. 35-50.

2002

117. *Literatura i cultura a la Corona d'Aragó (s. XIII-XV): actes del III Col·loqui internacional «Problemes i mètodes de literatura catalana antiga» (Universitat de Girona, 5-8 de juliol de 2000)*, ed. Lola Badia, Miriam Cabré & Sadurní Martí, Barcelona: Curial Edicions Catalanes - PAM (Textos i Estudis de Cultura Catalana, 85), 2002, 496 pp. *Cf.* II.206.

118. «The *Arbor scientiae*: a "new" encyclopedia in the thirteenth-century Occitan-Catalan cultural context», dins *Arbor Scientiae: der Baum des Wissens von Ramon Lull. Akten des Internationalen Kongresses aus Anlass des 40-jährigen Jubiläums des Raimundus-Lullus-Instituts der Universität Freiburg i. Br.*, ed. Fernando Domínguez Reboiras, Pere Villalba Varneda &

Peter Walter, Turnhout: Brepols (Instrumenta Patristica et Mediaevalia, 42 / Subsidia Lulliana, 1), 2002, pp. 1-19.

119. Ramon Llull, *Començaments de medicina - Tractat d'astronomia*, ed. Lola Badia, Palma: Patronat Ramon Llull (Nova Edició de les Obres de Ramon Llull, 5), 2002, XXI + 379 pp. *Cf.* I.17.
120. *Base de dades Ramon Llull (Llull DB)*, dir. Anthony Bonner, coord. Lola Badia & Albert Soler, Centre de Documentació Ramon Llull, Barcelona: Universitat de Barcelona, 2002, <www.ub.edu/llulldb>. *Cf.* I.165.

2003

121. *Tres contes meravellosos del segle XIV*, edició i comentaris de Lola Badia, Barcelona: Quaderns Crema (Mínima Minor, 92), 2003, 182 pp.
122. «De l'amor que educa a la passió culpable: Jordi de Sant Jordi, XI *versus* Ausiàs March, IV», dins *Professor Joaquim Molas: memòria, escriptura, història*, vol. 1, Barcelona: Universitat de Barcelona (Homenatges, 19), 2003, pp. 85 97.
123. «Bernat Metge medievale», dins *Momenti di cultura catalana in un millennio: atti del VII Convegno dell'AISC (Napoli, 22-24 maggio 2000)*, ed. Anna Maria Compagna, Alfonsina De Benedetto & Núria Puigdevall i Bafaluy, vol. 2, Nàpols: Liguori, 2003, pp. 99-112.
124. «Natura i semblança del color a l'*opus* lul·lià: una aproximació», *Studia Lulliana*, 43 (2003), pp. 3-38.
125. *Qui és Ramon Llull?*, dir. Lola Badia & Albert Soler, web multilingüe del Centre de Documentació Ramon Llull, Barcelona: Universitat de Barcelona, 2003 [refacció completa: 2019], <https://quisestllullus.narpan.net>.

2004

126. «Cavalleria, rondalles i filosofia natural al capítol 29 del *Fèlix*», dins *La cultura catalana en projecció de futur: homenatge a Josep Massot i Muntaner*, ed. Tomàs Martínez Romero, Germà Colón & Maria Pilar Perea, Castelló de la Plana: Institut Ramon Llull - Universitat Jaume I - Fundació Germà Colón Domènech - Estudi General Lul·lià, 2004, pp. 55-92.

127. Bernat Metge, *Il sogno*, ed. Lola Badia & Giorgio Faggin (trad. it.), Alessandria: Edizioni dell'Orso (Gli Orsatti, 18), 2004, 285 pp. *Cf.* I.51 i I.111.
128. «La ciència a l'obra de Ramon Llull», dins *La ciència en la història dels Països Catalans*, dir. Joan Vernet & Ramon Parés, vol. 1 (*Dels àrabs al Renaixement*), València: Institut d'Estudis Catalans - Universitat de València, 2004, pp. 403-442.

2005

129. «Ride opportunamente il lettore moderno? Come definire la comicità ne *Lo somni* di Bernat Metge (1399)», dins *Il riso: atti delle I Giornate internazionali interdisciplinari di studio sul Medioevo. Homo risibilis, capacità di ridere e pratica del riso nelle civiltà medievali (Siena, 2-4 ottobre 2002)*, ed. Francesco Mosetti Casaretto, Alessandria: Edizioni dell'Orso (Ricerche Intermedievali, 1), 2005, pp. 341-366.
130. «Generació o luxúria: què diu Ramon Llull sobre el sexe, 1. El marc teòric», dins *Ramon Llull al segle XXI: actes de les Jornades Internacionals Lul·lianes (Palma, 1, 2 i 3 d'abril de 2004)*», ed. Maria Isabel Ripoll Perelló, Palma-Barcelona: Universitat de les Illes Balears - Universitat de Barcelona (Col·lecció Blaquerna, 5), 2005, pp. 13-46. *Cf.* I.133.

2006

131. «Ramon Llull i la ciència», dins *Història de la ciència a les Illes Balears*, ed. Anthony Bonner & Francesc Bujosa Homar, vol. 1 (*L'Edat Mitjana*), Palma: Govern de les Illes Balears, Conselleria d'Economia, Hisenda i Innovació, 2006, pp. 69-100.
132. *Alfred Badia*, dir. Lola Badia, elaboració i trad. Helena Lamuela, web bio-bibliogràfic, Barcelona, 2006, <www.alfredbadia.net>.

2007

133. «Generació o luxúria: què diu Ramon Llull sobre el sexe, 2. La casuística», dins *Actes del Tretzè Col·loqui internacional de llengua i literatura cata-*

lanes (Universitat de Girona, 9-12 de setembre de 2003), ed. Sadurní Martí (coord.), Miriam Cabré, Francesc Feliu, Narcís Iglésias & David Prats, vol. 3, Barcelona: Associació Internacional de Llengua i Literatura Catalanes - PAM (Biblioteca Abat Oliba, 273), 2007, pp. 125-144. *Cf.* I.130.

134. «L'aportació d'Eusebi Colomer als estudis del pensament català medieval», dins *L'obra d'Eusebi Colomer*, ed. Josep Maria Terricabras, Girona: Documenta Universitaria - Càtedra Ferraté Mora de Pensament Contemporani (Noms de la Filosofia Catalana, 2), 2007, pp. 127-155.

2008

135. Ramon Llull, *Llibre de la disputa del clergue Pere i de Ramon, el fantàstic - Llibre de la ciutat del món*, introducció, traducció i notes a cura de Lola Badia (ed. bilingüe llatí-català actual), Turnhout - Santa Coloma de Queralt: Brepols - Obrador Edèndum - Universitat Rovira i Virgili (Traducció de l'Obra Llatina de Ramon Llull, 2), 2008, 288 pp. *Cf.* I.18 i I.40.

2009

136. «Literature as an "ancilla Artis": the transformation of science into literature according to Robert Pring-Mill and Ramon Llull», *Hispanic Research Journal*, 10/1 [=*The work of Robert Pring-Mill (11 september 1924 - 6 October 2005)*] (2009), pp. 18-28.

137. Lola Badia, Joan Santanach & Albert Soler, «La llengua i la literatura de Ramon Llull: llocs comuns, malentesos i propostes», *Els Marges*, 87 (2009), pp. 73-90.

138. «Le plurilinguisme paradoxal de Raymond Lulle», dins *Le plurilinguisme au Moyen Âge: Orient-Occident, de Babel à la langue une*, ed. Claire Kappler & Suzanne Thiolier-Méjean, París: l'Harmattan (Méditerranée Médiévale), 2009, pp. 177-201.

139. Lola Badia, Joan Santanach & Albert Soler, «Per la lingua di Ramon Llull: un'indagine intorno ai manoscritti in volgare di prima generazione», *Medioevo Romanzo*, 33/1 [=*La lingua degli autori: legittimità e limiti della ricostruzione formale (Seminario 2008)*] (2009), pp. 49-72.

140. Lola Badia, Joan Santanach & Albert Soler, «Le rôle de l'occitan dans la production et la diffusion des oeuvres de Raymond Lulle 1274-1289)», dins *La voix occitane: actes du VIIIe Congrès de l'Association Internationale d'Études Occitanes (Bordeaux, 12-17 octobre 2005)*, ed. Guy Latry, vol. 1, Bordeus: Presses Universitarires de Bordeaux, 2009, pp. 369-408.

141. «Il re che si meravigliò del volare del falco: un appunto su Raimondo Lullo e il letterario», dins *«Multas per gentes»: omaggio a Giorgio Faggin*, ed. Marco Prandoni & Gabriele Zanello, Pàdua: Il Poligrafo (Humanitas, 10), 2009, pp. 423-430.

142. «Ramon Llull i la societat del segle XIII: entre la censura i la reforma "artística"», dins *Utopies i alternatives de vida a l'edat mitjana: reunió científica. XII Curs d'estiu Comtat d'Urgell (Balaguer, 4, 5 i 6 de juliol de 2007)*, ed. Flocel Sabaté & Maite Pedrol, Lleida: Pagès (Aurembiaix d'Urgell, 12), 2009, pp. 205-214.

143. *Diccionari de textos catalans antics (DTCA)*, dir. Joaquim Rafel Fontanals, coord. Lola Badia & Albert Soler, base de dades, Barcelona: Universitat de Barcelona - Fundació Carulla - Fundació Noguera - Institut d'Estudis Catalans - Facultat de Teologia de Catalunya, 2009, <www.ub.edu/diccionari-dtca>.

2010

144. *Translatar i transferir: la transmissió dels textos i el saber (1200-1500)*, ed. Anna Alberni, Lola Badia & Lluís Cabré, Santa Coloma de Queralt: Obrador Edèndum - Universitat Rovira i Virgili, 2010, 551 pp.

145. Lola Badia, Joan Santanach & Albert Soler, «Els manuscrits lul·lians de primera generació als inicis de la scripta llibrària catalana», dins *Translatar i transferir: la transmissió dels textos i el saber (1200-1500)*, Santa Coloma de Queralt: Obrador Edèndum - Universitat Rovira i Virgili, 2010, pp. 61-90.

146. Lola Badia & Jaume Torró, «Curial entre Tristán y Orlando», dins *Estudios sobre la Edad Media, el Renacimiento y la temprana Modernidad*, ed. Francisco Bautista Pérez & Jimena Gamba Corradine, San Millán de la Cogolla: CiLengua, Instituto Biblioteca Hispánica - SEMYR (Serie Mayor, 5), 2010, pp. 43-60.

147. «"Volent escriure a vostra consolació e plaer": Metge, Corella and other 14th and 15th century masters of Catalan prose», *Catalan Historical*

Review, 3 (2010), pp. 55-68 [versió en català al mateix volum: «"Volent escriure a vostra consolació e plaer": Metge, Corella i altres mestres de la prosa catalana dels segles XIV i XV», pp. 185-195].

2011

148. *Curial e Güelfa*, edició crítica i comentada de Lola Badia & Jaume Torró, Barcelona: Quaderns Crema (Miscel·lània: Sèrie Gran, 26), 2011, 755 pp. *Cf.* I.202.
149. Ramon Llull, *Llibre de meravelles*, vol. 1 (*Llibres I-VII*), ed. Lola Badia (dir.), Xavier Bonillo, Eugènia Gisbert & Montserrat Lluch, Palma: Patronat Ramon Llull (Nova Edició de les Obres de Ramon Llull, 10), 2011, 275 pp. *Cf.* I.170 i I.192.

2012

150. Lola Badia, Joan Santanach & Albert Soler, «El *Llibre de contemplació* de Ramon Llull o l'emergència d'un continent literari», *Reduccions*, 100 (2012), pp. 150-168.
151. Lola Badia, Joan Santanach & Albert Soler, «Llengua i literatura segons Ramon Llull», *Mot So Razo*, 10-11 (2011-2012), pp. 85-94.
152. «Consideraciones sobre la edición crítica del *Félix* o *Libro de Maravillas* de Ramon Llull», dins *El texto medieval: de la edición a la interpretación*, ed. Pilar Lorenzo Gradín & Simone Marcenaro, Santiago de Compostel·la: Universidade de Santiago de Compostela (Verba, anexo 68), 2012, pp. 355-370.
153. «*Lo somni* di Bernat Metge e "coloro che l'anima morta col corpo fanno" (Inferno, X.15)», dins *Fourteenth Century Classicism: Petrarch and Metge*, ed. Lluís Cabré, Alejandro Coroleu & Jill Kraye, Londres-Torí: The Warburg Institute - Nino Aragno (The Warburg Institute Colloquia, 21), 2012, pp. 69-84.
154. Lola Badia, Albert Soler & Joan Santanach, «Ramon Llull, escriptor vernacle», dins *Ramon Llull i el lul·lisme: pensament i llenguatge. Actes de les Jornades en Homenatge a J. N. Hillgarth i A. Bonner (25 i 26 de febrer 2010), organitzades per la Càtedra Ramon Llull*, ed. Maribel Ripoll & Margalida

Tortella, Barcelona-Palma: Universitat de Barcelona - Universitat de les Illes Balears (Col·lecció Blaquerna, 10), 2012, pp. 27-47.

155. *El saber i les llengües vernacles a l'època de Llull i Eiximenis: estudis ICREA sobre vernacularització = Knowledge and Vernacular Languages in the Age of Llull and Eiximenis: ICREA Studies on Vernacularization*, ed. Anna Alberni, Lola Badia, Lluís Cifuentes & Alexander Fidora, Barcelona: PAM (Textos i Estudis de Cultura Catalana, 170), 2012, 400 pp.

2013

156. «L'humor als textos medievals catalans», *Serra d'Or*, 55/648 (des. 2013), pp. 19-22/883-886.

157. *Literatura medieval (I): Dels orígens al segle xiv*, dir. Lola Badia, dins *Història de la literatura catalana*, dir. Àlex Broch, vol. 1, Barcelona: Enciclopèdia Catalana - Barcino - Ajuntament de Barcelona, 2013, 543 pp. *Cf.* I.166 i I.173.

158. Lola Badia (dir.) & Sadurní Martí, «Edat mitjana i literatura», dins *Literatura medieval (I): Dels orígens al segle xiv*, dir. Lola Badia, dins *Història de la literatura catalana*, dir. Àlex Broch, vol. 1, Barcelona: Enciclopèdia Catalana - Barcino - Ajuntament de Barcelona, 2013, pp. 17-46.

159. Lola Badia (dir.) & Stefano M. Cingolani, «Dels orígens al segle xiv», dins *Literatura medieval (I): Dels orígens al segle xiv*, dir. Lola Badia, dins *Història de la literatura catalana*, dir. Àlex Broch, vol. 1, Barcelona: Enciclopèdia Catalana - Barcino - Ajuntament de Barcelona, 2013, pp. 47-84. *Cf.* I.HLC

160. «Les cròniques i els cronistes» [intr.], dins *Literatura medieval (I): Dels orígens al segle xiv*, dir. Lola Badia, dins *Història de la literatura catalana*, dir. Àlex Broch, vol. 1, Barcelona: Enciclopèdia Catalana - Barcino - Ajuntament de Barcelona, 2013, pp. 85-96.

161. Lola Badia, Joan Santanach & Albert Soler, «L'accés dels laics al saber: Ramon Llull», dins *Literatura medieval (I): Dels orígens al segle xiv*, dir. Lola Badia, dins *Història de la literatura catalana*, dir. Àlex Broch, vol. 1, Barcelona: Enciclopèdia Catalana - Barcino - Ajuntament de Barcelona, 2013, pp. 373-476.

162. «Nova retòrica i pràctica d'escriptura en Ramon Llull», *Quaderns d'Italià*, 18 [=*Dante e Llull*] (2013), pp. 79-91.

163. «Entre en Bernat Metge i la Bernat Metge: apunts sobre la recepció de l'autor de *Lo somni*», dins *In memoriam Bernat Metge, en el sisè centenari de la seva mort*, ed. Sadurní Martí, Barcelona: Narpan, 2013, pp. 17-28. *Cf.* II.287.
164. «"Francesos que prestaven pecúnia ab condició que hom la los retés en infern" en *Lo somni* de Bernat Metge», *Revista Catalana de Teologia*, 38/2 [=*«E l'amic digué a l'amat»: miscel·lània d'homenatge al Prof. Dr. Josep Perarnau i Espelt*, 1] (2013), pp. 353-362/711-720.

2014

165. Anthony Bonner, Albert Soler & Lola Badia, «A brief history of the Llull DB and its derivatives», *Digital Philology*, 3/1 (2014), pp. 60-75. *Cf.* I.120.
166. *Literatura medieval (II): Segles XIV-XV*, dir. Lola Badia, dins *Història de la literatura catalana*, dir. Àlex Broch, vol. 2, Barcelona: Enciclopèdia Catalana - Barcino - Ajuntament de Barcelona, 2014, 487 pp. *Cf.* I.157 i I.173.
167. «Monarquia, llengua i literatura», dins *Literatura medieval (II): Segles XIV-XV*, dir. Lola Badia, dins *Història de la literatura catalana*, dir. Àlex Broch, vol. 2, Barcelona: Enciclopèdia Catalana - Barcino - Ajuntament de Barcelona, 2014, pp. 105-116.
168. «*Lo somni*», dins *Literatura medieval (II): Segles XIV-XV*, dir. Lola Badia, dins *Història de la literatura catalana*, dir. Àlex Broch, vol. 2, Barcelona: Enciclopèdia Catalana - Barcino - Ajuntament de Barcelona, 2014, pp. 217-238.
169. Lola Badia & Jaume Torró, «El *Curial e Güelfa* i el "comun llenguatge català"», *Cultura Neolatina*, 73/1 (2014), pp. 5-47.
170. Ramon Llull, *Llibre de meravelles*, vol. 2 (*Llibres VIII-X*), ed. Lola Badia (dir.), Xavier Bonillo, Eugènia Gisbert, Anna Fernàndez Clot & Montserrat Lluch, Palma: Patronat Ramon Llull (Nova Edició de les Obres de Ramon Llull, 13), 2014, 341 pp. *Cf.* I.149 i I.192.
171. «Martí de Riquer i els clàssics catalans (1933-1936)», dins *Martí de Riquer i els valors clàssics de les lletres: vocació literària i filologia, en el centenari del seu naixement*, Barcelona: Barcino - Institució de les Lletres Catalanes, 2014, pp. 12-21. *Cf.* II.303.

172. Lola Badia, Lluís Cabré & Sílvia Coll-Vinent, «Publicacions de Martí de Riquer (1931-1936)», dins *Martí de Riquer i els valors clàssics de les lletres: vocació literària i filologia, en el centenari del seu naixement*, Barcelona: Barcino - Institució de les Lletres Catalanes, 2014, pp. 70-134.

2015

173. *Literatura medieval (III): Segle XV*, dir. Lola Badia, dins *Història de la literatura catalana*, dir. Àlex Broch, vol. 3, Barcelona: Enciclopèdia Catalana - Barcino - Ajuntament de Barcelona, 2015, 494 pp. *Cf.* I.157 i I.166 i II.305.
174. Lola Badia & Jaume Torró, «*Curial e Güelfa*», dins *Literatura medieval (III): Segle XV*, dir. Lola Badia, dins *Història de la literatura catalana*, dir. Àlex Broch, vol. 3, Barcelona: Enciclopèdia Catalana - Barcino - Ajuntament de Barcelona, 2015, pp. 55-106.
175. «La ficció sentimental», dins *Literatura medieval (III): Segle XV*, dir. Lola Badia, dins *Història de la literatura catalana*, dir. Àlex Broch, vol. 3, Barcelona: Enciclopèdia Catalana - Barcino - Ajuntament de Barcelona, 2015, pp. 190-210.
176. «La "teatralitat difusa" de l'edat mitjana», dins *Literatura medieval (III): Segle XV*, dir. Lola Badia, dins *Història de la literatura catalana*, dir. Àlex Broch, vol. 3, Barcelona: Enciclopèdia Catalana - Barcino - Ajuntament de Barcelona, 2015, pp. 409-435.
177. *Studia mediaevalia Curt Wittlin dicata = Mediaeval Studies in Honour of Curt Wittlin = Estudis medievals en homenatge a Curt Wittlin*, ed. Lola Badia, Emili Casanova & Albert Hauf, Alacant: Institut Interuniversitari de Filologia Valenciana, 2015, 361 pp. *Cf.* II.305.
178. Lola Badia & Jaume Torró, «Ambient internacional i cultura de cort al *Curial e Güelfa*: primer suplement a l'edició de Quaderns Crema 2011», dins *Studia mediaevalia Curt Wittlin dicata = Mediaeval Studies in Honour of Curt Wittlin = Estudis medievals en homenatge a Curt Wittlin*, ed. Lola Badia, Emili Casanova & Albert Hauf, Alacant: Institut Interuniversitari de Filologia Valenciana, 2015, pp. 51-66.

2016

179. «Ramon Llull, narrador», *Qüestions de Vida Cristiana*, 255 [=*Ramon Llull*] (jul. 2016), pp. 61-75.
180. Lola Badia, Joan Santanach & Albert Soler, *Ramon Llull as a Vernacular Writer: Comunicating a New Kind of Knowledge*, trad. Robert Hughes, Londres: Tamesis (Serie A: Monografías, 354), 2016, xv + 372 pp.
181. «Alfonso d'Aragona e i grandi scrittori catalani medievali», dins *L'immagine di Alfonso il Magnanimo tra letteratura e storia, tra Corona d'Aragona e Italia = La imatge d'Alfons el Magnànim en la literatura i la historiografia, entre la Corona d'Aragó i Itàlia*, ed. Fulvio Delle Donne & Jaume Torró Torrent, Florència: SISMEL - Edizioni del Galluzzo (MediEVI, 10), 2016, pp. 3-19.
182. «Introducció al llibre tercer», dins Ramon Llull, *Llibre del gentil i dels tres savis*, dir. Óscar de la Cruz Palma, versió en català actual de Joaquim Puigdemont & Joaquim Pujal, Barcelona: Claret, 2016, pp. 149-157.
183. «La literatura segons Ramon Llull», dins *Ramon Llull: una petjada de set segles*, ed. Joan Santanach, Barcelona: Fundació Carulla (Nadala, 50), 2016, pp. 36-45.
184. «D'Aristòtil a la teoria dels grafs: la ciència en l'obra de Ramon Llull», *Mètode*, 91 (2016), pp. 8-14.
185. «El "Llibre d'home" del *Fèlix* lul·lià: una aproximació», *Estudios Franciscanos*, 117 [=*Homenaje al Beato Ramón Llull en el VII centenario de su muerte (1316-2016)*] (2016), pp. 373-394.
186. *Els manuscrits, el saber i les lletres a la Corona d'Aragó, 1250-1500*, ed. Lola Badia, Lluís Cifuentes, Sadurní Martí & Josep Pujol, Barcelona: PAM (Textos i Estudis de Cultura Catalana, 210), 2016, 272 pp.
187. «I versi strani del *Sermó* di Muntaner», *Quaderns d'Italià*, 21 [=*Letteratura catalana e letteratura italiana fra Medioevo e Rinascimento*] (2016), pp. 113-130.
188. «Ramon Llull, la ciència del seu temps i el raonament diagramàtic», *Mot So Razo*, 15 [=*Noves perspectives sobre Ramon Llull*] (2016), pp. 85-96.
189. Lola Badia & Francesc J. Gómez, «El Tirèsies nou de *Lo somni* de Bernat Metge», *Butlletí de la Reial Acadèmia de Bones Lletres de Barcelona*, 55 (2015-2016), pp. 25-58.
190. *Seminari de Literatura i Cultura de l'Edat Mitjana i de l'Edat Moderna (SLIMM)*, dir. Lola Badia & Josep Solervicens, web d'aquest fòrum

universitari iniciat el 1990, Barcelona: Universitat de Barcelona, 2016, <http://stel.ub.edu/slimm>.

2017

191. «No sabem qui va escriure el *Curial e Güelfa*», *Serra d'Or*, 59/695 (nov. 2017), pp. 26-28/762-764.
192. Ramon Llull, *Llibre de meravelles*, ed. Antoni Bonner, revisada per Lola Badia, Antònia Carré & Eugènia Gisbert, introducció de Lola Badia, Barcelona: Barcino (Biblioteca Barcino, 11), 2017, 610 pp. *Cf.* I.149 i I.170.
193. Lola Badia & Isabel Grifoll, «Language: from the countryside to the royal court», dins *The Crown of Aragon: A Singular Mediterranean Empire*, ed. Flocel Sabaté, Leiden - la Haia: Brill-Nijhoff (Brill's Companions to European History, 12), 2017, pp. 361-386.
194. «Writers at the end of Middle Ages», dins *The Crown of Aragon: A Singular Mediterranean Empire*, ed. Flocel Sabaté, Leiden - la Haia: Brill-Nijhoff, 2017, pp. 387-410.
195. «L'"aube des pécheurs": la Vierge dans l'oeuvre litteraire de Ramon Llull», dins *La Vierge dans les arts et les littératures du Moyen Âge: actes du colloque de Perpignan, du 17 au 19 octobre 2013*, ed. Paul Bretel, Michel Adroer & Aymat Catafau, París: Honoré Champion, 2017, pp. 82-90.
196. Lola Badia, Joan Santanach & Albert Soler, «Ramon Llull no va escriure *Blanquerna*: per a una correcta catalogació de la novel·la lul·liana», *Estudis Romànics*, 39 (2017), pp. 355-360.
197. *Actes del Congrés d'Obertura de l'Any Llull: «El el setè Centenari de Ramon Llull: el projecte missional i la pervivència de la devoció» (Palma 2015)*, ed. Lola Badia, Alexander Fidora & Maribel Ripoll Perelló, Palma-Barcelona: Universitat de les Illes Balears - Universitat de Barcelona (Col·lecció Blaquerna, 12), 2017, 374 pp. *Cf.* I.200.

2018

198. Lola Badia, Joan Santanach & Albert Soler, «Storia e geografia nel *Romanç d'Evast e Blaquerna* di Ramon Llull», dins *Vedere nell'ombra: studi su*

natura, spiritualità e scienze operative offerti a Michela Pereira, ed. Cecilia Panti & Nicola Polloni, Florència: SISMEL - Edizioni del Galluzzo (Micrologus Library, 90), 2018, pp. 239-249.

199. «Leggere Ausiàs March: strumenti per insegnare un classico», dins *Ausiàs March e il canone europeo*, ed. Benedetta Aldinucci & Cèlia Nadal Pasqual, Alessandria: Edizioni dell'Orso (Bibliotheca Iberica, 9), 2018, pp. 33-57.

200. *Actes del Congrés de Clausura de l'Any Llull: «Ramon Llull, pensador i escriptor» (Barcelona del 16-18 de novembre de 2016)*, ed. Lola Badia, Joan Santanach & Albert Soler, Barcelona-Palma: Universitat de Barcelona - Universitat de les Illes Balears (Col·lecció Blaquerna, 13), 2018, 521 pp. *Cf.* I.197.

201. «Ramon Llull i les edats de la vida», dins *Actes del Congrés de Clausura de l'Any Llull: «Ramon Llull, pensador i escriptor» (Barcelona del 16-18 de novembre de 2016)*, ed. Lola Badia, Joan Santanach & Albert Soler, Barcelona-Palma: Universitat de Barcelona - Universitat de les Illes Balears (Col·lecció Blaquerna, 13), 2018, pp. 49-71.

202. *Curial e Güelfa*, ed. crítica de Ramon Aramon i Serra; text revisat per Joan Santanach, Amadeu-J. Soberanas & Jaume Torró; estudi i notes de Lola Badia & Jaume Torró, Barcelona: Barcino (Els Nostres Clàssics B, 38), 2018, 451 pp. [2a ed. rev.]. *Cf.* I.148.

203. «El *Pros Bernart* de Manuel Milà, un heroi provincial», *Butlletí de la Reial Acadèmia de Bones Lletres de Barcelona*, 56 (2017-2018), 347-364.

2019

204. «Quatre Peres, reis d'Aragó, i la literatura (1094-1386), I», *L'Avenç*, 461 (oct. 2019), pp. 34-41. *Cf.* I.205.

205. «Quatre Peres, reis d'Aragó, i la literatura (1094-1386), II», *L'Avenç*, 462 (nov. 2019), pp. 34-43. *Cf.* I.204.

206. *La vida marítima a la Mediterrània medieval: fonts històriques i literàries*, ed. Lola Badia, Lluís Cifuentes & Roser Salicrú i Lluch, Barcelona: PAM - Museu Marítim de Barcelona (Textos i Estudis de Cultura Catalana, 232), 2019, 396 pp.

2020

207. «El mot natura en l'obra de Ramon Llull: accepcions i contextos», dins *Ramon Llull y el lulismo: fe y entendimiento*, ed. Lucio M. Nontol & Rafael Ramis Barceló, Madrid-Porto: Sindéresis (Instituto de Estudios Hispánicos en la Modernidad), 2020, pp. 83-102.
208. Guillem de Torroella, *La Faula*, versió de Lola Badia, Barcelona: Barcino (Tast de Clàssics, 18), 2020, 104 pp.
209. «La fusió iconogràfica de Tirèsies i Esculapi a *Lo somni* de Bernat Metge», *Translat Library*, 2/4 (2020), 1-18.

II

Obres menors

Articles de premsa, petites traduccions, pròlegs i epílegs, veus d'enciclopèdia, ressenyes, bibliografies, col·laboracions en audiovisuals i altres enregistraments, i entrevistes.

1971

1. Ressenya de: Joaquim Molas, *Una cultura en crisi: notes d'aproximació*, Barcelona: Edicions 62 (L'Escorpí, 24), 1971, a *Presència*, 7/307 (29 maig 1971), p. 12.

1974

2. «Sobre els dos primers volums de la nova col·lecció de clàssics Albatros», *Els Marges*, 1 (1974), pp. 97-99.

1977

3. «A propòsit dels quatre primers volums de l'*Antologia de la literatura catalana* de l'editorial Aedos», *Butlletí Interior dels Seminaris de la DEC*, 116 (març 1977), pp. 18-20.

4. Lola Badia & Gemma Rigau, «Entorn dels tres primers volums d'actes dels col·loquis internacionals de Llengua i Literatura Catalanes», *Els Marges*, 10 (1977), pp. 97-101.
5. «Publicacions de literatura medieval aparegudes el 1977», *Els Marges*, 13 (1977), pp. 114-115.

1978

6. «Dues publicacions recents de divulgació d'història de la literatura catalana», *Butlletí Interior dels Seminaris de la DEC*, 130-132 (maig-jul. 1978), pp. 45-47.
7. Ressenya de: Cesare Pavese, *Treballar cansa*, trad. Josep Maria Muñoz i Pujol, intr. Giuseppe Tavani, Barcelona: Curial Edicions Catalanes (Clàssics Curial, 12), 1978, a *Els Marges*, 13 (1978), pp. 117-118.

1979

8. Articles diversos [Martí Joan de Galba, Antoni Canals, Lluís Icart, Pere Miquel Carbonell, Ausiàs March, Guerau de Queralt i altres de menors] dins: *Diccionari de la literatura catalana*, dir. Joaquim Molas & Josep Massot i Muntaner, Barcelona: Edicions 62 (Cultura Catalana Contemporània, 9), 1979, 762 pp.
9. «Els cinc primers volums de les Millors Obres de la Literatura Catalana», *Butlletí Interior dels Seminaris de la DEC*, 139 (febr. 1979), pp. 18-20.
10. «Els nostres veïns occitans» [sobre l'estada de Pèire Bèc a Barcelona], *Punt Diari*, 1/68 (15 maig 1979), p. 4.
11. Ressenya de: Joana Escobedo, *Silenci endins*, Barcelona: Edicions 62 (Balancí, 114), 1979, a *Punt Diari*, 1/151 (19 agost 1979), pp. 12-13.
12. «L'hora de les grans novel·les medievals», *Butlletí Interior dels Seminaris de la DEC*, 149 (des. 1979), pp. 18-21.
13. «Dues "literatures catalanes" publicades el 1979», *Butlletí Interior dels Seminaris de la DEC*, 149 (des. 1979), pp. 18-21.
14. Ressenya de: *Estudis de llengua, literatura i cultura catalanes: Actes del Primer Col·loqui d'Estudis Catalans a Nord-Amèrica (Urbana, 30 de març - 1 d'abril de 1978)*, ed. Albert Porqueras-Mayo, Spurgeon Baldwin & Jaume Martí-Olivella, Barcelona: PAM, 1979, a *Els Marges*, 17 (1979), pp. 109-110.

15. Ressenya de: *Les poesies d'Ausiàs March*, intr. i rev. Joan Ferraté, Barcelona: Quaderns Crema, 1979, a *Els Marges*, 17 (1979), pp. 113-114.

1980

16. «Dues noves edicions d'Ausiàs March», *Tele/eXpres*, 4771 (9 gen.1980), p. 15.
17. Ressenya [amb Anton Espadaler] de: Jaume Vidal Alcover, *Síntesi d'història de la literatura catalana*, Barcelona: La Magrana (Orígens, 4-5), 1980, a *Butlletí Interior dels Seminaris de la DEC*, 154 (maig 1980), pp. 16-17.
18. «Llegir Rainer Maria Rilke», *Presència*, 16/536 (maig 1980), p. 18.
19. «*Els Sonets a Orfeu*: una versió catalana de Rilke», *Punt Diari*, 2/373 (8 maig 1980), «Suplement», p. [12].
20. «*Se una notte d'inverno un viaggiatore* o el dret a la ficció», *Saber*, 4 (juny-jul. 1980), p. 15.

1981

21. «*Lluna i nyac* i *Les ciutats subtils* d'Italo Calvino» [nota i trad.], *Cairell*, 7 (febr. 1981), pp. 31-37.
22. «*Lligabosc*» [nota i trad.], *L'Estruç*, 1a època, 3 (març 1981).
23. «Adrià, Fèlix i el mal», *Reviure* (primavera 1981), pp. 4-5.
24. Ressenya de: Francesc Eiximenis, *Lo libre de les dones*, ed. Frank Naccarato, Barcelona: Curial Edicions Catalanes (Biblioteca Torres Amat, 9-10), 1981, a *Avui*, 6/1665 (20 set. 1981), p. 21.
25. «*De la muntanya de Catalunya*» [nota i trad.], *L'Estruç*, 1a època, 11 (nov. 1981).
26. Ressenya de: Albert Rossich, *Una poètica del Barroc: el* Parnàs català, Girona: Col·legi Universitari de Girona, 1979, a *Els Marges*, 21 (1981), pp. 119-120.
27. Cesare Segre, *Semiótica, historia y cultura*, trad. Manuel Lobo Serra & Lola Badia, Barcelona: Ariel (Letras e Ideas: Minor, 14), 1981, 141 pp. [ed. orig.: *Semiotica, storia e cultura*, Pàdua: Liviana, 1977, 118 pp.].
28. *Anselm Turmeda i Bernat Metge i l'humanisme*, enregistraments sonors (casset) de les intervencions als cursets monogràfics del CIC (Cultura i

Comunicació) de Terrassa, curs 1980-1981, cassets núm. 107 i 110 [Biblioteca de Catalunya].

1982

29. «Per Tristany i Isolda, narració de Bédier en traducció de Riba», *Avui*, 7/1797 (24 febr. 1982), p. 26.
30. «D'una timidesa gironina d'Eugeni d'Ors», *Punt Diari*, 4/1000 (15 maig 1982), «Especial nº 1000», p. 45. Publicat també a *L'Estruç*, 11 (oct. 1984), pp. 9-10.
31. «Publicació del *Tractat d'astronomia*, obra inèdita de Ramon Llull», *Avui*, 7/1880 (2 juny 1982), p. 25.
32. «El que hem après de Pere Bohigas», *Avui*, 7/1890 (13 juny 1982), p. 23.
33. «Nans i gegants» [sobre Jordi Rubió i Balaguer], *Avui*, 7/1926 (27 jul. 1982), p. 24.
34. «Dues noves col·leccions de textos medievals» [*Arxiu de Textos Catalans Antics* i Biblioteca Escriny], *Avui*, 7/2017 (10 nov. 1982), p. 33.
35. Pròleg a: *Poesia trobadoresca: antologia*, cur. Lola Badia, versions d'Alfred Badia, Barcelona: Edicions 62 - "la Caixa" (Les Millors Obres de la Literatura Universal, 14), 1982, pp. 7-13. *Cf.* I.21.
36. Pròleg a: Ramon Llull, *Llibre d'Evast e Blanquerna*, ed. Maria Josepa Gallofré, Barcelona: Edicions 62 - "la Caixa" (Les Millors Obres de la Literatura Catalana, 82), 1982, pp. 7-14.

1983

37. «L'*Orland Furiós* de Ludovico Ariosto», *Avui*, 8/2097 (15 febr. 1983), p. 33.
38. «Publicació de tres nous textos medievals inèdits», *Avui*, 8/2122 (16 març 1983), supl. «Lletres», p. III.
39. [Amb el pseudònim Digna Vallvé] «El bibliòfil Alexandre Venegas» [Pedro M. Cátedra], *Avui*, 8/2150 (19 abril 1983), p. 31.
40. «A propòsit de *Pamela* de Joan Perucho: la novel·la d'un bibliòfil», *Punt Diari*, 5/1289 (21 abril 1983), supl. «Viatgeu al món dels llibres», p. 21.
41. «L'heroic Rotllà vist per Riquer», *El Món* (22 abril 1983), p. 33.

42. «Bibliografia eròtico-priàpica catalano-valenciana posada al dia», *El Món* (27 maig 1983), p. 30.
43. «Francisco Rico se sent feliç de tenir quaranta anys» [ressenya de: Francisco Rico, *Primera cuarentena y tratado general de literatura*, Barcelona: El Festín de Esopo (Biblioteca General, 1), 1982, 157 pp.], *Avui*, 8/2200 (22 juny 1983), supl. «Lletres», p. III [publicat com a anònim, però vegeu «Aclariment», *Avui*, 8/2201 (23 juny 1983), p. 33, on se n'especifica l'autora].
44. «De l'útil amenitat d'un manual insòlit» [Martí de Riquer, *Heràldica catalana*], *Avui*, 8/2350 (14 des. 1983), supl. «Lletres», p. II.
45. Ressenyes dins: *Estudios Lulianos*, 25/2 (1981-1983), pp. 274-276 (R. Llull, *Obra escogida*, intr. M. Batllori, trad. esp. P. Gimferrer, Madrid, 1981); pp. 276-277 (R. Llull, *Antologia filosòfica*, ed. M. Batllori, Barcelona, 1984); pp. 290-291 (R. Llull, *Arbre de Filosofia d'Amor*, ed. G. Schib, Barcelona, 1980); i pp. 290-291 (J. M. Nadal & M. Prats, *Història de la llengua catalana*, vol. I [*Dels inicis al segle XV*], Barcelona, 1982).
46. Alberto Vàrvaro, *Literatura románica de la Edad Media: estructuras y formas*, trad. Lola Badia & Carlos Alvar, Barcelona: Ariel (Letras e Ideas: Instrumenta), 1983, 334 pp. [ed. orig.: *Struttura e forme della letteratura romanza del Medioevo*, Nàpols: Liguori, 1968, 381 pp.].
47. Entrevista: Lluís Bonada, «Lola Badia ha fet el primer estudi complet del *Cançoneret de Ripoll*», *Avui*, 8/2176 (25 maig 1983), p. 33.
48. Entrevista: Joan Carles Guerrero, «Lola Badia guanya la segona càtedra de literatura catalana d'arreu del món», *Punt Diari*, 5/1370 (23 jul. 1983), p. 3.

1984

49. «Poesia femenina del segle XII en versió catalana» [nota i textos], *Avui*, 9/2373 (11 gen. 1984), supl. «Lletres», p. III.
50. «L'edat mitjana ens parla de les passions dels homes», *Avui*, 9/2391 (1 febr. 1984), supl. «Lletres», pp. I-II.
51. «Batllori compila textos lul·lians per al lector laic i contemporani», *Avui*, 9/2420 (6 març 1984), p. 28.
52. «Eficacia, claridad, amenidad» [sobre el simposi en homenatge a Martí de Riquer], *La Vanguardia*, 36713 (12 març 1984), p. 24.

53. «Italo Calvino retroba un ús modern i joiós de la literatura» [nota i trad.], *Avui* (11 abril 1984), supl. «Lletres», pp. I-II.
54. «Voces poéticas femeninas occitanas del siglo XII», *La Vanguardia*, 36751 (19 abril 1984), p. 37.
55. «El fantasma de l'edat mitjana», *Clot*, 6 (jul. 1984), pp. 6-7.
56. «Ramon Llull», dins *Història de la literatura catalana* [en fascicles], núm. 27, Barcelona: Edicions 62 - Orbis, 1984.
57. «Girona, València i Francesc Eiximenis», *Estudi General*, 4 [=*Homenatge a Joan Fuster*] (1984), pp. 95-98.
58. Ressenya de: *Dolce stil novo*, selección, traducción, prólogo y notas de Juan Ramón Masoliver, Barcelona: Seix Barral (Serie Mayor), 1983, a *Cuadernos de Traducción e Interpretación*, 4 (1984), pp. 182-188.
59. Presentació de Joan Fuster com a doctor honoris causa per la Universitat Autònoma de Barcelona (1 d'oct. de 1984) dins: Joan Fuster, *Notes sobre el 'llemosí' a la València del segle XVI*, Bellaterra: Universitat Autònoma de Barcelona, 1984, 52 pp.

1985

60. «El llegat de Francesc Eiximenis», *Revista de Girona*, 110 (1r trimestre 1985), pp. 55-59.
61. «Espadaler trenca llances a favor del *Curial e Güelfa*», *Avui* 10/2737 (13 març 1985), p. 24.
62. «*Col·lecció de sorra* d'Italo Calvino» [nota i trad.], *L'Estruç*, 12 (abril 1985), pp. 3-4.
63. «Un mestre com els d'abans» [sobre Josep Romeu i Figueras], *Gra de Fajol*, 11 (abril 1985), p. 14.
64. «Llull també va conquistar València», *El Temps*, 51 (10-16 juny 1985), pp. 34-35.
65. «Sobre el léxico catalán» [ressenya de: Jordi Bruguera, *Història del lèxic català*, pres. Joan Solà, Barcelona: Enciclopèdia Catalana (Biblioteca Universitària, 1), 1985, 147 pp.], *La Vanguardia*, 37298 (24 oct. 1985), p. 35.
66. Anthony Bonner & Lola Badia, «Ramon Llull (1232-1316)», dins *Escriptors de les Illes Balears*, Palma: Universitat de les Illes Balears - Govern Balear, 1985, pp. 8-9.

67. Pròleg a: Frances A. Yates, *Assaigs sobre Ramon Llull*, [ed. Lola Badia], trad. Daniel Vivern, Barcelona: Empúries (Biblioteca Universal Empúries, 25), 1985, pp. 7-19. *Cf.* I.41.

1986

68. «Patrizia Bonini, *Paper de vidre*» [nota i trad.], *Encontre*, 2 (hivern-primavera 1986), pp. 75-79.
69. «Paseo de virtuoso por remota poesía» [ressenya de: Peter Dronke, *The Medieval Poet and His World*, Roma: Storia e Letteratura (Storia e Letteratura, 164), 1984, 490 pp.], *El País* (agost 1986), supl. «Babelia».
70. «Les noves edicions gironines», *El País* (28 des. 1986), supl. «Quadern» [dedicat en part a «El llegat de Francesc Eiximenis»], pp. 2-3. Publicat també a *Llengua & Literatura*, 2 (1987), pp. 619-621.
71. «Un facsímil de *París e Viana*», *Avui*, 11/3295 (31 des. 1986), p. 20.
72. «Riba i els nostres clàssics: notes de lectura», dins *Actes del Simposi Carles Riba (Institut d'Estudis Catalans 17-19 d'octubre de 1984)*, ed. Jaume Medina & Enric Sullà, Barcelona: PAM (Biblioteca Milà i Fontanals, 5), 1986, pp. 231-241.
73. «En el mundo del poeta medieval» [ressenya de: Peter Dronke, *The Medieval Poet and His World*, Roma: Storia e Letteratura (Storia e Letteratura, 164), 1984, 490 pp.], *Las Nuevas Letras*, 5 (1986), pp. 116-119.
74. Ressenya de: Anton Espadaler, *Una reina per a Curial*, Barcelona: Quaderns Crema (Assaig, 3), 1985, a *Els Marges*, 34 (1986), pp. 117-120.
75. Ressenya de: *Selected Works of Ramon Llull (1232-1316)*, ed. i trad. Anthony Bonner, 2 vols., Princeton: Princeton University Press, 1985, a *Llengua & Literatura*, 1 (1986), pp. 578-582.
76. Ressenyes dins: *Estudios Lulianos*, 26/1 (1986), pp. 115-116 (P. Bohigas, *Sobre manuscrits i biblioteques*, ed. A.-J. Soberanas, Barcelona, 1985; B. J. Concheff, *Bibliography of Old Catalan Texts*, Madison, 1985); pp. 121-123 (*Anàlisis i comentaris de textos literaris catalans*, 2 vols., Barcelona, 1982); i pp. 123-125 (*Josep Maria Solà-Solé: Homage, Homenaje, Homenatge*, 2 vols., Barcelona, 1984).
77. Ressenyes dins: *Estudios Lulianos*, 26/2 (1986), pp. 281-283 (E. M. Wolff, «Estudis de llengua i literatura catalanes a l'URSS», dins *El català a Europa i Amèrica*, Barcelona, 1982); i p. 284 (M. W. de Diego Lobejón, «El

Libro del amigo y del amado en un manuscrito inédito castellano del siglo XVI», *Castilla*, 8 [1984]).

78. Ressenyes dins: *Llengua & Literatura*, 1 (1986), pp. 618-619 (A. Turmeda, *Dispute de l'âne*, ed. A. Llinarès, París, 1984; i A. Turmeda, *La disputa de los animales contra el hombre*, trad. E. Tornero, Madrid, 1984).
79. «Justificació», *Randa*, 19 [=*Lògica, ciència, mística i literatura en l'obra de Ramon Llull*, ed. Lola Badia] (1986), pp. 5-6. *Cf.* I.47.
80. Lola Badia & Anthony Bonner, «Cronologia de Ramon Llull», *Randa*, 19 [=*Lògica, ciència, mística i literatura en l'obra de Ramon Llull*, ed. Lola Badia] (1986), pp. 199-201. *Cf.* I.47.
81. Pròleg a: *Estudis de literatura catalana en honor de Josep Romeu i Figueras*, ed. Lola Badia & Josep Massot i Muntaner, vol. 1, Barcelona: Associació Internacional de Llengua i Literatura Catalanes - Universitat Autònoma de Barcelona - PAM (Biblioteca Abat Oliba, 45), 1986, pp. 5-13. *Cf.* I.42.
82. Ressenya de: Actes dels col·loquis I-IV de l'Associació Internacional de Llengua i Literatura Catalanes (AILLC), en col·lab. amb Gemma Rigau, a *Estudis Romànics*, 19 (1984-1986), pp. 214-226.

1987

83. «A propòsit del primer número de l'anuari *Llengua & Literatura*», *Revista de Catalunya*, nova etapa, 4 (gen. 1987), pp. 164-166.
84. «Todo, y más, sobre diccionarios catalanes» [ressenya de: Germà Colón & Amadeu-J. Soberanas, *Panorama de la lexicografia catalana: de les glosses medievals a Pompeu Fabra*, Barcelona: Enciclopèdia Catalana (Biblioteca Universitària, 7), 1985, 276 pp.], *La Vanguardia*, 37790 (5 març 1987), p. 41.
85. «Una catalana a la Cort de l'Emperador» [ressenya de: Estefania de Requesens, *Cartes íntimes d'una dama catalana del s. XVI: epistolari a la seva mare, la comtessa de Palamós*, ed. Maite Guisado, Barcelona: La Sal (Clàssiques Catalanes, 13-14), 1987, XLIX + 344 pp.], *La Vanguardia*, 37850 (5 maig 1987), p. 49.
86. «Estefania de Requesens escriu a la seva mare» [ressenya de: Estefania de Requesens, *Cartes íntimes d'una dama catalana del s. XVI: epistolari a la seva mare, la comtessa de Palamós*, ed. Maite Guisado, Barcelona: La Sal (Clàs-

siques Catalanes, 13-14), 1987, XLIX + 344 pp.], *El Món*, 263 (8 maig 1987), p. 46.

87. «El Llull de Bonner i altres perversions erudites», *Serra d'Or*, 29/334 (jul.-agost 1987), pp. 67-70/563-566.
88. Anthony Bonner, Fernando Domínguez Reboiras, Lola Badia, J. N. Hillgarth, Michela Pereira & Michel Senellart, «Table ronde: les éditions et les recherches lulliennes», *Cahiers de Fanjeaux*, 22 [=*Raymond Lulle et le Pays d'Oc*] (1987), pp. 285-306.
89. «Les études lulliennes en Catalogne», *Cahiers de Fanjeaux*, 22 [=*Raimond Lulle et le Pays d'Oc*] (1987), pp. 291-295.
90. Ressenya de: Robert Archer, *The Pervasive Image: The Role of Analogy in the Poetry of Ausiàs March*, Amsterdam-Filadèlfia: Benjamins (Purdue University Monographs in Romance Languages, 17), 1985, a *Llengua & Literatura*, 2 (1987), pp. 521-525.
91. Ressenya de: Beatrice J. Concheff, *Bibliography of Old Catalan Texts*, Madison: Hispanic Seminary of Medieval Studies (Bibliographic Series, 5), 1985, a *Llengua & Literatura*, 2 (1987), pp. 547-551.
92. Ressenya de: Jeroni Pau, *Obres*, cur. Mariàngela Vilallonga, pròl. Francisco Rico, Barcelona: Curial, 1986, a *Llengua & Literatura*, 2 (1987), pp. 590-594 [reimpr. amb el títol «A propòsit de l'edició de les obres de Jeroni Pau», dins I.55, cap. 3].
93. Ressenyes dins: *Estudios Lulianos*, 27/1 (1987), pp. 117-119 (J. Perarnau, «La *Disputacio de cinc savis* de Ramon Llull», *ATCA*, 5 [1986]); pp. 129-130 (J. Perarnau, «Indicacions esparses sobre lul·lisme a Itàlia abans de 1450», *ATCA*, 5 [1986]); i pp. 130-132 (F. Santi, «Osservazioni sul manoscritto 1001 della Biblioteca Riccardiana di Firenze, per la storia del Lullismo nelle regioni meridionali dell'Impero nel secolo XIV», *ATCA*, 5 [1986]).
94. *La literatura catalana al darrer segle XV*, enregistrament sonor (WAV) de la intervenció al cicle «Catalunya dins d'Espanya? Entre l'edat mitjana i els temps moderns: les bases ideològiques» (Barcelona, Ateneu Barcelonès, 24 de nov. de 1987), 1 casset (76 min) [Ateneu Barcelonès].
95. «Bibliografia de la literatura catalana medieval publicada en 1987», *Boletín Bibliográfico de la Asociación Hispánica de Literatura Medieval* (coord. i ed. Vicenç Beltran), 1 (1987), pp. 3-30.

1988

96. «Ramon Llull, els sermons i la literatura», *Serra d'Or*, 30/341 (març 1988), pp. 45-48/205-208.
97. «Al pie del cañón» [sobre Martí de Riquer], *La Vanguardia*, 38368 (7 oct. 1988), p. 57.
98. «Martí de Riquer i la literatura catalana medieval», *Anthropos*, 92 [=*Martín de Riquer: investigación filológica e histórica de una cultura*] (1988), pp. 28-30.
99. «Ramon Llull: from religious propagandist to cultural ambassador», *Catalan Writing*, 2 (1988), pp. 87-91.
100. Ressenyes dins: *Estudios Lulianos*, 28/1 (1988), pp. 92-94 (R. Lullo, *Il libro delle bestie*, ed. L. Frattale, Palerm, 1987; i R. Lullo, *El Libro del Gentile e dei tre Savi*, trad. M. Candellero, Torí, 1986); pp. 100-102 (P. M. Cátedra, *Exégesis, ciencia, literatura*, Madrid, 1985); i pp. 102-103 (A. b. Samuel Ha-Levi, *El príncep i el monjo*, trad. T. Calders, Sabadell, 1987).
101. Ressenyes dins: *Estudios Lulianos*, 28/2 (1988), p. 249 (R. Llull, *Poesies*, ed. J. Romeu, Barcelona, 1988); i pp. 254-257 (J. Canal, «Quan la literatura és només ideologia: a propòsit de l'obra de Lluís Racionero», *Els Marges*, 37 [1987]; i A. Badia, «Lluís Racionero novel·la Ramon Llull», dins *Crítica, somni, projecte, recerca*, Barcelona, 1987).
102. Lola Badia, amb la col·laboració de Lluís Cabré, Anna Cortadellas, Sergi Gascon & Albert Soler, «Bibliografia de la literatura catalana publicada el 1988 (i ocasionalment el 1987 o abans)», *Boletín Bibliográfico de la Asociación Hispánica de Literatura Medieval* (coord. i ed. Vicenç Beltran), 2 (1988), pp. 3-51.

1989

103. Ressenya de: Robert Archer. *The Pervasive Image: The Role of Analogy in the Poetry of Ausiàs March*, Amsterdam-Filadèlfia: Benjamins (Purdue University Monographs in Romance Languages, 17), 1985, a *Romance Philology*, 43/1 (1989), pp. 220-224.
104. Ressenya de: Beatrice J. Concheff, *Bibliography of Old Catalan Texts*, Madison: Hispanic Seminary of Medieval Studies (Bibliographic Series, 5), 1985, a *Romance Philology*, 43/2 (1989), pp. 351-355.

105. Lola Badia, amb la col·laboració d'Albert Soler, «Bibliografia de la literatura catalana publicada el 1989 (i ocasionalment el 1988 o abans)», *Boletín Bibliográfico de la Asociación Hispánica de Literatura Medieval* (coord. i ed. Vicenç Beltran), 3 (1989), pp. 3-46.

1990

106. «Honors guanyats a pols» [sobre Martí de Riquer], *Avui*, 13/4383 (16 gen. 1990), p. 34.
107. «Una antologia lul·liana que fa època», *El País* (8 febr. 1990), supl. «Quadern», p. 5.
108. «La doble herencia de Ramon Llull», *La Vanguardia*, 38870 (27 febr. 1990), supl. «Cultura», pp. 8-9.
109. «Una novel·la inacabada i enigmàtica», *El Temps*, 300 (19-25 març 1990), pp. 84-85.
110. «Ramon, l'astrologia, els alquimistes i altres negocis lul·lians», *Serra d'Or*, 32/364 (abril 1990), pp. 53-58/293-298.
111. «Georgians, armenis i tàtars en la nostra edat mitjana», *Revista de Catalunya*, 40 (abril 1990), pp. 130-138.
112. Ressenya de: Ausiàs March, *Cinquanta-vuit poemes*, ed. Robert Archer, Barcelona: Edicions 62 (Textual, 1), 1989, a *El País* (12 abril 1990).
113. «El naixement de la "Aproximació": l'homenatge de Martí de Riquer a Joanot Martorell», *Avui*, 15/4687 (17 nov. 1990), supl. «Cultura», p. VI.
114. «Joanot Martorell al acecho de la mujer», *La Vanguardia*, 39135 (20 nov. 1990), supl. «Cultura y Arte», p. 5.
115. «In memoriam Rudolf Brummer» [necrologia], *Randa*, 27 [=*Del frau a l'erudició: aportacions a la història del lul·lisme dels segles* XIV *al* XVIII, ed. Lola Badia] (1990), pp. 135-136. *Cf.* I.70.
116. Ressenyes dins: *Estudios Lulianos*, 30/1 (1990), pp. 91-95 (A. de Gorigos, *La flor de les històries d'Orient*, ed. A. Hauf, Barcelona, 1989); p. 99 (C. Galley, «Une autre évolution du conte oriental: lo llibre de les besties de Ramon Llull», dins *Atti del V Colloquio della International Epic, Fable and Fabliau Society*, Alessandria, 1987); i pp. 105-107 (M. D. Johnston, «The natural rhetoric of Ramon Llull», dins *Proceedings of the Illinois Medieval Association*, DeKalb [IL], 1986).

117. Lola Badia, amb la col·laboració d'Albert Soler & Josep Pujol, «Bibliografia de la literatura catalana publicada el 1990 (i ocasionalment el 1989 o abans)», *Boletín Bibliográfico de la Asociación Hispánica de Literatura Medieval* (coord. i ed. Vicenç Beltran), 4 (1990), pp. 3-63.

1991

118. «Panorama retrospectiu de la "cançó d'amor", de Carner a Gilabert de Pròixita», dins *De amore: l'amor a la literatura d'Occident*, ed. Anton M. Espadaler, Barcelona: Societat d'Estudis Literaris - Barcanova (Els Llibres de l'Institut d'Humanitats: Estudis, 3), 1991, pp. 195-204.
119. «Joan Fuster, intèrpret d'Ausiàs March», *Canelobre*, 22 (tardor 1991), pp. 81-90.
120. Ressenya de: Mark D. Johnston, «The *Rethorica nova* of Ramon Llull: an *ars praedicandi* as devotional literature», dins *De Ore Domini: Preacher and Word in the Middle Ages*, ed. Thomas L. Amos, Eugene A. Green & Beverly M. Kienzle, Kalamazoo: Medieval Institute Publications (Studies in Medieval Culture, 27), 1989, pp. 119-145, a *Studia Lulliana*, 31/1 (1991), pp. 97-99.
121. Lola Badia, amb la col·laboració de Gemma Navarro, Pilar Olivella, Albert Soler & Maria Toldrà, «Bibliografia de la literatura catalana publicada el 1991 (i ocasionalment el 1990 o abans)», *Boletín Bibliográfico de la Asociación Hispánica de Literatura Medieval* (coord. i ed. Vicenç Beltran), 5 (1991), pp. 3-47.

1992

122. «Llegir el *Llibre* del rei Jaume» [ressenya de: *Llibre dels fets del Rei En Jaume*, ed. Jordi Bruguera, Barcelona: Barcino (Els Nostres Clàssics B, 10-11), 1991, 2 vols.; i Josep M. Pujol i Sanmartín, *«Sens» i «conjointures» del* Llibre *del rei En Jaume*, tesi doctoral de la Universitat de Barcelona, 1991], *Serra d'Or*, 34/385 (gen. 1992), pp. 53-56.
123. «Nova llum sobre el *Llibre dels Fets*» [ressenya de: *Llibre dels fets del Rei En Jaume*, ed. Jordi Bruguera, Barcelona: Barcino (Els Nostres Clàssics B, 10-11), 1991, 2 vols.; i Josep M. Pujol i Sanmartín, *«Sens» i «conjointures»*

del Llibre *del rei En Jaume*, tesi doctoral de la Universitat de Barcelona, 1991], *La Vanguardia*, 39571 (4 febr. 1992), supl. «Cultura y Arte», p. 6.

124. «Martí de Riquer recupera la "actualitat" del *Tirant*», *Avui*, 16/5343 (12 setembre 1992), supl. «Cultura», p. v.

125. Ressenya de: Raymond Lulle, «Le fantastique, ou la dispute de Pierre le clerc et de Raymond le fantastique (1311)», texte établi et présenté par Michel Senellart, *Philosophie*, 13 (1991), pp. 17-52, a *Studia Lulliana*, 32/1 (1992), pp. 86-87.

126. Lola Badia, amb la col·laboració de Gemma Navarro, Pilar Olivella, Albert Soler & Maria Toldrà, «Literatura catalana», *Boletín Bibliográfico de la Asociación Hispánica de Literatura Medieval* (coord. i ed. Vicenç Beltran), 6/2 (1992), pp. 3-50.

1993

127. «Panorama de la investigación reciente sobre literatura catalana medieval», *Antipodas*, 5 [=*Catalan Literature*] (1993), pp. 83-104.

128. Ressenyes dins: *Studia Lulliana*, 33/2 (1993), pp. 161-163 (R. Llull, *Llibre del gentil e dels tres savis*, ed. Anthony Bonner, Palma, 1993 [NEORL, 2]); i pp. 168-170 (D. de Courcelles, *La parole risquée de Raymond Lulle: entre le judaïsme, le christianisme et l'islam*, París, 1993).

129. Lola Badia, amb la col·laboració de Montserrat Lluch, Gemma Navarro, Pilar Olivella, Albert Soler & Maria Toldrà, «Bibliografia de la literatura catalana medieval», *Boletín Bibliográfico de la Asociación Hispánica de Literatura Medieval* (coord. i ed. Vicenç Beltran), 7 (1993), pp. 3-57.

130. *La recepció dels clàssics en els escriptors catalans dels segles XIV i XV*, enregistrament sonor (WAV) de la intervenció al cicle «La tradició clàssica i les lletres catalanes» de la Secció de Literatura i Lingüística de l'Ateneu Barcelonès, presentació de M. Isabel Pijoan (Barcelona, Ateneu Barcelonès, 22 nov. 1993), 1 casset (67 min) [Ateneu Barcelonès].

131. Entrevista: Júlia Butinyà, «Entrevista con la profesora Lola Badia (UB)», programa de Radio Educativa de la UNED *Matrícula abierta*, sèrie «Lengua y literatura catalana en la UNED», relativa al curs «Introducción a la cultura catalana II», 1 maig 1993. Àudio disponible a Canal-UNED: <https://canal.uned.es/video/5a6f719fb1111f39688b45e5>.

1994

132. «Alfred Badia, entre el pensament i la literatura», *Serra d'Or*, 36/420 (des. 1994), pp. 22-26/886-890.

133. Ressenya de: Ora Limor, «Missionary merchants: three medieval anti-Jewish works from Genoa», *Journal of Medieval History*, 19 (1991), pp. 35-51, a *Studia Lulliana*, 34 (1994), pp. 135-137.

134. Lola Badia, amb la col·laboració de Montserrat Lluch, Gemma Navarro, Pilar Olivella, Albert Soler & Maria Toldrà, «Bibliografia de la literatura catalana medieval», *Boletín Bibliográfico de la Asociación Hispánica de Literatura Medieval* (coord. i ed. Vicenç Beltran), 8 (1994), pp. 1-40.

135. «Catalan studies: medieval literature (this survey covers the years 1991-94)», *The Year's Work in Modern Language Studies* (ed. Peter Mayo), 56 (1994), pp. 427-442.

136. Participació de Lola Badia al documental *Ramon Llull, ciència i acció - Elaboració de pensament lul·lià (1232-1289)*, dir. Joan Perera & Joan Cruspinera, guió Jordi Bruguera, Barcelona: Fundació Videoteca dels Països Catalans (Viure i escriure: els grans noms de la literatura catalana, segles XII al XVIII), 1994. Vídeo disponible en anglès, a Vimeo:<https://vimeo.com/159031445>.

1995

137. «La vall de Ribes en els versos d'Alfred Badia», *Revista de Girona*, 168 (gen.-febr. 1995), pp. 48-51.

138. «Jaume i Pere March, a tocar d'Ausiàs», *Serra d'Or*, 37/426 (juny 1995), pp. 47/479.

139. «The language of Ramon Llull and his literary work», *Catalònia Culture*, 43 (oct. 1995), pp. 24-25.

140. Ressenyes dins: *Studia Lulliana*, 35 (1995), pp. 133-134 (*Ramon Llull's New Rhetoric: Text and Translation of Llull's Rethorica Nova*, ed. i trad. M. D. Johnston, Anaheim (Ca), 1994); i pp. 143-144 (F. Domínguez, «"Moltes novelles raons": la originalidad del *Ars praedicandi* de Ramon Llull en su contexto medieval», *Anuario Medieval*, 4 [1992]).

141. Lola Badia, amb la col·laboració de Montserrat Lluch & Albert Soler, «Bibliografia de la literatura catalana medieval», *Boletín Bibliográfico de*

la Asociación Hispánica de Literatura Medieval (coord. i ed. Vicenç Beltran), 9 (1995), pp. 1-52.

142. *Qüern: Repertori bibliogràfic biennal de literatura i llengua catalanes de l'edat mitjana i l'edat moderna*, elaborat per Pep Valsalobre & Lídia Ayats, dir. Albert Rossich & Lola Badia, 1 (1995), 112 pp.
143. «Catalan studies: medieval literature», *The Year's Work in Modern Language Studies* (ed. Peter Mayo), 57 (1995), pp. 384-390.
144. Presentació del llibre: Alfred Badia, *La llet astral de l'espiritrompa en 23 superrealitats i 3 metamorfosis*, Barcelona - Vilassar de Mar: Oikos-Tau (La Busca: Poesia), 1995. Enregistrament sonor (WAV) de l'acte (Barcelona, Ateneu Barcelonès, 18 abril 1995), 1 casset [Ateneu Barcelonès].
145. Presentació d'Anthony Bonner com a doctor honoris causa per la Universitat de Barcelona (13 març 1995) dins: *Solemne investidura de doctor honoris causa al professor Anthony Bonner*, Barcelona, Universitat de Barcelona, 1995, 33 pp.

1996

146. «El terme *humanisme* no defineix la cultura literària dels nostres escriptors en vulgar dels segles XIV i XV», *L'Avenç*, 200 (febr. 1996), pp. 20-23.
147. «*Readers and Books* de J. N. Hillgarth: una radiografia de la cultura mallorquina dels orígens», *Serra d'Or*, 38/435 (març 1996), pp. 56-57/216-217.
148. «Una tria coherent de Curt Wittlin», *Serra d'Or*, 38/436 (abril 1996), pp. 104-105/344-345.
149. «Calúmnia i sang o la poesia de Guillem de Berguedà», *El Temps*, 647 (11 nov. 1996), p. 87.
150. «Nota sobre Joaquim Molas i el medievalisme», dins *A Joaquim Molas*, Barcelona: Universitat de Barcelona - PAM (Biblioteca Serra d'Or, 165), 1996, pp. 15-17.
151. Lola Badia & Rosanna Cantavella, «La literatura catalana baix-medieval», dins *Història: Política, societat i cultura dels Països Catalans*, dir. Borja de Riquer, vol. 3 (*La forja dels Països Catalans, segles XIII-XV*, ed. Ernest Belenguer & Coral Quadrada), Barcelona: Enciclopèdia Catalana, 1996, pp. 368-385.

152. Pròleg a: Maria Barceló Crespí & Gabriel Ensenyat Pujol, *Ferrando Valentí i la seva família*, Palma-Barcelona: Departament de Filologia Catalana i Lingüística General, Universitat de les Illes Balears - PAM (Biblioteca Miquel dels Sants Oliver, 5), 1996, pp. 5-21.
153. Ressenya de: *Las glosas del Mestre Aleix de Barcelona en su edición catalana del* De regimine principum *de Egidio Romano y su versión navarroaragonesa*, ed. bilingüe Jukka Kiviharju, Hèlsinki: Suomalainen Tiedeakatemia, 1995, a *Bulletin of Hispanic Studies*, 73/4 (1996), pp. 447-448.
154. Ressenya [amb Albert Soler] de: J. N. Hillgarth, *Readers ans Books in Majorca, 1229-1550*, 2 vols., París: CNRS, Institut de Recherche et d'Histoire des Textes (Documents, Études et Répertoires, 61), 1991, a *Llengua & Literatura*, 7 (1996), pp. 495-499.
155. Lola Badia, amb la col·laboració de Francesc J. Gómez, Anna Alberni & Joan Santanach, «Bibliografia de la literatura catalana medieval», *Boletín Bibliográfico de la Asociación Hispánica de Literatura Medieval* (coord. i ed. Vicenç Beltran), 10 (1996), pp. 1-53.
156. «Catalan studies: medieval literature», *The Year's Work in Modern Language Studies* (ed. Stephen Parkinson), 58 (1996), pp. 393-398.

1997

157. «Cinc-cents anys enrere», *El Temps*, 668 (7 abril 1997), pp. 52-53
158. «Joan Roís de Corella: il miglior fabbro», *Avui*, 22/7011 (23 abril 1997), supl. «Sant Jordi», p. III.
159. «Cordialitat i energia» [records personals sobre Martí de Riquer], *Diari de Girona*, 16931 (26 oct. 1997), supl. «Dominical», p. 7.
160. «El do de la claredat» [records personals sobre Eusebi Colomer], *Presència*, 31/1347 (14-20 des. 1997), p. 19.
161. Ramon Alcoberro & Lola Badia, «Eusebi Colomer» [necrologia], *Studia Lulliana*, 37 (1997), pp. 155-158.
162. Ressenya de: Roberto J. González-Casanovas, *The Apostolic Hero and Community in Ramon Llull's* Blanquerna*: A Literary Study of a Medieval Utopia*, Nova York: Peter Lang (Catalan Studies, 3), 1995, x + 161 pp., a *Bulletin of Hispanic Studies*, 74/4 (1997), pp. 519-520.
163. Ressenyes dins: *Studia Lulliana*, 37 (1997), pp. 143-146 (R. J. González-Casanovas, «The writer and preacher as "Juglar de Déu": literary con-

version in Ramon Llull», *Romance Languages Review*, 1 [1989]; R. J. González-Casanovas, «Preaching the Gospel in *Barlaam* and *Blanquerna*: pious narrative and parable in medieval Spain», *Viator*, 24 [1993]; i R. J. González-Casanovas, *The Apostolic Hero and Community in Ramon Llull's* Blanquerna*: A Literary Study of a Medieval Utopia*, Nova York, 1995).

164. Lola Badia, amb la col·laboració d'Anna Alberni, Francesc J. Gómez, Joan Santanach & Olga Turroja, «Bibliografia de la literatura catalana medieval», *Boletín Bibliográfico de la Asociación Hispánica de Literatura Medieval* (coord. Vicenç Beltran, ed. Gemma Avenoza), 11 (1997), pp. 1-79.
165. *Qüern: Repertori bibliogràfic biennal de literatura i llengua catalanes de l'edat mitjana i l'edat moderna*, elaborat per Pep Valsalobre (amb la col·laboració de Francesc J. Gómez & Joan Santanach), dir. Albert Rossich & Lola Badia, 2 (1997), 150 pp.
166. «Catalan studies: medieval literature», *The Year's Work in Modern Language Studies* (ed. Stephen Parkinson), 59 (1997), pp. 368-374.
167. Participació de Lola Badia al documental *Jaume I, les primeres memòries d'un rei - Les cròniques medievals*, dir. Joan Perera & Joan Cruspinera, guió Albert Soler, Fundació Videoteca dels Països Catalans (Viure i escriure: els grans noms de la literatura catalana, segles XII al XVIII), 1997. Vídeo disponible a lavideoteca.cat: <https://www.lavideoteca.cat/jaume-i-les-croniques-medievals/>.

1998

168. «La nova edició de les obres de Ramon Llull», *Serra d'Or*, 40/457 (gen. 1998), pp. 75-76.
169. «Sis anys d'*Els Nostres Clàssics*», *Serra d'Or*, 40/458 (febr. 1998), pp. 75-76/155-156.
170. «Eusebi Colomer: investigar i divulgar el pensament català de l'edat mitjana i del Renaixement», *Serra d'Or*, 40/459 (març 1998), pp. 18-19/178-179.
171. «Francesc de la Via i el joc de l'amor», *Presència*, 32/1366 (26 abril - 2 maig 1998), p. 33.
172. «Ausiàs March i els estímuls d'un fals centenari», *Serra d'Or*, 40/462 (juny 1998), pp. 72-73/488-489.

173. Giacomo Leopardi, *El viatge del comte Escurafons a l'illa de l'infern*, trad. i pres. Lola Badia, *Senhal*, 45 (tardor 1998), ed. Patrick Gifreu, Enric Prat & Pep Vila, 12 pp.
174. Ressenyes dins: *Studia Lulliana*, 38 (1998), pp. 117-118 (R. Lulle, *Anthologie poétique*, trad. A. Llinarès, París, 1998); pp. 157-158 (M. Pereira, «Le figure alchemiche pseudolulliane: un indice oltre il testo?», dins *Fabula in Tabula*, Spoleto, 1994); pp. 158-160 (M. Pereira, «Teorie dell'elixir nell'alchimia latina medievale», *Micrologus*, 3 [1995]); i pp. 167-169 (G. B. Stone, «Ramon Llull vs. Petrus Alfonsi: postmodern liberalism and the six liberal arts», *Medieval Encounters*, 3 [1997]).
175. Lola Badia, amb la col·laboració d'Anna Alberni, Francesc J. Gómez, Francisco J. Rodríguez Risquete, Joan Santanach, Albert Soler & Olga Turroja, «Bibliografia de la literatura catalana medieval», *Boletín Bibliográfico de la Asociación Hispánica de Literatura Medieval* (coord. Vicenç Beltran, ed. Gemma Avenoza), 12 (1998), pp. 1-53.
176. «Catalan studies: medieval literature», *The Year's Work in Modern Language Studies* (ed. Stephen Parkinson), 60 (1998), pp. 288-295.

1999

177. «Una obra fonamental sobre Ramon Llull i el lul·lisme», *Serra d'Or*, 41/472 (abril 1999), pp. 108-110/348-350.
178. «L'ascensió irresistible de l'astre literari de Joan Roís de Corella: cinc anys de bibliografia (1993-1997)», *Llengua & Literatura*, 10 (1999), pp. 402-416.
179. María de las Nieves Muñiz Muñiz, amb la col·laboració de Lola Badia, «De Giacomo Leopardi al Cottolengo o el trànsit de la lucidesa a l'estultícia», *Els Marges*, 65 (des. 1999), pp. 85-111.
180. Ressenya de: Jaume de Puig, *La filosofia de Ramon Sibiuda*, Barcelona, Institut d'Estudis Catalans (Treballs de la Secció de Filosofia i Ciències Socials, 23), 1997, 409 pp., a *Bulletin of Hispanic Studies*, 76/4 (1999), p. 544.
181. Ressenyes dins: *Studia Lulliana*, 39 (1999), pp. 136-137 (J. Aragüés, «"Exempla inquirere et invenire": fundamentos retóricos de la formas breves lulianas», dins *La literatura en la época de Sancho IV*, Alcalá de Henares, 1996); pp. 142-143 (A. Bonner, «Ramon Llull: autor, autoritat i il·luminat», dins *Actes de l'Onzè Col·loqui Internacional de Llengua i Litera-*

tura Catalanes, Barcelona, 1998); pp. 155-156 (A. Hauf, «Texto y contexto de *La flor de las historias de oriente*», dins *Juan Fernández de Heredia y su época*, Saragossa, 1996); pp. 156-157 (J. N. Hillgarth, «Els comensaments del lul·lisme a Mallorca», dins *Actes de l'Onzè Col·loqui...*, Barcelona, 1998); pp. 157-158 (H. Hina, «La construcció d'una tradició cultural: Ramon Llull i la Renaixença», dins *Actes de l'Onzè Col·loqui...*, Barcelona, 1998); pp. 162-163 (A. Llinarès, «Esprit encyclopédique et volonté de système chez Raymond Lulle», dins *L'Encyclopédisme*, París, 1991); pp. 176-177 (E. Pistolesi, «El rerefons de l'*affatus* lul·lià», dins *Actes de l'Onzè Col·loqui...*, Barcelona, 1998); pp. 181-182 (J. de Puig, *La filosofia de Ramon Sibiuda*, Barcelona, 1997); pp. 186-187 (J. E. Rubio, «Una incursió lul·liana en l'"ars memoriae" clàssica al *Llibre de contemplació en Déu*», dins *Actes de l'Onzè Col·loqui...*, Barcelona, 1998); i pp. 189-190 (M. Siguán, *La psicologia del amor en los cistercienses del siglo* XII, Tarragona, 1992).

182. Lola Badia, amb la col·laboració d'Anna Alberni, Enric Bassegoda, Francesc J. Gómez, Francisco J. Rodríguez Risquete, Joan Santanach, Albert Soler, Olga Turroja & Rafael M. Mérida, «Bibliografia de la literatura catalana medieval», *Boletín Bibliográfico de la Asociación Hispánica de Literatura Medieval* (coord. Vicenç Beltran, ed. Gemma Avenoza), 13 (1999), pp. 1-73.

183. *Qüern: Repertori bibliogràfic biennal de literatura i llengua catalanes de l'edat mitjana i l'edat moderna*, elaborat per Pep Valsalobre (amb la col·laboració de Francesc J. Gómez & David Prats), dir. Albert Rossich & Lola Badia, 3 (1999), 199 pp.

184. Lola Badia & Miriam Cabré, «Catalan studies: medieval literature», *The Year's Work in Modern Language Studies* (ed. Stephen Parkinson), 61 (1999), pp. 301-308.

185. *Evocació de* Lo somni *de Bernat Metge (1999)*, enregistrament sonor (WAV) de la intervenció al cicle «Literatura fantàstica universal» de la Secció de Literatura i Lingüística de l'Ateneu Barcelonès, presentació de Mariàngela Cerdà (Barcelona, Ateneu Barcelonès, 4 nov. 1999), 1 casset (65 min) [Ateneu Barcelonès].

2000

186. «Llegir o no llegir», *L'Avenç*, 246 (abril 2000), p. 7.
187. «La recuperació de la memòria» [ressenya de: Martí de Riquer, *Llegendes històriques catalanes*, Barcelona: Quaderns Crema (D'un Dia a l'Altre, 7), 2000, 243 pp.], *Avui*, 25/8144 (8 juny 2000), supl. «Cultura», p. XII.
188. «Josep Romeu o el repte de la poesia popular» [ressenya de: Josep Romeu i Figueras, *Corpus de l'antiga poesia popular*, Barcelona: Barcino (Els Nostres Clàssics B, 18), 2000, 421 pp.], *Avui*, 25/8172 (6 jul. 2000), supl. «Cultura», p. XII.
189. Ressenyes dins: *Studia Lulliana*, 40 (2000), pp. 133-136 (*Il Testamentum alchemico attribuito a Raimondo Lullo*, ed. M. Pereira & B. Spaggiari, Florència, 1999); pp. 152-153 (C. Crisciani & M. Pereira, *L'arte del sole e della luna*, Spoleto, 1996); p. 159 (G. Ensenyat, *La literatura catalana medieval a Mallorca*, Palma, 1999); pp. 161-162 (Á. Galmés de Fuentes, *Ramón Llull y la tradición árabe*, Barcelona, 1999); p. 165 (H. Guiter, «L'esthétique du locus amoenus en en ibéro-roman», dins *Actes du XXe Congrés International de Linguistique et Philologie Romanes*, Tübingen, 1993); pp. 180-181 (Ll. Martín Pascual, *La tradició animalística en la literatura catalana medieval*, València, 1996); pp. 182-185 (M. Pereira, «Alchemy and the use of vernacular languages in the late Middle Ages», *Speculum*, 74 [1999]); p. 189 (J. E. Rubio, «Les figures de l'Art lul·liana: la transmutació de l'Art en literatura», dins *Actes del VII Congrés de l'Associació Hispànica de Literatura Medieval*, Castelló de la Plana, 1999); p. 194 (J. L. Sánchez Nogales, «Un nuevo "Ars philosophandi": Lulio y Sibiuda», dins *Pensamiento medieval hispano*, Madrid, 1998); i p. 22 (B. Taylor, «The fables of Eiximenis: norm and abnormality», *The Modern Language Review*, 94 [1999]).
190. Pròleg a: Ausiàs March, *Poesies*, ed. Pere Bohigas, rev. Amadeu-J. Soberanas & Noemí Espinàs, Barcelona: Barcino (Els Nostres Clàssics B, 19), 2000, pp. IX-XII.
191. Lola Badia, amb la col·laboració d'Enric Bassegoda, Jordi Lorca, Raquel Rojas, Francisco J. Rodríguez Risquete, Jordi Raventós, Joan Santanach, Albert Soler & Rafael M. Mérida, «Bibliografia de la literatura catalana medieval», *Boletín Bibliográfico de la Asociación Hispánica de Literatura Medieval* (coord. Vicenç Beltran, ed. Gemma Avenoza), 14 (2000), pp. 3-63.

192. Lola Badia & Miriam Cabré, «Catalan studies: medieval literature», *The Year's Work of Modern Language Studies* (ed. Stephen Parkinson), 62 (2000), pp. 285-293.

2001

193. «Martí de Riquer al canvi de mil·leni», *Serra d'Or*, 43/493 (gen. 2001), pp. 47-50.
194. «De les arrels del pseudolul·lisme», *Serra d'Or*, 43/495 (març 2001), p. 72/232.
195. «Pere Bohigas o la vigència d'una obra filològica», *Serra d'Or*, 43/501 (set. 2001), pp. 30-33/654-657.
196. «L'univers d'amor en una societat en guerra», *El Temps*, 915 (25-31 des. 2001), pp. 57-59.
197. Ressenya de: Michela Pereira & Barbara Spaggiari, *Il* Testamentum *alchemico attribuito a Raimondo Lullo: edizione del testo latino e catalano dal manoscritto Oxford, Corpus Christi College, 244*, Florència: SISMEL - Edizioni del Galluzzo (Milennio Medievale, 6; Testi, 14), 1999, CLXIV + 631 pp., a *Llengua & Literatura*, 12 (2001), pp. 421-427.
198. Ressenya de: Miquel Pujol, *Poesia occitanocatalana de Castelló d'Empúries: recull de poemes de final del segle* XIII *i primer terç del* XIV, Figueres: Patronat Francesc Eiximenis - Institut d'Estudis Empordanesos (Monografies Empordaneses, 6), 2001, 382 pp. + 21 làms., a *El Salner: Butlletí del Grup Cultural Comtat d'Empúries*, 8/7 (2001), pp. 197-198.
199. Ressenyes dins: *Studia Lulliana*, 41 (2001), pp. 134-135 (G. E. Sansone, *Poesia catalana del Medioevo*, Novara, 2001); pp. 135-136 (J. Aragüés, «"Falses semblances": ejemplarismo divino y literatura ejemplar a la luz de Ramon Llull», dins *Actas del VIII Congreso Internacional de la AHLM*, Santander, 2000); pp. 152-153 (I. Fennessy, «The B manuscripts in the Franciscan Library, Killiney», dins *Dún Mhuire Killiney, 1945-1995*, Killiney-Dublín, 1995); pp. 157-158 (Hipòcrates, *Aforismes: traducció catalana medieval*, ed. A. Carré, Barcelona, 2000); p. 167 (P. Payán, «El *Libro de los provebios* de Ramon Llull», dins *Actas del VIII Congreso Internacional de la AHLM*, Santander, 2000); pp. 167-168 (M. Pereira, «Alchemy and hermeticism», *Early Science & Medicine*, 5/2 [2000]); i pp. 168-171 (M. Pereira, *Arcana sapienza*, Roma, 2001).

200. Lola Badia, amb la col·laboració de Pep Valsalobre, Rafael M. Mèrida, Orland Grapí, Glòria Sabaté, Joan Santanach & Albert Soler, «Bibliografia de la literatura catalana medieval», *Boletín Bibliográfico de la Asociación Hispánica de Literatura Medieval* (ed. Vicenç Beltran & Gemma Avenoza), 15 (2001), pp. 3-48.
201. *Qüern: Repertori bibliogràfic biennal de literatura i llengua catalanes de l'edat mitjana i l'edat moderna*, elaborat per Pep Valsalobre (amb la col·laboració de Jordi Cornellà, Cristina Juher, Daniel Ferrer, Laia Frigolé & David Prats), dir. Albert Rossich & Lola Badia, 4 (2001), 192 pp.
202. Lola Badia & Miriam Cabré, «Catalan studies: medieval literature», *The Year's Work in Modern Language Studies* (ed. Stephen Parkinson), 63 (2001), pp. 304-311.

2002

203. «El Pere Serafí del doctor Romeu», *Serra d'Or*, 44/507 (març 2002), pp. 42-45/202-205.
204. «Un treball ben enfocat sobre el *Tirant*» [ressenya de: Josep Pujol, *La memòria literària de Joanot Martorell: models i escriptura en el «Tirant lo Blanc»*, Barcelona: PAM - Curial Edicions Catalanes (Textos i Estudis de Cultura Catalana, 87), 2002, 245 pp.], *Serra d'Or*, 44/513 (set. 2002), pp. 68-69/692-693.
205. «Un caballero medieval» [ressenya de: Josep Pujol, *La memòria literària de Joanot Martorell: models i escriptura en el «Tirant lo Blanc»*, Barcelona: PAM - Curial Edicions Catalanes (Textos i Estudis de Cultura Catalana, 87), 2002, 245 pp.], *El País* (9 nov. 2002), supl. «Babelia», p. 16.
206. «Pròleg amb homenatge a *Lo somni*», dins *Literatura i cultura a la Corona d'Aragó (s. XIII-XV): Actes del III Col·loqui Internacional «Problemes i mètodes de literatura catalana antiga» (Universitat de Girona, 5-8 de juliol de 2000)*, ed. Lola Badia, Miriam Cabré & Sadurní Martí, Barcelona: Curial Edicions Catalanes - PAM (Textos i Estudis de Cultura Catalana, 85), 2002, pp. 5-22. *Cf.* I.117.
207. Pedro M. Cátedra, «Edad Media», dins *Francisco Rico: premio provincia de Valladolid 1998 a la trayectoria literaria*, Valladolid: Diputación Provincial de Valladolid (Colección de Premios Literarios, 5), 2002, pp. 19-43 [conté: «palabras de Lola Badia, especialmente redactadas para esta ocasión», pp. 38-40].

208. Ressenyes dins: *Studia Lulliana*, 42 (2002), pp. 105-106 (D. de Courcelles, «Entre la folie et les pleurs: la fonction de l'ironie lullienne dans le *Desconhort* (1295)», *Estudis Romànics*, 24 [2002]); pp. 106-107 (N. Eimeric, *Diàleg contra els lul·listes*, trad. J. de Puig, Barcelona, 2002); p. 109 (R. Friedlein & A. Traninger, «Lullismus», dins *Historisches Wörterbuch der Rhetorik*, Tübingen, 2000); p. 109 (R. Friedlein, «Der Islam von Mallorca gesehen», dins *Romanische Inseln im Mittelmeer*, Halle, 2000); p. 115 (R. W. Kaeuper, *Chivalry and Violence in Medieval Europe*, Oxford, 1999); p. 126 (A. Nieto, «Ramon Llull i la ciència medieval», dins *Ramon Llull al llindar del segle XXI*, Barcelona, 1998); p. 127 (P. Payán, «Ramón Llull y el mundo árabe», dins *Estudios... ofrecidos a... Braulio Justel Calabozo*, Cadis, 1998); p. 132 (J. E. Rubio, «El "coneixement per la negativa" com a conseqüència epistemològica de l'oposició bé-mal al *Llibre de contemplació*», *Randa*, 36 [1995]); pp. 132-133 (J. M. Ruiz Simon, «El joc de Ramon Llull i la significació de l'Art General», dins *Ramon Llull al llindar del segle XXI*, Barcelona, 1998); pp. 132-133 (J. Santanach, «Les definicions lul·lianes del ms. 11559 de la Biblioteca Nacional de Madrid», *Llengua & Literatura*, 12 [2001]); i p. 134 (J. Santanach, «Literatura, ciència i història a l'Andorra medieval: apunts sobre el Còdex miscel·lani de l'Arxiu Històric», *Ex Libris Casa Bauró: Fulls de Bibliografia*, 5 [2002]).

209. Lola Badia, amb la col·laboració d'Anna Alberni, Xavier Bonillo, Glòria Sabaté, Joan Santanach & Albert Soler, «Bibliografia de la literatura catalana medieval», *Boletín Bibliográfico de la Asociación Hispánica de Literatura Medieval* (coord. Vicenç Beltran, ed. Gemma Avenoza), 16 (2002), pp. 3-44.

210. Lola Badia & Miriam Cabré, «Catalan studies: medieval literature», *The Year's Work in Modern Language Studies* (ed. Stephen Parkinson), 64 (2002), pp. 296-303.

2003

211. Articles diversos [*Curial e Güelfa*, Bernat Desclot, Francesc Eiximenis, Ramon Llull (Anthony Bonner & Lola Badia), Bernat Metge, Joan Roís de Corella, Jaume Roig, Jordi de Sant Jordi, *Tirant lo Blanc* i Anselm Turmeda] dins: *Medieval Iberia: An Encyclopedia*, ed. E. Michael Gerli, Nova York - Londres: Routledge, 2003, xxx + 920 pp.

212. Articles diversos [Ramon Llull i Ramon Muntaner] dins: *Diccionari d'historiografia catalana*, dir. Antoni Simon i Tarrés, Barcelona: Enciclopèdia Catalana (Diccionaris d'Enciclopèdia Catalana), 2003, 1222 pp.

213. Ressenyes dins: *Studia Lulliana*, 43 (2003), p. 151 (R. Llull, «A Árvore Imperial», trad. R. da Costa, dins *Testemunhos da história: documentos de história antiga e medievo*, Vitória, 2002); pp. 167-169 (A. Bonner & M. I. Ripoll, *Diccionari de definicions lul·lianes = Dictionary of Lullian Definitions*, Barcelona-Palma, 2002); pp. 175-176 (D. de Courcelles, «L'Art de Raymond Lulle», dins *Langages mystiques et avènement de la modernité*, París, 2003); pp. 177-178 (D. de Courcelles, «L'utopie politique et religieuse: le pape et l'empereur dans le *Llibre d'Evast e Blanquerna* de Raymond Lulle», *Cahiers de Linguistique Hispanique Medievale*, 23 [2000]); pp. 178-179 (C. Crisciani, *Il papa e l'alchimia: Felice V, Guglielmo Fabri e l'elixir*, Roma, 2002); p. 188 (R. Friedlein, «Geleit in dem Weg zur Wahrheit: Dialoge im Duecento», dins *Möglichkeiten des Dialogs*, Stuttgart, 2002); p. 192 (A. Hauf, «Les veus del temps: Llull o l'estètica compromesa», *Estudis Baleàrics*, 72-73 [2003]); pp. 210-211 (E. Vilanova, «El cristianisme a l'època del pluralisme religiós: el testimoni de Ramon Llull», *Randa*, 48 [2002]); i p. 211 (M. Vilà, «"Per ço car es obra d'amor": Lluís Nicolau d'Olwer i alguns aspectes del lul·lisme de les primeres dècades del segle xx», *Randa*, 48 [2002]).

214. Lola Badia, amb la col·laboració de Mario Barbieri, Xavier Bonillo, Glòria Sabaté, Joan Santanach & Albert Soler, «Bibliografia de la literatura catalana medieval», *Boletín Bibliográfico de la Asociación Hispánica de Literatura Medieval* (coord. Vicenç Beltran, ed. Gemma Avenoza), 17 (2003), pp. 7-54.

215. *Qüern: Repertori bibliogràfic biennal de la literatura i llengua catalanes de l'edat mitjana i l'edat moderna*, dir. Pep Valsalobre & Lola Badia, 5 (2003), 194 pp.

216. Lola Badia & Miriam Cabré, «Catalan studies: medieval literature», *The Year's Work in Modern Language Studies* (ed. Stephen Parkinson), 65 (2003), pp. 288-295.

2004

217. «Francesco Petrarca, un "auctor" del segle xiv», *Serra d'Or*, 46/543 (juny 2004), pp. 21-24/437-440.

218. «Medicina a l'Edat Mitjana» [ressenya de: Girolamo Manfredi, *Quesits o perquens (regiment de sanitat i tractat de fisiognomonia)*, ed. Antònia Carré, Barcelona: Barcino (Els Nostres Clàssics B, 25), 2004, 314 pp.], *Avui*, 29/9783 (16 des. 2004), supl. «Cultura», p. xv.
219. Ressenyes dins: *Studia Lulliana*, 44 (2004), pp. 141-144 (R. Friedlein, *Der Dialog bei Ramon Llull: Literarische Gestaltung als apologestische Strategie*, Tübingen, 2004); p. 166 (M. Egea, «La cosmología de Ramón Llull», *Llull*, 23 [2000]); p. 174 (A. Francia, «Filosofia del dialogo e slancio missionario nell'opera del beato Raimondo Lulio», *Analecta Tor*, 35 [2004]); p. 175 (R. Friedlein, «El diàleg en el lul·lisme ibèric medieval: una proposta de sistematització», dins *La literatura i l'art en el seu context social*, Barcelona, 2003); pp. 217-218 (R. Torrents, *De Llull a Verdaguer i de Verdaguer a Llull, o la simpoesia transcentral*, Palma, 2003); p. 220 (S. Trias Mercant, «Raimundo Lulio: pensamiento y acción», dins *Pensamiento filosófico español*, Madrid, 2002); i pp. 220-222 (S. Trias Mercant, «Ramon Llull i les creences religioses a la Mallorca de Jaume II», dins *Jaume II i les ordinacions de l'any 1300*, Palma, 2002).
220. Lola Badia, amb la col·laboració de Joana Àlvarez, Mario Barbieri, Xavier Bonillo, Glòria Sabaté, Joan Santanach & Albert Soler, «Bibliografia de la literatura catalana medieval», *Boletín Bibliográfico de la Asociación Hispánica de Literatura Medieval* (coord. Vicenç Beltran, ed. Lourdes Soriano), 18 (2004), pp. 1-49.
221. Lola Badia & Miriam Cabré, «Catalan studies: medieval literature», *The Year's Work in Modern Language Studies* (ed. Stephen Parkinson), 66 (2004), pp. 286-294.

2005

222. «L'amor romàntic i la inapetència eròtica a *El senyor dels anells* de J. R. R. Tolkien», *Mot So Razo*, 4 (2005), pp. 7-20.
223 «Aragorn-Elassar, el rei que torna amb les mans netes i l'esperit pur, segons J. R. R. Tolkien», *Els Marges*, 77 (tardor 2005), pp. 99-122.
224. «"Llevadle a casa y leedle"» [ressenya de: *Novelas caballerescas del siglo XV*, intr., ed. i notes Anton M. Espadaler, Madrid: Espasa (Biblioteca de Literatura Universal), 2003, 1617 pp.], *Insula*, 708 (des. 2005), pp. 4-6.
225. Lola Badia, amb la col·laboració de Joana Àlvarez, Mario Barbieri, Xavier Bonillo, Glòria Sabaté, Joan Santanach & Albert Soler, «Literatura

catalana medieval», *Boletín Bibliográfico de la Asociación Hispánica de Literatura Medieval* (coord. Vicenç Beltran, ed. Lourdes Soriano), 19 (2005), pp. 1-59.

226. *Qüern: Repertori bibliogràfic biennal de literatura i llengua catalanes de l'edat mitjana i l'edat moderna*, dir. Pep Valsalobre & Lola Badia, 6 (2005), 195 pp.

227. Lola Badia & Miriam Cabré, «Catalan studies: medieval literature», *The Year's Work in Modern Language Studies* (ed. Stephen Parkinson), 67 (2005), pp. 265-275.

2006

228. «Eiximenis, Francesc (1330/35-1409)», dins *Key Figures in Medieval Europe: An Encyclopedia*, dir. Richard K. Emmerson & Sandra Clayton-Emmerson, Nova York: Routledge (Routledge Encyclopedias of the Middle Ages, 13), 2006, p. 198.

229. Pròleg a: Jaume Roig, *Espill*, ed., trad. i com. Antònia Carré, Barcelona: Quaderns Crema (Sèrie Gran, 25), 2006, pp. 11-14.

230. Ressenya de: Roger Friedlein, *Der Dialog bei Ramon Llull: Literarische Gestaltung als apologetische Strategie*, Tübingen: Niemeyer (Beihefte zur Zeitschrift für romanische Philologie, 318), 2004, 348 pp., a *Zeitschrift für romanische Philologie*, 122/3 (2006), pp. 601-603.

231. Ressenya de: Miquel Batllori, *Obra completa*, dir. Eulàlia Duran, coord. Josep Solervicens, vol. 1 (*De l'Edat Mitjana*, pròl. Jordi Rubió); vol. 2 (*Ramon Llull i el lul·lisme*, pròl. Albert Hauf); vol. 3 (*Arnau de Vilanova i l'arnaldisme*, pròl. Giuseppe Tavani); i vol. 4 (*La família Borja*, pròl. Pierre Mesnard), València, Tres i Quatre (Biblioteca d'Estudis i Investigacions, 18-21), 1993-1994, a *Analecta Sacra Tarraconensia*, 78-79 (2005-2006), pp. 543-550.

232. Ressenyes dins: *Studia Lulliana*, 45-46 (2005-2006), p. 110 (A. Tessari, «L'Arte della memoria in Ramon Llull, trovatore, tra mistica e computazione», dins *Memoria: poetica, retorica e filologia della memoria*, Trento, 2004); pp. 113-114 (R. Llull, Arte breve, trad. J. E. Rubio, Pamplona, 2004); pp. 114-115 (R. Llull, *Das Buch über die heilige Maria = Libre de sancta Maria: Katalanisch-deutsch*, ed. F. Domínguez, Stuttgart, 2005); pp. 130-133 (articles dins *Ramon Lull und Nikolaus von Kues*, Turnhout, 2005: L. Baldacchini, «Le edizioni di Lullo e Cusano nel primo secolo della

stampa e un dialogo di Giovanni Bracesco»; Ó. de la Cruz, «Alcuni argomenti della polemica antiislamica in Raimondo Lullo e Niccolò Cusano»; F. J. Díaz Marcilla, «I "lullismi": ambiti tematici d'interesse a confronto»; G. Federici Vescovini, «La trasformazione dei correlativi di Lullo nella dottrina della coincidenza degli opposti di Cusano»; M. Pereira, «Testi alchemici pseudolulliani nei manoscritti del Cusano»; G. Pomaro, «"Licet ipse fuerit, qui fecit omnia": il Cusano e gli autografi lulliani»; M. Romano, «La manifestazione della trinità nel *De visione Dei* di Cusano: tracce di Lullo letterali e non»); pp. 151-153 (M. Batllori, *Il Lullismo in Italia: tentativo di sintesi*, Roma, 2004); pp. 177-179 (M. Pereira, «L'alchimista come medico perfetto nel *Testamento* pseudolulliano», dins *Alchimia e medicina nel Medioevo*, Florència, 2003); pp. 179-181 (M. Romano, «"Valde delectabilia fuerunt amico verba sui amati": la mistica nell'*Ars amativa* di Raimondo Lullo», *Studi Medievali*, 45/2 [2004]); p. 177 (J. Lucas, «Tempting fate: the case against astrology and the Catalan response», *Catalan Review*, 17/2 [2003]); i p. 184 (A. Tessari, «Considerazioni sull'Ars di Ramon Llull e la *Mathesis Universalis* di René Descartes», *Janus*, 4 [2004]).

233. Lola Badia, amb la col·laboració de Joana Àlvarez, Xavier Bonillo, Francesca Chimento, Joan Santanach & Albert Soler, «Literatura catalana medieval», *Boletín Bibliográfico de la Asociación Hispánica de Literatura Medieval* (coord. Vicenç Beltran, ed. Lourdes Soriano), 20 (2006), pp. 1-37 [edició en CD-ROM + fullet amb índexs].

234. Lola Badia & Miriam Cabré, «Catalan studies: medieval literature», *The Year's Work in Modern Language Studies* (ed. Stephen Parkinson), 68 (2006), pp. 398-403.

2007

235. «Revisitar la literatura catalana medieval: entre la crítica i la divulgació», *L'Avenç*, 325 [=*Els nostres clàssics, revisitats*] (juny 2007), pp. 28-29 [presentació del dossier monogràfic].

236. «Eiximenis, més a l'abast», *Serra d'Or*, 49/573 (set. 2007), pp. 71-72/695-696.

237. «El Llibre de Blanquerna de Ramon Llull», *El País* (6 oct. 2007), supl. «Babelia».

238. «La guerra de Troia i les lletres catalanes medievals (segles XIII-XV)», *Mot So Razo*, 6 (2007), pp. 32-46.

239. Pròleg a: *Speculum al foder*, ed. Anna Alberni, postil·la Lluís Cifuentes, Bellcaire d'Empordà: Vitel·la (Philologica: Sèrie Textos, 4), 2007, pp. 9-12.

240. Ressenyes dins: *Studia Lulliana*, 47 (2007), pp. 202-203 (*Alchimia: i testi della tradizione occidentale*, ed. M. Pereira, Milà, 2006); pp. 215-217 (P. Evangelisti, *I francescani e la costruzione di uno Stato*, Pàdua, 2006); pp. 219-220 (J. Gayà, «Ciència: confrontació de visions cristianes i islàmiques d'un concepte», dins *Història de la ciència a les Illes Balears*, vol. 1, Palma, 2006); pp. 221-222 (A. Giletti, «Aristotle in medieval Spain: writers of the Christian kingdoms confronting the eternity of the world», *Journal of the Warburg and Courtauld Institutes*, 67 [2004]); p. 225 (A. I. Peirats, «El *Liber de centum nominibus Dei* o *Cent noms de Déu*: per a una edició crítica», dins *Actes del Tretzè Col·loqui Internacional de Llengua i Literatura Catalanes*, Barcelona, 2006); pp. 225-226 (M. Pereira, «Cap als orígens de l'alquímia medieval: presència d'alquimistes i desenvolupament de les doctrines de l'alquímia a les Illes Balears (segles XIII-XIV)», dins *Història de la Ciència a les Illes Balears*, vol. 1, Palma, 2006); pp. 231-236 («Notícia de la tesi lul·liana inacabada d'Antoni Pous, 1932-1976»); i pp. 242-243 («Centre de Documentació Ramon Llull de la Universitat de Barcelona»).

241. Lola Badia, amb la col·laboració de Joana Àlvarez, Lluís Cifuentes, Joan Santanach & Albert Soler, «Literatura catalana medieval», *Boletín Bibliográfico de la Asociación Hispánica de Literatura Medieval* (coord. Vicenç Beltran, ed. Lourdes Soriano), 21 (2007), pp. 1-47 [edició en CD-ROM + fullet amb índexs].

242. *Qüern: Repertori bibliogràfic biennal de literatura i llengua catalanes de l'edat mitjana i l'edat moderna*, dir. Pep Valsalobre & Lola Badia, 7 (2007), 165 pp.

243. Lola Badia & Miriam Cabré, «Catalan studies: medieval literature», *The Year's Work in Modern Language Studies* (ed. Stephen Parkinson), 69 (2007), pp. 344-351.

244. Participació de Lola Badia al programa de Catalunya Ràdio *En guàrdia* (núm. 184), dir. Enric Calpena, sobre «Ramon Llull», 25 nov. 2007. Àudio disponible a Catalunya Ràdio a la carta: <www.ccma.cat/catradio/alacarta/en-guardia/184-ramon-llull/audio/143128/>.

245. Participació de Lola Badia al documental *Phantasticus: el cant de Ramon*, dir. Cesc Mulet, guió Maties Salom & Cesc Mulet, Barcelona: Oberon

Cinematográfica, La Perifèrica Produccions, Televisió de Catalunya i IB3 Televisió, 2007. Vídeo disponible a TV3 a la carta: <www.ccma.cat/tv3/alacarta/programa/Phantasticus-El-cant-de-Ramon/video/321149/>.

2008

246. Lola Badia & Albert Soler, «Entrevista Anthony Bonner: "M'agradaria que es desfés el tòpic que l'Art de Llull és absurda"», *Avui*, 33/11003 (1 maig 2008), supl. «Cultura», pp. 8-9.
247. «Anthony Bonner a la Universitat de Barcelona», *La Universitat UB*, 12 (juny-set. 2008), pp. 4-5.
248. Pròleg a: Pere Quer, *La* Història i genealogies d'Espanya*: una adaptació catalana medieval de la història hispànica*, Barcelona: PAM (Textos i Estudis de Cultura Catalana, 137), 2008, pp. 5-7.
249. Ressenya de: Lluís Cifuentes i Comamala, *La ciència en català a l'Edat Mitjana i el Renaixement*, 2a ed. rev. i ampl., Barcelona-Palma: Universitat de Barcelona - Universitat de les Illes Balears (Col·lecció Blaquerna, 3), 2006, 466 pp. + 12 làms., a *Bulletin of Hispanic Studies*, 185/1 (2008), pp. 148-149.
250. Ressenyes dins: *Studia Lulliana*, 48 (2008), pp. 156-157 (J. Martínez Gázquez, *La ignorancia y negligencia de los latinos ante la riqueza de los estudios árabes*, Barcelona, 2007); pp. 158-160 (R. McMahon, *Understanding the Medieval Meditative Ascent: Augustine, Anselm, Boethius & Dante*, Washington, 2006); pp. 163-165 (E. Pistolesi, «Quadrar el cercle després de Ramon Llull: el cas de Nicolau de Cusa», dins *2n Col·loqui Europeu d'Estudis Catalans*, Péronnas, 2007); p. 168 (P. Ramis, *La ciutat i l'entorn eticopolític en el pensament lul·lià*, Palma, 2007); i p. 170 (J. E. Rubio, «El difícil camí cap a la modernitat», *L'Espill*, 26 [2007]).
251. Lola Badia, amb la col·laboració de Lluís Cifuentes, Joan Santanach, Albert Soler & Francesc Tous, «Literatura catalana medieval», *Boletín Bibliográfico de la Asociación Hispánica de Literatura Medieval* (coord. Vicenç Beltran, ed. Lourdes Soriano), 22 (2008), pp. 3-61 [edició en CD-ROM + fullet amb índexs].
252. Lola Badia & Miriam Cabré, «Catalan studies: medieval literature», *The Year's Work in Modern Language Studies* (ed. Stephen Parkinson), 70 (2008), pp. 378-385.

2009

253. «Martí de Riquer com a antídot», *Serra d'Or*, 51/595-596 (jul.-agost 2009), pp. 66-68/578-580.
254. «La literatura medieval al cinema: desafiaments i troballes. El cas del poema anglosaxó *Beowulf*», dins *L'edat mitjana en el cinema i en la novel·la històrica*, ed. Josep Lluís Martos & Marinela Garcia Sempere, Alacant: Institut Interuniversitari de Filologia Valenciana (Symposia Philologica, 18), 2009, pp. 71-87.
255. Pròleg a: Lluís de Requesens, Bernat Miquel, Martí Garcia, Rodrigo Dies, Lluís de Vila-rasa & Francesc Sunyer, *Sis poetes del regnat d'Alfons el Magnànim*, ed. Jaume Torró, Barcelona: Barcino (Els Nostres Clàssics B, 29), 2009, pp. 7-13.
256. Presentació de Josep Perarnau i Espelt com a doctor honoris causa per la Universitat de Barcelona (28 abril 2009) dins: *Solemne investidura com a doctor honoris causa del professor Josep Perarnau i Espelt*, Barcelona: Universitat de Barcelona, 2009, 33 pp.
257. Ressenya de: Giovanni Albertocchi, *Entre dos segles (XIX i XX): la doble vida de les paraules*, Barcelona: PAM (Biblioteca Serra d'Or, 392), 2008, 267 pp., a *Cuadernos de Filología Italiana*, 16 (2009), pp. 355-357.
258. Ressenyes dins: *Studia Lulliana*, 49 (2009), pp. 156-157 (D. de Courcelles, «Discours de la folie et discours sur la folie d'amour: la folie d'amour dans quelques oeuvres de Raymond Lulle, "homme qui follement parle"», dins *Les fous d'amour au Moyen Âge: Orient-Occident*, París, 2008); p. 157 (U. Eco, «Su Lullo, Pico e il Lullismo», dins *Dall'albero al labirinto: studi storici sul segno e l'interpretazione*, Milà, 2007); i pp. 163-164 (M. Pereira, «Morire d'amore: note per un confronto fra Raimondo Lullo e Margherita Porete sull'esperienza mistica», dins *Donne tra saperi e poteri nella storia delle religioni*, Brescia, 2007).
259. Lola Badia, amb la col·laboració de Lluís Cifuentes & Francesc Tous, «Literatura catalana medieval», *Boletín Bibliográfico de la Asociación Hispánica de Literatura Medieval* (coord. Vicenç Beltran, ed. Lourdes Soriano), 23 (2009), pp. 1-49 [edició en CD-ROM + fullet amb índexs].
260. Lola Badia & Miriam Cabré, «Catalan studies: medieval literature», *The Year's Work in Modern Language Studies* (ed. Stephen Parkinson), 71 (2009), pp. 316-324.

261. *El paper de l'autor en l'edat mitjana*, enregistrament en vídeo de la lliçó inaugural de Lola Badia del curs acadèmic 2009-2010 del màster de Cultures Medievals de l'Institut de Recerca en Cultures Medievals (IRCVM) de la Universitat de Barcelona, presentació de Carles Mancho (Barcelona, 14 oct. 2009). Vídeo disponible a YouTube: <www.youtube.com/watch?v=zc1PcKmPLCA>.

2010

262. Ressenyes dins: *Studia Lulliana*, 50 (2010), pp. 149-151 (F. Domínguez, «Una lectura del *Llibre de meravelles* como *ars praedicandi*», *Caplletra*, 43 [2007]); pp. 151-153 (F. Domínguez & J. Gayà, «Life», dins *Raimundus Lullus: An Introduction to his Life, Works and Thought*, Turnhout, 2008); pp. 157-158 (P. Evangelisti, «"Affines Christi": paradigma dell'identità comunitaria e strategie del confronto con gli infideles nei progetti politici di Arnau de Vilanova e Ramon Llull», dins *Il mediterraneo del '300: Raimondo Lullo e Federico III d'Aragona, re di Sicilia*, Turnhout, 2008); pp. 170-172 (M. Pereira, «La sapienza dell'amore: motivi comuni e sviluppi diversi nell'*Ars amativa boni e nell'Arbor philosophiae amoris*», dins *Il mediterraneo del '300...*); i pp. 187-188 (S. Sari, «Osservazioni sulla rima finale del Desconhort di Ramon Llull», *Revista de Lenguas y Literaturas Catalana, Gallega y Vasca*, 13 [2007-2008]).
263. Lola Badia, amb la col·laboració de Lluís Cifuentes, Gemma Pellissa, Joan Santanach & Francesc Tous, «Literatura catalana medieval», *Boletín Bibliográfico de la Asociación Hispánica de Literatura Medieval* (coord. Vicenç Beltran, ed. Lourdes Soriano), 24 (2010), pp. 1-48 [edició en CD-ROM + fullet amb índexs].
264. Entrevista: Josep M. Muñoz, «Lola Badia: Per què llegir els clàssics?», *L'Avenç*, 359 (jul. 2010), p. 16.

2011

265. «Ramon Llull i la tradició clàssica», dins *La nissaga catalana del món clàssic*, ed. Montserrat Tudela i Penya & Pere Izquierdo i Tugas, Barcelona: Auriga, 2011, pp. 1-6. Publicat també a *Auriga*, 80 (2016), pp. 4-6.

266. «*In the wake of Lancelot Ashe* d'Anthony Bonner o el ritme trepidant» [ressenya de: Anthony Bonner, *In the wake of Lancelot Ashe*, Londres: Lulu, 2009, 378 pp.], *Randa*, 67 [=*Homenatge a Anthony Bonner*, 1] (2011), pp. 7-18.

267. Ressenyes dins: *Studia Lulliana*, 51 (2011), pp. 143-144 (*Da Raimondo Lullo a Nicola Eimeric: Storia di una falsificazione testuale e dottrinale*, Roma, 2010); pp. 168-169 (L. Francalanci, «Humanism and lullism in fifteenth-century Majorca: new information on the case of Arnau Descós», dins *Humanism and Christian Letters in Early Modern Iberia (1480-1630)*, Newcastle upon Tyne, 2010); i pp. 161-162 (C. Crisciani, «Alchimia e potere: presenze francescane (secoli XIII-XIV)», dins *I francescani e la politica*, Palerm, 2007).

268. Lola Badia, amb la col·laboració de Lluís Cifuentes, Anna Fernández Clot, Gemma Pellissa, Joan Santanach & Francesc Tous, «Literatura catalana medieval», *Boletín Bibliográfico de la Asociación Hispánica de Literatura Medieval* (coord. Vicenç Beltran, ed. Lourdes Soriano), 25 (2011), pp. 1-54 [edició en CD-ROM + fullet amb índexs].

269. Lola Badia & Miriam Cabré, «Catalan studies: medieval literature», *The Year's Work in Modern Language Studies* (ed. Stephen Parkinson), 73 (2011), pp. 181-188.

270. *Bernat Metge, escriptor barceloní del segle XIV*, enregistrament sonor (WAV) de la intervenció a les Jornades d'Història Medieval de l'Institut de Recerca en Cultures Medievals (IRCVM), amb la col·laboració de la Secció d'Història de l'Ateneu Barcelonès, presentació de Carles Mancho (Barcelona, Ateneu Barcelonès, 27 gen. 2011), 1 fitxer d'àudio (80 min) [Ateneu Barcelonès].

271. Entrevista: Valèria Gaillard, «L'entrevista: Lola Badia, "En el *Curial* els catalans són els bons de la pel·lícula"», *El Punt Avui*, 36/12313 (11 des. 2011), pp. 68-69.

2012

272. Lola Badia, Maria Isabel Ripoll, Joan Santanach, Albert Soler & Francesc Tous, «El Ramon Llull d'Anthony Bonner: cinc apunts i una bibliografia», *Randa*, 68 [=*Homenatge a Anthony Bonner*, 2] (2012), pp. 5-26.

273. «El context literari del segle XV» [ressenya de: Pere Torroella, *Obra completa*, ed. Francisco J. Rodríguez Risquete, 2 vols., Barcelona: Barcino (Els

Nostres Clàssics B, 31-32), 2011], *Serra d'Or*, 54/648 (febr. 2012), pp. 74-75/154-155.

274. Ressenyes dins: *Studia Lulliana*, 52 (2012), pp. 123-126 (A. de Vilanova, *Arnaldi de Villanova Opera Medica Omnia, V.2: Tractatus de humido radicali*, ed. M. R. McVaugh, Barcelona, 2010); pp. 131-135 (M. Bassols, *Llull con Lacan: el amor, la palabra y la letra en la psicosis*, Madrid, 2010); pp. 155-156 (A. Fidora, «Ramon Llull y la justificación medieval de un 'error judicial'», dins *La justicia y los juicios en el pensamiento del Siglo de Oro*, Pamplona, 2011); pp. 176-177 (I. Roviró, «El ángel, el ser que un día fue libre: comentarios a la teoría de la libertad angélica en el *Libre de contemplació en Déu* de Ramón Llull», dins *Imágenes de la libertad en la filosofía medieval*, Buenos Aires, 2008); i pp. 181-182 (G. Wyllie, «Adaptive reasoning in Ramon Llull's *Liber de syllogismis contradictoriis*», dins *Ramon Llull: From the Ars Magna to Artficial Intelligence*, Barcelona, 2011).

275. Lola Badia, amb la col·laboració de Lluís Cifuentes, Anna Fernández Clot, Gemma Pellissa, Joan Santanach & Francesc Tous, «Literatura catalana medieval», *Boletín Bibliográfico de la Asociación Hispánica de Literatura Medieval* (coord. Vicenç Beltran, ed. Lourdes Soriano), 26 (2012), pp. 1-67 [edició en PDF].

2013

276. «Llull, de la A a la Z: vint-i-quatre expressions fonamentals del prolífic i polifacètic escriptor i filòsof mallorquí», *Ara*, 869 (23 abril 2013), supl. «Sant Jordi 2013. Món Llull: la influència invisible d'un savi», pp. 10-16.

277. «Martí de Riquer (1914-2013)» [necrologia], *Serra d'Or*, 55/684 (des. 2013), pp. 35-38/899-902.

278. «Recordatori de Martí de Riquer (1914-2013)» [necrologia], *Studia Lulliana*, 53 (2013), pp. 223-226.

279. «In memoriam prof. Martí de Riquer (1914-2013)» [necrologia], *Rivista Italiana di Studi Catalani*, 3 (2013), pp. 1-4.

280. «El Centre de Documentació Ramon Llull (CDRL) de la Universitat de Barcelona», *Zeitschrift für Katalanistik*, 26 (2013), pp. 325-333.

281. Pròleg a: Rosanna Cantavella, *El* Facet, *una «ars amandi» medieval: edició i estudi*, València-Barcelona: Institut Interuniversitari de Filologia Valenciana - PAM (Biblioteca Sanchis Guarner, 81), 2013, pp. 11-15.

282. Presentació de Jaume Pòrtulas com a membre de la Reial Acadèmia de Bones Lletres de Barcelona (21 des. 2013) dins: Jaume Pòrtulas, *Dos cops jove i dos cops baixat a la tomba: tradicions biogràfiques i escatologia a la Grècia antiga*, Barcelona: Reial Acadèmia de Bones Lletres, 2013, pp. 81-87.

283 Ressenya de: Peter Cocozzella, *Text, Translation, and Critical Interpretation of Joan Roís de Corella's* Tragèdia de Caldesa, *a Fifteenth-Century Spanish Tragedy of Gender Reversal: The Woman Dominates and Seduces Her Lover*, Lewinston (NY): Edwin Mellen, 2012, XVII + 251 pp., a *Anuario de Estudios Medievales*, 43/1 (2013), pp. 413-414.

284. Ressenyes dins: *Studia Lulliana*, 53 (2013), pp. 153-154 (E. S. Beck, «"Porque oyéndolas les crescian los corazones": chivalry and the power of stories in Alfonso X and Ramon Llul», *Bulletin of Spanish Studies*, 88/2 [2011]); pp. 176-177 (M. Franklin-Brown, *Reading the World: Encyclopedic Writing in the Scholastic Age*, Chicago-Londres, 2012); pp. 181-181 (M. Güell, «Un miroir des princes catalan: *Le livre des bêtes* de Ramon Llull», dins *Le monde hispanique: histoire des fondations*, París, 2012); i p. 201 (R. Ramis, «Un esbozo cartográfico del lulismo universitario y escolar en los Reinos Hispánicos», *Cuadernos del Instituto Antonio de Nebrija*, 15/1 [2012]).

285. Lola Badia, amb la col·laboració de Lluís Cifuentes, Anna Fernández Clot, Gemma Pellissa, Joan Santanach & Francesc Tous, «Literatura catalana medieval», *Boletín Bibliográfico de la Asociación Hispánica de Literatura Medieval* (coord. Vicenç Beltran, ed. Lourdes Soriano), 27 (2013), pp. 1-80 [edició en PDF].

286. Lola Badia & Miriam Cabré, «Catalan studies: medieval literature», *The Year's Work in Modern Language Studies* (ed. Stephen Parkinson), 75 (2013), pp. 225-234.

287. *Entre en Bernat Metge i la Bernat Metge: apunts sobre la recepció de l'autor de Lo somni*, enregistrament en vídeo de la intervenció en la Jornada «Bernat Metge, en el sisè centenari de la seva mort», presentació de Salvador Giner (Barcelona, Institut d'Estudis Catalans, 9 maig 2013). Vídeo disponible a YouTube: <www.youtube.com/watch?v=QJCX14bCGNo>. *Cf.* I.163.

288. Octavi Martí (presentador), Lola Badia, Antoni Riera i Melis, Victòria Cirlot, Mercè Coll & Annalisa Mirizio, *Somniar l'Edat Mitjana*, cicle dedicat al cinema que fa al·lusió i simula l'època medieval (Barcelona, Filmoteca de Catalunya, 9-12 i 16 juliol 2013), 1 DVD (78 min) [Filmoteca de Catalunya].

289. Participació de Lola Badia al programa de TV2 *Viaje al interior de la cultura*, dir. David Lara, sobre «Ramon Llull y la informática», 22 de set. de 2013. Vídeo disponible a RTVE a la carta: <www.rtve.es/alacarta/videos/viaje-al-interior-de-la-cultura/viaje-interior-cultura-22-09-13/2027019/>.
290. *Bernat Metge: el classicisme a les lletres catalanes del segle* XIV *al segle* XX, enregistrament en vídeo de la lliçó inaugural de Lola Badia del curs acadèmic 2013-2014 del màster de Cultures Medievals de l'Institut de Recerca en Cultures Medievals (IRCVM) de la Universitat de Barcelona, presentació de Carles Mancho (Barcelona, 14 oct. 2013). Vídeo disponible a YouTube: <www.you tube.com/watch?v=HXiqVxDk6_o>.
291. Entrevista: «Lola Badia: "El paper de la literatura en la construcció de la identitat catalana és un discurs polític que comença amb la Renaixença i que encara ara és vàlid"», 10 juny 2013. Text disponible a: <www.ub.edu/web/ub/ca/menu_eines/noticies/2013/entrevistes/lola_badia.html>.
292. Entrevista: «Lola Badia», per Vicent Sanchis, amb Lluís Bonada & Joan Santanach, al programa de La Xarxa *Al cap del dia*, 26 de set. de 2013. Vídeo disponible a alacarta.cat: <www.alacarta.cat/al-cap-del-dia/capitol/lola-badia>.

2014

293. «Presentació de la *Història de la literatura catalana*», *Serra d'Or*, 56/650 (febr. 2014), pp. 33-34/113-114.
294. «In memoriam prof. Martí de Riquer (1914-2013)» [necrologia], *Llengua & Literatura*, 24 (2014), pp. 325-328.
295. Ressenyes dins: *Studia Lulliana*, 54 (2014), pp. 120-123 (R. Llull, *La Dispute des cinq sages*, trad. Patrick Gifreu, Perpinyà, 2013); pp. 157-158 (C. T. Pabón de Acuña, «Significado de *phantasticus* en la obra *Liber disputationis Petri et Raimundi* de Raimundo Lulio», *Revista de Lenguas y Literaturas Catalana, Gallega y Vasca*, 17 [2012]); i pp. 158-160 (M. Pereira, «Il santo alchimista: intrecci leggendari attorno a Raimondo Lullo», *Micrologus*, 21 [2013]).
296. Lola Badia, amb la col·laboració de Lluís Cifuentes, Anna Fernández Clot, Gemma Pellissa, Joan Santanach & Francesc Tous, «Literatura catalana medieval», *Boletín Bibliográfico de la Asociación Hispánica de Lite-*

ratura Medieval (coord. i ed. Lourdes Soriano), 28 (2014), pp. 1-80 [edició en PDF].

297. Lola Badia & Miriam Cabré, «Catalan studies: medieval literature», *The Year's Work in Modern Language Studies* (ed. Stephen Parkinson), 76 (2014), pp. 212-217.

298. *Martí de Riquer i l'Editorial Barcino: homenatge al mestre*, enregistrament en vídeo de la intervenció de Lola Badia a l'acte d'Amics d'Els Clàssics al Museu d'Història de Barcelona (MUHBA) (Barcelona, 14 abril 2014). Vídeo disponible a YouTube: <www.youtube.com/watch?v=yT5iKO9HPj8>.

2015

299. Lola Badia, Joan Santanach & Albert Soler, «Ramon Llull com a escriptor vernacle», *Serra d'Or*, 57/661 [=*Presència de Ramon Llull*, ed. Lola Badia] (gen. 2015), pp. 17-23.

300. «Jaume Roig, un clàssic que riu i que fa riure» [ressenya de: Jaume Roig, *Espill*, ed. Antònia Carré, Barcelona: Barcino (Els Nostres Clàssics B, 33), 418 pp.], *El Punt Avui*, 40/13455(6 febr. 2015), supl. «Cultura», pp. 12-13.

301. «Les quatre grans cròniques: edició de l'Institut d'Estudis Catalans (1007-2014)» [ressenya de: *Les quatre grans cròniques*, ed. Ferran Soldevila, rev. fil. Jordi Bruguera, rev. hist. M. Teresa Ferrer i Mallol, cur. Josep Massot i Muntaner, vols. 1-4, Barcelona: Institut d'Estudis Catalans (Memòries de la Secció Històrico-Arqueològica, 73, 80, 86 i 96), 2007-2014], a *Anuario de Estudios Medievales*, 45/1 (2015), pp. 598-600.

302. Ressenyes dins: *Studia Lulliana*, 55 (2015), pp. 150-151 (J. Aragüés, «Ramon Llull: la invención del milagro mariano», *Estudios de Filología e Historia en honor del profesor Vitalino Valcárcel*, Vitòria, 2014); pp. 168-170 (J. Higuera, «La metáfora *sigillum* en el pensamiento luliano: psicología del conocimiento y filosofía de la naturaleza», *Ámbitos*, 31 [2014]); pp. 174-176 (M. Pereira, «Vita vegetale e trasformazione alchemica», dins *Le monde végétal: médecine, botanique, symbolique*, Florència, 2009); i pp. 178-180 (R. Planas, *Ramon Llull i l'alquímia*, Palma, 2014).

303. Lola Badia, amb la col·laboració de Lluís Cifuentes, Anna Fernández Clot, Gemma Pellissa, Joan Santanach & Francesc Tous, «Literatura catalana medieval», *Boletín Bibliográfico de la Asociación Hispánica de Lite-*

ratura Medieval (coord. i ed. Lourdes Soriano), 29 (2015), pp. 1-68 [edició en PDF].

304. Presentació del llibre: *Martí de Riquer i els valors clàssics de les lletres*, enregistrament en vídeo de l'acte d'Amics d'Els Clàssics a la Biblioteca de Catalunya (Barcelona, 5 març 2015). Vídeo disponible a YouTube: <www.youtube.com/watch?v=CdYCDDLBMdA>. *Cf.* I.171.

305. *Ramon Llull: personatge, autoritat i il·luminat*, enregistrament en vídeo (MPEG) de la intervenció al cicle «Conversions» de la Secció de Filosofia de l'Ateneu Barcelonès, presentació d'Anna Punsoda (Barcelona, Ateneu Barcelonès, 20 maig 2015), 1 fitxer de vídeo (79 min) [Ateneu Barcelonès]. Vídeo disponible a YouTube: <www.youtube.com/watch?v=V-rE2M6Bfos>.

306. Presentació del llibre: *Literatura medieval (III)*, enregistrament en vídeo de l'acte d'Amics d'Els Clàssics a la Universitat de Barcelona (Barcelona, 2 juny 2015). Vídeo disponible a YouTube: <www.youtube.com/watch?v=aYskwUI6-GU>. *Cf.* I.173.

307. Presentació del llibre: *Estudis medievals en homenatge a Curt Wittlin*, enregistrament en vídeo de l'acte a l'Institut d'Estudis Catalans (Barcelona, 18 setembre 2015). Vídeo disponible a YouTube: <www.youtube.com/watch?v=aviNk3kgNYU>. *Cf.* I.177.

308. *Entrevista a Lola Badia: 10 fets que t'interessarà conèixer sobre la literatura catalana medieval.* 1) «Ramon Llull», 2) «Jaume I», 3) «Bernat Desclot i Ramon Muntaner», 4) «Els reis de la Corona d'Aragó i la poesia, d'Alfons el Trobador a Alfons el Magnànim», 5) «Traductors i innovació cultural i literària», 6) «La contribució dels frares: Francesc Eiximenis i Sant Vicent Ferrer», 7) «La poderosa veu d'Ausiàs March», 8) «L'*Espill* de Jaume Roig», 9) «El *Curial e Güelfa* i el *Tirant lo Blanc*», 10) «Com gaudir de la literatura medieval?», 11) «Introducció a la literatura medieval catalana», 12) «Anècdota final». Barcelona: Enciclopèdia Catalana, 2015. Vídeos disponibles a YouTube: <www.youtube.com/watch?v=J7JpqkGEUwY&list=PLoHkrbpA-d-V7fxWNlsE4FYqxpNoUQFTB>.

309. Entrevista: Montserrat Serra, «Lola Badia: "Llull atreu els folls"», *Vilaweb*, 4 juny 2015. Text disponible a vilaweb.cat: <www.vilaweb.cat/noti cia/4350885/20150604/lola-badia-llull-atreu-folls.html>.

310. Entrevista: Lluís Bonada, «Lola Badia: "Ramon Llull tenia una intel·ligència insòlita"», *El Temps*, 1643 (8 des. 2015), p. 68.

2016

311. Epíleg a: Miquela Sacarès Taberner, *«Vivat ars lulliana»: Ramon Llull i la seva iconografia*, pròl. Marià Carbonell, Palma: J. J. de Olañeta (El Corn de l'Abundància: Extraordinaris, 5), 2016, pp. 315-316.
312. Ressenya [amb Antònia Carré] de: Jaume Riera i Sans, *Sodomites catalans: història i vida (segles XIII-XVIII)*, Barcelona: Base (Base Històrica, 114), 2014, 634 pp., a *Llengua i Literatura*, 26 (2016), pp. 189-192.
313. Ressenyes dins: *Studia Lulliana*, 56 (2016), pp. 209-210 (J. Higuera, «Las artes del Arte: las artes liberales en la evolución del Arte luliano», *Medievalia*, 16 [2013]); pp. 237-238 (J. Santanach, «Ramon Llull i l'obscuritat que il·lumina: apunts sobre l'origen i rendibilitat literària d'un recurs exegètic», *Anuario de Estudios Medievales*, 45/1 [2015]); i pp. 239-240 (C. Teleanu, «La redéfinition du sujet humain de l'Art de Raymond Lulle entre 1290 et 1300», dins *L'humain et l'animal dans la France médiévale (XIIe-XVe s.)*, Amsterdam - Nova York, 2014).
314. Lola Badia, amb la col·laboració de Lluís Cifuentes, Anna Fernández Clot, Mireia Martí, Joan Santanach & Arnau Vives, «Literatura catalana medieval», *Boletín Bibliográfico de la Asociación Hispánica de Literatura Medieval* (coord. i ed. Lourdes Soriano), 30 (2016), pp. 1-42 [edició en PDF].
315. Participació i codirecció històrica de Lola Badia a la docuficció *Jo, Ramon Llull*, dir. Joan Gallifa & Antoni Tortajada, guió Roger Danès, Joan Gallifa, Alfred Pérez Fargas, Gemma Sanz, Antoni Tortajada & Eloi Vila, Barcelona: Televisió de Catalunya, Som Batabat i Xarxa Audiovisual Local, 2016. Vídeo disponible a TV3 a la carta: <www.ccma.cat/tv3/alacarta/jo-ramon-llull/jo-ramon-llull/video/5617793/>.
316. Parlament a l'acte de lliurament del Premi Nacional de Cultura 2016, atorgat pel Consell Nacional de la Cultura i de les Arts (CoNCA) a Lola Badia per l'excel·lència en la recerca en la cultura literària medieval catalana (Tarragona, Teatre Metropol, 8 juny 2016). Vídeo disponible a YouTube: <www.youtube.com/watch?v=kDLWFaHCHeI>.
317. *Vigència de Ramon Llull, als 700 anys de la seva mort*, enregistrament en vídeo de les intervencions de Miquel Àngel Lladó, Maribel Ripoll, Joan Santanach i Lola Badia a la Universitat Catalana d'Estiu (UCE), presentació de Josep Montserrat, Prada de Conflent: UCE, 19 d'agost de 2016. Vídeo disponible a YouTube: <www.youtube.com/watch?v=9pIWsya-EaU>.

318. *Ramon Llull i la traducció*, enregistrament en vídeo de la lliçó inaugural de Lola Badia del curs acadèmic 2016-2017 de la Facultat de Traducció i Interpretació de la Universitat Pompeu Fabra (Barcelona, 5 oct. 2016). Vídeo disponible a YouTube: <www.youtube.com/watch?v=Wh-cli2QxcE>.
319. Participació de Lola Badia al programa de TV3 *Tria33* (cap. 634), dir. Esther Rodríguez, arran del 700 aniversari de Ramon Llull, 16 des. 2016. Vídeo disponible a TV3 a la carta: <www.ccma.cat/tv3/alacarta/tria33/la-cartellera-de-la-setmana-i-recordem-el-700-aniversari-de-la-mort-de-ramon-llull-/video/5638036/>.
320. Entrevista: Mercè Espuny Pujol, «Entrevista a Lola Badia», *Llengua Nacional*, 95 (2016), pp. 36-38.
321. Entrevista: Adolf Beltran, «Bonus Llull: l'entrevista amb Lola Badia», programa de Catalunya Ràdio *Folls per Llull: Ramon Llull en els seus llibres*, 6 abril 2016. Vídeo disponible a TV3 a la carta: <www.ccma.cat/catradio/alacarta/folls-per-llull-ramon-llull-en-els-seus-llibres/bonus-llull-lentrevista-amb-lola-badia/coleccio/4151/915738/>.
322. Entrevista: Mar Camps, «Entrevista Lola Badia: "La cultura es polititza i s'instrumentalitza"», *El Punt Avui*, 41/14020 (28 agost 2016), p. 35.

2017

323. «Martí de Riquer (3 May 1914-17 September 2013)» [necrologia], *Proceedings of the American Philosophical Society*, 161/2 (juny 2017), pp. 157-161.
324. «Joan Fuster, mestratge i recança», dins *Nosaltres les fusterianes*, ed. Núria Cadenes & Gemma Pasqual, València: Tres i Quatre (Unitat, 214), 2017, pp. 41-42.
325. Lola Badia (moderadora), Josep Pujol, Josep Solervicens, Raül Garrigasait & Josep Murgadas, «Els clàssics a les lletres catalanes: textos de la taula rodona celebrada el 16 de juliol de 2015», dins *«Conuentus classicorum»: temas y formas del Mundo Clásico = Temes i formes del món clàssic*, ed. Jesús de la Villa Polo, Emma Falque Rey, José Francisco González Castro & María José Muñoz Jiménez, vol. 1, Madrid: Sociedad Española de Estudios Cásicos, 2017, pp. 153-190.
326. Ressenyes de: *Studia Lulliana*, 57 (2017), pp. 193-195 (J. Aragüés, «Tradición y novedad del *exemplum* luliano: el *Arbre exemplifical*», *Revista de Poética Medieval*, 29 [2015]); pp. 204-205 (F. J. Díaz Marcilla, «Los frutos

del proyecto artístico luliano en el Portugal medieval», *Mediaevalia*, 34 [2015]); pp. 207-208 (F. Domínguez, *Ramon Llull: el mejor libro del mundo*, Barcelona, 2016); p. 210 (R. Friedlein, «Estruturas artísticas nos diálogos literários de Ramon Llull», *Mediaevalia*, 34 [2015]); pp. 222-223 (A. C. Mayer, «Contemplatio in Deum - or the pleasure of knowing God via his attributes», dins *Knowledge, Contemplation, and Lullism*, Turnhout, 2015); pp. 230-231 (J. P. Ramos, «Ars de Llull e o desenvolvimento do espírito filosófico de Descartes», *Mediaevalia*, 34 [2015]); i pp. 253-255 (C. Teleanu, «Le premier Art de Raymond Lulle», *Anuario Filosófico*, 49/1, 2016; i C. Teleanu, «"Art e manera": le système de l'Art des arts du *Libre de Contemplació* de Raymond Lulle», *Mediaevalia*, 34 [2015]).

327. Lola Badia, amb la col·laboració de Lluís Cifuentes, Anna Fernández Clot, Joan Santanach & Arnau Vives, «Literatura catalana medieval», *Boletín Bibliográfico de la Asociación Hispánica de Literatura Medieval* (coord. i ed. Lourdes Soriano), 31 (2017), pp. 1-46 [edició en PDF].

328. Isabel-Clara Simó, Lola Badia & Xavier Serra, *Nosaltres, els catalans: als 25 anys de la mort de Joan Fuster*, enregistrament en vídeo (MPEG) de l'acte organitzat per l'Ateneu Barcelonès, presentació de Joan Maluquer (Barcelona, Ateneu Barcelonès, 29 juny 2017), 1 fitxer de vídeo (75 min) [Ateneu Barcelonès]. També disponible a YouTube: <www.youtube.com/watch?v=hWq-teNDIuI>.

329. Entrevista: Esperança Camps, «Lola Badia: "Els qui hem treballat amb el *Curial* sabem que és molt difícil de fixar-ne l'autor, perquè no hi ha cap pista material"», *Vilaweb*, 5 abril 2017. Text disponible a vilaweb.cat: <www.vilaweb.cat/noticies/lola-badia-els-que-hem-treballat-amb-el-curial-sabem-que-es-molt-dificil-fixar-ne-lautor-perque-no-hi-ha-cap-pista-material/>.

2018

330. «*Curial e Güelfa* i la literatura nacional», *L'Avenç*, 446 (maig 2018), pp. 8-9.

331. «La rebel·lió del boc expiatori», *L'Avenç*, 447 (juny 2018), pp. 10-11.

332. «1274. Ramon Llull, un pensador universal», dins *Història mundial de Catalunya*, dir. Borja de Riquer, Barcelona: Edicions 62, 2018, pp. 230-237.

333. «"L'ordre del temps"» [ressenya de: Carlo Rovelli, *L'ordine del tempo*, Milà: Adelphi (Piccola Biblioteca Adelphi, 705), 2017, 207 pp., i de la

traducció catalana de Francesc Massana, *L'ordre del temps*, Barcelona: Anagrama (Llibres Anagrama, 50), 2018, 171 pp.], *La Lectora: Revista Digital de Crítica Literària*, 23 oct. 2018. Text disponible a lalectora.cat: <http://lalectora.cat/2018/10/23/lordre-del-temps-de-lola-badia/>.

334. Ressenyes dins: *Studia Lulliana*, 58 (2018), pp. 191-194 (J. Aragüés, «Cuentos efímeros: ejemplo verosímil y diálogo en el *Llibre de meravelles*», Caplletra, 62 [2017]); pp. 199-201 (A. Bonner, *Ramon Llull, un autor sempre innovador i sorprenent*, Palma, 2016); pp. 241-242 (R. Ramis & P. Ramis, «*Comentaria in artem magnam et paruam* de Agustín Núñez Delgadillo: un curso luliano manuscrito del siglo XVII», *Cuadernos Salmantinos de Filosofía*, 43 [2016]); pp. 259-260 (F. Tous, «The reception of Ramon Llull's collections of proverbs from the fourteenth to the eighteenth century: an overview», dins *Brief Forms in Medieval and Renaissance Hispanic Literature*, Newcastle, 2017); i pp. 252-254 (J. E. Rubio, *Raymond Lulle: le langage et la raison*, París, 2017).

335. Lola Badia, amb la col·laboració de Lluís Cifuentes, Anna Fernández Clot, Sadurní Martí, Joan Santanach, Francesc Tous, Queralt Valls & Arnau Vives, «Literatura catalana medieval», *Boletín Bibliográfico de la Asociación Hispánica de Literatura Medieval* (coord. i ed. Lourdes Soriano), 32 (2018), pp. 1-41 [edició en PDF].

336. *Tirante el Blanco, el caballero que en la ficción desbarató a los turcos*, enregistrament en vídeo de la conferència del cicle «Tirant lo Blanc» a la Fundación Juan March (Madrid, 29 nov. 2018). Vídeo disponible a YouTube: <www.youtube.com/watch?v=ZJ8xyPce-yk>.

337. Presentació del llibre: Ovidi, *Heroides*, ed. Josep Pujol, enregistrament en vídeo de l'acte al Museu d'Història de Barcelona (MUHBA) (Barcelona, 12 des. 2018). Vídeo disponible a YouTube: <www.youtube.com/watch?v=xKMjn7BTPvk>.

2019

338. «La taula periòdica, la pintura a l'oli i les lletres», *L'Avenç*, 456 (abril 2019), pp. 14-16.

339. «Entre Urús i Meranges via Sanavastre», *Querol*, 24 (abril 2019), pp.13-18.

340. Ressenya de: Abel Soler, *La cort napolitana d'Alfons el Magnànim: el context de «Curial e Güelfa»*, pròl. Antoni Ferrando, 3 vols., València: Insti-

tució Alfons el Magnànim - Institut d'Estudis Catalans - Universitat de València, 2017, a *Llengua & Literatura*, 29 (2019), pp. 210-214.

341. Ressenya («crònica») dins: *Studia Lulliana*, 59 (2019), pp. 217-218 («"El beat Ramon Llull, font d'inspiració i de recerca", acte celebrat a l'Aula Magna de l'Ateneu Universitari Sant Pacià de Barcelona [AUSP]»).

342. Entrevista: Andrea Regadera López & Elisenda Cristià Balsells, «L'Arxiu des de fora: Lola Badia, catedràtica de filologia catalana», *La Dada: el Diari Digital de l'Associació d'Arxivers i Gestors de Documents de Catalunya*, 6 maig 2019. Text disponible a la Dada: <https://arxivers.com/lada-da/larxiu-des-de-fora-lola-badia-catedratica-de-filologia-catalana/>.

Taula d'adhesions a l'homenatge

Institucions promotores

1. Universitat de Barcelona
2. Fundació Carulla
3. Càtedra Ramon Llull, Universitat de les Illes Balears
4. Centre de Documentació Ramon Llull, Universitat de Barcelona
5. Departament de Filologia Catalana, Universitat Autònoma de Barcelona
6. Departament de Filologia Catalana, Universitat Rovira i Virgili
7. Departament de Filologia Catalana i Lingüística General, Universitat de Barcelona
8. Departament de Filologia i Cultures Europees, Universitat Jaume I
9. Facultat de Filologia i Comunicació, Universitat de Barcelona
10. Institució de les Lletres Catalanes
11. The Warburg Institute
12. Universitat d'Alacant
13. Xarxa Vives d'Universitats

Institucions adherides

1. Asociación Hispánica de Literatura Medieval
2. Archivium Lullianum, Universitat Autònoma de Barcelona
3. Área de Filología Románica, Universidade de Santiago de Compostela
4. Arxiu de la Corona d'Aragó
5. Arxiu de Textos Catalans Antics
6. Associació Internacional de Llengua i Literatura Catalanes
7. Associacion Internacionala d'Estudis Occitans
8. Associazione Italiana di Studi Catalani
9. Ateneu Universitari Sant Pacià
10. Biblioteca Missioners dels Sagrats Cors, Monestir de La Real
11. Centre d'Études Supérieures de Civilisation Médiévale, Université de Poitiers

12. Departament Filologia Catalana, Universitat d'Alacant
13. Departament de Filologia Catalana, Universitat de València
14. Departament de Filologia Catalana i Comunicació, Universitat de Lleida
15. Departament de Filologia Catalana i Lingüística General, Universitat de les Illes Balears
16. Departament de Filologia i Comunicació, Universitat de Girona
17. Deutscher Katalanistenverband - Associació germano-catalana
18. Facultat de Filosofia, Universitat Ramon Llull
19. Facultat de Filosofia i Lletres, Universitat d'Alacant
20. Institut de Llengua i Cultura Catalanes, Universitat de Girona
21. Institut de Recerca en Cultures Medievals, Universitat de Barcelona
22. Institut für Romanische Philologie, Freie Universität, Berlin
23. Institut für Romanistik, Klagenfurt
24. Institut Interuniversitari de Filologia Valenciana
25. Instituto de Estudios Medievales y Renacentistas y de Humanidades Digitales de la Universidad de Salamanca
26. Maioricensis Schola Lullistica
27. Officina di Studi Medievali, Palermo
28. Raimundus-Lullus-Institut, Universität Freiburg im Breisgau
29. Reial Acadèmia de Bones Lletres de Barcelona
30. Romanisches Seminar, Ruhr-Universität Bochum
31. Societat Catalana de Llengua i Literatura (Institut d'Estudis Catalans)
32. Universitat Pompeu Fabra

Adhesions particulars

1. Montserrat Adam Aulinas (Universitat de Barcelona)
2. Miquel Adroher (Universitat de Perpinyà)
3. Josep Antoni Aguilar Àvila (Universitat Catòlica de València)
4. Núria Altarriba Vigatà (Biblioteca de Catalunya)
5. Roger Aluja (Universitat de Barcelona)
6. Carlos Alvar (Universidad de Alcalá / Université de Genève)
7. Joana Àlvarez Verger
8. Carles Amengual Vicens
9. Virgil Ani
10. Robert Archer (King's College London)

11. Jon Arrizabalaga (Institució Milà i Fontanals-CSIC)
12. Stefano Asperti (Università di Roma «La Sapienza»)
13. † Gemma Avenoza Vera (Universitat de Barcelona)
14. Annett Azbel (Ruhr-Universität Bochum)
15. Jesús Bach-Marquès (Universitat de Barcelona)
16. David Barnett
17. Enric Bassegoda Pineda (ILCC, Universitat de Girona)
18. Albert Bayot i Fuertes
19. Pamela Beattie (University of Louisville)
20. Pietro G. Beltrami (Università di Pisa)
21. Nadal Bernat Salas (Bisbat de Mallorca)
22. Josep Besa Camprubí (Universitat de Barcelona)
23. Eulàlia Bonet Alsina (Universitat Autònoma de Barcelona)
24. Mercedes Brea (Universidade de Santiago de Compostela)
25. Romana Brovia (Università degli Studi di Siena)
26. Montserrat Cabré i Pairet (Universidad de Cantabria)
27. Gilda Caiti-Russo (Université Paul Valéry de Montpellier)
28. Xavier Calpe Melendres (Pontificia Università Antonianum)
29. Montserrat Camps Gaset (Universitat de Barcelona)
30. Maria Careri (Università degli Studi «G. d'Annunzio» Chieti-Pescara)
31. Glòria Casals (Universitat de Barcelona)
32. Giovanni Cascio
33. Rosa M. Castellanas Quinquer (Universitat de Barcelona)
34. Pietro Cataldi (Università per Stranieri di Siena)
35. Pedro M. Cátedra (IEMYRhd, Universidad de Salamanca)
36. Jaume J. Chiner Gimeno
37. Stefano Maria Cingolani (Universitat de Barcelona - Fundació Bosch i Gimpera)
38. Antonio Díez
39. Borja de Riquer (Reial Acadèmia de Bones Lletres)
40. Fulvio Delle Donne (Università degli Studi della Basilicata)
41. Costanzo Di Girolamo (Università degli Studi di Napoli Federico II)
42. Paolo Di Luca (Università degli Studi di Napoli Federico II)
43. Josep M. Domingo (Universitat de Barcelona)
44. Carles Duarte i Montserrat
45. Eulàlia Duran Grau (Universitat de Barcelona)
46. Gabriel Ensenyat Pujol (Universitat de les Illes Balears)

47. Cesc Esteve (Universitat de Barcelona)
48. Beatrice Fedi (Università degli Studi «G. d'Annunzio» Chieti-Pescara)
49. Antoni Ferrando Francés (Universitat de València)
50. Miquel Forcada (Universitat de Barcelona)
51. Federica Fusaroli (Université de Lausanne)
52. Jorge García López (ILCC Universitat de Girona)
53. José Enrique Gargallo Gil (Universitat de Barcelona)
54. Raül Garrigasait (Universitat de Barcelona)
55. Jordi Gayà Estelrich (Maioricensis Schola Lullistica)
56. Daniel Genís Mas (ILCC Universitat de Girona)
57. Eugènia Gisbert Calduch (Centre de Documentació Ramon Llull)
58. Pilar Gispert-Saüch Viader
59. Isabel Grifoll Àvila (Universitat de Lleida)
60. Anna Gudayol (Biblioteca de Catalunya)
61. Maite Guisado
62. Geneviève Hasenohr (École Pratique des Hautes Études)
63. Klaus W. Hempfer (Freie Universität, Berlín)
64. Miquel Hernández Marimon (Centre de Documentació Ramon Llull)
65. Josep Hernando Delgado (Universitat de Barcelona)
66. J. Antoni Iglesias-Fonseca (Universitat Autònoma de Barcelona)
67. Manuel Jorba (Universitat Autònoma de Barcelona)
68. Jill Kraye (The Warburg Institute)
69. Vicente Lagüéns Gracia (Universidad de Zaragoza)
70. Andrea Lai
71. Helena Lamuela
72. Ma. Ángeles Lamuela
73. Maria Sofia Lannutti (Università degli Studi di Firenze)
74. Maria-Rosa Lloret (Universitat de Barcelona)
75. Montserrat Lluch Juncosa
76. Maria Mercè López Casas (Universidade de Santiago de Compostela)
77. José Manuel Lucía Megías (Universidad Complutense de Madrid)
78. J. Oriol Magrinyà Domingo (Editorial Barcino)
79. Carles Mancho (Universitat de Barcelona)
80. Maria Luz Mandingorra Llavata (Universitat de València)
81. Núria Mañé Puerto (Publicacions de l'Abadia de Montserrat)
82. Ernest E. Marcos Hierro (Universitat de Barcelona)
83. Jordi Marrugat (Universitat de Barcelona)

84. Mireia Martí Torras
85. José Martínez Gázquez (Universitat Autònoma de Barcelona)
86. Josep Lluís Martos (Universitat d'Alacant)
87. Rosa M. Medina Granda (Universidad de Oviedo)
88. Rafael M. Mérida Jiménez (Universitat de Lleida)
89. Nicolò Messina (Universitat de València)
90. José María Micó (Universitat Pompeu Fabra)
91. Víctor Millet (Universidade de Santiago de Compostela)
92. Joan Miralles Monserrat (Universitat de les Illes Balears)
93. Josep Moran Ocerinjauregui (Institut d'Estudis Catalans)
94. María Morrás (Universitat Pompeu Fabra / University of Oxford)
95. Gemma Navarro Marquina
96. Carme Oriol Carazo (Universitat Rovira i Virgili)
97. Neus Ortega Molinos
98. Marcel Ortín (Universitat Pompeu Fabra)
99. William D. Paden (Northwestern University)
100. Montserrat Pagès Paretas (Museu Nacional d'Art de Catalunya)
101. Marco Pedretti
102. Josep Perarnau i Espelt (Ateneu Universitari Sant Pacià)
103. Joan M. Perujo Melgar (Universitat d'Alacant)
104. Montserrat Piera (Temple University)
105. Gabriella Pomaro (SISMEL, Florència)
106. Gonzalo Pontón Gijón (Universitat Autònoma de Barcelona)
107. Armand Puig i Tàrrech (Ateneu Universitari Sant Pacià)
108. Mercè Puig Rodríguez-Escalona (Universitat de Barcelona)
109. Pere Quer i Aiguadé (Universitat de Vic - Universitat Central de Catalunya)
110. Joan Anton Rabella Ribas (Oficina d'Onomàstica, Institut d'Estudis Catalans)
111. Anna Radaelli (Università di Roma «La Sapienza»)
112. Francesca Ragolta
113. Albert Reixach Sala (Universitat de Girona)
114. Joan Requesens i Piquer
115. Glòria Ribugent (Universitat de Barcelona)
116. Patrizio Rigobon (Università Ca' Foscari, Venècia)
117. Francisco Javier Rodríguez Risquete
118. Raquel Rojas Fernández

119. Marta Romano
120. Alba Romanyà Serrasolsas (Universitat de Barcelona)
121. Flocel Sabaté (Universitat de Lleida)
122. Glòria Sabaté (Universitat de Barcelona)
123. Miquela Sacarès Taberner (Ateneu Universitari Sant Pacià)
124. Luca Sacchi (Università degli Studi di Milano)
125. Roser Salicrú i Lluch (Institució Milà i Fontanals - CSIC)
126. Eulàlia Salvat Golobardes (Universitat de Barcelona)
127. Francesco Santi (Università di Bologna)
128. Oriana Scarpati (Università degli Studi di Napoli Federico II)
129. Raimon Sebastian i Torres
130. Harvey L. Sharrer (University of California, Santa Barbara)
131. Meritxell Simó Torres (Universitat de Barcelona)
132. Donatella Siviero (Università di Messina)
133. Lídia Solé Castejón (Universitat de Barcelona)
134. Clara Soler Mañé
135. M. Lourdes Soriano Robles (Universitat de Barcelona)
136. Paolo Squillacioti (Opera del Vocabolario Italiano)
137. Letizia Staccioli (Universitat de Barcelona)
138. Jordi Suïls Subirà (Universitat de Lleida)
139. Enric Sullà Àlvarez (Universitat Autònoma de Barcelona)
140. Viola Tenge-Wolf (Raimundus-Lullus-Institut)
141. Lluís To Figueras (Universitat de Girona)
142. Joan Torruella Casañas (Universitat Autònoma de Barcelona)
143. M. Elisa Varela-Rodríguez (Universitat de Girona)
144. Amador Vega Esquerra (Universitat Pompeu Fabra)
145. Nora Vela (Universitat de Barcelona)
146. Simone Ventura (Université Libre de Bruxelles)
147. Joan Ramon Veny Mesquida (Universitat de Lleida)
148. Joaquim Viaplana Lleonart (Universitat de Barcelona)
149. M. Mercè Viladrich i Grau (Universitat de Barcelona)
150. Mariàngela Vilallonga (ILCC Universitat de Girona)
151. Arnau Vives Piñas (Universitat de Barcelona)
152. Courtney Wells (Hobart and Williams Smith Colleges)
153. Jane Whetnall (University of London)
154. Fabio Zinelli (École Pratique des Hautes Études)

Els dos volums de miscel·lània en honor de Lola Badia
s'han acabat d'estampar el 22 de març de 2021,
dia del seu 70è aniversari,
a tres anys justos de l'inici
del projecte. FINIS
CORONAT
OPVS.